Inhaltsverzeichnis

Einführung 9

1	**Grundfragen der Soziologie**	11
1.1	Die Sozialnatur des Menschen	11
1.1.1	Der Begriff „sozial"	11
1.1.2	Erkenntnisse über die Sozialnatur des Menschen	12
1.1.3	Der Begriff „Soziologie"	14
1.2	Der Gegenstand der Soziologie	15
1.2.1	Das soziale Handeln	15
1.2.2	Soziale Gebilde und soziale Struktur	16
1.2.3	Soziales System	18
1.2.4	Soziale Institutionen	19
1.3	Aufgaben und Bereiche der Soziologie	22
1.3.1	Aufgaben der Soziologie	22
1.3.2	Bereiche der Soziologie	23
1.4	Die Gesellschaft als Gebiet der Soziologie	24
1.4.1	Der Begriff „Gesellschaft"	24
1.4.2	Kultur und Gesellschaft	26
1.4.3	Individuum und Gesellschaft	27

Materialien 29
Aufgaben und Anregungen 33

2	**Die Soziologie als Wissenschaft**	36
2.1	Die Wissenschaftlichkeit der Soziologie	36
2.1.1	Der Begriff der Wissenschaft	36
2.1.2	Auffassungen von Wissenschaft	38
2.1.3	Methoden der Soziologie	40
2.2	Grundsätze und Arbeitsschritte methodischen Vorgehens ...	41
2.2.1	Prinzipien methodischen Vorgehens	41
2.2.2	Die Vorgehensweise bei erfahrungswissenschaftlichen Untersuchungen .	46
2.3	Erfahrungswissenschaftliches Vorgehen in der Soziologie ..	48
2.3.1	Die Beobachtung	48
2.3.2	Das Experiment	51
2.3.3	Die Befragung und das Interview	52
2.3.4	Die Soziometrie	53

Materialien 56
Aufgaben und Anregungen 61

3	**Soziales Handeln**	64
3.1	Das Zusammenwirken von Menschen	64
3.1.1	Die Begriffe „soziale Interaktion" und „soziale Kommunikation"	64
3.1.2	Menschliches Zusammenleben als soziales Handeln	66
3.2	Die Wertbezogenheit sozialen Handelns	67

3.2.1	Soziale Werte als „Credo" des Zusammenlebens	67
3.2.2	Der Wandel von Werten	69
3.3	Die Regelung des Zusammenlebens	71
3.3.1	Soziale Normen als Verhaltensvorschrift	71
3.3.2	Arten von Normen	72
3.3.3	Soziale Rolle als Verhaltenserwartung	74
3.3.4	Rollenkonflikte	76
3.4	Das Erlernen des sozialen Verhaltens	78
3.4.1	Der Begriff „Sozialisation"	78
3.4.2	Sozialisation als lebenslanger Prozess	80
3.4.3	Theorien der Sozialisation	81
3.4.4	Die ökologische Theorie nach Bronfenbrenner	82
	Materialien	86
	Aufgaben und Anregungen	89
4	**Soziale Kontrolle und Abweichung**	**92**
4.1	Die Gewährleistung normengerechten Verhaltens	92
4.1.1	Soziale Kontrolle als Überwachung	93
4.1.2	Sanktionen als Überwachungsmaßnahmen	94
4.2	Anpassung und Abweichung	96
4.2.1	Sozial angepasstes Verhalten	96
4.2.2	Sozial abweichendes Verhalten	97
4.3	Die Problematik abweichenden Verhaltens	100
4.3.1	Die Norm als Beurteilungsmaßstab	100
4.3.2	Die normorientierte Einschätzung abweichenden Verhaltens	101
4.3.3	Die Theorie der Zuschreibung	103
4.4	Sozialer Konflikt	104
4.4.1	Der Begriff „sozialer Konflikt"	105
4.4.2	Formen des Konfliktes	106
4.4.3	Ursachen und Funktionen des sozialen Konfliktes	108
4.4.4	Konfliktmanagement	110
	Materialien	114
	Aufgaben und Anregungen	118
5	**Theorien der Soziologie: Die struktur-funktionale Theorie**	**121**
5.1	Die Vielfalt von Theorien	122
5.1.1	Psychologische Theorien	122
5.1.2	Soziologische Theorien	123
5.2	Die struktur-funktionale Theorie	125
5.2.1	Der Handlungsbegriff als tragende Säule der Theorie	126
5.2.2	Vom Handlungsbegriff zur Systemtheorie	128
5.2.3	Analyse von Handlungssystemen nach dem AGIL-Schema	130
5.2.4	Gesellschaft als Ordnung von Handlungssystemen	134
5.2.5	Generalisierte Kommunikationsmedien	137
5.2.6	Orientierungsmöglichkeiten für das Handeln von Menschen	139
5.2.7	Kritische Würdigung der struktur-funktionalen Theorie	141
	Materialien	144
	Aufgaben und Anregungen	149

6	**Theorien der Soziologie: Der symbolische Interaktionismus und der historische Materialismus**	153
6.1	Die Theorie des symbolischen Interaktionismus	154
6.1.1	Das Handeln des Menschen in sozialen Bezügen	154
6.1.2	Die Perspektivenübernahme	157
6.1.3	Soziale Interaktion und soziale Rolle	158
6.1.4	Identitätsbildung im Verlauf des Sozialisationsprozesses	159
6.1.5	Soziale Interaktion und Identität	163
6.1.6	Kritische Würdigung der Theorie des symbolischen Interaktionismus	165
6.2	Die Theorie des historischen Materialismus	167
6.2.1	Ausgangspunkt des historischen Materialismus	168
6.2.2	Produktivkräfte und Produktionsverhältnisse	170
6.2.3	Die Entwicklung verschiedener Gesellschaftsformen	172
6.2.4	Kapitalistische Wirtschaftsverhältnisse	174
6.2.5	Die Entfremdung im Kapitalismus	178
6.2.6	Der Klassenkampf	179
6.2.7	Kritische Würdigung der Theorie des historischen Materialismus	180

Materialien 183
Aufgaben und Anregungen 192

7	**Die soziale Gruppe**	196
7.1	Die Gruppe als soziales Gebilde	196
7.1.1	Der Begriff „Gruppe"	196
7.1.2	Der Prozess der Gruppe	199
7.2	Die Bedeutung von Gruppen	201
7.2.1	Funktionen der Gruppe	201
7.2.2	Das Konzept des sozialen Netzwerkes	203
7.3	Arten von Gruppen	205
7.3.1	Primär- und Sekundärgruppe	205
7.3.2	Eigen- und Fremdgruppe	206
7.3.3	Formelle und informelle Gruppe	207

Materialien 209
Aufgaben und Anregungen 215

8	**Soziale Ungleichheit**	218
8.1	Voraussetzungen und Entstehung sozialer Ungleichheit	218
8.1.1	Der Begriff „soziale Ungleichheit"	218
8.1.2	Voraussetzungen der sozialen Ungleichheit	221
8.1.3	Die Entstehung sozialer Ungleichheit	222
8.2	Soziale Ungleichheit in der BRD	225
8.2.1	Die geschichtliche Entwicklung sozialer Ungleichheit	225
8.2.2	Ungleiche Lebensbedingungen	226
8.2.3	Sozialer Auf- und Abstieg	230
8.3	Macht und soziale Ungleichheit	232
8.3.1	Soziale Macht und Elite	232
8.3.2	Randgruppen	234

Materialien 236
Aufgaben und Anregungen 249

9 Sozialstruktur und soziale Schichtung ... 252

- 9.1 Die Sozialstruktur ... 253
- 9.1.1 Der Begriff „Sozialstruktur" ... 253
- 9.1.2 Der soziale Wandel ... 254
- 9.2 Sozialer Status und Prestige ... 255
- 9.2.1 Der soziale Status ... 255
- 9.2.2 Soziales Prestige ... 257
- 9.3 Modelle der Sozialstruktur ... 258
- 9.3.1 Kasten-, Stände- und Klassenmodelle ... 258
- 9.3.2 Soziale Schicht und Schichtung ... 262
- 9.3.3 Schichtungsmodelle ... 263
- 9.3.4 Neuere Strukturmodelle ... 266

Materialien ... 269
Aufgaben und Anregungen ... 277

10 Macht und Herrschaft ... 279

- 10.1 Macht als Beeinflussung ... 280
- 10.1.1 Der Begriff „Macht" ... 280
- 10.1.2 Merkmale von Macht ... 281
- 10.1.3 Macht und Elite ... 283
- 10.1.4 Macht und Autorität ... 284
- 10.2 Grundlagen der Macht ... 285
- 10.2.1 Typen der Macht ... 285
- 10.2.2 Prozesse der Machtbildung ... 287
- 10.3 Bereiche der Macht ... 289
- 10.3.1 Machtquellen ... 289
- 10.3.2 Machtmittel ... 290
- 10.3.3 Formen der Macht ... 291
- 10.3.4 Wirkungsmechanismen ... 293
- 10.4 Macht und Herrschaft ... 294
- 10.4.1 Der Begriff „Herrschaft" ... 294
- 10.4.2 Der Übergang von Macht zur Herrschaft ... 296
- 10.4.3 Legitime und illegitime Herrschaft ... 298

Materialien ... 302
Aufgaben und Anregungen ... 305

11 Soziologie der Familie ... 308

- 11.1 Grundlagen der Familiensoziologie ... 309
- 11.1.1 Aufgaben der Familiensoziologie ... 309
- 11.1.2 Geschichte der Familiensoziologie ... 311
- 11.2 Familie und Verwandtschaft ... 312
- 11.2.1 Ehe und Familie ... 312
- 11.2.2 Verschiedene Formen der Familie ... 314
- 11.2.3 Die Verwandtschaft ... 316
- 11.3 Die Bedeutung der Familie ... 317
- 11.3.1 Funktionen der Familie ... 317
- 11.3.2 Die Sozialisation des Nachwuchses ... 319
- 11.3.3 Der Funktionsverlust der heutigen Familie ... 321

11.4	Der Wandel der Familie	322
11.4.1	Die vorindustrielle Familienform	322
11.4.2	Die bürgerliche Familie	323
11.4.3	Ursachen und Folgen des Familienwandels	325
11.5	Alternativen zur Familie	327
11.5.1	Heutige Lebensformen	327
11.5.2	Paarbeziehungen	328
11.5.3	Die Beziehung zu Kindern	330
11.6	Probleme der Familie heute	330
11.6.1	Probleme des familiären Zusammenlebens	330
11.6.2	Weitere Probleme der heutigen Familie	332
11.6.3	Trennung und Scheidung	333

Materialien 336
Aufgaben und Anregungen 342

12 Jugendsoziologie ... 345

12.1	Jugend als eigenständige Phase menschlicher Entwicklung	345
12.1.1	Jugend in der vorindustriellen Zeit	346
12.1.2	Jugend im 20. Jahrhundert	347
12.1.3	Das Jugendalter aus biologischer Sicht	348
12.1.4	Der Begriff „Jugend" aus soziologischer Sicht	349
12.1.5	Der Übergang vom Kind zum Jugendlichen	350
12.2	Entwicklungsaufgaben des Jugendalters	351
12.2.1	Anpassungsleistungen des Jugendlichen	351
12.2.2	Individuation und Identität als wesentliche Ziele der Entwicklung	353
12.2.3	Theorien der Jugendsoziologie	354
12.3	Sozialisation des jungen Menschen	355
12.3.1	Die Herkunftsfamilie	355
12.3.2	Die Schule als Sozialisationsinstanz	356
12.3.3	Ausbildung und Beruf	358
12.3.4	Die Gruppe der Gleichaltrigen	358
12.3.5	Medien	359
12.4	Werthaltungen Jugendlicher	361
12.4.1	Werthaltungen der heutigen Jugend	361
12.4.2	Wertetypen bei Jugendlichen	363
12.5	Sozial abweichendes Verhalten Jugendlicher	363
12.5.1	Ursachen abweichenden Verhaltens Jugendlicher	363
12.5.2	Genuss- und Rauschmittel und ihr Missbrauch	364

Materialien 368
Aufgaben und Anregungen 372

13 Organisationssoziologie ... 374

13.1	Begriff und Gegenstand der Organisationssoziologie	375
13.1.1	Der Begriff „Organisation"	375
13.1.2	Der Gegenstand der Organisationssoziologie	376
13.2	Merkmale von Organisationen	378
13.2.1	Zielbezogenheit	379
13.2.2	Strukturiertheit	380
13.2.3	Kommunikationsstrukturen	383

13.2.4	Entscheidungsstrukturen	386
13.2.5	Die Organisation als System	390
13.3	Sichtweisen von Organisationen	392
13.3.1	Die Organisation als rationales System	393
13.3.2	Die Organisation als natürliches System	393
13.3.3	Die Organisation als offenes System	394
13.4	Auswirkungen von Kommunikations- und Entscheidungsstrukturen	395
13.4.1	Auswirkungen von Kommunikationsstrukturen auf Individuum und Gruppe	395
13.4.2	Auswirkungen von Entscheidungsstrukturen auf Individuum und Gruppe	399

Materialien 401
Aufgaben und Anregungen 405

Literaturverzeichnis 408

Bildquellenverzeichnis 416

Stichwortverzeichnis 417

Einführung

Das vorliegende Lehr- und Arbeitsbuch gibt eine grundlegende und umfassende Einführung in die Soziologie. Es enthält alle wichtigen Informationen, die für eine Einführung in die wissenschaftliche Soziologie von Bedeutung sind, so dass es für die Vorbereitung auf den Unterricht und auf Prüfungen eine wertvolle Hilfe sein kann. Zudem ergeben sich zahlreiche Möglichkeiten für einen nutzbringenden Einsatz im Unterricht.

Aufbau des Buches

Durch offene Fragen, ein Fallbeispiel, die Gegenüberstellung von Meinungen und Ähnlichem wird zum Thema des jeweiligen Kapitels hingeführt. Am Ende dieser **Hinführung** wird durch entsprechende Fragen mitgeteilt, worum es in diesem Kapitel geht, welche **Lernziele** angestrebt werden.

Das Hauptaugenmerk liegt auf dem **Informationsteil**. Hier wird der eigentliche Lerninhalt verständlich und gut strukturiert dargestellt. Fachtermini wurden bewusst in den Text aufgenommen und hinreichend geklärt, um eine größtmögliche Exaktheit zu erreichen. Beispiele, Übersichten, Fotos und Ähnliches machen die Ausführungen anschaulich. Gedichte, Karikaturen und vor allem unser Wichtel, Sigmund, sollen sie etwas auflockern und helfen, den Text besser zu behalten.

Sigmund, unser Wichtel, stellt sich vor.

Die Informationen sind bewusst ausführlich gehalten, damit sie besser verstanden und angewendet sowie Zusammenhänge klarer erkannt werden können. Zusätzlich zu berücksichtigende Hinweise sind mit dem Symbol ↘ gekennzeichnet. Am Ende des Informationsteils folgt eine **Zusammenfassung**, die nochmals den „roten Faden" der wichtigsten Lernergebnisse aufzeigt. Sie ist in einzelne Abschnitte gegliedert, die man sich leicht einprägen kann.

Im **Materialteil** finden sich Texte, Experimente, Untersuchungen, Tabellen und dergleichen. Diese können im Unterricht nutzbringend eingesetzt werden und sind zugleich zur Vertiefung des Wissens gedacht.

Die **Aufgaben und Anregungen** gliedern sich in zwei Teile:
- Die *Aufgaben* bieten die Möglichkeit, das Gelernte zu sichern, zu verarbeiten und anzuwenden. Sie können auch zur Vorbereitung auf Prüfungsarbeiten dienen. Dadurch ist eine systematische Vorbereitung auf eine Prüfung möglich. Die *Hinweise in Klammern* verweisen auf den entsprechenden Abschnitt, der den Lerninhalt enthält, der zur Beantwortung der Frage notwendig ist.

- In den *Anregungen* wird der Lernstoff erfahrbar, „erlebbar" gemacht. Das Gelernte soll hier durch eigene Erfahrung nachvollzogen werden können. Die jeweilige Thematik kann so **ganzheitlich** erfasst werden und soll zu einem eigengesteuerten, kreativen Lernen befähigen.

Ein gut organisiertes **Stichwortverzeichnis** macht das Lehrbuch zu einem unentbehrlichen Nachschlagewerk, in welchem bestimmte Informationen und Fachbegriffe schnell aufgefunden werden können.

Verlag, Herausgeber und Autoren hoffen, dass Lehrer und Schüler an diesem Lehr- und Arbeitsbuch viel Freude haben, und vor allem, dass es ihnen Erfolg bringt. Für Anregungen, Verbesserungsvorschläge und sachliche Kritik sind Herausgeber und Autoren sehr dankbar.

Herausgeber und Autoren

Grundfragen der Soziologie

Professor Dr. Hans Peter Henecka schreibt in seinem Buch „Grundkurs Soziologie" (2006⁸, Seite 15):
„Es gibt Kritiker der Soziologie, die behaupten, Soziologie sei eine Wissenschaft, die das, was jeder schon weiß, so formuliert, dass es niemand mehr versteht."

Und der Soziologe Peter L. Berger (1977, Seite 32) vermerkt:
„Die erste Stufe der Weisheit in der Soziologie ist, dass die Dinge nicht sind, was sie scheinen."

Folgende Fragen werden in diesem Kapitel geklärt:

1. *Was versteht man unter Soziologie?*
   Womit beschäftigt sie sich?
   Welche Aussagen zur Sozialnatur des Menschen sind für die Soziologie grundlegend?

2. *Welche Aufgaben hat die Soziologie?*
   In welche Bereiche lässt sie sich gliedern?

3. *Was versteht man unter Gesellschaft?*
   Worin besteht der Zusammenhang zwischen Gesellschaft und Kultur?
   Wie stehen Individuum und Gesellschaft zueinander?

1.1 Die Sozialnatur des Menschen

Schon *Aristoteles* bezeichnete den Menschen als **zoon politikon** und *Thomas von Aquin* charakterisierte ihn als **animal sociale**, um damit das Angewiesensein des Menschen auf das gesellschaftliche Handeln und seine Fähigkeit zu diesem zum Ausdruck zu bringen.

1.1.1 Der Begriff „sozial"

Der Begriff „sozial", der in dem Wort Soziologie[1] steckt, wird in verschiedenen Bedeutungen verwendet (vgl. *Weber u. a., 1983, S. 95 f.*) :

- Meist wird mit dem Wort *sozial* ein Werturteil zum Ausdruck gebracht. Es beschreibt den Menschen als einen Gefährten, der auf das Wohl seiner Mitmenschen und der Gesellschaft bedacht ist.

  So ist es zum Beispiel „sozial", den Armen zu helfen, zu spenden oder ein gutes Werk zu tun.

> **Denker**
> *Ein Mensch ist sonst ein Denk-Genie.*
> *Nur eins: an andre denkt er nie!*
> Roth, 2001, S. 254

---

[1] Soziologie: socius (lat.): gemeinsam, verbunden, verbündet; als Substantiv: der Gefährte, der Teilnehmer, der Verbündete; logos (griech.): die Lehre, die Wissenschaft

- *Sozial* bedeutet auch, dass der Einzelne den Anforderungen des geregelten Zusammenlebens entspricht, sich an die Wert- und Normvorstellungen einer Gesellschaft hält.

  Ein Krimineller beispielsweise, der gegen Gesetze verstößt, gilt entsprechend als asozial oder unsozial.

- Im sozialpolitischen Sinne wird von *sozial* gesprochen, wenn man sich in wirtschaftlichen, gesellschaftlichen und staatlichen Verhältnissen um eine gerechte Ordnung bemüht.

  So spricht man von einem Sozialstaat oder von der Lösung der „sozialen Frage".

- Sehr eng hängt der Gebrauch dieses Ausdruckes zusammen mit „dem Gemeinwohl, der Allgemeinheit dienend".

  So spricht man von sozialen Berufen, die der Gesellschaft nützlich sind.

- Die wissenschaftliche Anthropologie[1] bringt mit dem Begriff *sozial* zum Ausdruck, dass der Mensch auf eine gesellschaftliche Lebensweise hin angelegt ist und er nur durch das Zusammenleben mit anderen existieren kann[2].

  In diesem Sinne wird der Mensch oft als „soziales Wesen" bezeichnet.

- Schließlich wird im Sinne der Soziologie als *sozial* bezeichnet, was das Zusammenleben der Menschen, das Zwischenmenschliche, betrifft. Im engeren Sinne bezeichnet die Soziologie als sozial alle Phänomene, die sich auf einen oder mehrere andere Menschen beziehen[3].

  So meint soziales Handeln jedes Handeln von Menschen, welches in irgendeiner Weise auf das Verhalten bzw. Handeln von anderen Menschen bezogen ist.

1.1.2 Erkenntnisse über die Sozialnatur des Menschen

Für die Soziologie sind folgende **anthropologische Erkenntnisse über die Sozialnatur des Menschen** von Bedeutung:

- Der Mensch lebt nicht isoliert und alleine, sondern ist von vorneherein in ein umfassendes Ganzes, in eine soziale Situation eingebettet. Er ist auf eine gesellschaftliche Lebensweise hin angelegt und von Geburt an auf Mitmenschen und soziale Beziehungen angewiesen. Nur durch das Zusammenleben mit anderen kann er existieren und zum Menschen im humanen Sinne werden.

  „Man is not born human."
  (Der Mensch wird nicht als ‚Mensch' geboren, sondern erst dazu gemacht.)
  (Burgess/Locke, 1945, S. 213)

  Der Mensch ist ein **soziales Wesen**: Seine Daseinsform ist das Zusammenleben, welches sich in verschiedenen Gruppen und Einrichtungen wie Familie, Schule, Betrieb etc. vollzieht und durch Verhaltensvorschriften geregelt wird. Ein Verstoß gegen diese Regeln kann den Einzelnen mit sich selbst und anderen in Schwierigkeiten bringen bzw. Störungen in der menschlichen Existenz nach sich ziehen.

---

[1] Anthropologie (griech.): die Wissenschaft vom Menschen und seiner Entstehung
[2] siehe Abschnitt 1.1.2
[3] Dieser Gesichtspunkt wird in Abschnitt 1.2.1 und Kapitel 3.1 näher ausgeführt.

Grundfragen der Soziologie

„*Biologisch gesehen ist ein einzelner Mensch undenkbar. Er würde das Ende der Menschheit bedeuten. Die Sprache [...] stellt eine Leistung der sprachtragenden Gemeinschaft durch viele Generationen hindurch dar. Durch die Sprache [...] wird sein Denken beeinflusst. Durch seine Sprache hindurch spricht und denkt auch die Gemeinschaft. Der Mensch wird nur unter Menschen ein Mensch [...]*"

(Lassahn, 1993³, S. 117)

Der Mensch hat in seinem Zusammenleben eine „zweite Natur" geschaffen, nämlich eine kulturelle Welt. Ein großer Teil der Wirklichkeit ist Produkt des menschlichen Geistes, und als geistiges Wesen hat der Mensch Kultur geschaffen. Auf der ganzen Erde gibt es keine Gruppe von Menschen, die keine kulturelle Lebensweise hätte. Der Mensch lebt immer in einer Kultur, er ist ein **kulturelles Wesen**[1].

Damit ist der Mensch nicht nur darauf angewiesen, das soziale und kulturelle Leben zu regeln, er hat auch die Möglichkeit und Fähigkeit zu produktivem Neuschaffen und zur Veränderung von sozialen und kulturellen Verhältnissen.

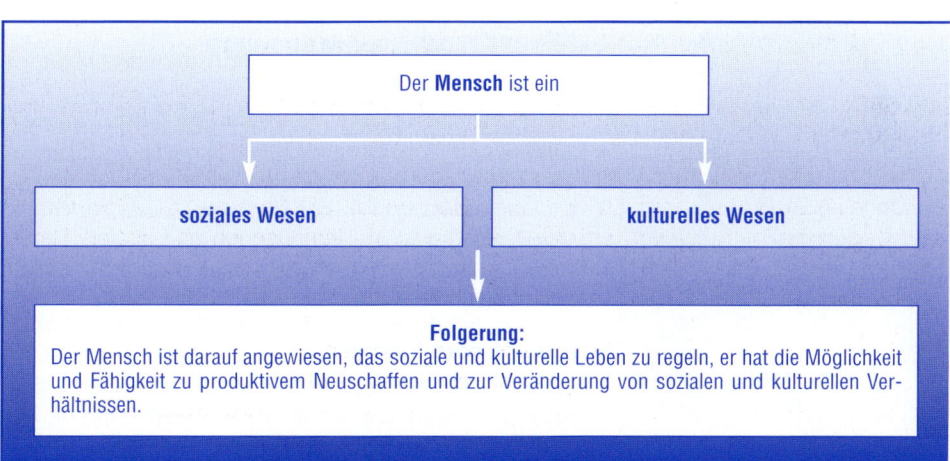

Alter Trick

Ein Mensch braucht alle Seelenkraft.
Dass er sein Mensch-Sein selber schafft.
Ein Unmensch kennt den Trick, den kleinen:
Auf andrer Kosten Mensch zu scheinen.

Roth, 2001, S. 279

---

[1] vgl. Abschnitt 1.4.2

1.1.3 Der Begriff „Soziologie"

Man könnte meinen, diese Fragen was ist eigentlich Soziologie, womit beschäftigt sie sich und was sind ihre Ziele bzw. Aufgaben, sind gar nicht so schwer zu beantworten. Doch eine Antwort auf diese Fragen ist weder einfach noch kann man sie so eindeutig geben wie man dies wohl erwarten würde. Dies liegt an den verschiedenen Denkrichtungen, die die Soziologie im Laufe der Zeit entwickelt hat. Bei all diesen Richtungen handelt es sich um unterschiedliche Ansätze, die jeweils eine bestimmte Sichtweise des Gegenstandes der Soziologie hervorheben.

Zwar hat man zu allen Zeiten über das Soziale und die soziale Wirklichkeit nachgedacht, doch erst seit den 70er Jahren des 19. Jahrhunderts formierte sich hieraus eine eigenständige Wissenschaft. Die Soziologie ergab sich aus philosophischen, theologischen, politischen und wirtschaftlichen Gedanken der Vergangenheit.

Der Terminus „Soziologie" geht auf den französischen Sozialreformer *Claude-Henri de Saint-Simon*[1] zurück, wurde aber erst durch den Sozialphilosophen *Auguste Comte*[2] bekannt. *Comte* wollte mit diesem Begriff eine neue Wissenschaftsart charakterisieren, die sich auf der Grundlage naturwissenschaftlichen Vorgehens mit der der Erfahrung zugänglichen – beobachtbaren – sozialen Wirklichkeit beschäftigen sollte. Deshalb wollte er sie ursprünglich **soziale Physik** nennen, doch diese Bezeichnung war schon belegt. So wie die Naturwissenschaften im organischen und anorganischen Bereich Gesetze auffinden und formulieren, so sollte es nach *Comte* möglich sein, solche auch in der sozialen Wirklichkeit zu entdecken.

Claude-Henri de Saint-Simon

Auguste Comte

„*Ich glaube, von jetzt ab dieses neue Wort*[3] *wagen zu dürfen, das meinem bereits eingeführten Ausdrucke soziale Physik völlig gleichkommt, um mit einen einzigen Namen diesen Ergänzungsteil der Naturphilosophie bezeichnen zu können, der sich auf das positive Studium der sämtlichen, den sozialen Erscheinungen zugrunde liegenden Gesetze bezieht.*"
(Comte, 1923[2], S. 184 f.)

Alle Wissenschaften, die auf Beobachtung beruhen, werden **erfahrungswissenschaftliche oder empirische**[4] **Wissenschaften** genannt. *Comte* wollte Soziologie als empirische Wissenschaft sehen. Sein Anliegen war es, die soziale Wirklichkeit durch die Beobachtung zu beschreiben und zu erklären[5].

---

[1] Claude-Henri de Saint-Simon (1760–1825) war Soziologe und Sozialreformer; er stammte aus einem reichen, altadeligen französischen Geschlecht und wurde im Geist der Aufklärung und der Enzyklopädisten erzogen.
[2] Auguste Comte (1798–1857), Sozialphilosoph, gilt als Begründer des Positivismus, der jede Metaphysik ablehnt. Seine Auffassung von Wissenschaft prägte wesentlich das moderne Verständnis der Naturwissenschaften.
[3] gemeint ist das Wort „Soziologie"
[4] empirisch (griech.): auf Erfahrung beruhend
[5] vgl. hierzu auch Kapitel 2.1.2

Soziologie stellt sich heute nicht als einheitliche Wissenschaft dar, im Laufe des letzten Jahrhunderts bildeten sich mehrere Forschungsrichtungen mit verschiedenen Theorien und Methoden heraus[1]. Einig ist man sich jedoch darin, dass es die **Soziologie mit der sozialen Wirklichkeit – genauer: mit dem Zusammenleben von Menschen – zu tun hat**.

Man kann „Soziologie als Wissenschaft von der sozialen Wirklichkeit bezeichnen. Soziale Wirklichkeit meint dabei jenen Teil der [...] Wirklichkeit, der sich im Zusammenleben der Menschen ausdrückt oder durch dieses Zusammenleben und Zusammenhandeln hervorgebracht wird. Damit sind Familien ebenso gemeint wie Betriebe und Gemeinden, kleine Gruppen ebenso wie ganze Gesellschaften, der Aufbau und die Gestaltung eines solchen Zusammenlebens ebenso wie seine Erhaltung oder Veränderung."

(Gukenbiehl, 2002[6], S. 12)

> **Soziologie ist die Wissenschaft von der sozialen Wirklichkeit, vom Zusammenleben und Zusammenwirken von Menschen.**

1.2 Der Gegenstand der Soziologie

Hinsichtlich der sozialen Wirklichkeit lassen sich zwei übergeordnete **Objektbereiche der Soziologie** näher beschreiben, die jeweils einen anderen Aspekt der sozialen Wirklichkeit hervorheben: **soziales Handeln und soziale Gebilde**.

1.2.1 Das soziale Handeln

Menschen verhalten und beeinflussen sich durch ihr Verhalten und Handeln gegenseitig. In dem Moment, in welchem Menschen miteinander in Beziehung treten, beeinflussen und steuern sie sich gegenseitig.

Dies lässt sich schon beobachten, wenn zwei Menschen aufeinander treffen und miteinander sprechen: Sie gehen aufeinander ein, beziehen sich aufeinander und orientieren sich aneinander, jeder agiert und reagiert auf den anderen.

Verhaltensweisen und Handlungen werden „sozial" genannt, weil sie sich auf einen oder mehrere andere Menschen beziehen. Die Soziologie spricht von **sozialem Verhalten** und meint eben damit jedes menschliche Verhalten, welches in irgendeiner Weise auf das Verhalten von anderen Menschen bezogen ist.

Meist wird dem Begriff Verhalten der Terminus **Handeln** vorgezogen, um vor allem der Tatsache Rechnung zu tragen, dass der Mensch überlegt handeln kann und keineswegs als reines „Reaktionswesen" anzusehen ist[2]. Die Soziologie beschäftigt sich mit dem **sozialen Handeln**, welches immer auf andere Menschen bezogen ist: Der Handelnde bezieht das Verhalten anderer in sein eigenes Handeln mit ein bzw. zielt auf eine Veränderung des Verhaltens anderer ab. Diesen Aspekt hebt vor allem einer der „Gründungsväter" der Soziologie, *Max Weber*[3], hervor.

---

[1] vgl. hierzu die Kapitel 5 und 6
[2] vgl. Kapitel 3.1.2
[3] Eine kurze Biografie von Max Weber befindet sich in Kapitel 3.1.2.

„Soziologie [...] soll heißen: eine Wissenschaft, welche soziales Handeln deutend verstehen und dadurch in seinem Ablauf und seinen Wirkungen ursächlich erklären will. ‚Handeln' soll dabei ein menschliches Verhalten [...] heißen, wenn und insofern als der oder die Handelnden mit ihm einen subjektiven Sinn verbinden. ‚Soziales' Handeln aber soll ein solches Handeln heißen, welches seinem von dem oder den Handelnden gemeinten Sinn nach auf das Verhalten anderer bezogen wird und daran in seinem Ablauf orientiert ist."

(Weber, 1984⁶, S. 19)

> Mit sozialem Handeln ist jedes Verhalten bzw. Handeln von Menschen gemeint, welches in irgendeiner Weise auf das Verhalten von anderen Menschen bezogen ist.

Auf das soziale Handeln als Gegenstandsbereich der Soziologie wird ausführlich in *Kapitel 3* eingegangen; der Handlungsbegriff als tragende Säule der **struktur-funktionalen Theorie** von *Talcott Parsons* ist in *Kapitel 5.2.1* dargestellt.

1.2.2 Soziale Gebilde und soziale Struktur

Menschen leben und handeln immer in einer bestimmten sozialen Einheit wie zum Beispiel in der Familie, in der Schulklasse, im Verein, im Betrieb, in der Gemeinde oder in der Gesellschaft. Eine solche soziale Einheit, die aus mehreren Personen besteht und in der soziale Beziehungen bzw. soziales Handeln stattfindet, wird in der Soziologie als **soziales Gebilde** bezeichnet.

In der Familie oder im Betrieb beispielsweise leben Menschen miteinander und wirken in ihrem sozialen Handeln aufeinander.

> Soziales Gebilde ist die Bezeichnung für eine soziale Einheit, die aus mehreren Personen besteht und in der soziale Beziehungen bzw. soziales Handeln stattfindet.

Herbert Tschamler (1970, S. 173 f.) definiert Soziologie als die **Wissenschaft von den sozialen Gebilden** und ihren Prozessen, wobei er mit Prozessen die Veränderungen in und von sozialen Gebilden in der Zeit meint.

Soziale Gebilde beziehen sich sowohl auf kleinere „Einheiten" wie Familie, Freundeskreis, Schule – in der Soziologie wird hier von **mikrosoziologischen Gebilden** gesprochen – als auch auf größere Systeme wie zum Beispiel die Gesellschaft, die als **makrosoziologische Gebilde** bezeichnet werden.

Grundfragen der Soziologie

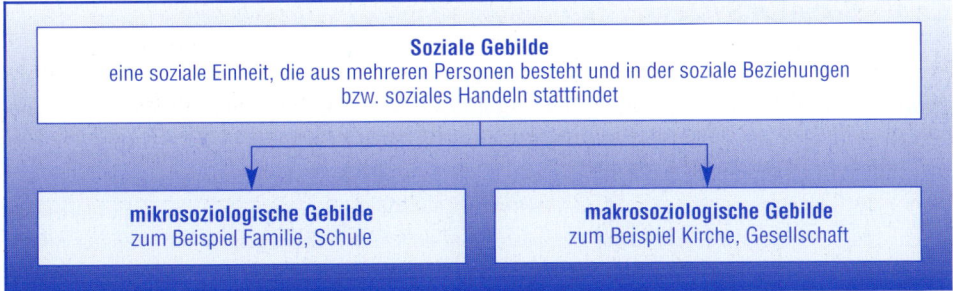

In einer Gesellschaft ist die **Gruppe** das häufigste soziale Gebilde, denn jeder Mensch gehört solchen an: Familie, Spielgruppe, Freundeskreis, Sportgruppe, Jugendgruppe usw. Bei **Organisationen** wie zum Beispiel Ehe, Kindergarten, Schule oder Betrieb handelt es sich ebenfalls um soziale Gebilde[1].

Menschliches Zusammenleben ist komplex, erscheint oft zufällig und unbeständig. Um sich zurechtzufinden, strukturiert der Mensch seine Welt. Jedes Zusammenleben weist also eine bestimmte **Struktur** auf, die sich in einem geordneten Gefüge und im Aufbau eines sozialen Gebildes zeigt.

So zum Beispiel hat jedes soziale Gebilde eine bestimmte Kommunikationsstruktur und Machtstruktur; in Betrieben spricht man oft von Führungsstruktur.

Die Soziologie spricht in diesem Zusammenhang von **sozialer Struktur**.

> Soziale Struktur bezeichnet das geordnete Gefüge und den geordneten Aufbau eines sozialen Gebildes.

Der Begriff „soziale Struktur" bezieht sich auf das „innere Gefüge" eines sozialen Gebildes und damit verbunden auf erkennbare Muster und beobachtbare Regelmäßigkeiten in einem Beziehungsgeflecht.

So zum Beispiel weist die Schule ein ganz bestimmtes „inneres Gefüge" auf: Die Schulverwaltung, der Lehrkörper, das Verwaltungspersonal, die Schüler, der Hausmeister usw. Mit diesen Positionen sind bestimmte Verhaltenserwartungen und Rechte verbunden, die das Aufgabenfeld des Positionsinhabers definieren und ihm bestimmte Kommunikationswege vorschreiben oder erst eröffnen. In diesem Beziehungsgeflecht handelt es sich um ganz bestimmte immer wiederkehrende Muster und Regelmäßigkeiten – etwa das Schreiben von Prüfungsarbeiten, um eines zu nennen.

Der Begriff „soziale Struktur" wird häufig synonym mit dem Terminus „Sozialstruktur" verwendet. Doch aus Gründen der Eindeutigkeit sind diese beiden Begriffe genau voneinander zu trennen: Während man mit sozialer Struktur das geordnete Gefüge und den geordneten Aufbau eines sozialen Gebildes wie zum Beispiel die Kommunikationsstruktur oder die Führungsstruktur in einem Betrieb bezeichnet, meint Sozialstruktur – wie in Kapitel 9.1.1 ausgeführt – die Gliederung der Bevölkerung einer Gesellschaft oder einer ihrer Gruppen nach einem bestimmten Merkmal wie zum Beispiel die Altersstruktur oder die Einkommensstruktur einer Gesellschaft.

---

[1] Die Gruppe als soziales Gebilde wird in Kapitel 7 dargestellt, auf Organisationen wird ausführlich in Kapitel 13 eingegangen.

1.2.3 Soziales System

In der neueren Literatur wird statt vom sozialen Gebilde oft von einem **sozialen System** gesprochen. Damit soll der Aspekt hervorgehoben werden, dass ein soziales Gebilde immer ein Ganzes ist, dessen Teile untereinander in einer wechselseitigen Beziehung stehen und sich gegenseitig beeinflussen.

Die Familie zum Beispiel stellt ein System dar: Sie ist ein Ganzes, welches aus einzelnen Elementen – Frau, Mann, Kinder – besteht. Diese Elemente beeinflussen sich gegenseitig: Die Frau beeinflusst den Mann und umgekehrt, die Kinder beeinflussen ihre Eltern und umgekehrt und die Kinder beeinflussen sich untereinander.

Dabei wirkt jede Veränderung eines Elementes auf die anderen Teile des Systems[1].

> Unter einem System wird eine Ganzheit verstanden, die aus einzelnen Elementen besteht, welche untereinander in einer wechselseitigen Beziehung stehen und sich gegenseitig beeinflussen.

Merkmale eines sozialen Systems sind

- die wechselseitige Abhängigkeit all seiner Elemente, die **Interdependenz** genannt wird,
- die Ordnung und Regelmäßigkeit in den Beziehungen der Teile des Systems untereinander und
- die Abgrenzung zu anderen Systemen, die geregelte Umweltbeziehungen ermöglichen und dem eigenen System Identität geben.

Materialien 1

Bei diesem Blick aufs Ganze und seine Einzelteile erscheint jedes soziale Gebilde als ein System, welches wiederum aus vielen verschiedenen Untereinheiten, den **Subsystemen**, bestehen kann.

Innerhalb der Schule als soziales System sind beispielsweise eine Schulklasse, das Lehrerkollegium oder einzelne Fachbereiche Subsysteme.

Der Begriff „soziales System" entspringt der modernen Sozialwissenschaft, die diesen zur Erforschung und Analyse der Wechselwirkungen sozialen Handelns verwendet. Aus dieser Sichtweise wird zwischen **geschlossenen und offenen Systemen** unterschieden: Bei einem geschlossenen System liegt die Betrachtung primär auf den Wechselwirkungen zwischen den Elementen eines Systems selbst, Austauschprozesse mit der Umwelt bleiben unberücksichtigt.

Die Betrachtung kann sich beispielsweise auf die Beziehungen innerhalb einer Familie konzentrieren.

Bei offenen Systemen dagegen wird das System in seinen Austauschprozessen mit der Umwelt gesehen, es werden also die vielfältigen wechselseitigen Beeinflussungsprozesse zwischen dem System und seiner Umwelt betrachtet.

So kann man analysieren, wie beispielsweise die Arbeit, die Schule oder gesellschaftliche Prozesse auf die Familie wirken.

Man geht heute davon aus, dass Austauschprozesse zwischen System und Umwelt dieses am Leben erhalten. Ein System ohne Außenbezug würde erstarren und so in seiner Existenz gefährdet sein.

---

[1] *Auf systemtheoretische Annahmen wird in Kapitel 5.2.2 eingegangen.*

Es ist kaum möglich, dass ein System völlig unabhängig und isoliert von der es umgebenen Umwelt existieren kann; es wird mehr oder weniger immer von anderen sozialen Einheiten beeinflusst und wirkt umgekehrt auf diese zurück.

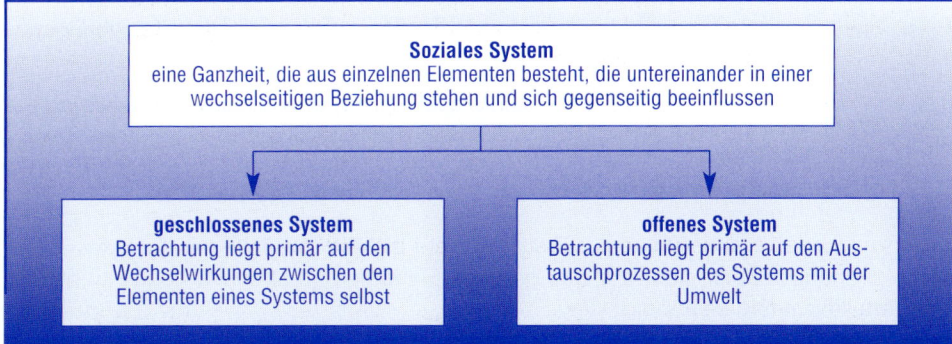

Bestimmte Prozesse können – wie in *Kapitel 3 und 4* deutlich wird – zum Fortbestand oder zu einem Zerfall eines sozialen Gebildes führen.

Ein Zerfall eines sozialen Gebildes kann zum Beispiel eintreten, wenn Wertvorstellungen an Verbindlichkeit verlieren bzw. sich auflösen.

Veränderungen, die bis zu einem Zerfall eines sozialen Gebildes führen können, bezeichnet man als **dysfunktionale Prozesse** oder auch als **Labilität** eines sozialen Gebildes. Sind die Prozesse gebildeerhaltend bzw. -fördernd, so spricht man von **funktionalen Prozessen** bzw. **Stabilität**.

Die Soziologie hat **Systemtheorien** hervorgebracht, deren bekannteste die ***struktur-funktionale Theorie*** von *Talcott Parsons* ist[1]. Grundlegende Annahme der Systemtheorien ist, dass alle einzelnen Elemente eines Lebensbereiches, dem ein Mensch angehört, zueinander in einer wechselseitigen Beziehung stehen und sich gegenseitig beeinflussen. Handeln kann demnach nur aus der Verflochtenheit eines Menschen mit seiner ihn umgebenden Umwelt verstanden und erklärt werden. Entsprechend dieser Grundannahme gehen systemische Theorien davon aus, dass jegliches Verhalten und Handeln im sozialen System entwickelt und aufrechterhalten wird.

1.2.4 Soziale Institutionen

Personen eines sozialen Gebildes haben eine Reihe von Bedürfnissen wie zum Beispiel das Bedürfnis nach Sexualität, Nachkommenschaft, Sicherheit, Bildung, Freiheit, Schutz, Glauben usw.. Die Befriedigung dieser Bedürfnisse wird durch bestimmte Ordnungs- und Verhaltensmuster geregelt.

Ein solches Ordnungsmuster ist zum Beispiel die Regelung des Sexualverhaltens in unserer Gesellschaft.

Soziale Gebilde weisen dementsprechend bestimmte **Ordnungs- bzw. Verhaltensmuster** auf, durch welche das soziale Handeln der Menschen geregelt wird und als verlässlicher Ordnungsrahmen Verhaltenssicherheit ermöglicht. Solche mehr oder weniger **verbindlichen, in ihrer Form beständigen Ordnungs- bzw. Verhaltensmuster menschlicher Beziehungen werden als Institutionen bezeichnet.**

---

[1] Die struktur-funktionale Theorie ist ausführlich in Kapitel 5.2 dargestellt.

Institutionen haben folgende **Funktionen**:

- sie stellen die Befriedigung von grundlegenden Bedürfnissen sicher,
- sie gewährleisten Verhaltenssicherheit und
- sie dienen somit der Orientierung in der sozialen Umwelt.

Ein Beispiel für eine Institution ist unser Rechtssystem, welches eine fortwährende Form aufweist und anhand von Gesetzen verbindliche Ordnungsmuster vorgibt. Es verbürgt dadurch etwa das Bedürfnis nach Freiheit oder Gefahrlosigkeit und garantiert eine bestimmte Sicherheit.

„Die Institution ist also mit anderen Worten die Art und Weise, wie bestimmte Dinge getan werden müssen." *(König, 1975, S. 143)*

Diese Ordnungsmuster sind, um eine gewisse Sicherheit und Verlässlichkeit zu gestatten, verhältnismäßig beständig.

Die Regelung des Sexualverhaltens in der Ehe und Familie beispielsweise existiert schon seit Jahrhunderten.

> **Institution meint alle mehr oder weniger verbindlichen, in ihrer Form beständigen Ordnungs- bzw. Verhaltensmuster von menschlichen Beziehungen, die dadurch die Befriedigung von grundlegenden Bedürfnissen sicherstellen, Verhaltenssicherheit gewährleisten und der Orientierung in der sozialen Umwelt dienen.**

Diesen Aspekt der Institution als Gegenstand der Soziologie hebt vor allem ein weiterer „Gründungsvater" der Soziologie, *Emile Durkheim*[1], hervor, nach dem **die Soziologie insgesamt die Wissenschaft von den Institutionen ist**.

„Die Soziologie kann also definiert werden als die Wissenschaft von den Institutionen, deren Entstehung und Wirkungsart." *(Durkheim, 2002, S. 100)*

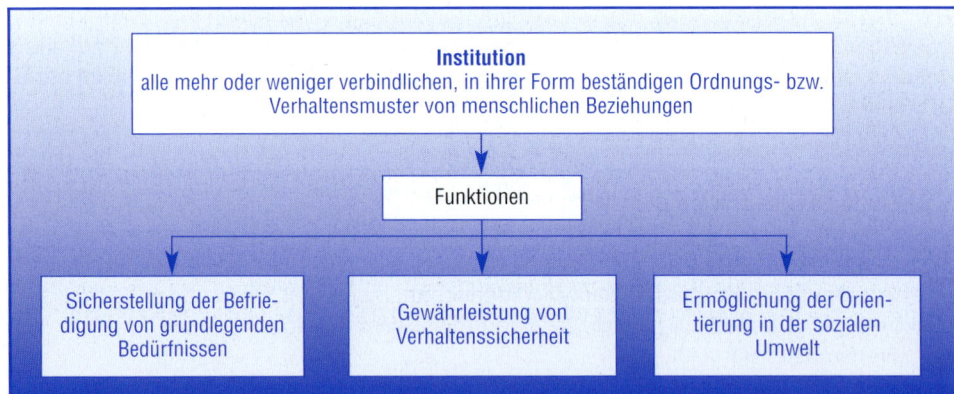

In der Literatur wird Institution oftmals mit dem Begriff Einrichtung im Sinne einer Organisation gleichgesetzt wie zum Beispiel Familie, Kindergarten, Betrieb oder Krankenhaus. Eine **Organisation ist jedoch ein zeitlich stabiles, strukturiertes, soziales Gebilde bzw. System, welches sich aus verschiedenen Personen zusammensetzt und ein bestimmtes Ziel verfolgt** *(vgl. Gebert/Rosenstiel, 2002⁵, S. 22 f.)*[2].

---

[1] Emile Durkheim (1858–1917) erhielt 1887 als erster einen Lehrstuhl für Soziologie; er betonte vor allem die gesellschaftliche Bedingtheit und Abhängigkeit menschlichen Denkens und Verhaltens.

[2] Auf Organisationssoziologie wird ausführlich in Kapitel 13 eingegangen.

Ein Betrieb zum Beispiel ist eine Organisation, er hat das Ziel, etwa Autos, Haushaltsgeräte, Werkzeuge oder Maschinen herzustellen. Organisationen im Bereich des Gesundheitswesens bemühen sich um Gesundheitsvorsorge bzw. wollen Menschen von Krankheiten heilen.

Institution und Organisation lassen sich allerdings nicht voneinander trennen: Institutionen bilden den „normativen Rahmen" des Handelns in Organisationen. Organisationen sind also soziale Gebilde, die unter anderem auf der Grundlage von Institutionen aufgebaut sind. Dabei lassen sich bestimmte Organisationen den jeweiligen Institutionen zuordnen. *Günter Wiswede (1998³, S. 249)* gibt hierzu einige Beispiele:

Institution	Organisationen
Religion	z.B. Kirchen
Wirtschaft	z.B. Betriebe
Rechtssystem	z.B. Gerichte
Bildungssystem	z.B. Schulen
Regierung	z.B. Parlamente

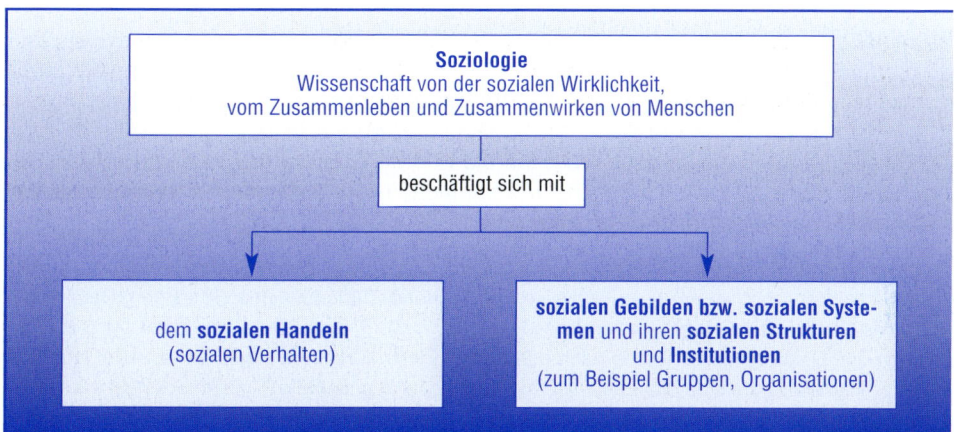

Soziologie ist die Wissenschaft von der sozialen Wirklichkeit, vom Zusammenleben und Zusammenwirken von Menschen und beschäftigt sich mit dem sozialen Handeln von Menschen, sozialen Gebilden bzw. Systemen und ihren sozialen Strukturen und Institutionen.

Materialien 2

1.3 Aufgaben und Bereiche der Soziologie

Jede Wissenschaft möchte Wissen über die Beschaffenheit der Wirklichkeit gewinnen. Dabei konzentriert sich jede Wissenschaft auf ihren eigenen Aufgabenbereich und entwickelt, um diesem Aufgabenbereich gerecht zu werden, verschiedene Teilgebiete.

1.3.1 Aufgaben der Soziologie

Soziologen haben zum einen die Aufgabe, die **soziale Wirklichkeit zu beobachten und zu beschreiben**, um diese interpretieren bzw. **verstehen** sowie Zusammenhänge **erklären** zu können.[1]

Die Soziologie „hat systematisch Informationen über die soziale Wirklichkeit zu beschaffen und nach den Regeln der rational-logischen Argumentation damit umzugehen. Mit dieser [...] Aussage will sich die Soziologie einerseits von rein formal-logischen Wissenschaften, wie etwa der Mathematik, abgrenzen. Zum anderen lehnt sie Wissenschaftsauffassungen [...] ab, in denen nicht die ratio, der Verstand, und die logische Argumentation darüber entscheiden, was Wirklichkeit und was wahr oder falsch sei, sondern dogmatisch vorgegebene Glaubensauffassungen, Weltanschauungen und spekulatives Denken."
(Gukenbiehl, 2002⁶, S. 16)

Beobachten und beschreiben lassen sich die soziale Wirklichkeit als solche und die Bedingungen der sozialen Wirklichkeit, die diese beeinflussen.

So lässt sich beispielsweise beobachten und beschreiben, wie sich Schüler in einer Klasse verhalten, welche Struktur sie entwickelt oder wodurch die Schüler in ihrem Handeln beeinflusst werden.

Die Soziologie kann sich jedoch nicht auf die Erforschung der sozialen Wirklichkeit beschränken, sie muss auch Aussagen darüber machen, *wie Menschen in dieser handeln sollen und wie diese beschaffen sein soll*.

So beschäftigt sich etwa die Organisationssoziologie u. a. auch damit, wie Organisationen effektiv gestaltet werden können, um beispielsweise Leistung und Zufriedenheit zu erzeugen. Damit stellt sich – wie *Diether Gebert und Lutz von Rosenstiel (2002⁵, S.16)* festhalten – unausweichlich die Frage nach den Gestaltungszielen und nach den diesen Zielen zugrunde liegenden sozialen Normen. Auch die Familiensoziologie sieht es – wie in *Kapitel 11.1.1* ausgeführt – als ihre Aufgabe an, Vorschläge für zukünftige Veränderungen und damit Grundlagen für politisches Handeln zu liefern.

Die Soziologie entstand denn auch aus dem im 19. Jahrhundert vorhandenen besonderen Krisenbewusstsein, welches durch tief greifende Erschütterungen anlässlich der Veränderungen der wirtschaftlichen und bevölkerungsstrukturellen Verhältnisse hervorgerufen wurde. Man erhoffte sich von ihr einen Beitrag zur Lösung der sozialen Probleme.

Es ist also zum anderen die Aufgabe der Soziologen, **Ziele und Handlungen in der sozialen Wirklichkeit aufzuweisen**. Dabei geht es bei diesen „Soll-Aussagen" nicht um Glaubensauffassungen, Weltanschauungen, persönliche Meinungen oder um spekulatives Denken, sondern darum, dass diese auf empirisch gewonnenen, allgemein gültigen, wissenschaftlichen Erkenntnissen gründen. Aus dieser Sicht besteht ein Zusammenhang zwischen der Erforschung der erfahrbaren sozialen Wirklichkeit und der Aufweisung dessen, was in dieser sein soll.

---

[1] *Auf die beiden Positionen des Verstehens und Erklärens wird ausführlich in Kapitel 2.1.2 eingegangen.*

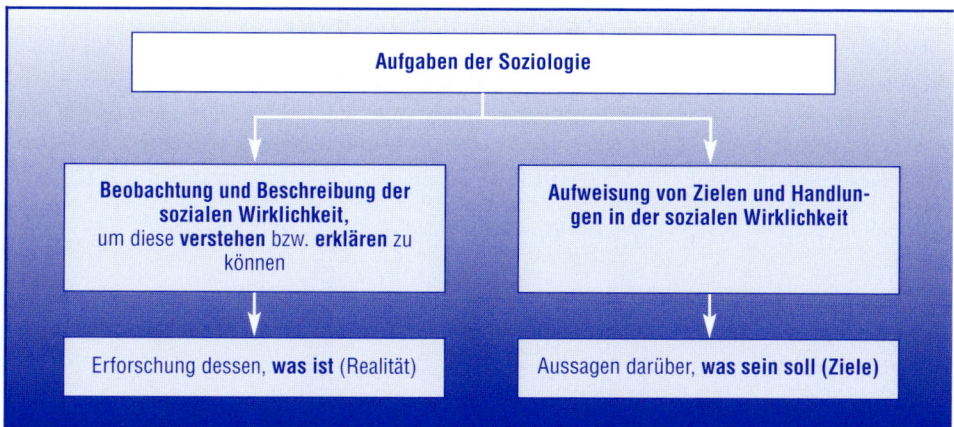

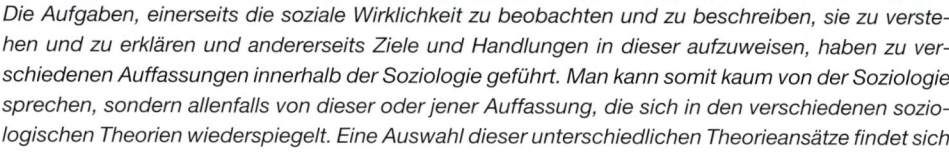

Die Aufgaben, einerseits die soziale Wirklichkeit zu beobachten und zu beschreiben, sie zu verstehen und zu erklären und andererseits Ziele und Handlungen in dieser aufzuweisen, haben zu verschiedenen Auffassungen innerhalb der Soziologie geführt. Man kann somit kaum von der Soziologie sprechen, sondern allenfalls von dieser oder jener Auffassung, die sich in den verschiedenen soziologischen Theorien wiederspiegelt. Eine Auswahl dieser unterschiedlichen Theorieansätze findet sich in Kapitel 5 und 6.

1.3.2 Bereiche der Soziologie

Entsprechend ihrem Gegenstand und ihren Aufgaben unterscheidet man die **allgemeine Soziologie** von der **speziellen Soziologie**.

In der *allgemeinen Soziologie* geht es um elementare Fragestellungen dieser Wissenschaft; sie versucht, grundlegende Erkenntnisse über die soziale Wirklichkeit zu gewinnen und diese Erkenntnisse zu systematisieren. In ihrem Rahmen werden die grundlegenden Begriffe entwickelt und geklärt. Auch die Geschichte und die Entstehung der Soziologie ist Gegenstand der allgemeinen Soziologie.

Die *spezielle Soziologie* befasst sich mit den verschiedenen Feldern der sozialen Wirklichkeit, die in der Regel nach ihrem jeweiligen Untersuchungsgegenstand benannt sind. Die wichtigsten Felder der sozialen Wirklichkeit, mit denen sich die Soziologie im Besonderen beschäftigt, sind:

- die **Familiensoziologie** (siehe *Kapitel 11*),
- die **Jugendsoziologie** (siehe *Kapitel 12*),
- die **Organisationssoziologie (Betriebssoziologie)** und die **Industriesoziologie** (siehe *Kapitel 13*),
- die **Gemeindesoziologie**.

Bernhard Schäfers (2003[8], S. 335 f.) führt als weiteren Bereich der Soziologie die **Sozialforschung** mit ihren Forschungsmethoden an, die es ermöglichen, Daten zu erheben, aufzubereiten und zu interpretieren.[1]

---

[1] *Auf die Sozialforschung wird ausführlich in Kapitel 2 eingegangen.*

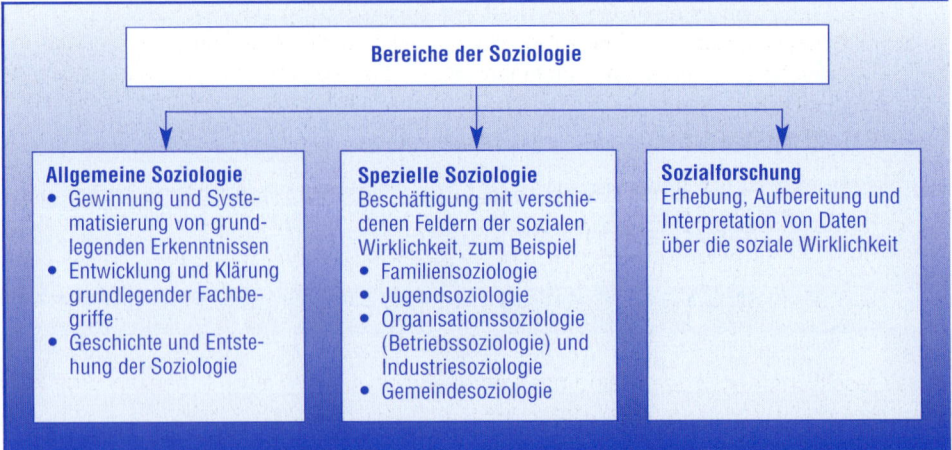

1.4 Die Gesellschaft als Gebiet der Soziologie

Sehr häufig wird in der Literatur **Soziologie als die Wissenschaft von der Gesellschaft** definiert, doch über das, was unter Gesellschaft verstanden wird, besteht keine einhellige Auffassung. Zudem wird dieser Terminus nicht nur von der Soziologie, sondern auch von der Politik und der Wirtschaft verwendet, was zum Beispiel in dem Wort „Handelsgesellschaft" oder „Aktiengesellschaft" zum Ausdruck kommt. Im Alltag erfährt dieser Begriff ein Werturteil, wenn von einer „guten" oder „schlechten Gesellschaft", von einer „feinen Gesellschaft" oder von „gesellschaftsfähig" gesprochen wird.

1.4.1 Der Begriff „Gesellschaft"

Dem Wortursprung nach bedeutet Gesellschaft „räumlich vereint lebende Personen". Gesellschaft kann also als eine Gesamtbevölkerung von Menschen angesehen werden, die in einem **gemeinsamen Gebiet** zusammenleben und eine **eigenständige soziale Einheit** bilden – jede Gesellschaft ist von allen anderen Gesellschaften abgegrenzt (vgl. *Fichter, 1970³, S. 85*).

Grundfragen der Soziologie

Die Menschen leben in einer Gesellschaft zur **Befriedigung und Sicherstellung von sozialen Bedürfnissen** zusammen. Gesellschaft ist also eine Gesamtheit von vereint lebenden Menschen, die in einem gemeinsamen Gebiet wohnen und eine eigenständige soziale Einheit bilden sowie zur Befriedigung und Sicherstellung von gemeinsamen Bedürfnissen zusammenwirken.

Eine Gesellschaft zeichnet sich durch beständige **Ordnungs- bzw. Verhaltensmuster** aus und weist immer eine bestimmte **soziale Struktur** auf, die sich – wie in *Abschnitt 1.2.2* ausgeführt – in einem geordneten Gefüge und geordneten Aufbau zeigt.

Jede Gesellschaft hat zum Beispiel eine ganz bestimmte Staatsform oder ein bestimmtes Wirtschaftssystem.

Jede Gesellschaft hat zudem eine bestimmte **Kultur**. Es gibt auf der ganzen Erde kein Zusammenleben von Menschen, das keine kulturelle Lebensweise hätte.[1]

Dazu gehören beispielsweise die Sprache, die Neuschaffung und Veränderung von Wohnverhältnissen, Kunst, Religion, Recht, Wissenschaft, Wert- und Normvorstellungen ebenso wie die Veränderung und Umgestaltung der Natur selbst.

Letztlich handelt es sich bei einer Gesellschaft um ein **makrosoziologisches Gebilde**. Damit ist zugleich die Abgrenzung zu einer **Gruppe** definiert, die jeweils nur einen Teil einer Gesellschaft umfasst.

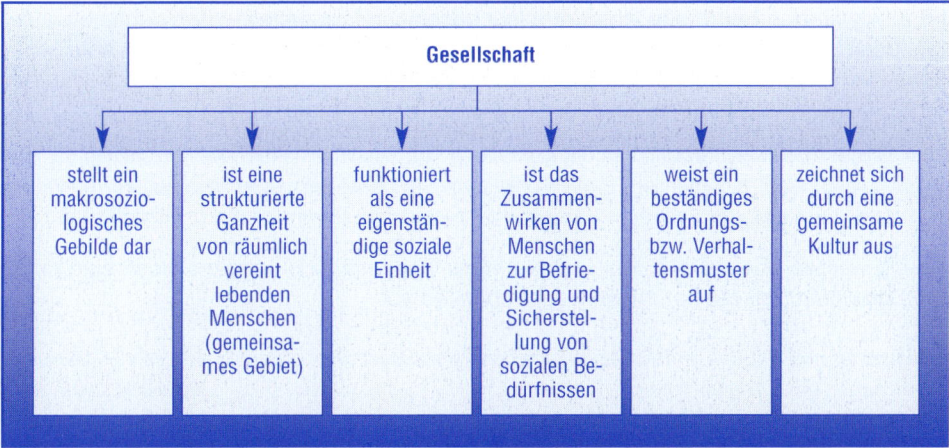

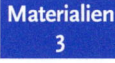

Gesellschaft stellt ein makrosoziologisches Gebilde dar, welches als eigenständige soziale Einheit funktioniert und ein beständiges Ordnungs- bzw. Verhaltensmuster aufweist, und bezeichnet eine strukturierte Gesamtheit von räumlich vereint lebenden Menschen, die zur Befriedigung und Sicherstellung von sozialen Bedürfnissen zusammenwirken und sich durch eine gemeinsame Kultur auszeichnen.

---

[1] vgl. Abschnitt 1.4.2

Gesellschaften können unterschiedlich eingeteilt werden – etwa nach ihrer **Staatsform**, ihrer **Wirtschaftsform** oder nach der Art ihrer **Kultur** (vgl. *Fichter, 1970³, S. 88 ff.*):

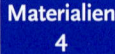

Gesellschaftsform	Unterscheidung
Staatsform	zum Beispiel in demokratische und totalitäre, in einheitliche und pluralistische Gesellschaften
Wirtschaftsform	zum Beispiel in kapitalistische und sozialistische Gesellschaften, in Agrar- und Industriegesellschaft
Kulturform	zum Beispiel in einfache und komplexe Gesellschaften

1.4.2 Kultur und Gesellschaft

Um leben und überleben zu können, hat der Mensch in seinem Zusammenleben eine „zweite Natur" geschaffen, nämlich eine kulturelle Welt. Ein großer Teil der Wirklichkeit ist, wie schon in *Abschnitt 1.1.2* ausgeführt, Produkt des menschlichen Geistes, und als geistiges Wesen hat der Mensch Kultur geschaffen. Es gibt denn auch auf der ganzen Erde keine Gruppe von Menschen, die keine kulturelle Lebensweise hätte.

Im Alltag werden Kultur und Natur oft nicht auseinander gehalten – man denke etwa daran, dass Menschen etwas als „unnatürlich" bezeichnen, in Wirklichkeit damit aber „nicht normal" meinen. Oder sie argumentieren mit der „Natur", obwohl der Mensch kein Naturwesen im strengen Sinne ist.

Dies wird beispielsweise deutlich an der Beurteilung von Sexualverhalten. Hier wird häufig mit dem Begriff „unnatürlich" argumentiert. In Wirklichkeit aber ist unser Sexualverhalten kulturell überformt, und meist meint man mit „unnatürlich" „nicht einer bestimmten Normvorstellung entsprechend".

Häufig werden aber auch Kultur und Natur als Gegensätze propagiert, doch eine Kultur baut grundsätzlich auf natürliche Gegebenheiten auf.

„Menschen sind folglich von Natur aus Kulturwesen. Es ist also unnatürlich, wenn es Menschen geben sollte, die kulturlos leben." (Feldmann, 2001², S. 19)

Mit Kultur bezeichnet man das, was der Mensch selbst geschaffen hat – im Gegensatz zur Natur, die nicht von ihm erzeugt ist. Kultur ist nach *Jakobus Wössner (1986⁹, S. 91)* all das, was sich der Mensch zur Bewältigung seines Daseins aufgebaut hat und aufbaut; sie ist also eine von ihm selbst geschaffene bzw. veränderte Umwelt. Dazu gehören beispielsweise die Sprache, die Neuschaffung und Veränderung von Wohnverhältnissen, Kunst, Religion, Recht, Wissenschaft, Wert- und Normvorstellungen ebenso wie die Veränderung und Umgestaltung der Natur selbst.

Kultur ist die umfassende Bezeichnung für das, was der Mensch im Gegensatz zur Natur selbst geschaffen hat; eine von ihm selbst geschaffene bzw. veränderte Umwelt.

Grundfragen der Soziologie

Oft wird unterschieden zwischen Kultur und Zivilisation, wobei Kultur geistig-schöpferische und Zivilisation technische, ökonomische und „rational verfügbare" Errungenschaften meint. Vielfach wird auch unter Kultur die ganze Lebensweise einer Gesellschaft verstanden im Gegensatz zur Zivilisation, die die jeweils höchste Form der menschlichen Kultur meint. Diese Trennung wird jedoch in der heutigen Soziologie nicht mehr aufrechterhalten.

Kultur und Gesellschaft sind nicht dasselbe, sie sind aber auch keine Gegensätze. Jede Gesellschaft hat eine bestimmte Kultur und die Gesellschaft gehört selbst zur Kultur. Einerseits entsteht durch das Zusammenleben von Menschen Kultur, die Gesellschaft ist also deren **aktiver Erzeuger**. Andererseits wird die Gesellschaft durch die Gestaltung und Schöpfung der Kultur selbst Teil dieser und somit auch ein **Erzeugnis** ihrer Kultur. ***Kultur ist also ein Produkt des Zusammenlebens von Menschen und die Gesellschaft als solche ein Produkt ihrer Kultur.*** Gesellschaft und Kultur ergänzen sich also gegenseitig: Kultur entsteht nur durch, mit und im menschlichen Zusammenleben und Gesellschaft wird erst durch Kultur möglich.

1.4.3 Individuum und Gesellschaft

Oft werden Individuum und Gesellschaft als unaufhebbare Gegensätze dargestellt. Dies liegt an den **verschiedenen Erwartungen, die die Gesellschaft an das Individuum und das Individuum an die Gesellschaft haben,** und an den sich daraus ergebenden Auffassungen, die über Individuum und Gesellschaft existieren.

Die Gesellschaft hat ein großes Interesse an einem gesellschaftskonformen Nachwuchs mit dem in ihr benötigten Ausbildungsstandard. Und sie erwartet einen an ihre Wert- und Normvorstellungen angepassten Menschen, der einem bestimmten Beruf nachgeht und seine „gesellschaftlichen Pflichten" erfüllt. Deshalb versucht die Gesellschaft bzw. ihre Regierung auch durch staatliche und pädagogische Einrichtungen wie beispielsweise den Kindergarten, die Schule oder die Jugendarbeit auf Ziele und Inhalte der Erziehung Einfluss zu nehmen.

Wird der Mensch jedoch lediglich als ein Gesellschaftswesen verstanden, so liegt die Gefahr nahe, dass der Mensch zum Produkt der Gesellschaft, zum **homo sociologicus**, wird, ein von der Gesellschaft geprägter, angepasster, möglichst reibungslos funktionierender Rollenspieler ohne Berücksichtigung seiner Individualität. Darauf hat vor allem der Soziologe *Ralf Dahrendorf (1961[3])* hingewiesen: Er sieht den Menschen entfremdet durch die Gesellschaft, die sozialen Rollen und durch die Sanktionen der sozialen Kontrolle[1].

---

[1] vgl. hierzu auch Kapitel 3.3.3

Der Einzelne hat aber auch das Recht auf freie Entfaltung seiner Persönlichkeit und seiner individuellen Fähigkeiten sowie auf Selbstbestimmung seines Handelns. Wird aber ausschließlich dieser Gesichtspunkt der freien Persönlichkeitsentfaltung gesehen, so läuft man Gefahr, in der Gesellschaft lediglich einen „Beschränker" der persönlichen Entfaltung zu sehen, der den Menschen in der Entwicklung seiner Individualität behindert, bzw. diese gar verhindert.

Diese beiden entgegengesetzten Auffassungen lassen Individuum und Gesellschaft als Gegensätze erscheinen. Doch in Wirklichkeit sind **Gesellschaft und Individuum miteinander verschränkt und wechselseitig voneinander abhängig**: Einerseits kann der Einzelne, wie in *Abschnitt 1.1.2* ausgeführt, nur durch das Zusammenleben mit anderen existieren und zum Menschen im humanen Sinne werden. Andererseits bewirkt das Individuum den Fortbestand und den Wandel der Gesellschaft sowie ihre Effektivität und Funktionalität, die davon abhängen, inwieweit der Einzelne fähig und willens ist, sich aktiv und kritisch-konstruktiv in gesellschaftliche Gegebenheiten einzuschalten und am sozialen und politischen Leben produktiv mitzuwirken. Individuum und Gesellschaft sind also von vorneherein aufeinander angewiesen, und das eine kann ohne das andere nicht existieren.

Zusammenfassung

- Der Begriff „sozial" wird in verschiedenen Bedeutungen verwendet. Für die Soziologie ist bedeutsam, dass der Mensch ein soziales und ein kulturelles Wesen ist, das erst durch das Zusammenleben zum Menschen im humanen Sinne wird und das soziale und kulturelle Leben im mitmenschlichen Zusammensein erlernen muss. Zugleich besitzt er die Möglichkeit und Fähigkeit zur Neuschaffung und Veränderung von sozialen und kulturellen Verhältnissen.

- Soziologie ist die Wissenschaft von der sozialen Wirklichkeit, vom Zusammenleben und Zusammenwirken von Menschen. Hinsichtlich der sozialen Wirklichkeit lassen sich verschiedene Objektbereiche der Soziologie näher hervorheben: soziales Handeln (soziales Verhalten), soziale Gebilde bzw. Systeme und ihre sozialen Strukturen sowie Institutionen und Organisationen.

- Mit sozialem Handeln ist jedes Handeln von Menschen gemeint, welches in irgendeiner Weise auf das Verhalten von anderen Menschen bezogen ist. Soziales Gebilde ist die Bezeichnung für eine soziale Einheit, die aus mehreren Personen besteht und in der soziale Beziehungen bzw. soziales Handeln stattfinden. Unter einem System wird eine Ganzheit verstanden, die aus einzelnen Elementen besteht, welche untereinander in einer wechselseitigen Beziehung stehen und sich gegenseitig beeinflussen. Institution meint alle mehr oder weniger verbindlichen, in ihrer Form beständigen Ordnungs- bzw. Verhaltensmuster von menschlichen Beziehungen, die dadurch die Befriedigung von grundlegenden Bedürfnissen sicherstellen, Verhaltenssicherheit gewährleisten und der Orientierung in der sozialen Umwelt dienen. Eine Organisation ist ein zeitlich stabiles, strukturiertes, soziales Gebilde bzw. System, welches sich aus verschiedenen Personen zusammensetzt und ein bestimmtes Ziel verfolgt.

- Die Soziologie hat zum einen die Aufgabe, die soziale Wirklichkeit zu beobachten und zu beschreiben, um diese erklären bzw. verstehen zu können. Zum anderen beschäftigt sie sich mit der Aufweisung von Zielen und Handlungen in der Wirklichkeit. Ihr geht es also einerseits um die Erforschung dessen, was ist, und andererseits um Aussagen darüber, was in der Gesellschaft sein soll. Entsprechend dem Gegenstand und der Aufgaben unterscheidet man die allgemeine Soziologie von der speziellen Soziologie. Als weiterer Bereich kommt die Sozialforschung der Soziologie hinzu.

Zusammenfassung

- Gesellschaft stellt ein makrosoziologisches Gebilde dar, welches als eigenständige soziale Einheit funktioniert und ein beständiges Ordnungs- bzw. Verhaltensmuster aufweist, und bezeichnet eine strukturierte Gesamtheit von räumlich vereint lebenden Menschen, die zur Befriedigung und Sicherstellung von sozialen Bedürfnissen zusammenwirken und sich durch eine gemeinsame Kultur auszeichnen. Gesellschaften können unterschiedlich eingeteilt werden – etwa nach ihrer Staatsform, ihrer Wirtschaftsform oder nach der Art ihrer Kultur.

- Kultur und Gesellschaft gehören von vorneherein zusammen: Kultur ist ein Produkt des Zusammenlebens von Menschen und die Gesellschaft als solche ein Produkt ihrer Kultur. Gesellschaft und Kultur ergänzen sich also gegenseitig: Kultur entsteht nur durch, mit und im menschlichen Zusammenleben und Gesellschaft wird erst durch Kultur möglich.

- Wird der Mensch lediglich als ein Gesellschaftswesen verstanden, besteht die Gefahr, dass der Mensch zum Produkt der Gesellschaft, zum homo sociologicus, wird. Wird andererseits lediglich der Gesichtspunkt der freien Persönlichkeitsentfaltung gesehen, so läuft man Gefahr, in der Gesellschaft lediglich einen „Beschränker" für die persönliche Entfaltung zu sehen. Gesellschaft und Individuum sind jedoch miteinander verschränkt und wechselseitig voneinander abhängig, sie sind von vorneherein aufeinander angewiesen, und das eine kann ohne das andere nicht existieren.

Materialien Kapitel 1

1. Merkmale von sozialen Systemen

Der Gedanke sich selbst steuernder Systeme ist sodann ganz allgemein in bestimmte kybernetische[1] Systemkonzepte eingegangen.

Diese Konzepte sind auf zielgerichtete Systeme ausgerichtet und lenken die Aufmerksamkeit auf Prozesse der **Rückkoppelung**, der Informationsspeicherung und des rationalen Entscheidungshandelns.

Sie haben daher vorwiegend normativ-technologischen Charakter. Als Merkmale solcher kybernetischen Systeme werden u. a. herausgestellt:

- **Selbstregulierung**: ein Prozess, durch den ein System sich bei Einflüssen aus der Umwelt ohne Außensteuerung selbst erhält (z. B. eine Badewanne, in der der Wasserstand auch bei zufließendem Wasser gewährleistet wird);

- **Anpassung**: ein Prozess, der über die Selbstregulierung hinaus auch den Sollwert je nach Umweltbedingungen korrigiert (z. B. ein Thermostat);

- **Lernfähigkeit**: zukünftiges Verhalten kann durch Erfahrungen (Konsequenzen bisheriger Abläufe) modifiziert werden;

- **Ultrastabilität**: die Möglichkeit, sich auf ein verändertes Gleichgewicht einzupendeln. Dies ist bereits im Begriff des Fließgleichgewichts angelegt; möglich sind jedoch auch Gleichgewichtssprünge (Übergreifen in einen neuen Gleichgewichtszustand);

- **Multistabilität**: die Eigenschaft des Systems, sich an vielfältige Umweltänderungen anpassen zu können (z. B. verschiedene Subsysteme, etwa die Abteilungen eines Betriebes, die sich auf spezielle Subumwelten beziehen, etwa Teilmärkte);

- **Rückkopplung**: dadurch werden Abweichungen von Sollwerten korrigiert, und zwar durch Veränderung des Inputs oder Outputs.

Konsequente Anwendungen des kybernetischen Systemkonzepts auf soziale Systeme sind bislang nicht erfolgt. Jedoch wird in

---

[1] Kybernetik (griech.) ist eine wissenschaftliche Forschungsrichtung, die vergleichende Betrachtungen über Gesetze und Gesetzmäßigkeiten von Regelungsvorgängen anstellt.

zahlreichen älteren und neueren Theorien sozialer Systeme stillschweigend davon ausgegangen, dass soziale Systeme auszugsweise oder zur Gänze die beschriebenen Eigenschaften haben, ohne dabei zu prüfen, ob und in welchem Umfang und aus welchen Gründen dies tatsächlich der Fall ist.

Quelle: Wiswede, 1998³, S. 258 f.

2. Verschiedene Definitionen von Soziologie

Eine Antwort auf die Frage, was eigentlich Soziologie ist, ist weder einfach noch kann man sie eindeutig geben. Dies liegt an den verschiedenen Denkrichtungen, die die Soziologie im Laufe der Zeit entwickelt hat. Bei all diesen Richtungen handelt es sich um unterschiedliche Ansätze, die jeweils eine bestimmte Sichtweise des Gegenstandes der Soziologie hervorheben:

„Soziologie ... soll heißen: eine Wissenschaft, welche soziales Handeln deutend verstehen und dadurch in seinem Ablauf und seinen Wirkungen ursächlich erklären will."
(Max Weber, 1984⁶, S. 19)

„Soziologie kann also definiert werden als die Wissenschaft von den Institutionen, deren Entstehung und Wirkungsart."
(Emile Durkheim, 2002, S. 100)

„Denn die Soziologie beschäftigt sich mit Problemen der Gesellschaft. ... Bei dem Bemühen, die menschliche – gesellschaftlichen Geschehenszusammenhänge unserem eigenen Verständnis näher zu bringen und uns einen wachsenden Fundus zuverlässigeren Wissens über diese Zusammenhänge zu erarbeiten – eben dies gehört zu den Hauptaufgaben der Soziologie."
(Norbert Elias, 2004¹⁰, S. 9, 13)

„Soziologie ist die Lehre vom Sozialen, d. h. von den Einwirkungen der Menschen aufeinander."
(Leopold von Wiese, 1967⁸, S. 14)

„Soziologie ist die wissenschaftliche Erforschung des nach ‚Mustern' oder Gleichförmigkeiten ablaufenden gesellschaftlichen Verhaltens der Menschen."
(Joseph H. Fichter, 1970³, S.1)

„Soziologie ist ... die wissenschaftliche – systematische Behandlung der allgemeinen Ordnungen des Gesellschaftslebens, ihrer Bewegungs- und Entwicklungsgesetze, ihrer Beziehungen zur natürlichen Umwelt, zur Kultur im allgemeinen und zu den Einzelgebieten des Lebens und schließlich zur sozial-kulturellen Person des Menschen."
(Rene König, 1975, S. 8)

„Soziologie kann daher heißen: die Wissenschaft vom sozialen Handeln des Menschen, insofern dieses in Gruppen und Institutionen einer bestimmten Gesellschaft und Kultur durch soziale Prozesse geprägt wird."
(Jakobus Wössner, 1986⁹, S. 27)

„Soziologie ist die Wissenschaft vom Sozialen, d. h. den verschiedenen Formen der Vergemeinschaftung (z. B. Familie/Verwandtschaft/Sippe, Nachbarschaft, soziale Gruppe) und der Vergesellschaftung (Organisation, Gesellschaft, Staat) des Menschen; sie fragt nach den Strukturen des sozialen Handelns und der sozialen Gebilde und welchem sozialen Wandel diese unterliegen."
(Bernhard Schäfers, 2003⁸, S. 332)

Soziologie ist „die Wissenschaft von den sozialen Gebilden und ihren Prozessen. ... Die soziale Beziehung ermöglicht erst die sozialen Gebilde."
(Herbert Tschamler, 1970, S. 173)

„Soziologie befasst sich mit dem Zusammenleben der Menschen, ihrem zwischenmenschlichen Handeln und Verhalten und sucht dabei die gesellschaftlichen ‚Webmuster' und Verknüpfungszusammenhänge – die Strukturen, Funktionen und Prozesse der verschiedenen sozialen Systeme (einschließlich deren Rückwirkungen auf das Individuum) – zu beschreiben, zu analysieren und zu erklären.
(Hans P. Henecka, 2006⁸, S. 15)

„Soziologie ist das systematische und kontrollierte Beobachten und Erklären von regelmäßig auftretenden sozialen Beziehungen, von ihren Ursachen, Bedingungen und Folgen."
(Imogen Seger, 1978², S. 15)

3. Merkmale der Gesellschaft

Letztlich ist die nicht weiter zurückführbare physische Einheit der Gesellschaft – wie auch des sozialen Aggregates und der sozialen Gruppe – die soziale Person. Vom Standpunkt ihrer Angehörigen ist eine Gesellschaft die größte Anzahl von Menschen, die zur Befriedigung ihrer sozialen Bedürfnisse zusammenwirken (in „Interaktion" stehen) und eine gemeinsame Kultur haben. Diese grobe Definition differenziert die Gesellschaft von der Gruppe, denn diese umfasst jeweils nur einen Teil der Gesellschaft, und die gemeinsame Kultur einer Gesellschaft bildet einen viel weiteren Rahmen als die einer einzelnen Person oder Gruppe.

Wenn man diese Überlegungen etwas weiter verfolgt, kann man allgemein sagen, dass die Gruppe aus Personen und die Gesellschaft aus Gruppen besteht. Wenn man eine bestimmte Gesellschaft untersucht, dann konzentriert man sich mehr auf die Gruppe als auf die Personen. Da alle Personen in irgendeiner Weise an allen Hauptgruppen beteiligt sind, stehen natürlich alle grundlegenden Gruppierungen miteinander in Verbindung. Der Personenkreis ist in jeder einzelnen Hauptgruppe ungefähr der gleiche wie in den anderen Hauptgruppen. Indem die Menschen ihre sozialen Rollen spielen, nehmen sie an allen Primär- und Sekundärgruppen teil, aus denen diese Hauptgruppierungen bestehen. Eine Gesellschaft kann daher als ein „Netz" oder System miteinander verbundener Hauptgruppen definiert werden, die als Einheit betrachtet werden und eine gemeinsame Kultur haben.

Eine vollständigere Definition der Gesellschaft umfasst folgende Elemente:

a) Die Angehörigen einer Gesellschaft bilden eine demografische Einheit, d. h. sie können als eine Gesamtbevölkerung angesehen werden. Das bedeutet nicht, dass sie nichts weiter sind als eine umfangreiche soziale Kategorie, obwohl es richtig ist, dass einer der fruchtbarsten Ansätze zur Erforschung einer Gesellschaft in der Untersuchung der verschiedenen Spielarten ihrer sozialen Kategorien besteht.

b) Die Gesellschaft existiert in einem ihren Angehörigen gemeinsamen geografischen Gebiet. In der hoch organisierten modernen Welt bedeutet dies in der Regel, dass bestimmte einzelstaatliche Grenzen den Raum abstecken, in dem eine vollständige und in sich geschlossene Gesellschaft existiert. Da es aber in ein und demselben Staat getrennte Gesellschaften geben kann, ist das Wort „Staat" nicht mit „Gesellschaft" synonym.

c) Die Gesellschaft besteht aus funktionell differenzierten Hauptgruppen. Es gibt, wie wir gesehen haben, in jeder Gesellschaft sechs grundlegende Gruppierungen, die den sozialen Grundbedürfnissen der Menschen dienen. Es liegt auf der Hand, dass keine Gesellschaft nur aus Schulen oder Familien oder Kirchen bestehen kann.

d) Die Gesellschaft setzt sich aus kulturell ähnlichen Menschengruppen zusammen. Gewöhnlich sprechen sie eine gemeinsame Sprache, aber die kulturelle Ähnlichkeit liegt viel tiefer, nämlich in der Einigkeit über die grundlegenden und letzten Werte.

e) Die Gesellschaft muss als funktionierende Gesamtheit erkennbar sein. Die sozial organisierte Bevölkerung bildet ein dynamisches, in Bewegung befindliches „Unternehmen". Es besteht ein gewisses Maß an Zusammenarbeit und trotz der erwähnten inneren Funktionsdifferenzierungen gilt, dass die Gesellschaft als Ganzes agiert.

f) Und schließlich muss die Gesellschaft als eigenständige soziale Einheit erkennbar sein. Dieses Merkmal ist vermutlich in den oben angeführten anderen Elementen bereits enthalten, aber es muss doch noch eigens betont werden, dass jede Gesellschaft von allen anderen Gesellschaften abgegrenzt ist. Diese Abgrenzung ist freilich nicht immer eine physische und räumliche.

Wegen der Komplexität der Gesellschaft ist jede vereinfachende Definition sinnleer oder bestenfalls verwirrend. Wenn wir aber die oben gegebenen Hinweise zusammenfassen, dann können wir die Gesellschaft folgendermaßen in einem Satz definieren: Eine Gesellschaft ist eine organisierte Gesamtheit von Menschen, die in einem gemeinsamen Gebiet zusammenleben, zur Befriedigung ihrer sozialen Grundbedürfnisse in Gruppen zusammenarbeiten, sich zu einer gemeinsamen Kultur bekennen und als eigenständige soziale Einheit funktionieren.

Quelle: Fichter, 1970[3], S. 84 f.

4. Funktionale Merkmale einer Gesellschaft

Es müssen folgende Probleme, die jede Gesellschaft je nach Größe und Komplexität mehr oder weniger dringend bewältigen muss, gelöst werden:

a) **Biologische Reproduktion.** Jede Gesellschaft braucht gewissermaßen Menschen, die sie tragen und die in ihr leben und handeln. Voraussetzung dafür ist die Fähigkeit und die Bereitschaft, sich fortzupflanzen und damit verbunden die Erziehung (Aufzucht) der Nachkommen. Die sich ergebenden Altersphasen, Kindheit, Jugend, Reife, Alter, entwickeln je nach den speziellen Bedingungen einer Gesellschaft besondere Problematiken, die von jeder Gesellschaft mit bestimmten Erwartungsmustern belegt sind.

b) **Wirtschaftssystem und Technologie.** Alle Bedürfnisbefriedigung bedarf eines sinnvollen Wirtschaftens. Es müssen bestimmte Produktionsweisen unter Anwendung und Weiterentwicklung einer geeigneten Technologie angewandt werden.

c) **Rollendifferenzial.** Die erforderliche Integration der Gesellschaftsmitglieder setzt eine Summe von gezielten und anerkannten Erwartungen und Handlungsaktivitäten voraus. Der Einzelne hat innerhalb des Ganzen eine bestimmte Rolle beispielsweise als Ehegatte, als Berufstätiger usw.

d) **Statusdifferenzierung (Schichtung).** Der soziale Rang, den eine Person in einer Gesellschaft einnimmt, ergibt sich aus der Bewertung ihrer Position. Es kommt zu einer hierarchischen Ordnung sozialer Ränge im Sinne von höher- oder geringerwertig. Wir sprechen hier von der sozialen Schichtung einer Gesellschaft.

e) **Legitimation.** Die Status-Rangordnung einer Gesellschaft muss legitimiert sein, was bedeutet, es besteht eine Übereinkunft, eine Konvention, über die Grundwerte und -normen der gesellschaftlichen Ordnung.

f) **Kommunikation.** Durch Instrumente wie Sprache, Zeichen und Symbole müssen Nachrichten, Lerninhalte, Gefühlsregungen usw. an den Einzelnen oder Gruppen mitgeteilt werden, die daraus ihrerseits Verhalten ableiten. Je komplizierter eine Gesellschaft strukturiert ist, desto komplizierter sind auch die Kommunikationssysteme innerhalb dieser. In unserer Gesellschaft spielen die Massenmedien wie Zeitung, Rundfunk, Fernsehen oder Computer eine zentrale Rolle als Vermittlungsinstanzen sozialer Kommunikation.

g) **Orientierungs-, Zielsystem.** Ein bestimmtes, allgemein anerkanntes Orientierungs- und Zielsystem ist Voraussetzung, um eine Anpassung an die Umwelt und das Bestehen von Verhaltenssituationen zu ermöglichen. Damit werden soziale Handlungsmuster in groben Zügen voraussagbar. Hierzu gehören beispielsweise Übereinkünfte über die Gültigkeit von Maßeinheiten und Zahlungsmitteln oder das Wissen um Funktionen bestimmter Berufe wie von Polizisten, Künstlern, Ingenieuren oder Lehrern. Bekannt sein müssen zudem die erlaubten Mittel zur Erreichung eines Zieles – etwa dass Eigentum nicht durch Raub oder Diebstahl erworben werden darf und kann.

h) **Affektregulierung.** Der Mensch ist nicht nur ein rationales, sondern auch ein emotionales Wesen. Die gefühlsmäßigen, effektiven Zustände müssen durch bestimmte Mechanismen reguliert und kontrolliert werden.

i) **Sozialisierung.**[1] Soziales Handeln muss im weitesten Sinne gelernt werden. Diesen Prozess des Vertrautwerdens mit den Aspekten einer Gesellschaft bezeichnen Soziologen und Sozialpsychologen als Sozialisierung oder Sozialisation, welches ein lebenslanger Vorgang ist.

j) **Kontrolle abweichenden Verhaltens.** Die Menschen in einer Gesellschaft verhalten sich nicht gleich. Es könnte sein, dass einige Gesellschaftsmitglieder sich soweit von den anerkannten Handlungsgrundsätzen entfernen, dass dadurch der Bestand der Gesellschaft bedroht wird. Es bedarf daher eines Systems von Verhaltenskontrollen, von Sanktionen, die abweichendes Verhalten in unterschiedlichem Ausmaß belegen. Die Toleranzgrenzen für abweichendes Verhalten oder Deviation, wie der Fachausdruck lautet, sind von Gesellschaft zu Gesellschaft je nach deren Struktur und historischer Situation sehr verschieden.

k) **Politische Integration und Organisation (politisches Führungssystem).** Keine Gesellschaft kann ohne die Ordnung eines äußeren Rahmens auskommen. Dabei geht es um die Frage nach der „Ordnung" der Gesellschaft.

Quelle: Wössner, 1986[9], S. 163–174 (gekürzt)

Aufgaben und Anregungen Kapitel 1

Aufgaben

1. Erläutern Sie an Beispielen die verschiedenen Bedeutungen des Wortes „sozial" und beurteilen Sie, inwiefern diese Bedeutungen für die Soziologie von Belang sind. (Abschnitt 1.1.1)

2. Stellen Sie wichtige anthropologische Erkenntnisse über die Sozialnatur des Menschen dar. (Abschnitt 1.1.2)

3. Bestimmen Sie den Begriff Soziologie und erläutern Sie diesen ausführlich an einem Beispiel. (Abschnitt 1.1.3)

4. Beschreiben Sie an einem geeigneten Beispiel aus dem Bereich der Schule das soziale Handeln als Gegenstandsbereiche der Soziologie. (Abschnitt 1.2.1)

5. Bestimmen Sie den Begriff „soziales Gebilde" und zeigen Sie an je einem Beispiel den Unterschied zwischen einem mikrosoziologischen und einem makrosoziologischen Gebilde auf. (Abschnitt 1.2.2)

6. Beschreiben Sie, was die Soziologie unter sozialer Struktur versteht, und zeigen Sie diese am Beispiel einer Ihnen bekannten Gruppe (zum Beispiel Familie, Schulklasse) auf. (Abschnitt 1.2.2)

7. Bestimmen Sie den Begriff soziales System und legen Sie dar, dass es sich bei einer Schulklasse (oder einer anderen Gruppe) um ein soziales System handelt. (Abschnitt 1.2.3)

8. Legen Sie dar, was die Soziologie mit sozialer Institution meint, und stellen Sie an einem Beispiel den Unterschied zwischen sozialer Organisation und sozialer Institution dar. (Abschnitt 1.2.4)

---

[1] Wegen des nicht eindeutigen Begriffs – in wirtschaftlicher Hinsicht bedeutet Sozialisierung etwas ganz anderes – wird heute der Terminus Sozialisation verwendet (vgl. Kapitel 4.4.1).

9. Beschreiben Sie am Beispiel einer Organisation (zum Beispiel Familie, Schule) Aufgaben der Soziologie. (Abschnitt 1.3.1)

10. Zeigen Sie an geeigneten Beispielen die Bereiche der Soziologie auf. (Abschnitt 1.3.2)

11. Erläutern Sie am Beispiel der Bundesrepublik Deutschland Merkmale des Begriffs „Gesellschaft". (Abschnitt 1.4.1)

12. Bestimmen Sie den Begriff „Kultur" und zeigen Sie an einem Beispiel auf, dass sich Kultur und Gesellschaft gegenseitig ergänzen. (Abschnitt 1.4.2)

13. Oft werden Individuum und Gesellschaft als unaufhebbare Gegensätze dargestellt. Legen Sie die Problematik dar, die sich zwischen Individuum und Gesellschaft ergeben können. (Abschnitt 1.4.3)

14. Erläutern Sie an einem Beispiel, dass Gesellschaft und Individuum miteinander verschränkt und wechselseitig voneinander abhängig sind. (Abschnitt 1.4.3)

Anregungen

15. Fertigen Sie in Gruppen ein Clustering zu dem Thema „Grundfragen der Soziologie" an: Schreiben Sie in die Mitte eines größeren Blattes Papier das Thema in einen Kreis und notieren Sie zunächst den ersten Gedanken, den Sie zu diesem Thema haben, ebenfalls auf das Papier und verbinden Sie ihn mit dem Mittelkreis. Dann schreiben Sie alle weiteren Gedanken zum Thema auf dieselbe Weise auf das Blatt und verbinden jeden Kreis mit dem vorigen durch einen Strich.

16. *Soziologie-ABC*

    - Bilden Sie Vierer- bzw. Fünfergruppen und notieren Sie zu jedem Buchstaben des Alphabets einen Begriff bzw. eine Aussage aus der Soziologie.
    - Lesen Sie Ihre Ideen zu jedem Buchstaben in der Klasse vor und hängen Sie sie an die Pinnwand.

17. *Spiel: „Tabu"*

    Schreiben Sie in Kleingruppen wichtige Begriffe aus diesem Kapitel auf je eine Karte und schreiben Sie unter jeden Begriff vier Wörter, die bei der Klärung des Begriffes nicht verwendet werden dürfen.

    Im Spiel geht es darum, dass verschiedene Teams gegeneinander spielen. Ein Spieler zieht einen Begriff, den seine Mitspieler nicht sehen und den er seinem Team erläutern muss. Bei dieser Erklärung darf er die Wörter, die zu dem jeweiligen Begriff angegeben sind, nicht verwenden. Das Team, das die meisten Begriffe erraten hat, hat gewonnen.

18. *An Ihrer Schule findet eine öffentliche Diskussion statt, die im Fernsehen übertragen wird. Professoren und Laien diskutieren über den Wert und die Brauchbarkeit der Soziologie als Wissenschaft.*

    - Stellen Sie in Ihrer Klasse je sechs Stühle gegeneinander gerichtet auf. Fünf Mitschüler/innen, die die Meinung vertreten, man brauche Soziologie nicht als eigene Wissenschaft, setzen sich in die eine Reihe, weitere fünf Mitschüler/innen, die für die wissenschaftliche Soziologie plädieren, nehmen auf den Stühlen gegenüber Platz. In jeder Reihe bleibt ein Stuhl leer.

- Ausgangspunkt des „Streitgespräches" können die eingangs zitierten Sätze von Professor *Dr. Hans Peter Henecka* („Es gibt Kritiker der Soziologie, die behaupten, Soziologie sei eine Wissenschaft, die das, was jeder schon weiß, so formuliert, dass es niemand mehr versteht.") und dem Soziologen *Peter L. Berger* („Die erste Stufe der Weisheit in der Soziologie ist, dass die Dinge nicht sind, was sie scheinen.") sein.

- Jede Gruppe bekommt drei Minuten Zeit, sich auf das „Streitgespräch" vorzubereiten.

- Wer von der Klasse einen Diskussionsbeitrag leisten möchte, setzt sich auf den leeren Stuhl. Er nimmt auf derjenigen Seite Platz, die er mit seinem Beitrag unterstützen will. Nach dem Beitrag verlässt der/die Schüler/in den Stuhl wieder.

19. *Der Gegenstand der Soziologie*

    - Bilden Sie in der Klasse Gruppen mit ca. vier bis fünf Mitgliedern.

    - Überlegen Sie in der Gruppe, welchen Gegenstandsbereich der Soziologie (soziales Handeln, soziales Gebilde bzw. System mit seinen sozialen Strukturen, Institution und Organisation) Sie darstellen wollen.

    - Zeichnen Sie zusammen den gewählten Gegenstandsbereich.

    - Hängen Sie Ihre Zeichnung an der Pinnwand auf.

20. Fragen Sie Ihre Verwandten und Bekannten, welche Bedeutung sie mit dem Wort "Soziologie" verbinden, was sie unter Soziologie verstehen. Notieren Sie die Antworten und diskutieren Sie darüber in Ihrer Klasse. Vergleichen Sie die Antworten dabei auch mit den Aussagen in diesem Kapitel.

21. *Die verschiedenen Vorstellungen von Soziologie*

    - Lesen Sie bitte die verschiedenen Definitionen von Soziologie in *Materialien 2*.

    - Bilden Sie in der Klasse Gruppen mit ca. vier bis fünf Mitgliedern.

    - Wählen Sie drei Definitionen aus und diskutieren Sie diese, indem Sie sie gegenüberstellen, Gemeinsamkeiten und Unterschiede herausstellen sowie diese einer kritischen Würdigung unterziehen.

    - Sprechen Sie anschließend in der Klasse über die erarbeiteten Kritikpunkte der verschiedenen Definitionen von Soziologie.

2 Die Soziologie als Wissenschaft

> Solomon Asch wies in einer Untersuchung eindrucksvoll nach, dass der Mensch in der Gruppe häufig seinen eigenen Standpunkt aufgibt und sich der Meinung der Gruppe anschließt und sich dieser anpasst. Innerhalb einer Gruppe setzt offensichtlich ein Einfluss ein, der zu einer Übereinstimmung des Standpunktes führt. Dieser wird in der Regel auch dann beibehalten, wenn der Gruppeneinfluss nicht mehr vorhanden ist.

> Neueste Forschungen belegen: Ein Meinungsaustausch, ein Gespräch in der Gruppe bewirken eine effektivere Einstellungsänderung als irgendein Massenkommunikationsmittel oder gar ein gut durchdachter, rhetorisch einwandfreier Vortrag.

Folgende Fragen werden in diesem Kapitel geklärt:

1. Was versteht man unter Wissenschaft?
   Welche Auffassungen von Wissenschaft gibt es?
2. Wie kommt die Soziologie zu ihren Erkenntnissen?
   Wie gelangt sie zu wissenschaftlich fundiertem Wissen?
3. Welche Anforderungen werden an wissenschaftliche Aussagen gestellt?
   Welche Prinzipien muss der Wissenschaftler beachten, damit seine Ergebnisse richtig sind?
4. Welche Verfahren wendet die Soziologie bei der Erforschung ihres Gegenstandes an?

2.1 Die Wissenschaftlichkeit der Soziologie

Die Soziologie ist eine relativ junge Wissenschaft. Erst in den 70er Jahren des 19. Jahrhunderts formierte sie sich als eine eigenständige Wissenschaft. Sie ergab sich aus philosophischen, theologischen, politischen und wirtschaftlichen Gedanken der Vergangenheit.

„Es war die Einsicht in die relative Autonomie[1] des Gegenstandsgebietes der Soziologie, die den entscheidenden Schritt zur Konstituierung der Soziologie als einer relativ autonomen Wissenschaft darstellte." (Elias, 2004[10], S. 46)

2.1.1 Der Begriff der Wissenschaft

Es ist ein großes Bedürfnis der Menschen, über die Welt Bescheid zu wissen, Kenntnisse, Einsichten, Daten und Fakten über die Beschaffenheit der Wirklichkeit zu gewinnen.

---

[1] *Autonomie: hier Eigenständigkeit*

Die Soziologie als Wissenschaft

Dieses Wissen bezieht sich sowohl auf die Gegenwart, die Vergangenheit und Zukunft als auch auf Naturvorgänge und -erscheinungen, auf kulturelle Inhalte sowie auf gesellschaftliche Strukturen und Prozesse.

Dieses Ziel, Wissen über die Beschaffenheit der Wirklichkeit zu gewinnen, haben sich die vielen Wissenschaften, die es gibt, gesetzt. Dabei konzentriert sich jede Wissenschaft auf einen ganz bestimmten **Bereich der Wirklichkeit**.

Die Biologie beispielsweise befasst sich mit den Lebensweisen der Organismen, die Psychologie erforscht das Erleben und Verhalten eines Menschen, die Pädagogik beschäftigt sich mit der Erziehungswirklichkeit und die Soziologie untersucht – wie in *Kapitel 1.1.3* ausgeführt – die soziale Wirklichkeit, das Zusammenleben und Zusammenwirken von Menschen.

Um Wissen über einen Bereich der Wirklichkeit zu gewinnen, benötigen Wissenschaften bestimmte **Methoden**, die je nach dem Gegenstand und der Sichtweise der jeweiligen Wissenschaft unterschiedlich sind[1].

So kommen Wissenschaften etwa durch Beobachtung oder Experimente zu ihrem Wissen oder Wissenschaftler führen Tests und Interviews durch, um zuverlässige Daten zu gewinnen.

Das durch bestimmte Methoden gewonnene Wissen wird in einen Ordnungszusammenhang, in ein **System**, gebracht. Verschiedene Aussagen werden zu einem geordneten Ganzen zusammengefügt – systematisiert – und in einen größeren Zusammenhang gestellt, wodurch sich das Wissen einordnen, zueinander in Beziehung setzen und einander zuordnen lässt.

Zur Wissenschaft gehören allerdings nicht nur das Gewinnen von Wissen durch bestimmte Methoden und seine Einordnung in einen Ordnungszusammenhang, sondern auch die **Formulierung von Aussagen** über die gewonnenen Erkenntnisse und ihre Mitteilung, die in der Regel durch eine Veröffentlichung geschieht. Aus dieser Sicht ist Wissenschaft ein methodisch gewonnenes System von Aussagen über einen Gegenstandsbereich.

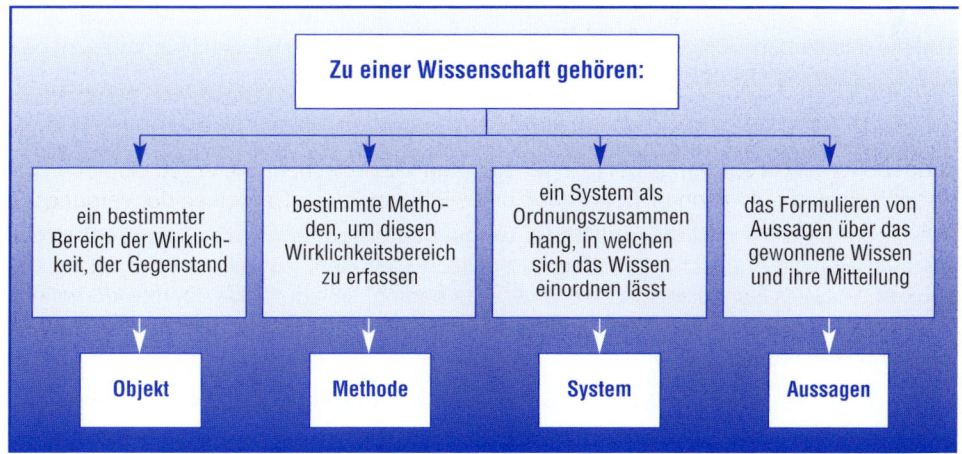

Wissenschaft bedeutet methodisch gewonnenes und in ein System gebrachtes Wissen und die Formulierung von Aussagen über einen Bereich der Wirklichkeit.

Materialien 1

---
[1] vgl. Abschnitt 2.3

2.1.2 Auffassungen von Wissenschaft

Wissenschaften haben sich einerseits als Ziel gesetzt, die **Wirklichkeit zu beobachten und zu beschreiben, Zusammenhänge zu erkennen sowie Gesetze und Gesetzmäßigkeiten zu formulieren**. Sie gehen davon aus, dass die reale Welt bestimmten *Gesetzlichkeiten* unterliegt und mit Hilfe von Gesetzen und Gesetzmäßigkeiten **erklärt** werden kann. Auch der Soziologie als Wissenschaft ist daran gelegen, die soziale Wirklichkeit zu beschreiben und mit Hilfe von Gesetzmäßigkeiten und Theorien zu erklären. Diese Auffassung von Soziologie vertrat als erster *Auguste Comte*, der – wie in *Kapitel 1.1.3* ausgeführt – mit diesem Begriff eine neue Wissenschaftsart charakterisieren wollte. *Comte* wollte Soziologie als empirische[1] Wissenschaft sehen. Sein Anliegen war es, die soziale Wirklichkeit zu beobachten und zu beschreiben und zu erklären. Aus dieser Sichtweise ist der Gegenstand der Soziologie die **erfahrbare soziale Wirklichkeit**.

So versuchen zum Beispiel Soziologen herauszufinden, welchen Gesetzlichkeiten und Regelhaftigkeiten das Zusammenleben von Menschen in der Gesellschaft oder in einer Einrichtung wie etwa der Schule unterliegt.

Kennzeichen dieser „erklärenden" Auffassung von Wissenschaft sind:

- Wissenschaft ist eine empirische Wissenschaft, die von konkreten Beobachtungen bestimmter Sachverhalte ausgeht und diese festhält.
- Wissenschaft hat die Aufgabe, Gesetzmäßigkeiten aufzufinden und Theorien aufzustellen, um Gesetzmäßigkeiten also solche hinterfragen zu können.
- Gesetzmäßigkeiten und Theorien lassen Voraussagen zu und geben Handlungsanweisungen, wie man die Wirklichkeit – zum Beispiel soziales Handeln – bewusst, gezielt und geplant kontrollieren, beeinflussen und manipulieren kann.

„Für den strikt erfahrungswissenschaftlichen Soziologen ist Beschreibung und Erklärung sozialer Phänomene das Ziel. Die angestrebte Theorie ist ein [...] System von empirisch prüfbaren Aussagen."

(Mayntz u. a., 1978[5], S. 24)

Andererseits haben sich Wissenschaften zum Ziel gesetzt, sich mit Sachverhalten zu beschäftigen, **mit denen ein Sinn, ein Zweck verbunden ist**.

So wollen Menschen mit ihrem Handeln grundsätzlich etwas erreichen – der Schulleiter will etwa, dass sich die an der Schule Tätigen an die Schulordnung halten, der Lehrer, dass Schüler mitarbeiten und lernen, oder der Schüler, dass er gute Noten und seinen Abschluss erreicht.

Dabei geht es darum, **Sinn- und Bedeutungszusammenhänge von Gegebenheiten**, wie zum Beispiel menschlichem Tun in sozialen Gebilden, **zu erkennen und aufzudecken**. Soziales Handeln kann zwar einerseits bedingt sein durch bestimmte Ursachen, es wird aber andererseits von den Zielvorstellungen, von den Absichten des handelnden Menschen bestimmt.

Wenn sich zum Beispiel eine Gruppe von Schülern auf dem Pausehof sehr aggressiv verhält, so kann dies einmal daran liegen, dass diese Schüler gerade von einem Lehrer sehr unfair behandelt wurden. Die Ursache für die Aggressionen der Schüler liegt also in der unfairen Behandlung des Lehrers. Es kann aber auch möglich sein, dass die Schülergruppe durch ihr aggressives Verhalten Stärke demonstrieren und andere Jugendgangs einschüchtern möchten damit. In diesem Falle ist das Verhalten der Schüler zielgerichtet, sie möchten damit etwas bezwecken.

---

[1] empirisch (griech.): auf Erfahrung beruhend

So wird in der Soziologie – wie in Kapitel 1.2.1 ausgeführt – dem Begriff Verhalten der Terminus Handeln vorgezogen, um vor allem der Tatsache Rechnung zu tragen, dass der Mensch überlegt handeln kann und keineswegs als reines „Reaktionswesen" anzusehen ist.

Das Herausfinden des Sinn- bzw. Bedeutungszusammenhanges einer bestimmten Wirklichkeit und das Erfassen von Sinnzusammenhängen werden in der Wissenschaftstheorie als **Verstehen** bezeichnet. Soziales Handeln kann durch das Herausfinden des Zieles, durch die Ermittlung von Sinnzusammenhängen nicht erklärt, sondern nur verstanden werden.

Kennzeichen dieser „verstehenden" Auffassung von Wissenschaft sind:

- Wissenschaft hat die Aufgabe, Sinn- und Bedeutungszusammenhänge der Wirklichkeit zu erkennen und aufzudecken.
- Dabei geht es um das Erfassen des Zieles und Zweckes einer bestimmten Wirklichkeit und ihrer Sinnzusammenhänge.
- Aus diesem lassen sich Anweisungen für das praktische Handeln gewinnen, um die Wirklichkeit – beispielsweise soziales Handeln – beeinflussen zu können.

Diesen Gesichtspunkt der „verstehenden Soziologie" hob vor allem *Max Weber (1984[6])* hervor, der meinte, dass der von den Handelnden gemeinte subjektive Sinn zu analysieren sei, um soziales Handeln zu verstehen.[1] Soziologie ist nach *Weber* daher eine Wissenschaft, welche soziales Handeln deutend verstehen will.

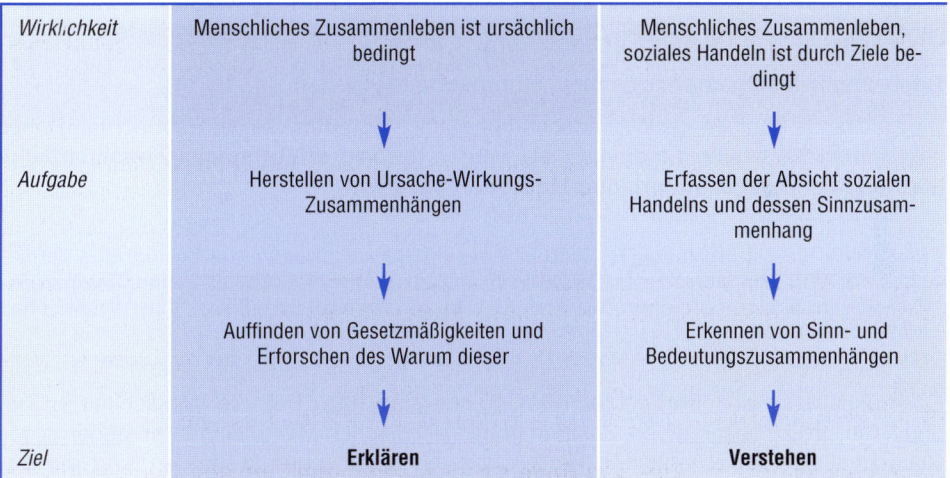

Die Soziologie versteht sich heute zwar primär als empirische Wissenschaft, die sich mit der der Erfahrung zugänglichen – beobachtbaren – sozialen Wirklichkeit beschäftigt, diese beschreibt und mit Hilfe von Gesetzmäßigkeiten und Theorien erklärt. Doch soziales Handeln ist immer mit einem bestimmten Sinn, mit einem bestimmten Zweck verbunden, so dass sich die Soziologie nicht nur auf das Erklären beschränken kann, sondern den Sinn und die Sozialorientiertheit des Handelns auch verstehen muss.

---

[1] vgl. Kapitel 1.2.1 und 3.1.2

2.1.3 Methoden der Soziologie

Die Art und Weise, wie Menschen zu Erkenntnissen kommen, ist die entscheidendste Frage einer jeden Wissenschaft überhaupt. **Denn das methodische Vorgehen einer Wissenschaft bestimmt, ob ihre Ergebnisse richtig und damit brauchbar sind oder nicht.** Sind die Erkenntnisse einer Wissenschaft falsch, so ist eigentlich ihr methodisches Vorgehen, mit dem diese Erkenntnisse gewonnen wurden, falsch; ist das methodische Vorgehen richtig, so müssen auch ihre Ergebnisse richtig sein. Zwischen Methode und Ergebnis einer Untersuchung besteht also ein Zusammenhang: *Die Methode ist der „Schlüssel" zur Antwort auf die Frage des Forschers.*

Um zu „richtigen" Ergebnissen zu kommen, müssen Wissenschaftler **planmäßig, gezielt und systematisch** vorgehen. Systematisch bedetet in diesem Zusammenhang das geplante und organisierte Vorgehen nach ganz bestimmten wissenschaftlichen „Regeln", wie sie beispielsweise in *Abschnitt 2.2.1* dargestellt sind.

> **Wissenschaftliche Methoden sind systematisch geplante Vorgehensweisen oder Verfahren, um Wissen über einen Objektbereich zu gewinnen** (vgl. *Tschamler, 1996[3], S. 21*).

Die Methoden sind also der Weg zur Erfassung der Wirklichkeit; sie kennzeichnen einen Prozess, der auf ein bestimmtes Ziel gerichtet ist, und umfassen ein System von Regeln, das diesen Prozess festlegt.

Entsprechend der in *Abschnitt 2.1.2* dargestellten verschiedenen Auffassungen von Wissenschaft kann man unterschiedliches methodisches Vorgehen unterscheiden:

Erfahrungswissenschaftliche bzw. empirische Methoden

Die erklärende Position der Wissenschaft benötigt Methoden, die der Beobachtung eines bestimmten Sachverhaltes dienen. Sie werden deshalb **erfahrungswissenschaftliche Methoden** oder auch **empirische Methoden** genannt.

> **Methoden, die der planmäßigen Beobachtung und Beschreibung eines bestimmten Bereiches der Wirklichkeit und der Gewinnung von intersubjektiv überprüfbaren Daten zum Zwecke der Erklärung dienen, werden als erfahrungswissenschaftliche bzw. empirische Methoden bezeichnet.**

Erfahrungswissenschaftliche Methoden tragen also dazu bei, die Wirklichkeit zu beobachten und zu beschreiben, Zusammenhänge zwischen Merkmalen zu erkennen sowie Gesetzmäßigkeiten zu erklären. Die wichtigsten empirischen Methoden sind die **Beobachtung**, das **Experiment**, die **Befragung** und das **Interview** sowie die **Soziometrie**[1]. Die mittels empirischer Methoden gesammelten Daten werden mit Hilfe statistischer Verfahren ausgewertet.

Geisteswissenschaftliche Methoden

Die verstehende Position der Wissenschaft bedarf Methoden, die durch das Herausfinden von Wert- und Sinnzusammenhängen dem Verstehen dienen. Da das Verstehen in diesem Sinne Schöpfungen und Produkte des menschlichen Geistes betrifft – insbesondere Inhalte der Kultur sowie vergangenes, gegenwärtiges und zukünftiges Handeln – und man diese Position vorwiegend in den *Geisteswissenschaften* vorfindet, werden Methoden des Verstehens als **geisteswissenschaftliche Methoden** bezeichnet.

---

[1] *Diese Methoden sind in Abschnitt 2.3 dargestellt.*

> Methoden, die durch das Herausfinden von Wert- und Sinnzusammenhängen dem Verstehen dienen, werden als geisteswissenschaftliche Methoden bezeichnet.

Mit Hilfe geisteswissenschaftlicher Methoden ist es möglich, Ziele des Handelns herauszufinden sowie Wert- und Sinnzusammenhänge menschlichen Erlebens und Verhaltens zu erkennen. Die wichtigsten geisteswissenschaftlichen Methoden sind die **Hermeneutik**, die **Phänomenologie** und die **Dialektik**.

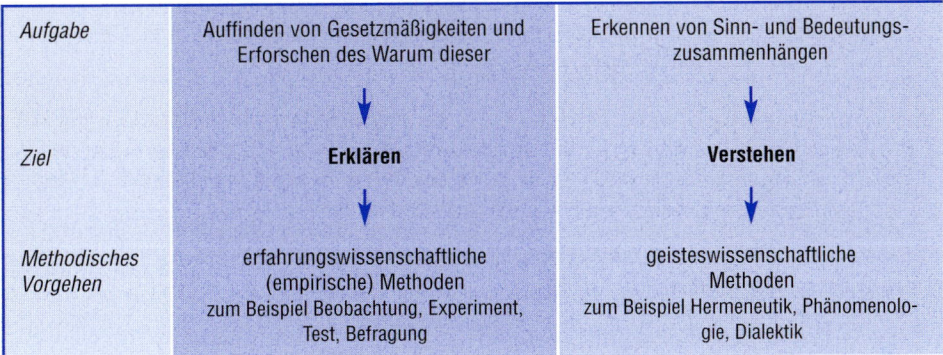

Das Kriterium, ob Erkenntnisse wissenschaftlich fundiert sind oder nicht, darf sich nicht nur auf Aussagen beziehen, die sich rein empirisch nachweisen und überprüfen lassen, wie dies in letzter Zeit des Öfteren geschieht. Eine einseitige empirische Betrachtungsweise würde versagen, weil menschliches Zusammenleben und -wirken eine ganzheitliche, umfassende Sicht erfordert. Dieser ganzheitlichen Erfassung muss sich die Soziologie als eine Wissenschaft vom Menschen in besonderem Maße verpflichtet fühlen.

2.2 Grundsätze und Arbeitsschritte methodischen Vorgehens

Die Tätigkeit eines Wissenschaftlers erfolgt nach ganz bestimmten Regeln, denen er sich verpflichtet fühlen muss. Erkenntnisse werden also nach ganz bestimmten Regeln und Prinzipien gewonnen. *Wissenschaftliches Vorgehen kennzeichnet demnach einen Prozess, der auf ein bestimmtes Ziel gerichtet ist, und umfasst ein System von Regeln, das diesen Prozess festlegt.*

2.2.1 Prinzipien methodischen Vorgehens

Die Soziologie versteht sich heute primär als empirische Wissenschaft, die sich mit der erfahrbaren sozialen Wirklichkeit beschäftigt. Wissenschaftler, die empirisch vorgehen, haben grundlegende Prinzipien zu beachten, wenn sie zu überprüfbaren und allgemein gültigen Aussagen gelangen wollen. Die **Beschreibung muss möglichst klar, präzise und genau, zentrale Begriffe müssen eindeutig bestimmt** sein.

Wenn zum Beispiel ein Forscher untersuchen will, ob eine kooperative Führung in Betrieben eine hohe Arbeitszufriedenheit der Arbeitnehmer und Arbeitnehmerinnen zur Folge hat, müssen die zentralen Begriffe eindeutig bestimmt werden: Was heißt „kooperative Führung"? Was bedeutet „hohe Arbeitszufriedenheit"? Wie äußert sich kooperative Führung, wie Arbeitszufriedenheit?

Dabei müssen **Begriffe auf das Beobachtbare zurückgeführt** werden: Der Forscher gibt bestimmte Merkmale an, wie er einen bestimmten Sachverhalt beobachtet.

So kann beispielsweise der Begriff „Arbeitszufriedenheit" auf das Beobachtbare zurückgeführt werden, indem man den Arbeitnehmern einen Fragebogen vorlegt, der in Fragen verschlüsselt Auskunft über deren Arbeitszufriedenheit gibt. Wenn etwa der Arbeitnehmer auf die Frage „Sind sie mit Ihrer Arbeit in unserem Betrieb sehr zufrieden/zufrieden/einigermaßen zufrieden/nicht zufrieden?" mit „sehr zufrieden" antworten oder auf eine entsprechende Frage mitteilen würde, dass er keine andere berufliche Tätigkeit lieber ausführen würde als seine jetzige o. Ä., so läge eine hohe Arbeitszufriedenheit vor.

„Für die empirische Forschung genügt es nicht, dass die jeweils zentralen Begriffe explizit definiert sind, sondern es müssen darüber hinaus präzise Anweisungen für Forschungsoperationen gegeben werden, mit deren Hilfe entscheidbar ist, ob ein mit dem betreffenden Begriff bezeichnetes Phänomen vorliegt oder nicht."

(Mayntz u. a., 1978[5], S. 18)

Das Zurückführen von Begriffen auf das Beobachtbare wird als **Operationalisierung** bezeichnet. Sind die Begriffe auf das Beobachtbare zurückgeführt, so spricht man von einer **operationalen Definition**.

Hunger bei Tieren zum Beispiel kann durch die Art des Messens operational definiert werden – etwa durch die Futtermenge, die in einer bestimmten Zeit verzehrt wird, oder durch die Angabe der Zeit, in der die Tiere nichts zu essen bekommen.

> Eine operationale Definition ist eine Begriffsbestimmung, in der ein Begriff auf das Beobachtbare zurückgeführt ist.

Neben einer klaren, präzisen und genauen Beschreibung sowie einer eindeutigen Begriffsbestimmung ist es zur Überprüfung einer wissenschaftlichen Aussage erforderlich, dass der Forscher **genaue Angaben darüber macht, auf welche Art und Weise er zu seinen Erkenntnissen gekommen ist**, wie er methodisch vorgegangen ist. Nur so ist es möglich, nachzuprüfen, ob der Wissenschaftler methodisch richtig verfahren ist und damit brauchbare Ergebnisse erzielt hat oder ob er Fehler gemacht hat und damit zu unbrauchbaren Ergebnissen gekommen ist.

Um zu Aussagen zu kommen, die tatsächlich der Wirklichkeit entsprechen, muss ein Wissenschaftler auch **das beobachten bzw. untersuchen, was er zu beobachten und zu untersuchen angibt**. Laien unterscheiden in ihrer Alltagsbeobachtung diesbezüglich oft nicht genau.

Wenn ein Forscher zum Beispiel die Arbeitszufriedenheit eines Menschen in einem Betrieb beobachten will, so muss er tatsächlich die Arbeitszufriedenheit und nicht etwa die Arbeitsleistung beobachten.

Dieses Prinzip wissenschaftlichen Beobachtens wird als **Gültigkeit bzw. Validität** bezeichnet.

> Validität (Gültigkeit) bedeutet, dass ein Forscher auch tatsächlich das beobachtet bzw. misst, was er zu beobachten und messen angibt.

Zudem muss ein Forscher das, war er zu beobachten und messen angibt, **genau und exakt beobachten bzw. messen**. Das Ergebnis muss von zufälligen Einflüssen weitgehend frei sein, was bei der Alltagsbeobachtung nicht der Fall ist.

Misst man beispielsweise eine bestimmte Wegstrecke mit Schritten, so ist dieses Messinstrument nicht zuverlässig. Ein Metermaß dagegen ist ein zuverlässiges Messinstrument.

Die Zuverlässigkeit ist dann gegeben, wenn die Beobachtung bzw. die Messung bei Wiederholung unter Beachtung der gleichen Bedingungen immer wieder zum gleichen Ergebnis führt.

Messe ich zum Beispiel eine bestimmte Wegstrecke mit Schritten, so wird bei jeder Messung möglicherweise ein anderes Ergebnis erzielt werden, während eine Messung mit dem Metermaß bei Wiederholung unter Beachtung der gleichen Bedingungen zum gleichen Ergebnis führt.

In der wissenschaftlichen Fachsprache wird das Kriterium der Zuverlässigkeit **Reliabilität** genannt.

> **Reliabilität (Zuverlässigkeit) bedeutet, dass ein Forscher das, was er zu beobachten und messen angibt, genau und exakt beobachtet bzw. misst.**

Die Kriterien der Validität und Reliabilität müssen natürlich auch auf Beobachtungshilfen, wie zum Beispiel Beobachtungs- oder Fragebögen, sowie auf Messinstrumente, die der Forscher benutzt, zutreffen.

Ein entscheidendes Kriterium, um zu Aussagen zu kommen, die der Wirklichkeit entsprechen, ist die **Objektivität**: Verschiedene Wissenschaftler müssen mit ihrer Untersuchung unter gleichen Bedingungen zu den gleichen Ergebnissen kommen. Eine Untersuchung wie eine Beobachtung ist dann objektiv, wenn unabhängig von den Personen, die sie durchführen, auswerten und interpretieren, gleiche Ergebnisse erreicht werden. Das Ergebnis einer Beobachtung darf also nicht von der Person des Forschers abhängen.

Die Untersuchung, ob eine kooperative Führung in einem Betrieb eine hohe Arbeitszufriedenheit der Arbeitnehmer und Arbeitnehmerinnen zur Folge hat, ist dann objektiv, wenn verschiedene Forscher in dem Betrieb unter Beachtung der gleichen Bedingungen zu demselben Ergebnis kommen.

> **Objektivität heißt, dass eine Untersuchung in ihrer Durchführung, Auswertung und Interpretation von der Person des Forschers unabhängig ist.**

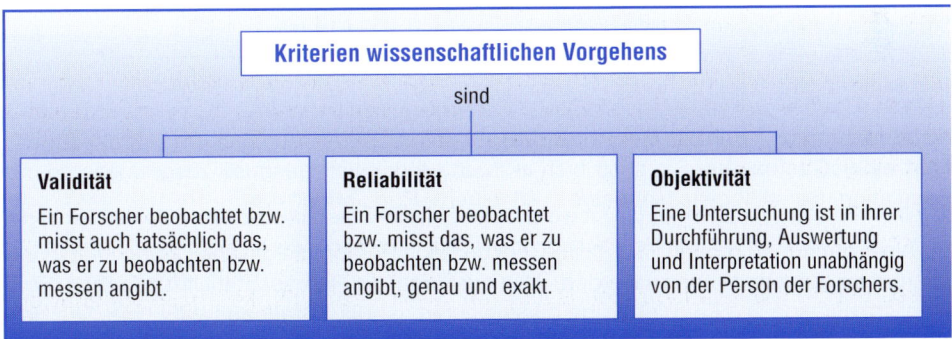

Um zu allgemein gültigen Aussagen zu kommen, müsste man genau genommen alle Personen bzw. -gruppen, auf die eine Aussage zutreffen soll, untersuchen.

Wenn zum Beispiel ein Soziologe untersuchen will, ob eine kooperative Führung in Betrieben eine hohe Arbeitszufriedenheit der Arbeitnehmer und Arbeitnehmerinnen zur Folge hat, so müsste er alle Arbeitnehmer und Arbeitnehmerinnen der BRD untersuchen.

Wir nennen die Gesamtheit aller Personen, auf die eine Aussage zutreffen soll, Grundgesamtheit bzw. **Population**.

Im obigen Beispiel ist die Grundgesamtheit bzw. die Population alle Arbeitnehmer und Arbeitnehmerinnen der BRD; auf sie nämlich soll die Aussage zutreffen: „Besteht ein Zusammenhang zwischen der Art und Weise der Führung eines Betriebes und der Arbeitszufriedenheit der Arbeitnehmer und Arbeitnehmerinnen?"

Bei der Untersuchung, ob Frauen bessere Autofahrer sind als Männer, ist die Population alle Auto fahrenden Frauen und Männer in der Bundesrepublik Deutschland.

> **Die Gesamtheit aller Personen, für die man aufgrund einer Untersuchung eine Aussage treffen will, bezeichnet man als Grundgesamtheit bzw. Population.**

Es ist aber nicht möglich, alle Personen, auf die die Aussage zutreffen soll, zu untersuchen. Wissenschaftler wählen deshalb aus der Population bestimmte Personen aus. Wird eine Untersuchung nur an einem Teil der Population durchgeführt, so spricht man von einer **Stichprobe**.

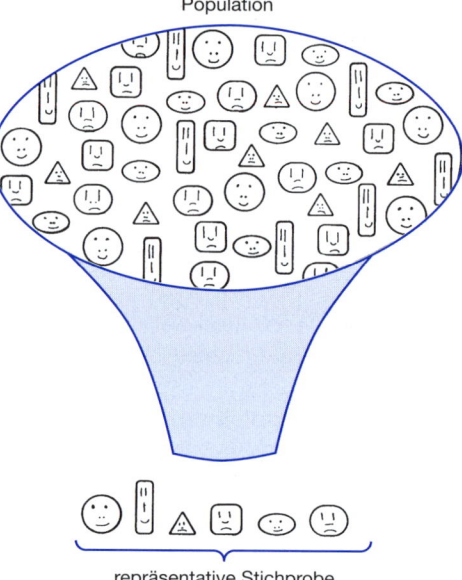

So wählt der Soziologe aus der Population beispielsweise 100 Betriebe aus, um an den dort tätigen Arbeitnehmern das gefragte Merkmal zu beobachten. Diese Arbeitnehmer aus den 100 Betrieben stellen in diesem Beispiel die Stichprobe dar.

> **Der ausgewählte Teil aus einer Population, an dem eine Untersuchung durchgeführt wird, wird als Stichprobe bezeichnet.**

Dabei ist es wichtig, dass sich die Stichprobe in allen Merkmalen, die für das zu untersuchende Verhalten bedeutsam sein könnten, genauso zusammensetzt wie die Population.

So müssen Merkmale wie Geschlecht, Alter, Bildung, Ausbildung u. a. in der Stichprobe genauso zusammengesetzt sein wie in der Population.

Wir sprechen dann von der **Repräsentativität einer Stichprobe**: Sie setzt sich in ihren Merkmalen genauso zusammen wie die Population, sie stellt gleichsam eine „verkleinerte Population" dar.

Bei einer genügend großen Stichprobe, bei der jede Person die gleiche Chance hat in die Stichprobe aufgenommen zu werden, ist in der Regel die Repräsentativität gegeben. Eine Möglichkeit, eine solche Stichprobe auszuwählen, ist die **Zufallsauswahl**, wie dies beispielsweise beim Losverfahren der Fall ist.

Der Wissenschaftler muss sich Gedanken machen, wie er **mögliche Merkmale, die sein Ergebnis beeinflussen und damit verfälschen könnten, in den Griff bekommen bzw. ausschalten** kann.

So könnte es möglich sein, dass Arbeitnehmer kurz zuvor eine Lohnerhöhung oder eine Gratifikation erhalten haben und deshalb sehr zufrieden sind und nicht aufgrund des Führungsverhaltens der Betriebsleitung.

Der Wissenschaftler erhält als Ergebnis seiner Untersuchung an der Stichprobe Angaben über die Ausprägung bzw. über die Häufigkeit von bestimmten Verhaltensmerkmalen.

Die Soziologie als Wissenschaft

Hat beispielsweise ein Soziologe an einer genügend großen Stichprobe untersucht, ob ein Zusammenhang besteht zwischen der Art und Weise der Führung eines Betriebes und der Arbeitszufriedenheit der Arbeitnehmer und Arbeitnehmerinnen, so erhält er beispielsweise Angaben darüber, wie zufrieden die Arbeitnehmer und Arbeitnehmerinnen sind.

Diese Angaben bezeichnen wir als **Daten**, die mit Hilfe **statistischer Verfahren** ausgewertet und interpretiert werden.

Statistik ist die Bezeichnung für mathematische Verfahrensweisen, die der Aufbereitung, Auswertung und Interpretation von empirisch gewonnenen Daten dienen.

Dabei können aus den Daten allgemein gültige Schlüsse gezogen werden, die für diejenigen Personen bzw. -gruppen, für die man eine Aussage haben möchte, zutreffen. Mit Hilfe von statistischen Verfahren lässt sich angeben, ob Unterschiede oder Zusammenhänge von Merkmalen zufällig sind oder nicht. Sind die Ergebnisse nicht zufällig, so bezeichnet man sie als **signifikant** bzw. **sehr signifikant**. Von einem signifikanten Ergebnis spricht man, wenn die Möglichkeit eines Zufallsergebnisses geringer als 5 % ist, und von einem sehr signifikanten Ergebnis, wenn die „Zufallsmöglichkeit" unter 1 % liegt.

So hat sich die Vermutung, ob ein Zusammenhang besteht zwischen der Art und Weise der Führung eines Betriebes und der Arbeitszufriedenheit der Arbeitnehmer und Arbeitnehmerinnen, bestätigt, wenn die Möglichkeit eines Zufallsergebnisses geringer als 5 % ist. Ist sie höher als 5 %, so hat sich die Annahme nicht bestätigt.

Eine Verallgemeinerung von der Stichprobe auf die Population ist nur dann zulässig, wenn die Daten der Stichprobe signifikant bzw. sehr signifikant sind.

Die mit Hilfe der Statistik gewonnenen Aussagen sind zwar allgemein gültig, entsprechen aber nicht immer der Realität und lassen im extremsten Falle keinen Rückschluss auf den Einzelfall zu. Am Beispiel des Trinkens wird dies deutlich: Im Durchschnitt trinkt jeder Deutsche pro Tag 1,7 Liter Flüssigkeit, kein Deutscher trinkt aber vermutlich täglich genau 1,7 Liter.
Statistisch gewonnene Aussagen sind **Wahrscheinlichkeitsaussagen**, *keine Naturgesetze. Sie zeigen uns, wie die Wirklichkeit abstrakt, statistisch beschaffen ist. Die durch Untersuchungen festgestellte Aussage beispielsweise, dass ein Zusammenhang besteht zwischen der Art und Weise der Führung eines Betriebes und der Arbeitszufriedenheit der Arbeitnehmer und Arbeitnehmerinnen, entspricht nicht in allen Teilen der Realität, sie trifft nur „in der Regel" zu. Ausnahmen von dieser Aussage gibt es viele und trotzdem trifft diese Aussage auf das Ganze gesehen zu. Sie stellt eben nur eine vorherrschende Tendenz fest, die nur bedingt Rückschlüsse auf den Einzelfall zulässt.*

> **Überprüfbare, allgemein gültige und systematisch gewonnene Aussagen**
>
> werden erreicht durch
>
> - Klarheit und Genauigkeit in der Beschreibung
> - Eindeutigkeit in der Begriffsbestimmung
> - Zurückführung der Begriffe auf das Beobachtbare (Operationalisierung von Begriffen)
> - Angaben, wie der Forscher zu seinen Erkenntnissen gekommen ist
> - Tatsächliche Beobachtung bzw. Untersuchung dessen, was zu beobachten und messen angegeben ist (Validität)
> - Genaue und exakte Beobachtung bzw. Messung dessen, was zu beobachten und messen angegeben ist (Reliabilität)
> - Unabhängigkeit der Beobachtung bzw. Untersuchung in ihrer Durchführung, Auswertung und Interpretation von der Person des Forschers (Objektivität)
> - Ausschalten von Merkmalen, die das Ergebnis verfälschen könnten
> - Repräsentativität von Stichproben
> - Auswertung und Interpretation von Daten mit Hilfe statistischer Verfahren

2.2.2 Die Vorgehensweise bei erfahrungswissenschaftlichen Untersuchungen

Jeder Wissenschaftler, der eine Untersuchung startet, geht von einer bestimmten Fragestellung aus, er legt fest, welchen Sachverhalt er untersuchen will. Am Anfang einer wissenschaftlichen Untersuchung steht also immer eine **wissenschaftliche Fragestellung**.

So will zum Beispiel ein Soziologe untersuchen, ob ein Zusammenhang besteht zwischen der Größe einer Schule und dem Wohlbefinden der dortigen Lehrer und Schüler.

> **Eine wissenschaftliche Fragestellung ist eine Mitteilung darüber, welcher Sachverhalt untersucht werden soll.**

Sobald ein Forscher festgelegt hat, welchen Sachverhalt er untersuchen will, formuliert er seine **Erwartung über den Ausgang seiner erst zu unternehmenden Untersuchung**.

Wenn ein Soziologe den Zusammenhang zwischen der Größe einer Schule und dem Wohlbefinden der dortigen Lehrer und Schüler untersuchen will, so formuliert er, um die Untersuchung organisieren zu können, die Erwartung über den Ausgang seiner Untersuchung: „Es besteht ein Zusammenhang zwischen der Größe einer Schule und dem Wohlbefinden der dortigen Lehrer und Schüler."

Die Wissenschaft spricht hier von einer **Hypothese**, die der Organisation einer Untersuchung dient.

> **Eine Hypothese ist eine formulierte Erwartung über den Ausgang einer erst zu unternehmenden Untersuchung.**

Eine Hypothese muss so formuliert sein, dass sie durch die Untersuchung **entweder bestätigt (= verifiziert) oder nicht bestätigt, also verworfen (= falsifiziert)** werden kann.

Die Aussage „Welche Wirkung die Größe einer Schule auf das Wohlbefinden ihrer Lehrer und Schüler hat, ist ungewiss" ist als Hypothese unzulässig, weil sie weder verifiziert noch falsifiziert werden kann. Dagegen ist die Erwartung „Es besteht ein Zusammenhang zwischen der Größe einer Schule und dem Wohlbefinden der dortigen Lehrer und Schüler." als Hypothese zulässig, da sie durch eine entsprechende Untersuchung bestätigt oder verworfen werden kann.

Sodann erfolgt die Operationalisierung der zentralen Begriffe, das heißt, die Merkmale, die untersucht werden sollen, müssen eindeutig bestimmt und auf das Beobachtbare zurückgeführt werden.[1]

In unserem Beispiel muss der Forscher nun genau festlegen, wie er die Größe einer Schule und das Wohlbefinden von Lehrern und Schülern beobachten und feststellen will.

Neben der Operationalisierung muss sich ein Wissenschaftler Gedanken machen, wie er mögliche Merkmale, die sein Ergebnis beeinflussen und damit verfälschen könnten, in den Griff bekommen bzw. ausschalten kann.

So könnte es, um bei obigem Beispiel zu bleiben, möglich sein, dass die Schule eine besonders engagierte Schulleitung hat, die sehr bemüht ist, eine positive Atmosphäre zu schaffen.

Nun ist ein Wissenschaftler so weit, dass er eine Stichprobe bestimmen und die Untersuchung an dieser Stichprobe durchführen kann[1]. Dabei kann es sich je nachdem, was erforscht bzw. untersucht werden soll, beispielsweise um eine Beobachtung, ein Experiment, um einen Test oder um eine Befragung handeln[2].

Ist die Untersuchung durchgeführt, so werden die Daten, die ein Wissenschaftler durch die Untersuchung erhalten hat, mit Hilfe statistischer Verfahren ausgewertet, dargestellt und interpretiert[1]. Dabei stellt sich heraus, ob es sich um signifikante Ergebnisse oder Zufallsergebnisse handelt und ob sich die Hypothese bestätigt oder nicht. Verifiziert sich die Hypothese, so ist es nun möglich, **allgemein gültige Aussagen** (Gesetzmäßigkeiten, Theorien) zu formulieren.

Nach der Untersuchung, der Auswertung und Darstellung der Daten sowie der Interpretation der Ergebnisse ist es nun dem Soziologen möglich, mit Hilfe der Statistik die allgemein gültige Aussage zu formulieren: „Zwischen der Größe einer Schule und dem Wohlbefinden der dortigen Lehrer und Schüler besteht ein Zusammenhang" oder „Zwischen der Größe einer Schule und dem Wohlbefinden der dortigen Lehrer und Schüler besteht kein Zusammenhang".

Nach dem Philosophen *Karl R. Popper*[3] *(2002[10])* ist es nicht möglich, die Wahrheit zu beweisen, sondern nur die Unwahrheit nicht (mehr) richtiger Aussagen: Wissen kann nur durch Falsifikationsversuche[4] untermauert oder entkräftet oder als bloßes „Scheinwissen" aufgedeckt werden.

Die Aussage beispielsweise „Alle Raben sind schwarz" lässt sich nie endgültig beweisen, da kein Wissenschaftler alle jetzt und zukünftig existierenden Raben beobachten kann. Erst wenn ein Forscher andersfarbige Raben entdeckt, lässt sich die Aussage korrigieren.

Wissenschaftliche Aussagen sind so lange richtig, bis ihre Widerlegung gelungen ist; eine endgültige Verifikation (Bestätigung der Richtigkeit) ist nicht möglich.

---

[1] *Vgl. Abschnitt 2.2.1*
[2] *Diese verschiedenen Methoden sind in Abschnitt 2.3 dargestellt.*
[3] *Sir Karl Raimund Popper (1902–1994), bedeutender Philosoph und Wissenschaftstheoretiker, ist der Begründer des kritischen Rationalismus; er entwarf eine wissenschaftstheoretische Methodenlehre und verlangte die Planung des sozialen Wandels auf der Grundlage einer „offenen" Gesellschaft.*
[4] *Falsifikation: Widerlegung*

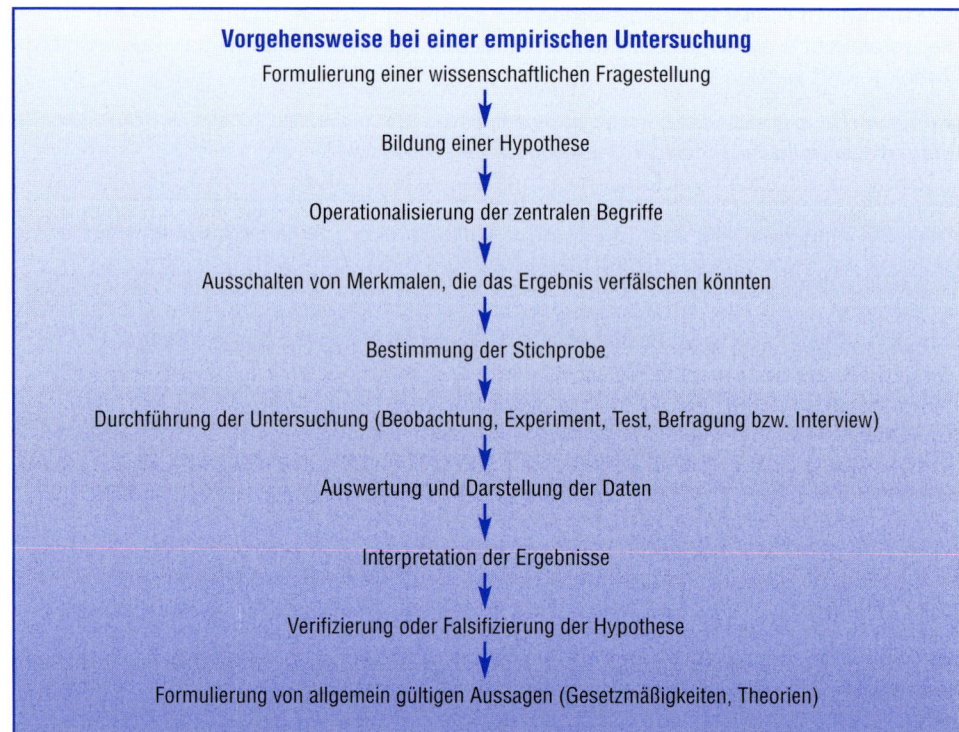

Materialien 2

2.3 Erfahrungswissenschaftliches Vorgehen in der Soziologie

Um Wissen über einen Wirklichkeitsbereich – in der Soziologie das Zusammenleben und -wirken von Menschen – zu gewinnen, benötigen Wissenschaften bestimmte Methoden, die je nach dem Gegenstand der jeweiligen Wissenschaft unterschiedlich sind. Im Folgenden werden die für die Soziologie bedeutendsten empirischen Methoden dargestellt.

2.3.1 Die Beobachtung

Die Soziologie als Erfahrungswissenschaft benötigt Methoden, die dazu beitragen, ihren Forschungsgegenstand genau zu beschreiben und erklären zu können. Jeder Beschreibung geht eine Beobachtung voraus. Aus diesem Grund ist die Soziologie zur Gewinnung von Erkenntnissen auf die Beobachtung angewiesen. *Insofern geht jedes soziologische Wissen auf eine Beobachtung irgendeiner Art zurück.*

> Beobachten bedeutet, Vorgänge, Geschehnisse oder Sachverhalte durch unsere Sinnesorgane wahrzunehmen und zu erfassen.

Dabei ist zu unterscheiden zwischen der **Selbstbeobachtung** und der **Fremdbeobachtung**. Bei der Selbstbeobachtung handelt es sich um eine unmittelbare Wahrnehmung von Vorgängen im Menschen, die nicht „von außen" beobachtet werden können, sondern die der Mensch nur an sich selbst wahrnehmen kann. Die Fremdbeobachtung dagegen bezieht sich auf alle von Außenstehenden wahrnehmbaren Äußerungen eines Lebewesens.

Verhalten in der Gruppe oder im Betrieb können beispielsweise durch Fremdbeobachtung, Erlebensweisen wie etwa Denkabläufe, Gefühle, Erinnerungen u. a. können dagegen nur durch Selbstbeobachtung erschlossen werden.

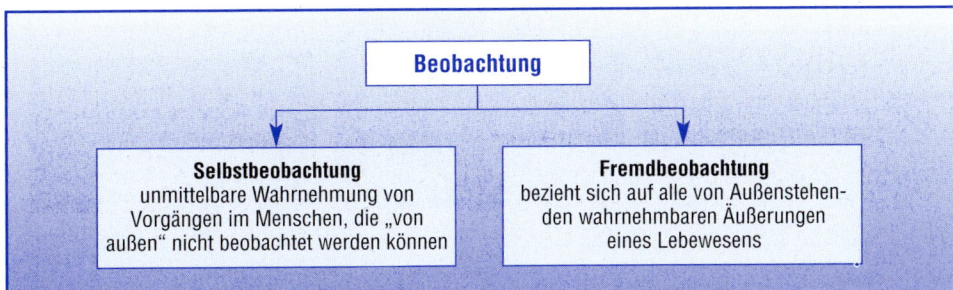

Gerade in der Soziologie wird die Selbstbeobachtung als wissenschaftliche Methode oft in Frage gestellt, da die durch sie gewonnenen Daten zum einen nicht überprüfbar sind und zum anderen häufig erst aufgezeichnet werden können, nachdem die Vorgänge, die beobachtet werden sollen, abgelaufen sind.

Der Laie beobachtet ebenso wie der Wissenschaftler, man erwartet jedoch von einem Wissenschaftler, dass er **systematisch** nach ganz bestimmten Regeln und Prinzipien vorgeht[1]. Aus diesem Grund unterscheiden wir die **systematische Beobachtung**, die wesentliche Voraussetzung für wissenschaftliches Vorgehen ist und deshalb auch *wissenschaftliche Beobachtung* genannt wird, von der **unsystematischen Beobachtung**, die der alltäglichen Beobachtung sehr nahe kommt und auch als *Alltagsbeobachtung* bezeichnet wird.

Während die Alltagsbeobachtung nicht geplant und auch deren Gegenstandsbereich und Verlauf nicht festgelegt, sondern mehr zufälliger Art ist, meint die wissenschaftliche Beobachtung die geplante, gezielte und kontrollierte Wahrnehmung eines konkret festgelegten Teilbereiches der Wirklichkeit mit dem Ziel, diesen Bereich möglichst genau zu erfassen und festzuhalten.

So zum Beispiel beobachtet der Laie das Verhalten von Kindern in der Gruppe mehr zufällig; was er dabei genau wahrnimmt, ist eher unbestimmt; seine Beobachtung konzentriert sich in der Regel auf das gesamte Geschehen, er nimmt vermutlich nur das wahr, was ihm „zufällig" auffällt. Der Wissenschaftler dagegen legt genau fest, was er in der Gruppe beobachten will – etwa wie viele aggressive Verhaltensweisen in einer bestimmten Zeiteinheit von den Kindern gezeigt werden; er organisiert die Durchführung seiner Beobachtung bis ins Detail und folgt einem fein und exakt ausgearbeiteten Beobachtungsplan, um die Aggressionen der Kinder möglichst genau erfassen und registrieren zu können.

Beobachtung als wissenschaftliche Methode meint die geplante, gezielte und systematische Wahrnehmung eines bestimmten Teilbereiches der Wirklichkeit mit dem Ziel, diesen Bereich möglichst genau zu erfassen und festzuhalten.

---

[1] *vgl. Abschnitt 2.2.1*

Im Gegensatz zum Laien legt der Wissenschaftler genau fest, was er beobachten will und wie er diesen Teilbereich der Wirklichkeit erfassen will. Er bestimmt auch genau, womit er beobachten will, welche Beobachtungshilfen er benutzt. Solche Hilfen können zum Beispiel Beobachtungsbögen sein, deren Fixierung genau durchdacht ist, aber auch ein Tonband oder eine Kamera.

„Bei der Beobachtung spielt sich ein Prozess der Wahrnehmung ab, wobei die Wahrnehmung verbunden ist mit einer Registrierung der beobachteten Handlungen. Die Schwierigkeit liegt jedoch darin, die Handlungsabläufe zu erfassen und das beobachtete Handeln entsprechend dem vorliegenden Beobachtungsschema zu klassifizieren und zu interpretieren. Es bedarf daher eines langen Trainings der Beobachter, damit es möglich ist, mit Hilfe ihrer Beobachtungen Daten zu sammeln, die eine statistische Behandlung zulassen."

(Wössner, 1986[9], S. 277)

Merkmale der systematischen Beobachtung:

- Geplante, gezielte, exakte und kontrollierte Beobachtung
- Festlegung, was beobachtet wird (Teilbereich eines gesamten Geschehens)
- Möglichst genau Erfassung des Teilbereiches
- Festlegung, wie beobachtet wird
- Festlegung, womit beobachtet wird (Beobachtungshilfen)

Die Grenzen zwischen systematischer Beobachtung und Alltagsbeobachtung sind auf keinen Fall eindeutig zu ziehen, die Übergänge sind fließend.

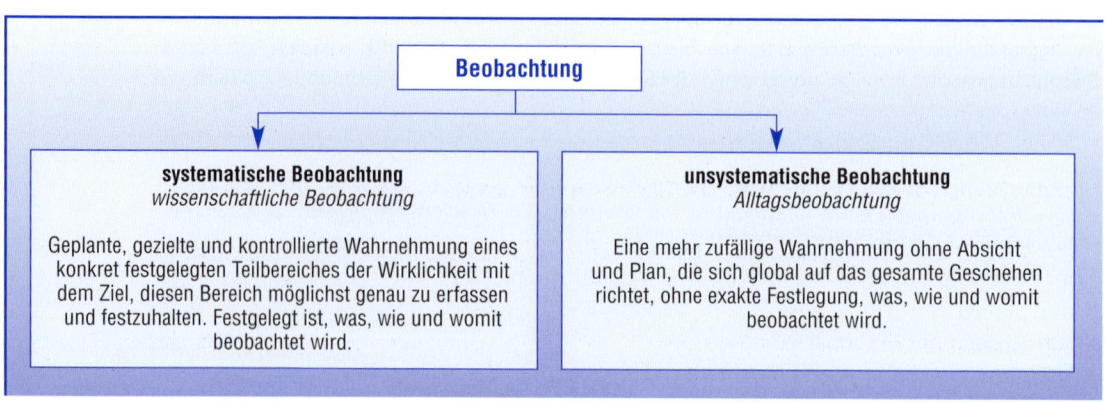

2.3.2 Das Experiment

Das Experiment ist eine bestimmte Form der Beobachtung: Während sich eine Beobachtung auf eine bereits vorhandene Situation beschränkt, wird beim Experiment die Situation absichtlich herbeigeführt.

Wenn ein Forscher beispielsweise in eine Gruppe geht und wissen will, wie sich die Gruppenleiter und in Abhängigkeit davon die Kinder verhalten, so handelt es sich um eine Beobachtung. Gibt aber der Forscher dem Gruppenleiter genau vor, wie er sich zu verhalten hat, um dann das Kinderverhalten als Reaktion darauf beobachten zu können, so handelt es sich um ein Experiment.

> Unter einem Experiment versteht man das absichtliche und planmäßige Herbeiführen eines Vorganges, um ihn gezielt beobachten zu können.

Dabei setzt der Forscher bestimmte Bedingungen für ein Geschehen fest und beobachtet, welchen Einfluss diese Bedingungen auslösen, welche Wirkungen sie zeigen.

So will zum Beispiel ein Forscher in einem Betrieb die Wirkung von Pausen auf das Arbeitsverhalten untersuchen. Er legt den Zeitpunkt, die Länge und die Art der Pausen selbst fest (= Bedingungen des Geschehens) und beobachtet, welche Wirkung diese auf das Arbeitsverhalten haben.

In dieser absichtlichen und planmäßigen Herbeiführung eines Vorgangs liegt ein großer Vorteil des Experimentes: Der Forscher kann die Bedingungen, deren Wirkungen er beobachten will, und die Situation, unter der die Beobachtung stattfinden soll, sowie den Ort und die Zeit für die Untersuchung selbst bestimmen. Dieses Kriterium der Selbstbestimmung von Bedingungen, Situation, Ort und Zeit wird **Willkürlichkeit** genannt.

> Willkürlichkeit als Kriterium des Experiments bedeutet, dass der Forscher die Bedingungen, deren Wirkungen er beobachten will, und die Situation, unter der die Beobachtung stattfinden soll, sowie den Ort und die Zeit für die Untersuchung selbst bestimmen kann.

„Der praktische Vorteil des [...] Experimentes besteht darin, dass sich in ihm die Bedingungen von vorneherein aussuchen bzw. willkürlich produzieren lassen [...] und ihre Wirkungen [...] beobachtet werden können. Voraussetzung freilich ist, dass sich die interessierenden sozialen Phänomene [...] tatsächlich manipulieren bzw. [...] durch entsprechende Versuchsanordnungen künstlich herstellen lassen."

(Wössner, 1986[9], S. 276).

Mit dem Merkmal der Willkürlichkeit steht ein weiteres in engem Zusammenhang: Der Forscher kann die Bedingungen, deren Wirkungen er beobachten will, verändern bzw. variieren.

So kann, um bei obigem Beispiel zu bleiben, der Forscher den Zeitpunkt der Pausen verändern – in einem Untersuchungsdurchgang beispielsweise setzt er alle 60 Minuten, in einem anderen Durchgang alle 90 Minuten eine Pause fest; er kann die Länge der Pausen abwandeln – er macht Untersuchungen mit einer Pausenlänge von 15 Minuten und von 30 Minuten; und er kann die Tätigkeit der Arbeitnehmer in den Pausen beliebig variieren – in einem Versuch lässt er die Arbeitnehmer Gymnastik machen, in einem anderen möglichst passiv sein.

Dieses Kriterium der Veränderbarkeit der Bedingungen wird als **Variierbarkeit** bezeichnet.

> Variierbarkeit als Kriterium des Experiments bedeutet, dass der Forscher die Bedingungen, deren Wirkungen er beobachten will, verändern kann.

Dadurch, dass der Forscher einen bestimmten Vorgang absichtlich herbeiführen will, ist es für ihn auch möglich, dass dies mehrmals in gleicher Weise geschieht.

So kann der Forscher sein Experiment über die Wirkung von Pausen auf das Arbeitsverhalten beliebig oft wiederholen.

Dieses Kriterium des mehrmaligen Durchführen-Könnens eines Versuches wird **Wiederholbarkeit** genannt.

> Wiederholbarkeit als Kriterium des Experiments bedeutet, dass der Forscher seinen absichtlich herbeigeführten Vorgang beliebig oft durchführen kann.

Die Wiederholbarkeit eines Experiments ermöglicht, dass eine größere Anzahl von Daten gewonnen werden kann und die Ergebnisse der Untersuchung überprüft werden können. Das Experiment kann auch von einem anderen Forscher wiederholt werden, um so feststellen zu können, ob die Untersuchung objektiv ist.

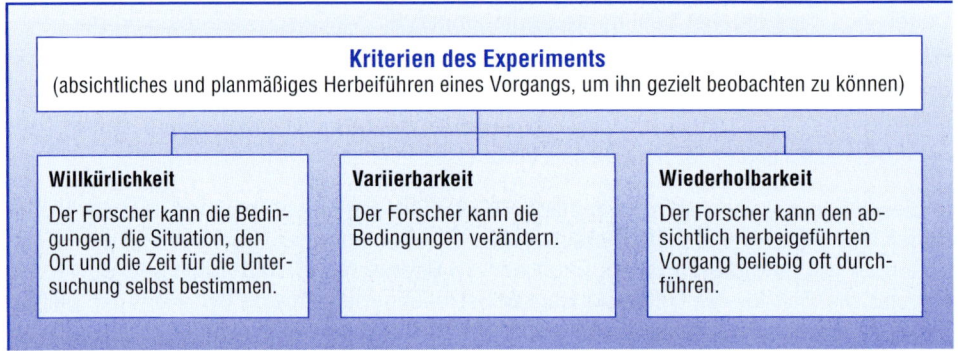

2.3.3 Die Befragung und das Interview

Die Befragung ist eine in der Soziologie sehr weit verbreitete Technik zur Gewinnung von bestimmten Daten. Dabei werden an bestimmte Personen bzw. -gruppen Fragen gerichtet, die diese beantworten.

„Die Befragung ist die wohl am häufigsten angewandte sozialwissenschaftliche Forschungsmethode. Zur Ermittlung verbalisierbarer subjektiver Tatbestände ist sie auch das angemessene Verfahren."
(Mayntz u. a., 1978[5], S. 103)

> Die Befragung ist eine Technik zur Erfassung von Daten mit Hilfe der Beantwortung von Fragen, die einem bestimmten Personenkreis gestellt werden.

Eine Befragung kann **schriftlich** mit Hilfe eines Fragebogens oder aber auch **mündlich** stattfinden. Ein Fragebogen ist eine schriftliche Zusammenstellung von zweckgerichteten Fragen nach bestimmten Daten.

„Sind Sie Mitglied eines Sportvereins?" oder „Wie zufrieden sind Sie in Ihrem Betrieb?" sind Beispiele für solche zweckgerichteten Fragen.

Die Fragen können dabei **geschlossen** oder **offen** sein. Bei geschlossenen Fragen werden alternative Antworten vorgegeben, bei offenen Fragen antworten die Befragten mit Ihren eigenen Worten.

Um eine geschlossene Frage handelt es sich etwa, wenn der Befragte sich zwischen „Ja" oder „Nein" (z. B. „Treiben Sie täglich Sport?") entscheiden oder auf einer mehrstufigen Skala (z. B. von „stimme völlig zu" bis „lehne völlig ab") eine Entscheidung treffen muss oder wenn ihm eine Auswahl von verschiedenen Antworten zur Verfügung steht. Ein Beispiel für offene Fragen ist: „Was schätzen Sie an Ihrer Arbeit in Ihrem Betrieb am meisten, was am wenigsten?"

Eine mündliche Befragung wird gewöhnlich **Interview** genannt.

> Ein Interview ist eine mündliche, zweckgerichtete Befragung, um bestimmte Daten zu erhalten.

Dabei passt der Interviewer in der Regel seine Fragen den Besonderheiten des Befragten und der jeweiligen Situation an.

Interviews sind uns allen beispielsweise aus dem Fernsehen bekannt, wenn Politiker, Künstler, Sportler, Schauspieler, Sänger u. a. zu einem bestimmten Thema befragt werden.

Bei einer **Umfrage** wird einer relativ großen Gruppe von Menschen eine bestimmte Anzahl von festgelegten Fragen gestellt.

„Kaum eine Phase der mit Hilfe von Interviews durchgeführten Datenermittlung enthält so viele ungelöste Probleme wie der Prozess der Befragung selbst. Nur wenig von dem, was sich im Augenblick der Befragung zwischen Interviewer und Befragtem über das reine Fragen und Antworten hinaus ereignet und einen nur schwer zu durchschauenden Einfluss auf die Gültigkeit und Zuverlässigkeit der Datenermittlung ausübt, ist [...] kontrollierbar." (Mayntz u. a., 1978⁵, S. 103)

2.3.4 Die Soziometrie

Die Soziometrie stellt ein bestimmtes Messverfahren dar und will bestimmte Aspekte der Struktur von sozialen Beziehungen in Gruppen erforschen.

So können beispielsweise mit Hilfe der Soziometrie Gefühle der Zu- und Abneigung der Mitglieder einer Gruppe untereinander festgestellt werden.

Die Soziologie als Wissenschaft

Das soziometrisches Messverfahren geht auf den österreichischen Psychiater *Jacob L. Moreno* zurück und wurde in der Zwischenzeit von einer Vielzahl von Sozialforschern weiterentwickelt. War es ursprünglich für therapeutische Zwecke gedacht, findet es heute überall dort Anwendung, wo Gruppenstrukturen und -beziehungen bedeutsam sind. So findet Soziometrie u. a. in Betrieben, Werkstätten, Büros, Spielgruppen, Schulkassen und Jugendgruppen Anwendung, um dort die Art und Weise der sozialen Interaktionen festzustellen.

So wird in einem Betrieb ein solches Messverfahren angewandt, um Auskunft über das soziale Klima zu erhalten und Möglichkeiten zur Änderung bzw. Verbesserung eines solchen und der Leistung der Gruppe einleiten zu können.

Die Soziometrie ist ein Messverfahren zur Feststellung bestimmter Aspekte sozialer Beziehungen in Gruppen.

Mit Hilfe der Soziometrie werden **zwischenmenschliche Präferenzen** ermittelt. Dabei kann es zum einen um die **affektive Ebene** gehen, um Zuneigung bzw. Abneigung (Sympathie bzw. Antipathie) der Gruppenmitglieder untereinander (also ob sich die Gruppenmitglieder untereinander „mögen" oder „nicht mögen"), Freundschaften und Feindschaften (wer mit wem am liebsten in eine ganz bestimmte, inhaltlich definierte Beziehung treten will oder nicht), Beliebtheit bzw. Unbeliebtheit (Isoliertheit) einzelner Mitglieder. Zum anderen kann es sich auf die **funktionale Ebene** der Leistungsfähigkeit oder Tüchtigkeit in einer Gruppe beziehen – etwa wer mit wem am liebsten zusammenarbeiten, ein Projekt durchführen möchte etc.

Durch entsprechende Fragen an die Mitglieder einer Gruppe können solche zwischenmenschlichen Präferenzen eruiert[1] werden.

Um beispielsweise die Zu- und Abneigung in einer Werkgruppe eines Betrieb zu ermitteln, werden die Arbeitnehmer und Arbeitnehmerinnen schriftlich befragt, wen sie am liebsten als Freund haben möchten, wen sie am liebsten einladen oder mit wem sie am liebsten in den Urlaub fahren würden. Hinsichtlich der Erforschung auf der funktionalen Ebene könnte die Frage lauten: „Mit wem möchten Sie bei dieser Aufgabe am liebsten zusammenarbeiten? Mit wem auf keinen Fall?"

Die Ergebnisse dieser Befragung werden in einer Matrix, der **Soziomatrix**, oder in einem Diagramm, dem **Soziogramm**, grafisch dargestellt, welche alle Informationen enthält, die durch die Befragung gewonnen wurden. Ihre jeweilige Auswertung besteht darin, bestimmte Beziehungsstrukturen zu erkennen und in ihrer Häufigkeit zu zählen, wobei zu beachten ist, dass es sich bei den Ergebnissen um aktuelle Momentaufnahmen der sozialen Beziehungen handelt.

Materialien 3

„Soziometrische Analyseverfahren und Anwendungsbereiche sind sehr vielfältig und werden auch laufend weiterentwickelt. So versucht man beispielsweise in der Kommunikationssoziologie über soziometrische Methoden ‚Meinungsführer' (opinion leader, change agents) im Bereich von Mode oder Politik zu ermitteln. Ebenso werden in größeren sozialwissenschaftlichen Untersuchungen mittels Soziometrie ganze Netzwerke von sozialen Beziehungen erfasst („Netzwerkanalyse") z. B. in der Eliteforschung und in der Gemeindesoziologie)." (Henecka, 2006[8], S. 242)

Materialien 4

---

[1] eruieren (lat.): ermitteln

Zusammenfassung

- Wissenschaft bedeutet methodisch gewonnenes und in ein System gebrachtes Wissen und die Formulierung von Aussagen über einen Bereich der Wirklichkeit. Wissenschaften haben sich einerseits als Ziel gesetzt, die Wirklichkeit zu beobachten und zu beschreiben, Zusammenhänge zu erkennen sowie Gesetze und Gesetzmäßigkeiten aufzustellen (= erklärende Position). Andererseits haben sich Wissenschaften zum Ziel gesetzt, sich mit Sachverhalten zu beschäftigen, mit denen ein Sinn, ein Zweck verbunden ist. Dabei geht es darum, Sinn- und Bedeutungszusammenhänge von Gegebenheiten, wie zum Beispiel menschlichem Tun in sozialen Gebilden, zu erkennen und aufzudecken (= verstehende Position).

- Wissenschaftliche Methoden sind systematisch geplante Vorgehensweisen oder Verfahren, um Wissen über einen Objektbereich zu gewinnen. Entsprechend der verschiedenen Auffassungen von Wissenschaft kann man die erfahrungswissenschaftlichen bzw. empirischen Methoden von den geisteswissenschaftlichen Methoden unterscheiden. Erfahrungswissenschaftliche bzw. empirische Methoden sind Methoden, die der planmäßigen Beobachtung und Beschreibung eines bestimmten Bereiches der Wirklichkeit und der Gewinnung von intersubjektiv überprüfbaren Daten zum Zwecke der Erklärung dienen, geisteswissenschaftliche Methoden dienen durch das Herausfinden von Wert- und Sinnzusammenhängen dem Verstehen.

- Wissenschaftler, die erfahrungswissenschaftlich vorgehen, haben grundlegende Prinzipien zu beachten, wenn sie zu überprüfbaren, allgemein gültigen und systematisch gewonnenen Aussagen gelangen wollen:

  - Klarheit und Genauigkeit in der Beschreibung, Eindeutigkeit in der Begriffsbestimmung,
  - Operationalisierung von Begriffen, das heißt ihre Zurückführung auf das Beobachtbare,
  - Angaben, wie der Forscher zu seinen Erkenntnissen gekommen ist,
  - Validiät (Gültigkeit), das heißt tatsächliche Beobachtung bzw. Untersuchung dessen, was beobachtet bzw. untersucht werden soll,
  - Reliabilität (Zuverlässigkeit), das heißt genaue und exakte Beobachtung bzw. Messung dessen, was zu beobachten bzw. messen angegeben ist,
  - Objektivität, das heißt Unabhängigkeit der Beobachtung bzw. Messung in ihrer Durchführung, Auswertung und Interpretation,
  - Ausschalten von Merkmalen, die das Ergebnis verfälschen könnten,
  - Repräsentativität von Stichproben sowie
  - Auswertung und Interpretation von Daten mit Hilfe statistischer Verfahren.

- Jede Untersuchung beinhaltet folgende Arbeitsschritte:

  - Formulierung einer wissenschaftlichen Fragestellung
  - Bildung einer Hypothese
  - Operationalisierung der zentralen Begriffe
  - Ausschalten von Merkmalen, die das Ergebnis verfälschen könnten
  - Bestimmung der Stichprobe
  - Durchführung der Untersuchung
  - Auswertung und Darstellung der Daten
  - Interpretation der Ergebnisse
  - Verifizierung oder Falsifizierung der Hypothese
  - Formulierung von allgemein gültigen Aussagen wie Gesetzmäßigkeiten, Theorien

Zusammenfassung

- Die wichtigsten empirischen Methoden sind die Beobachtung, das Experiment, die Befragung und das Interview sowie die Soziometrie. Beobachtung meint die geplante, gezielte und systematische Wahrnehmung eines bestimmten Teilbereiches der Wirklichkeit mit dem Ziel, diesen Bereich möglichst genau zu erfassen und festzuhalten. Unter einem Experiment versteht man das absichtliche und planmäßige Herbeiführen eines Vorganges, um ihn gezielt beobachten zu können. Die Befragung ist eine Technik zur Erfassung von Daten mit Hilfe der Beantwortung von Fragen, die einem bestimmten Personenkreis gestellt werden. Eine mündliche Befragung wird gewöhnlich Interview genannt. Die Soziometrie ist ein Messverfahren zur Feststellung bestimmter Aspekte sozialer Beziehungen in Gruppen.

Materialien Kapitel 2

1. Alltagssoziologie und wissenschaftliche Soziologie

Wie erklären die Leute im Allgemeinen solche Probleme?
Wenn wir uns selbst einmal bei derartigen Gelegenheiten beobachten und kontrollieren könnten oder anderen bei ihren Erklärungen aufmerksam und vielleicht etwas kritischer als üblich zuhörten, würden wir rasch feststellen, dass bei der Konfrontation mit einem Alltagsproblem bereits gewisse Vorstellungen über seine Ursachen abgerufen werden. Persönliche Erfahrungen und übernommene Meinungen, allzu oft auch – meist unbewusste – soziale Vorurteile, spielen dabei eine wichtige Rolle. So werden wohl im Hinblick auf bestimmte Probleme in der Regel kaum sorgfältig abgewogene oder wohlüberlegte Gedanken und klare, präzise Kausalketten entwickelt, sondern eher spontane, für richtig und „plausibel" gehaltene Deutungen der Situation, die für uns „wirklich so ist", zum Ausdruck gebracht. Die Alltagsprobleme werden von der eigenen Perspektive aus wahrgenommen und von den eigenen Werten, Normen und Überzeugungen her beurteilt. Ausgangspunkt ist jeweils das eigene für „selbstverständlich" und „natürlich" gehaltene Bezugssystem. Die Sicht des anderen oder dessen Interpretation des Problems bleibt unberücksichtigt. Oft werden schnell „Etiketten" verteilt und komplexere Zusammenhänge auf bestimmte Beziehungen zwischen Personen oder auf deren angenommene Eigenschaften reduziert. Erfahrungen, die sich solchen Zuschreibungen entziehen, werden dann fatalistisch als undurchschaubares Schicksal oder als in der Natur der Sache liegend begriffen. [...]

Unser Alltagswissen und unser Alltagsverständnis bestimmen also, welche Zusammenhänge bei gewissen Problemfällen in unseren Gesichtskreis rücken, welche Faktoren wichtig sind. Oft wird das Denken dabei von bewertenden Kategorien und absoluten Begriffen wie „gut" und „böse", „schuldig" oder „unschuldig", „richtig" oder „falsch" geleitet; zudem werden unsere „Erklärungen" von den durch das Problem ausgelösten eigenen Gefühlen und Eindrücken überlagert und – meist unbewusst – gesteuert:
Herr Schmidt ist ja „Alkoholiker", die 12-jährige Tina flirtet mit einem „Punker" (was offensichtlich in der Familie liegt, denn die Mutter hat ja seinerzeit auch schon „früh angefangen"), die Zwillinge von nebenan sind „schlecht erzogen" oder vielleicht hat auch der Hausmeister eine „unsoziale Einstellung", weil er die Kinder nicht auf dem gepflegten Rasen spielen lässt. Für Frau Schmidt ist die Ehe sicher eine einzige Tortur, denn man „weiß" ja, dass Alkoholiker sehr labil sind, sich nicht beherrschen können und sich so ihr Schicksal selbst zuzuschreiben haben. Man „weiß" auch, dass bei „Frühreifen" die Triebhaftigkeit und sexuelle Aktivität im

Blut steckt, was man aber durch geeignete Erziehungsmaßnahmen sicherlich in den Griff bekäme. Und man „weiß", dass die Nachbarin depressiv ist und mit der Geburt der Zwillinge überfordert wurde. Und man kennt ja schließlich auch den übereifrigen Hausmeister, der im ganzen Viertel als Kinderschreck gilt.

Da es sich bei diesen „Eigenschaften" um etwas handelt, das mit der „Veranlagung" der Betreffenden zu tun hat, wird hierbei oft stillschweigend vorausgesetzt. Dass es sich bei den beklagten Verhaltensweise jedoch gar nicht so sehr um individuelle Veranlagungen handeln könnte, sondern vielmehr eher um Eigenschaften, die sich erst unter ganz bestimmten *Bedingungen des Zusammenlebens* entwickelt haben, diese Möglichkeit bleibt meist außerhalb unseres gewohnten Denkhorizonts.

- Oder denken wir daran, dass beispielsweise Alkoholismus weniger ein individuelles Problem ist, insofern dieses Problem ja besonders in Gesellschaften verbreitet ist, die den Alkoholkonsum als Zeichen der Männlichkeit und Lebensfreude ansehen oder auch als Seelentröster und Konfliktlöser empfehlen?
- Denken wir daran, dass bestimmte Persönlichkeitseigenschaften und bestimmte Ausdrucksformen des Protests (wozu aggressive sowie depressive Formen zu rechnen sind) sich eigentlich erst im Anschluss an ganz bestimmte Erfahrungen und Erlebnisse in zwischenmenschlichen Beziehungsfeldern (z. B. in der Partnerschaft, in der Familie, in der Verwandtschaft, in der Nachbarschaft, am Arbeitsplatz usw.) bilden?
- Oder denken wir daran, dass – wie beim Beispiel des „unsozialen" Hausmeisters – vielleicht auch eine mangelhafte Wohnungspolitik für Familien oder kinderfeindliche Leitbilder von Architekten, Baugesellschaften und Raumplanern eine Rolle spielen könnten?

Die „Gewissheit", mit der wir aus unserem Alltagsverständnis heraus derartige Probleme beschreiben und erklären, wird eigentlich viel zu selten in Frage gestellt. Daher ist es auch kaum erstaunlich, wie selbstsicher und souverän wir im Umgang miteinander gewissermaßen „aus der Hüfte geschossene" Diagnosen abgeben, ohne die vielen komplexen Umweltbedingungen und Lebenserfahrungen zu kennen, die diese Menschen und ihre Probleme erst zu dem machten, was sie in den Augen der anderen sind.

Hier hat die Soziologie eine kritische und aufklärende Funktion. Sie macht darauf aufmerksam, dass die raschen und intuitiven Zuordnungen und plausibel erscheinenden Zuschreibungen unserer privaten Alltagsinterpretationen nur allzu oft trügerisch sind und den tatsächlichen Problemhintergründen keineswegs gerecht werden. Es genügt nämlich nicht, irgendeine Meinung über ein Problem im zwischenmenschlichen Verhalten von sich zu geben, sondern diese Meinung muss an der konkreten Situation aufgewiesen, belegt und überprüft werden. Manche Erklärungen und Beschreibungen der Soziologie stimmen dann mit unseren bisherigen Meinungen und Überzeugungen nicht mehr überein. Manche beliebte „individualisierende" Denkfigur, manch gesellschaftlich akzeptiertes (und so bisweilen recht nützliches) Argument, manche gewohnte und vertraute Vorstellung von der sozialen Welt wird hierdurch *fragwürdig*. Indessen: im Aufwerfen solcher „kontra-intuitiver" Fragen liegt gerade der besondere Nutzen der Soziologie. Oder um es mit Peter Berger (1977, S. 32) zu formulieren: „Die erste Stufe der Weisheit in der Soziologie ist, dass die Dinge nicht sind, was sie scheinen."

Indem die Soziologie ihr Erkenntnisinteresse vor allem auf die *sozialen* Bedingungen richtet, die hinter den beobachtbaren Tatsachen wirksam werden und indem sie auf die Einbettung vieler Probleme in umfassendere gesellschaftliche Strukturzusammenhänge aufmerksam macht, leuchtet sie Bereiche aus, die vom naiven Alltagsdenken oft ausgeblendet werden oder deren Zugang versperrt bleibt. Damit eröffnet uns die Soziologie neue und rational anregende Sichtweisen, die eine Hilfe sein können für ein besseres Verständnis von uns selbst und von der Gesellschaft, in der wir leben.

Quelle: Henecka, 2006[8], S. 18–21, gekürzt

2. Methodische Fehler und ihre Folgen

Falsche und nicht brauchbare Ergebnisse einer „wissenschaftlichen" Forschung lassen sich auf Fehler im methodischen Vorgehen zurückführen, deren Fehlerquellen beim Forscher selbst, bei den Untersuchten oder beim Hilfs-, Beobachtungs- bzw. Messinstrument liegen können.

Der Forscher kann beispielsweise wissenschaftlich vereinbarte Regeln und Prinzipien methodischen Vorgehens nicht einhalten (vgl. Abschnitt 2.2.1) oder bestimmten Wahrnehmungsfehlern unterliegen. Allein die Tatsache, dass sich der Untersuchte beobachtet oder getestet fühlt, kann die Ergebnisse verzerren. Angst beispielsweise kann die Reaktionen des Untersuchten erheblich verändern. Zudem kann er den Sachverhalt – zum Beispiel eine Frage in der Befragung oder im Interview – falsch aufnehmen bzw. falsch verstehen. Ebenso spielen das Interesse des Untersuchten und seine augenblickliche Verfassung eine wichtige Rolle. Interesselosigkeit oder Müdigkeit und Abgespanntheit beispielsweise lassen ein anderes Ergebnis erwarten als ein sehr hohes Interesse und Ausgeschlafensein.

Eine Fehlerquelle kann auch das Hilfs- bzw. Beobachtungsinstrument darstellen. Ungenaue und verwirrende Fragen in einem Fragebogen bzw. einer Befragung oder unklare Anweisungen bei einem Beobachtungsbogen zum Beispiel können die Ergebnisse verfälschen. Mangelnde Objektivität, Reliabilität und Validität des Beobachtungsinstruments sind häufig Fehlerquelle methodischen Vorgehens (vgl. Abschnitt 2.2.1).

Zudem können bestimmte situative Faktoren wie beispielsweise starker Lärm während des Ausfüllens eines Fragebogens, Wettersituation oder Licht- und Raumverhältnisse Ergebnisse einer Untersuchung verzerren oder gar verfälschen.

Folgen von solchen methodischen Unzulänglichkeiten sind verzerrte und verfälschte Ergebnisse, die nicht mit der Wirklichkeit übereinstimmen, falsche Interpretationen über die soziale Wirklichkeit sowie unzutreffende Gesetzmäßigkeiten und Theorien. Methodische Fehler können Unzulänglichkeiten in der Praxis verursachen – beispielsweise, wenn sich der „Laie" nach nicht zutreffenden Handlungsanweisungen für die Erziehung richtet.

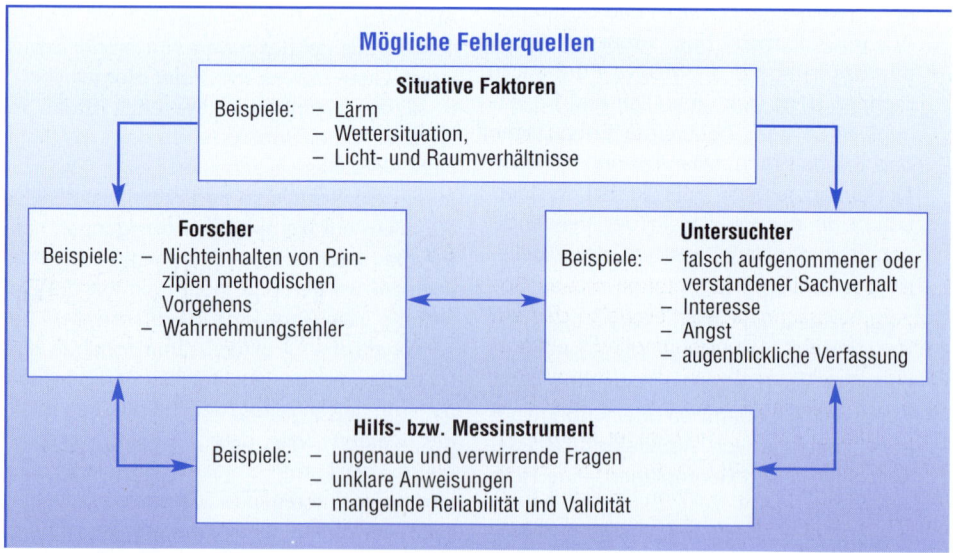

Wissenschaftliches Vorgehen beinhaltet zwingend die Beachtung geeigneter Methoden und deren sachgemäße Anwendung nach wissenschaftlichen Regeln und Prinzipien. Nur dann sind Fehler und deren Folgen für das Beschreiben, Erklären, Verstehen und Anwenden vermeidbar und die Aussagen wahr, überprüfbar und allgemein gültig.

Materialien Kapitel 2

3. Die grafische Darstellung der Soziometrie

a) Beispiel für eine Soziomatrix hinsichtlich der Zu- und Abneigung

Die Häufigkeit, mit der einzelne Gruppenmitglieder „positive Wahlen" (+) oder „negative Wahlen" bzw. Ablehnungen (–) auf sich vereinigen, wird zunächst tabellarisch in eine Soziomatrix übertragen. Die Symbole in den einzelnen Matrixzellen informieren darüber, wer von wem gewählt oder abgelehnt wurde und wer nicht.

		Gewählte													Anzahl der abgegebenen Wahlen		
		1	2	3	4	5	6	7	8	9	10	11	12	13	+	–	Ges.
Wählende	1	/	+	+	+	+		–						–	4	2	6
	2	+	/	+		+								–	3	1	4
	3	+	+	/										–	2	1	3
	4	+		+	/									–	2	1	3
	5	+			+	/									2	0	2
	6	+				+	/							–	2	1	3
	7	–						/	+	+				–	2	2	4
	8							+	/	+					2	0	2
	9							–	–	/				–	0	3	3
	10				+			+			/			–	2	1	3
	11							+	+			/			2	0	2
	12	+						+					/	–	2	1	3
	13		–	–				–					–	/	0	4	4
	+	6	2	3	3	3	0	4	2	2	0	0	0	0			
	–	1	1	1	0	0	0	3	1	0	0	0	1	9			
	Ges.	7	3	4	3	3	0	7	3	2	0	0	1	9			
		Erhaltene Wahlen															

b) Beispiel für ein Soziogramm einer Jugendgruppe

In der qualitativen Interpretation dieses Soziogramms erscheint beispielsweise das am meisten gewählte Gruppenmitglied 1 eindeutig als „beliebt", während das Gruppenmitglied 7 als „Gegenspieler" oder vielleicht als „Oppositionsführer" eine weniger klare Führungsposition innehat. Beide „Stars" lehnen sich gegenseitig ab und bilden um sich herum mit ihren „Verbündeten" Subgruppen. Gruppenmitglied 13 wird von den meisten Gruppenmitgliedern offensichtlich abgelehnt und übernimmt wohl auch durch sein eigenes Verhalten die Rolle des „Außenseiters". Die Gruppenmitglieder 10 und 12 wollen sich anscheinend mit keiner Untergruppe überwerfen

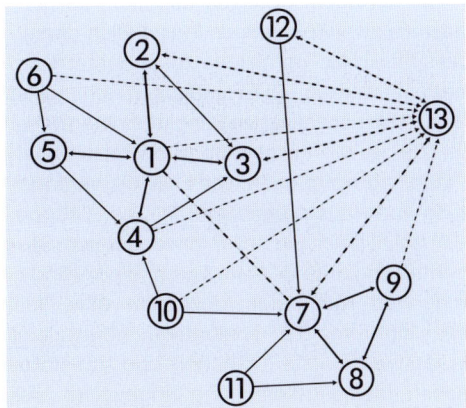

und sind sich darüber hinaus mit den anderen einig, den „Außenseiter" 13 abzulehnen.

Quelle: Henecka, 2006[8], S. 237 f. (verändert und gekürzt)

4. Die Inhaltsanalyse und das Panel als Methoden der Soziologie

a) Die Inhaltsanalyse

Eine der Beobachtung verwandte, allerdings vergleichsweise seltener angewandte Methode der Sozialforschung ist die Inhaltsanalyse (*content analysis*) – auch Text- oder Dokumentenanalyse genannt. Sie geht davon aus, dass Kommunikationen schriftlicher, mündlicher oder auch bildlicher Art wichtige soziale Funktionen haben und dass die in manifest gewordenen Kommunikationen übermittelten sprachlichen Symbole Indikatoren für Einstellungen, Meinungen, Werthaltungen, Tendenzen und Wirkungsabsichten, für Vorurteile oder andere nicht unmittelbar feststellbare Eigenschaften des jeweiligen Autors darstellen. Da Träger dieser Inhalte die verschiedensten Medien und Formate sein können, zählen zu den Untersuchungsobjekten der Inhaltsanalyse beispielsweise Gesprächsprotokolle, Verträge, Reden, [...], Tagebücher und Autobiografien, bestimmte Zeitungsartikel oder ganze Jahrgänge von Zeitungen oder Zeitschriften, Plakate oder Annoncen, Prospekte und Rundbriefe [...], Schlagertexte oder Graffiti auf Häuserwänden, subkulturelle Sprüche oder Autoaufkleber, Internet-Blogs usw. *David McClelland* (1966) hat beispielsweise versucht, anhand einer interkulturell vergleichenden Inhaltsanalyse von Volksmärchen und Kindergeschichten einen Zusammenhang zwischen Leistungsmotivation und wirtschaftlicher Entwicklung eines Landes nachzuweisen. Insofern wird deutlich, dass die Inhaltsanalyse methodisch einen recht breiten Anwendungsbereich bietet. [...] Man bedient sich ihrer zur *quantitativen* Beschreibung der Inhalte bzw. zur systematischen *qualitativen* Analyse der sozialen Bedeutung und Wirkungen von bereits vorhandenen Mitteilungen oder eigens zum Untersuchungszweck erstellten Texte (z. B. Schulaufsätze). Anwendungsbereiche sind Forschungen nicht nur in der Soziologie und Sozialpsychologie, sondern [...] beispielsweise auch in der Literatur- und Kunstwissenschaft, Erziehungswissenschaft, Politikwissenschaft und Geschichte [...]; in der Massenkommunikationsforschung ist sie zu einer der wichtigsten Untersuchungsmethoden überhaupt avanciert.

Quelle: Henecka, 2006[8], S. 225 f. (gekürzt)

b) Das Panel

Als Paneluntersuchung bezeichnet man eine Untersuchung, bei der eine Mehrzahl von Personen oder sonstigen Einheiten zu mindestens zwei Zeitpunkten hinsichtlich derselben Merkmale gemessen (beobachtet bzw. befragt) werden. Die Paneluntersuchung ist eine Form der zeitlichen Längsschnittanalyse. Ihr Ziel ist die Erforschung von bestimmten Wandlungsvorgängen, wie z. B. die Veränderung von Parteipräferenzen in einer Gruppe, der politischen Einstellungswandel von Studenten im Laufe des Studiums, die Veränderung von Konsumgewohnheiten usw. Tatsächlich wurde die Paneluntersuchung zuerst in der Verbraucherforschung und der politischen Meinungsforschung angewandt. Als „Panel" bezeichnete man die Gruppe, die sich wiederholt zum gleichen Thema äußerte. Auch heute werden Paneluntersuchungen vor allem im Gebiet der Einstellungs- und Meinungsforschung angewandt, doch gehen ihre Anwendungsmöglichkeiten prinzipiell darüber hinaus. Erstens brauchen die untersuchten Merkmale keine Meinungen oder Einstellungen zu sein; es kann sich ebenso gut um Verhalten, um den Besitz eines bestimmten Status (Beruf, Einkommen, Erwerbstätigkeit usw.) oder um ein Kontextmerkmal, eine bestimmte Gruppenzugehörigkeit etwa, handeln. Zweitens brauchen die Untersuchungseinheiten keine Personen zu sein: auch Gemeinden, Sportmannschaften oder Betriebe ließen sich zum Gegenstand einer Paneluntersuchung machen, wobei die untersuchten Merkmale dann natürlich Gruppenmerkmale wären. Allerdings sind Paneluntersuchungen dieser Art bisher noch kaum unternommen worden.

Quelle: Mayntz u. a., 1978[5], S. 134

Aufgaben und Anregungen Kapitel 2

Aufgaben

1. Bestimmen Sie den Begriff der Wissenschaft und zeigen Sie, wann es sich bei der Soziologie um eine Wissenschaft handelt. (Abschnitt 2.1.1)

2. Stellen Sie verschiedene Auffassungen von Wissenschaft dar und zeigen Sie diese anhand der Soziologie auf. (Abschnitt 2.1.2)

3. Erläutern Sie an einem Beispiel aus der Soziologie den Unterschied zwischen Erklären und Verstehen. (Abschnitt 2.1.2)

4. Bestimmen Sie den Begriff „wissenschaftliche Methode" und beschreiben Sie die Arten von Methoden, mit denen die Soziologie zu ihren Erkenntnissen kommt. (Abschnitt 2.1.3)

5. Legen Sie dar, welche Prinzipien methodischen Vorgehens man beachten muss, wenn man Ergebnisse soziologischer Forschung auf ihre wissenschaftliche Aussagekraft hin beurteilen will. (Abschnitt 2.2.1)

6. Bestimmen Sie die Kriterien wissenschaftlichen Vorgehens und erläutern Sie an einem Beispiel, warum eine bestimmte Methode (Beobachtung, Experiment oder Befragung) nicht valide sein kann, wenn sie nicht reliabel ist, und warum sie nicht reliabel sein kann, wenn sie nicht objektiv ist. (Abschnitt 2.2.1)

7. *Der Forscher August Konnte will untersuchen, ob ein Zusammenhang besteht zwischen der Atmosphäre in einem Betrieb und den Arbeitsleistungen der Arbeitnehmerinnen und Arbeitnehmer.*

   Erläutern Sie an diesem Beispiel grundlegende Prinzipien methodischen Vorgehens. (Abschnitt 2.2.1)

8. Stellen Sie die Vorgehensweise einer wissenschaftlichen Untersuchung zu folgenden Fragestellungen dar:

   a) Gibt der Mensch in der Gruppe häufig seinen eigenen Standpunkt auf und schließt sich der Meinung der Gruppe an?

   b) Bewirken ein Meinungsaustausch, ein Gespräch in der Gruppe eine effektivere Einstellungsänderung als irgendein Massenkommunikationsmittel oder gar ein gut durchdachter, rhetorisch einwandfreier Vortrag? (Abschnitt 2.2.2)

9. Aufgrund guter Kontakte zum Jugendamt hat eine 12. Klasse im Rahmen des Soziologie-Unterrichts die Möglichkeit, Häufigkeit und Intensität fremdenfeindlicher Einstellungen unter den Besuchern der kommunalen Jugendzentren zu ermitteln. Stellen Sie die verschiedenen Arbeitsschritte, in denen man bei dieser Untersuchung vorgehen würde, fundiert dar. (Abschnitt 2.2.2)

10. Zeigen Sie an geeigneten Beispielen aus der Soziologie verschiedene Formen der Beobachtung auf (Selbst- und Fremdbeobachtung, wissenschaftliche und Alltagsbeobachtung). (Abschnitt 2.3.1)

Aufgaben und Anregungen

11. *Ein Forscher will der Frage nachgehen, ob ein Meinungsaustausch, ein Gespräch in der Gruppe eine effektivere Einstellungsänderung bewirken als irgendein Massenkommunikationsmittel oder gar ein gut durchdachter, rhetorisch einwandfreier Vortrag.*

    Stellen Sie anhand dieser Fragestellung die Merkmale eines Experimentes dar. (Abschnitt 2.3.2)

12. Bestimmen Sie, was man unter „systematischer Beobachtung" und einem Experiment versteht und legen Sie an einem Beispiel den Unterschied zwischen einer Beobachtung und einem Experiment dar. (Abschnitt 2.3.1 und 2.3.2)

13. *Der Soziologe und Gruppenforscher Robert Heilas will herausfinden, ob ein Zusammenhang besteht zwischen der Art und Weise der Gruppenleitung (demokratisch bzw. partnerschaftlich, autoritär, laissez-faire) und dem Verhalten der Gruppenmitglieder.*

    Erläutern Sie an diesem Beispiel soziologische Erkenntnisgewinnung anhand der Beobachtung oder des Experiments. (Abschnitt 2.3.1 oder 2.3.2)

14. Stellen Sie an verschiedenen Beispielen aus der Soziologie die wissenschaftliche Technik der Befragung dar. (Abschnitt 2.3.3)

15. Bestimmen Sie, was die Soziologie unter Soziometrie versteht, und zeigen Sie an einem Beispiel diese Methode auf. (Abschnitt 2.3.4)

16. Sie wollen die Untersuchung von *Solomon Asch* wiederholen, dass der Mensch in der Gruppe häufig seinen eigenen Standpunkt aufgibt und sich der Meinung der Gruppe anschließt und sich dieser anpasst.

    Erläutern Sie an diesem Beispiel die für diese Untersuchung zutreffende Methode der Soziologie. (Abschnitt 2.3)

Anregungen

17. Fertigen Sie in Gruppen ein Mind-Map zu dem Thema „Soziologie als Wissenschaft" an: Das Thema wird als Stichwort in die Mitte eines Blattes Papier geschrieben und stellt sozusagen den Baumstamm dar. Von diesem Stamm gehen Äste ab, welche die zum Thema gehörenden Hauptgedanken (wiederum in Stichworten) beinhalten. Von den Ästen abgehende Zweige und schließlich Zweiglein gliedern das Thema weiter auf und beinhalten stichwortartig die Nebengedanken.

18. *Spiel: „Wer wird Millionär?"*

    - Erstellen Sie in Kleingruppen je zehn Fragen zu diesem Kapitel. Jeder Frage sind vier Antwortvorschläge anzufügen, von denen nur eine Antwort richtig sein darf.
    - Mischen Sie die Fragen der verschiedenen Kleingruppen und spielen Sie in der Klasse das Spiel „Wer wird Millionär?".

19. *Stichwortkartei anlegen*

    - Jede/r Schüler/in schreibt auf eine Karteikarte die wesentlichen Aussagen zu einem der folgenden Stichworte: Wissenschaft, empirische Wissenschaft und Erklären, verstehende Wissenschaft, Methode, operationale Definition, Validität, Reliabilität, Objektivität, Population und Stichprobe, Statistik, Hypothese, Beobachtung, Experiment, Befragung und Interview, Soziometrie.

- Danach wählt jede/r eine/n Partner/in und teilt diesem/dieser die wichtigsten Informationen zu seinem/ihren Stichwort mit. Danach werden die Karten getauscht und ein/e neue/r Partner/in zum Informationsaustausch gesucht.

20. Suchen Sie in Zeitschriften nach soziologischen Untersuchungen und sprechen Sie in Ihrer Klasse darüber, inwieweit Prinzipien methodischen Vorgehens eingehalten wurden.

21. Nehmen Sie aus einer Ihnen bekannten Zeitschrift einen Test und untersuchen Sie ihn hinsichtlich wissenschaftlicher methodischer Anforderungen. Diskutieren Sie in Ihrer Klasse darüber.

22. *Wir führen eine Untersuchung durch.*
    - Überlegen Sie für sich, welche soziologische Frage Sie schon lange interessiert.
    - Bilden Sie innerhalb der Klasse Fünfergruppen und einigen Sie sich in der Gruppe auf eine Fragestellung.
    - Überlegen Sie, welche Methode (Beobachtung, Experiment, Befragung, Interview, Soziometrie) für Ihre Aufgabenstellung am geeignetsten ist.
    - Legen Sie die Vorgehensweise für Ihre Untersuchung fest.
    - Bereiten Sie das entsprechende Material vor (z. B. Beobachtungsbögen, Tonband und Mikrofon).
    - Führen Sie die Untersuchung durch und werten Sie die Ergebnisse mit Hilfe des Lehrers aus.
    - Erzählen Sie der Klasse über Ihre Untersuchung und deren Ergebnis.

23. *Solomon Asch wies in einer Untersuchung eindrucksvoll nach, dass der Mensch in der Gruppe häufig seinen eigenen Standpunkt aufgibt und sich der Meinung der Gruppe anschließt und sich dieser anpasst. Innerhalb einer Gruppe setzt offensichtlich ein Einfluss ein, der zu einer Übereinstimmung des Standpunktes führt. Dieser wird in der Regel auch dann beibehalten, wenn der Gruppeneinfluss nicht mehr vorhanden ist.*
    - Suchen Sie in der Klasse nach möglichen Fehlerquellen, die sich bei dieser Untersuchung ergeben könnten.
    - Diskutieren Sie, ob diese Untersuchung auf den Alltag übertragen werden kann.

3 Soziales Handeln

Eine Gruppe, in der sich die Mitglieder gegenseitig beeinflussen, Informationen austauschen und deren Handeln sich immer auf die anderen Gruppenmitglieder bezieht.

Folgende Fragen werden in diesem Kapitel geklärt:

1. *Was verstehen wir unter sozialer Interaktion und Kommunikation?*
   Was unter sozialem Handeln?
2. *Wodurch wird das Zusammenleben von Menschen reguliert?*
   Was verstehen wir unter sozialen Werten und Normen?
3. *Was ist eine soziale Rolle?*
   Welche Konflikte können sich für den Rollenträger aus seiner Rolle ergeben?
4. *Was versteht man unter Sozialisation?*
   Welche Arten und Theorien von Sozialisation gibt es?

3.1 Das Zusammenwirken von Menschen

Menschen verhalten sich und beeinflussen sich durch ihr Verhalten und Handeln gegenseitig – und zwar sobald sie miteinander in Beziehung treten. In diesem Zusammenhang werden in der Soziologie zwei Begriffspaare genannt, die diesen Sachverhalt näher charakterisieren: **soziale Interaktion und Kommunikation** sowie **soziales Verhalten bzw. Handeln**.

3.1.1 Die Begriffe „soziale Interaktion" und „soziale Kommunikation"

Für das Verständnis des sozialen Handelns haben die beiden Begriffe „soziale Interaktion" und „soziale Kommunikation" eine zentrale Bedeutung: Sie sind Grundlage eines jeden menschlichen Zusammenlebens.

Der Begriff **soziale Interaktion** bezieht sich auf alle Vorgänge, die sich zwischen Menschen abspielen. Er meint das wechselseitig aufeinander bezogene Verhalten zwischen zwei oder mehreren Personen.

Am Beispiel einer Gruppe kann man diesen Begriff veranschaulichen: Die Gruppenmitglieder gehen aufeinander ein, beziehen sich aufeinander und orientieren sich aneinander; jedes Mitglied reagiert auf den anderen, die Äußerungen und Handlungen des einen sind oft zugleich Ergebnis und Ursache für die Äußerungen und Handlungen des anderen.

In dem Moment, in welchem Menschen miteinander in Beziehung treten, **beeinflussen und steuern** sie sich gegenseitig. Damit bedeutet soziale Interaktion ein Geschehen zwischen Menschen, die *agieren und wechselseitig aufeinander reagieren, sich gegenseitig beeinflussen und steuern*.

„Soziale Interaktionen sind – vereinfacht formuliert – dadurch gekennzeichnet, dass das Handeln eines jeden beteiligten Individuums wesentlich durch das Handeln der jeweils anderen Individuen beeinflusst wird."

(Herrmann, 1992², S. 285)

> **Soziale Interaktion gilt als Bezeichnung für das wechselseitig aufeinander bezogene Verhalten zwischen Menschen, für das Geschehen zwischen Personen, die agieren und wechselseitig aufeinander reagieren, sich gegenseitig beeinflussen und steuern.**

„Soziale Interaktion ist von dem Begriff „Interaktion" zu unterscheiden: Soziale Interaktion bezieht sich auf Menschen, während sich Interaktion auch auf Gegenstände beziehen kann. So ist es möglich, mit einem Computer zu interagieren, indem man einen Befehl eingibt und der Computer darauf mit „error" reagiert, was wiederum Ärger bei der Person, die mit dem Computer arbeiten will, auslösen kann.

Wer den anderen beeinflusst und steuert, teilt ihm auch zugleich etwas mit, das heißt, bei jeder sozialen Interaktion werden Informationen vermittelt und von einer oder mehreren anderen Person(en) aufgenommen, empfangen. Jede Botschaft löst beim Empfänger eine bestimmte Reaktion aus, indem er beispielsweise antwortet, so dass ein Informationsaustausch stattfindet. Diesen Teil der sozialen Interaktion – die Vermittlung, Aufnahme und den Austausch von Informationen – bezeichnen wir als **soziale Kommunikation**.

> **Unter sozialer Kommunikation versteht man die Vermittlung, die Aufnahme und den Austausch von Informationen zwischen zwei oder mehreren Personen.**

Der Begriff „Information" umfasst dabei nicht nur sachliche Inhalte, wie zum Beispiel Nachrichten, sondern auch Gefühle, Empfindungen, Wünsche und Bedürfnisse.

So zum Beispiel kann sich ein Paar durch Streicheln mitteilen, dass es sich mag.

Kommunikation kann auch eine einzelne Mitteilung an eine oder mehrere Person(en) sein, doch von *sozialer Kommunikation* spricht man nur, wenn es sich um einen *wechselseitigen Ablauf von Mitteilungen zwischen zwei oder mehreren Personen handelt* (vgl. Watzlawick u. a., 2000¹⁰, S. 23). Soziale Kommunikation spielt sich denn auch immer in einer sozialen Situation ab.

Von der sozialen Kommunikation ist das Selbstgespräch zu unterscheiden, das als intrapersonale Kommunikation aufgefasst wird. Auch ist von der sozialen Kommunikation die Massenkommunikation zu trennen, bei welcher der gegenseitige Informationsaustausch und die wechselseitige Beeinflussung und Steuerung fehlen.

Soziale Interaktion ist ohne soziale Kommunikation nicht denkbar: Wer mit dem anderen in Beziehung tritt, übermittelt ihm zugleich Informationen. Ebenso ist soziale Kommunikation ohne soziale Interaktion unmöglich: Wer dem anderen Informationen mitteilt, beeinflusst und steuert ihn zugleich.

Wer interagiert, kommuniziert gleichzeitig. Wer kommuniziert, interagiert gleichzeitig.

In dem Moment, in welchem eine oder mehrere Personen anwesend sind, ist **alles Verhalten kommunikativ**.

„Ja, es lässt sich allgemein sagen, dass alles Verhalten, nicht bloß der Gebrauch von Wörtern, Kommunikation ist [...] Alles Verhalten ist Kommunikation [...] Alles Verhalten hat eine Wirkung als Kommunikation, manchmal eine sehr starke." (Watzlawick/Beavin, 2002, S. 98)

Ohne soziale Interaktion und Kommunikation ist der Mensch nicht lebens- und überlebensfähig, es gäbe keine Kultur und kein gesellschaftliches Zusammenleben. So gesehen sind soziale Interaktion und Kommunikation ein Wesensmerkmal des Zusammenlebens und -wirkens von Menschen.

Soziale Interaktion und Kommunikation spielen in der **Theorie des symbolischen Interaktionismus** von George Herbert Mead eine große Rolle. Diese Theorie ist ausführlich in Kapitel 6.1 dargestellt[1].

3.1.2 Menschliches Zusammenleben als soziales Handeln

Bestandteile von sozialer Interaktion und Kommunikation sind im Allgemeinen soziale Handlungen, die nach *Max Weber*, einem der „Gründungsväter" der Soziologie, Gegenstand der Soziologie sind.[2]

> **Handeln** bezeichnet jede menschliche Aktivität, mit welcher bewusst und überlegt ein bestimmter Sinn verbunden, ein bestimmtes Ziel verfolgt wird.

Meist wird dem Begriff „Verhalten" der Terminus „Handeln" vorgezogen, um vor allem der Tatsache Rechnung zu tragen, dass der Mensch überlegt handeln kann und keineswegs als reines „Reaktionswesen" anzusehen ist.

Max Weber

Der deutscher Wirtschafts- und Sozialwissenschaftler (1864–1920) war Gründungsmitglied der Deutschen Gesellschaft für Soziologie. Er gilt als Vertreter der so genannten „verstehenden Soziologie", welche mit Hilfe von „Idealtypen" deutend die soziale Wirklichkeit erschließen will. Eine seiner Grundfragen waren die Gründe für die charakteristischen Eigenarten des Kapitalismus. Dabei ging er von einem sozial-ökonomischen Erkenntnisinteresse aus. Noch heute gelten bestimmte Werke von ihm als Grundlage der Soziologie – so zum Beispiel „Macht und Herrschaft"[3], der Begriff des Idealtypus sowie die Einteilung des moralischen Handelns in Gesinnungs- und Verantwortungsethik.

---

[1] Auf Kommunikationsstrukturen und ihre Auswirkungen auf Individuum und Gruppe wird in Kapitel 13.2.3 und 13.4.1 eingegangen.
[2] vgl. hierzu Kapitel 1.2.1
[3] vgl. Kapitel 10

Max Weber (1984⁶) versteht unter sozialem Handeln ein Handeln, „welches seinem von dem oder den Handelnden gemeinten Sinn nach auf das Verhalten *anderer* bezogen wird und daran in seinem Ablauf orientiert ist." Soziales Handeln ist demnach eine besondere Art des Handelns, die sich durch eine bestimmte Intention von anderen Arten des Verhaltens unterscheidet: Es ist willentlich auf andere Menschen bezogen und sinnhaft orientiert „am vergangenen, gegenwärtigen oder für künftig erwarteten Verhalten anderer." *(Weber, 1984⁶, S. 41)*

Das Wort sozial ist hier rein beschreibend und nicht wertend gemeint; es bedeutet einfach „auf Mitmenschen bezogen": Der Handelnde bezieht das Verhalten anderer in sein eigenes Handeln mit ein bzw. zielt auf eine Veränderung des Verhaltens anderer ab.

„Nicht jede Art von Handeln [...] ist soziales Handeln im hier festgehaltenen Wortsinn. [...] Das [...] Sichverhalten ist soziales Handeln nur dann, wenn es sich am Verhalten anderer orientiert." (Weber, 1984⁶, S. 41)

Der Begriff soziales Handeln ist in *Kapitel 1.2.1* näher geklärt, auf den Handlungsbegriff als tragende Säule der **struktur-funktionalen Theorie** von *Talcott Parsons* wird ausführlich in *Kapitel 5.2.1* eingegangen.

3.2 Die Wertbezogenheit sozialen Handelns

Mit der Frage nach dem Sinn des Handelns wird seine **Wertbezogenheit** deutlich, die für die Stabilität des Zusammenlebens und -wirkens sorgt. Sie dient der Realisierung bestimmter wünschenswerter Vorstellungen, die das Zusammenleben von Menschen in Gesellschaft und Gruppen regulieren und menschlichem Handeln eine gewisse Regelmäßigkeit geben.

3.2.1 Soziale Werte als „Credo" des Zusammenlebens

Gegenüber dem Tier wird beim Menschen das Zusammenleben nicht von Natur aus geregelt. Der Mensch kann sich nicht auf „seine" Instinkte – das sind so genannte ererbte Verhaltensweisen – verlassen und diese können ihm nicht helfen, sich in seiner Umwelt zurechtzufinden. Aus diesem Grund sind in jedem sozialen Gebilde generelle **Orientierungsvorstellungen** wirksam, ohne die ein Zusammenleben nicht funktionieren würde. Dabei handelt es sich um Vorstellungen darüber, was eine Gesellschaft für **„wünschenswert"** bzw. **„erstrebenswert"** hält, die allgemeine Orientierungsmaßstäbe für das Handeln von Menschen darstellen.

Solche erstrebenswerten Vorstellungen und Orientierungsmaßstäbe in unserer Gesellschaft sind zum Beispiel Ehrfurcht vor dem Leben, Ehrlichkeit, Wahrhaftigkeit oder Selbstverwirklichung und Lebensqualität.

Diese erstrebenswerten Vorstellungen werden als **soziale Werte** bezeichnet.

> Werte sind in einer Gesellschaft oder in einer ihrer Gruppen vorherrschende Vorstellungen über das Wünschens- und Erstrebenswerte und bilden allgemeine Orientierungsmaßstäbe für das Verhalten von Menschen.

Werte drücken aus, was **„sein soll"**, es handelt sich also um Vorstellungen, von denen man glaubt, dass sie letztlich erstrebt werden sollten. Nur aufgrund solcher „Glaubensüberzeugungen" können wir sagen, was richtig oder falsch, gut oder schlecht und dergleichen ist. Entscheidendes Merkmal für einen Wert ist folglich der Akt des **Bewertens**, der letztlich über die Akzeptierung oder Ablehnung einer Verhaltensregel entscheidet.

Die Regel beispielsweise „Du darfst nicht töten" erhält erst dann einen Sinn, an die sich ein Mensch hält, wenn dahinter eine bestimmte Überzeugung steht – etwa „Ehrfurcht vor dem Leben". Ohne diese Überzeugung würde sich der Mensch nicht genötigt sehen, diese Regel einzuhalten – es sei denn, er würde etwa aus Angst dazu gezwungen werden. Nicht die Vorschrift, die Regel als solche überzeugt uns, sich an sie zu halten, sondern die dahinter liegende Überzeugung gibt uns die Einsicht, die Regel, die Vorschrift einzuhalten.

Jede Gesellschaft besitzt Werte, ohne die ein Zusammenleben nicht möglich wäre; diese bilden sozusagen die **Grundlage eines jeden Zusammenlebens**. Das grundsätzliche Verhalten der Menschen, ihr Tun und Lassen, wird durch sie angeregt, **„motiviert"**. Werte sind von entscheidender Bedeutung für das menschliche Handeln, für die Motivation des Handelns überhaupt, denn der Mensch bezieht aus solchen Werten die Grundlage seines Engagements.

„Die Werte sind also die Kriterien, die der gesamten Kultur und Gesellschaft Sinn und Bedeutung verleihen."
(Fichter, 1970[3], S. 174)

„Wichtig sind vor allen Dingen die inneren Werte!"

Werte stellen also die „Grundpfeiler" einer jeden Gesellschaft dar. Bei ihren Mitgliedern muss ein Mindestmaß an Einigkeit über Werte bestehen, ohne die kein soziales Gebilde existieren könnte. Und es gibt denn auch keine Kultur oder Gesellschaft auf der ganzen Erde, die keine Werte besitzen würde.

Urteil der Welt
*Ein Mensch, um seine Schüchternheit
Zu überspringen, springt zu weit
Und landet jenseits guter Sitte.
Ein Unmensch, mit gemessenem Schritte,
Geht, überlegend kalt und scharf,
Genau so weit, wie man gehn darf.
Nun sagt die Welt – an sich mit Recht! –
Der Mensch benehm sich leider schlecht;
Und – was man ihr nicht wehren kann –
Der Unmensch sei ein Ehrenmann.
Gott freilich, der aufs Herz nur schaut,
Der weiß es – doch er sagts nicht laut.*
Roth, 2001, S. 154

Es kann jedoch vorkommen, dass Wertvorstellungen an Verbindlichkeit verlieren bzw. sich auflösen. *Emile Durkheim* nannte den Zustand, in dem soziale Werte an Verbindlichkeit verlieren, **Anomie**. Folge eines solchen Werteverlustes können deviantes Verhalten oder Kriminalität sein.[1]

Als die Kulturen Nordamerikas zerstört wurden, konnte man feststellen, dass bei der Bevölkerung kriminelles Verhalten, Schwarzhandel und Alkoholismus erheblich zunahmen. Ähnliches Verhalten konnte man auch im Irak feststellen, wo Plünderungen u. Ä. an der Tagesordnung waren.

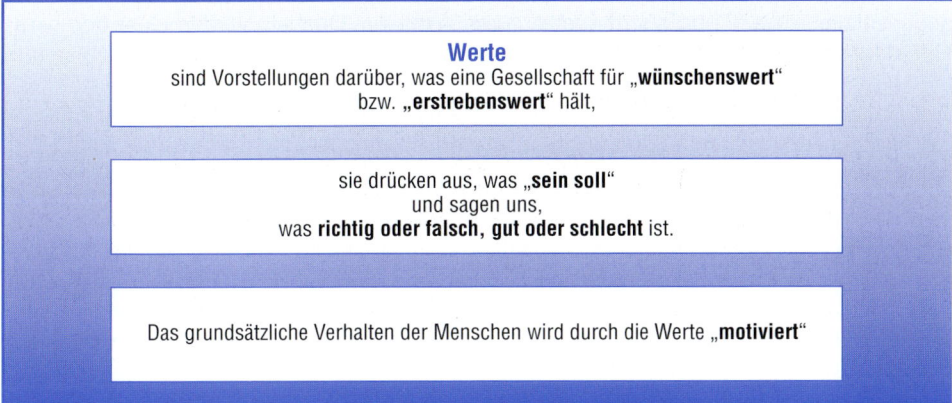

Werte
sind Vorstellungen darüber, was eine Gesellschaft für „**wünschenswert**" bzw. „**erstrebenswert**" hält,

sie drücken aus, was „**sein soll**" und sagen uns, was **richtig oder falsch, gut oder schlecht** ist.

Das grundsätzliche Verhalten der Menschen wird durch die Werte „**motiviert**"

Materialien 1

3.2.2 Der Wandel von Werten

In der heutigen Zeit gewinnt aufgrund des beklagten gesellschaftlichen „Wertemangels" bzw. „Werteverlusts" die Diskussion um Werte an Bedeutung.

„Die Pluralisierung der Lebensverhältnisse, die Abnahme religiöser Wertbindungen im öffentlichen Leben, die geringe bzw. zurückgehende Bedeutung festgefügter Weltbilder und politischer Ideologien und andere Faktoren haben dazu geführt, dass die Fragen nach der Wertbindung [...] ein Dauerthema des Alltagsgesprächs, der Medien und der wissenschaftlichen Analyse sind. In diesen Diskussionen wie in den wissenschaftlichen Erörterungen der Wertproblematik ist bewusst, dass die Pluralität der Wertorientierung dort ihre Grenzen hat, wo der Gruppenkonsens oder die Integration der Gesellschaft gefährdet sind." (Schäfers, Soziales Handeln, 2002[6], S. 36)

Sowohl in der Vergangenheit als auch in der Gegenwart existierten und existieren in einer Gesellschaft nach- und nebeneinander recht unterschiedliche Werte. Je nach dem jeweiligen Menschenbild und der Weltanschauung, je nach den politischen, militärischen oder wirtschaftlichen Gegebenheiten und Interessen einer Gesellschaft wurden und werden im Laufe der Zeit an unterschiedlichen Werten festgehalten.

Während zum Beispiel bis in die 60er Jahre hinein Vorstellungen wie Disziplin, Pflichterfüllung, Gehorsam, Leistung, Ordnung usw. im Mittelpunkt standen, hat sich in den letzten Jahrzehnten so etwas wie ein Wertewandel vollzogen: Heute werden so genannten „Selbstentfaltungswerte" wie etwa Emanzipation, Selbstbestimmung, Selbstverwirklichung, Genuss, Abenteuer, Konsum etc. betont.

---

[1] *Deviantes Verhalten: das Verhalten eines Individuums verstößt gegen soziale Regeln des Zusammenlebens; vgl. Kapitel 4.2.2.*

Die Entstehung von Werten kann nur aus der jeweiligen Struktur einer Gesellschaft und Kultur verstanden werden.

Im Dritten Reich war es die Ideologie des Nationalsozialismus, in der ehemaligen Deutschen Demokratischen Republik die des Sozialismus, in der Bundesrepublik Deutschland ist es die Vorstellung einer freiheitlichen, demokratischen Gesellschaft, die den Wandel von Werten bestimmt.

Unterschiedliche Wertvorstellungen zu ein und demselben Zeitpunkt ergeben sich aus den verschiedenen Denk- und Einstellungsrichtungen innerhalb einer Gesellschaft. Dies ist vor allem in demokratischen Systemen der Fall, die unterschiedliche, zum Teil sogar gegensätzliche Wert- und Normvorstellungen zulassen. Deshalb wird in einer demokratiefreundlichen Gesellschaft immer eine Vielfalt von Werten vorherrschen.

Der Wandel von Werten ist immer Folge einer Änderung von gesellschaftlichen, kulturellen, sozialen, politischen, ökonomischen, wissenschaftlichen und weltanschaulichen Verhältnissen.

Im Gefolge der Industrialisierung haben sich beispielsweise zusammen mit den sozialen und ökonomischen Lebensverhältnissen auch die Werte weithin gewandelt. Die Einführung des demokratischen Staatswesens in Deutschland nach dem Zweiten Weltkrieg hat ebenfalls zu einer Veränderung von Wertvorstellungen geführt. Die Entwicklung der Antibabypille in den 50er und 60er Jahren des 20. Jahrhunderts brachte die sexuelle Selbstbestimmung der Frauen und in der Folge ihre zunehmende Selbstverwirklichung und Emanzipation.

Bedingungen für einen Wandel von Wertvorstellungen sind

- **politische Interessen und Gegebenheiten,**
- **Weltanschauung und Menschenbild,**
- **kulturelle und soziale Gegebenheiten,**
- **ökonomische Interessen und Gegebenheiten,**
- **technische Errungenschaften.**

Die aktuelle gesellschaftliche Diskussion über die Zukunft der Arbeit beispielsweise und im Zusammenhang damit die Bedeutung der Informationstechnologie werden beispielsweise einen Wertewandel zur Folge haben: Der Arbeitnehmer der Zukunft soll sich selbstständig Informationen beschaffen können, flexibel sein und die Bereitschaft besitzen, sich auf Neues einzulassen. „Klassische Tugenden" wie Fleiß, Disziplin und Gehorsam werden zwar wichtig bleiben, aber nicht mehr unbedingt im Vordergrund stehen.

Ronald Inglehart (1995) hat in seiner vergleichenden Studie festgestellt, dass die ältere, in schwierigen wirtschaftlichen Zeiten aufgewachsene Generation mehr „materialistische" Werte wie Leistung, Pflichterfüllung und Lebensstandard betont, während sich die im Wohlstand aufgewachsene jüngere Generation zunehmend „postmaterialistischen" Werten wie Selbstentfaltung und Selbstbestimmung zuwendet.[1]

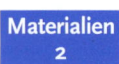

„Werte [...] sind also keine ewigen, unveränderlichen sozialen Tatsachen, sondern jeweils an einen bestimmten gesellschaftlichen Zusammenhang gebunden; sie sind relativ, d. h. sie variieren sehr stark hinsichtlich Zeit und Ort."

(Henecka, 2006[8], S. 85)

---

[1] Auf den Wertewandel von Jugendlichen wird in Kapitel 12.4.1 eingegangen.

3.3 Die Regelung des Zusammenlebens

Versucht man die Frage zu klären, wie das soziale Handeln bzw. das Zusammenleben und -wirken von Menschen in sozialen Gebilden geregelt wird, so spielen hier **soziale Normen und Rollen** die entscheidende Rolle. Sie haben – wie es *Hans Paul Bahrdt (2003, S. 48)* formuliert – in jeder menschlichen Gesellschaft eine so zentrale Bedeutung, dass man auf den Gedanken kommen könnte, von diesen Begriffen her die ganze theoretische Soziologie aufzurollen.

3.3.1 Soziale Normen als Verhaltensvorschrift

Werte sind in unterschiedlicher Weise auslegbar und sagen dem Einzelnen bzw. einer Gruppe oder Gesellschaft nichts darüber, wie sie zu erfüllen und wie nach ihnen gehandelt werden soll. Doch jede Gesellschaft muss sich darüber Gedanken machen, wie Werte zu realisieren sind.

Für viele Eltern gilt zum Beispiel „Anstand" als erstrebenswert. Dieser Wert als solcher sagt noch nichts darüber aus, wie er „realisiert" werden soll. Es gibt hierzu verschiedene Ausführungsbestimmungen, die von Kultur zu Kultur unterschiedlich sind – zum Beispiel, dass man grüßt, wenn man einem Bekannten begegnet, dass man beim Essen nicht rülpst, dass man die Gabel in die linke Hand nimmt usw.

Solche Ausführungsbestimmungen, die das Tun und Lassen der Mitglieder einer Gesellschaft oder Gruppe regulieren, werden als **soziale Normen**[1] bezeichnet.

> Soziale Normen sind mehr oder weniger verbindliche Verhaltensvorschriften, die bestimmen, wie die Werte einer Gesellschaft oder Gruppe zu erfüllen und zu befolgen sind, und so das Tun und Lassen der Mitglieder dieser Gesellschaft oder Gruppe regulieren.

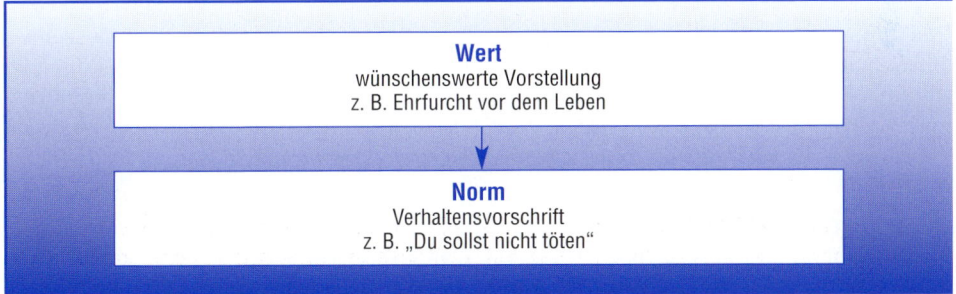

Quelle: Gudjons, 2003, S. 188 (verändert)

Es besteht ein Zusammenhang zwischen sozialen Normen und sozialen Institutionen: Eine Institution stellt immer ein in sich zusammenhängendes Normsystem dar. Am Beispiel unseres Rechtssystems wird dies deutlich: Dieses beinhaltet ein ganzes System von Normen, die in sich zusammenhängen.

Soziale Normen haben die Bedeutung der **Regelung des sozialen Handelns bzw. des Zusammenlebens und -wirkens** von Menschen in sozialen Gebilden. Auf diese Weise haben Normen eine **entlastende Funktion**: Der Mensch weiß, wie er sich in sozialen Situationen verhalten kann und soll, und er muss sich nicht immer erst von Neuem darüber

---

[1] *Norm (lat.) bedeutet Winkelmaß, Richtschnur, Regel.*

informieren. Zugleich weiß er in der Regel, wie andere Menschen sich verhalten. Damit wird menschliches Verhalten bis zu einem gewissen Grad vorhersehbar und berechenbar, so dass Verhaltenssicherheit und -stabilität gewährleistet sind.

„Normen [...] tragen [...] dazu bei, menschlichem Handeln eine gewisse Regelmäßigkeit zu geben. Damit wird es für andere Menschen erwartbar und kalkulierbar. Wenn wir uns nicht bis zu einem gewissen Grad darauf verlassen könnten, wie andere Menschen ihrerseits handeln, könnten wir selbst weder zügig und konsistent[1] handeln." (Bahrdt, 2003[9], S. 48)

> **Verwandlung**
>
> *Ein Mensch erzählt uns, leicht verschwommen,*
> *Dass er sich einwandfrei benommen, –*
> *Das heißt, benehmen hätte sollen*
> *Und wohl auch hätte haben wollen.*
> *Nun wissen wir an dessen Statt,*
> *Dass er sich schlecht benommen hat.*
> *Doch seltsam: auch wir selber möchten,*
> *Dass Wunsch und Wahrheit sich verflöchten*
> *Und jener so, wie ers wohl wüsste,*
> *Dass sich ein Mensch benehmen müsste,*
> *Sich in der Tat benommen hätte ...*
> *Und leicht erliegen wir der Glätte*
> *Der immer kühnern Rednergabe:*
> *Wie gut er sich benommen habe.*
>
> Roth, 2001, S. 131

Andererseits können soziale Normen den Einzelnen in seiner freien Entfaltung einengen und die Vielfalt von Verhaltensmöglichkeiten einschränken. Der Mensch wird in seinem Handeln durch sie mehr oder weniger festgelegt, was eine Erstarrung von Wert- und Normvorstellungen in einem sozialen Gebilde zur Folge haben kann. Kreativität, erneuernde und belebende Impulse, die für eine positive Fortentwicklung eines sozialen Gebildes von Bedeutung sind, können auf der Strecke bleiben.

„Im Allgemeinen ändern sich soziale [...] Normen nur langsam. Hinken sie zu stark der gesamtgesellschaftlichen Entwicklung hinterher, so werden sie ‚dysfunktional' in dem Sinne, dass sie ihre Aufgabe, die Anpassung an die Bedingungen des Alltags zu ermöglichen, nur noch ungenügend oder schlecht erfüllen. Ändern sie sich zu rasant, werden sie gleichfalls dysfunktional, da sie die Funktion, die Gesellschaft oder gesellschaftliche Gruppen zusammenzuhalten [...] nicht mehr befriedigend erfüllen, sondern die Konflikte zwischen ‚traditionell' Denkenden und ‚Progressiven' verschärfen." (Henecka, 2006[8], S. 85)

3.3.2 Arten von Normen

Normen können mehr oder weniger verbindlich und bewusst sein. Am wenigsten bewusst sind uns vermutlich soziale Normen in täglichen schon gewohnten Handlungszusammenhängen.

So zum Beispiel ist uns die Norm, dass man die Gabel in die linke Hand nimmt, im alltäglichen Tagesablauf kaum mehr bewusst, während uns die Norm, wie man sich gegenüber dem Chef verhält, mit dem man kaum zu tun hat, sehr schnell in das Bewusstsein rückt.

---

[1] konsistent: widerspruchsfrei

Je nach dem Grad ihrer Verbindlichkeit kann man unterscheiden zwischen **Kann-, Soll- und Muss-Normen**:

- **Kann-Normen** werden wenig verpflichtend erlebt. Es handelt sich dabei beispielsweise um *Bräuche[1] und Gewohnheiten*, denen man sich auch entziehen kann. In der Regel folgt bei Nichterfüllung keine Bestrafung oder Ablehnung, es führt aber häufig zu Sympathie, wenn sie erfüllt werden.

  So zum Beispiel bräuchte sich ein Schüler nicht um die persönlichen Probleme eines Klassenkameraden zu kümmern; tut er es dennoch – indem er ihm beispielsweise in Mathematik hilft –, so bringt ihm das bei Lehrern und Mitschülern Ansehen ein.

- **Soll-Normen** bezeichnen bestimmte Erwartungen an eine Person, ohne dass diese in Form von Rechtsregeln festgelegt sein müssen. *Sitten*[2] sind solche Soll-Normen, denen man sich nicht so ohne weiteres entziehen kann. In der Regel folgt bei Nichterfüllung Bestrafung und Ablehnung seitens der Mitmenschen, bei Erfüllung kann Sympathie die Folge sein.

  Von einem Ehepartner wird erwartet, dass er nicht „fremd geht". Tut er es doch, so wird er möglicherweise Verachtung, Wut, Ärger, psychischen Druck und dergleichen mehr ernten.

- **Muss-Normen** sind rechtlich festgelegt und für jeden verbindlich. Dabei handelt es sich um *Gesetze*, die man erfüllen muss. Bei Nichterfüllung folgt von Gesetzes wegen eine Bestrafung wie beispielsweise eine Geldstrafe oder Gefängnis. Sie sind ausdrücklich formuliert und absolut verbindlich.

  Die Schulpflicht beispielsweise ist eine solche Muss-Norm. Wenn Eltern oder der Schulpflichtige ihr nicht nachkommen, muss mit rechtlichen Konsequenzen gerechnet werden.

Mit dieser Einteilung von Normen wird zugleich ihre **Geltung** angesprochen: Von Geltung sozialer Normen kann dann gesprochen werden, wenn

- ein Abweichen oder ihr Nichteinhalten negative Sanktionen nach sich zieht, die für den Einzelnen als unangenehm erlebt werden. Je weniger negative Sanktionen als solche erlebt werden, desto geringer ist die Geltung von Normen.

  Wer weiß, dass eine Geschwindigkeitsbeschränkung nicht kontrolliert wird, wird dazu neigen, sie nicht einzuhalten. Ein Schüler, der seine Hausaufgabe nicht macht und keine negative Reaktion erhält, wird dazu tendieren, keine Hausaufgaben mehr zu machen.

- die hinter einer Norm liegende Grundüberzeugung als wichtig und bedeutend erlebt wird. Je wichtiger die Grundüberzeugung für einen Menschen, desto größer die Geltung der Norm (vgl. *Abschnitt 3.2.1*).

  Eine Person beispielsweise, die Naturerhalt als sehr wichtig ansieht, wird Mülltrennen, weniger Autofahren u. Ä. als verbindlicher erleben als jemand, dem die Erhaltung der Natur weniger am Herzen liegt.

---

[1] Bräuche sind überlieferte soziale Verhaltensformen in bestimmten Lebenssituationen und bei Anlässen, zum Beispiel das sich gegenseitige Beschenken an Weihnachten.

[2] Sitten sind dem Einzelnen von der Gesellschaft oder einer ihrer Gruppen vorgegebene Verhaltensweisen in wiederholbaren Situationen in der Regel ohne rechtliche Sanktionen, zum Beispiel Gruß- und Umgangsformen.

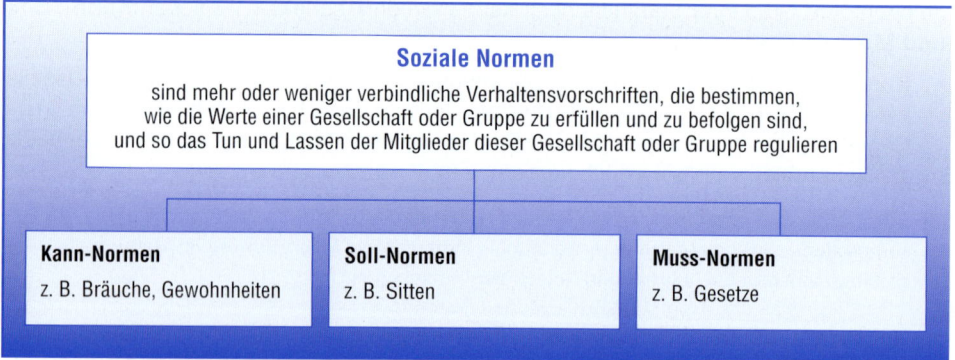

3.3.3 Soziale Rolle als Verhaltenserwartung

Verhaltensvorschriften im Sinne von sozialen Normen sind immer mit bestimmten **Verhaltenserwartungen** verbunden: Der Einzelne erwartet, dass sich seine Mitmenschen entsprechend den Normen verhalten.

So erwartet man von einem Lehrer, dass er einen guten, anregenden und mitreißenden Unterricht hält, dass er gerecht beurteilt usw. Ebenso sieht sich die Mutter in der Familie vielen Erwartungen seitens ihres Mannes und ihrer Kinder ausgesetzt.

Solche Verhaltenserwartungen sind immer an einen bestimmten Platz in einem sozialen Gebilde, an eine **soziale Position** gebunden.

So nimmt der Lehrer neben dem Schulleiter, dem Verwaltungspersonal, dem Schüler u. a. eine bestimmte soziale Position in dem sozialen Gebilde „Schule" ein, die Mutter in dem der Familie.

Soziale Position bezeichnet einen bestimmten Platz in einem sozialen Gebilde.

Dabei kann es sich um eine **zugeschriebene oder erworbene Position** handeln: Um eine zugeschriebene Position handelt es sich, wenn das Individuum ohne eigenes Zutun eine bestimmte Position inne hat.

Dies ist beispielsweise der Fall durch das Geschlecht – Mann/Frau – oder bestimmt durch die Herkunftsfamilie wie Schwester/Bruder, Sohn/Tochter.

Von einer erworbenen Position spricht man, wenn der Einzelne durch eigenes Zutun die Position erlangt hat.

Bei einer beruflichen Position – Lehrer, Auszubildender – oder in Freizeitgruppen – Freund, Kegelbruder, Kassierer u. a. – handelt es sich um erworbene Positionen.

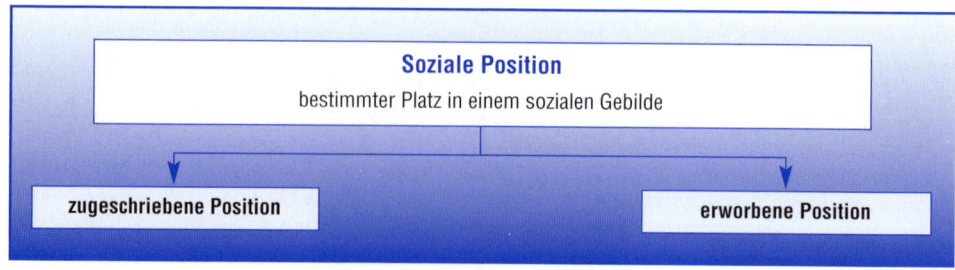

Jedes soziale Gebilde besitzt mehrere soziale Positionen, die eine mehr oder weniger komplexe **Positionsstruktur** ergeben.

In der Schule beispielsweise gibt es die Position des Lehrers, des Schülers, des Fachbetreuers, der Schulleitung, der Sekretärin, des Hausmeisters, der Putzfrau usw., die eine ganz bestimmte Struktur ergeben.

An jede Position werden bestimmte **Erwartungen** gestellt.

So erwartet man – wie oben schon dargestellt – von der Position des Lehrers, dass er einen guten, anregenden und mitreißenden Unterricht hält, dass er gerecht beurteilt usw.

Das Gesamt an Verhaltenserwartungen, die an eine soziale Position gestellt werden, wird als **soziale Rolle** bezeichnet.

> **Die Summe der Verhaltenserwartungen, die an eine soziale Position gestellt werden, bezeichnet man als soziale Rolle.**

Soziale Position bezieht sich demnach auf den statischen Aspekt, soziale Rolle auf den dynamischen Aspekt des sozialen Handelns.

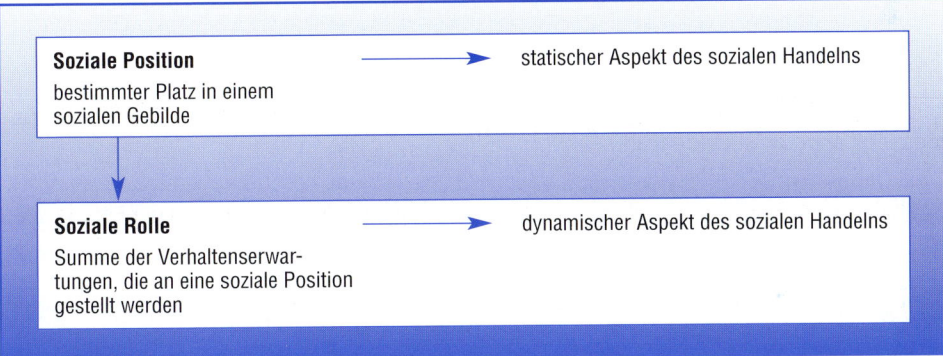

Jeder Mensch ist innerhalb einer Position **verschiedenen Erwartungen** ausgesetzt.

So stellen beispielsweise die Schüler, die Kollegen und Kolleginnen, die Schulleitung, die Eltern, das Personal (Sekretärin, Hausmeister), Verbände und Vereinigungen, die vorgesetzte Behörde (Schulamt, Kultusministerium) oder der Träger der Schule (Kommune) an den Lehrer verschiedene Erwartungen.

Zugleich hat jeder Mensch im Laufe seines Lebens verschiedene soziale Positionen inne, so dass er in einer Gesellschaft und im Laufe seines Lebens eine Menge sozialer Rollen zu erfüllen hat.

Herr Reisbart ist Ehemann, Vater, Lehrer, Elternbeirat im Kindergarten, Clubmitglied und Kirchenvorstand. Bevor er Vater wurde, war er noch Kassierer im Hospizverein. An alle diese Positionen sind verschiedenste Erwartungen geknüpft.

3.3.4 Rollenkonflikte

Soziale Rollen tragen dazu bei, dass in bestimmten Situationen klar ist, was wie getan werden muss. „Verlässlichkeit, Dauerhaftigkeit und Erwartbarkeit sind die Dimensionen, die soziale Rollen zu einem grundlegenden Element des Sozialen machen." *(Schäfers, 2002[6], S. 33).* Andererseits muss die Gefahr erwähnt werden, dass – wie es der Soziologe *Ralf Dahrendorf (1961[3])* schreibt – allein die Rollenerwartungen das Handeln von Menschen bestimmen und dieses leiten – **der Mensch handelt dann nur noch als Rollenträger.**[1]

Menschen handeln als Lehrer, Behördenleiter, Arzt, Bandenführer, Freund, Stammtischbruder usw.

„Mit jeder Position gibt die Gesellschaft ihm (dem Menschen) eine Rolle in die Hand, die er zu spielen hat. [...] Am Schnittpunkt des Einzelnen und der Gesellschaft steht der homo sociologicus, der Mensch als Träger sozial vorgeformter Rollen. Der Einzelne ist seine sozialen Rollen [...]"

(Dahrendorf, Homo sociologicus, 1961[3], S. 22 und 12)

> *Die ganze Welt ist Bühne,*
> *und alle Frau'n und Männer bloße Spieler.*
> *Sie treten auf und gehen wieder ab,*
> *Sein Leben lang spielt einer manche Rollen,*
> *Durch sieben Akte hin.*
>
> Shakespeare, „Wie es euch gefällt" (II, 7)

Dem muss jedoch nicht zwangsläufig so sein, konkretes Verhalten und soziale Rolle müssen nicht unbedingt einheitlich sein.

Die Erwartung eines Gastes an den Ober in einem Restaurant beispielsweise kann mit dem tatsächlichen Verhalten des Obers in Widerspruch stehen, wenn dieser nur nach den Interessen der Lokalideologie handelt. Der Ober wird jedoch in der Regel im Interesse der Gäste den Schein aufrechterhalten.

Der Einzelne hat die Möglichkeit zur **Rollendistanz**, die soziale Rolle ist eine Art Regieanweisung für den Inhaber der Rolle, die er ausfüllen, verändern und auch gestalten kann. Und gerade in einer modernen Gesellschaft wird häufig flexible und kreative Gestaltung gefordert. Aus dieser Sicht wird auch unterschieden zwischen **role-taking** und **role-making**: Im role-taking werden Rollenerwartungen als Verhaltensaufforderung gesehen, aber der Rollenträger schlüpft nicht in die Rolle hinein; role-making meint die Möglichkeit zur Rollendistanz, die es ermöglicht, Rollen zu verändern und zu gestalten[2].

„Die Verhaltensaufforderung einer Rolle muss [...] in Einklang mit der Persönlichkeit, der Identität des Rollenspielers gebracht werden. Das Rollenspiel wird so zu einem beständigen Balanceakt. Die größte Spannung, zwischen der dabei balanciert werden muss, ist die zwischen der Identität des Akteurs und gesellschaftlichen Anforderungen. [...] Auch im Interesse der Aufrechterhaltung von sozialen Beziehungen muss ein Rollenspieler gleichzeitig einzigartig und wie alle anderen sein."

(Maindok, 1998, S. 70)

Jeder Mensch ist innerhalb einer Position verschiedenen Erwartungen ausgesetzt. Dabei kommt es nicht selten vor, dass es zu völlig unterschiedlichen Erwartungen innerhalb einer Rolle kommt, die sogar zueinander in Widerspruch stehen.

---

[1] vgl. hierzu auch Kapitel 1.4.3
[2] vgl. hierzu auch die struktur-funktionale Theorie von Talcott Parsons in Kapitel 5.2 sowie Materialien 1 in Kapitel 6.

So wird ein Lehrer immer wieder auf bestimmte Erwartungen seiner Schüler stoßen, die sich nicht mit dem vereinbaren lassen, was etwa die Schulverwaltung von ihm verlangt.

Geraten nun innerhalb einer Rolle unterschiedliche Verhaltenserwartungen in Widerspruch, so spricht man von einem **Intrarollenkonflikt** [1]. Es handelt sich dabei um eine Situation des Erwartungskonfliktes innerhalb einer sozialen Rolle.

> Ein Intrarollenkonflikt liegt vor, wenn innerhalb einer sozialen Rolle unterschiedliche Verhaltenserwartungen zueinander in Widerspruch stehen.

Solch ein Konflikt wird *„von außen"* an den Rollenträger herangetragen, indem verschiedene Positionsinhaber eines sozialen Gebildes unterschiedliche Erwartungen an diesen stellen.

Ein Konflikt kann aber auch *„von innen"* her auftreten, wenn der Rollenträger von den Erwartungen überfordert ist und darunter leidet. Hier spricht man von einem **Rollendruck**, wenn der Rollenträger die Erwartung(en) zeitweilig oder dauernd als Belastung empfindet.

Solch ein Konflikt ist gegeben, wenn eine Lehrkraft schlechte Noten geben soll, dies aber nicht mit sich selbst vereinbaren kann und deshalb darunter leidet.

> Von einem Rollendruck spricht man, wenn der Rollenträger die Erwartungen, die an ihn herangetragen werden, zeitweilig oder dauernd als Belastung empfindet.

Der Mensch hat, wie oben ausgeführt, verschiedene soziale Positionen inne, so dass er mehrere Rollen gleichzeitig zu erfüllen hat. Dabei kann es zwischen diesen unterschiedlichen Rollen ebenfalls zu widersprüchlichen Verhaltenserwartungen kommen.

So können zum Beispiel Konflikte zwischen den Rollen Mutter und Berufstätige auftreten, wenn sich die Erwartungen dieser beiden Rollen nicht vereinbaren lassen.

Es handelt sich hierbei um einen **Interrollenkonflikt**, wobei es sich dabei um eine Situation des Erwartungskonfliktes zwischen verschiedenen sozialen Rollen handelt.

> Ein Interrollenkonflikt liegt vor, wenn zwischen verschiedenen sozialen Rollen, die eine Person inne hat, unterschiedliche Verhaltenserwartungen zueinander in Widerspruch stehen.

> *Allzu eifrig*
>
> Ein Mensch sagt – und ist stolz darauf –
> Er geh in seinen Pflichten auf.
> Bald aber, nicht mehr ganz so munter,
> Geht er in seinen Pflichten unter.
>
> Roth, 2001, S. 166

---

[1] Auf soziale Konflikte allgemein wird in Kapitel 4.4 eingegangen.

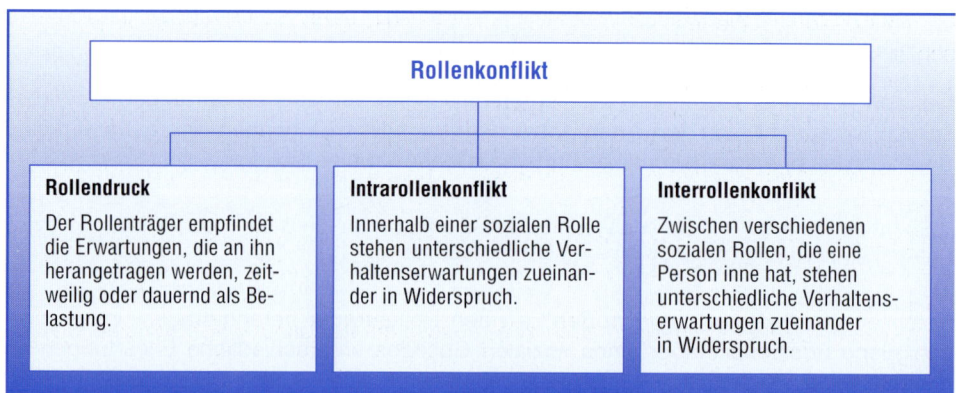

3.4 Das Erlernen des sozialen Verhaltens

Beim Menschen reichen seine Instinkte – das sind ererbte Verhaltensweisen, die durch entsprechende Reize, so genannte Schlüsselreize, ausgelöst werden und stets gleichförmig und automatisch ablaufen – nicht aus, um die menschliche Lebensweise zu regeln. Bei ihm sind nur noch Instinktreste vorhanden, auf die er sich nicht verlassen kann. Die wenigen Instinktreste reichen zur Regulierung der menschlichen Lebensweise nicht aus, sie können ihm nicht helfen, sich in seiner Umwelt zurechtzufinden.

3.4.1 Der Begriff „Sozialisation"

Der Mensch ist ein soziales Wesen, das auf eine gesellschaftliche Lebensweise hin angelegt und von Geburt an auf Mitmenschen und soziale Beziehungen angewiesen ist.[1] Diesen Vorgang des Erlernens des sozialen Verhaltens, den Prozess, in welchem der Mensch in der Gesellschaft bzw. in einer ihrer Gruppen handlungsfähig wird, bezeichnet man als **Sozialisation**.

> Sozialisation bezeichnet das Erlernen des sozialen Verhaltens, den Prozess, in welchem der Mensch in der Gesellschaft bzw. in einer ihrer Gruppen handlungsfähig wird.

Der Begriff „Sozialisation" stammt aus dem Angelsächsischen und geht zurück auf *Emile Durkheim (1994, S. 50)*, der darunter alle Einwirkungen der Erwachsenengeneration auf diejenigen verstand, die noch nicht reif sind für das Leben in der Gesellschaft[2]. Damit sollte der Vorgang der Vergesellschaftung des Menschen gekennzeichnet werden.

Um sich sozial verhalten zu können, muss der Mensch die **Werte und Normen** der betreffenden Gesellschaft bzw. Gruppe erlernen, auf die ausführlich in *Abschnitt 3.2.1 und 3.3.1* eingegangen worden ist.

Werte bilden auch das Grundelement menschlicher **Einstellungen**, auch **Haltungen** (**attitude**) genannt: Wertvorstellungen wirken als gemeinsame Einstellungen, indem ein bestimmtes Objekt – Personen, Einrichtungen, Gegenstände oder Sachverhalte – aufgrund

---

[1] vgl. Kapitel 1.1.2
[2] Gelegentlich wird der Begriff „socialisation" mit Sozialisierung übersetzt (zum Beispiel Helmut Fend), was jedoch zu Missverständnissen führt, da dieser Terminus wirtschaftspolitisch bereits „belegt" ist und dort die Verstaatlichung der Privatwirtschaft bedeutet.

der verinnerlichten Werte positiv oder negativ bewertet wird. Die Mitglieder einer Gesellschaft stehen der Vielfalt an Personen, Einrichtungen, Gegenständen und Sachverhalten grundsätzlich nicht neutral gegenüber, sondern bewerten diese positiv oder negativ, haben bestimmte Vorstellungen von ihnen und verhalten sich entsprechend. Eine solche Tendenz, die dadurch zum Ausdruck kommt, ein bestimmtes Objekt mit Zustimmung oder Ablehnung zu bewerten, wird als soziale Einstellung bezeichnet (vgl. *Bohner, 2002⁴, S. 267*).

> Als **soziale Einstellung** wird die Tendenz eines Individuums bezeichnet, ein bestimmtes Objekt positiv oder negativ zu bewerten.

Sozialisation bedeutet demnach auch den Prozess der Ausbildung von sozialen Einstellungen.

Verhaltensvorschriften im Sinne von sozialen Normen sind immer – wie in *Abschnitt 3.3.3* ausgeführt – mit bestimmten Verhaltenserwartungen verbunden. Aus dieser Sichtweise wird Sozialisation als das Erlernen und Übernehmen von **sozialen Rollen** verstanden, die der Einzelne in der Gesellschaft auszuüben hat.

Während dieses Prozesses lernt das Kind allmählich, welche Wert- und Normvorstellungen, welche Einstellungen bzw. welche Verhaltenserwartungen erwünscht sind. Zunächst orientiert es sich ausschließlich an Geboten und Verboten, die ihm von Eltern und anderen Erziehern auferlegt werden. Mit der Zeit verinnerlicht es diese Vorschriften und bildet so ein **Gewissen** aus, welches für eine Übereinstimmung des menschlichen Verhaltens mit den Wert- und Normvorstellungen sowie mit den Verhaltenserwartungen einer Gesellschaft bzw. einer ihrer Gruppen sorgt.

> **Gewissen** ist diejenige Instanz, die das menschliche Verhalten hinsichtlich seiner Übereinstimmung mit den Wert- und Normvorstellungen sowie mit den Verhaltenserwartungen einer Gesellschaft bzw. einer ihrer Gruppen gleichsam als „innere Stimme" reguliert.

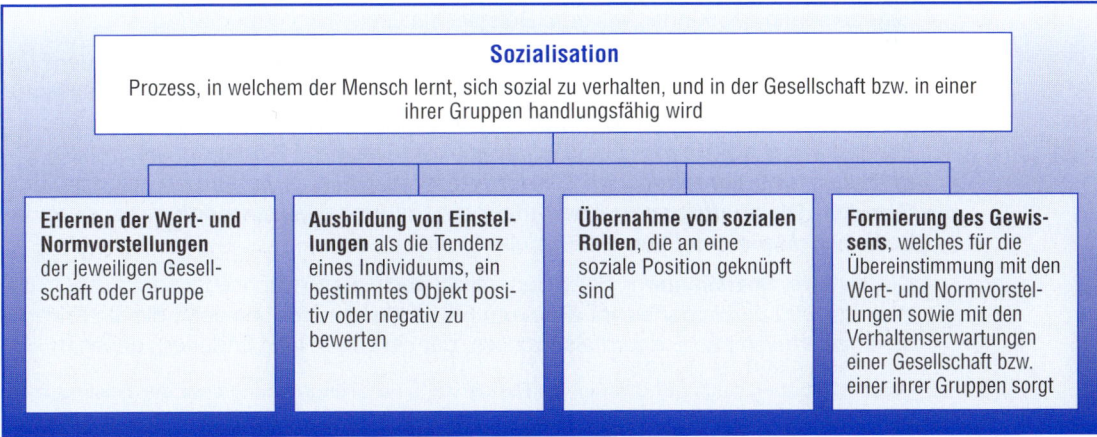

*Der Mensch lebt immer in einer Kultur, er ist – wie in Kapitel 1.1.2 ausgeführt – ein kulturelles Wesen, der die kulturelle Lebensweise erlernen muss. Dieses Erlernen der Kultur, der Prozess der Übernahme der jeweiligen kulturellen Lebensweise wird als **Enkulturation** bezeichnet. Sozialisation ist jener Teilbereich der Enkulturation, der auf die soziale Dimension der Kultur bezogen ist.*

Häufig wurde und wird Sozialisation lediglich als Eingliederungsprozess eines Individuums in die Gesellschaft oder in eine ihrer Gruppen verstanden. Neuere Ansätze kritisieren die Einseitigkeit einer Begriffsvorstellung, die Sozialisation lediglich als **Vergesellschaftungsprozess** auffasst, in welchem das Subjekt eher passiv gesehen wird. Klaus Hurrelmann[1] (2002[8]), einer der bedeutendsten Sozialisationsforscher der heutigen Zeit, geht davon aus, dass sowohl gesellschaftliche als auch persönliche Faktoren den Prozess der Sozialisation beeinflussen und dass der Mensch selbst aktiver Erschließer und Gestalter seiner Umwelt ist.

„Sozialisation bezeichnet [...] den Prozess, in dessen Verlauf sich der mit einer biologischen Ausstattung versehene Organismus zu einer sozial handlungsfähigen Persönlichkeit bildet, die sich über den Lebenslauf hinweg in Auseinandersetzung mit den Lebensbedingungen weiterentwickelt."

(Hurrelmann, 2002[8], S. 15)

3.4.2 Sozialisation als lebenslanger Prozess

Sozialisation ist nicht mit dem Ende der Kindheit oder des Jugendalters abgeschlossen, sie bleibt ein lebenslanger Prozess. In jeder Gesellschaft ändern sich die sozialen Verhaltenserwartungen und -muster, so dass der Mensch in seinem ganzen Lebenslauf auf ein Um- und Weiterlernen angewiesen ist.

In der Forschung der Sozialisation unterscheidet man denn auch verschiedene **Phasen der Sozialisation**:

- Die **primäre Sozialisation** in der frühesten Kindheit (0 bis ca. 3 Jahre), in welcher die Voraussetzungen für alle späteren sozialen Lernprozesse geschaffen werden. Werte und Normen, Einstellungen und Verhaltenserwartungen werden in dieser Phase grundgelegt. Untersuchungen, vor allem unter dem Einfluss der Psychoanalyse, haben ergeben, dass die Prägekraft in der frühesten Kindheit, vor allem im ersten Lebensjahr, sehr groß und für den weiteren Sozialisationsvorgang von enormer Bedeutung ist. Als **Sozialisationsträger** fungieren hier in der Regel die **Familie** und andere „engere" Bezugspersonen des Kindes wie zum Beispiel die Großeltern oder die Tagesmutter.[2]

- Die **sekundäre Sozialisation** in der späteren Kindheit bis einschließlich dem Jugendalter, in der ausgebaut bzw. verändert wird, was in der primären Sozialisation grundgelegt wurde. In diese Phase fällt auch das Jugendalter, in welchem der Jugendliche wichtige Entwicklungsaufgaben zu erfüllen hat.[3] **Träger** der sekundären Sozialisation sind **vorschulische Einrichtungen** wie Kindergarten und -tagesstätten, **Schulen, Gleichaltrigengruppen** (Peer groups) und **Massenmedien**, die oft in erheblichem Maße den Elterneinfluss überlagern.

- Die **tertiäre Sozialisation**, die gelegentlich auch als Erwachsenensozialisation bezeichnet wird und in der es vor allem um Entwicklungsaufgaben geht, die ein Erwachsener zu erfüllen hat. Sie wird als Prozess, der ein Leben lang andauert, gesehen.

  Solche Aufgaben sind zum Beispiel die Partnerwahl, Familiengründung oder der Einstieg in die Berufsrolle, welche Anpassungen eigener Art verlangt.

*In mancher neueren Literatur wird zudem von einer **quartären Sozialisation** gesprochen, in der es um besondere Anpassungsprobleme im Alter geht, das neue Gestaltungsmöglichkeiten einschließt.*

---

[1] *Klaus Hurrelmann, Jahrgang 1944, Dr. sc. pol., ist Professor an der Universität Bielefeld und Direktor des Institut für Bevölkerungsforschung und Sozialpolitik.*
[2] *Auf die Familie als Sozialisationsträger wird in Kapitel 11.3.2 eingegangen.*
[3] *Solche Entwicklungsaufgaben sind in Kapitel 12.2 dargestellt.*

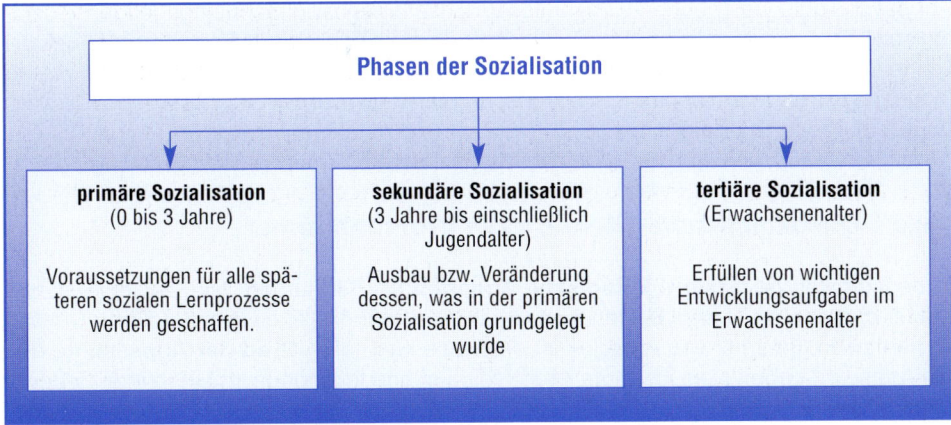

3.4.3 Theorien der Sozialisation

In Bezug auf die Erforschung der Sozialisation haben sich verschiedene Theorieansätze herausgebildet. Häufig werden sie eingeteilt in **psychologische und soziologische Theorien** der Sozialisation.

In der Psychologie haben sich vor allem **Persönlichkeitstheorien**, insbesondere die *Psychoanalyse* von *Sigmund Freud*, **Entwicklungstheorien** wie zum Beispiel die *Theorie der kognitiven Entwicklung* von *Jean Piaget* und **Lerntheorien** bewährt. Aus soziologischer Sicht sind **Strukturtheorien** wie die *struktur-funktionale Theorie* von *Talcott Parsons*, **Handlungstheorien** wie die *Theorie des symbolischen Interaktionismus* von *George H. Mead* und **Gesellschaftstheorien** wie beispielsweise der *historische Materialismus* von *Karl Marx* und *Friedrich Engels* von Bedeutung.[1]

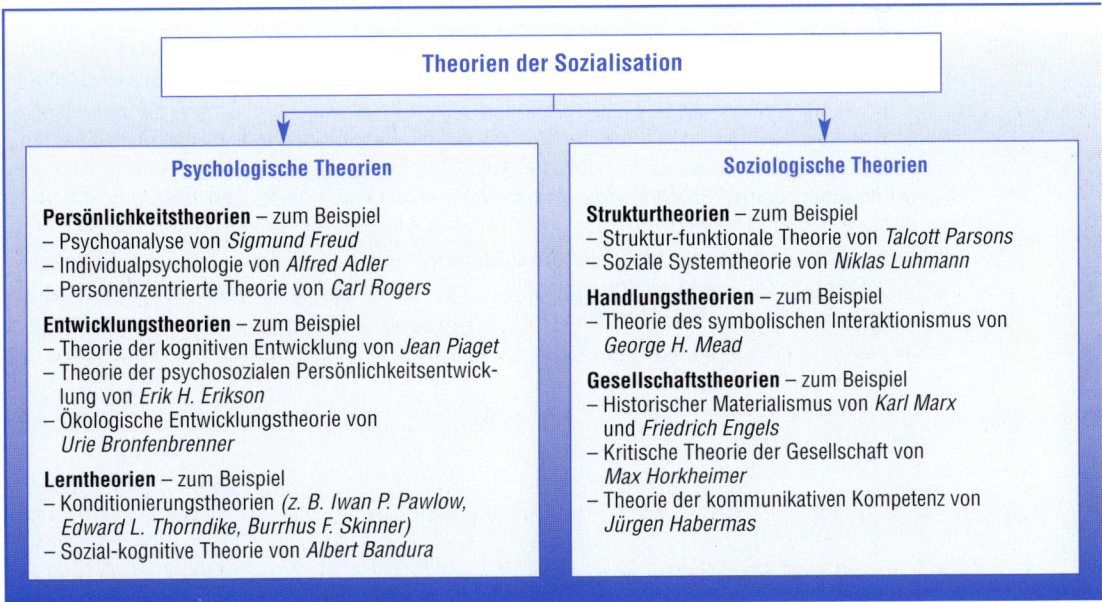

---

[1] Ein Überblick über die Vielfalt soziologischen Theorien wird in Kapitel 5.1 gegeben.

Auf psychologische Theorien wird in diesem Zusammenhang nicht eingegangen. Soziologische Theorien wie die struktur-funktionale Theorie von *Talcott Parsons* sind ausführlich in *Kapitel 5.2*, die Theorie des symbolischen Interaktionismus von *George H. Mead* in *Kapitel 6.1* und die Theorie des historische Materialismus von *Karl Marx* und *Friedrich Engels* in *Kapitel 6.2* dargestellt.

3.4.4 Die ökologische Theorie nach Bronfenbrenner

In neuerer Zeit gewinnen **ökologische Theorien** an Bedeutung. Die Ökologie ist bestrebt, das wechselseitige Beziehungsverhältnis zwischen Lebewesen und ihrer Umwelt zu verstehen. Ihr zentrales Anliegen ist die Frage nach dem **Grad der Anpassung**, den die Arten von Lebewesen im Laufe ihrer Evolution und Individuen im Laufe ihrer Lebensspanne erreicht haben.

Die Menschen erhalten sich durch eine sinnvolle, ihren Bedürfnissen entsprechende Nutzung ihrer Umwelt; umgekehrt steigert diese Anpassung an die Umwelt ihre Vielfalt und lebenserhaltenden Eigenschaften.

> **Ökologie ist die Lehre von den Beziehungen zwischen Organismen und Umwelten.**

Urie Bronfenbrenner hat ein ökologisches Konzept der Sozialisation entworfen. Er sieht die Sozialisation als interaktive Austausch- und Veränderungsprozesse des Menschen mit seinen räumlichen Umwelten. Er spricht denn auch bei der **menschlichen Entwicklung vom sich verändernden Individuum in einer sich wandelnden Umwelt**.

> *„Die Ökologie der menschlichen Entwicklung befasst sich mit der fortschreitenden gegenseitigen Anpassung zwischen dem aktiven, sich entwickelnden Menschen und den wechselnden Eigenschaften seiner unmittelbaren Lebensbereiche."*
> (Bronfenbrenner, 1981, S. 37)

Urie Bronfenbrenner

wurde 1917 in Moskau geboren. Sechs Jahre später wanderte seine Familie in die USA aus. Dort wuchs er auf und studierte Psychologie. Im Laufe dieses Studiums erwarb er den Doktortitel und arbeitete anschließend zehn Jahre als praktischer Psychologe, danach als Professor für Psychologie an der Universität Michigan. *Bronfenbrenner* hatte großen Einfluss auf Frühförderprogramme für Vorschulkinder. Zuletzt arbeitete er als Professor für menschliche Entwicklung und Familienstudien an der Cornell University in New York.

Der Mensch ist in verschiedene **Systeme** eingebunden, beeinflusst diese und wird seinerseits von ihnen in seinem Verhalten gelenkt. In den einzelnen Systemen zeigt sich seine soziale Eingebundenheit, insbesondere dort, wo es durch Tätigkeiten, zwischenmenschliche Beziehungen und Rollen gekennzeichnet ist. Insgesamt unterscheidet *Bronfenbrenner* fünf ökologische Systeme:
- das **Mikrosystem**,
- das **Mesosystem**,
- das **Chronosystem**,
- das **Exosystem** und
- das **Makrosystem**

---

[1] *Ein Überblick über die Vielfalt soziologischen Theorien wird in Kapitel 5.1 gegeben.*

Soziales Handeln

Das Mikrosystem

Das Mikrosystem stellt den unmittelbaren Lebensbereich des sich entwickelnden Menschen dar. Ein Lebensbereich ist dabei ein Ort, an dem Personen leicht in Kontakt miteinander treten können.

Beispiele für solche Lebensbereiche sind das Zimmer, in dem ein Kind spielt, die Klasse, in dem ein Jugendlicher lernt, die Familie, in der er aufwächst.

Ein Lebensbereich setzt sich aus einer Vielzahl von Tätigkeiten, Rollen und zwischenmenschlichen Beziehungen zusammen. Diese bilden die Bausteine eines Mikrosystem.

In der Schule beispielsweise erlebt das Kind eine Reihe von Tätigkeiten (lesen, schreiben, tanzen, singen ...), erfährt verschiedene Rollen (die des Schülers, Lehrers, Hausmeisters ...) sowie zwischenmenschliche Beziehungen (die zwischen den Schülern, zwischen Lehrern und Schülern ...).

Als Mikrosystem bezeichnet man daher ein Muster von Tätigkeiten, Rollen und zwischenmenschlichen Beziehungen, die eine sich entwickelnde Person in einem Lebensbereich erlebt.

Das Mesosystem

Die Umwelt eines Menschen setzt sich aus vielen Mikrosystemen wie Familie, Nachbarschaft, Kindergarten, Schule, Arbeitsplatz zusammen. Diese verschiedenen Mikrosysteme bestehen jedoch nicht isoliert voneinander, sondern stehen miteinander in Verbindung und beeinflussen sich gegenseitig.

Besucht ein Kind den Kindergarten, so entstehen vielfältige Kontakte zwischen den beiden Lebensbereichen Elternhaus und Kindergarten, die gegenseitige Beeinflussungen nach sich ziehen. So legt die Erzieherin zum Beispiel Wert auf die Einhaltung der Gruppenregeln und der Öffnungszeiten. Das Kind bringt bestimmte Wünsche, Bedürfnisse und Persönlichkeitsmerkmale mit, auf die die Erzieherin eingehen muss.

Ein Mesosystem umfasst also die Wechselbeziehungen zwischen den Lebensbereichen, an denen die sich entwickelnde Person aktiv beteiligt ist (vgl. *Bronfenbrenner, 1981, S. 41*).

Das Chronosystem

Während ihrer Entwicklung treten Personen immer wieder in neue Lebensbereiche ein und übernehmen neue Rollen.

Der Eintritt in Kindergarten, Schule, Berufsleben, aber auch Heirat oder Scheidung sind Beispiele dafür.

Solche „Lebensübergänge" werden als Chronosysteme bezeichnet. Ein Chronosystem ist also ein Lebensübergang, „der stattfindet, wenn eine Person ihre Position in der ökologisch verstandenen Umwelt durch einen Wechsel ihrer Rolle oder ihres Lebensbereichs verändert." (*Bronfenbrenner, 1996^2, S.77*)

Das Exosystem

Einen weiteren Umweltausschnitt stellt das Exosystem dar. Es gibt Lebensbereiche, die die Entwicklung einer Person beeinflussen, obwohl diese Person gar nicht an ihnen Teil hat. Umgekehrtes gilt genauso: Eine Person beeinflusst einen Lebensbereich, an dem sie gar nicht teilnimmt. Die wechselseitige Beeinflussung erfolgt dabei über andere Personen.

So stellt zum Beispiel der Arbeitsplatz der Eltern ein Exosystem für das Kind dar, da es an ihm nicht beteiligt ist. Arbeitsbedingungen wie Arbeitszeit, Lärm, körperliche und psychische Beanspruchung wirken sich auf die Eltern aus und haben Einfluss auf das Erzieherverhalten der Eltern ihren Kindern gegenüber und somit auf die kindliche Entwicklung. Andererseits können zum Beispiel Krankheiten des Kindes die Eltern schwer belasten und sich auf ihr Leistungsvermögen an ihrem Arbeitsplatz niederschlagen.

Unter Exosystem versteht man also einen oder mehrere Lebensbereiche, an denen die sich entwickelnde Person nicht beteiligt ist, die diese Person aber indirekt beeinflussen und umgekehrt durch diese Person beeinflusst werden.

Das Makrosystem

In der Vielzahl von Mikro-, Meso- und Exosystemen, aus der sich unsere Kultur zusammensetzt, lassen sich Bestandteile finden, die gleich oder sehr ähnlich sind.

Solche gemeinsamen Bestandteile können zum Beispiel politische oder religiöse Weltanschauungen sein, die Art und Weise wie Menschen miteinander umgehen, wie Einrichtungen funktionieren usw.

Solche typischen Übereinstimmungen oder Ähnlichkeiten innerhalb einer Kultur oder eines ihrer Teilbereiche bilden das so genannte Makrosystem. Als Makrosystem bezeichnet man also die grundsätzlichen formalen und inhaltlichen Übereinstimmungen und Ähnlichkeiten, die innerhalb einer Kultur oder einer Subkultur bestehen.

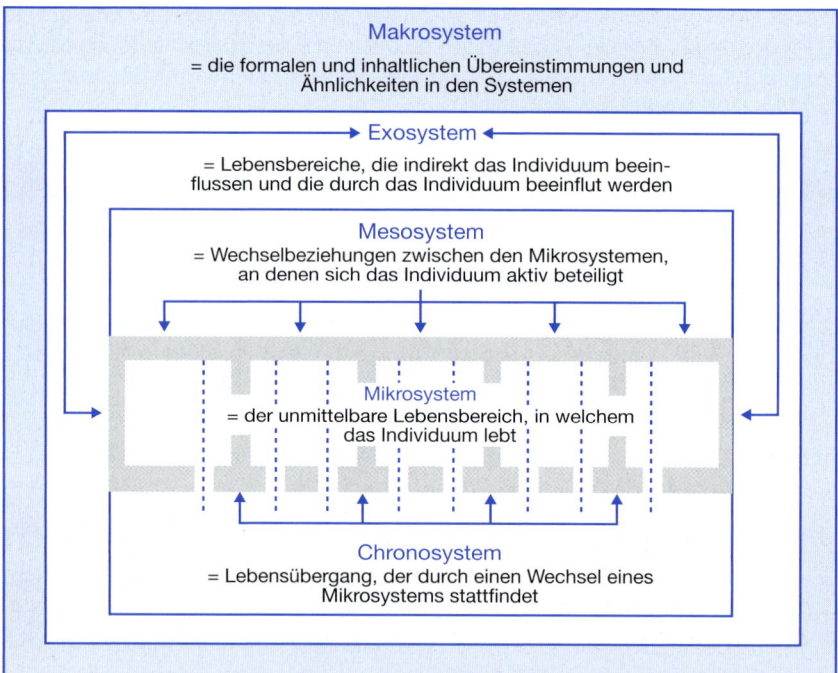

Die ökologische Theorie rückt nach *Rolf Oerter (2002⁵, S. 84 f.)* zwei bisher kaum beachtete Aspekte in den Mittelpunkt der wissenschaftlichen Erforschung von Entwicklung: Der Mensch kann sich zum einen nur entwickeln, wenn er immer wieder neue Muster von Tätigkeiten, Rollen und zwischenmenschlichen Beziehungen kennen lernt und damit sein Wissen, seine Fähigkeiten und Fertigkeiten auf die neuen Umweltbedingungen ausweitet. Zum anderen besteht Entwicklung in der Eroberung neuer Umweltausschnitte und im Durchwandern von neuen Lebensbereichen. Gesunde Entwicklung findet nämlich nur statt, wenn sich das Individuum neuen Umweltausschnitten zuwendet und sie mit den bisherigen verbindet.

Zusammenfassung

- Soziale Interaktion gilt als Bezeichnung für das wechselseitig aufeinander bezogene Verhalten zwischen Menschen, für das Geschehen zwischen Personen, die agieren und wechselseitig aufeinander reagieren, sich gegenseitig beeinflussen und steuern. Unter sozialer Kommunikation versteht man die Vermittlung, die Aufnahme und den Austausch von Informationen zwischen zwei oder mehreren Personen. Soziale Interaktion ist ohne soziale Kommunikation nicht denkbar: Wer mit dem anderen in Beziehung tritt, übermittelt ihm zugleich Informationen. Ebenso ist soziale Kommunikation ohne soziale Interaktion unmöglich: Wer dem anderen Informationen mitteilt, beeinflusst und steuert ihn zugleich.

- Unter sozialem Handeln wird ein solches Handeln verstanden, welches auf das Verhalten anderer bezogen und in seinem Ablauf daran orientiert ist. Soziales Handeln ist demnach eine besondere Art des Handelns, die sich durch eine bestimmte Intention von anderen Arten des Verhaltens unterscheidet: Es ist willentlich auf andere Menschen bezogen und sinnhaft orientiert am vergangenen, gegenwärtigen oder für künftig erwarteten Verhalten anderer.

- Werte sind in einer Gesellschaft oder in einer ihrer Gruppen vorherrschende Vorstellungen über das Wünschens- und Erstrebenswerte und bilden allgemeine Orientierungsmaßstäbe für das Verhalten von Menschen. Jede Gesellschaft besitzt Werte, ohne die ein Zusammenleben nicht möglich wäre; sie bilden sozusagen die Grundlage eines jeden Zusammenlebens. Sowohl in der Vergangenheit als auch in der Gegenwart existierten/existieren in einer Gesellschaft nach- und nebeneinander recht unterschiedliche Werte. Bedingungen für einen Wandel von Wertvorstellungen sind politische Interessen und Gegebenheiten, Weltanschauung und Menschenbild, kulturelle und soziale Gegebenheiten, ökonomische Interessen und Gegebenheiten sowie technische Errungenschaften.

- Soziale Normen sind mehr oder weniger verbindliche Verhaltensvorschriften, die bestimmen, wie die Werte einer Gesellschaft oder Gruppe zu erfüllen und zu befolgen sind, und so das Tun und Lassen der Mitglieder dieser Gesellschaft oder Gruppe regulieren. Je nach dem Grad ihrer Verbindlichkeit kann man unterscheiden zwischen Kann-, Soll- und Muss-Normen. Soziale Normen haben die Bedeutung der Regelung des sozialen Handelns bzw. des Zusammenlebens und -wirkens von Menschen in sozialen Gebilden. Auf diese Weise haben Normen eine entlastende Funktion. Andererseits können soziale Normen den Einzelnen in seiner freien Entfaltung einengen und die Vielfalt von Verhaltensmöglichkeiten einschränken.

- Die Summe der Verhaltenserwartungen, die an eine soziale Position gestellt werden, bezeichnet man als soziale Rolle. Soziale Position bezieht sich auf den statischen Aspekt, soziale Rolle auf den dynamischen Aspekt des sozialen Handelns. Soziale Rollen tragen dazu bei, dass in bestimmten Situationen klar ist, was wie getan werden muss. Andererseits muss die Gefahr erwähnt werden, dass ausschließlich die Rollenerwartungen das Handeln von Menschen bestimmen und dieses leiten. Dem muss jedoch nicht zwangsläufig so sein, konkretes Verhalten und soziale Rolle müssen nicht unbedingt einheitlich sein. Der Einzelne hat die Möglichkeit zur Rollendistanz.

- Bei jedem Rollenträger kann es zu Konflikten kommen: Von einem Rollendruck spricht man, wenn der Rollenträger die Erwartungen, die an ihn herangetragen werden, zeitweilig oder dauernd als Belastung empfindet. Ein Intrarollenkonflikt liegt vor, wenn innerhalb einer sozialen Rolle unterschiedliche Verhaltenserwartungen zueinander in Widerspruch stehen. Ein Interrollenkonflikt liegt vor, wenn zwischen verschiedenen sozialen Rollen, die eine Person inne hat, unterschiedliche Verhaltenserwartungen zueinander in Widerspruch stehen.

- Sozialisation bezeichnet das Erlernen des sozialen Verhaltens, den Prozess, in welchem der Mensch in der Gesellschaft bzw. in einer ihrer Gruppen handlungsfähig wird. Heutige Sozialisationsforscher gehen davon aus, dass sowohl gesellschaftliche als auch persönliche Faktoren den Prozess der Sozialisation beeinflussen und dass der Mensch selbst aktiver Erschließer und Ge-

Soziales Handeln

Zusammenfassung

stalter seiner Umwelt ist. In der Forschung der Sozialisation unterscheidet man verschiedene Phasen der Sozialisation: die primäre, sekundäre und tertiäre Sozialisation. In Bezug auf die Erforschung der Sozialisation haben sich verschiedene Theorieansätze herausgebildet. Häufig werden sie eingeteilt in psychologische und soziologische Theorien der Sozialisation.

- *Bronfenbrenners* ökologische Theorie geht aus von der Tatsache, dass der Mensch nicht isoliert von seiner Umwelt existiert, sondern ständig beeinflusst und seinerseits von ihr beeinflusst wird. Folglich sieht er Sozialisation als einen Vorgang, der sich durch die Wechselwirkung zwischen Person und Umwelt ergibt. Er stellt in seinem Ansatz die Umwelt in ihrer Vielschichtigkeit stärker in den Mittelpunkt des Forschungsinteresses, als dies bisher geschah. Dazu teilt er sie in verschiedene Bereiche ein, die so genannten ökologischen Systeme – das Mikrosystem, das Mesosystem, das Chronosystem, das Exosystem und das Makrosystem.

Materialien Kapitel 3

1. Welche Werte sind in den westlichen Ländern dominant?

- Familie, Liebe, Geborgenheit: Werte, die bemerkenswert stabil geblieben sind – doch nur im Großen und Ganzen, denn Liebe für alle ist ein moderner Wert.
- Leistung, sozialer und ökonomischer Erfolg: Früher mussten die meisten mehr und schwerer arbeiten, heute müssen sie mehr leisten.
- Wohlstand, Konsumorientierung, Freizeitorientierung: Dies sind neue Massenwerte der zweiten Hälfte des 20. Jahrhunderts.
- Instrumenteller Aktivismus: Dieser Ausdruck wurde von *Parsons* verwendet. Die meisten Menschen haben gelernt, klare Handlungsziele zu setzen und diese mit rational gewählten Mitteln zu verfolgen. Passivität und Fatalismus werden abgelehnt.
- Individualismus, Selbstverwirklichung: Ein mit der Konsum- und Freizeitorientierung verbundener neuer „Wert für alle".
- Gleichheit: Dieser Wert wurde seit dem 18. Jahrhundert immer wieder proklamiert, ein Konsens besteht wohl nur, was die formale rechtliche Gleichstellung betrifft.
- Demokratie: Dieser Wert wurde in Deutschland erst in den letzten Jahrzehnten von der Mehrheit anerkannt. Damit verbunden sind ein Mehrparteiensystem, Meinungsfreiheit, Religionsfreiheit, Einhaltung der Menschenrechte und andere politische Errungenschaften.
- Sicherheit und Ordnung, Schutz vor Verbrechen und Gewalt: Dies sind alte Werte, die zu autoritärem oder minderheitenfeindlichem Verhalten führen können, wenn sie nicht mit Demokratie, Individualismus und anderen modernen Werten gekoppelt auftreten.
- Förderung der wissenschaftlichen, technischen und ökonomischen Entwicklung: Es handelt sich um den Fortschrittsgedanken der modenen Gesellschaft, wobei der Erfolg immer mit einem Wertwandel verbunden ist, d. h. es handelt sich um einen werteändernden Wert.
- Schutz der Umwelt: Einerseits war es immer ein impliziter oder latenter[1] Wert, da die Zerstörung der eigenen Lebensgrundlagen unerwünscht war. Doch mit dem gewachsenen Zerstörungspotenzial und der Sensibilisierung für Umweltschäden ist er zu einem bedeutsamen manifesten[2] Wert geworden.

Quelle: Feldmann, 2001², S. 331

---

[1] *latent (lat.): versteckt, verborgen, nicht bewusst*
[2] *manifest (lat.): offenbar, offenkundig*

2. Wertewandel im Überblick

Quelle: Wiswede, 1998³, S. 230

3. Mechanismen zur Milderung eines Rollenkonfliktes?

1. Die Rollenerwartungen in einem sozialen Beziehungsfeld werden mit unterschiedlicher Intensität vorgetragen (*Mechanismus der differenzierten Intensität der Rollenerwartung*). Eine Rollenerwartung mag zentral, die andere lediglich peripher sein. Beispiel: Eltern werden aufgrund ihrer Erziehungsrolle größere Erwartungen an das Verhalten eines Lehrers stellen als ein Ehepaar, das keine Kinder zur Schule schickt. Melden beide Gruppen, Ehepaare mit Kindern und solche ohne Kinder, Interesse an der Schule und an den Lehrer an, so wird sich ein Lehrer leicht für diejenige Rollenerwartung entscheiden können, die für ihn selbst am wichtigsten ist, d. h. deren Nichterfüllung für ihn mit größeren Sanktionen verbunden ist.
2. Ein zweiter Mechanismus, der Rollenerwartungen neutralisieren kann, liegt in der Machtverteilung (*Mechanismus des Machtunterschiedes von Gruppen, die bestimmte Erwartungen an Rollen stellen*). Macht bedeutet ja die Möglichkeit, aufgrund sozialer Beziehungen von anderen ein bestimmtes Verhalten zu erzwingen. Nicht alle Mitglieder in einem sozialen Beziehungsfeld haben aufeinander den gleichen Einfluss. Dieser wird sich vielmehr nach dem Ausmaß der Macht richten. Es können sich aber bestimmte Machtkonstellationen bilden, die es dem Rolleninhaber ermöglichen, eigene Wege zu gehen. So weiß etwa der Sohn, dass die Entscheidung seines Vaters durch die entgegengesetzte Meinung seiner Mutter aufgehoben werden kann. *R. K. Merton* sagt daher, dass eine solche Einflussstruktur eines Rollenfeldes in oft größerem Maße den Positionsinhabern Freiheiten gewähren (kann) als er sie hätte, wenn diese Einflüsse nicht im Widerstreit lägen. Bei solchen latent instabilen Strukturen ist der Rolleninhaber nicht einmal dem einflussreichsten Mitglied des sozialen Beziehungsfeldes völlig preisgegeben.
3. Je mehr die Sozialstruktur das Individuum davor schützt, dass seine Handlungen anderen bekannt werden, desto weniger wird

es widerstreitenden Erwartungen ausgesetzt (*Mechanismus der Abschirmung des Rollenhandelns gegenüber Beobachtung durch andere*). Hierher gehören etwa die exklusiven Informationen und die vertraulichen Mitteilungen bei verschiedenen Berufen. Die Klienten werden gegen die Beobachtungen ihres Verhaltens und ihrer Ansichten durch andere abgeschirmt. Wenn es z. B. Ärzten und Priestern freigestellt wäre, über das mitgeteilte Wissen der ihnen Anvertrauten zu berichten, würden sie bald mit verschiedenen Erwartungen in Konflikt kommen und könnten ihr Amt nicht mehr ausüben. Offenbar gehört es zu den funktionalen Voraussetzungen einer Sozialstruktur, dass sie ein gewisses Maß an Freiheit vor ungehinderter Beobachtung gewährleistet. Hierher gehört auch der Schutz der Privatsphäre.
4. Die Positions- und Rolleninhaber stehen nicht allein; andere stehen in der gleichen oder in einer ähnlichen Situation, sie sind gleichen oder ähnlichen Rollenkonflikten ausgesetzt (*Mechanismus der gegenseitigen sozialen Unterstützung zwischen den Rolleninhabern*). Die Gleich- oder Ähnlichgestellten bilden Interessengemeinschaften und Organisationen. Aufgrund gleichlaufender Interessen ist es möglich, die eigene Rolle abzusichern und die eigenen Rolleninteressen durchzusetzen (Grund z. B. für die Gründung von Interessenverbänden).
5. Im Grenzfall kann man mit widersprechenden Forderungen der Rollenbeziehungen natürlich auch dadurch fertigwerden, dass man die Rollenbeziehungen einfach abbricht (*Mechanismus der Beschränkung des Rollenfeldes*). Diese Beschränkung hebt dann die Übereinstimmung zwischen den noch verbleibenden Rollen. Natürlich nützt ein solcher Abbruch der Rollenbeziehungen nur dann etwas, wenn der Positionsinhaber die übrigen, für ihn wichtigen Rollen weiterspielen kann. Aus all den angeführten Beispielen wird sichtbar, wie die sozialen Rollen miteinander zusammenhängen und welchen Einfluss sie aufeinander ausüben.

Quelle: Wössner, 1986[9], S. 87 f.

4. Annahmen zum Modell der Sozialisation

1. Sozialisation vollzieht sich in einem Wechselspiel von Anlage und Umwelt.
2. Sozialisation ist der Prozess der Persönlichkeitsentwicklung in wechselseitiger Abhängigkeit von den körperlichen und psychischen Grundstrukturen und den sozialen und physikalischen Umweltbedingungen. Die körperlichen und psychischen Grundstrukturen bilden die innere, die sozialen und physikalischen Umweltbedingungen die äußere Realität.
3. Sozialisation ist der Prozess der dynamischen und „produktiven" Verarbeitung der inneren und äußere Realität.
4. Eine gelingende Persönlichkeitsentwicklung setzt eine den individuellen Anlagen angemessene soziale und materielle Umwelt voraus. Die wichtigsten Vermittler hierfür sind Familien, Kindergärten und Schulen als Sozialisationsinstanzen.
5. Nicht nur die Sozialisationsinstanzen haben Einfluss auf die Persönlichkeitsentwicklung, sondern auch andere soziale Organisationen und Systeme, die in erster Linie Funktionen für Arbeit, Freizeit, Unterhaltung und soziale Kontrolle erbringen.
6. Die Persönlichkeitsentwicklung besteht lebenslang aus einer nach Lebensphasen spezifischen Bewältigung von Entwicklungsaufgaben.
7. Ein reflektiertes Selbstbild und die Entwicklung einer Ich-Identität sind die Voraussetzung für ein autonom handlungsfähiges Subjekt und eine gesunde Persönlichkeitsentwicklung. Lässt sich Identität nicht herstellen, kommt es zu Störungen der Entwicklung im körperlichen, psychischen und sozialen Bereich.

Quelle: Hurrelmann, 2002[8], S. 23–39 (gekürzt)

Aufgaben und Anregungen Kapitel 3

Aufgaben

1. Bestimmen Sie die Begriffe „soziale Interaktion" und „soziale Kommunikation" und erläutern Sie an Beispielen, dass alles Verhalten im weitesten Sinne des Wortes soziale Kommunikation ist. (Abschnitt 3.1.1)
2. Zeigen Sie an einem geeigneten Beispiel auf, dass soziale Interaktion und Kommunikation Grundlage eines jeden Zusammenlebens sind. (Abschnitt 3.1.1)
3. Bestimmen Sie den Begriff „soziales Handeln" und erläutern Sie an Beispielen, wann man in sozialen Situationen von sozialem Handeln sprechen kann. (Abschnitt 3.1.2)
4. Erläutern Sie an zwei Beispielen den Begriff „sozialer Wert". (Abschnitt 3.2.1)
5. Zeigen Sie an einem geeigneten Beispiel auf, dass soziale Werte Grundlage eines jeden Zusammenlebens sind. (Abschnitt 3.2.1)
6. Stellen Sie an geeigneten Beispielen den Wandel von sozialen Werten und dessen Bedingungen dar. (Abschnitt 3.2.2)
7. Bestimmen Sie den Begriff „soziale Norm" und erläutern Sie an einem Beispiel den Zusammenhang zwischen sozialem Wert und sozialer Norm. (Abschnitt 3.3.1)
8. Erörtern Sie die Problematik von sozialen Normen. (Abschnitt 3.3.1)
9. Beschreiben Sie an je einem Beispiel die Arten von sozialen Normen. (Abschnitt 3.3.2)
10. Bestimmen Sie die Begriffe „soziale Position" und „soziale Rolle" und erläutern Sie an einem Beispiel den Zusammenhang zwischen diesen beiden Begriffen. (Abschnitt 3.3.3)
11. Erörtern Sie die Problematik von sozialen Rollen. (Abschnitt 3.3.4)
12. Beschreiben Sie am Beispiel der Familie verschiedene Rollenkonflikte. (Abschnitt 3.3.4)
13. Bestimmen Sie den Begriff „Sozialisation" und beschreiben Sie den Prozess der Sozialisation. (Abschnitt 3.4.1)
14. Erläutern Sie die Phasen der Sozialisation. (Abschnitt 3.4.2)
15. Stellen Sie an einem ausführlichen Beispiel die ökologischen Systeme und ihren Zusammenhang nach *Urie Bronfenbrenner* dar. (Abschnitt 3.4.4)
16. Zeigen Sie aus ökologischer Sicht auf, wann eine gesunde Entwicklung eines Menschen zu erwarten ist. (Abschnitt 3.4.4)
17. Verdeutlichen Sie mit Hilfe des ökologischen Ansatzes, wie es zu Entwicklungsstörungen kommen kann. (Abschnitt 3.4.4)

Anregungen

18. Fertigen Sie in Gruppen einen hierarchischen Abrufplan zu dem Thema „Soziales Handeln" an: Das Thema wird in einem ersten Schritt in Begriffen bzw. Stichworten zusammengefasst. Im zweiten Schritt werden diese Begriffe in Oberbegriffe, Unterbegriffe, untere Unterbegriffe usw. gegliedert.

19. *Die „soziale Handelstheke"*

    - Finden Sie sich zu Fünfergruppen zusammen und entwerfen Sie auf je einem roten Zettel fünf Aufgaben zu dem Thema „Soziales Handeln".
    - Auf je einen grünen Zettel schreiben Sie die Antworten dieser Aufgaben.
    - Die Aufgaben werden auf einer „Theke" (Tisch, Bank etc.), die Antworten auf einer anderen „Theke" ausgelegt.
    - Jeder Schüler wählt eine Aufgabe aus, die nicht in seiner Gruppe entworfen wurde und bearbeitet diese. Anschließend überprüft er seine Bearbeitung anhand der Antwort von der zweiten „Theke".
    - Nach erfolgreicher Überprüfung wählt er eine weitere Aufgabe usw.

20. Überlegen Sie in der Klasse, welche Werte Ihnen wichtig sind und welche sozialen Normen Sie diesen Werten zuordnen würden.

21. *Die sozialen Rollen in unserer Klasse*

    - Teilen Sie sich in Gruppen auf.
    - Überlegen Sie, welche Rollen für Ihre Klasse typisch sind (zum Beispiel der Streber, der Helfer, der Kritiker u. a.).
    - Versuchen Sie in einem pantomimischen Rollenspiel diese sozialen Rollen darzustellen.

22. Bauen eines *Standbilds*

    - Bilden Sie in der Klasse Fünfergruppen.
    - Jede Gruppe wählt eine oder zwei Personen aus, die für das Standbild geeignet zu sein scheint/scheinen.
    - Die Gruppe baut eine bestimmte soziale Rolle Schritt für Schritt auf, indem sie die Haltung sowie Mimik und Gestik des/der Ausgewählten solange formen, bis die gewählte Erlebensweise den Vorstellungen der Gruppe entspricht.
    - Das Standbild wird dann zunächst von den anderen Gruppen und dann von der eigenen Gruppe beschrieben und interpretiert. Auf Wunsch der Gruppe kann das Standbild jetzt nochmals verändert werden.

23. *Rollenkonflikte*

    - Überlegen Sie sich, in welcher Situation Sie schon einmal einen Rollenkonflikt erlebt haben.
    - Bilden Sie in der Klasse Vierergruppen und erzählen Sie sich gegenseitig Ihren Rollenkonflikt.
    - Einigen Sie sich auf einen Konflikt und stellen ihn mit Hilfe von Bauklötzchen dar.
    - Sprechen Sie in der Klasse über die Ergebnisse der Gruppenarbeit.

24. *So wurde ich sozialisiert*

    - Zeichnen Sie die Umwelt, in der Sie aufgewachsen sind. Berücksichtigen Sie dabei insbesondere Ihre Sozialisationsinstanzen und -personen.
    - Bilden Sie Fünfergruppen und sprechen Sie in der Gruppe darüber, wie diese Umwelteinflüsse ihre Entwicklung beeinflusst haben.

25. *Meine Entwicklungsaufgaben*

    - Überlegen Sie, welche Entwicklungsaufgabe, die Sie erfüllen mussten und für Sie sehr wichtig war.
    - Bilden Sie in der Klasse Vierergruppen und erzählen Sie sich gegenseitig Ihre Entwicklungsaufgabe.
    - Einigen Sie sich auf eine Aufgabe und stellen Sie diese auf einem Plakat dar.
    - Sprechen Sie in der Klasse über die Ergebnisse der Gruppenarbeit.

26. *„Mein persönliches Entwicklungsprogramm"*

    Zeichnen Sie Ihr persönliches „Entwicklungsbedingungsprogramm" und sprechen Sie anschließend in Gruppen darüber:

    - Wo liegen Ihrer Meinung nach anlagemäßig Ihre Fähigkeiten und Stärken?
    - Wer hat Sie (besonders) in Ihrer Entwicklung beeinflusst?
    - Wo beeinfluss(t)en Sie Ihre Entwicklung selbst? Wo setzten Sie in Ihrer Entwicklung eigene Akzente?

27. *Sozialisation beinhaltet Veränderungen des Menschen im Laufe der Zeit.*

    - Entwerfen Sie auf einem Blatt eine Darstellung, die wesentliche Veränderungen in Ihrer Sozialisation veranschaulicht (bezüglich Ihres Äußeren, Ihrer Interessen, Ihrer Wahrnehmung von Familie, Schule und Freundschaften etc.)
    - Arbeiten Sie dabei kreativ mit geeigneten Fotos, eigenen Zeichnungen, passenden Gedichten, Sprichwörtern, bekannten Zitaten u. a.
    - Vergleichen Sie Ihre „Werke" und diskutieren Sie den wahrscheinlichen Einfluss von genetischen Faktoren, Umwelteinflüssen und Selbststeuerung auf diese Veränderungen.

4 Soziale Kontrolle und Abweichung

Wenn ein Inhaber einer Position den Erwartungen nicht entspricht, sozusagen „aus der Rolle fällt", sind wir enttäuscht, und dieses Verhalten wird bestimmte Konsequenzen nach sich ziehen.

Folgende Fragen werden in diesem Kapitel geklärt:

1. Was verstehen wir unter sozialer Kontrolle, was unter Sanktionen?
   Welche Arten von Kontrolle und Sanktionen gibt es?
   Welche Funktionen haben soziale Kontrolle und Sanktionen?

2. Wann sprechen wir von sozial angepasstem Verhalten?
   Worin liegt die Problematik des Angepasstseins?
   Welche Bedeutung hat sozial angepasstes Verhalten?

3. Wann spricht man in der Soziologie von sozial abweichendem Verhalten?
   Worin liegt die Problematik sozialer Abweichung?
   Welche Funktionen hat abweichendes Verhalten?

4 Was ist ein sozialer Konflikt? Welche Formen des Konfliktes gibt es?
   Was sind seine Ursachen? Welche Funktionen erfüllen soziale Konflikte?
   Wie lassen sich Konflikte lösen?

4.1 Die Gewährleistung normengerechten Verhaltens

Das Aufstellen von sozialen Wert- und Normvorstellungen sowie das Festlegen von bestimmten Rollenerwartungen allein genügt noch nicht, die Regelung des sozialen Handelns bzw. des Zusammenlebens und -wirkens von Menschen in sozialen Gebilden zu gewährleisten. Jedes Zusammenleben benötigt Möglichkeiten, um die Einhaltung von sozialen Normen und die Erfüllung von sozialen Rollen zu beaufsichtigen und zu (miss)billigen.

4.1.1 Soziale Kontrolle als Überwachung

Jedes soziale Gebilde hat ein großes Interesse daran, dass sich die Menschen an die bestehenden Wert- und Normvorstellungen halten und ihre Rollen erfüllen, um seinen Fortbestand zu garantieren. Um dies sicherzustellen, bedarf es der **sozialen Kontrolle** als Beaufsichtigung und Überwachung darüber, ob die in einer Gesellschaft oder Gruppe geltenden sozialen Normen eingehalten und die sozialen Rollen erfüllt werden.

> Soziale Kontrolle bedeutet die Beaufsichtigung und Überwachung der Einhaltung von sozialen Normen und der Erfüllung von sozialen Rollen.

Dabei können wir zwischen innerer bzw. **interner Kontrolle** und äußerer bzw. **externer Kontrolle** unterscheiden. Interne Kontrolle meint die Fähigkeit eines Individuums, sich aufgrund verinnerlichter Werte, Normen und Rollenerwartungen selbst zu überwachen. Der Mensch verinnerlicht – wie in *Kapitel 3.4.1* ausgeführt – an ihn herangetragene Vorschriften und bildet so ein Gewissen aus, welches das menschliche Verhalten hinsichtlich seiner Übereinstimmung mit den Wert- und Normvorstellungen sowie mit den Verhaltenserwartungen einer Gesellschaft bzw. einer ihrer Gruppen reguliert. Seine Wirksamkeit zeigt sich in Schuldgefühlen, Gewissensbissen, Scham oder Reue.

„Innere Kontrollen wirken wie ein Kreiselkompass, der Abweichungen automatisch registriert und entsprechende Korrekturen veranlasst; ausbrechen gilt nicht, die Wiederkehr des Verdrängten ist oftmals sicher."
(Bellebaum, 2001[13], S. 78)

Externe Kontrolle bedeutet die Beaufsichtigung und Überwachung „von außen".

Der Lehrer beispielsweise sorgt dafür, dass geordneter Unterricht möglich ist, die Schulleitung, dass Schul- und Hausordnung eingehalten werden, die Polizei überwacht den Straßenverkehr, damit sich die Straßenteilnehmer an die Verkehrsordnung halten.

Externe Kontrolle ist immer dann notwendig, wenn

- innere Kontrolle nicht vorhanden ist oder nicht ausreicht,
- die Vorschriften oder die Regelungen der externen Kontrolle nicht auf Akzeptanz stoßen und
- der Anreizwert abweichenden Verhaltens hoch ist (vgl. *Wiswede, 1998[3], S. 197*).

„Wenn die Anreize zur Abweichung im Vergleich zu den Sanktionen hoch genug sind, dann werden Menschen von den normativen Vorgaben abweichen – und das auch dann, wenn diese Vorgaben von Seiten der Umgebung und von den Akteuren selbst auch mit starken Ansprüchen belegt sind."
(Esser, Bd. 5, 2000, S. 135)

Für die Überwachung und Beaufsichtigung der Einhaltung von Normen und Rollenerwartungen sorgen **Kontrollinstanzen**, oft auch Kontrollorgane genannt.

Solche Kontrollinstanzen sind zum Beispiel das Gewissen, die Familie, der Kindergarten und die Schule, Kirchen, die Polizei, Gerichte und dergleichen.

Soziale Kontrolle vollzieht sich nicht nur im Rahmen einer Gesellschaft, sondern in allen makro- und mikrosozialen Gebilden wie Kirchen, Vereinen, Gruppen usw. Sie gewährleistet soziale Integration von Individuen oder Gruppen in ein soziales Gebilde.

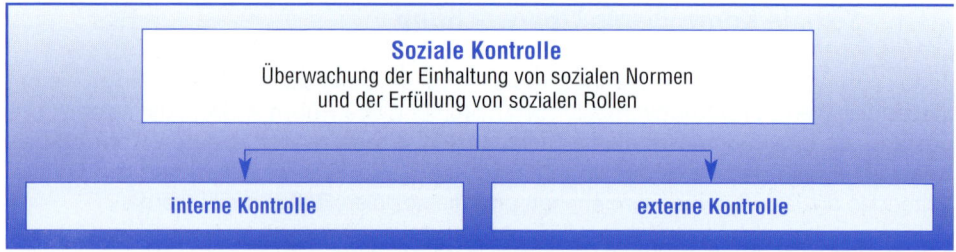

> **Ein Ehrenmann**
>
> Ein Mensch, der mit genauem Glücke
> Geschlüpft durch des Gesetzes Lücke,
> Bebt noch ein Weilchen angstbeklommen
> Doch dann, als wäre er gekommen
> Durchs Haupttor der Gerechtigkeit,
> Stolziert er dreist und macht sich breit.
> Und keiner wacht so streng wie er,
> Dass niemand schlüpft durch Lücken mehr.
>
> Roth, 2001, S. 159

4.1.2 Sanktionen als Überwachungsmaßnahmen

Jede Kontrolle braucht Maßnahmen, die dafür sorgen, dass soziale Normen eingehalten und Rollen erfüllt werden. Solche Maßnahmen werden als **Sanktionen** bezeichnet als Reaktion auf (nicht) normgetreues Verhalten.

Stört ein Schüler permanent den Unterricht, so reagiert der Lehrer darauf, indem er ihm einen Verweis gibt. Parkt ein Verkehrsteilnehmer im Parkverbot, so muss er eine Geldstrafe zahlen. Bringt ein Arbeitnehmer eine besonders gute Leistung, so erhält er eine Prämie.

> **Sanktionen sind Maßnahmen, die die Einhaltung von sozialen Normen und die Erfüllung von sozialen Rollen zum Ziel haben.**

Sanktionen können einen **unterschiedlichen Schweregrad** aufweisen, sie reichen von Sympathie bis hin zu einer hohen Auszeichnung bzw. vom milden Tadel bis zu lebenslänglicher Gefängnisstrafe. Entsprechend der internen und externen Kontrolle können wir zwischen **inneren und äußeren Sanktionen** unterscheiden. Bei inneren Sanktionen handelt es sich um eine Art der Selbstbestrafung bzw. -belohnung, um eine Reaktion auf ein Verhalten „von innen" heraus.

Gewissensbisse, Schuldgefühle, Scham, Reue u. Ä. sind Beispiele für innere Sanktionen.

Äußere Sanktionen sind Reaktionen, die „von außen" an das Individuum herangetragen werden.

Bei Sympathie, Ehrung oder Auszeichnung, Antipathie, Ausschluss, Verbot, Geld- oder Gefängnisstrafe handelt es sich um äußere Sanktionen.

 Häufig wird in der Literatur der Begriff „Sanktion" auf äußere Sanktionen eingeschränkt.

Soziale Kontrolle und Abweichung

Sanktionen können **formell oder auch informell** sein. Formelle Sanktionen sind schriftlich festgelegt, geplant und verbindlich, während informelle Sanktionen nicht von vornherein festgelegt und verbindlich sind.

Eine Geldstrafe wegen Falschparkens beispielsweise ist eine formelle Sanktion, sie ist gesetzesmäßig festgelegt und verbindlich. Lehnen Mitschüler einen Kameraden ab, weil er ihrer Meinung nach ein „Schleimer" ist, so handelt es sich hierbei um eine informelle Sanktion.

Sehr häufig wird zwischen **positiven und negativen Sanktionen** unterschieden. Positive Sanktionen sind Reaktionen auf ein erwünschtes Verhalten, die auf das Individuum eine angenehme Wirkung haben und damit erreichen sollen, dass das erwünschte Verhalten wieder bzw. häufiger gezeigt wird.

Positive Sanktionen sind zum Beispiel Sympathie, Lob, Belohnung, Ehrungen, Auszeichnungen, Ansehen, Gehaltssteigerung, Leistungsprämien und dergleichen.

Negative Sanktionen sind Reaktionen auf unerwünschtes Verhalten, die auf das Individuum eine unangenehme Wirkung haben und damit erreichen sollen, dass das nicht erwünschte Verhalten nicht mehr gezeigt bzw. unterlassen wird.

Negative Sanktionen sind zum Beispiel Antipathie, Ausschluss, Missachtung, Geldstrafe, Gehaltskürzung, Essensentzug, Wegsperren u. a.

„Sanktionen gehören zum alltäglichen Handeln [...] Sie werden täglich von jedem Individuum sowohl empfangen (z. B. dadurch dass der Nachbar einem den Gruß verweigert) als auch angewandt (z. B. durch eine Erziehungsmaßnahme den eigenen Kindern gegenüber."

(Schäfers, Soziales Handeln, 2002[6], S. 33)

Sanktionen haben die Funktion, für normgerechtes Verhalten zu sorgen, und fördern damit soziale Anpassung bzw. verhindern abweichendes Verhalten. Zudem können sie eine Zunahme oder Abnahme von sozialen Kontakten bewirken und einen Statusgewinn oder auch einen Statusverlust bedeuten.

Vorsicht!

Ein Mensch wähnt, in der fremden Stadt,
Wo er Bekannte gar nicht hat,
In einem Viertel, weltverloren,
Dürft ungestraft er Nase bohren,
Weil hier, so denkt er voller List,
Er ja nicht der ist, der er ist.
Zwar er entsinnt sich noch entfernt
Des Spruchs, den er als Kind gelernt:
„Ein Auge ist, das alle sieht,
Auch was in finstrer Nacht geschieht!"
Doch hält er dies für eine Phrase
Und bohrt trotzdem in seiner Nase.
Da ruft's – er möcht versinken schier –
„Herr Doktor, was tun Sie denn hier?"
Der Mensch muss, obendrein als Schwein,
Der, der er ist, nun wirklich sein.
Moral: Zum Auge Gottes kann
Auf Erden werden jedermann.

Roth, 2001, S. 101

4.2 Anpassung und Abweichung

Soziale Kontrolle mit ihren Sanktionen sorgt für normgerechtes Verhalten und fördert damit soziale Anpassung. Der Einzelne kann sich nun aufgrund dieses Druckes sozial angepasst verhalten oder sich dem Zwang entziehen und in seinem Verhalten von den für gültig gehaltenen Normvorstellungen abweichen.

4.2.1 Sozial angepasstes Verhalten

Eine Gesellschaft bzw. eine ihrer Gruppen legt also fest, welche Verhaltensweisen sie von ihren Mitgliedern erwarten. Aufgrund der sozialen Kontrolle und ihrer Möglichkeiten zur Sanktion hält sich der Einzelne in der Regel auch an die sozialen Normen und erfüllt die ihm zugedachten Rollen. Stimmt nun der Mensch mit den sozialen Normen und Rollen des sozialen Gebildes, in welchem er „lebt", überein, so spricht die Soziologie von **Konformität**, oft auch von **sozialer Anpassung**.

> Konformität bzw. soziale Anpassung bezeichnet die Übereinstimmung der Einstellungen und des Verhaltens eines Menschen mit den sozialen Normen und Rollen einer Bezugsgruppe bzw. der Gesellschaft, in welcher er „lebt".

Die Bereitschaft des Einzelnen zur Konformität hängt zum einen davon ab, inwieweit er davon einen persönlichen Nutzen hat – etwa die Befriedigung von bestimmten Bedürfnissen oder der Schutz vor möglichen Gefahren –, und zum anderen von dem Druck, der von den Sanktionen ausgeht.

So kann sich zum Beispiel der Schüler an die vom Lehrer vorgegebenen Regeln halten und im Unterricht gut mitmachen, weil er sich davon Anerkennung und gute Noten verspricht, was ihm ein großes Bedürfnis ist. Er kann sich aber auch an die Regeln halten, weil er Angst davor hat, einen Verweis zu bekommen.

Konformes Verhalten kann also für den Menschen förderlich sein, weil er damit positive Reaktionen erfährt. Diese können sich vom Wohlwollen über Ansehen, Beförderung, Gehaltserhöhung, höhere Position bis hin zu Statusgewinn erstrecken.[1]

Es ist möglich, dass Anpassungsleistungen für den Einzelnen nicht nur einen Nutzen, sondern auch Nachteile wie beispielsweise Verlust der Selbstachtung, Handeln entgegen der eigenen Überzeugung bringen. Hier wird er nutzentheoretisch abwägen, ob für ihn konformes oder abweichendes Verhalten lohnender ist.

---

[1] Der Statusbegriff wird in Kapitel 9.2.1 erläutert.

Die Bedeutung konformen Verhaltens liegt in der Gewährleistung der sozialen Integration von Individuen oder Gruppen, die den Fortbestand eines sozialen Gebildes sichert.

„Wenn Menschen sich normgerecht verhalten, dann können sie das Handeln ihrer ebenfalls normkonformen Mitmenschen bis zu einem gewissen Grad vorhersehen und deshalb füreinander nutzbar machen."

(Wiswede, 1998[3], S. 173)

Allerdings hat konformes Verhalten auch seine Kehrseite, wenn es in Überangepasstheit, Demut, Autoritätsgläubigkeit oder blinden Gehorsam umzuschlagen droht.[1]

Der Einzelne kann einem ganz bestimmten Druck bzw. Zwang ausgesetzt sein, durch den Konformität gefordert wird. Man spricht hier von einem **Konformitätszwang bzw. -druck**. Von der Gesellschaft oder einer ihrer Gruppen können ganz bestimmte Zwänge ausgehen, denen sich der Einzelne unterwirft bzw. unterwerfen muss. Solch ein Druck ist in der Regel in mikrosoziologischen Gebilden wie zum Beispiel in einer Gruppe größer als in makrosoziologischen Gebilden.

Muzafer Sherif und *Solomon Asch*, beide führende Sozialpsychologen in den USA, konnten in unabhängig voneinander durchgeführten Experimenten eindrucksvoll nachweisen, wie innerhalb einer Gruppe ein Einfluss einsetzt, der zu einer Konformität führt. Diese Experimente zeigen, dass außerhalb eines Gruppeneinflusses jedes Individuum sein eigenes individuelles Verhalten – in den Experimenten handelt es sich um Urteile – entwickelt, dass aber innerhalb einer Gruppe ein Gruppeneinfluss, ein bestimmter Zwang, einsetzt, der zu einer Konformität des Verhaltens führt. Dieses wird in der Regel auch dann aufrechterhalten, wenn der Einfluss der Gruppe nicht mehr vorhanden ist.

Materialien 1 + 2

Neben dem Druck aufgrund von Sanktionen ist es zum einen die Angst, aus der Gruppe ausgeschlossen zu werden und infolge des Entzugs der sozialen Anerkennung zu vereinsamen, warum sich ein Individuum diesem starken Einfluss unterwirft, und zum anderen die Angst, innerhalb der sozialen Rangordnung in einem sozialen Gebilde einen niederen Platz zu erhalten.

4.2.2 Sozial abweichendes Verhalten

Im Alltag begegnen wir jedoch auch Menschen, die „aus der Rolle fallen" und mit den für gültig gehaltenen Wert- und Normvorstellungen nicht übereinstimmen. Sie gelten aus der Sicht der Gesellschaft als „problematisch" und werden als **abweichend** bzw. **deviant** be-

---

[1] vgl. hierzu auch Kapitel 10.1.2

zeichnet. In der Soziologie wird von einem abweichenden Verhalten bzw. von Devianz gesprochen, wenn ein Verhalten eines Individuums gegen soziale Normen bzw. Rollenerwartungen verstößt.

Dies ist zum Beispiel bei Nichtsesshaften, Obdachlosen oder bei einem Dieb, Alkoholsüchtigen oder Gewalttätigen der Fall. Sie alle weichen von geltenden Normen ab.

> Von abweichendem Verhalten bzw. Devianz spricht man, wenn ein Verhalten eines Individuums gegen soziale Normen bzw. Rollenerwartungen verstößt.

Es ist auch möglich, dass nicht nur Einzelne, sondern ganze Gruppen deviantes Verhalten zeigen.

Dies ist zum Beispiel bei Nichtsesshaften oder bei kriminellen Banden der Fall.

Man spricht in diesem Zusammenhang häufig von **Randgruppen**[1] oder – wenn es sich um größere organisierte Gruppen handelt – von **Banden**, gelegentlich auch von **Syndikaten**.

In gewisser Weise weicht jeder Mensch von bestimmten geltenden Normen ab, es gibt kein völlig normales oder nicht normales Verhalten. Soziale Normen regeln denn auch das Verhalten nicht bis in alle Einzelheiten, sondern stecken Grenzen ab, innerhalb derer das Verhalten (noch) als normal und „akzeptiert" gilt. Werden jedoch diese Grenzen vom Individuum überschritten, so kommt es zu Devianz. Wo diese Grenzen genau liegen, ist nicht festlegbar und von Gruppe zu Gruppe bzw. von Kultur zu Kultur unterschiedlich.

Jede Gesellschaft kennt zudem soziale Verhaltensabweichungen, die vorübergehend gebilligt oder sogar institutionalisiert sind und nicht negativ sanktioniert werden.

So ist zum Beispiel in einigen Gegenden im Fasching erlaubt, sich mit einem anderen Partner als dem eigenen „einzulassen". Prostitution ist an bestimmten Orten gestattet und wird strafrechtlich nicht geahndet.

Abweichendes Verhalten – wie beispielsweise Obdachlosigkeit oder Arbeitsunwilligkeit – muss nicht unbedingt gegen Strafgesetze verstoßen wie dies beispielsweise bei Obdachlosen oder bei Arbeitsunwilligkeit. Weicht ein Verhalten von Strafgesetzen einer Gesellschaft ab, so spricht man von **Delinquenz** bzw. von **Kriminalität**.

Bei Drogenverkauf, Diebstahl, Körperverletzung oder Mord zum Beispiel liegt Kriminalität vor, sie verstoßen gegen das Strafrecht.

> Kriminalität ist eine bestimmte Form der Devianz und bezeichnet ein Verhalten, das gegen die Strafgesetze einer Gesellschaft verstößt.

---

[1] siehe Kapitel 8.3.2

> **Das Schlimmste!**
>
> Ein Mensch, der schon geraume Zeit
> Geübt hat Treu und Redlichkeit
> Glaubt gern (wir hättens auch gedacht),
> Dass Übung noch den Meister macht.
> Jedoch bemerken wir betrübt,
> Der Mensch hat nicht genug geübt,
> Und kaum, dass er daneben tappt,
> Hat ihn das Schicksal schon geschnappt
> Und lässt sich gleich mit voller Wucht aus:
> Der Mensch, der arme, kommt ins Zuchthaus.
> Ein Unmensch übt, voll niedrer Schläue,
> Nur Lumperei anstatt der Treue
> Und bringt es hier, aus eigener Kraft,
> Zu ungeahnter Meisterschaft.
> Und siehe da, ihm geht nichts krumm:
> Er läuft noch heute frei herum.
>
> Roth, 2001, S. 152

Neben der gesellschaftszerstörenden Wirkung erfüllt Devianz auch einen wichtigen Beitrag zur Lebensfähigkeit eines sozialen Gebildes: „Denn Positives erhält erst durch die Existenz und Kenntnis des Negativen Sinn. Der Inhalt der Moral wird häufig durch ihr Gegenteil, nämlich durch das, was nicht erlaubt ist, definiert" (*Peuckert, 2002[6], S. 109*). So werden bestimmte Verhaltensregeln aufgrund ihrer Verletzungen (wieder) in das öffentliche Bewusstsein gerufen und bekräftigt.

Das Bekannt werden von Missbrauch von Kindern zum Beispiel animiert regelmäßig die Bevölkerung dazu, eine Verschärfung des entsprechenden Gesetzes zu fordern.

Abweichungen können nicht nur negativ gesehen werden, sie liegen auch häufig bei Menschen vor, die die Gesellschaft verändern und damit Fortschritt ermöglichen.

„Wenn man den Begriff Abweichungen weit genug fasst, dann reicht er von aktiver Neugestaltung der Umwelt über versuchte Neuantworten auf die Sinnfrage bis hin zu wissenschaftlichen Erfindungen und Entdeckungen. [...] Jedenfalls galten in der Geschichte jeder Gesellschaft einige ihrer Helden eben deshalb als heroisch, weil sie den Mut und die Vorstellungskraft besaßen, von den jeweils geltenden Gruppennormen abzuweichen. Bekanntlich sind der Rebell, der Revolutionär, der Nicht-Konformist, der Individualist, der Häretiker[1] und der Abtrünnige von einst die Helden von heute."

(Bellebaum, 2001[13], S. 84)

So wird auch häufig zwischen **positiver und negativer Devianz** unterschieden. Von positiver Devianz spricht man, wenn diese zu sozialem Fortschritt führt wie dies beispielsweise bei Sozialreformern, Entdeckern, „Heiligen" und dergleichen. der Fall ist. Zudem können Regelverletzungen auch „Schrittmacherfunktion" für einen sozialen Wandel haben.

Die Geschichte der Arbeiterbewegung oder der sexuellen Emanzipationsbewegungen wie die der Homosexuellen war und ist auch mit Verstößen gegen das Strafrecht verbunden (Homosexualität beispielsweise stand bis 1972 unter Strafe), brachte aber sozialen Fortschritt.

„Gäbe es nur Normale, bliebe unsere Gesellschaft immer gleich. Jeder würde der Norm angepasst sein, genauso leben wie die Mitmenschen. Dann aber entstünde nie Neues. [...] Diejenigen, die [...] anders sein wollten, anders dachten als ihre Mitmenschen, erfanden Neues. [...] Devianz, die Abweichung von der Norm, bedeutet Neues, Fortschritt."

(Treffer, 1979, S. 99)

---

[1] Häretiker: ein Ketzer, ein Abtrünniger

Materialien 4

Negative Devianz dagegen wirkt gesellschaftszerstörend, da diese einzelne Individuen beschädigt, ihre Lebensqualität mindert und – auch finanzielle – gesellschaftliche Schäden verursacht.

Hierzu zählen beispielsweise Steuerhinterziehung, Diebstahl, Körperverletzung, Missbrauch oder Mord.

„Auch das abweichende bzw. das kriminelle Verhalten sind Formen des ‚rationalen' Handelns: Immer hängt es vom Wert der Alternativen und von der Kontrolle der Möglichkeiten ab, was die Täter tun – ob sie normenkonform handeln oder den Versuchungen der Gesetzesübertretung nachgeben, ist eine Frage der Nutzenerwartung der jeweiligen Alternativen." (Esser, Bd. 5, 2000, S. 139)

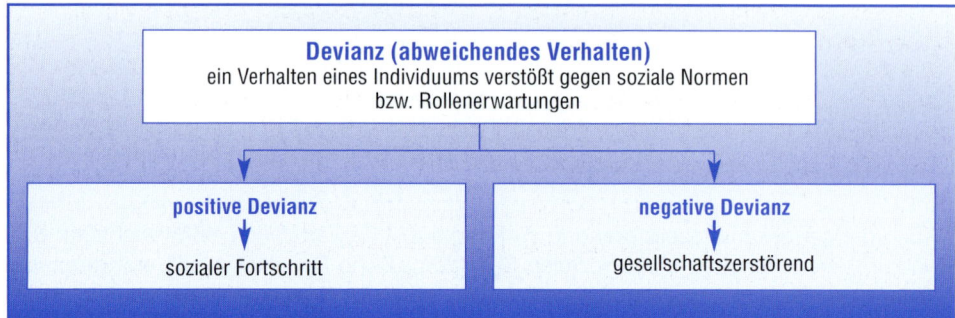

4.3 Die Problematik abweichenden Verhaltens

Abweichendes Verhalten kann für den Betroffenen erhebliche Probleme ergeben. Um diese deutlich zu machen, soll zuerst auf die für die Soziologie wichtigen Arten von Normen eingegangen werden. Diese normenbezogene Betrachtungsweise ist in der Soziologie deshalb von besonderer Bedeutung, weil sie Folgen hat für die Bewertung des Verhaltens von Menschen.

4.3.1 Die Norm als Beurteilungsmaßstab

Wie ausgeführt, spielt bei der Feststellung abweichenden Verhaltens die Normvorstellung eine wichtige Rolle. Damit ist eine Norm immer auch ein **Maßstab**, *an dem der Einzelne gemessen wird*. Personen werden entsprechend der vorherrschenden Normen bewertet, beurteilt und verglichen.

Bei der normenbezogenen Betrachtung lassen sich in diesem Zusammenhang zwei Arten von Normen unterscheiden, die bei der Einschätzung eines Verhaltens bedeutsam sind: die **statistische Norm** und die **gesellschaftliche Norm**.

Die statistische Norm

Normalität wird statistisch betrachtet. Als Verhaltensregel, an der man sich orientiert, gilt, wie sich die meisten Menschen verhalten. Als Norm wird hierbei ein **statistisch errechneter Durchschnittswert** bzw. die am häufigsten vorkommende Verhaltensweise bezeichnet.

Daumenlutschen in den ersten beiden Lebensjahren ist normal, weil das die meisten Kinder in diesem Alter tun. Daumenlutschen mit zwölf Jahren ist dagegen nicht normal, weil sich so nicht die meisten Menschen verhalten.

Die gesellschaftliche Norm

Normalität wird daraufhin betrachtet, was gesellschaftlich erwünscht ist. Als Verhaltensregel, an der man sich orientiert, gilt, wer den allgemein akzeptierten gesellschaftlichen Regeln und den in der Gesellschaft vorherrschenden Idealvorstellungen entspricht. Als Norm gelten hier die **Vorstellungen, die in einer Gesellschaft bzw. in einer ihrer Gruppen herrschen**.

In unserer Gesellschaft ist es zum Beispiel nicht erwünscht, dass man mehrere Lebensgefährten zur gleichen Zeit hat. Wer sich monogam verhält, entspricht gesellschaftlichen Vorstellungen; wer davon abweicht und beispielsweise in einer polygamen Beziehung lebt, gilt als nicht normal.

Solche gesellschaftlich wünschenswerten Vorstellungen werden deshalb oft auch als **ideale Norm** bezeichnet.

Häufig wird in diesem Zusammenhang auch die **individuelle Norm** erwähnt, bei der Normalität danach beurteilt wird, inwieweit das Verhalten einer Person mit den eigenen persönlichen Vorstellungen, Zielsetzungen und Bedürfnissen übereinstimmt. Sie soll an dieser Stelle vernachlässigt werden.

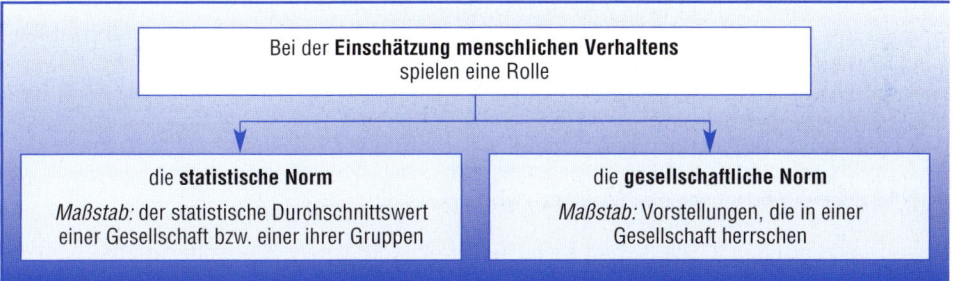

Diese normenbezogene Betrachtungsweise ist in der Soziologie von besonderer Bedeutung: Sie hat Folgen für die Feststellung von „normal" und „nicht normal" und lässt den Devianzbegriff problematisch erscheinen.

4.3.2 Die normorientierte Einschätzung abweichenden Verhaltens

Wie ausgeführt, gilt statistisch gesehen als normal, was die meisten Menschen tun. Viele Probleme von Menschen mit abweichendem Verhalten entstehen aus dem **Verhältnis von Mehrheit und Minderheit** zu Ungunsten der letzteren. Die Mehrheit diktiert ihre Normen als verbindlich auch für andere – von der Norm abweichende – Personen bzw. Personengruppen. Diese werden zu „Außenseitern" oder „Randfiguren" und zwar in den Augen einer Majorität mit höherem sozialen Ansehen und mehr sozialer Macht.

Obdachlose zum Beispiel sind Außenseiter in den Augen der Mehrheit mit mehr sozialer Geltung.

So kommt es, dass deviante Personen als „minderwertig" abgewertet werden, was Distanzierungen und Diskriminierungen, unter Umständen auch Aggressions- und Gewalthandlungen zur Folge haben kann. Diese Abwertung von Beeinträchtigten wird verstärkt durch Normen, die in einer Gesellschaft von hohem Rangwert sind.

Solche Normen in unserer Gesellschaft sind beispielsweise Leistungsfähigkeit und kognitive Fähigkeiten wie Intelligenz, hohe Wertigkeit von gesellschaftlicher Anpassung oder Vitalität und Schönheit.

Soziale Kontrolle und Abweichung

Zudem werden Abweichungen von für gültig gehaltenen Normen als **„Störung" des gesellschaftlichen Gleichgewichts** verstanden. Eine Gesellschaft ist immer daran interessiert, dass sich ihre Mitglieder „konform" – entsprechend der Normen – verhalten, um die für gültig gehaltenen Normen zu erhalten. Weicht ein Mensch von einer für gültig gehaltenen Norm ab, so wird dieses Verhalten in der Regel nicht akzeptiert, er erfährt Ablehnung, Bekämpfung, Feindseligkeit, Ausstoßung, Verachtung und dergleichen. Diese gegen den „Abweichler" gerichteten negativen Sanktionen haben dementsprechend eine **„normerhaltende Funktion"**.

So zum Beispiel kann eine gegen Obdachlose oder gegen Behinderte gerichtete Aggression wie etwa Spott eine „normerhaltende Funktion" haben.

Insofern erzeugt jede Gesellschaft einen Teil ihrer „auffälligen" Menschen selbst.

„Die Betroffenen erfahren eine andere Behandlung. Besonders verhängnisvoll im Hinblick auf die Verfestigung abweichenden Verhaltens wirkt sich aus, wenn die Behandlung über eine [...] Bestrafung hinausgeht und zur Aussonderung führt. [...] Der Mensch, der als abweichend identifiziert wurde, läuft Gefahr, von der Partizipation[1] an konventionellen Gruppen abgeschnitten zu werden. [...] Entsprechend muss der Mensch mit abweichendem Verhalten notgedrungen illegitime Gewohnheitshandlungen entwickeln."
(Peuckert, 2002[6], S. 119)

Wie die sozialwissenschaftliche Diskussion in der Literatur zeigt, geht es nicht nur um Distanzierung und Diskriminierung seitens der Gesellschaft, sondern auch darum, dass ein abweichendes Verhalten von dem Abweichenden selbst ebenfalls als solches empfunden wird mit all seinen Folgen für sein Selbstbild und Selbstwertgefühl. Das Problem, das Mitglieder einer Gesellschaft mit abweichendem Verhalten wie zum Beispiel einer Behinderung haben, wird zum Problem desjenigen, der dieses abweichende Verhalten zeigt. Es geht dabei um ein Norm verletzendes Verhalten einer Person, das auch von dieser als solches empfunden wird.

Heute wird denn auch beispielsweise Behinderung als Ausdruck dessen gesehen, was einem Menschen an angemessenen Möglichkeiten und Hilfen sowie an sozialen Bezügen fehlt bzw. vorenthalten wird, und ist auch Ausdruck der Art und Weise wie man mit ihm umgeht. Aus dieser Sicht liegt das „Defizit" nicht mehr nur beim Behinderten selbst, sondern in der Gesellschaft bzw. in seiner Umwelt, in der er lebt.

---

[1] *Partizipation: Teilhabe*

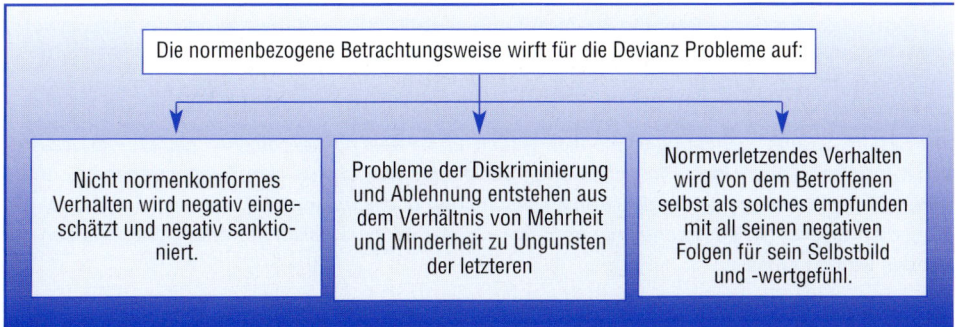

4.3.3 Die Theorie der Zuschreibung

Bestimmten Begriffen oder Merkmalen eines Menschen haftet zugleich eine **negative Bewertung** an und sie beeinflussen den Umgang mit diesen in negativer Weise.

So zum Beispiel werden Wörter wie „Krüppel", „Spasti", „Zigeuner", „Bastard" oder ein andersartiges Aussehen eines Menschen nicht bewertungsneutral wahrgenommen, sondern es fließt zugleich eine negative Bewertung mit ein, die auf den „Träger" übertragen wird und den Umgang mit diesem in einem nicht unerheblichen Maße beeinflusst.

Aufgrund eines bestimmten Merkmals – zum Beispiel „Asylbewerber" – werden Menschen typisiert und es wird ihnen eine Reihe abwertender Eigenschaften unterstellt.

Dies wird beispielsweise bei Asylbewerber sehr deutlich: Das Merkmal „Asylbewerber" zieht eine Menge abwertender Eigenschaften und Verhaltensweisen wie Ablehnung bis hin zu Gewalttätigkeit nach sich.

Die Zuschreibung negativer Eigenschaften und Verhaltensweisen aufgrund eines bestimmten Merkmals wird als **Stigmatisierung**[1] bezeichnet (vgl. *Goffman, 2002, S. 10 f.*). Allein durch diese Zuschreibung bilden sich negative Einstellungen und Vorurteile gegenüber dem Träger eines Stigmas aus, die bewirken können, dass man sich bei der Begegnung von diesem Individuum abwendet.

Ein Mädchen mit verkrümmter Wirbelsäule erzählt: „Als [...] ich anfing, allein in den Straßen unserer Stadt spazieren zu gehen, [...] da fand ich heraus, dass immer, wenn ich zufällig [...] an Kindern [...] vorbeigehen musste, sie mir etwas nachzurufen pflegten. Manchmal rannten sie sogar schreiend und spottend hinter mir her. [...]" *(Goffman, 2002, S. 27 f.)*

Ein Individuum, das leicht in gewöhnlichen sozialen Verkehr hätte aufgenommen werden können, besitzt ein Merkmal, das sich der Aufmerksamkeit aufdrängen und bewirken kann, dass wir uns bei der Begegnung mit diesem Individuum von ihm abwenden, wodurch der Anspruch, den seine anderen Eigenschaften an uns stellen, gebrochen wird. Er hat ein Stigma, das heißt, es ist in unerwünschter Weise anders, als wir es antizipiert[2] hatten." *(Goffman, 2002, S. 13)*

Die Identitätsentwicklung eines Menschen kann nach *Erving Goffman (2002)* zerstört werden: Er kann zwischen seiner eigenen persönlichen Identität und der ihm zugeschriebenen nicht mehr unterscheiden, was eine **beschädigte Identität** zur Folge hat. Durch derartige stereotype Diskreditierungen wird die Identität eines Menschen stark getroffen und „beschädigt".

---

[1] *Stigma (griech.): das „Brandmal"*
[2] *antizipieren (lat.): vorwegnehmen*

> **Stigmatisierung bezeichnet die Zuschreibung negativer Eigenschaften und Verhaltensweisen und die Diskreditierung eines Menschen aufgrund eines bestimmten Merkmals, das dieser zeigt und seine Identität trifft und beschädigt.**

Der Begriff „Stigma" geht auf die Griechen zurück als Verweis auf körperliche Zeichen, die dazu bestimmt waren, etwas Ungewöhnliches oder Schlechtes hinsichtlich des Zeichenträgers zu offenbaren. Ein solches Zeichen, in den Körper geschnitten oder gebrannt, tat öffentlich kund, dass der Träger ein Sklave, ein Verbrecher, ein Verräter war, der dann vor allem auf öffentlichen Plätzen gemieden werden musste.

*Erving Goffman (2002) unterscheidet drei verschiedene Typen von Stigma: verschiedene körperliche Deformationen, zu denen auch Körperbehinderung und ein „anderes" Aussehen zählen, Charakterfehler wie Geistesverwirrung, Sucht, Alkohol, sexuelles Anderssein oder radikales politisches Verhalten und phylogenetische[1] Stigmata von Rasse, Nation oder Religion. Voraussetzung ist allerdings die **Erkennbarkeit eines Stigmas**: Die soziale Diskreditierung kann nur dort einsetzen, wo eine Abweichung erkannt wird, und sie bleibt aus, wenn sie nicht erkannt wird. Diejenigen, die mit einem „geheimen" Stigma belastet sind, müssen verleugnen, täuschen, spielen, um als „normal" zu gelten.*

Nicht nur das stigmatisierte Individuum bekommt negative Eigenschaften und Verhaltensweisen zugeschrieben, auch das Leben in der Welt von stigmatisierten Personen kann dazu führen, dass diese Menschen, die mit Stigmatisierten zu tun haben und/oder wohnen, diskreditiert – „gebrandmarkt" – werden. Lehrer, Erzieher, Sozialarbeiter usw., die in der Behindertenarbeit aktiv tätig sind, werden beispielsweise ebenfalls stigmatisiert und mit negativen Eigenschaften belegt.

Nach dem Modell des **labeling-approach**[2] lässt nicht ein bestimmtes Verhalten selbst, sondern dessen Bewertung durch andere bzw. die Gesellschaft Devianz entstehen: Menschen verletzen irgendwann einmal bewusst oder unbeabsichtigt eine Verhaltensregel und werden – wenn sie dabei „erwischt" werden – gebrandmarkt, stigmatisiert. Diese Stigmatisierung kann nun, ähnlich einem Teufelskreis, für das weitere Verhalten bestimmend sein: Das Individuum übernimmt diese Identitätszuschreibung und definiert sich selbst als „abweichend". Diese Tatsache schafft dann das als abweichend bezeichnete Verhalten und kann so zu einer **abweichenden Karriere** wie etwa Kriminalität führen.

> *„Abweichendes Verhalten ist von dieser Überlegung her weniger das Ergebnis bestimmter Persönlichkeitsstrukturen Einzelner als vielmehr das Produkt der sozialen Definitionskraft von sozialen Gruppen und Institutionen."*
>
> (Henecka, 2006[8], S. 89)

Dieser Ansatz wird in der Literatur nicht unwidersprochen hingenommen: Dabei wird kritisiert, dass die Etikettierung von außen nicht automatisch zu deren Übernahme führen muss. Dem Betroffenen stehen auch hier Wahlmöglichkeiten zur Verfügung.

4.4 Sozialer Konflikt

Häufig wird ein Gesellschaftsbild entwickelt, welches von Harmonievorstellungen geprägt ist, nach dem Konflikte als nicht „normal" betrachtet werden, als etwas, was nicht sein darf. Doch makro- und mikrosoziologische Gebilde wie zum Beispiel die Gesell-

---

[1] *Phylogenie (griech.): die Lehre von der Stammesentwicklung von Lebewesen und Pflanzen*
[2] *labeling-approach (engl.): Etikettierungsansatz; gelegentlich auch „social reaction approach" genannt*

schaft oder eine Gruppe sind keine statischen Einheiten, sondern leben in sich und unterliegen einer gewissen Dynamik[1]. Dieser Prozess wird u. a. durch Spannungen, Probleme und Konflikte in Bewegung gehalten.

4.4.1 Der Begriff „sozialer Konflikt"

Voraussetzung für einen Konflikt[2] ist das Zusammentreffen von gegensätzlichen Motiven, Einstellungen oder Interessen, die nicht miteinander vereinbar sind. Folge ist eine Auseinandersetzung zwischen diesen. Konflikt ist damit ein **Prozess der Auseinandersetzung zwischen miteinander unvereinbaren Motiven, Einstellungen, Interessen oder Handlungen.**

Solche „Gegenstände" von Auseinandersetzungen können zum Beispiel unterschiedliche Weltanschauungen, Ideologien, Religionen, Werte und Normen, Lebensziele, Statuslagen, Machtpositionen, Einkommens- und Besitzverhältnisse oder knappe Güter und Ressourcen sein.

Ein weiterer Gesichtspunkt eines Konfliktes ist seine **Austragung in sehr unterschiedlicher Weise**. Sich widerstrebende Gegensätze werden in der Regel als spannungsgeladen, als disharmonisch erlebt und tendieren dazu, sich aufzulösen.

So streiten sich zwei Kinder um ein Spielzeug, das jedes von beiden haben möchte. Das eine Kind kann nun Gewalt anwenden oder dem anderen das Spielzeug einfach wegnehmen, beide können aber etwa auch vereinbaren, dass erst das eine Kind und dann das andere eine Zeit lang mit dem Spielzeug spielen darf.

> Konflikt ist der Prozess der Auseinandersetzung zwischen miteinander unvereinbaren Motiven, Einstellungen, Interessen oder Handlungen und ihrer Austragung in unterschiedlicher Art und Weise.

Ein Konflikt kann sich *im Inneren einer Person* abspielen. Dann spricht man von einem **intrapersonellen Konflikt**, häufig auch *kognitiver Konflikt* oder *psychischer Konflikt* genannt.

So kann sich ein Individuum beispielsweise nicht entscheiden, ob es heute Abend zu Hause bleiben oder ins Kino gehen soll. Auch der Intrarollenkonflikt ist ein Beispiel für einen intrapersonellen Konflikt[3].

Ein wichtiger Typ des intrapersonellen Konfliktes ist der **Entscheidungskonflikt**, bei dem sich das Individuum zwischen zwei oder mehreren Alternativen entscheiden muss.

Von einem **sozialen Konflikt** – oft auch **interpersoneller Konflikt** genannt – spricht man, wenn sich der Konflikt zwischen verschiedenen Personen bzw. Personengruppen und/oder sozialen Gebilden abspielt.

Um einen sozialen Konflikt handelt es sich beispielsweise, wenn zwei Menschen miteinander streiten, Arbeitgeber und Gewerkschaften gegeneinander kämpfen oder Länder gegeneinander Krieg führen.

Die Soziologie beschäftigt sich in erster Linie mit dem sozialen Konflikt.

---

[1] *vgl. hierzu Kapitel 1.2.2*
[2] *Konflikt (lat.): Zusammenstoß*
[3] *siehe Kapitel 3.3.4*

> **Sozialer Konflikt** bedeutet die Auseinandersetzung zwischen verschiedenen Personen bzw. Personengruppen und/oder sozialen Gebilden.

„Der Konflikt hat vielfältige Erscheinungsformen. Krieg, Kampf, Streik, Aussperrungen, Verteilungs-, Macht-, Status- und Tarifauseinandersetzungen. Als Auseinandersetzung, Spannung, Gegnerschaft, Gegensätzlichkeit kann der Konflikt innerhalb und zwischen sozialen Rollen [...], sozialen Gruppen, Organisationen, Gesellschaftsbereichen, Gesellschaften, Staaten, überstaatlichen Verbindungen (Bündnissysteme, Wirtschaftsblöcke etc.) und allen sozialen Assoziationen stattfinden."

(Zimmermann, 2003[8], S. 184)

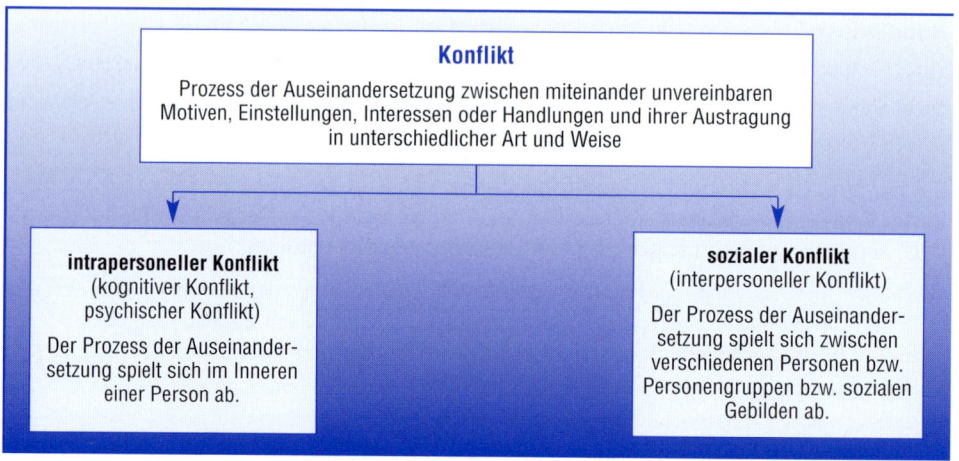

4.4.2 Formen des Konfliktes

Konflikte lassen sich zum einen unterscheiden nach dem **Grad ihrer Intensität**, die von einer einfachen Meinungsverschiedenheit bis hin zur leidenschaftlichen Auseinandersetzung bei einer Ehescheidung gehen kann. Zum anderen können Konflikte nach den **Mitteln und Formen ihrer Austragung** unterschieden werden.

Solche Mittel und Formen sind beispielsweise die Debatte, die Verhandlung, die Drohung oder der Ausschluss, die Unterwerfung, der Kompromiss, der Streik, die Gewaltanwendung u. a.

Schließlich können sie auch nach **typischen Konfliktfeldern** unterschieden werden: Familie, Schule, Betrieb, Gruppierungen, Vereinigungen, Parteien, sozialen Schichten bzw. Klassen oder Nationen. Der Soziologe *Ralf Dahrendorf (1961, S. 203 ff.)* unterscheidet nach dem Kriterium des **Umfanges eines sozialen Gebildes** vier Arten sozialer Konflikte:

- Konflikte innerhalb und zwischen Personen bzw. zwischen einzelnen Rollen, wie sie in *Kapitel 3.3.4* dargestellt sind,
- Konflikte innerhalb und/oder zwischen einzelnen Gruppen bzw. Gruppierungen,

  Beispiele hierfür sind eine Auseinandersetzung zwischen dem Vorstand eines Vereins und seinen Mitgliedern oder ein Kampf zwischen Naturfreunden und Stadtverwaltung, die durch ein Naturschutzgebiet eine Straße bauen will.

- Konflikte zwischen Gruppierungen, die die ganze Gesellschaft erfassen,

  beispielsweise der Schlagabtausch zwischen Regierungspartei und Opposition

- Konflikte zwischen Staaten und Gesellschaften.

Ralf Dahrendorf (1961, S. 203 ff.) differenziert zudem zwischen einem **manifesten, latenten und umgeleiteten Konflikt**. Der manifeste Konflikt ist die gewollte Auseinandersetzung zwischen verschiedenen Personen bzw. Personengruppen und/oder sozialen Gebilden.

Dies ist beispielsweise bei einem offenen Streit zwischen Geschwistern oder bei einem Krieg zwischen zwei Staaten der Fall.

Der latente Konflikt dagegen ist zwar unterschwellig vorhanden, wird aber nicht ausgetragen.

So zum Beispiel stinkt Rita schon lange, dass ihr Freund zu ihren Treffen immer zu spät kommt, sie spricht diese Tatsache aber nicht an.

Bei einem umgeleiteten Konflikt spielt sich die Auseinandersetzung in anderen Bereichen und Verhaltensweisen ab als in den für den Konflikt ursächlichen.

So streitet ein Ehepaar sehr häufig über die Art und Weise der Benutzung der Zahnpasta, in Wirklichkeit aber haben sie eine Beziehungskrise, die jedoch nicht aufgearbeitet wird.

Nach *Günter Wiswede (1998³, S. 273 f.)* sind soziologisch bedeutsam der **Normenkonflikt** und der **Interessenkonflikt**. Ein Normenkonflikt liegt vor bei unklaren oder auch fehlenden Normen in einem sozialen Gebilde, bei besonders zahlreichen und/oder einschränkenden Normen sowie bei widersprüchlichen Normen. Letzterer Konflikt wird in der Literatur meist als **Normenkonflikt im engeren Sinne** bezeichnet.

So zum Beispiel lassen sich Normen wie Rücksichtnahme und Hilfsbereitschaft nur schwer mit Vorstellungen wie Wettbewerb oder Wahrnehmung eigener Interessen vereinbaren. Normenkonflikte im engeren Sinne treten auch häufig auf bei unterschiedlichen Normen zwischen verschiedenen Kulturkreisen.

In einer demokratischen und pluralistischen Gesellschaft, in der es oft zu ein und demselben Sachverhalt verschiedene, gelegentlich auch widersprüchliche Normvorstellungen gleichberechtigt nebeneinander gibt, ist das Auftreten von Normenkonflikten sehr wahrscheinlich.

Ein Interessenkonflikt liegt bei unterschiedlichen Interessen zwischen verschiedenen Personen bzw. Personengruppen und/oder sozialen Gebilden vor. Nach *Günter Wiswede (1998³, S. 274)* kann sich ein solcher in einem **Zielkonflikt** oder in einem **Verteilungskonflikt** äußern. Beim Zielkonflikt geht es um unterschiedliche Zielvorstellungen.

Ein Zielkonflikt in einer Koalition von zwei politischen Parteien liegt beispielsweise vor, wenn Partei A mehr Autos und Straßen bauen, Partei B allerdings dem Umweltschutz den Vorrang geben will. Ein Zielkonflikt zwischen einem Ehepaar kann sich darin äußern, dass die Frau mit ihrer Erziehung Anpassung und Gehorsam erreichen will, der Mann dagegen von dem Erziehungsziel der Kritikfähigkeit überzeugt ist.

Beim Verteilungskonflikt geht es um den Anteil an bestimmten Gütern bzw. Ressourcen wie Produktionsmitteln oder Rohstoffen. Er verschärft sich, wenn diese Güter bzw. Ressourcen knapp sind.

Um einen Verteilungskonflikt handelt es sich zum Beispiel bei dem Kampf der Gewerkschaften mit den Arbeitgeberverbänden um die Verteilung von Geld. In der Familie kann ein Verteilungskonflikt vorliegen, wenn beide Geschwister Roller fahren wollen, aber nur einer zur Verfügung steht.

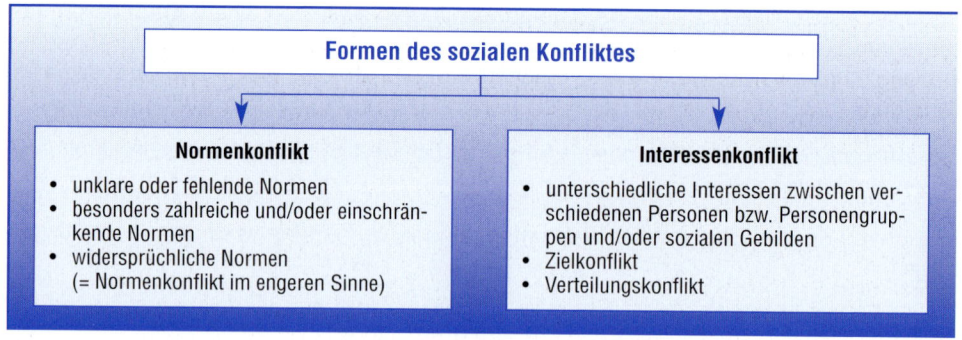

4.4.3 Ursachen und Funktionen des sozialen Konfliktes

Ursachen für soziale Konflikte sind entsprechend ihrer Form unterschiedlich und können nicht allgemein festgelegt werden. Je nach Form des Konfliktes sind es die unterschiedlichen Werte und Normen, unterschiedliche Interessen, Meinungen, Einstellungen oder Motive, verschiedene Zielvorstellungen oder die ungleiche Verteilung bzw. die Knappheit von Gütern oder Ressourcen, die zu Konflikten führen können. Aus diesem Grund existieren in der Soziologie verschiedene Ansätze, die die Entstehung von Konflikten erklären wollen.

Thomas Hobbes[1] sieht die Ursachen von sozialen Konflikten in den **destruktiven Antriebskräften** des Menschen, die zu einem „Kampf aller gegen alle" führen.

„Homo homini lupus est." *(Thomas Hobbes)* **– Der Mensch ist dem Menschen ein Wolf.**

Ähnlich wie *Hobbes* sieht auch der Begründer der sozialen Konflikttheorien, *Georg Simmel*[2], als Ursache für soziale Konflikte die **konfliktträchtige Natur des Menschen**. Heute wird diese These vornehmlich von den *Verhaltensforschern* wie *Konrad Lorenz* vertreten, die ein allgemeines **Potenzial an Aggression** postulieren, welches verantwortlich für soziale Konflikte ist: Die Energie des Aggressionspotenzials wird nach *Lorenz* ständig neu gebildet, die Energieabfuhr hängt von auslösenden Reizen aus der Umwelt ab. Bleiben sie aus, kommt es zu Leerlaufhandlungen, das bedeutet, dass Aggression ohne erkennbaren Reiz ausgelöst wird und zu Konflikten führt. In der Soziologie werden diese Theorien kaum mehr vertreten.

Die *theoretische Analyse des abweichenden Verhaltens* sieht soziale Konflikte als Ergebnis von den **Diskrepanzen zwischen persönlichen Motiven und sozialen Wert- und Normvorstellungen**. *Talcott Parsons*, der Begründer der struktur-funktionalen Theorie[3] gibt als Ursachen eines sozialen Konfliktes die **mangelnde Integration der Mitglieder in das soziale System Gesellschaft und eine unzureichende Internalisierung gesellschaftlicher Werte und Normen** an. Konflikte erscheinen als dysfunktionale Abweichungen[4] und beeinträchtigen die Umweltanpassung, Integration und Strukturerhaltung des Systems. Um das Gleichgewicht des Systems zu erhalten, wird dieses immer bestrebt sein, Abweichler erneut zu integrieren.

---

[1] *Thomas Hobbes (1588–1679) war englischer Philosoph und Staatstheoretiker. Er wurde vor allem durch seine auf dem Naturrecht beruhende Gesellschaftstheorie bekannt, nach der alle Menschen gleich und mit dem gleichen Recht auf alles ausgestattet sind.*
[2] *Georg Simmel (1858–1918) war deutscher Soziologe und Philosoph, er lehrte als Professor zunächst in Berlin, später in Straßburg.*
[3] *Die struktur-funktionale Theorie von Talcott Parsons ist in Kapitel 5.2 ausführlich dargestellt.*
[4] *dysfunktionale Abweichung: eine Abweichung von den für gültig gehaltenen Wert- und Normvorstellungen, die gesellschaftszerstörend wirkt (vgl. Abschnitt 4.2.2)*

Nach *Karl Marx*[1] liegen die Ursachen von sozialen Konflikten in der unterschiedlichen Verfügungsgewalt über die Produktionsmittel begründet. Soziale Konflikte beruhen dementsprechend auf den **Interessensgegensätzen zwischen den sozialen Klassen** – die der Besitzenden, der Unternehmer, und der Besitzlosen, der Arbeiter. Diese Gegensätze äußern sich in Klassenkämpfen, die zu einer klassenlosen Gesellschaft führen (vgl. *Kapitel 6.2.6*).

Der Soziologe *Ralf Dahrendorf*[2] sieht die Ursache für soziale Konflikte im **Gegensatz von Herrschenden zu den Beherrschten**: Überall dort, wo Herrschaft[3] vorhanden ist, entstehen auch soziale Konflikte. Er betrachtet die Gesellschaft als ein explosives soziales Gebilde mit einem sehr labilen Gleichgewicht, welches nur durch Herrschaft zusammengehalten wird. Ausgangspunkt ist also die Auffassung, dass eine Gesellschaft nicht nur durch Konsens, durch Übereinstimmung, zusammengehalten wird, sondern durch Herrschafts- und Zwangsausübung, die Konflikte unvermeidbar macht.

Soziologe	Ursache von sozialen Konflikten
Thomas Hobbes	destruktive Antriebskräfte des Menschen
Georg Simmel	konfliktträchtige Natur des Menschen
Konrad Lorenz	Potenzial an Aggression
Talcott Parsons	mangelnde Integration und unzureichende Internalisierung gesellschaftlicher Werte und Normen
Karl Marx	Interessensgegensätzen zwischen den sozialen Klassen
Ralf Dahrendorf	Gegensatz von Herrschenden zu den Beherrschten

Soziale Konflikte werden in der Regel negativ gesehen. Tatsächlich können sie eine negative – dysfunktionale – Wirkung für das betroffene soziale Gebilde haben (vgl. *Wiswede, 1998*[3], *S. 277*): Konflikte nehmen zum einen viel Zeit und „Energie" in Anspruch und stellen daher oft eine Verschwendung von Ressourcen dar. Zum anderen können sie die bestehende Ordnung gefährden und sogar soweit führen, dass sie das betroffene soziale Gebilde zerstören.

Das extremste Beispiel hierfür ist der Krieg, in welchem ein ganzes Volk vernichtet werden kann.

Georg Simmel und später *Lewis A. Coser* haben jedoch aufgezeigt, dass soziale Konflikte auch positive funktionale Wirkungen haben können:
- Soziale Konflikte können zur Anpassung an bestehende Wert- und Normvorstellungen führen und so die bestehende Ordnung bzw. das betroffene soziale Gebilde aufrechterhalten.
- Soziale Konflikte können zur Neuschaffung von sozialen Wert- und Normvorstellungen sowie von sozialen Strukturen führen.
- Auf diese Weise verhindern Konflikte die Verkrustung eines sozialen Gebildes und führen zu einem sozialen Wandel[4]. Damit können soziale Konflikte für die Veränderung bestehender Verhältnisse in allen gesellschaftlichen Bereichen verantwortlich sein.

Ein Beispiel hierfür ist der Klassenkonflikt, der sehr gravierende gesellschaftliche Veränderungen hervorgebracht hat.

---

[1] *Die Theorie des historischen Materialismus von Karl Marx ist in Kapitel 6.2 ausgeführt.*
[2] *Ralf Dahrendorf (* 1929) wurde vor allem durch seine Arbeiten zur theoretischen und politischen Soziologie, insbesondere zur Industrie- und Bildungssoziologie bekannt.*
[3] *Auf Macht und Herrschaft wird ausführlich in Kapitel 10.4 eingegangen.*
[4] *sozialer Wandel: die Veränderung der Sozialstruktur einer Gesellschaft oder einer ihrer Bereiche in der Zeit (siehe Abschnitt 9.1.2)*

- Soziale Konflikte können den Wettbewerb fördern und die Leistungsmotivation der an dem Konflikt Beteiligten stärken.
- Schließlich ermöglichen soziale Konflikte Freiheit und Unabhängigkeit, weil durch einen Konflikt die Vielfalt menschlicher Interessen und Wünsche angemessenen Ausdruck finden kann (vgl. *Dahrendorf, 1961, S. 174*).

„*Im Konflikt liegt [...] der schöpferische Kern aller Gesellschaft und die Chance der Freiheit.*"
(Dahrendorf, 1961, S. 174)

4.4.4 Konfliktmanagement

Damit Konflikte zu positiven funktionalen Wirkungen führen, ist der erfolgreiche Umgang mit diesen bedeutend. Dabei geht es zum einen um **Konfliktprävention**, um dysfunktionale Konflikte weitgehend zu vermeiden, und zum anderen um **Konfliktsteuerung** als Handhabung, Austragung und Lösung von sozialen Konflikten (vgl. *Rosenstiel u. a., 2005[9], S. 241 ff.*).

Bei der Konfliktprävention geht es um Möglichkeiten, wie das soziale Handeln und das Zusammenwirken von Menschen in sozialen Gebilden gestaltet werden können, um unproduktive und dysfunktionale Konflikte weitgehend zu vermeiden.

So können zum Beispiel in betrieblichen Organisationen die Kommunikationsstrukturen so gestaltet werden, dass alle Personen, die an einer gemeinsamen Aufgabe beteiligt sind, Zugang zu den hierfür notwenigen Informationen haben. Eine Familie kann sich wöchentlich einmal zur sog. „Familienkonferenz" treffen, um dort über das Wohlbefinden der einzelnen Familienmitglieder zu sprechen.

Hinsichtlich der Konfliktsteuerung gibt es verschiedene Lösungsmöglichkeiten:

- **Hemmung**: Die am Konflikt beteiligten Personen bzw. Personengruppen verhalten sich zurückhaltend und tun gar nichts, sie lassen den Konflikt einfach „stehen". Diese Aktionshemmung ist meist damit verbunden, dass man den Konflikt gar nicht wahrhaben will bzw. kann, ihm ausweicht, ihn umgeht, bagatellisiert oder auch verschleiert.

    Ein Ehepaar zum Beispiel kehrt alle ihre Konflikte, die im Laufe der Zeit auftauchen, unter den Teppich; sie nehmen sie nicht wahr, und wenn, dann reden sie den Konflikt klein.

- **Unterdrückung**: Die eine Seite zwingt die andere zur Unterwerfung; Macht oder Gewaltanwendung halten den „Gegner" in Angst und Abgängigkeit

    Ein Beispiel hierfür ist der Krieg, der den Verlierer zur Unterwerfung zwingt.

- **Unterweisung**: Aufgrund von Macht und/oder Zwang ist es möglich, die eine Seite zu zwingen, ihre Ansichten, Einstellungen und dergleichen anzunehmen.

    Ein Schüler, der regelmäßig zu spät zum Unterricht kommt, wird aufgrund einer Schulstrafe dazu gezwungen, sich der Schulordnung anzupassen.

- **Eliminierung**: Der „Gegner" wird ignoriert, kaltgestellt oder auch gemobbt. Die Eliminierung kann bis zum **Ausschluss** von Betroffenen aus einem sozialen Gebilde führen.

    Der gute und fleißige Schüler wird von seinen Mitschülern als „Schleimer" verschrien und von der Klasse isoliert.

- **Bündnis (Allianz)**: Personen oder Personengruppen in einem sozialen Gebilde suchen andere Personen bzw. -gruppen für ihre Interessen u. Ä. zu gewinnen und verbinden sich miteinander, um sich durchsetzen zu können das Ziel zu erreichen.

    Ärzte verschiedener Richtungen schließen sich zusammen, um eine Gehaltserhöhung zu erreichen.

- **Abstimmung**: Aufgrund eines höheren Abstimmungsergebnisses siegt die Mehrheit und bestimmt – auch gegen die Einwände der anderen –, was getan wird.

  Die Klasse stimmt nach einer sehr engagierten Diskussion ab, wohin die Klassenfahrt gehen soll.

- **Kompromiss**: Jede „Partei" gibt etwas auf, steckt ein wenig zurück und macht Zugeständnisse, so dass sie sich „auf halbem Weg" treffen.

  Die Klasse will ein Treffen veranstalten. Die eine Seite will dieses Treffen schon um 18:00 Uhr beginnen lassen, die andere erst um 20:00 Uhr. Als Kompromiss einigen sich beide Seiten auf 19:00 Uhr.

- **Integration**: Das soziale Gebilde als Ganzes kommt zu einer Lösung, die für jeden am Konflikt Beteiligten akzeptabel ist. Auf diese Weise wirkt sie persönlich befriedigend, was sich positiv auf das soziale Gebilde und seine Ziele auswirkt. Man spricht in diesem Zusammenhang auch von einer **schöpferischen Synthese**.

  Otto will heute Abend ins Kino gehen, während Anna dazu keine Lust hat und lieber Fernsehen will. Doch dazu hat Otto keine Lust. Im Laufe des Gespräches finden sie eine Lösung, die beide wollen: Sie gehen miteinander in ein Restaurant zum Essen.

Die Integration stellt die reifste Art dar, einen Konflikt zu lösen, da das Ergebnis immer für alle am Konflikt Beteiligten akzeptiert werden kann. Die Unterschiede zwischen den Konfliktparteien werden respektiert und es wird versucht, den (die) anderen zu verstehen. Widersprechende Meinungen, Interessen usw. werden gemeinsam in gleichberechtigter Atmosphäre diskutiert und so lange gegeneinander abgewogen, bis eine Lösung erzielt wird, die für alle am Konflikt beteiligten Personen annehmbar ist und innerlich befriedigend wirkt. Eine solche Art von Lösung nimmt allerdings auch die meiste Zeit von allen Lösungsmöglichkeiten in Anspruch.

Die Integration als mögliche Lösung von Konflikten ist nicht in allen Fällen durchführbar, so dass hier auf andere Möglichkeiten zurückgegriffen werden muss.

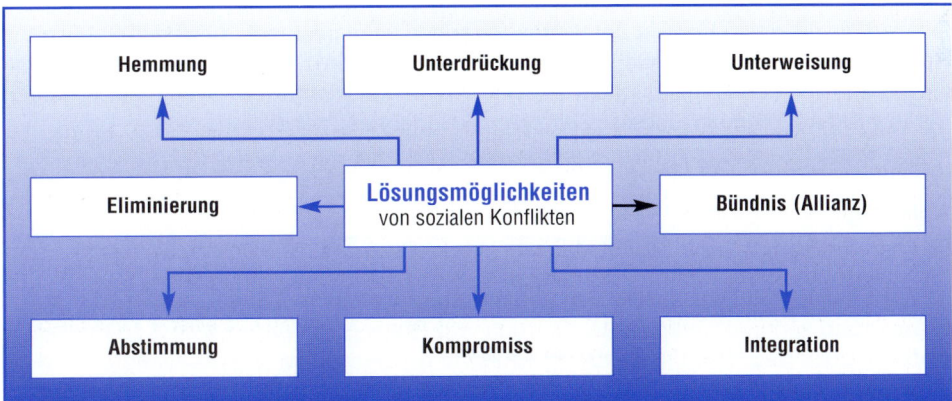

In der Praxis hat sich zur Lösung von sozialen Konflikten in sozialen Gebilden nach *Lutz von Rosenstiel* u. a. (2005⁹, S. 246) das **Harvard-Konzept** sehr bewährt und vor allem in Organisationen als eine Strategie des „sachbezogenen Verhandelns" durchgesetzt. Dabei geht es darum, *eine Konfliktlösung zu finden, die den Interessen aller am Konflikt Beteiligten möglichst gerecht wird und die zugleich zu einer dauerhaft guten Beziehung zwischen diesen führt*. Drei Taktiken sind dabei von Bedeutung (vgl. *Rosenstiel* u. a., 2005⁹, S. 246 f.):

- **Menschen und Probleme voneinander trennen**: Die Konfliktlösung sollte sich tatsächlich am vorliegenden Problem orientieren und nicht auf die Person bzw. Beziehung übertragen werden.

  Oft werden in einem Konflikt Menschen persönlich angegriffen – etwa durch Beschimpfen, Verhöhnen, Beschämen, Beschuldigen (zum Beispiel: „Du bist unfähig"), Kritisieren, Herabsetzen, Demütigen, Polemisieren und dergleichen, was eher vom eigentlichen Problem ablenkt; das Gespräch gleitet dann auf Ebenen ab, die für das eigentliche Problem nicht relevant sind.

- **Auf Interessen achten und nicht auf Positionen**: Dabei geht es nicht um die Position, die der Einzelne inne hat und die damit verbundene Machtstellung, sondern um die unterschiedlichen Interessen unabhängig von der Position.

  Lutz von Rosenstiel u. a. *(2005^9, S. 246)* zitiert ein Beispiel eines Streites von zwei Schwestern um eine Orange, der damit endet, dass die Orange gerecht in zwei Hälften geschnitten wird. Hätten die beiden Schwestern über ihr Interesse gesprochen – die eine Schwester wollte aus dem Fruchtfleisch einen Saft pressen, die andere wollte lediglich die Schale für einen Kuchen –, so hätten sie eine für beide befriedigende Lösung gefunden.

- **Entwicklung von Lösungsalternativen zum beiderseitigen Vorteil**: Dabei geht es darum, eine Lösung des Konfliktes zu finden, die nicht von nur einem Teil, sondern von allen an diesem Beteiligten akzeptiert werden kann.

  Eine solche integrative Lösung kann nach *Lutz von Rosenstiel* u. a. beispielsweise durch ein Brainstorming oder durch das Zerlegen des Verhandlungsgegenstandes in seine Teilprobleme erreicht werden.

Das Harvard-Konzept kann nach *Lutz von Rosenstiel u. a. (2005^9, S. 247)* dazu betragen, dass emotionsbedingte Eskalationen vermieden und viele Lösungsmöglichkeiten entwickelt werden, dass ein Konflikt aus verschiedenen Perspektiven betrachtet, gegenseitiges Verständnis gefördert und eine integrative Lösung angestrebt wird und damit die Chancen für eine dauerhafte Konfliktlösung verbessert und die Beziehungen zwischen den Konfliktpartnern nicht beschädigt werden.

Oft sind die an einem Konflikt beteiligten Personen nicht imstande, diesen alleine – ohne Hilfestellung – zu lösen. Versuchen nun die Konfliktparteien mit Hilfe eines Vermittlers eine einvernehmliche Lösung zu finden, so spricht man von **Mediation**. Sie hat als Verfahren der Konfliktsteuerung in jüngster Zeit sehr an Bedeutung gewonnen.

Zusammenfassung

- Soziale Kontrolle bedeutet die Beaufsichtigung und Überwachung der Einhaltung von sozialen Normen und der Erfüllung von sozialen Rollen. Interne Kontrolle meint die Fähigkeit eines Individuums, sich aufgrund verinnerlichter Werte, Normen und Rollenerwartungen selbst zu überwachen. Externe Kontrolle bedeutet die Beaufsichtigung und Überwachung „von außen". Für die Überwachung und Beaufsichtigung der Einhaltung von Normen und Rollenerwartungen sorgen Kontrollinstanzen, oft auch Kontrollorgane genannt.

- Sanktionen sind Maßnahmen, die die Einhaltung von sozialen Normen und die Erfüllung von sozialen Rollen zum Ziel haben. Sanktionen können einen unterschiedlichen Schweregrad aufweisen. Entsprechend der internen und externen Kontrolle können wir zwischen inneren und äußeren Sanktionen unterscheiden. Bei inneren Sanktionen handelt es sich um eine Art der Selbstbestrafung, um eine Reaktion auf ein Verhalten „von innen" heraus. Äußere Sanktionen sind Reaktionen, die „von außen" an das Individuum herangetragen werden.

Zusammenfassung

- Sanktionen können formell oder auch informell sein. Formelle Sanktionen sind schriftlich festgelegt, geplant und verbindlich, während informelle Sanktionen nicht von vornherein festgelegt und verbindlich sind. Sehr häufig wird zwischen positiven und negativen Sanktionen unterschieden. Positive Sanktionen sind Reaktionen auf ein erwünschtes Verhalten, die auf das Individuum eine angenehme Wirkung haben und damit erreichen sollen, dass das erwünschte Verhalten wieder bzw. häufiger gezeigt wird. Negative Sanktionen sind Reaktionen auf unerwünschtes Verhalten, die auf das Individuum eine unangenehme Wirkung haben und damit erreichen sollen, dass das nicht erwünschte Verhalten nicht mehr gezeigt bzw. unterlassen wird.

- Konformität bzw. soziale Anpassung bezeichnet die Übereinstimmung der Einstellungen und des Verhaltens eines Menschen mit den sozialen Normen und Rollen einer Bezugsgruppe bzw. der Gesellschaft, in welcher er „lebt". Die Bedeutung konformen Verhaltens liegt in der Gewährleistung der sozialen Integration von Individuen oder Gruppen, die den Fortbestand eines sozialen Gebildes sichert. Allerdings hat konformes Verhalten auch seine Kehrseite, wenn es in Überangepasstheit, Demut, Autoritätsgläubigkeit oder blinden Gehorsam umzuschlagen droht. Neben dem Druck aufgrund von Sanktionen, unterwirft sich das Individuum diesem starken Einfluss zum einen aus Angst aus der Gruppe ausgeschlossen zu werden und infolge des Entzugs der sozialen Anerkennung zu vereinsamen, und zum anderen aus Angst, innerhalb der sozialen Rangordnung in einem sozialen Gebilde einen niederen Platz zu erhalten.

- Von abweichendem Verhalten bzw. Devianz spricht man, wenn ein Verhalten eines Individuums gegen soziale Normen bzw. Rollenerwartungen verstößt. Weicht ein Verhalten von Strafgesetzen einer Gesellschaft ab, so spricht man von Delinquenz bzw. von Kriminalität. Abweichungen können nicht nur negativ gesehen werden, sie liegen auch häufig bei Menschen vor, die die Gesellschaft verändern und damit Fortschritt ermöglichen. So wird auch häufig zwischen positiver und negativer Devianz unterschieden. Von positiver Devianz spricht man, wenn diese zu sozialem Fortschritt führt wie dies beispielsweise bei Sozialreformern, Entdeckern, „Heiligen" und dergleichen der Fall ist. Zudem können Regelverletzungen auch „Schrittmacherfunktion" für einen sozialen Wandel leisten. Negative Devianz dagegen wirkt gesellschaftszerstörend, da es einzelne Individuen beschädigt, ihre Lebensqualität mindert und – auch finanzielle – gesellschaftliche Schäden verursacht.

- Bei der normenbezogenen Betrachtung lassen sich zwei Arten von Normen unterscheiden, die bei der Einschätzung eines Verhaltens bedeutsam sind: die statistische Norm und die gesellschaftliche Norm. Die normenbezogene Betrachtungsweise wirft für die Behinderung Probleme auf: Nicht normenkonformes Verhalten wird negativ eingeschätzt und negativ sanktioniert, Probleme der Diskriminierung und Ablehnung entstehen aus dem Verhältnis von Mehrheit und Minderheit zu Ungunsten der Minderheit und normverletzendes Verhalten wird von dem Betroffenen selbst als solches empfunden mit all den negativen Folgen für sein Selbstbild und -wertgefühl.

- Stigmatisierung bezeichnet die Zuschreibung negativer Eigenschaften und Verhaltensweisen und die Diskreditierung eines Menschen aufgrund eines bestimmten Merkmals, das dieser zeigt und seine Identität trifft und beschädigt. Darauf hat vor allem *Erving Goffman* in seiner Stigmatheorie hingewiesen.

- Konflikt ist der Prozess der Auseinandersetzung zwischen miteinander unvereinbaren Motiven, Einstellungen, Interessen oder Handlungen und ihrer Austragung in unterschiedlicher Art und Weise. Von einem sozialen Konflikt, den die Soziologie interessiert, spricht man, wenn sich der Konflikt zwischen verschiedenen Personen bzw. Personengruppen und/oder sozialen Gebilden abspielt.

Soziale Kontrolle und Abweichung

Zusammenfassung

- Soziologisch bedeutsam ist der Normen- und der Interessenkonflikt. Ein Normenkonflikt liegt vor bei unklaren oder auch fehlenden Normen in einem sozialen Gebilde, bei besonders zahlreichen und/oder einschränkenden Normen sowie bei widersprüchlichen Normen. Letzterer Konflikt wird in der Literatur meist als Normenkonflikt im engeren Sinne bezeichnet. Ein Interessenkonflikt liegt bei unterschiedlichen Interessen zwischen verschiedenen Personen bzw. Personengruppen und/oder sozialen Gebilden vor. Ein solcher kann sich in einem Zielkonflikt oder in einem Verteilungskonflikt äußern.

- Die Ursachen eines sozialen Konfliktes sind je nach ihrer Form sehr vielfältig. Konflikte können sowohl eine negative als auch positive funktionale Wirkung haben. Damit sie zu positiven funktionalen Wirkungen führen, ist der erfolgreiche Umgang mit diesen bedeutend. Dabei geht es zum einen um Konfliktprävention, um dysfunktionale Konflikte weitgehend zu vermeiden, und zum anderen um Konfliktsteuerung als Handhabung, Austragung und Lösung von sozialen Konflikten.

Materialien Kapitel 4

1. Das so genannte autokinetische Phänomen von Muzafer Sherif

In einem völlig verdunkelten Raum wurde ein sehr kleiner und intensitätsschwacher Lichtpunkt für kurze Zeit dargeboten. Da auch bei fester Fixation unsere Augenachsen niemals ganz ruhig bleiben, scheint sich der Lichtpunkt, der objektiv feststeht, zu bewegen. Die Versuchspersonen besaßen in diesem Fall auch nicht die Möglichkeit, den subjektiven Charakter dieser Bewegungserscheinung zu erkennen, da es dazu eines festen Bezugssystems bedürfte. Da außerdem die Entfernung des Lichtpunktes unbekannt war – der Projektor befand sich hinter einem Schirm, der erst nach der Verdunkelung weggezogen wurde –, fiel die Schätzung der scheinbaren Bewegungsweite des Punktes überaus schwer. Zunächst zeigte sich, dass sich die Urteile zwischen den Versuchspersonen stark unterschieden. Nach Gedankenaustausche der Versuchspersonen untereinander über die Urteile passten sich diese in ihren Urteilen jedoch immer mehr an.

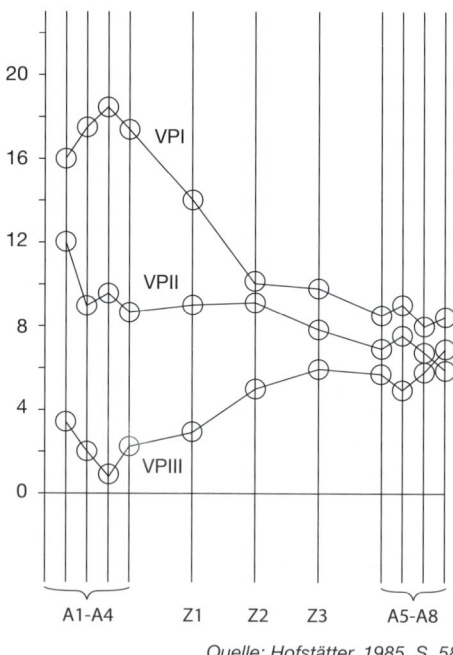

Quelle: Hofstätter, 1985, S. 58

2. Das „Asch-Experiment" von Solomon Asch

Es gibt eine ganze Anzahl experimenteller Anordnungen, mit denen die Wirkung des Gruppendrucks zur Konformität untersucht worden ist. Der Versuch von *Asch* ist jedoch wahrscheinlich der bekannteste. Eine Gruppe von sieben Universitätsstudenten wurde in

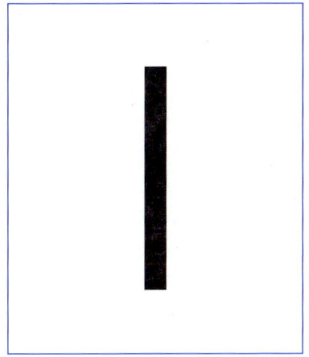
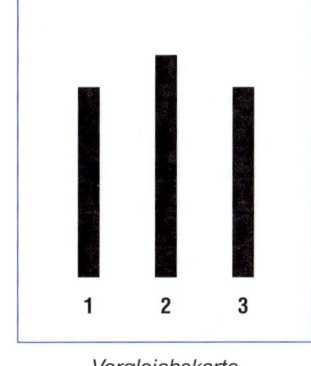

Standardkarte *Vergleichskarte*

einen Unterrichtsraum geführt. Den Versuchspersonen wurde mitgeteilt, dass ihre Aufgabe darin bestünde, Striche gleicher Länge herauszufinden. An der linken Seite der Tafel befand sich eine weiße Karte mit einem einzigen Strich darauf, der Standardlinie. An der rechten Seite der Tafel befand sich eine zweite Karte, auf der drei verschieden lange Striche zu sehen waren, dies waren die sog. Vergleichslinien. Einer der Striche auf der rechten Karte war genauso lang wie der Strich auf der linken.

Wenn man eine Person fragt, welcher der Striche auf der Vergleichskarte genauso lang wie der Strich auf der Standardkarte ist, werden nur sehr wenige Schätzfehler gemacht. Was geschieht nun, wenn sich jemand in der Gesellschaft von sechs anderen wiederfindet, die auch angewiesen werden, ihre Schätzungen laut vorzunehmen? Normalerweise sollte das keinen Unterschied machen. In der *Asch-Situation* war das jedoch anders, denn jeder der sechs anderen war ein Verbündeter des Versuchsleiters, ohne dass die „naive" Versuchsperson etwas davon wusste. Mit anderen Worten: Mit Ausnahme der naiven Versuchsperson bestand die Gruppe nur aus Strohmännern („stooges").

Vor Versuchsbeginn und bevor die Versuchsperson erschien, war mit den sechs Komplizen sorgfältig durchgesprochen und durchgeübt worden, bei welchen Schätzungen sie einstimmig falsche Antworten geben sollten. [...] Die unglückliche Versuchsperson befand sich nun plötzlich und unerklärlicherweise in Opposition zur gesamten Gruppe, und zwar nicht nur einmal, sondern mehrere Male im Verlauf des Versuches. Wahrscheinlich zum ersten Mal in ihrem Leben sah sich die Versuchsperson einer Situation gegenübergestellt, in der das Verhalten der gesamten Gruppe in klarem Gegensatz zur Beweiskraft ihrer eigenen Sinnesorgane stand. Die Versuchsperson sah sich dem Problem gegenübergestellt, entweder mit der Mehrheit nicht übereinzustimmen und das zu sagen, was sie auch auf sich gestellt geäußert hätte, oder ihr eigenes Urteil anzuzweifeln und der Gruppe zuzustimmen. Es ist sehr aufschlussreich zu beobachten, was in einer derartigen Konfliktsituation geschieht.

In *Aschs* erster Versuchsreihe wurden 123 naive Versuchspersonen mit zwölf kritischen Schätzungen getestet. Von der Gesamtzahl der abgegebenen Schätzungen waren 37 % falsch, d. h. 37 % der Urteile der naiven Versuchspersonen stimmten mit den (objektiv falschen) Schätzungen der einstimmigen Mehrheit überein. [...] Immerhin gab ein Drittel aller Versuchspersonen dem Mehrheitsdruck in mindestens der Hälfte der Schätzungen nach. Nach jeder Sitzung interviewte *Asch* die naiven Versuchspersonen. Keine von ihnen gab an, dass sie die Schätzungen der Mehrheit überhaupt nicht beachtet hätte. Tatsächlich neigten die meisten Versuchspersonen dazu, ihre eigenen Urteile anzuzweifeln und sich zu korrigieren, um sich nicht der Lächerlichkeit preiszugeben.

Quelle: Mann, 2001, S. 76 ff.

3. Der Stellenwert kriminellen Verhaltens

Im Mittelpunkt des öffentlichen und wissenschaftlichen Interesses steht die Entwicklung der Kriminalität. Nach Angaben der Polizeilichen Kriminalstatistik hat sich, gemessen an der Zahl der bekannt gewordenen Straftaten, die Kriminalität zwischen 1965 und 1997 fast verdreifacht. Mehr als die Hälfte (54 %) der im Bundesgebiet 1997 registrierten 6,6 Millionen Straftaten sind Diebstahlsdelikte, gefolgt von Betrugs- und Sachbeschädigungsdelikten (je 10 %). Weniger verbreitet sind Tötungsdelikte (0,1%), Vergewaltigungen (0,1%), Raubdelikte (1 %), vorsätzliche leichte (3 %) sowie gefährliche und schwere Körperverletzungen (2 %). Die Tatverdächtigenbelastungszahl betrug 1996 2.705, d. h. von jeweils 100.000 Personen der Wohnbevölkerung Deutschlands wurden in diesem Jahr 2.705 als tatverdächtig registriert. Die zeitliche Entwicklung der Zahl der Tatverdächtigen lässt erkennen, dass vor allem immer mehr Jugendliche und Heranwachsende in den Blick der Polizei geraten. Die Aufklärungsquote variiert deliktspezifisch und liegt im Schnitt bei etwa 50 %. Erheblich zugenommen hat die Kriminalität von Frauen. In den vergangenen 20 Jahren hat sich – von Öffentlichkeit und Politik weitgehend unbeachtet – die Relation von weiblichen zu männlichen Tatverdächtigen von etwa 1:5 auf 1:4 erhöht. Unter denjenigen, die von der Polizei einer kriminellen Handlung verdächtigt werden und insbesondere unter denen, die deswegen gerichtlich bestraft werden, befinden sich überproportional häufig Angehörige unterer Sozialschichten, wobei nach Deliktarten zu differenzieren ist. Aggressionstaten (wie Bedrohung, Körperverletzung, Mord und Totschlag) sowie Einbruchs- und Kfz-Diebstahl sind typische Unterschichtdelikte. Bei Unterschlagungen und schweren Formen des Betrugs sind die mittleren und oberen Schichten (besonders die Selbstständigen) deutlich überrepräsentiert; Ladendiebstähle und Verkehrsstraftaten werden von allen Schichten etwa gleich häufig begangen. Dabei verteilt sich das tatsächliche Ausmaß kriminellen Verhaltens (d. h. die entdeckte und die unentdeckt gebliebene Kriminalität), wie Dunkelfelduntersuchungen belegen, gleichmäßiger über die sozialen Schichten, als es die Zahlen über Verdächtige und Verurteilte vermuten lassen.

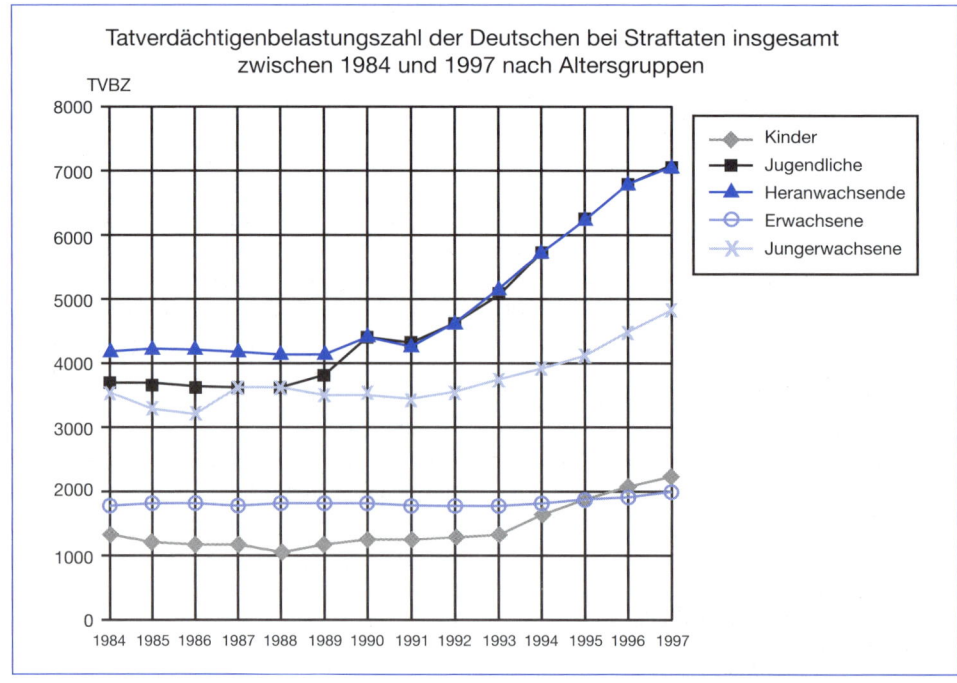

Quelle: Peuckert, 2002[6], S. 107 f.

4. Funktionen abweichenden Verhaltens

Abweichendes Verhalten kann aber auch einen wichtigen funktionalen Beitrag zur Lebensfähigkeit eines sozialen Systems leisten. Kriminalität ist nicht nur „normal"; sie ist auch „notwendig" und „nützlich", „ein integratives Element in jeder gesunden Gesellschaft" (*Emile Durkheim*). Denn Positives erhält erst durch die Existenz und Kenntnis des Negativen Sinn. Der Inhalt der Moral wird häufig durch ihr Gegenteil, nämlich durch das, was nicht erlaubt ist, definiert. Die Stabilität der gesellschaftlichen Ordnung hängt davon ab, dass die Grenzen, die jedem Individuum gezogen sind, damit Gesellschaft überhaupt möglich ist, verdeutlicht werden. Die zentralen Verhaltensregeln müssen immer wieder von neuem aufgrund von Regelverletzungen und der Bestrafung des Normbrechers ins öffentliche Bewusstsein gerufen und bekräftigt werden (**Funktion der Normverdeutlichung**).

Soziale Normen sind zwangsläufig vieldeutig. Erst die Sanktion trägt dazu bei, den genauen Inhalt der Norm und die Grenzen ihres Geltungsbereichs deutlich zu machen. Bleiben die Sanktionen aus, so wird die Grenze des Erlaubten ausgedehnt, die soziale Norm erodiert[1]. Im Falle der restlosen Aufdeckung aller Straftaten würde allerdings, wie die Ergebnisse der Dunkelfeldforschung zeigen, das System sozialer Kontrolle zusammenbrechen und das Vertrauen in die Verlässlichkeit der gesellschaftlichen Ordnung zwangsläufig erschüttert. Die Strafe kann ihre soziale Wirksamkeit nur bewahren, solange die Mehrheit nicht bekommt, was sie verdient. [...] *George Herbert Mead (1863–1931)* spricht in diesem Sinne von der „Majestät des Gesetzes", von der symbolischen Bedeutung des Strafrechts und der Strafjustiz für die Mitglieder einer Gesellschaft. Im Mittelpunkt stehen das öffentliche Ritual und Drama des Strafprozesses, das er als Ausdruck der theoretisch unparteiischen Durchsetzung des allgemeinen Willens ansieht, durch das Gerechtigkeit verwirklicht werden muss. Die Paradoxie[2] der sozialen Kontrolle resultiert daraus, dass die Bestrafung des Täters in den gesetzestreuen Mitgliedern der Gesellschaft die Hemmungen erzeugt, die ihnen eine Rebellion unmöglich machen, und gleichzeitig der Straftäter zum Feind der Gesellschaft abgestempelt wird, was nicht ohne Folgen bleibt für seine Identität und weitere moralische Entwicklung. [...]

Abweichungen können, indem sie die Veränderungsbedürftigkeit gesellschaftlicher Zustände in das öffentliche Bewusstsein heben, weiterhin der Erstarrung vorbeugen und wichtige Schrittmacherfunktionen für den sozialen Wandel leisten (**Innovationsfunktion**). Wie die Geschichte der Arbeiterbewegung (z. B. Gesetz gegen die gemeingefährlichen Bestrebungen der Sozialdemokratie, Streikverbot) und die Geschichte sexueller Emanzipationsbewegungen (z. B. Homosexualität, Schwangerschaftsabbruch) zeigen, sind grundlegende gesellschaftliche Veränderungen nahezu zwangsläufig mit Verstößen gegen strafrechtliche Normen verbunden. Das Verbrechen ist oft bloß eine Antizipation[3] der zukünftigen Moral, der erste Schritt zu dem, was sein wird. Abweichendes Verhalten einer Person kann aufgrund der moralischen Entrüstung über den Normbrecher auch das Gemeinschaftsgefühl, die Integration einer Gruppe oder Gesellschaft fördern (**Solidarisierungsfunktion**). „Abweichendes Verhalten vereinigt die aufrechten Gemüter und lässt sie zusammenrücken (*Durkheim*). Schließlich kann abweichendes Verhalten, das zwar geächtet, aber nicht rigoros unterdrückt wird – wie z. B. Prostitution, definiert als streng kommerzielle Transaktion[4] – wie eine Art Ventil wirken, indem eine starke Aufstauung von Unzufriedenheit verhindert wird und Personen, die bestimmte Normen nicht befolgen können oder wollen, nicht als Außenseiter stigmatisiert[5] werden (**Ventilfunktion**).

Quelle: Peuckert, 2002[6], S. 109 f.

---

[1] erodieren: zerstören
[2] Paradoxie: Widersprüchlichkeit
[3] Antizipation: Vorwegnahme
[4] Transaktion: hier wirtschaftliche Unternehmung
[5] stigmatisieren: etikettieren, zuschreiben

Aufgaben und Anregungen Kapitel 4

Aufgaben

1. Bestimmen Sie den Begriff „soziale Kontrolle" und zeigen Sie an je einem Beispiel interne und externe Kontrolle auf. (Abschnitt 4.1.1)
2. Bestimmen Sie den Begriff „Sanktionen" und erläutern Sie anhand einer Gruppensituation innere und äußere Sanktionen. (Abschnitt 4.1.2)
3. Beschreiben Sie an einem Beispiel formelle und informelle Sanktionen. (Abschnitt 4.1.2)
4. Stellen Sie am Beispiel der Schule positive und negative Sanktionen dar. (Abschnitt 4.1.2)
5. Beschreiben Sie, was die Soziologie unter Konformität versteht und erläutern Sie Bedeutung und Problem sozial angepassten Verhaltens. (Abschnitt 4.2.1)
6. Legen Sie die Problematik eines Konformitätszwanges dar. (Abschnitt 4.2.1)
7. Bestimmen Sie den Begriff „Devianz" und erläutern Sie Funktionen von sozial abweichendem Verhalten. (Abschnitt 4.2.2)
8. Stellen Sie an je einem Beispiel den Unterschied zwischen Devianz und Kriminalität dar. (Abschnitt 4.2.2)
9. Erläutern Sie anhand einer gesellschaftlichen Situation den Unterschied zwischen positiver und negativer Devianz. (Abschnitt 4.2.2)
10. Beschreiben Sie an je einem Beispiel Arten von Normen, die bei der Einschätzung eines Verhaltens als „noch normal" oder „nicht (mehr) normal" bedeutsam sind. (Abschnitt 4.3.1)
11. Stellen Sie anhand der normenbezogenen Betrachtungsweise die Problematik sozial abweichenden Verhaltens dar. (Abschnitt 4.3.2)
12. Setzen Sie sich mit der Problematik des Begriffes der Devianz auseinander. (Abschnitt 4.3.2)
13. Legen Sie das Problem der Stigmatisierung von sozial abweichendem Verhalten dar. (Abschnitt 4.3.3)
14. Erläutern Sie an einem Beispiel das Modell des labeling-approach. (Abschnitt 4.3.3)
15. Bestimmen Sie den Begriff „Devianz" erläutern Sie die Problematik, die mit diesem Begriff verbunden ist. (Abschnitt 4.3.2 und 4.3.3)
16. Bestimmen Sie den Begriff „Konflikt" und zeigen Sie an je einem Beispiel einen intrapersonellen und einen sozialen Konflikt auf. (Abschnitt 4.4.1)
17. Erläutern Sie an verschiedenen Beispielen verschiedene Formen des sozialen Konfliktes. (Abschnitt 4.4.2)
18. Beschreiben Sie mögliche Erklärungsansätze zur Entstehung von sozialen Konflikten. (Abschnitt 4.4.3)
19. Stellen Sie an je einem Beispiel Möglichkeiten der Konfliktlösung dar. (Abschnitt 4.4.4)
20. Zeigen Sie am Beispiel der Schule die Taktiken des Harvard-Konzeptes zur Lösung von Konflikten auf. (Abschnitt 4.4.4)

Anregungen

21. Fertigen Sie in Gruppen ein Clustering zu dem Thema „Soziale Kontrolle und Abweichung" an: Schreiben Sie in die Mitte eines größeren Blattes Papier das Thema in einen Kreis und notieren Sie zunächst den ersten Gedanken, den Sie zu diesem Thema haben, ebenfalls auf das Papier und verbinden Sie ihn mit dem Mittelkreis. Sodann schreiben Sie alle weiteren Gedanken zum Thema auf dieselbe Weise auf das Blatt und verbinden jeden Kreis mit dem vorigen durch einen Strich.

22. *Entwerfen von Aktionskarten*

    - Finden Sie sich zu Fünfergruppen zusammen und notieren Sie auf je ein Blatt Papier einen Begriff bzw. eine Aussage zu dem Thema „Soziale Kontrolle und Abweichung".
    - Schreiben Sie zugleich auf die Blätter, wie der notierte Begriff bzw. die notierte Aussage dargestellt werden soll:
      – Umschreibung des Begriffes bzw. der Aussage,
      – Zeichnen auf einer Overheadfolie ohne zu sprechen oder
      – pantomimische Darstellung.
    - Die Blätter werden auf einem Tisch ausgelegt.
    - Jede Gruppe wählt nun fünf Blätter aus, die nicht in der eigenen Gruppe entworfen wurden.
    - In der Klasse werden nacheinander die Begriffe bzw. Aussagen dargestellt, die Klasse muss den Begriff bzw. die Aussage erraten.

23. *Möglichkeiten von Sanktionen*

    - Bilden Sie Sechsergruppen.
    - Jedes Mitglied erhält ein Blatt mit 18 leeren Feldern, trägt in das erste Feld den Namen ein und füllt für sich die Felder 2 bis 4 mit je einem Grund für mögliche Sanktionen aus.
    - Nach Fertigstellung wird das Blatt an das linke Gruppenmitglied weitergegeben. Dieses liest die Gründe und schreibt darunter weitere Gründe.
    - Wieder wird das Blatt weitergereicht und ausgefüllt, bis alle Felder beschriftet sind.
    - In der Gruppe werden nun die sechs Blätter ausgewertet, strukturiert, zusammengefasst und neu formuliert.
    - Die neu formulierten Möglichkeiten werden visualisiert und an die Pinnwand geheftet.

24. „*So erlebe ich sozial abweichendes Verhalten.*"

    - Sprechen Sie in Gruppen darüber, wie Sie sozial abweichendes Verhalten erleben.
    - Diskutieren Sie, wie Sie Personen mit sozial abweichendem Verhalten ohne Ablehnung begegnen können.
    - Stellen Sie Ihre Ideen der „positiven Begegnung" mit Hilfe einer Collage dar.

25. Versuchen Sie, in einem Rollenspiel eine Situation nachzuspielen, in der ein Mensch aufgrund seines nicht konformen Verhaltens von den anderen abgelehnt wird. Sprechen Sie anschließend über Ihre Erfahrungen in diesem Spiel.

26. *Warum werden wir immer krimineller?*
    - Überlegen Sie, warum sich nach Angaben der polizeilichen Kriminalstatistik, gemessen an der Zahl der bekannt gewordenen Straftaten, die Kriminalität zwischen 1965 und 1997 fast verdreifacht hat.
    - Die gesamte Klasse sitzt in einem Stuhlkreis. Alle erhalten ein Kärtchen, auf das jeder einen Grund notiert.
    - Bilden Sie nun Kleingruppen.
    - Aus den eingebrachten Vorschlägen werden die zwei wichtigsten Gründe herausgefiltert, die visuell auf einem größeren Blatt Papier festgehalten werden.
    - Das Blatt wird an die Pinnwand geheftet und in der Klasse werden die genannten Gründe diskutiert.

27. *Lesen Sie bitte Materialien 1.*
    - Diskutieren Sie in Gruppen folgende Fragen:
    - Was könnten die Gründe für blinden Gehorsam sein?
    - Lässt sich dieses Experiment auf den Alltag übertragen?
    - Bestimmen Sie einen Gruppensprecher.
    - Stellen Sie in Ihrer Klasse einen Stuhl mehr in einem Kreis auf als Gruppen gebildet worden sind. Die Gruppensprecher nehmen auf diesen Stühlen Platz und diskutieren über ihre Gruppenergebnisse.
    - Wer von der Klasse einen Diskussionsbeitrag leisten möchte, setzt sich auf den leeren Stuhl. Nach dem Beitrag verlässt der (die) Schüler(in) den Stuhl wieder.

28. Lesen Sie bitte *Materialien 2* und diskutieren Sie in der Gruppe, warum sich Menschen in ihrem Verhalten häufig nach der Gruppe richten. Sprechen Sie in der Klasse über die Ergebnisse der Gruppenarbeit.

29. *Welche „Fehler" mache ich bei der Lösung von Konflikten?*
    - Notieren Sie, gegen welche Taktik des Harvard-Konzeptes Sie bei Auseinandersetzung mit Ihren Eltern, Partner(in), Freund(in) u. a. schon einmal verstoßen haben, so dass es dadurch zu einem unlösbaren Konflikt kam.
    - Diskutieren Sie in Gruppen über die notierten Verstöße und entwerfen Sie Möglichkeiten, wie man diese Verstöße vermeiden könnte.

30. *Wie löse ich Konflikte?*
    - Erinnern Sie sich an einen Konflikt mit Ihrem Freund/Ihrer Freundin, Ihren Eltern oder anderen Personen.
    - Bilden Sie in der Klasse Gruppen und erzählen Sie sich in der Gruppe diesen Konflikt.
    - Einigen Sie sich in der Gruppe auf einen Konflikt und überlegen Sie sich wirkungsvolle Lösungsmöglichkeiten.
    - Entscheiden Sie sich für die Ihrer Meinung nach effektivste Lösung und stellen Sie diese mit Bauklötzchen dar.

Theorien der Soziologie: Die struktur-funktionale Theorie

5

Die Soziologie kennt eine Vielzahl von Theorien, die das menschliche Zusammenleben erklären. Eine der bedeutendsten und verbreitetsten Theorien ist dabei die **struktur-funktionale** Theorie von Talcott Parsons.

Folgende Fragen werden in diesem Kapitel geklärt:

1. Welche Theorien kennt die Soziologie, die das Zusammenwirken von Menschen erklären?
   Was sind die Grundaussagen der Theorie der psychosozialen Persönlichkeitsentwicklung?
2. Welche grundlegenden Begriffe und Aussagen beinhaltet die struktur-funktionale Theorie?
   Wie lässt sich das Zusammenleben von Menschen mit Hilfe dieser Theorie erklären?
   Wie funktioniert nach dieser Theorie Gesellschaft?
3. Welche Medien dienen der Regelung von sozialen Beziehungen?
   Welche Orientierungsmöglichkeiten haben Menschen für ihr Handeln?
4. Worin liegen die Stärken und Schwächen der struktur-funktionalen Theorie?

5.1 Die Vielfalt von Theorien

Im Laufe der Zeit haben sich verschiedene Theorieansätze herausgebildet. Häufig werden sie eingeteilt in **psychologische und soziologische Theorien** der Sozialisation.[1]

5.1.1 Psychologische Theorien

In der Psychologie haben sich vor allem **Persönlichkeitstheorien**, insbesondere die *Psychoanalyse* von *Sigmund Freud*, **Entwicklungstheorien** wie zum Beispiel die *Theorie der psychosozialen Persönlichkeitsentwicklung* von *Erik H. Erikson* und **Lerntheorien** wie das *klassische und operante Konditionieren* oder die *sozial-kognitive Theorie* von *Albert Bandura* bewährt, die soziales Handeln und das Zusammenleben von Menschen erklären können.

In der Literatur wird sehr häufig auf die **Theorie der psychosozialen Persönlichkeitsentwicklung** von *Erik H. Erikson* zurückgegriffen, die sehr stark vom Gedankengut *Sigmund Freuds* beeinflusst ist. *Erikson* betont die Bedeutung der sozialen Bezüge und formuliert diese entsprechend. Für ihn wird Entwicklung durch zwischenmenschliche Beziehungen maßgeblich beeinflusst. Dabei spielen auch die von der Gesellschaft an den Heranwachsenden gestellten Anforderungen eine wichtige Rolle. Letztendlich entscheiden über die Entwicklung des Körpers und der Psyche auch *soziale Einflüsse*. *Erik H. Erikson* spricht deshalb von **psychosozialer Entwicklung** (vgl. Hobmair, 2005[2], S. 23).

Erik H. Erikson

wurde im Jahre 1902 in Frankfurt am Main geboren. Als junger Künstler und Zeichner zog er mehrere Jahre durch Europa und fand schließlich in Wien eine Anstellung als Privatlehrer für Kinder, deren Eltern eine psychoanalytische Ausbildung bei *Sigmund Freud* absolvierten. Auf diese Weise entstanden seine ersten Berührungspunkte zur Psychoanalyse, deren Studium er sich fortan intensiv widmete. Obwohl er nie einen akademischen Abschluss errungen hatte, war er beruflich äußerst erfolgreich und lehrte u. a. als Professor an der Harvard Universität. In *Eriksons* Leben, das geprägt war von zahlreichen Ortswechseln, die ihn immer wieder mit neuen und teilweise fremden Kulturen konfrontierten, spielte die *Suche nach Identität* eine große Rolle. Es verwundert daher nicht, dass die Thematik der Identität eine zentrale Rolle in seiner Theorie über die Entwicklung der Persönlichkeit einnimmt.

Die Entwicklung verläuft für *Erikson* in **Stufen**, deren Reihenfolge durch genetisch bedingte Entwicklungsprogramme festgelegt ist. Auf jeder Entwicklungsstufe muss der Mensch bestimmte Krisen bzw. Konflikte bewältigen, wobei ein erfolgreiches bzw. erfolgloses Krisenmanagement Auswirkungen hat auf die Möglichkeiten der Krisenbewältigung in der folgenden Entwicklungsstufe. Ein erfolgreiches Meistern einer aktuellen Krisensituation schützt jedoch nicht davor, dass in der nächsten Entwicklungsstufe erneut Krisen auftreten. Insgesamt unterscheidet *Erik H. Erikson* in seiner Theorie auf diese Weise acht Stufen der Entwicklung.

---

[1] vgl. auch Kapitel 3.4.3

(ungefähres) Alter	Entwicklungsstufe	Thematik
0–1 ½ Jahre	**Urvertrauen** gegen **Urmisstrauen**	Erste grundlegende Erfahrungen mit der Thematik des Bekommens bzw. Empfangens.
1 ½–3 Jahre	**Autonomie** gegen **Scham und Zweifel**	Grundlegende Erfahrungen mit der Thematik des Hergebens bzw. Loslassens und Festhaltens.
3–6 Jahre	**Initiative** gegen **Schuldgefühl**	Grundlegende Erfahrungen mit der Thematik des „Machens" im Sinne von „sich einen Weg bahnen".
6 Jahre-Pubertät	**Leistung bzw. Werksinn** gegen **Minderwertigkeitsgefühl**	Grundlegende Erfahrungen damit, was es bedeutet, etwas genau bzw. richtig zu machen.
Jugend und Adoleszenz	**Identität**[1] gegen **Rollenkonfusion**	Bedeutung liegt im „Ich-Sein" bzw. im Bemühen sein eigenes Ich zu definieren.
Junges Erwachsenenalter	**Intimität** gegen **Isolierung**	Im Vordergrund steht das eigene Sein in Verbindung mit dem geliebten Partner.
Erwachsenenalter	**Zeugende Fähigkeit bzw. Generativität** gegen **Stagnation**	Grundlage bildet das Versorgen anderer.
Alter	**Ich-Integrität** gegen **Verzweiflung**	Ziehen einer Bilanz des bisherigen Lebens.

Quelle: Hobmair, 2005², S. 31

5.1.2 Soziologische Theorien

Das heutige Bild der Soziologie wird durch eine Vielzahl an Theorien mit kontroversen Positionen bestimmt. Entsprechend dem soziologischen Gegenstandsbereich[2] des sozialen Handelns und der institutionellen Strukturen, haben sich in der Soziologie **Handlungstheorien, Strukturtheorien** und **Gesellschaftstheorien** entwickelt.

Was diese Richtungen besonders interessiert, ist das *soziale Handeln* von Menschen sowie *soziale Strukturen*[3]. Dieser gemeinsame Bezugspunkt wird allerdings unterschiedlich gewichtet. Die entscheidende Abgrenzungsmöglichkeit von Handlungs- und Strukturtheorien besteht darin, dass **Handlungstheorien Gesellschaft als aktive Leistung von handelnden Individuen sehen. Strukturtheorien hingegen betonen den Sachverhalt, dass einzelne Handlungen durch soziale Rahmenbedingungen integriert werden und dass durch soziale Strukturen sozialer Zusammenhalt erst hergestellt wird.**

Handlungstheorien räumen den Individuen viele Gestaltungsmöglichkeiten ein, gerade die individuellen Handlungsspielräume und aktiven Gestaltungsmöglichkeiten des Menschen in der Gesellschaft werden betont. Im Unterschied dazu entwickeln Strukturtheo-

---

[1] vgl. hierzu Kapitel 12.2.2
[2] Der Gegenstandsbereich der Soziologie wird ausführlich in Kapitel 1.2 dargestellt.
[3] Auf das soziale Handeln wird in den Kapitel 1.2.1 und 3.1.2 eingegangen, auf soziale Struktur in Kapitel 1.2.2.

rien ein Bild von Gesellschaft, das die Handlungsfreiheit der Menschen lediglich innerhalb gesellschaftlicher Rahmenbedingungen sieht. Es wird folglich betont, dass durch soziale Strukturen und gesellschaftliche Rahmenbedingungen der Zusammenhalt erst hergestellt wird (vgl. *Maindok, 1998, S. 15 f.*).

Die bekannteste Handlungstheorie ist der **symbolische Interaktionismus** von *George Herbert Mead*, der zu jenen Richtungen gehört, die sich mit dem Mikroleben[1] in der Gesellschaft beschäftigen. **Die struktur-funktionale Theorie** von *Talcott Parsons* – als Beispiel für eine Strukturtheorie – setzt sich dagegen mit makrosoziologischen Analysen auseinander.

Von Handlungs- und Strukturtheorien werden **Gesellschaftstheorien** unterschieden, die in einer Zeit entstanden, in welcher die Existenz gesellschaftlicher Sachverhalte als Orientierungspunkte für soziales Handeln in Frage gestellt und die Soziologie als **Krisenwissenschaft** gesehen wurde. Diese soll dazu beitragen, die **sozialen Probleme** – Landflucht und Überbevölkerung von Städten, die Eindämmung der Armut und der Kriminalität, die Bewältigung von Arbeitslosigkeit und dergleichen mehr – zu lösen (vgl. *Wiswede, 1998³, S. 36 f.*). Die bekannteste Gesellschaftstheorie ist neben der **kritischen Theorie** von *Max Horkheimer* der **historische Materialismus** von *Karl Marx und Friedrich Engels*.

Der historische Materialismus beschäftigt sich mit der Gesamtgesellschaft und argumentiert makrosoziologisch. Es dominiert die Darstellung gesellschaftlicher Anpassung, während Aktivitäten des Einzelnen und Prozesse der Individuierung eher in den Hintergrund gedrängt werden. Sowohl *Karl Marx* als auch *Talcott Parsons* entwickeln eine gesamtgesellschaftliche Theorie und beide unterstellen, dass in der Gesellschaft überwiegend eine Erfüllung von Funktionen stattfindet. Bei *Parsons* leisten verschiedene Systeme einen Beitrag zur Erhaltung des Gleichgewichts; bei *Marx* wird die Funktion erfüllt, die Herrschaft der Kapitalistenklasse zu sichern. Beschrieben wird eine von Widersprüchen durchzogene Klassengesellschaft. Sozialisation wird bei *Parsons* als Teil eines notwendigen und wünschenswerten Prozesses zur Stabilisierung der Gesellschaft gesehen; *Marx* beschreibt Sozialisation im Unterschied dazu als eine gesellschaftlich organisierte Form der Unterdrückung von Individuen. Eine kritische Perspektive wird damit deutlich hervorgehoben (vgl. *Tillmann, 2003¹², S. 187–190*).

---

[1] *Mikrosoziologische Analysen beziehen sich – wie in Kapitel 1.2.2 dargestellt – auf kleinere Systeme wie zum Beispiel die Familie oder die Jugendgruppe; makrosoziologische Analysen dagegen auf größere Systeme wie zum Beispiel die Gesellschaft.*

Theorien der Soziologie: Die struktur-funktionale Theorie

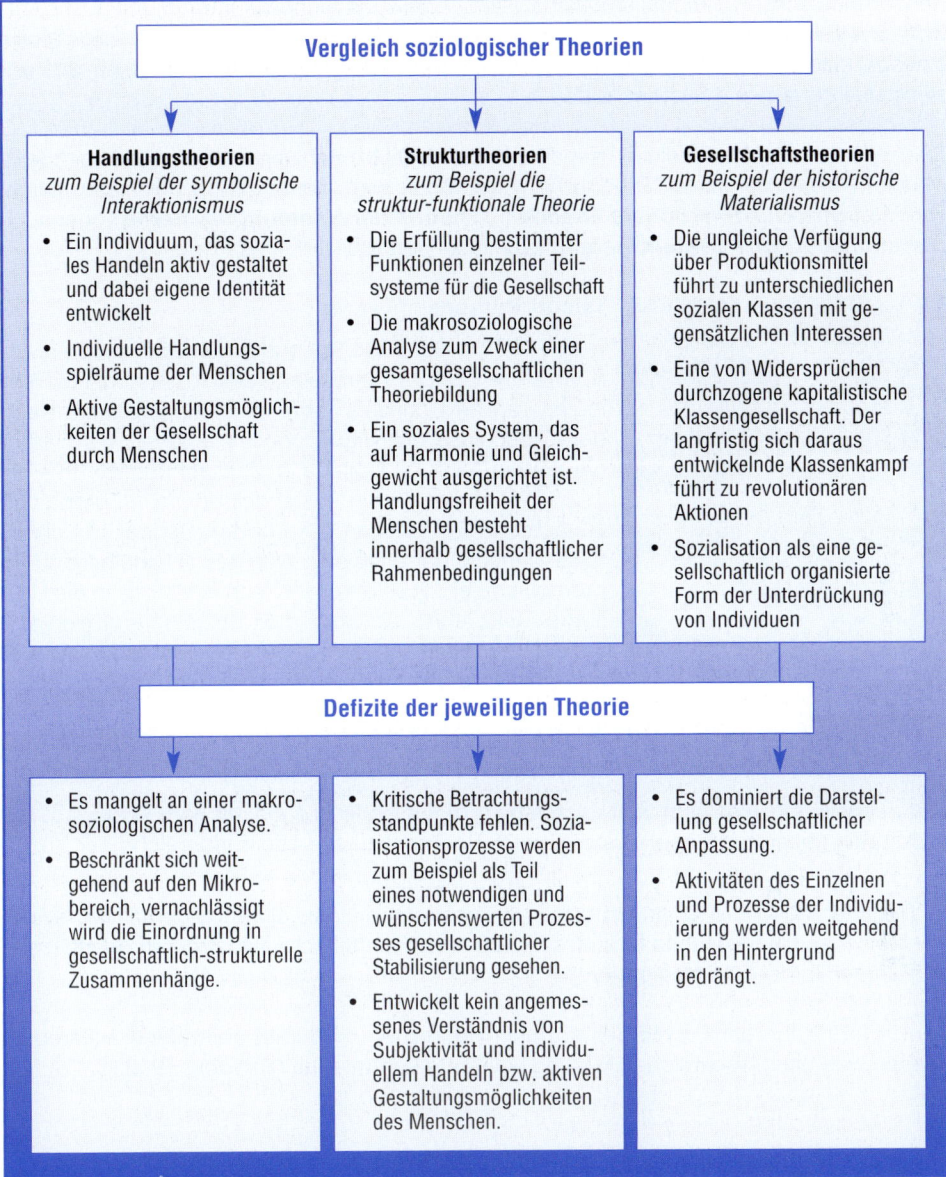

Der symbolische Interaktionismus von *George Herbert Mead* und der historische Materialismus von *Karl Marx* und *Friedrich Engels* werden in *Kapitel 6* dargestellt, im Folgenden wird exemplarisch die struktur-funktionale Theorie von *Talcott Parsons* näher ausgeführt.

5.2 Die struktur-funktionale Theorie

Talcott Parsons, der Begründer der struktur-funktionalen Theorie, greift u. a. auf die Ideen von *Max Weber* und *Emil Durkheim* zurück. Er hat mit seiner Theorie das soziologische Denken in den 50er Jahren maßgeblich beeinflusst. **Struktur-funktionale Ansätze erheben den Anspruch, das Verhältnis zwischen Gesellschaft und Individuum zu erhellen.**

Der soziologische Funktionalismus analysiert gesellschaftliche Strukturen und sucht Antworten auf die Frage, welchen Beitrag ein soziales Element wie zum Beispiel die Familie bzw. gesellschaftliche Teilbereiche wie etwa Wirtschaft, Politik oder Kultur für das gesamtgesellschaftliche System leisten.

Talcott Parsons setzt in seiner Theorie unterschiedliche Schwerpunkte und je nachdem, welcher Akzent bei seiner Theorie hervorgehoben wird, variiert auch der Name seiner Theorie: *„Struktur-funktionale Theorie", „Theorie der Handlungssysteme"* oder auch *„funktionalistische Systemtheorie"* (vgl. *Mikl-Horke, 2001[5], S. 211 f.*).

Talcott Parsons

wurde 1902 in Colorado Springs in den USA geboren. Als Sohn eines Pastors interessierte er sich zunächst für Biologie, wandte sich dann aber der Soziologie zu. Nach dem Abschluss der High School studierte *Parsons* am namhaften Amhurst College in Massachusetts. 1924 bis 1926 hielt er sich für ein Auslandsstudium in Europa auf, zunächst in England an der London School of Economics, danach führte ihn sein Weg nach Heidelberg. 1927 promovierte er, im selben Jahr kehrte *Parsons* in die USA zurück und lehrte als Instructor Soziologie in Harvard. Schließlich erhielt er dort 1939 eine Professur auf Lebenszeit. Er starb 1979 in München (vgl. *Münch, 2004, S. 41 ff.*).

Talcott Parsons leistete einen wesentlichen Beitrag für die Soziologie:

- Er entwickelte eine sehr weit reichende soziologische Theorie mit dem Anspruch, damit den gesamten Gegenstandsbereich und nahezu alle Themenbereiche der Soziologie abzudecken.

- Die Integration bisher unverbundener Theoriemodelle in einem allgemeinen, systematischen theoretischen Modell sollte zu einem einheitlichen abstrakten begrifflichen Rahmen in der Soziologie führen.

Zentral ist für ihn der Begriff des sozialen Handelns, um darauf aufbauend erklären zu können, wie gesellschaftliche Ordnung zustande kommt (vgl. *Maindok, 1998, S. 76*).

5.2.1   Der Handlungsbegriff als tragende Säule der Theorie

Talcott Parsons analysiert eine Handlungssituation und benennt eine Reihe von Merkmalen, die jeden denkbaren **Handlungsakt („unit act")** kennzeichnen[1] (vgl. *Maindok, 1998, S. 78 f.*):

- Handeln setzt zunächst eine handelnde Person voraus. Es ist immer auf ein bestimmtes *Ziel* hin gerichtet und erfordert beim Handelnden eine **innere Bereitschaft, Motivation bzw. Energie (effort)**.

- Ferner ist Handeln immer in eine **Situation** eingebunden, es findet unter bestimmten **Rahmenbedingungen** statt.

---

[1] *Auf den Begriff des sozialen Handelns wird in Kapitel 1.2.1 eingegangen.*

- Teil dieser Rahmenbedingungen sind **soziale Objekte** (andere Handelnde) und **nicht-soziale Objekte** wie äußere natürliche Gegebenheiten oder individuelle biologische Eigenschaften des Handelnden.

- Die kontrollierbaren Aspekte einer Handlungssituation sind die **Mittel**, mit denen ein Handelnder versucht, ein bestimmtes Ziel zu erreichen. Daneben gibt es in einer Situation auch unkontrollierbare Aspekte, nämlich die oben genannten unveränderlichen Bedingungen.

- Sowohl bei der Auswahl verschiedener alternativer Handlungsziele als auch Mittel der Zielerreichung orientiert sich der Handelnde an gesellschaftlichen **Normen**. Normen und Werte bestimmen die Ziele des Handelns. Aus Werten lassen sich Regeln ableiten, die bei der Verfolgung von Handlungszielen spezifische Bedingungen festlegen und das Handeln beschränken.[1]

Ein Fußballspieler verfolgt mit seinen Mannschaftskameraden das gemeinsame Ziel, möglichst viele Punktspiele zu gewinnen, um weiter aufzusteigen. Die Mannschaft versucht, dies mit fairen Mitteln zu erreichen. Eine ungeschriebene Norm dabei ist Gehorsam gegenüber den Anweisungen des Trainers. Das Befolgen der strategischen Anweisungen wird als wertvoll erachtet, um das gemeinsame Ziel zu erreichen. Von allen Beteiligten wird dafür viel Energie investiert. Sportler, mit einem verinnerlichten Wertesystem, fühlen sich während des Spiels zu Fairness verpflichtet, sie halten sich deshalb auch an die vorgegebenen Spielregeln. Manche Mittel, die dazu dienen, sich einen Vorteil zu verschaffen, sind somit nicht erlaubt.

Eine Handlung wird definiert als Verhalten in sozialen Situationen, das sich an Zielen orientiert, durch Bedürfnisse motiviert und durch Normen geregelt wird (vgl. *Mikl-Horke, 2001[5], S. 215*).

Merkmale eines Handlungsaktes „unit act":

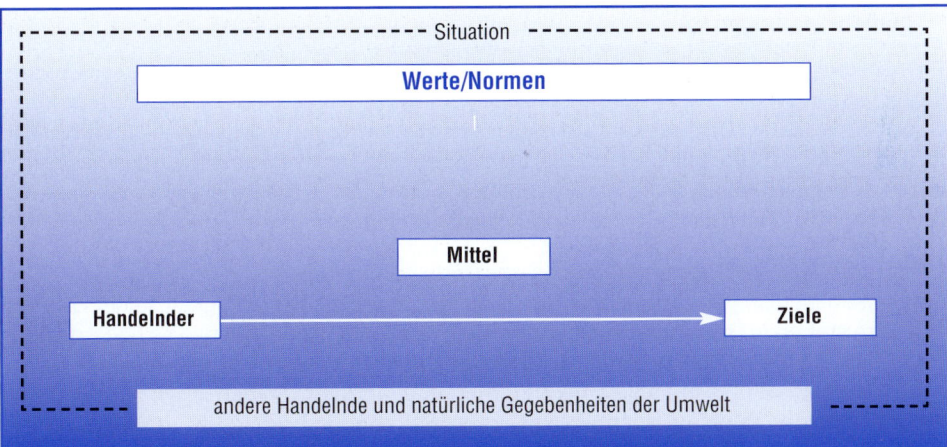

Parsons Antwort auf die Frage nach dem Zustandekommen gesellschaftlicher Ordnung lautet, dass Individuen sich im Laufe ihres Sozialisationsprozesses mit gesellschaftlichen Werten und Normen identifizieren und in Folge davon ihr Handeln nach diesen ausrichten. Das bedeutet aber nicht zwangsläufig, dass alle Menschen sich an die gängigen Normen in gleicher Weise halten. Jeder Mensch rechnet allerdings damit, dass sich der Interaktionspartner normenkonform verhält, umgekehrt wird normwidriges Verhalten als abweichend erlebt[2].

---

[1] Werte und Normen werden ausführlich in Kapitel 3.2 und 3.3 dargestellt.
[2] Auf soziale Abweichung wird in Kapitel 4.2.2 eingegangen.

5.2.2 Vom Handlungsbegriff zur Systemtheorie

Talcott Parsons entwickelt ein Konzept, das den Handlungsbegriff mit der Systemtheorie verbindet. Soziale Systeme sind für ihn Handlungen zwischen Individuen, die aus aufeinander bezogenen Verhaltensmustern bestehen.[1]

Folgende systemtheoretische Annahmen sind im Rahmen der struktur-funktionalen Theorie bedeutsam (vgl. *Maindok, 1998, S. 79*):

- Ein System setzt sich aus einer Reihe von untereinander zusammenhängenden und wechselseitig sich beeinflussenden Elementen zusammen. Damit ist ein System durch die **gegenseitige Abhängigkeit seiner Teile**, eine sinnvolle Ordnung und Struktur, gekennzeichnet.

- Nach außen hin erscheint ein System dennoch als **Einheit**, die sich von ihrer Umwelt abgrenzen lässt und auch in Austausch mit ihrer Umwelt tritt. Folglich haben Systeme Grenzen, die eine Unterscheidung von innen und außen ermöglichen.

- Um auf Umweltanforderungen reagieren zu können, finden innerhalb des Systems Differenzierungsprozesse statt: **Teilsysteme** haben sich auf die Bewältigung spezifischer Anforderungen aus der Umwelt spezialisiert.

- Die Anpassungsfähigkeit von Systemen an die Umwelt ist umso größer, je differenzierter bzw. spezialisierter die internen **Leistungsbereiche** innerhalb eines Systems sind.

- Systeme haben die Tendenz zur **Aufrechterhaltung des Gleichgewichts** im System und entwickeln Mechanismen der Selbsterhaltung.

- Erweist sich ein Element als mit dieser Ordnung unverträglich, so wird dieses ausgeschaltet, oder es kommt zu Anpassungsprozessen in den anderen Teilen des Systems. Der Bestand des Systems wird erreicht durch zielgerichtetes Handeln und Integrationsleistungen.

Zur Verdeutlichung der systemischen Sichtweise benutzt *Parsons* analog das Bild des menschlichen Körpers als ein System. Die Analyse der physiologischen Funktionen bildet die anatomische Struktur des menschlichen Organismus. Diese ergibt sich aus einer zweckmäßigen Anordnung der Körperteile, welche die Subsysteme darstellen. Ständige Austauschprozesse zwischen der Umwelt und diesen Körperteilen (zum Beispiel Atmung, Ernährung usw.) sind ausgerichtet auf die übergeordnete Funktion, das Gesamtsystem – sprich den Körper – zu erhalten. Dazu leisten die einzelnen Körperteile verschiedene funktionale Beiträge.

Ein System ist also gekennzeichnet durch die gegenseitige Abhängigkeit seiner Elemente. Diese stehen in Beziehung zueinander, sie beeinflussen sich wechselseitig und bilden eine Einheit mit einer besonderen Art sozialer Struktur. Veränderungen in einem Teilbereich des Systems lösen folglich Veränderungen in anderen Teilbereichen aus. In dieser Sicht erscheinen Systeme auch als plan- und steuerbar (vgl. *Wiswede, 1998³, S. 47*).

Eine Gesellschaft – als soziales System – besteht aus vielen Millionen von handelnden Individuen. Eine Einheit als System entsteht allerdings erst dadurch, dass auf dem Hintergrund einer gemeinsamen Kultur eine Reihe von Institutionen und Organisationen dafür sorgt, dass die Vielfalt zu einer Einheit integriert wird. Gesellschaft besteht somit aus einer Vielzahl an Teilsystemen (zum Beispiel wirtschaftliches, kulturelles, politisches System usw.), die alle zur Stabilität und zum Fortbestand der Gesellschaft als soziales System beitragen. Betrachtet man Deutschland als soziales System mit den oben genannten Teilsystemen, so gehören alle Länder um Deutschland zum Außen und damit zur Umwelt.

---

[1] *Soziales System als Gegenstand der Soziologie wird in Kapitel 1.2.3 dargestellt.*

Die Systemtheorie geht demgemäß von einem komplexen, organisierten Ganzen aus, dessen Teile voneinander abhängig sind. Jedes System besitzt eine eigene Struktur, die ihm Stabilität verleiht. Ihre Grundlage ist die Handlung (siehe Handlungsakt). Diesen allgemeinen Bezugsrahmen, den *Parsons* **action frame of reference** nennt, benutzt er in dem Sinne, dass alle Formen von Wechselwirkung zwischen Elementen und alles, was sich in der Gesellschaft ereignet oder vorhanden ist, Teile des allgemeinen Handlungssystems sind. So verstanden treten Handlungen nicht einzeln auf, sondern in Konstellationen. Dinge, die sich ereignen, bewirken etwas, sie wurden durch etwas bewirkt, d. h., es steht alles in einer Beziehung zueinander. Im Begriff Handlung kommt zum Ausdruck, dass eines das andere bedingt. Soziale Wirklichkeit stellt sich nach *Talcott Parsons* und seinem Mitarbeiter *Edward A. Shils* somit als ein allgemeines **Handlungssystem** dar (vgl. *Abels, 2004², Bd. 1, S. 228 f.*).

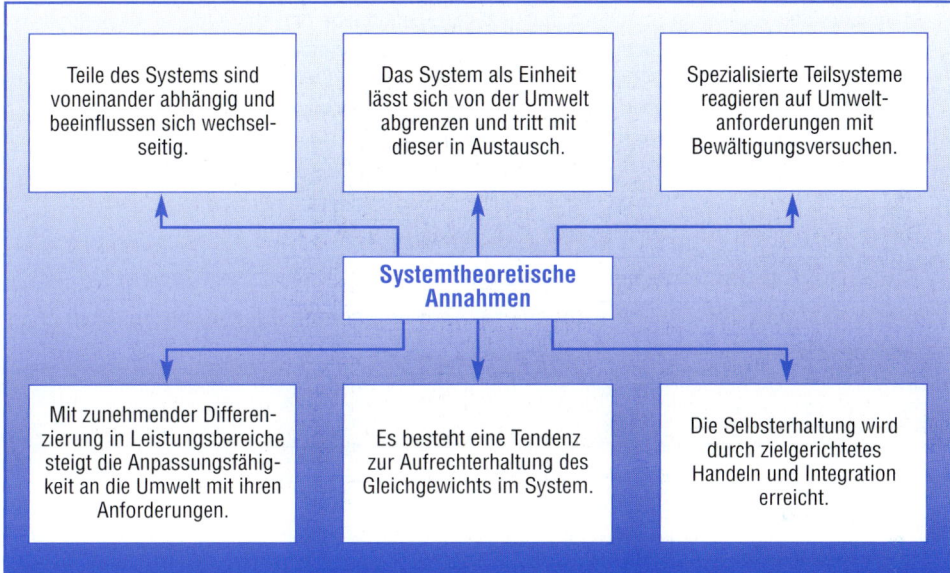

Damit sich Systeme – sei es die Gesellschaft, die Wirtschaft oder eine kleine Gruppe – gegenüber den Anforderungen der Umwelt behaupten können, müssen sie sich intern soweit in spezifische Leistungsbereiche differenzieren, dass Anforderungen und Problemstellungen bewältigt werden. Jedes Teilsystem leistet deshalb einen Beitrag für die Stabilität und Erhaltung des Gleichgewichts des Gesamtsystems und erfüllt für dieses wichtige Funktionen bzw. Aufgaben.

> **Eine Funktion ist eine Problem- bzw. Aufgabenstellung, die eine Gruppe oder einzelne Elemente lösen müssen, um als soziales System in der Umwelt überleben zu können. Elemente bzw. Teile des Systems erfüllen zu diesem Zweck bestimmte Aufgaben.**

Schulen erfüllen für die Gesellschaft die Funktion, das Bildungsniveau zu mehren oder eine angemessene Berufsausbildung zu ermöglichen.

„Überleben bedeutet, dass ein System seine Grenzen aufrechterhält." *(Münch, 2004, S. 69)*

5.2.3 Analyse von Handlungssystemen nach dem AGIL-Schema

Eine Bedingung für das Überleben von Systemen – und damit auch der Gesellschaft – ist, dass sie wie alle Handlungssysteme (zum Beispiel Gruppen wie eine Familie oder große gesellschaftliche Systeme wie Politik und Wirtschaft) vier **Grundfunktionen** bzw. Aufgaben erfüllen müssen (vgl. *Junge, 2002, S. 195 f.*):

- **A wie Adaptation (Anpassung)**

    Systeme müssen dafür sorgen, dass sie sich an verändernde Einflüsse, Anforderungen oder Bedingungen der Umwelt anpassen und die dafür erforderlichen Ressourcen[1] gewinnen und bereitstellen können.

    Die Familie als Kleingruppe besteht nicht für sich alleine, sondern sie lebt in der sozialen Umwelt einer Vielzahl anderer Gruppen (wie Freundeskreise, Schulklassen, Arbeitsgruppen usw.). Um Handlungsziele realisieren zu können, hat jede Gruppe nur eine begrenzte Anzahl an Ressourcen zur Verfügung wie zum Beispiel die Unterstützung durch Freunde, Eltern oder auch individuelle Kompetenzen, körperliche Fähigkeiten usw. Das Handeln und das Erreichen der Ziele der Gruppe, der ein Individuum angehört, ist zwangsläufig durch deren Umwelten, also andere Gruppen und deren Ressourcen beeinflusst. Familien müssen sich zum Beispiel an die schulischen Belange anpassen. Möchte die Mutter eines schulpflichtigen Kindes wieder halbtags berufstätig sein, muss sie ihre Arbeitszeit mit dem Stundenplan des Kindes abstimmen oder, wenn dies nicht vereinbar ist, ihre Eltern oder ihre Freundin um Unterstützung bei der Betreuung ihres Kindes bitten.

- **G wie Goal-Attainment (Zielerreichung)**

    Systeme setzen sich situationsabhängige Ziele und sorgen dafür, dass sie diese erreichen. Individuelle Ziele sind mit den Zielen des Gesamtsystems und den Umweltgegebenheiten abzustimmen. In Entscheidungssituationen sind unterschiedliche Ziele auf ihre Realisierbarkeit hin zu prüfen.

    Gruppenmitglieder verbringen oft viel Zeit mit Diskussionen darüber, was die Gruppe eigentlich will, welche Ziele verfolgt und wie diese Ziele angestrebt werden sollen. Veränderte Anforderungen verlangen nach neuen Zielformulierungen.

- **I wie Integration (Integration)**

    Systeme müssen dafür sorgen, dass ein gewisses Maß an Zusammenhalt und Einheitlichkeit besteht und ein bedrohliches Maß an Abweichung verhindert wird. Teilbereiche eines Systems werden so miteinander koordiniert, dass das Überleben des Gesamtsystems gewährleistet ist. Anstehende Aufgaben und zur Verfügung stehende Ressourcen sind so zu verteilen, dass diese Aufgaben erledigt werden können.

    Gruppen nehmen bestimmte Aufgabenteilungen vor, so zum Beispiel ist jemand für die Organisation, für die Entwicklung von Ideen, für die Beschaffung von Material usw. zuständig. Alle diese Tätigkeiten und der Einsatz von Fähigkeiten bzw. Kompetenzen müssen so abgestimmt sein, dass sie zusammenpassen und die Gruppe als erkennbare Einheit ergeben.

- **L wie Latent pattern maintenance (Norm- bzw. Strukturerhaltung)**

    Schließlich muss ein System einerseits dafür sorgen, dass es für die Erfüllung bestimmter Aufgaben erforderliche Grundstrukturen und Ordnungen erhält, andererseits trotz Veränderungen Kontinuität sichert. Erprobte Verhaltens- und Wertemuster sind langfristig zu bewahren.

    Vereine formulieren eine bestimmte Satzung, welche der Gruppe eine innere Struktur gibt. Ohne die Einhaltung dieser Satzung würde sich der Verein schnell auflösen und Ziele könnten nicht erreicht werden.

---

[1] *Ressourcen: Hilfsquellen*

Diese vier Funktionen wirken in zwei Richtungen: **Austausch mit der Umwelt und Erhaltung des Gleichgewichts** (vgl. Abels, 2004², Band 1, S. 234 ff.):

- **Austausch zwischen dem System und der Umwelt**

  Mit der **Anpassungsfunktion** wird ein System geschaffen, um sich auf veränderte und unstabile Situationen einzustellen. Die Funktion der **Zielverwirklichung** dient dazu, ein optimales Verhältnis zwischen dem System und seiner Umwelt zu erreichen. Das System ist bestrebt, das optimale Verhältnis immer wieder neu einzurichten, indem es versucht neue Ziele zu erreichen. Beide Funktionen – Anpassungs- und Zielverwirklichung – tragen dazu bei, dass es dem System gelingt, trotz neu aufgenommener Elemente aus der Umwelt, wieder einen Gleichgewichtszustand herbeizuführen. Bei dem Umgang mit der Umwelt sorgt das System aber auch dafür, dass neben Veränderung auch Stabilität und Ordnung im System entsteht.

- **Erhaltung des Systemgleichgewichts**

  Durch die **Funktion der Integration** sind die wechselseitige Anpassung aller Elemente im System und die Wiederherstellung eines fließenden Gleichgewichts garantiert: Durch Aufnahme eines neuen Elements aus der Umwelt kommt es zu Systemstörungen. Nach gelungener Integration besteht ein neuer Gleichgewichtszustand. In diesem Sinne ist das Fließgleichgewicht zu verstehen. Die Funktion der Strukturerhaltung sichert Kontinuität innerhalb des Systems.

Diese für das Bestehen eines Handlungssystems zwingend zu erfüllenden Aufgaben fasst *Parsons* im so genannten **AGIL-Schema** zusammen, benannt nach den Anfangsbuchstaben der englischen Bezeichnungen. Es dient dem Zweck, ein Handlungssystem in seinen Beziehungen zu den Umwelten zu analysieren.

Im Konzept des AGIL-Schemas, das auch als *allgemeines Handlungssystem* bezeichnet wird, verknüpft *Parsons* den Handlungsbegriff mit systemtheoretischen Annahmen.

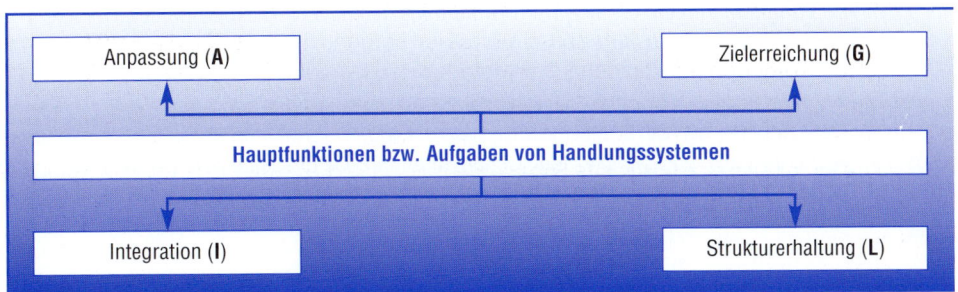

In der weiteren Entfaltung der Theorie verbindet *Parsons* verschiedene Handlungssysteme zu einem konzeptionellen Rahmen. So werden **das Persönlichkeitssystem, das soziale System, das kulturelle System und das Organismussystem** (Verhaltensorganismen) **als Teilsysteme zu einem allgemeinen Handlungssystem verbunden**. Er greift die Frage auf, in welcher Form die oben beschriebenen Hauptfunktionen durch jeweils darauf spezialisierte Teilsysteme erfüllt werden (vgl. *Parsons, 2003[6], S. 12–16*):

- **Das Organismussystem** (erfüllt die **A**-Funktion: Anpassung)

  Der menschliche Organismus, leistet die (körperliche) ***Anpassung*** an die Umwelt. Hier entspringen zum einen die körperlichen Bedürfnisse wie zum Beispiel Hunger oder sexuelle Lust, die zu entsprechendem Handeln drängen. Umschrieben werden hier biologische menschliche Eigenschaften.

- **Das Persönlichkeitssystem** (erfüllt die **G**-Funktion: Zielerreichung)

  Das Persönlichkeitssystem wird als der Bereich der individuellen Identität eines Menschen verstanden, auf deren Basis er seine Handlungsstrategien entwickelt. Die menschliche Persönlichkeit sorgt für die ***Zielverwirklichung***; diffuse körperliche Antriebe, Bedürfnisse und die Vielfalt körperlicher Fähigkeiten werden zu Motiven des Handelns.

  So zum Beispiel führt Hunger zu dem Wunsch, etwas zu essen.

  Das Ziel aller Handlungen ist die Befriedigung individueller Bedürfnisse und die Optimierung von Belohnungen.

- **Das soziale System** (erfüllt die **I**-Funktion: Integration)

  Das soziale System wird bestimmt durch Beziehungsmuster zwischen handelnden Menschen in ihrer Eigenschaft als Träger sozialer Rollen, wodurch sich eine bestimmte Ordnung sozialer Interaktionen ergibt. Gesellschaften müssen ebenso wie andere soziale Systeme (zum Beispiel Unternehmen, Familien, Vereine) Probleme bewältigen, welche sich durch soziale Interaktion ergeben. Ihre zentrale Aufgabe ist die ***Integration***. Durch Werte, Normen und soziale Rollen erhält das Handeln eine weitere Orientierung.

- **Das kulturelle System** (erfüllt die **L**-Funktion: Norm- bzw. Strukturerhaltung)

  Das kulturelle System garantiert die ***Struktur- bzw. Normerhaltung***, aber auch Normenwandel. Soll eine Gesellschaft funktionieren, braucht es Werte und Normen, die von allen geteilt werden.

  Eine generelle kulturelle Orientierung kommt zum Beispiel in der Sprache, im Lebensstil usw. zum Ausdruck.

„Wir betrachten soziale Systeme zusammen mit kulturellen und Persönlichkeitssystemen sowie Verhaltensorganismen als primäre Bestandteile des allgemeinen Handlungssystems […]. Die Unterschiede zwischen den vier Handlungssubsystemen sind rein funktionaler Natur. Sie richten sich nach den vier Hauptfunktionen, die wir allen Handlungssystemen zuweisen: nämlich Normerhaltung, Integration, Zielverwirklichung und Anpassung." (Parsons, 2003[6], S. 12)

Zum weiteren Verständnis ist wichtig, dass weder das soziale System noch das Persönlichkeitssystem konkrete Abbildungen der Wirklichkeit darstellen, sondern von Talcott Parsons als analytische Konstruktionen entwickelt wurden. Die Gesellschaft ist für ihn das umfassendste Sozialsystem, von der Betrachtung her jedoch eins von vielen.

Theorien der Soziologie: Die struktur-funktionale Theorie

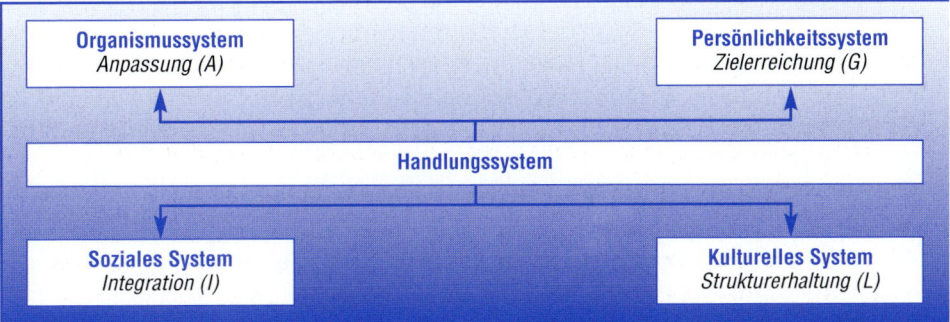

Wie bereits ausgeführt, sind die Systemteile untereinander abhängig und beeinflussen sich wechselseitig. In einem weiteren Schritt analysiert *Parsons* deshalb die Wechselbeziehungen zwischen den vier Handlungssystemen und ihrer Umwelt. Er spricht von einem Prozess der gegenseitigen Durchdringung, den er als **Interpenetration** bezeichnet.

Interpenetration umschreibt den Sachverhalt, dass Teilsysteme untereinander in Beziehung stehen, sich wechselseitig austauschen und durchdringen.

Die Interpenetration wird im Folgenden am Vorgang der ***Internalisierung, Institutionalisierung und Sozialisation*** aufgezeigt:

- **Internalisierung**: Der Vorgang der Verinnerlichung von Werten und Normen in der Persönlichkeit weist auf eine Verbindung zwischen Kultur- und Persönlichkeitssystem hin. Inhalte des kulturellen Systems werden Teil der Persönlichkeit und umgekehrt wird die Persönlichkeit in Form des persönlichen Lebensstils Teil der Kultur. Das Individuum nimmt bei seinen Handlungen Rücksicht auf Normen und Werte, es bestimmt deren jeweilige Bedeutung für sich als Person, indem es über individuelle Bedürfnisse und Handlungen reflektiert.

Ein Kind zum Beispiel verinnerlicht im Laufe seiner Erziehung die Norm, dass es nicht stehlen darf, auch wenn es einen begehrten Gegenstand unbedingt besitzen möchte.

- **Institutionalisierung**: Unter Institutionalisierung versteht *Parsons*, dass sich in sozialen Systemen wie in der Familie, in Organisationen usw. relativ konstante Handlungs- und Beziehungsmuster herausbilden. Werte und Normen werden in verbindliche Regeln umgesetzt, die in konkreten Handlungssituationen anwendbar sowie darüber hinaus auch strukturell verankert sind und damit die Verhaltensweisen von Individuen bestimmen. Das kulturelle System ist das System der Werte und Normen, die über den Prozess der Institutionalisierung in das soziale System eingehen. Das Sozialsystem wird Teil des Kultursystems in Form allgemein gültiger sozialer Werte und Normen[1].

Für soziale Interaktionen in der Gesellschaft (= ein Sozialsystem) werden kulturelle Symbole wie zum Beispiel Rituale der Begrüßung übernommen.

- **Sozialisation**[2]: Sozialisationsprozesse konfrontieren Menschen mit den Erfordernissen von Kultur und Gesellschaft. Im Verlauf der Sozialisation übernimmt das Individuum gesellschaftliche Wertvorstellungen, die so ein Teil der eigenen Bedürfnisstruktur, Identität und Motivation werden. Soziale Normen und Werte gehen in die Persönlichkeit des Individuums ein, umgekehrt wird die individuelle Persönlichkeit Teil des So-

---

[1] Auf soziale Institutionen als Gegenstand der Soziologie wird in Kapitel 1.2.4 eingegangen
[2] Sozialisation wird in Kapitel 3.4 ausführlich dargestellt

zialsystems. Menschen erwerben durch diesen Vorgang auch die Fähigkeit zum Rollenhandeln. Über soziale Rollen tritt die Gesellschaft in bestimmten Situationen mit Erwartungen an das Individuum heran. Da Rollen jedoch im Laufe des Sozialisationsprozesses als Bestandteile in die Persönlichkeit eingehen, kann die Person im Rollenhandeln auf Erwartungen von außen reagieren und dabei verinnerlichte Wertvorstellungen realisieren.

Voraussetzung für die Übernahme von Normen und Rollen ist die Einbindung des Individuums in ein Sozialsystem. Erst als Mitglied eines Sozialsystems fühlt es sich der Gemeinschaft verbunden, indem es ein Zugehörigkeitsgefühl entwickelt und sich mit einzelnen Repräsentanten wie zum Beispiel Vater, Mutter, Lehrer, usw. dieser Gemeinschaft identifiziert (vgl. *Münch, 2004, S. 60 ff.*).

Materialien 2

Das Kind erlernt von seinen Bezugspersonen soziales Verhalten, übernimmt in verschiedenen Gruppen bestimmte Rollen (Tochter, Sohn, Schüler/in, Freund/Freundin usw.) und die damit verbundenen Verhaltensweisen.

5.2.4 Gesellschaft als Ordnung von Handlungssystemen

Bei der Analyse der Handlungssysteme geht *Parsons* sehr differenziert vor. Auf der nächsten Ebene betrachtet er das **soziale System**[1]. Die Gesellschaft als umfassendstes Sozialsystem muss im Stande sein, Kontrolle auszuüben über den Austausch mit ihrer Umwelt, die Handlungen innerhalb eines bestimmten Territoriums und die Persönlichkeiten ihrer Mitglieder. Integration der Gesellschaftsmitglieder ist nur erwartbar, wenn die Persönlichkeiten sich den geltenden Werten verpflichtet fühlen.

Auch die Gesellschaft enthält als Basisstruktur Teilsysteme, die zu ihrer Erhaltung im Austausch mit Systemen ihrer Umwelt stehen. Die Gesellschaft unterteilt sich nach *Talcott Parsons* in **vier Subsysteme**, welche ebenfalls die in *Abschnitt 5.2.3* beschriebenen Hauptfunktionen erfüllen (vgl. *Münch, 2004, S. 77–91*):

- **Das Wirtschaftssystem** (erfüllt die A-Funktion: Anpassung)
  Die Funktion der Anpassung wird vom Wirtschaftssystem übernommen, weil ökonomisches Handeln dafür sorgt, dass Güter und Ressourcen für die Gesellschaft zur Verfügung stehen und folglich Anpassung an wechselnde Umweltbedingungen möglich wird. Das Wirtschaftssystem wickelt seine Austauschbeziehungen mit dem Medium **Geld** ab.

  Mit Geld kann sich ein Schüler, der gerne liest, ein soziologisches Fachbuch kaufen. Wird das Buch nicht mehr benötigt, kann er es auf einem Flohmarkt wieder verkaufen. Auch große Firmen kaufen und verkaufen Güter und Dienstleistungen.

---

[1] *Auf das soziale System als Gegenstand der Soziologie wird in Kapitel 1.2.3 eingegangen.*

- **Das politische System** (erfüllt die G-Funktion: Zielerreichung)
  Die Funktion der Zielverwirklichung ist dem politischen System zugeordnet, in dem die gesellschaftlich notwendigen Entscheidungen getroffen werden. Zielerreichung bedeutet in diesem Zusammenhang das Herstellen befriedigender Beziehungen zwischen einer Gemeinschaft und ihrer Umwelt. Die Leistung des politischen Systems besteht darin, gesellschaftliche Ressourcen zu mobilisieren und dafür einzusetzen, dass gemeinsame Ziele erreicht werden. Das Medium, das von der Gemeinschaft anerkannt wird, ist legitime **politische Macht.**

  Die Regierung erlässt durch Mehrheitsbeschluss neue Gesetze, so zum Beispiel die Erhebung eines Pfandes für Mehrwegflaschen, mit dem Ziel, dass die Bürger einen Beitrag leisten, die Müllmenge zu reduzieren: Sie bringen ihre Flaschen und Dosen wieder zu den Geschäften zurück, statt sie in den Müll zu werfen.

- **Die gesellschaftliche Gemeinschaft** (erfüllt die I-Funktion: Integration)
  Die Funktion der Integration wird dem System der gesellschaftlichen Gemeinschaft mit seinen Normen und Regeln zugeordnet. Diese sorgen dafür, dass soziales Handeln auf berechenbare Weise abläuft und Handlungen aufeinander abgestimmt sind. Das Medium, worüber hier kommuniziert wird, ist der **Einfluss**, der im Dienste der Gemeinschaft erworben wurde.

  So zum Beispiel verfügen Menschen in verantwortungsvolleren Positionen wie Abgeordnete, Schulleiter oder Geistliche über mehr Einfluss und Anerkennung. Sie üben ihren Einfluss etwa durch Überredung aus. Ruft ein führender Gewerkschaftsfunktionär die Mitglieder seiner Gewerkschaft, zum Beispiel IG-Metall, zum Streik auf, so hat dieser sicherlich auf die Belegschaft eines Betriebes mehr Einfluss als ein Bezirksvorsitzender. Die Mitglieder untereinander folgen dem Aufruf aus einem Gefühl der Solidarität heraus.

- **Das sozial-kulturelle System** (erfüllt die L-Funktion: Norm- bzw. Strukturerhaltung)
  Es sorgt für die Erhaltung latenter Strukturen durch Kommunikation, welche über Symbole wie Gesten oder Worte stattfindet. Kultur ist der Hintergrund, vor dem sich Handlungen abspielen, sie gewährleistet Kontinuität. Werte und Normen erlauben stabile Orientierung und legen fest, was erlaubt und was verboten ist, über sie wird ein Konsens hergestellt, sie strukturieren jegliches Handeln. Demzufolge ist das Kommunikationsmedium hier eine **Wertbindung**.

  Durch Erziehung werden an die junge Generation bestimmte Werte und Normen vermittelt und durch Gesten und Worte werden im Handeln Übereinstimmungen erzielt. Sagt eine Mutter zu ihrem Kind, dass der Vater heute müde ist, weil er schwer gearbeitet hat, so weiß dieses zugleich, dass es rücksichtsvoll sein und ihn nicht zu sehr beanspruchen soll.

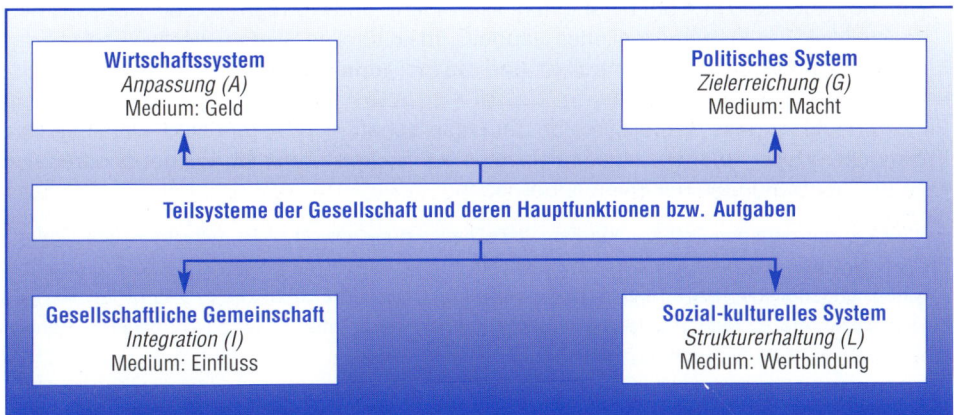

Das AGIL-Schema kann zur weiteren Differenzierung beliebig oft zur Anwendung kommen. Entsprechend diesem Prinzip lässt sich der Aufbau von sozialer Wirklichkeit bis in seine Feinstruktur beschreiben.

In Bezug auf das wirtschaftliche Teilsystem kann man fragen: Welche Funktionen müssen im wirtschaftlichen System erfüllt werden, damit dieses wiederum seine Aufgaben innerhalb der gesellschaftlichen Gemeinschaft leisten kann?

Funktionen des wirtschaftlichen Systems:

A-Funktion (Anpassung): Auch die Wirtschaft muss sich an ihre Umgebung anpassen, zum Beispiel durch bestimmte Produktionstechniken;

G-Funktion (Zielerreichung): Zielerreichung wird durch ein System der Steuerung und durch Entscheidungsformen ermöglicht, zum Beispiel Wirtschaftspolitik;

I-Funktion (Integration): Die Wirtschaft muss ein System von Normen und Regeln hervorbringen, zum Beispiel Wirtschaftsrecht;

L-Funktion (Norm- bzw. Strukturerhaltung): Systemkontinuität wird durch Kultur gewährleistet, also durch grundlegende Überzeugungen, Gewohnheiten, Prämissen usw., d. h. durch eine spezifische Wirtschaftskultur.

Eine Ebene tiefer kann man fragen: Welche Funktionen müssen in einem Unternehmen erfüllt werden, damit dieses seine Funktionen im wirtschaftlichen System erfüllen kann? Ein Unternehmen kann nur überleben, wenn es auf Veränderungen des Marktgeschehens, wie steigende oder sinkende Nachfrage, angemessen reagiert, die Mittel zur Erzeugung seiner Produkte bereitstellt (Anpassung) und die Unternehmensleitung die wirtschaftlichen Ziele des Unternehmens vorgibt (Zielerreichung). Weiterhin muss dafür gesorgt werden, dass eine Art Unternehmenskultur existiert, welche die wesentlichen Grundsätze des Unternehmens zum Ausdruck bringt (Strukturerhaltung). Schließlich müssen alle diese Aufgaben noch so aufeinander abgestimmt werden, dass sie nicht miteinander in Konflikt geraten (Integration).

Mit den Funktionen A (Anpassung), G (Zielerreichung), I (Integration) und L (Normerhaltung) ist ein hierarchisches System von Bedingungen verbunden (vgl. *Münch, 2004, S. 71*):

- Dies kommt in der **Rangfolge A – G – I – L** zum Ausdruck, wobei die Energie und Dynamik in A am höchsten und in L am niedrigsten ausgeprägt sind. Die größte Anpassungsfähigkeit an die Umwelt leistet der menschliche Organismus, während das kulturelle System eher am Erhalt sozialer Ordnung und Strukturen ausgerichtet ist.

- Zudem werden die Teilsysteme in eine **Kontrollhierarchie** mit der Rangfolge **L–I–G–A** gebracht: Informationsreichtum und Kontrolle bzw. Handlungsbegrenzung sind in L am höchsten und in A am niedrigsten. Über Werte und Normen wird ein Konsens hergestellt, sie strukturieren jegliches Handeln. Im kulturellen System werden Formen des gemeinsamen Handelns kontrolliert und die individuelle Orientierung bestimmt.

Es wird deutlich, dass die Teilsysteme der Gesellschaft nicht autark sind. Damit sie ihre Funktionen erfüllen können, ist jedes einzelne auf die Leistungsbeiträge der anderen und Austauschbeziehungen mit ihnen angewiesen.

Familien in der heutigen Zeit können ihre Sozialisationsfunktion oft nicht mehr in vollem Umfang erfüllen. Auf längere Sicht werden sich deshalb im wirtschaftlichen System Defizite bemerkbar machen: Jugendliche, die es infolge ihrer Sozialisationsdefizite nicht mehr gelernt haben, sich diszipliniert in die Hierarchie eines Betriebes einzufügen und miteinander zu kooperieren, können diesen betrieblichen Anforderungen nicht mehr gerecht werden.

5.2.5 Generalisierte Kommunikationsmedien

Um die Subsysteme und ihre Beziehungen untereinander analysieren zu können, führt *Talcott Parsons* den Begriff der generalisierten Kommunikationsmedien, **media of interchange** genannt, ein. Durch Geld, Macht, Einfluss und Wertbindung werden die Beziehungen in verschiedenen Bereichen der Gesellschaft geregelt. Die Teilsysteme bedienen sich bei der Erfüllung ihrer Aufgaben dieser Kommunikationsmedien:

- **Geld**: Es stellt das Medium des Wirtschaftssystems dar. Geld bietet Vorteile, für Geld ist fast alles zu erhalten.
- **Macht**: Sie ist das Medium des politischen Systems und sichert die Durchsetzung von Entscheidungen.
- **Einfluss**: Er ist das Mittel der Meinungsbildung und Überzeugungsarbeit. Über Einfluss wird die Integration in die gesellschaftliche Gemeinschaft geleistet.
- **Wertbindung**: Durch die Verinnerlichung eines Werte- und Normensystems orientiert der Einzelne in der Regel sein Verhalten daran.

Die Austauschprozesse zwischen den Teilsystemen erfolgen mit Hilfe dieser gesellschaftlich üblichen Medien. Nach *Talcott Parsons (1980, S. 15)* sind Medien „Steuerungsmechanismen der Interaktion".

Materialien 3

„Die von den Medien gesteuerten Interaktionsprozesse¹ funktionieren in der Weise, dass die symbolischen Mittel zum Zweck der Kooperation eingesetzt und ausgetauscht werden." (Parsons, 1980, S. 15)

Kommunikationsmedien verändern die Situation der Handelnden entscheidend. So eröffnen **Geld und Macht** unterschiedliche Möglichkeiten der Bedürfnisbefriedigung. Sie wirken für den Interaktionspartner motivierend als ***positive und negative Sanktionen***[2].

Ein Arbeitnehmer mit einer hohen Leistungsbereitschaft und einem hohen Engagement für die Firma erhält als Belohnung eine Gehaltszulage. Mit dem Geld kann dieser individuelle Bedürfnisse befriedigen. Diese Art der positiven Sanktion wirkt für den Arbeitnehmer motivierend. Der Chef hat aufgrund seiner Macht die Möglichkeit seinem Untergebenen Anweisungen zu erteilen, zum Beispiel Überstunden zu machen, was die individuelle Bedürfnisbefriedigung beeinträchtigt. Diese Anweisung wirkt demnach als negative Sanktion.

---

[1] Die beiden Begriffe soziale Interaktion und soziale Kommunikation sind in Kapitel 3.1.1 ausgeführt.
[2] Auf Sanktionen wird in Kapitel 4.1.2 eingegangen.

Die Medien **Einfluss und Wertbindung** verändern die **Intention** der Interaktionspartner durch **Überzeugungen oder Appelle an psychisch bindende Werte**. Auch sie wirken für die Interaktionspartner im Sinne von positiven und negativen Sanktionen motivierend (vgl. Schneider, 2002, S.162–171).

Ein Arzt, der seinem Patienten mit Übergewicht zu einer bestimmten Ernährungs- und Lebensweise rät, besitzt aufgrund seines besonderen Wissens Einfluss auf diesen, sofern der Patient davon überzeugt ist, dass der Arzt die Ernährungsumstellung in seinem Interesse ausgesprochen hat. Folglich wird er den Rat des Arztes befolgen. Er wird sich in Zukunft gesünder ernähren und bewusster leben. Er ist überzeugt davon, das Richtige zu tun. Dies bedeutet für den Patienten eine psychische Belohnung und wird somit als positive Sanktion wirksam.

In einer religiösen Gemeinschaft appelliert der Priester an die Einhaltung gemeinsamer Werte. Kommen die Mitglieder dieser Gemeinschaft zu der Überzeugung, dass moralisches Verhalten für die eigene Lebensführung unabdingbar sei, so hat der Priester durch Appelle soziale Kontrolle ausgeübt. Handelt ein Einzelner dem zuwider, wird er von Scham- und Schuldgefühlen geplagt sein. Auch wird ihm die Gemeinschaft ihre Achtung entziehen, was für den Betroffenen als negative Sanktion wirkt.

Wirkungsweise der Kommunikationsmedien

	Situation	Intention
Positive Sanktion	GELD (Anreiz)	EINFLUSS (Überzeugung)
Negative Sanktion	MACHT (Einschüchterung)	WERTBINDUNG (Appell an Wertbindung)

(vgl. Schneider, 2002, S. 170)

Durch positive und negative Sanktionen üben die Mitglieder der Gemeinschaft soziale Kontrolle aus.

Nach *Parsons* steht jedes Subsystem mit jedem anderen in einer doppelten Austauschbeziehung. Exemplarisch sollen zwei von vielen Leistungsverflechtungen **am Beispiel der Austauschbeziehungen der gesellschaftlichen Gemeinschaft mit dem Wirtschaftssystem und dem sozial-kulturellen System** aufgezeigt werden:

- **Gesellschaftliche Gemeinschaft und Wirtschaftssystem**: Haushalte gehören der gesellschaftlichen Gemeinschaft an, Unternehmen dem Wirtschaftssystem. Haushalte stellen den Unternehmen Arbeitskräfte mit ihrer Arbeitsleistung zur Verfügung, diese erhalten dafür Geldzahlungen (Löhne). Dieses Geld verwenden Haushalte wiederum dafür, die von den Unternehmen produzierten Waren zu kaufen. Der Austausch besteht darin, dass Haushalte ihre Arbeitsleistungen und Unternehmen ihre Verbrauchsgüter zur Verfügung stellen. Zwei Tauschvorgänge sind damit umschrieben, zum einen Arbeitsleistung – Löhne, zum anderen Konsumgüter/Dienstleistungen – Konsumausgaben. Einerseits wird damit Arbeitsteilung möglich, andererseits können Haushalte und Unternehmen trotz ihrer unterschiedlichen Interessenslagen ihre Handlungsziele unabhängig voneinander verfolgen (vgl. Schneider, 2002, S. 162).

  Mit Hilfe des Einkommens zum Beispiel wird Haushalten eine bestimmte Art der Lebensführung ermöglicht, durch die von den Unternehmen erwirtschafteten Gewinne ist auch künftig die Produktion gesichert.

- **Sozial-kulturelles System und gesellschaftliche Gemeinschaft**: Das sozial-kulturelle System sorgt dafür, dass Normen, die das Verhalten von Menschen beeinflussen, von diesen als legitim anerkannt werden. Umgekehrt werden Forderungen nach Loyalität gegenüber der Gemeinschaft nur dann als kulturell berechtigt angesehen, wenn sie im Einklang mit allgemeinen Werten sind. Die Gemeinschaft wiederum sorgt über das Medium Einfluss dafür, dass Menschen sich Werten verpflichtet fühlen, d. h. eine allgemeine Wertbindung entsteht.

> Werte wie Freiheit und Fairness beispielsweise werden für die Menschen in unserer Gesellschaft nur dann verbindlich sein, wenn ein Konsens darüber besteht, dass es sich um unverzichtbare Werte dieser Gesellschaft handelt, denen man sich verpflichtet fühlt.

Durch den Sozialisationsprozess werden nach Parsons grundlegende Wertorientierungen erworben.

5.2.6 Orientierungsmöglichkeiten für das Handeln von Menschen

Neben diesen verinnerlichten Werten und Normen besitzt der Mensch eine persönliche Motivation und damit individuelle Orientierungsmöglichkeiten für sein Handeln. Um in einer sozialen Situation bestimmte Absichten durchsetzen zu können, muss er bestimmte Handlungsstrategien bzw. Handlungsmuster entwickeln. Er bewertet, wählt zwischen verschiedenen Handlungsmöglichkeiten und trifft Entscheidungen. Die dahinter stehende Energie nennt *Talcott Parsons* persönliche Motivationen.

Menschen bringen in eine Handlungssituation immer spezifische Orientierungen – Absichten, Zwecke, Motive, Gefühle – und Einstellungen mit ein. Die Spannbreite verschiedener Handlungsmöglichkeiten eines Menschen in jeder Situation variiert demnach auf jeweils einem Kontinuum von zwei Polen wie **spezifisch – diffus** oder **affektiv – affektiv neutral**. Begriffspaare, die polare Typen von Orientierungen darstellen und Ausdruck dafür sind, dass Handeln individuelle Orientierungen mit dem kulturellen Sinnzusammenhang verbindet, bezeichnet Parsons als **pattern variables** (vgl. Mikl-Horke, 2001[5], S. 206)

> **Pattern variables sind Alternativen (Pole), zwischen denen der Handelnde wählen muss, und Ausdruck dafür, dass Handeln individuelle Orientierungen mit dem kulturellen Sinnzusammenhang verbindet.**

Mögliche Einstellungen des Handelnden gegenüber anderen Individuen in einer Situation variieren zwischen:

- **affektiv oder affektiv neutral**
  Entscheidend dafür, ob das Äußern von Emotionen zugelassen oder ausgeschlossen ist, ist das Ausmaß an emotionaler Beteiligung. Die Spannbreite der Verhaltensmöglichkeiten in sozialen Beziehungen liegt zwischen hoher Gefühlsbetontheit und gefühlsmäßiger Neutralität.

  > Innerhalb der Familie verhalten sich die beteiligten Personen stark emotional. Hat sich ein Kind verletzt, wird es die Mutter in der Regel trösten. Dagegen sind in bürokratischen Einrichtungen Gefühle von handelnden Personen eher unerwünscht. Das Rollenhandeln im Beruf ist gekennzeichnet durch sachlich-distanziertes, also ein affektiv neutrales Verhalten. In einer Prüfungssituation wird von einem Prüfer erwartet, dass er ohne Ansehen der Person eine Leistung gefühlsmäßig neutral bewertet.

- **spezifisch oder diffus**
  Die Handlungsausrichtung ist entweder sehr klar oder relativ diffus und somit an beliebigen Vorstellungen orientiert: alles ist erlaubt, es fehlen eindeutige Kriterien. In Bezug auf das Rollenverhalten ist die Bedeutung des Rollenpartners begrenzt und klar umschrieben (spezifisch) oder umfassend und unbegrenzt (diffus).

Betrachtet man das Rollenverhalten eines Bankangestellten, so ist dies sehr spezifisch, also relativ gezielt. Er berät den Kunden in Geldangelegenheiten, verhandelt mit diesem über einen Kredit, wobei er seine klaren Vorgaben über die Bedingungen von Seiten der Bank hat. Anders sieht dies in seinem Privatleben aus. Zu Hause ist er vielleicht Ehemann, Tröster bei Sorgen, Organisator für den Urlaub usw. Sein Handeln ist diffus, da er viele Nebenbedingungen berücksichtigen muss.

Die kognitive Bewertung anderer Personen durch den Handelnden variiert zwischen:

- **universell oder partikular**

  Die Ausrichtung von Handlungen ist universell, wenn man nach generellen bzw. allgemeingültigen Standards wie Recht oder Unrecht handelt und urteilt bzw. wenn in Situationen allgemeine Normen und Verhaltenserwartungen zum Tragen kommen. Es stehen rationale Kriterien im Vordergrund. Ist der Horizont der Handlung auf die unmittelbare Tätigkeit selbst beschränkt, auf eine einmalige, persönliche Beziehung, spricht man von einer partikularistischen Orientierung des Handelns in Bezug auf einzelne für die Person besondere, einmalige Menschen (die eigene Mutter, die Freundin).

  Wenn ein Schüler seiner Mutter erzählt, dass ihm vom Lehrer das Amt des Klassensprechers entzogen wurde, so wird die Mutter dazu neigen, für ihren Sohn (partikularistische Orientierung) wegen der vermuteten Fehlentscheidung Partei zu ergreifen. Maßgeblich für ihr Urteil ist die Bindung zu ihrem Sohn, weniger die Frage nach Recht oder Unrecht. Anders gestaltet sich die Situation für den Schulleiter, der sich u. U. mit dieser Frage beschäftigen muss. Sein Urteil über die Rechtmäßigkeit der Entscheidung des Lehrers muss sich an gesetzlichen und moralischen Regeln im schulischen Bereich oder über die schulische Gemeinschaft hinausgehend, universell orientieren.

- **zugeschrieben oder durch Leistung erworben**

  In einer Situation können als Entscheidungsgrundlage zugeschriebene unveränderliche Eigenschaften einer Person oder die erwartete Leistung in Bezug auf ein Handlungsergebnis relevant sein. Ein Handelnder kann seinem Gegenüber aufgrund von vorgegebenen, sozial definierten Eigenschaften wie zum Beispiel soziale Herkunft, Rasse, Abstammung usw. begegnen oder er orientiert sich an dessen Leistungsergebnis wie zum Beispiel eine durch Leistung erworbene berufliche Stellung.

  Denkbar wäre einerseits, dass die Bewertung einer schriftlichen Leistung eines Schülers oder Studenten ausschließlich auf der Grundlage der erbrachten Leistung erfolgt. Andererseits könnte es auch sein, dass diesem von seinem Prüfer aufgrund seiner Herkunft besondere Merkmale bzw. Eigenschaften (Qualitäten) zugeschrieben werden.

Folgende Möglichkeit der Handlungsorientierung lässt sich keiner der beiden oben genannten Gruppen zuordnen, da diese weder eine Einstellung des Handelnden gegenüber anderen Personen beschreibt noch Kriterien, nach denen ein Mensch andere bewertet und kategorisiert:

- **selbst orientiert oder kollektiv orientiert**

  Im Vordergrund steht hier die Frage, worauf sich die Handlungen beziehen – auf die Person selbst (**Selbstorientierung**) oder auf einen sozialen Zusammenhang (**Kollektivorientierung**). Die Person kann ihr Handeln an ihren Bedürfnissen, Interessen und Erwartungen oder aber auch an Normen, moralischen Wertstandards und kollektiven Überlegungen orientieren. Im beruflichen Leben richtet man sich mehr nach seinem eigenen Vorteil, während in der Familie eher erwartet wird, dass eigene Interessen den gemeinsamen Zielen tendenziell untergeordnet werden (vgl. Münch, 2004, S. 63–68).

  Eine Schülerin wählt ab der vierten Klasse, orientiert an ihren individuellen Leistungen, Bedürfnissen und Erwartungen, den Schultyp, den sie weiter besuchen will. In der Frage des Schulbesuchs generell hat sie keine Entscheidungsfreiheit. Schulpflicht bedeutet, dass die Gemeinschaft bereits für jedes Individuum – unabhängig von seinen Bedürfnissen – entschieden hat, da in unserer Kultur ein Zwang zur Bildung besteht.

Ein Handelnder muss in jeder Situation zwischen diesen fünf Alternativen wählen, seine Entscheidung kommt in seinem Verhalten zum Ausdruck, auch werden davon wechselseitige Erwartungen bestimmt.

Zusammenfassend lässt sich die Bedeutung dieser Orientierungsalternativen am Beispiel des Lehrberufs verdeutlichen. Nehmen wir an, die Einstellung des Lehrers zu seinem Beruf und seinen Schülern bzw. Schülerinnen ist *affektiv neutral*, nicht affektiv, er wird nicht aufgrund von Mitleid in den Lehrberuf gegangen sein. Seine Tätigkeit ist gekennzeichnet durch die Tatsache, dass er über eine entsprechende Qualifikation verfügt. Sie ist *spezifisch*, d. h. sie bezieht sich auf seine Schüler/innen, denen er etwas vermittelt, aber er sieht sich nicht verantwortlich für deren Lebensgestaltung. Die Pflicht zur Ausübung seiner Tätigkeit ist *universell*, sie besteht gegenüber allen Schülern und Schülerinnen, die bei ihm Unterricht erhalten. Er darf seine Lehrtätigkeit nicht nur auf eine Gruppe von Menschen, zum Beispiel in Abhängigkeit von einer Hautfarbe oder Herkunft beschränken. Der Beruf des Lehrers ist etwas, was *erworbene* Qualifikationen voraussetzt, ist verbunden mit einem bestimmten Ausbildungsgang und entsprechenden formalen Nachweisen. Das Recht zur Berufsausübung ergibt sich nicht aus Eigenschaften, die dem Lehrer zum Beispiel durch Geburt oder soziale Herkunft zugeschrieben werden.

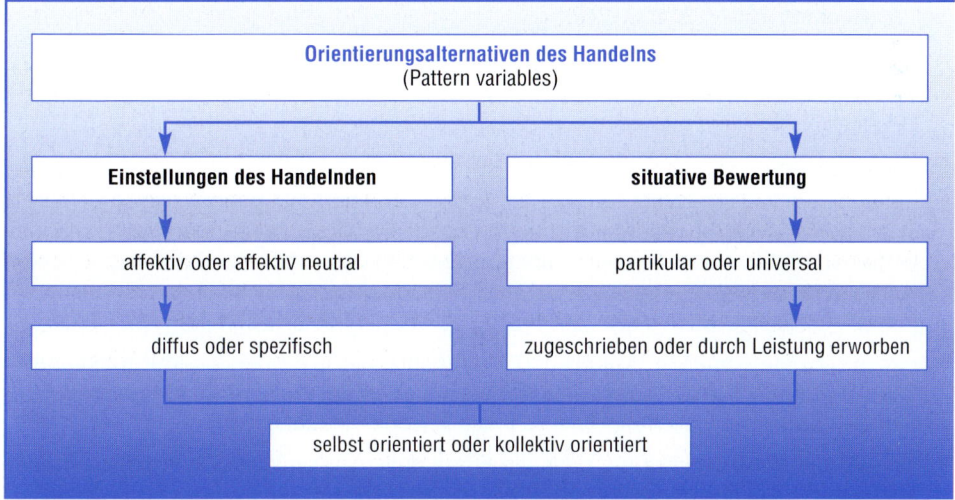

Diese Orientierungsalternativen betrachtet *Parsons* als charakteristisch für die Moderne und insbesondere für berufliches Rollenhandeln.

5.2.7 Kritische Würdigung der struktur-funktionalen Theorie

Die Leistungen von *Talcott Parsons* werden in der Soziologie international gewürdigt:

- Das funktionalistische Denkmodell geht davon aus, dass soziale Wirklichkeit nicht zufällig aufgebaut ist, sondern dass ihr eine erkennbare Ordnung zugrunde liegt. *Parsons* Anliegen war es, aus funktionalistischen Grundvorstellungen eine generelle Theorie der Gesellschaft zu entwickeln. Er entwarf ein abstraktes umfassendes und systematisches Modell zum Aufbau und zur Organisation von Handlungssystemen. Viele Begriffe der struktur-funktionalen Theorie bildeten die Grundlage für die moderne Soziologie. Die Rollentheorie mit ihrer Analyse typischer Formen des Rollendrucks, der Entstehung von Konflikten und des Ausbalancierens von verschiedenen Erwartungen haben erheblich zum Verständnis des Funktionierens sozialer Wirklichkeit beigetragen.

- Gut erfasst werden konnten mit der struktur-funktionalen Theorie allgemeine Entwicklungsprinzipien, die für alle Gesellschaften Gültigkeit besitzen. Daraus leitete sich die Annahme ab, dass unter den Bedingungen der industriellen Entwicklung verschiedene gesellschaftliche Systeme sich westlichen Industriegesellschaften angleichen würden. Dieses behauptete Zusammenwirken bestimmte die Erwartung hinsichtlich der Entwicklung von sozialistischen Gesellschaften und von Entwicklungsländern. Langfristig zeigte sich jedoch, dass diese Annahme nicht haltbar war, weil auch die westlichen Industriegesellschaften sich sehr unterschiedlich entwickelten hinsichtlich Wirtschaftswachstum, Demokratie, Rechtsstaatlichkeit und entsprechenden Wertvorstellungen.
- Eine wichtige Leistung Parsons war es, das Werk von Max Weber für die amerikanische Soziologie interpretiert zu haben. In den 60er und 70er Jahren verebbte das Interesse am Strukturfunktionalismus, erst in den 80er Jahren kam es zur Wiederbelebung der theoretischen Überlegungen von Parsons. Seine Theorie ist bis in die heutige Zeit hinein Ansatz für die Weiterentwicklung soziologischer Theorien geblieben.

Doch zur struktur-funktionalen Theorie wurden auch kritische Anmerkungen formuliert (vgl. *Mikl-Horke, 2001[5], S. 233–242*):

- Es handelt sich mehr um eine Ansammlung von Begriffen als um ein Theoriegebäude. Vermisst wird eine präzise übereinstimmend akzeptierte Definition des funktionalistischen Systembegriffs.
- *Parsons* Theorie lässt sich nur schwer mit empirischer Forschung verknüpfen.
- Eine weitere Kritik bezieht sich auf die Frage, ob eine funktionale Analyse echte Erklärungen sozialer Sachverhalte anbieten kann und ob sich hinter der Frage, wie man denn nun positive und negative Funktionalität feststellen könne, nicht eine versteckte Wertung verbirgt.
- Einige Gegenstandsbereiche wie zum Beispiel sozialer Wandel, abweichendes Verhalten, soziale Konflikte, Macht und Herrschaft, die in seiner struktur-funktionalen Theorie zunächst kaum oder zu einseitig behandelt wurden, versuchte *Parsons* später noch durch zusätzliche Elemente in die Theorie einzubauen.
- Es wird der Vorwurf erhoben, dass die Frage des sozialen Wandels in seiner Theorie zugunsten des Ordnungs- und Integrationsgedankens in den Hintergrund rückte.
- Im allgemeinen wird sozialer Wandel als Wandel sozialer Strukturen verstanden. *Parsons* interpretierte im Rahmen seiner Evolutionstheorie sozialen Wandel als Veränderungsprozess der gegebenen Strukturen, den Handlungsmustern und der Interaktionen, die sich in Normen, Werten und Symbolen niederschlagen. Wandel verläuft damit in geordneten Bahnen und vollzieht sich kontinuierlich aus den früheren Strukturen heraus. Umstürze und rasche Veränderungen durch Revolutionen können mit dieser evolutionären Sichtweise nicht umfassend erklärt werden.

Zusammenfassung

- Das heutige Bild der Soziologie wird durch eine Vielzahl an Theorien mit teils kontroversen Positionen bestimmt. Entsprechend dem soziologischen Gegenstandsbereich des sozialen Handelns und der institutionellen Strukturen, haben sich in der Soziologie neben Gesellschaftstheorien Handlungstheorien und Strukturtheorien entwickelt. Die bekannteste Handlungstheorie ist der symbolische Interaktionismus von *George Herbert Mead*, der zu jenen Richtungen gehört, die sich mit dem Mikroleben in der Gesellschaft beschäftigen. Die struktur-funktionale Theorie von *Talcott Parsons* – als Beispiel für eine Strukturtheorie – dagegen setzt sich mit makrosoziologischen Analysen auseinander. Die bekannteste Gesellschaftstheorie ist neben der kritischen Theorie von *Max Horkheimer* der historische Materialismus von *Karl Marx und Friedrich Engels*, der sich mit der Gesamtgesellschaft beschäftigt und makrosoziologisch argumentiert.

- In der struktur-funktionalen Theorie wird der Versuch unternommen, eine handlungstheoretisch fundierte Soziologie zu begründen und diese mit systemtheoretischen Annahmen zu verbinden. Der Handlungsbegriff ist eine tragende Säule von *Parsons* Theorie. Jedes Handeln setzt eine handelnde Person voraus. In jedem Handlungsakt wird deutlich, dass das Handeln sich an Normen und Werten orientiert und der Handelnde ein bestimmtes Ziel vor Augen hat, welches er durch Anwendung bestimmter Mittel versucht zu erreichen. Es findet aus einer bestimmten Motivation heraus statt. Zudem ist es immer in eine Situation eingebunden und spielt sich unter bestimmten Rahmenbedingungen ab. Die Gesellschaft wird als eine Art Organismus gesehen, bei dem einzelne Elemente im Sinne eines Systems funktional zusammenwirken.

- *Parsons* charakterisiert soziale Systeme dadurch, dass sie vorrangig sozial-interaktionale Probleme zu bewältigen haben. Handlungen zwischen Individuen müssen koordiniert werden, da zwischen individuellen Handlungen und gesellschaftlichen Strukturen Konformität herzustellen ist. Die Richtigkeit von Handlungen lässt sich aus gesellschaftlich anerkannten Normen und Werten ableiten. Die Konformität zwischen individuellen Handlungen und gesellschaftlichen Notwendigkeiten und die Koordination von Handlungen verschiedener Personen innerhalb eines sozialen Systems lässt sich durch soziale Rollen und Institutionen herstellen.

- Die struktur-funktionale Theorie sieht die Erfüllung verschiedener Funktionen als Voraussetzung für das Überleben eines Systems und folglich auch der Gesellschaft. Vier Problembereiche sind nach *Parsons* durch funktionale Erfordernisse zu lösen:
    - **A** (Adaptation – Anpassung): Beziehung zur Umwelt,
    - **G** (Goal attainment – Zielerreichung): Koordinierung individueller Ziele mit Zielen des Gesamtsystems,
    - **I** (Integration – Integration): Sicherung der Solidaritätsbeziehungen unter den Mitgliedern,
    - **L** (Latent pattern maintenance – Norm- bzw. Strukturerhaltung): Verfestigung von erprobten Verhaltensmustern.

    Diese vier Grundfunktionen dienen der Analyse sozialer Wirklichkeit. Sie werden im so genannten AGIL-Schema zusammengefasst.

- Durch die Analyse gesellschaftlicher Strukturen sucht *Parsons* Antworten auf die Frage, welchen Beitrag ein soziales Element (zum Beispiel die Familie) bzw. gesellschaftliche Teilbereiche (wie zum Beispiel Wirtschaft, Politik, Kultur) für das gesamtgesellschaftliche System leisten. Gesellschaft versteht *Parsons* als soziales System mit verschiedenen Untersystemen, die für ihre Erhaltung ebenfalls die vier Funktionen erfüllen müssen:
    - Das Wirtschaftssystem erfüllt die Anpassungsfunktion,
    - das politische System die Funktion der Zielerreichung,
    - die gesellschaftliche Gemeinschaft die Integrationsfunktion und
    - das sozial-kulturelle System die Funktion der Norm- bzw. Strukturerhaltung.

Zusammenfassung

- Bei der Erfüllung ihrer Funktionen bedienen sich die Subsysteme der Kommunikationsmedien Geld, Macht, Einfluss und Wertbindung. Die Austauschprozesse zwischen den Teilsystemen erfolgen über diese gesellschaftlich üblichen Medien. Der Mensch besitzt grundsätzlich fünf Handlungsalternativen bzw. Möglichkeiten der Wertorientierung:
  - affektiv oder affektiv neutral,
  - spezifisch oder diffus,
  - universell oder partikular,
  - zugeschrieben oder erworben,
  - selbst orientiert oder kollektiv orientiert.

  Bevor eine Handlung ausgeführt wird, muss das Individuum eine Entscheidung zwischen diesen fünf Paaren von Orientierungsalternativen treffen.

- *Parsons* entwickelt auch eine Perspektive, um zu erklären, wie gesellschaftliche Evolution stattfindet. Damit eine Gesellschaft ein höheres Niveau der Anpassung erreichen kann, muss sie sich differenzieren. Zunächst wirken Differenzierungsleistungen zwar als Störungen des systemischen Gleichgewichts. Für den Ausgleich dieser Spannungen und Diskontinuitäten sorgen jedoch Integrationsmechanismen, die das Gleichgewicht wieder herstellen.

Materialien Kapitel 5

1. Mechanismen sozialer Systeme

Nach *Parsons* hat jedes soziale System die folgenden zentralen Probleme zu lösen:

(**1**) adaptation: Beziehung zur Umwelt
(**2**) goal attainment: Zielkoordinierung
(**3**) integration: Systemisierung der Mitgliedschaftsbeziehungen
(**4**) pattern maintenance: Verfestigung des Erprobten

Auf der Basis dieser vier Grundfunktionen – sie sind als AGIL-Schema bekannt geworden – wird der Stellenwert sozialer Sachverhalte in einen je spezifischen funktionalen Bezug gesetzt. Der Begriff der **Funktion** wird dabei häufig lediglich als Wirkung – hier speziell als Wirkung auf das soziale System – beschrieben; andererseits schwingt bei „Funktion" die Dimension der „Möglichkeit" mit (z. B.: die Schule hat die Funktion, den Grad der Bildung zu vermehren oder eine „angemessene" Berufsausbildung zu gewährleisten).

In grober Annäherung lässt sich das funktionalistische Konzept in der folgenden Weise beschreiben: Man untersuche den Beitrag, den ein soziales Element (z. B. die Familie, das Scheidungsrecht) zum Gelingen des Ganzen stiftet und hat damit den Schlüssel zur Einsicht in die Bedeutung sowie die Existenz dieses Elementes in der Hand. Die Frage nach der Funktion ist daher eher eine Frage des „Wozu", weniger des „Warum". Damit steht die Erklärungsleistung der funktionalistischen Analyse zur Debatte. Falls der Funktionalismus nämlich beansprucht, Erklärungen im Sinne der kausalen Analyse zu liefern, muss er logisch zwingend zeigen, dass die Wozu-Frage in die Warum-Frage einmündet. Wie *Hempel* (1959) und *Nagel* (1956) gezeigt haben, ist es zumindest unbefriedigend, dass etwas durch die Folgen seiner selbst erklärt wird.

Die nahe liegendste Lösung dieses Problems scheint die Annahme eines **Selektionseffektes** zu sein. Auch *Parsons* bringt das funktionale Grunderfordernis der Adaptation ausdrücklich mit Darwins Prinzip der natürlichen Auslese in Verbindung. Die Existenz sozialer Institutionen, z. B. der Familie oder des Eigentums, wäre demnach durch eine Art Selektionsprinzip zu erklären: Weil und insofern sich die Strukturelemente eines sozialen Systems bewährt haben, werden sie beibehalten; nicht bewährte Elemente werden funktionslos und gehen verloren. Man beachte im Übrigen: Das quasi-biologische Selektionstionsprinzip legt hier eine analoge Schlussfolgerung zugrunde wie die behavioristische Lerntheorie. Auch hier werden erfolgreiche Handlungen beibehalten, erfolglose gehen verloren. *Malewski* (1977) hat daher den Vorschlag gemacht, eine **verallgemeinerte Lerntheorie** für die Verstärkung ganzer Funktionskomplexe anzuwenden. Die genaue Verknüpfung zwischen einer auf Handlungen konzentrierten Lerntheorie und einer auf Strukturen bezogenen Selektionsthese wäre indes noch zu leisten.

Obgleich nun die Überführung eines quasi-biologischen Selektionsprinzips in den sozialen Bereich problematisch ist, hat die funktionale Analyse zunächst einige Plausibilität. So lässt sich z. B. das „Überleben" der Institution Familie zweifellos vornehmlich damit erklären, dass diese Untereinheit zentrale Funktionen der Gesellschaft wahrgenommen hat und dass sie offensichtlich dazu besser in der Lage war als mögliche **funktionale Äquivalente** (z. B. Wohngemeinschaften). Ähnlich ließe sich hinsichtlich der Institution „Eigentum" argumentieren: Eigentumslose Gesellschaften können nicht erfolgreich operieren, weil die Früchte eigener Leistung nicht mehr zurechenbar sind. Schwieriger wird es freilich mit sozialen Elementen, die nicht zentrale Institutionen einer Gesellschaft sind. Befassen wir uns etwa mit Sachverhalten wie „Todesstrafe", „Scheidungsrecht" oder „Berufstätigkeit von Müttern", so sind hinsichtlich deren Funktionalität verschiedene Urteile möglich. Diesem Sachverhalt versuchen *Merton* (1968, dt. 1995) und *Levy* (1952) dadurch Rechnung zu tragen, dass jeweils **positiv funktionale** (eufunktionale) und **negativ funktionale** (dysfunktionale) Folgen sozialer Elemente unterschieden werden. Die eufunktionalen Wirkungen der „Berufstätigkeit von Müttern" wären etwa: berufliche Integration und Emanzipation, Förderung von Außenkontakten usw., die dysfunktionalen Wirkungen wären z. B.: Vernachlässigung der Erziehung von Kindern, defizitäre Versorgung des Haushalts etc.

Mertons Vorschlag, hinsichtlich der Funktionalität sozialer Elemente eine Art Bilanz aufzustellen und sodann den „Saldo" zu errechnen, zeigt jedoch schon das ganze Dilemma der funktionalen Betrachtungsweise. Die Frage nämlich, wie man positive oder negative Funktionalität, zumal unter dem Aspekt des sozialen Wandels, einwandfrei feststellen kann, bleibt höchst problematisch. Auch drängt sich uns der Verdacht auf, dass die anspruchsvolle Rede von der Funktionalität bzw. Dysfunktionalität sozialer Sachverhalte oftmals lediglich verschleierte Werturteile beinhaltet.

Quelle: Wiswede, 1998[3], S. 265 ff.

2. Gesellschaftlichkeit und Individualität

Für die Soziologie als Wissenschaft vom sozialen Handeln und als Gesellschaftswissenschaft ist die Thematik Sozialisation in dreifacher Hinsicht von allgemeiner Bedeutung:

- Erstens impliziert sie die Frage nach den Bedingungen einer Sozialisation, die die Individuen zur Erfüllung gesellschaftlicher Erwartungen und Anforderungen befähigt bzw. motiviert; sie hängt insofern eng mit der Thematik „Normalität" und „Abweichung" zusammen.

- Zweitens ermöglicht sie die Frage nach einer solchen Gestaltung gesellschaftlicher Lebensbedingungen, die der Entwicklung und Realisierung menschlicher Fähigkeiten zu eigenverantwortlichem, rational begründetem, sozial kooperativem und moralisch rechtfertigbarem Handeln förderlich ist.

- Drittens unterscheiden sich soziologische Theorien erheblich in ihrer jeweiligen Einschätzung der Stärke und Schwäche gesellschaftlicher Einflussnahmen auf die individuelle Entwicklung, also darin, ob sie eher die soziale Bestimmtheit oder die individuelle Selbstbestimmungsfähigkeit betonen.

Dass Sozialisation ein komplexer Prozess ist, in dem Menschen zugleich zu Mitgliedern ihrer Gesellschaft wie auch zu besonderen Individuen werden, kann durch folgende Überlegungen verdeutlicht werden:

- Menschen sind erstens einzigartige Einzelne, **Individuen**, die sich von allen anderen Individuen nicht nur in ihren körperlichen Merkmalen, sondern auch in ihrem Empfinden, Denken und Handeln unterscheiden. Dies gilt selbst für Individuen, die unter weitestgehend ähnlichen sozialen Bedingungen aufgewachsen sind und leben, also etwa nahezu gleichaltrige Geschwister. In der modernen Gesellschaft sind auch alle gesellschaftlich aufgefordert, sich als besondere Einzelne zu begreifen und darzustellen. Diesbezüglich behauptet bereits *Émile Durkheim* „den verpflichteten Charakter der Regel, die uns befiehlt" sich als je einzigartiges Individuum darzustellen.

- Zweitens gibt es offenkundig Situationen, in denen die Besonderheit des Einzelnen hinter sozial festgelegte, z. B. an das berufliche Handeln gebundene Regeln und Verhaltensmodelle zurücktritt, in denen wir anderen also nicht als einzigartige Individuen, sondern als Träger sozialer Erwartungen begegnen. Solche an soziale Positionen gerichtete Bündel von Erwartungen werden in der Soziologie als **soziale Rollen** bezeichnet. Die soziologische Rollentheorie hat darauf hingewiesen, dass die individuelle Besonderheit in solchen Situationen aufgrund der jeweiligen Rollen, die ausgeübt bzw. dargestellt werden (z. B. als Lehrer, Schüler, Bankbeamter oder Polizist), nur von zweitrangiger Bedeutung ist. Ein Aspekt des Sozialisationsprozesses stellt das Erlernen solcher vom einzelnen Individuum weitgehend abhebbarer Rollen dar.

- Drittens können Individuen als Mitglieder sozialer Bezugsgruppen und Organisationen betrachtet werden, für die angenommen wird, dass sie mit anderen Mitgliedern einer **Wir-Gruppe** (z. B. Familien, Verwandtschaften, Freundeskreise, Cliquen, Kirchengemeinden) bzw. **Organisation** (z. B. Kirchen, Parteien, Vereine, Verbände, Wirtschaftsbetriebe) gemeinsame Merkmale aufweisen, die sie von den Mitgliedern anderer Gruppen und Organisationen unterscheiden. Sozialwissenschaftliche Theorien, aber auch politische, religiöse und ethnische Ideologien behaupten darüber hinaus, dass solche Gemeinsamkeiten bzw. Unterschiede auch zwischen Menschen bestehen, die sozialen Klassen, Milieus und Schichten bzw. Ethnien und Nationen, also recht abstrakten sozialen Gebilden, zurechenbar sind.

- Viertens ist es unbestreitbar, dass Menschen grundlegende Gemeinsamkeiten aufweisen, die sie nicht von anderen Menschen, aber von anderen Lebewesen unterscheiden. Zu diesen Gemeinsamkeiten zu rechnen ist, dass Menschen sprach- und selbstbewusstseinsfähig sowie in ihrem Erleben und Handeln durch angeborene Merkmale und Dispositionen nur wenig festgelegt sind. Gewohnheiten, Gewissheiten, Überzeugungen, Eigenschaften und Fähigkeiten entwickeln sich erst durch Teilnahme an sozialer Kommunikation und Interaktionen sowie durch die Auseinandersetzung mit vorgefundenen Erwartungen, Gewohnheiten, Überlieferungen usw.

Die selbstverständlichen und den Einzelnen oft nicht bewussten Gewohnheiten und Routinen ihres Handels werden in der Soziologie als Habitus bezeichnet. *Norbert Elias (1897–1990)* bestimmt den **sozialen Habitus** eines Menschen als das „Gepräge, das er mit allen anderen Mitgliedern seiner Gesellschaft teilt". Er weist darauf hin, dass in modernen, komplexen Gesellschaften von einer Vielschichtigkeit der sozialen Habitus auszugehen sei, die im Individuum miteinander verwoben sind.

Die Praxis der Wahrnehmung und Beschreibung von Individuen als Angehörige einer Personengruppe beschreibt *Erving Goffman (1922–1983)* als Zuweisung einer **sozialen Identität**, das heißt dem zur „Kategorisierung von Personen" verwendeten „kompletten

Satz von Attributen, die man für die Mitglieder" einer sozialen Gruppe „als gewöhnlich und natürlich empfindet".

Menschen werden, so lassen sich diese Überlegungen zusammenfassen, durch Teilnahme an sozial vorstrukturierten Interaktions- und Kommunikationsprozessen zu sprach- und handlungsfähigen Individuen. Sie sind zugleich durch ihre jeweiligen gesellschaftlichen Kontexte beeinflusst, als auch besondere und selbstbestimmungsfähige Einzelne.

Quelle: Scherr, 2002[6], S. 51 ff.

3. Evolutionäre Wandlungsprozesse

Obwohl die Differenzierung in der vorangegangenen Erörterung vorrangig behandelt worden ist, sehen wir in ihr nur einen von *vier* primären Prozessen strukturellen Wandels, die, untereinander durch Interaktionen verbunden, eine „fortschreitende" Entwicklung zu höheren Systemstufen darstellen. Den anderen drei Prozessen geben wir die Bezeichnung: Standardhebung durch Anpassung, Einbeziehung und Wertverallgemeinerung (bei der Anwendung auf soziale Systeme).

Unter Differenzierung verstehen wir die Teilung einer Einheit oder Struktur in einem sozialen System in zwei oder mehr Einheiten oder Strukturen, die sich in ihren Merkmalen und ihrer funktionalen Bedeutung für das System voneinander unterscheiden. Wir haben schon ein komplexes Differenzierungsbeispiel erörtert: die Entstehung der modernen Beschäftigungsorganisation („Betrieb") aus dem diffuser funktionierenden bäuerlichen Familienhaushalt, welche Veränderungen in vielen Rollen, Gesamtheiten und Normen einschloss. Ein Differenzierungsprozess hat jedoch nur dann ein entwickelteres soziales System zur Folge, wenn jede neu differenzierte Komponente über ein größeres Anpassungsvermögen verfügt als die Komponente, die vorher deren primäre Funktion erfüllte. *Standardhebung durch Anpassung* ist der Prozess, durch den ein größeres Spektrum von Hilfsmitteln sozialen Einheiten verfügbar gemacht wird, so dass ihr Funktionieren von einigen, insbesondere sozialen Beschränkungen, denen ihre Vorgänger unterlagen, befreit werden kann. Moderne Fabriken fordern von den in der Produktion Tätigen viel stärker verallgemeinerte Dienstleistungsverpflichtungen als bäuerliche Haushalte, können aber ein größeres Gütersortiment viel wirtschaftlicher herstellen. Aus der erhöhten Komplexität eines Systems, das einen Differenzierungs- und Standhebungsprozess durchmacht, ergeben sich notwendigerweise Integrationsprobleme. Im Allgemeinen können diese nur durch die *Einbeziehung* neuer Einheiten, Strukturen und Mechanismen innerhalb des normativen Rahmens der gesellschaftlichen Gemeinschaft gelöst werden. Wenn z. B. Beschäftigungsorganisationen (Betriebe) vom Familienhaushalt differenziert werden, müssen die Autoritätssysteme beider Gesamtheiten stärker in der Normenstruktur der Gesellschaft verhaftet werden. Schließlich müssen die obigen Prozesse durch eine *Wertverallgemeinerung* vervollständigt werden, wenn die verschiedenen Einheiten in der Gesellschaft angemessene Legitimation und Orientierungsweisen für ihre neuen Handlungsmuster erlangen sollen. Wir haben oben bemerkt, dass die allgemeinen Wertmuster einer Gesellschaft auf die große Vielfalt der Situationen, in denen Handlung sozial strukturiert ist, zugeschnitten sein muss. Wir drehen den Sachverhalt nun um; wenn nämlich das Netz der sozial strukturierten Situationen komplexer wird, muss das Wertmuster selbst auf einer höheren Allgemeinheitsstufe fixiert werden, um die soziale Stabilität zu sichern.

Darüber hinaus möchten wir die Aufmerksamkeit noch auf einen weiteren Aspekt evolutionärer Entwicklungsprozesse lenken. Bei der Erörterung der verallgemeinerten Austauschmittel zwischen Einheiten eines sozialen Systems, nämlich Einfluss, politische Macht, Geld und Wertverpflichtungen, haben wir uns primär auf ihre offensichtlichste Funktion bezogen, welche in der Erleichterung des

Routineaustauschs zwischen differenzierten Einheiten des sozialen Systems besteht. Sie können jedoch auch eine schöpferische Ausweitung und Hebung der Tätigkeiten innerhalb sozialer Systeme erleichtern. Moderne Ökonomen haben gezeigt, dass Geld durch den Verleih- und Investitionsprozess ein sehr wichtiges Mittel zur Hebung des wirtschaftlichen Produktionsniveaus sowie zur Erleichterung des Austausches in einem arbeitsteiligen System sein kann. Wir haben an anderem Ort behauptet, dass diese grundlegende Eigenschaft des Geldes, d.h. seine Fähigkeit, die wirtschaftliche Produktivität durch den Kreditmechanismus zu steigern, im Funktionieren anderer verallgemeinerter Medien, vor allem von Macht und von Einfluss, Parallelen findet. So kann der Machtmechanismus die langfristige Leistungsfähigkeit, des politischen Gemeinwesens vergrößern und Einfluss zur Steigerung des Solidaritätsvermögens der gesellschaftlichen Gemeinschaft benutzt werden. Kurz zusammengefasst heißt das: Die Verankerung in einem Handlungssubsystem höherer Ordnung ist die grundlegende Bedingung für Standardhebungseffekte eines verallgemeinerten Austauschmediums. Deshalb ist kulturelle Entwicklung auf einer sehr breiten Grundlage wesentlich für die evolutionäre Weiterentwicklung sozialer Systeme. So liegen z. B. allen wichtigeren Wertverallgemeinerungsprozessen religiöse Entwicklungen zugrunde, und die Institutionalisierung neuer Technologien basiert auf der Weiterentwicklung des empirischen Wissens. Ausreichende Wertverallgemeinerung, die vor allem durch das Rechtssystem realisiert wird, ist Voraussetzung für wichtige Einbeziehungen in die Struktur der gesellschaftlichen Gemeinschaft. Für größere Entwicklungen im politischen Machtsystem ist eine Konsensgrundlage notwendig, die dem Einflussmechanismus ein angemessen weites Betätigungsfeld schafft. Und ein gewisser erhöhter politischer Integrationsgrad ist schließlich Voraussetzung für die Ausweitung von Geldwirtschaften über relativ einfache Stufen hinaus.

Quelle Parsons, 2003[6], S. 40 ff.

4. Handeln in der Familie

Die Interaktion der Familienmitglieder ist in der Regel *affektiv* bedeutsam, jedoch *affektiv neutrale* Interaktionen sind nicht ausgeschlossen. Es müssen ständig Aufgaben des täglichen Lebens besprochen und arbeitsteilig erledigt werden, zum Beispiel Einkaufen, Kontrolle der Hausaufgaben, Rasen mähen, Hausarbeiten, Tanken usw. Die Interaktion der Familienmitglieder ist wesentlich von der Sache her bestimmt. Dennoch können in solchen Situationen auch affektive Anteile relevant werden: Das Kind ist mit den Hausaufgaben überfordert, der genervte Vater schimpft mit dem Kind, dieses sucht Trost bei der Mutter. Die Mutter streichelt das Kind tröstend. Der Vater bedauert seine Ungeduld und schimpft auf den Lehrer, der von den Kindern viel zu viel verlangt. Er spricht beruhigend mit dem Kind, dieses kuschelt sich versöhnlich an den Vater – die positive emotionale Beziehung zwischen Vater und Kind und der Familienfrieden ist somit wieder hergestellt. Typischerweise richtet sich die affektive Bindung der Familienmitglieder nicht auf bestimmte Eigenschaften und Fähigkeiten, sondern auf die Gesamtperson. Sie ist deshalb nicht spezifisch, sondern *diffus* orientiert. Fragt zum Beispiel ein Ehepartner den anderen, „Warum liebst du mich?" – dann können Antworten wie zum Beispiel „Weil du so gut aussiehst", oder „Weil du so gut kochen kannst", oder „Weil du so klug bist" – Fragen wie „Nur deshalb?" oder „Was ist, wenn ich Falten bekomme?" oder „Was ist, wenn mein Intellekt nachlässt?" – nach sich ziehen. Unproblematisch wäre lediglich eine Antwort in dem Sinne, dass man am Partner alles liebt, seine Art, sein ganzes Wesen etc. Hier zeigt sich, dass eine diffuse Orientierung geradezu erwartet wird.

Darüber hinaus erwarten Familienmitglieder voneinander Rücksichtnahme auf die Wünsche und Interessen der anderen. Wer nicht zum Teilen bereit ist, immer seinen eigenen Kopf durchsetzen will usw. der wird als rücksichtslos und egoistisch bezeichnet. Das eigene Handeln muss sich am *Kollektiv orientieren* und nicht nur an eigenen Wünschen. Die Interaktion der Familienmitglieder ist nicht universal orientiert – als Frau, Mann, Mädchen, Junge –, sondern im Vordergrund steht vielmehr die individuelle Besonderheit der Person. Als wechselseitige Erwartung können aber auch partikularistische Orientierungen zum Tragen kommen, dies zeigt sich in Situationen, in denen ein Partner in Konfliktsituationen das Verhalten des anderen mit den Worten „Typisch Frau!" oder „Typisch Mann!" kommentiert. Die Familienmitglieder sind nicht aufgrund besonderer *Fähigkeiten* oder *Leistungen* füreinander bedeutsam, sondern als Träger *konstanter Eigenschaften*, die sie einander wechselseitig *zuschreiben* und als Grundlage der gemeinsamen sozialen Beziehung begreifen.

Quelle: Schneider, 2002, S. 131 ff.

Aufgaben und Anregungen Kapitel 5

Aufgaben

1. Vergleichen Sie Handlungstheorien, Strukturtheorien und die Theorie des historischen Materialismus miteinander, indem Sie die Unterschiede und Defizite der jeweiligen Theorie herausstellen. (Abschnitt 5.1)

2. a) Bestimmen Sie den Begriff „Handlung".
   b) Beschreiben Sie die Merkmale eines Handlungsaktes und erläutern Sie diese anhand eines Beispiels. (Abschnitt 5.2.1)

3. Stellen Sie systemtheoretische Annahmen der struktur-funktionalen Theorie dar. (Abschnitt 5.2.2)

4. a) Beschreiben Sie die einzelnen Funktionen des Vier-Funktionen-Schemas nach *Talcott Parsons* (AGIL-Schema).
   b) Wenden Sie das AGIL-Schema auf das Beispiel Familie, Partei oder Staat an. (Abschnitt 5.2.3)

5. Begründen Sie die vier Funktionen anhand folgender Fragen:
   - Wie ist in diesem System der Austausch mit der Umwelt organisiert? In welcher Form findet Anpassung statt?
   - Welche Ziele werden verwirklicht?
   - Wie sichert das System seinen inneren Zusammenhalt? Wie werden die Mitglieder integriert?
   - Wodurch wird die innere Ordnung aufrechterhalten?

   (Abschnitt 5.2.3)

6. Verdeutlichen Sie die Begriffe „Internalisierung", „Institutionalisierung" und „Sozialisation" jeweils anhand eines Beispiels. (Abschnitt 5.2.3)

7. a) Erläutern Sie das Funktionieren unseres Gesellschaftssystems mit Hilfe der struktur-funktionalen Theorie nach *Talcott Parsons*. (Abschnitt 5.2.3 und 5.2.4)
   b) Begründen Sie, wie es zu einem geordneten Zusammenleben von Menschen kommt. (Abschnitt 5.2.2 und 5.2.3)

8. *Parsons* wird vorgeworfen, dass er in seiner Theorie stillschweigend davon ausgeht, dass Personen und gesellschaftliche Systeme angepasst sein müssen. Er übertrage damit unzulässigerweise das biologische Ideal der Passung auf menschliche Gesellschaften. Erläutern und kommentieren Sie diese Kritik. (Abschnitt 5.2.3 und 5.2.7)

Aufgaben und Anregungen

9. a) Erläutern Sie die Grundbegriffe der Systemtheorie (Austauschprozesse, Gleichgewicht, Funktionen, Subsysteme ...) am Beispiel des menschlichen Organismus.
   b) Zeigen Sie auf, welche möglichen Ursachen Instabilitäten des Gesamtsystems haben. Berücksichtigen Sie auch mögliche Folgen von Ungleichgewichtszuständen. (Abschnitt 5.2.3)

10. Beschreiben Sie die politischen, wirtschaftlichen und kulturellen Bedingungen des sozialen Systems Gesellschaft. Welche Auswirkungen haben diese Bedingungen auf die Familien und die Sozialisation der Kinder in dieser Gesellschaft? (Abschnitt 5.2.4)

11. Beschreiben Sie die generalisierten Kommunikationsmedien nach *Parsons* und zeigen Sie deren Wirkung anhand eines Beispiels auf. (Abschnitt 5.2.5)

12. Begründen Sie die Funktionen von Kommunikationsmedien für die Regelung von sozialen Beziehungen. Suchen Sie ein historisches Beispiel, an dem Sie die Folgen des Verfalls eines Kommunikationsmediums aufzeigen können. (Abschnitt 5.2.5)

13. *Von Beschäftigten in einem Betrieb wird erwartet, dass sie auch dann miteinander zusammenarbeiten können, wenn sie einander unsympathisch sind. Private Streitereien dürfen die Kooperation am Arbeitsplatz nicht beeinträchtigen. Dabei ist der Interaktionspartner nicht als ganze Person, sondern nur in eingeschränkter Hinsicht, nämlich im Rahmen der spezifischen beruflichen Aufgaben relevant, die in der Kooperation mit ihm zu lösen sind. Dementsprechend beschränkt ist der Bereich der Themen, die in der Interaktion problemlos als „akzeptabel" vorausgesetzt werden können. Wer ein Thema ansprechen möchte, dessen Zusammenhang mit den beruflichen Aufgaben, die den Rahmen der Interaktion abstecken, nicht ersichtlich ist, muss mit der Möglichkeit einer Ablehnung rechnen (zum Beispiel „Was haben Sie heute Abend vor?" – „Ich glaube nicht, dass Sie das etwas angeht!").*
   Von einem Verkaufsleiter eines Unternehmens, der mit Kunden verhandelt, wird erwartet, dass er nach einem möglichst hohen Gewinn strebt. Typisch für das berufliche Handeln ist die Erwartung, dass der Vorgesetzte einen Mitarbeiter unabhängig von bestehenden persönlichen, freundschaftlichen Beziehungen auf die gleiche Weise behandelt wie die anderen Mitarbeiter.
   Für die Frage schließlich, welchen Status jemand innerhalb eines Unternehmens erhält, sind nicht unveränderliche Eigenschaften, sondern Fähigkeiten und Leistungen von ausschlaggebender Bedeutung. Dies gilt nicht nur wenn entschieden werden soll, wer eine übergeordnete Position und eine höhere Bezahlung erhält, sondern bereits für die Mitgliedschaft in einer Organisation. Über die Einstellung wird in Abhängigkeit von Fähigkeiten entschieden, die oft durch entsprechende Ausbildungsabschlüsse bzw. Qualifikationen belegt sein müssen. Fallen die Leistungen eines Mitarbeiters unter eine bestimmte Minimalgrenze oder werden mehr benötigt, kann die Mitgliedschaft zum Betrieb gekündigt werden.

    Analysieren Sie den oben stehenden Beispieltext auf der Grundlage der Handlungs- bzw. Wertorientierung (pattern variables). Ordnen Sie die Möglichkeiten der Wertorientierung den entsprechenden Textstellen zu und begründen Sie Ihre Entscheidung. (Abschnitt 5.2.6)

14. Zeigen Sie Handlungsalternativen bzw. Möglichkeiten der Wertorientierung (pattern variables) anhand eines Beispiels aus dem beruflichen und dem familiären Leben auf. (Abschnitt 5.2.6)

15. Unterziehen Sie die struktur-funktionale Theorie einer kritischen Würdigung. (Abschnitt 5.2.7)

Aufgaben und Anregungen

Anregungen

16. Fertigen Sie in Gruppen ein Mind-Map zur struktur-funktionalen Theorie an: Das Thema wird als Stichwort in die Mitte eines Blattes Papier geschrieben und stellt sozusagen den Baumstamm dar. Von diesem Stamm gehen Äste ab, die wiederum stichwortartig die zum Thema gehörenden Hauptgedanken beinhalten. Von den Ästen abgehende Zweige und schließlich Zweiglein gliedern das Thema weiter auf und beinhalten die Nebengedanken.

17. *Vier-Ecken-Spiel*
    - Alle Spielteilnehmer stehen in der Mitte des Raumes.
    - Der Spielleiter stellt zum Beispiel die Frage: „Welche Funktionen erfüllt die Schule für die Gesellschaft?"
    - Die Teilnehmer benennen die vier Grundfunktionen nach dem AGIL-Schema. Jeder der genannten Funktionen wird eine Ecke des Raumes zugeordnet.
    - Die Teilnehmer entscheiden sich für eine Funktion und begeben sich in die jeweilige Ecke des Raumes.
    - Die Personen, die sich in der jeweiligen Ecke treffen, überlegen sich eine fachlich fundierte Begründung für die eingangs gestellte Frage.
    - Die Begründungen werden im Plenum vorgestellt.
    - Nun können die Teilnehmer selbst Analysebeispiele benennen und eine Frage zur Anwendung des AGIL-Schemas formulieren.

18. *Ausstellung*
    - Sammeln Sie Kinder-, Jugendbücher, Informationen über Literatur und Film, Werbung und Musik der 50er und 60er Jahre (zum Beispiel Film mit James Dean: „Denn sie wissen nicht was sie tun").
    - Diskutieren Sie, welchen Einfluss diese kulturellen Faktoren auf die Kindheit, Jugend und Sozialisation hatten.
    - Erstellen Sie mit Ihren Fundstücken eine Ausstellung.

19. *Meine Sozialisation in der Kindheit und Jugend*
    - Charakterisieren Sie Ihre bisherigen Erfahrungen in dieser Gesellschaft mit sechs Begriffen.
    - Schreiben Sie diese Begriffe auf jeweils eine Metaplankarte.
    - Formulieren Sie anschließend zu jedem Begriff einen aussagekräftigen Satz, der Ihre Erfahrungen zum Ausdruck bringt.
    - Tauschen Sie sich im Plenum darüber aus.
    - Begründen Sie, welche Erfahrung für Sie die wichtigste war.

20. Die Gesellschaft in der heutigen Zeit ist vor das Problem gestellt, dass die Arbeitslosigkeit immer mehr steigt – mehr als 5 Millionen Arbeitslose gibt es in Deutschland. Die Gesellschaft als Handlungssystem unterteilt sich nach Talcott Parsons in vier verschiedene Teilsysteme. Es ist klar, dass die Teilsysteme der Gesellschaft nicht autark sind. Damit sie ihre Funktionen erfüllen können, ist jedes einzelne auf die Leistungsbeiträge der anderen angewiesen. Die Teilsysteme bedienen sich bei der Erfüllung ihrer Funktionen für die Gesellschaft folgender Kommunikationsmedien:

Subsystem	Funktion	Kommunikationsmedium
Wirtschaftliches System	Anpassung	Geld
Politisches System	Zielerreichung	Macht
Soziale Gemeinschaft	Integration	Einfluss (z. B. durch die Gründung von Bürgerinitiativen, in Wahlen usw.)
Kulturelles System	Norm- bzw. Strukturerhaltung	Wertbindung

- Spielen Sie diese Situation nach, indem jeweils zwei Personen die Aufgabe des wirtschaftlichen Systems, des politischen Systems, der sozialen Gemeinschaft und des kulturellen Systems darstellen. Versuchen Sie auf das Problem der Arbeitslosigkeit zu reagieren, indem Sie unter Berücksichtigung der zu erfüllenden Funktion und unter Verwendung des Kommunikationsmediums eine Lösung anstreben, die das Überleben der Gesellschaft sichert.

- Bevor Sie mit dem Spiel beginnen, beraten Sie sich mit Ihrem Partner, welche Strategie Sie in dieser Handlungssituation verfolgen wollen.

- Diskutieren Sie im Anschluss darüber, wie charakteristisch die einzelnen Teilsysteme gespielt wurden und wie die Austauschbeziehungen abliefen.

- Benennen Sie die Probleme, die bei der Verfolgung einzelner Ziele aufgetreten sind.

Theorien der Soziologie: Der symbolische Interaktionismus und der historische Materialismus

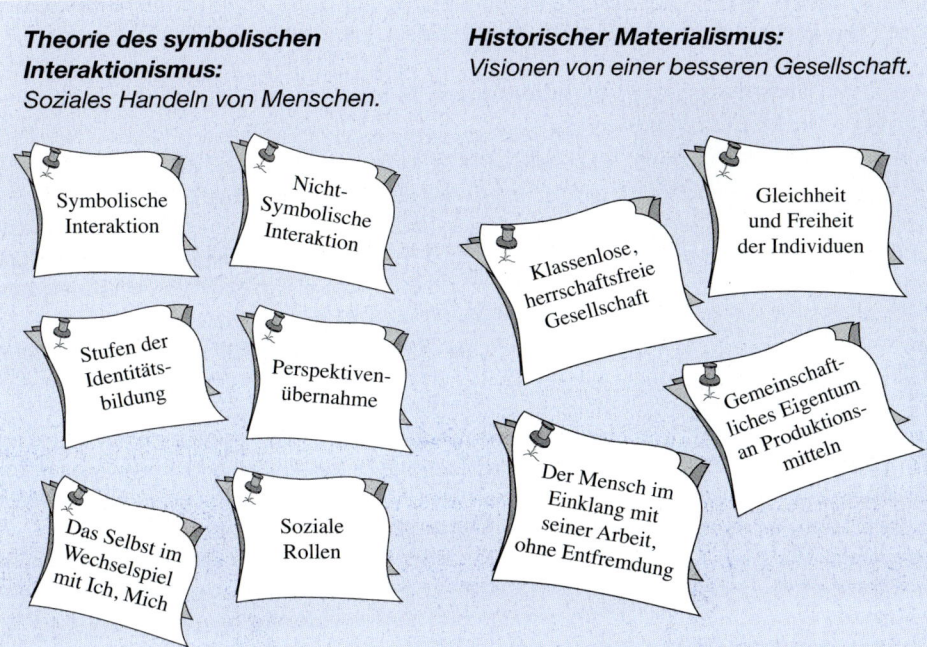

Zwei verschiedene Theorien mit unterschiedlicher Betrachtung menschlichen Zusammenlebens:

Der **symbolische Interaktionismus** von George Herbert Mead analysiert die Aktivitäten des Individuums, das Kommunikation/Interaktion aktiv gestaltet und dabei die eigene Identität entwickelt.

Der **historische Materialismus** von Karl Marx und Friedrich Engels analysiert die von Widersprüchen durchzogene kapitalistische Gesellschaft mit der Zukunftsvorstellung vom Zusammenleben freier Individuen in einer klassenlosen Gesellschaft.

Folgende Fragen werden in diesem Kapitel geklärt:

1. Welche grundlegenden Begriffe und Aussagen beinhaltet der symbolische Interaktionismus?
   Wie lässt sich das Zusammenleben von Menschen mit Hilfe dieser Theorie erklären?
   Worin liegen ihre Stärken, worin ihre Schwächen?

2. Welche grundlegenden Begriffe und Aussagen beinhaltet der historische Materialismus?
   Wodurch werden die gesellschaftlichen Verhältnisse bestimmt?
   Welche Entwicklung nimmt die kapitalistische Gesellschaft?
   Worin liegen die Stärken und Schwächen dieser Theorie?

6.1 Die Theorie des symbolischen Interaktionismus

Der symbolische Interaktionismus beschäftigt sich im Unterschied zur struktur-funktionalen Theorie[1] nicht mit der makrosoziologischen Perspektive, sondern dem Mikroleben der Gesellschaft – mit Individuen und ihren Handlungen in konkreten Interaktionssituationen. Es geht dem symbolischen Interaktionismus darum zu verstehen, wie soziales Handeln abläuft und strukturiert ist. Im Mittelpunkt der Betrachtungen steht das Individuum. Die Theorie wurde von *George Herbert Mead* begründet.

George Herbert Mead

wurde 1863 als Sohn eines protestantischen Pfarrers in New England geboren. Erst 1887 entschied er sich dazu, ein Philosophiestudium in Harvard durchzuführen – *Mead* war also ursprünglich kein Soziologe. In der Folgezeit wandte er sich nicht nur der Sozialphilosophie, sondern auch der physiologischen Psychologie und der Sozialpsychologie zu. Er hielt sich einige Jahre in Deutschland auf: 1888 in Leipzig, ab 1899 in Berlin. 1891 zog er nach Michigan in den Vereinigten Staaten, er lehrte dort Psychologie. Dort traf er auf *John Dewey* und *Charles H. Cooley*. Mit *John Dewey* verband *Mead* eine freundschaftliche Beziehung. Als dieser nach Chicago berufen wurde, folgte ihm *Mead* als Assistenzprofessor. Eine gegenseitige fachliche Beeinflussung war deutlich erkennbar. Er entwickelte jedoch in seiner Sozialpsychologie durchaus eigenständige Ideen und ging damit eigene Wege. Von 1894 an lehrte er an der „University of Chicago" am Department of Philosophy. Aufgrund seiner Zurückhaltung in Bezug auf Publikationen blieb *Mead* in der Fachwelt seiner Zeit relativ unbekannt. Sein Hauptwerk mit dem Titel *Mind, Self and Society („Geist, Identität und Gesellschaft")* bestand aus den Mitschriften seiner Vorlesungen und ist erst nach seinem Tod erschienen. *George Herbert Mead* starb im Jahr 1931 (vgl. Mikl-Horke, 2001[5], S. 192 f.).

Obwohl *George H. Mead* während seiner akademischen Tätigkeit Philosophie an der Universität in Chicago lehrte und ein philosophisches Werk hinterlassen hat, war sein Einfluss auf die amerikanische Philosophie eher gering, während er außerordentlich stark auf die Soziologie und Sozialpsychologie einwirkte. Er wurde zu einem Klassiker des Faches Soziologie. Man sieht in ihm den einflussreichsten Vertreter des symbolischen Interaktionismus. Sein Anliegen war die Analyse des Prozesscharakters sozialer Wirklichkeit. Er beschäftigte sich vorwiegend mit **Interaktionen zwischen Einzelnen und Gruppen, Rollen-, Perspektivenübernahme und Sozialisationsvorgängen** und betont in seiner Theorie ausdrücklich die aktiven Gestaltungsmöglichkeiten der Menschen in der Gesellschaft.

6.1.1 Das Handeln des Menschen in sozialen Bezügen

Von ihrer biologischen Ausstattung her sind Menschen wenig festgelegte Wesen, da sie mit ihrer Geburt nicht als sprach- und handlungsfähige Individuen in soziale Zusammenhänge eintreten[2]. Für die Entwicklung der Sprach- und Handlungsfähigkeit ist die Teilnahme an sozialen Kommunikationsprozessen unverzichtbar. Der Mensch erfährt dadurch die Bedeutung von Gegenständen und Handlungen und erwirbt so die Sprache.

---

[1] Die struktur-funktionale Theorie ist ausführlich in Kapitel 5.2 dargestellt.
[2] vgl. hierzu Kapitel 1.1.2

Ein Individuum handelt sozial, sofern es sein Verhalten auf das Verhalten eines anderen Individuums bezieht. Eine soziale Beziehung entsteht, sobald mehrere Menschen ihr Verhalten wechselseitig aneinander orientieren. Ein solches **wechselseitig aufeinander bezogenes Verhalten zwischen zwei oder mehreren Personen** wird, wie in Kapitel 3.1.1 ausgeführt, als **soziale Interaktion** bezeichnet. Meads Analyse setzt nicht an individuellen Handlungen von Individuen, sondern bei deren Interaktion an. Handeln bezieht sich immer auf andere und ist in gesellschaftliche Bezüge eingebunden[1]. **Jedes Individuum** nimmt an diesem immer weiter fortschreitenden Prozess teil und **entwickelt sein soziales Selbst durch die soziale Interaktion und Kommunikation mit anderen**[2]. Gemeinsamer Ursprung von Sprache, Denken, Rationalität, Intelligenz ist der Prozess der Kommunikation („**universe of discourse**").

Soziale Kommunikation findet in Form von *Zeichen, Symbolen und Gesten* statt (vgl. Abels, 2004[2], S. 215):

- **Zeichen**: Darunter werden Sinnesreize verstanden, die eine Reaktion instinktiv auslösen.

    Ein Kind hört einen lauten Donner, es zuckt unwillkürlich zusammen.

- **Symbole**: Sie bündeln Erfahrung in Form von Zeichen oder Begriffen, sie stehen sinnbildlich für etwas.

    Symbolfunktion haben beispielsweise Gegenstände, Melodien, Formen, Farben. Die Farbe Rot symbolisiert Liebe, Gelb Eifersucht, Grün steht für Hoffnung usw.

- **Gesten**: In ihnen kommt ein bestimmter Sinn einer sozialen Interaktion zum Ausdruck. Sie haben eine spezifische Bedeutung und lösen deshalb eine dementsprechende Reaktion aus.

    Ein bewaffneter Verbrecher, der von der Polizei gestellt wird, lässt seine Pistole fallen und hebt die Hände. Er macht mit dieser Geste seinen Verfolgern deutlich, dass er sich ergibt. Die Polizisten werden darauf hin nicht schießen.

Menschliches Bewusstsein und Denken entsteht und verändert sich durch Handlungen, die Individuen in sozialen Interaktionen mit anderen durchführen. Damit ist der Mensch kein autonomes, sondern ein *soziales Wesen*[3].

Im Mittelpunkt des symbolischen Interaktionismus steht die Analyse der Prozesse sozialer Interaktion, womit *George H. Mead* die wechselseitigen Beziehungen und Austauschprozesse zwischen Personen versteht, die mit Hilfe von verbaler und nichtverbaler Kommunikation wie zum Beispiel Sprache, Gesten, Gebärden stattfinden[4].

> Unter sozialer Interaktion versteht *George H. Mead* die wechselseitigen Beziehungen und Austauschprozesse zwischen Personen, die mit Hilfe von verbaler und nichtverbaler Kommunikation stattfinden.

Dabei werden zwei Arten sozialer Interaktion unterschieden:

- **Nicht-symbolische Interaktion**, die mittels Gesten ausgeführt wird. Soziale Beziehungen werden hier durch reflexartige Reaktionen geregelt, jedoch ohne Interpretationsleistungen der Personen.

    Ein Jugendlicher in einer Konfliktsituation reißt automatisch seinen Arm hoch, um einen Schlag seines Gegners abzuwehren.

---

[1] Soziales Handeln als Gegenstand der Soziologie ist in Kapitel 1.2.1 und 3.1.2 dargestellt.
[2] Der Begriff soziale Kommunikation wird ausführlich in Kapitel 3.1.1 geklärt.
[3] siehe Kapitel 1.1.2
[4] Eine allgemeine Begriffsklärung von sozialer Interaktion – unabhängig von dem Mead'schen Ansatz – befindet sich in Kapitel 3.1.1.

- **Symbolische Interaktion**: Menschliches Handeln erfolgt auf der Grundlage allgemein anerkannter Symbole. Die Bedeutung der Handlungen von Individuen steht nicht von vornherein fest, sondern muss durch Interpretation der verwendeten Gesten erst festgelegt werden. *Mead* spricht dann vom **Gebrauch signifikanter Symbole**. Damit sind sowohl nichtverbale (zum Beispiel grimmiges Gesicht) als auch sprachliche Gesten gemeint.

Zwei Jugendliche geraten in einen Streit. Ein Junge beginnt laut zu schreien und erhebt seine geballten Fäuste. Die dadurch gegebene Mitteilung lautet: „Ich werde dich gleich angreifen, wenn du mich nicht in Ruhe lässt!" Der Empfänger dieser Mitteilung soll dadurch zu einem bestimmten Verhalten veranlasst werden. Die Aufforderung kann lauten: „Lauf weg, wenn du nicht willst, dass ich dich angreife." Möglicherweise ergreift der Angegriffene tatsächlich die Flucht. In welcher Weise der Empfänger diese Geste interpretieren wird, hängt u. a. von dessen Erfahrungen ab.

> Von symbolischer Interaktion spricht man, wenn Menschen auf der Grundlage allgemein anerkannter Symbole handeln, welche für beide Interaktionspartner den gleichen Bedeutungsgehalt haben. Die Bedeutung wird bestimmt durch die wechselseitige Interpretation der ausgeführten Handlungen und des jeweils erwarteten Antwortverhaltens der Partner.

Die symbolisch vermittelte Interaktion ist die für den Menschen typische Form, weil nur der Mensch Symbole, also Zeichen, die für etwas stehen, verwendet.

Ein solches Symbol ist zum Beispiel der Fingerzeig, der für eine Belehrung steht; den Daumen nach oben halten, bedeutet etwa „toll", „gut gemacht".

Mit einer Geste oder Gebärde wird ein Handlungsakt begonnen. Gesten vermitteln der Person, die sie wahrnimmt, einen Hinweis auf die **Absicht und den Verlauf der bevorstehenden Handlung** des Individuums. Im nächsten Schritt wird die gemeinsame Handlung angezeigt, die aus der Verbindung der Handlungen beider hervorgeht.

Ein Jugendlicher, der mit einer Pistole eine Kassiererin im Supermarkt bedroht, vermittelt bereits ohne Worte, was sein Opfer tun soll – es soll ihm das Geld in der Kasse übergeben. Für die Kassiererin ist klar, was der Räuber zu tun beabsichtigt, nämlich den Supermarkt um das Geld in der Kasse erleichtern. Die Kassiererin wird die Kasse öffnen und dadurch mitteilen, dass sie bereit ist, das Geld zu übergeben. Der Verbrecher nimmt das Geld an sich.

Über Gesten werden Reiz-Reaktionsketten ausgelöst. Die Grundvoraussetzung, die jedoch den Menschen zu symbolisch vermittelter Interaktion befähigt, ist, dass im Unterschied zum Tier zwischen Reiz und Reaktion die Geste durch eine Verzögerung bewusst wahrgenommen und verarbeitet wird. Damit wirken Ereignisse nicht mehr als Zeichen, die zu körperlichen Reaktionen führen, sondern sie werden als **Zeichen für etwas** wahrgenommen. Die dem Zeichen zugeschriebene **Bedeutung** und die damit verbundene Interpretation sind entscheidend. Gesten werden dann zu **signifikanten Symbolen**, wenn sowohl das handelnde Individuum als auch sein Gegenüber, an das die Handlung gerichtet ist, diesen dieselbe Bedeutung zuschreiben und diese deshalb dieselbe Reaktion hervorrufen. Ihre Bedeutung wird also von den Beteiligten in der gleichen Weise verstanden.

Darüber hinaus sind Gesten grundlegend für das menschliche Denken. *George Herbert Mead* versteht **Denkprozesse als interne Kommunikation eines Individuums mit sich selbst**, wobei es sich signifikanter Symbole (Gesten) bedient (vgl. *Maindok, 1998, S. 65*).

> **Signifikante Symbole** sind bewusst wahrgenommene sprachliche und nicht-sprachliche Gesten, die durch die Interpretation der am sozialen Interaktionsprozess Beteiligten einen gemeinsamen Sinn bzw. die gleiche Bedeutung erhalten und deshalb eine bestimmte Reaktion auslösen.

Damit findet im Rahmen von symbolischer Interaktion ein ständiger wechselseitiger Interpretationsprozess durch den Sender und Empfänger statt. Jeder Handlungssequenz wird eine Bedeutung für die Folgehandlung zugeschrieben.

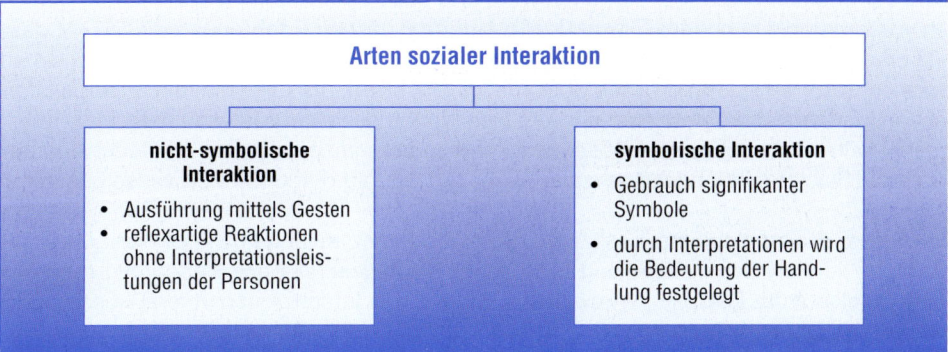

6.1.2 Die Perspektivenübernahme

Um den Bedeutungsgehalt eines vom Interaktionspartner verwendeten Symbols zu erfassen, muss diese Person sich in sein Gegenüber hineinversetzen können. Diese Fähigkeit wird als **Perspektivenübernahme** bezeichnet. Soll die soziale Interaktion erfolgreich verlaufen, setzt dies voraus, dass der Empfänger den Bedeutungsgehalt des Symbols für den Sender erfasst und dass der den Bedeutungsgehalt der eigenen Reaktion für den Sender gedanklich vorwegnehmen kann.

Die Perspektivenübernahme ist ein beidseitiger Vorgang, in dem nicht nur Erwartungen gedanklich vorweggenommen werden, sondern **Erwartungserwartungen**, also Vermutungen darüber, dass jeder der Beteiligten mit bestimmten Erwartungen in eine bestimmte Situation hineingehen wird. Wir reagieren nicht nur aus der eigenen Perspektive, sondern versetzen uns auch in die Handlungsperspektive des anderen. Mögliche Fortsetzungen der sozialen Interaktion werden vorweggenommen und eine Entscheidung für eine bestimmte Reaktion wird getroffen. Damit wird deutlich, dass Bedeutungen erst im Interaktionsprozess entstehen und sich in dessen Verlauf ändern (vgl. *Mikl-Horke, 2001[5], S. 195 f.*).

> Ein Kind in der Kinderkrippe, das sich noch in der Eingewöhnungsphase befindet, spielt in der Puppenecke und fängt plötzlich laut zu weinen an. Die Erzieherin überlegt, was es für das Kind bedeutet, wenn sie es tröstend in ihre Arme nimmt und streichelt. Lernt das Kind dadurch, dass es in ähnlichen Situationen immer zu weinen beginnt oder hat das Kind Defizite von zu Hause, weil es dort zu wenig getröstet wird. Sie nimmt gedanklich die Interpretationen ihrer Handlung durch das Kind vorweg und macht von dieser angenommenen Interpretation ihre Reaktion abhängig. Die vorweggenommene Interpretation kontrolliert somit ihr eigenes Verhalten.

> **Perspektivenübernahme** ist die Fähigkeit, von der Handlungsperspektive des anderen aus zu denken, um sich so Klarheit über dessen Erwartungen zu verschaffen und diese wechselseitig zu verschränken. Indem der Interaktionspartner mögliche Erwartungen und Reaktionen seines Gegenübers vorwegnimmt, übernimmt er dessen Perspektive.

Soziale Interaktion findet immer in einer sozialen Situation statt. Voraussetzung für das Gelingen menschlichen Zusammenlebens ist demnach die Tatsache, dass Individuen ihr Verhalten aufeinander abstimmen, indem sie durch Gesten, Sprache oder andere Symbole, miteinander Informationen austauschen und dabei wechselseitig Interpretationen vornehmen.

6.1.3 Soziale Interaktion und soziale Rolle

Die wechselseitige Beeinflussung erfolgt in der Form, dass sich eine Person vorstellt, wie sich der Interaktionspartner verhalten wird, und dessen Reaktion im Rahmen der gerade im Vordergrund stehenden Rolle beurteilt. Aufgrund unserer Erfahrungen wissen wir, dass unsere Reaktionen Veränderungen im Verhalten anderer hervorrufen. Aus diesem Grund können wir unser Verhalten auch absichtsvoll einsetzen, um das Handeln unseres Interaktionspartners zu kontrollieren und um Reaktionen gezielt auszulösen. Das Individuum macht sich bewusst, was es mit seinem Handeln bezwecken will, und es macht sich das Handeln des Interaktionspartners klar. Verhalten wird so durch Denkprozesse bestimmt.

In diesem Zusammenhang besitzt die **Sprache** einen wichtigen Stellenwert. Über die Sprache können sich Sender und Empfänger die zugeschriebene Bedeutung mitteilen, und Objekte (zum Beispiel verinnerlichte Bilder eines Interaktionspartners) können zum Gegenstand des Denkens und der Kommunikation werden. Darauf stellt der Mensch sich innerlich ein und verhält sich dementsprechend. Dies wiederum beeinflusst das Verhalten des anderen. Während der Mensch handelt, versetzt er sich fortlaufend in die Rolle des anderen, er denkt von seiner Perspektive aus und reflektiert sich dabei selbst. Auf diese Weise verschränken sich die Perspektiven der beiden Interaktionspartner wechselseitig und so verständigen sich beide über die Rollen, die sie spielen wollen und sollen. In solcher Art von Denkprozessen kommt der Geist (**mind**) des Menschen zum Ausdruck.

Das Individuum besitzt Geist schon in dem Augenblick, in dem es
- Symbole verwendet,
- sich der möglichen Konsequenzen seines eigenen und des Verhaltens seines Interaktionspartners bewusst wird,
- sich das Verhalten des anderen vorstellt,
- erwartbares Verhalten gedanklich vorwegnimmt und
- das eigene Handeln daran orientiert.

Auch Rollenübernahme setzt Geist voraus. In diesem Prozess verschränken sich die Haltungen und Perspektiven der Beteiligten wechselseitig durch die permanente kommunikative Verständigung darüber. Nach Auffassung des symbolischen Interaktionismus übernehmen Menschen ihre Rollen von anderen handelnden Individuen, indem ein Handelnder in einem Spiegelungsprozess sein Handeln entwirft. Nicht nur zwischen Personen, sondern auch im Individuum selbst spielt sich die Verständigung über Perspektiven und Rollen ab. Somit kann der Einzelne seine eigene Reaktion kontrollieren. Indem sich ein Individuum die Standpunkte und Haltungen des Interaktionspartners bewusst macht, löst es diese Standpunkte und Haltungen auch in sich selbst aus. Es prüft, wie es wohl wäre, wenn es an seiner Stelle stünde. Im Prozess der Rollenübernahme geht es aber nicht nur um Interaktion und Kommunikation, sondern auch um Identität (vgl. *Abels, Bd. 2, 2004²*, *S. 215–220 und 360*).

„*Sagt eine Person etwas, so sagt sie zu sich selbst, was sie zu den anderen sagt, andernfalls wüsste sie nicht, worüber sie spricht.*"

(Mead, 2002[17], S. 189)

```
┌─────────────────────────────────────────────────────────────────┐
│  Person A      Austausch von Informationen, Erwartungen    Person B  │
│                (durch Gesten, Symbole, Sprache)                      │
│  Perspektiven-                                          Perspektiven-│
│  und                                                    und          │
│  Rollenüber-                                            Rollenüber-  │
│  nahme                                                  nahme        │
│                                                                      │
│  Vorwegnahme                                            Vorwegnahme  │
│  von B's       Austausch von Informationen, Erwartungen  von A's     │
│  Verhalten     (durch Gesten, Symbole, Sprache)         Verhalten    │
│                                                                      │
│  Selbstreflexion                                        Selbstreflexion│
└─────────────────────────────────────────────────────────────────┘
```

Im Folgenden wird näher dargestellt, wie der symbolische Interaktionismus den Prozess der Identitätsbildung sieht.

6.1.4 Identitätsbildung im Verlauf des Sozialisationsprozesses

Ein Großteil des gesellschaftlichen Lebens konkretisiert sich in sozialen Rollen. Deshalb ist es für die Mitglieder der Gesellschaft von zentraler Bedeutung, das Rollenspiel zu beherrschen. **Durch die Rollenübernahme entwickelt sich gleichzeitig die Identität des Individuums**, die Fähigkeit, sich selbst in seiner Individualität bewusst zu werden.

„Der Prozess, aus dem heraus sich die Identität entwickelt, ist ein gesellschaftlicher Prozess, der die gegenseitige Beeinflussung der Mitglieder der Gruppe […] voraussetzt." (Mead, 2002[17], S. 207)

Im Laufe seiner Sozialisation[1] muss der Mensch symbolische Interaktion erlernen. Er wird fähig, soziale Objekte, also andere Personen, zu unterscheiden und deren Perspektive zu übernehmen, und erlernt die den Interaktionspartnern zugeschriebenen Bedeutungen. Kleinkinder erwerben die Fähigkeit, *sich selbst von der Umwelt zu unterscheiden*. In ihrer weiteren Entwicklung gelingt es ihnen, zwischen den **Objekten ihrer Umwelt zu differenzieren**.

In der frühen Kindheit erwirbt das Kind die Fähigkeit zur Differenzierung zwischen den verschiedenen Bezugspersonen, wie Mutter, Vater, Bruder, Oma, Opa usw. Und es lernt, diesen Personen und den Gegenständen in seiner Umgebung verschiedene Bedeutungen für sich selbst zuzuschreiben.

Objekte sind aus der Sicht des symbolischen Interaktionismus im Laufe von Interaktions- und Sozialisationsprozessen verinnerlichte Bilder eines Interaktionspartners bzw. von sich selbst. Diese Bilder werden in Form von Einstellungen und Erwartungen zum Bestandteil der eigenen Motivation.

Jedes Individuum hat diesen Sozialisationsprozess zu durchlaufen, da der Mensch ein Selbst erst entwickeln kann, wenn er sich selbst als Objekt erfahren kann. Durch den Bezug auf andere in Form von sozialer Kommunikation und Interaktion übernimmt das Individuum Einstellungen anderer und gewinnt eine Vorstellung von sich selbst, es entwickelt ein **Selbstbewusstsein**. Damit kann es sich selbst zum Objekt seiner Wahrnehmung machen, indem es mit sich kommuniziert, denkend über sich reflektiert. Es beobachtet sich nicht nur aus der Perspektive der anderen, sondern bezieht dabei auch

---

[1] Auf Sozialisation wird ausführlich in Kapitel 3.4 eingegangen.

seine Reaktion auf die vermutete Sicht der anderen ein. Es schaut sich quasi zu, wie es handelt. Diese ständig sich weiterentwickelnde Fähigkeit ist die Voraussetzung von **Identität**[1], die in der Kindheit in *zwei Stufen* erworben wird (vgl. Mead, 2002[17], S. 191–206):

1. Stufe: „play"

Der Erwerb der Sprache, der Umgang mit Dingen und Personen wird von den Bezugspersonen des Kindes, die ihm als Vorbild dienen, beeinflusst. Das Kind reproduziert zunächst die Reaktionen der Personen aus seiner Umwelt, an die es emotional gebunden ist, indem es die Rollen seiner Bezugspersonen – bei *George Herbert Mead* die *„bedeutsamen Anderen"* – durch nachahmendes Spielen übernimmt. Es ist die spielerische Interaktion eines Kindes mit einem vorgestellten Partner, wobei es flexibel die Rollen beider Partner mimen kann. Im spielerischen Rollenhandeln erwirbt es die Verhaltensweisen unterschiedlicher Bezugspersonen und wird so fähig, auf das Verhalten einer gespielten Person aus der Perspektive der anderen zu reagieren. Durch die wiederholte Übernahme dieser Perspektiven entsteht im Kind eine Orientierung sich selbst gegenüber und es entwickelt dabei seine eigene Identität.

Das Kind spielt Vater, Mutter, Briefträger, Verkäuferin usw. und interagiert dabei mit sich selbst als ein jeweils anderer. Es erlernt spielerisch die Übernahme von Rollen und Perspektiven anderer.

Das Kind übt so die Antizipation[2] des Verhaltens, durch Nachahmung der Verhaltensweisen des Anderen und das passende Ergänzungsverhalten. Auf dieser Stufe ist das Kind zur Interaktion mit verschiedenen Bezugspersonen fähig und darüber hinaus zur Übernahme der Perspektive des Anderen. Es ist nun nicht mehr nur auf die emotional besetzte Bezugsperson fixiert. Diesen Vorgang bezeichnet *Mead* als **play**.

Einen wichtigen Faktor „für die Entwicklung der Identität finden wir in der Tätigkeit des Spielens."
(Mead, 2002[17], S. 191)

2. Stufe: „game"

Allmählich übernimmt das Kind die Einstellungen beliebiger Personen und entwickelt wirksame Selbstkontrolle durch die Kooperation mit anderen, zum Beispiel durch die Teilnahme an Wettkampfspielen. Das Kind setzt sich ganz bewusst spielerisch mit bestimmten Rollen in einer Gruppe auseinander, indem es verschiedene Rollen in ihrer systematischen Verknüpfung miteinander wahrnimmt. Es erwirbt so die Fähigkeit, sich selbst aus dem Blickwinkel der anderen zu sehen und lernt, das Verhalten mehrerer Personen gedanklich vorwegzunehmen und deren Rollen aus der Perspektive der Gruppe zu betrachten. Damit kann es seinen Handlungsbeitrag, den es in einer ganz bestimmten Rolle in der Gruppe erbringt, auf die Handlungsperspektive mehrerer anderer Rollenträger abstimmen. Das Kind spielt dann ganz bewusst eine ganz bestimmte Rolle innerhalb einer Gruppe, mit den damit verbundenen Funktionen. Diesen Vorgang nennt *Georg Herbert Mead* **game**.

Bei einem Fußballspiel muss jeder Spieler um die Funktion aller anderen Spieler wissen, um sich selbst richtig verhalten zu können. So muss der Stürmer wissen, dass er bei einem Angriff seiner Mannschaft nicht im Abseits stehen darf. Er muss sich als Teil der Gruppe begreifen, mit der er und für die er spielt, und das gemeinsam organisierte Spiel mittragen. Spielregeln werden akzeptiert und beherrscht. Wird ein Spieler absichtlich von jemand aus der gegnerischen Mannschaft behindert, so gilt dies als Foul und hat einen Freistoß zur Folge.

---

[1] Unter Identität versteht man das, was jemand wirklich ist; darauf wird ausführlich in Kapitel 12.2.2 eingegangen.
[2] Antizipation: (gedankliche) Vorwegnahme

Regeln bestimmen den Rahmen der gemeinsamen Kooperation. Regelverstöße bzw. Abweichungen von der Norm werden geahndet.

Das Kind entwickelt auf diese Weise eine Identität, die auf die Gruppe bezogen ist, diese wird Bestandteil der eigenen Identität – es verinnerlicht allgemeine Reaktionsmuster einer Gemeinschaft. Damit kann das Individuum ein bestimmtes Verhalten von anderen erwarten, umgekehrt weiß es, dass auch andere eine entsprechende Verhaltenserwartung besitzen. Es kann Vermutungen darüber anstellen, welches Verhalten andere von ihm erwarten und so sein Verhalten daran orientieren. Wesentlich für die Identitätsbildung sind die Bezugspersonen eines Individuums und die Fähigkeit mit sich selbst zu kommunizieren.

Bei den Bezugspersonen unterscheidet *Georg Herbert Mead* **bedeutsame Andere und verallgemeinerte Andere**:

- **Bedeutsame Andere („significant others")**

    Bedeutsame Andere sind **Personen der unmittelbaren Umgebung**. In der Regel sind dies Personen, die das Kind alltäglich versorgen, emotional unterstützen, die kindlichen Bedürfnisse befriedigen und mit ihm interagieren – in der Regel Mutter, Vater, Geschwister. Auf diese Personen ist das Kind existentiell angewiesen, sie bestimmen die kindliche Welt. Vermittelt durch nahe stehende Personen erfährt das Kind die größere, umfassendere soziale Welt. Das Selbstbild eines Individuums entwickelt sich durch die Auseinandersetzung mit den Erwartungen und Zuschreibungen bedeutsamer Bezugspersonen.

    > Bedeutsame Andere (significant others) sind wichtige Bezugspersonen der unmittelbaren Umgebung, die aufgrund der emotionalen Bindung und der permanent stattfindenden Interaktion mit dem Kind einen starken Einfluss auf dessen Persönlichkeitsentwicklung haben.

- **Verallgemeinerte Andere („generalized others")**

    Aufgrund seiner zunehmenden Selbstständigkeit erweitert sich der Kreis der Kontaktpersonen des Kindes; Onkel, Tanten, Eltern von Spielkameraden, ältere Kinder und dergleichen werden zu mehr oder weniger wichtigen Bezugspersonen, zu bedeutsamen Anderen. Sie **konfrontieren das Kind mit Erwartungen, Einstellungen und Regeln, gesellschaftlichen Normen und Werten** der angehörenden Gruppe. Das Kind orientiert sich somit im Laufe der Zeit an für alle Individuen gültigen Zielen und Regeln, **es bezieht die Perspektive der Erwartungen aller auf das eigene Verhalten**. Das eigene Verhalten wird auf der Grundlage geltender Regeln und Normen zum Beispiel als richtig oder falsch beurteilt.

    > Unter verallgemeinerten Anderen (generalized others) versteht man die Konfrontation des Kindes mit Erwartungen, Einstellungen, Normen und Werten der Gesellschaft durch Bezugspersonen, die es umgeben. Damit übernimmt das Kind den Standpunkt der Allgemeinheit, sein Denken und Handeln wird durch generelle Haltungen kontrolliert.

Durch die Übernahme des Standpunktes anderer, sprich der Bezugspersonen wie Vater, Mutter, bis hin zur Übernahme des Standpunktes bestimmter Gruppen wie zum Beispiel Freundeskreis und der Gesellschaft merkt das Kind allmählich, dass alle einen **gemeinsamen Standpunkt haben und das Handeln aller einem generellen Prinzip folgt**. Es erlernt und verinnerlicht so den Standpunkt der Allgemeinheit in Form von Werten, Normen und der damit verbundenen Verhaltenskontrolle.

Ein wesentlicher Schritt in der kindlichen Sozialisation stellt die Fähigkeit dar, den Unterschied zwischen dem bedeutsamen Anderen und dem verallgemeinerten Anderen zu erkennen, und damit zu verstehen, dass hinter den konkreten Erwartungen zum Beispiel des Vaters allgemeine gesellschaftliche Normen und Werte stehen (vgl. *Mikl-Horke, 2001[5], S. 196 f.*).

> „Dass der Mensch willens
> und fähig wird,
> sich in seine Rolle zu fügen,
> dafür sorgt der Prozess
> der Sozialisation,
> in dem wir lernen,
> zu wollen,
> was wir sollen,
> und es schließlich tun,
> ohne es zu merken […]"
>
> Heinrich Popitz (1925–2002)

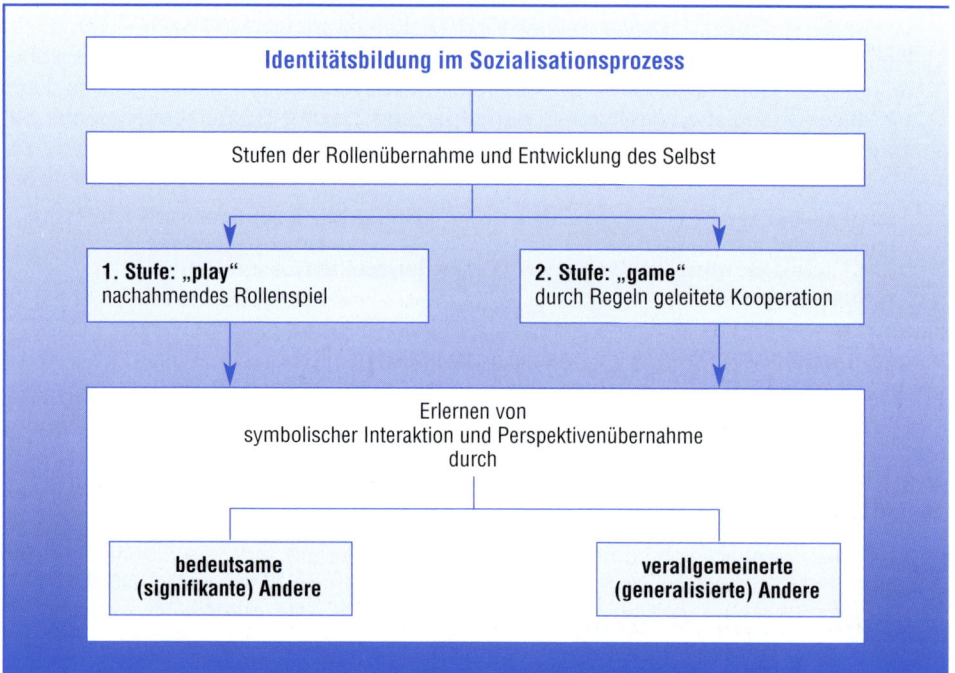

Für die soziale Interaktion mit fremden Personen ist ein gemeinsames Symbolsystem die Voraussetzung, um überhaupt Erwartungen entwickeln zu können. Parallel dazu wird das Kind fähig, die eigene Person differenziert wahrzunehmen. Der Mensch lernt, sich selbst mit den Augen anderer zu sehen. In diesem Prozess bilden sich zwei wichtige Aspekte der Identität aus.

6.1.5 Soziale Interaktion und Identität

Die Fähigkeit zu reflektierendem Denken ist – wie in *Abschnitt 6.1.1* ausgeführt – mit dem Gebrauch signifikanter Symbole verknüpft. Soziale Kommunikation kann in erweiterter Form auch als ein innerer Dialog mit anderen auf der Grundlage signifikanter Symbole geführt werden. Damit ist die Perspektivenübernahme nicht nur auf reale soziale Situationen beschränkt, sondern sie findet auch *im Denken des Individuums* statt. Diese Auffassung des Denkens als innerer Dialog erfordert jedoch eine **Differenzierung des Selbst**. *Georg Herbert Mead* entwickelt die Vorstellung, dass **das Handeln des Menschen als Interaktion von zwei Aspekten „I" und „Me" zu sehen ist**.

Das „I" ist selbstbestimmt, es kann sich gegen fremdbestimmte Handlungserwartungen durchsetzen und eigenes zukünftiges Verhalten entwerfen. Es umfasst die individuellen Bereiche der Person wie Spontaneität, Kreativität und Triebausstattung, also die spontanen Energien eines Menschen, und setzt sich zusammen aus Bedürfnissen, Empfindungen und Erfahrungen. Es verkörpert das impulsive Ich und stellt damit den persönlichen Teil der Identität dar.

> Das „I" (Ich) umfasst die individuellen Bereiche der Person – die spontanen Energien eines Menschen – und setzt sich zusammen aus Bedürfnissen, Empfindungen und Erfahrungen.

Das „I" hat die Funktion, die an eine Person herangetragenen unterschiedlichen Fremderwartungen zu gestalten, es vermittelt zwischen Triebstruktur und Gesellschaft, zwischen dem Eigenen und dem Fremden. Das „I" wirkt mit dem „Me" zusammen und dient ihm sozusagen als „Gesprächspartner".

Das „Me" ist die Gesamtheit der sozialen Bilder, mit denen das Individuum in Interaktion mit anderen konfrontiert wird und die es im Laufe seiner Sozialisation verinnerlicht hat. In diesem Sinne stellt das „Me" die **gesellschaftliche Grundlage der Identität** dar. Es umfasst die Vorstellung des Individuums, wie andere Menschen es sehen, also dessen vermutetes Bild der anderen über sich. Darüber hinaus enthält es auch die verinnerlichten Erwartungen anderer, die durch Rollenübernahme erworbenen Einstellungen, Normen und Werte der Gesellschaft. Das „Me" ist die Bewertungsinstanz für die Kontrolle der spontanen Impulse des „I". Als innere Präsentation der anderen verkörpert es den von der Gesellschaft bestimmten Teil der Identität (vgl. Abels, 2004², Band 2, S. 363 ff.).

> Das „Me" stellt die Gesamtheit aller sozialen Bilder dar, mit denen das Individuum in Interaktion mit anderen konfrontiert wird, und umfasst die Vorstellung des Individuums, wie andere Menschen es sehen. Zudem enthält es auch die verinnerlichten Erwartungen anderer und ist die Bewertungsinstanz für die Kontrolle der spontanen Impulse des „I".

Die Interaktion zwischen „I" und „Me" kann man sich mit drei Fragen verdeutlichen:

- Wie sehen mich andere?
- Wie reagieren sie deshalb auf mich?
- Welchen Schluss ziehe ich für mich daraus?

Die letzte Frage macht deutlich, dass das Individuum über die gemachten Erfahrungen in einem inneren Dialog reflektiert. Es stellt sich vor, wie der Interaktionspartner auf sein Handeln reagiert. Dabei greift es auf seine Erinnerung an Reaktionen in vergleichbaren Situationen zurück. Durch den Prozess der Rollenübernahme versetzt sich das Individuum in die Person des anderen, es betrachtet sich selbst aus dessen Perspektive. Das „Me" repräsentiert dabei die verinnerlichten diversen Haltungen anderer der eigenen Person gegenüber sowie verinnerlichte Erwartungen, Einstellungen und Werthaltungen.

Das Verhältnis von „I" und „Me" ist so zu sehen, dass das „I" mit Widerstand und verändernd auf die vielen verinnerlichten Erwartungen anderer reagiert. Umgekehrt stellt das „Me" eine ständige soziale Kontrolle der spontanen Impulse des „I" dar, es zensiert die Handlungstendenzen des „I".

In einer Lerngruppe fühlt sich ein Schüler durch die Bemerkung eines Mitschülers angegriffen. Er verspürt den Impuls zu einer beleidigenden Antwort („I"), weil er den Vorfall gedanklich so beurteilt, dass er sich solche Bemerkungen nicht bieten lassen muss. Er unterstellt auch, dass die anderen anwesenden Mitschüler übereinstimmend mit ihm so urteilen würden („Me"). Weiter reflektiert der Angegriffene, dass ihm sein Mitschüler diese Bemerkung sicher übel nehmen wird. Das „I" könnte im inneren Dialog darauf entgegnen: „Ich tue es trotzdem, auch wenn er es mir übel nehmen wird." Als Urteil des „Me" wäre folgende Entgegnung denkbar: „Sei nicht so egoistisch." Ein Resümee des „I" könnte lauten: „Ich habe keine Lust immer Rücksicht zu nehmen." Ob der Schüler Normen und Konventionen missachtet und sein Gegenüber beleidigt – sich damit abweichend verhält – oder ob er sich erwartungskonform verhält und den anderen lediglich in einem bestimmten, aber freundlichen Ton zurechtweist, ist vom Ausgang her offen.

Durch die Interaktion des Individuums mit seiner Umwelt entsteht im Laufe der Zeit das Selbst. Das Selbst, das mit Identität gleichgesetzt werden kann, entsteht durch die ständige Auseinandersetzung der beiden Instanzen „I" und „Me" der Persönlichkeit. *Mead* sieht das „I" und das „Me" als zwei Bestandteile des Selbst, sie unterstützen sich wechselseitig, damit das Individuum handlungsfähig ist.

> Das „Self" (Selbst) ist das Zentrum, das die Erfahrungen, Gedanken, Gefühle und Vorhaben des Individuums organisiert und gestaltet. Es umfasst das Selbstverständnis und Selbstbild von sich als Person. Durch die Verschmelzung einer Vielzahl an Erfahrungen von „I" und „Me", also der persönlichen Ich-Identität und der sozialen Ich-Identität, entsteht ein einheitliches Selbstbild, Selbstbewusstsein von sich als Person, das „Self" (Selbst). Alles zusammen macht die Identität des Menschen aus (vgl. *Mikl-Horke, 2001[5], S. 198*).

Materialien 1

Die Sicht anderer wird nicht nur passiv übernommen, sondern durch die Dynamik zwischen „I" und „Me" werden unterschiedliche Erfahrungen integriert, es findet eine bewusste Auseinandersetzung mit Erwartungen anderer und mit sich statt. Zwischen wachsender Individualität und Sozialität besteht für Mead kein Widerspruch, weil sich erst durch die Interaktion mit der sozialen Umwelt ein einmaliges Selbst entwickelt. Die beiden englischen Begriffe „I" und „Me" lassen sich nicht befriedigend übersetzen, deshalb wird „I" als impulsives Ich und „Me" als reflexives Ich bezeichnet.

Indem sich die Fähigkeit zur Übernahme von Rollen und damit zu einer sozialen Perspektive sowie ein reflexives Verhältnis des Handelnden zu sich selbst entwickelt, entsteht die Voraussetzung für kognitive und kommunikative Leistungen, eine objektive Wahrnehmung und Bewusstsein von sich selbst. Es entwickelt sich eine von anderen Personen unterscheidbare Individualität.

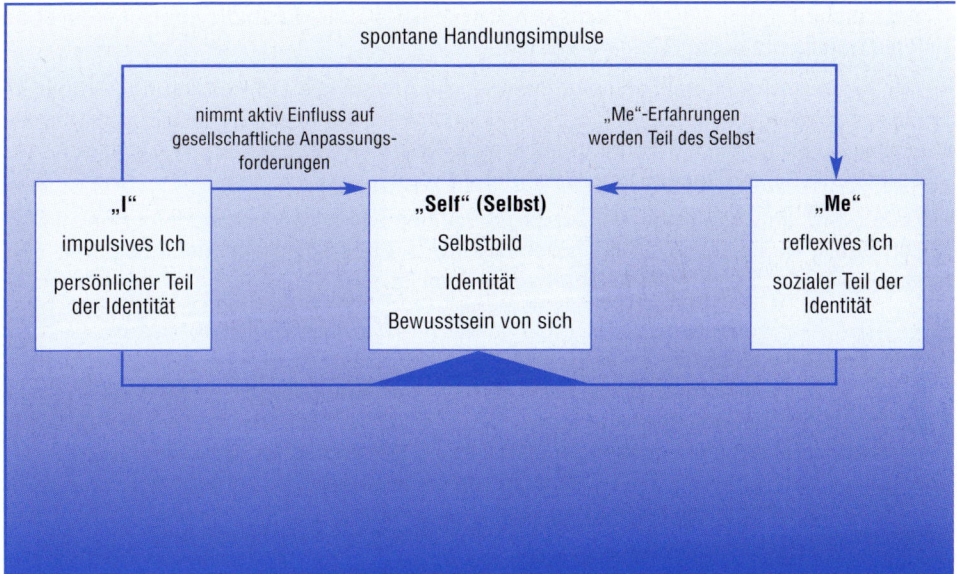

6.1.6 Kritische Würdigung der Theorie des symbolischen Interaktionismus

Der Ansatz des symbolischen Interaktionismus weist eine Reihe von **Stärken** auf:

- Methodisch werden verschiedene Verfahren wie zum Beispiel Beobachtung, Gespräche, Interviews verwendet und in einer breiten Kombination angewendet.
- Mit dem interaktionistischen Modell kann man die Identitätsentwicklung von Individuen differenziert erfassen und Kommunikationsstrukturen systematisch beschreiben. Seine Leistung liegt deshalb in der Analyse von Sozialisationsprozessen auf der Mikroebene, das heißt in der Beschreibung des Verhältnisses zwischen dem Individuum und seiner Umwelt, mit der es kommuniziert.
- Betont wird die Fähigkeit handelnder Individuen, an sie herangetragene Erwartungen nach ihren eigenen Bedürfnissen mitzugestalten bzw. zu verändern und nicht nur von außen festgelegte Rollenerwartungen anderer zu erahnen und unreflektiert zu übernehmen.
- Hervorgehoben wird die Individualität und Einzigartigkeit des Menschen. Diese wird soziologisch begründet als strukturelle Notwendigkeit des Kommunikationsprozesses.
- Auch die biografische Sichtweise der Entwicklung wird miteinbezogen. Identitätsentwürfe werden auf dem Hintergrund der eigenen Erfahrungen gesehen. Es wird von aktiv handelnden Individuen im Sozialisationsprozess ausgegangen, welche in Interaktion mit der Umwelt die Bedingungen interpretieren, verarbeiten und in das eigene Identitätskonzept aufnehmen. Damit können gleiche Sozialisationsbedingungen bei Individuen durchaus zu unterschiedlichen Sozialisationseffekten führen.

Natürlich ist auch die Theorie des symbolischen Interaktionismus nicht frei von **Schwächen** (vgl. Tillmann, 2003[12], S. 158 ff.):

- Kritik wird geübt an der vagen Begrifflichkeit (zum Beispiel Selbst oder Identität), es wurden bisher kaum operationalisierbare[1] Begriffe formuliert.

- Ein weiterer Einwand gegen den symbolischen Interaktionismus ist darauf gerichtet, dass diese Theorie lediglich Sachverhalte behandelt, die durch die kognitive Psychologie bereits umfassend erklärt wurden.

- Der symbolische Interaktionismus blendet die funktionale Differenzierung komplexer Gesellschaften vollständig aus. Über institutionelle Zwänge, zum Beispiel von Macht-, Einfluss- und Konfliktstrukturen, gibt dieser Ansatz keine Auskunft, weshalb eine gesellschaftliche, strukturelle Einordnung recht vage bleibt.

- Damit wird ein weitergehender Anspruch an eine Sozialisationstheorie nur unzulänglich erfüllt, da keine Erklärung geliefert wird, wie der Sozialisationsprozess mit den Strukturen der Gesamtgesellschaft verbunden ist.

Zusammenfassung

- *George Herbert Mead* betrachtet soziales Handeln als Kommunikationsprozess. Durch den ständigen Austausch von Gesten wird eine gemeinsame Orientierung erst entwickelt. Sprache als Folge stimmlicher Gesten hat dabei eine besondere Bedeutung. Menschliche Gesellschaft wird erst durch Sprache ermöglicht. Sprache befähigt zu sozialer Kooperation und Interaktion und beschränkt den Menschen nicht auf ein einfaches Reiz-Reaktionsschema.

- Im Mittelpunkt steht die Analyse der Prozesse sozialer Interaktion. Man unterscheidet grundsätzlich zwei Arten:
  - nicht-symbolische Interaktion und
  - symbolische Interaktion.

- Eine grundlegende menschliche Kompetenz ist die Fähigkeit zur Perspektivenübernahme, das heißt die Fähigkeit des Menschen, die Wirklichkeit mit den Augen eines anderen zu sehen. Zu Beginn der Sozialisation steht die Übernahme der Perspektive bedeutsamer (signifikanter) Bezugspersonen. Im Laufe der weiteren Entwicklung steht dann die Übernahme der Perspektive verallgemeinerter (generalisierter) Anderer, also Personen der Bezugsgruppen, welche gesellschaftliche Regeln vermitteln.

- Menschen übernehmen nach Auffassung des symbolischen Interaktionismus ihre Rollen nicht aus einem vorgegebenen Normen- und Wertesystem, sondern von anderen handelnden Individuen. Rollen werden im Kommunikationsprozess zwischen Individuen ausgehandelt und dabei individuell gestaltet.

- Im Sozialisationsprozess muss der Mensch symbolische Interaktion erlernen. Durch die Rollenübernahme entwickelt sich gleichzeitig die Identität des Individuums. Die Entwicklung von Ich-Identität wird in der Kindheit in zwei Stufen erworben:
  - Stufe des „play" und
  - Stufe des „game"

- Eine Erweiterung der sozialen Kommunikation ist für *Mead* der innere Dialog mit anderen, der auf der Grundlage signifikanter Symbole geführt wird. Perspektivenübernahme findet nicht nur in realen Situationen statt, sondern auch im Denken, als innerer Dialog. Das Selbst differenziert sich in „I" und „Me". *Mead* entwickelt dabei die Vorstellung, dass das Handeln des Menschen als Interaktion von „I" und „Me" zu sehen ist.

---

[1] *Operationalisierung: einen Begriff auf das Beobachtbare zurückführen (siehe Kapitel 2.2.1)*

6.2 Die Theorie des historischen Materialismus

Der Schwerpunkt dieser Theorie liegt bei der Analyse der Entwicklung wirtschaftlicher Produktionsverhältnisse und der spannungsreichen Beziehung zwischen den Besitzern der Produktionsmittel und den nicht besitzenden Arbeitern. Im Unterschied zum symbolischen Interaktionismus betont der historische Materialismus die **Strukturierung der Wechselbeziehung von Individuum und Umwelt durch ökonomische, politische und kulturelle Bedingungen**. So wird die *Entwicklung der Persönlichkeit in enger Beziehung zur gesellschaftlichen Entwicklung* gesehen.

Karl Marx

wurde 1818 in Trier geboren und gilt als der wichtigste Vordenker der frühen Arbeiterbewegung. Er studierte Jura in Bonn und Berlin, doch sein Interesse galt mehr der Philosophie. In Berlin trat er dem *Kreis der Junghegelianer* bei – einem Doktorclub, der nachhaltig unter dem Einfluss des Philosophen *Georg Friedrich Wilhelm Hegel* stand. 1842 wurde *Marx* Chefredakteur der Rheinischen Zeitung in Köln, er schied jedoch aufgrund von Konflikten mit der preußischen Zensurbehörde ein Jahr später aus der Redaktion aus. Von 1843 bis 1845 lebte *Marx* mit seiner Ehefrau in Paris, wo er an der Herausgabe der Deutsch-Französischen Jahrbücher beteiligt war. In diese Zeit fällt auch der Beginn der lebenslangen Freundschaft zu *Friedrich Engels*, dem Wuppertaler Fabrikantensohn, der ihn immer wieder finanziell unterstützte. Wegen seiner Ausweisung aus Frankreich übersiedelte *Marx* im Februar 1845 von Paris nach Brüssel, dort arbeitete er in der Redaktion der sozialistischen Emigrantenzeitung *Vorwärts* mit. Februar 1848 erscheint das **Kommunistische Manifest**, das von *Marx und Engels* gemeinsam veröffentlicht wurde. Im März desselben Jahres wurde *Marx* nach Frankreich ausgewiesen, weil er an den in Brüssel stattfindenden Aufständen mitwirkte. Nach einem kurzen Aufenthalt in Paris ging er nach Köln zurück, wo er wieder bei der Rheinischen Zeitung arbeitete. Nach einer erneuten Ausweisung übersiedelte er 1849 nach einem kurzen Aufenthalt in Paris im August 1849 nach London, wohin ihm seine Familie folgte. Er widmete sich 1859–1867 einem ausgedehnten Studium der politischen Ökonomie und arbeitete an diversen Zeitungen mit. 1864 gründete er die Internationale Arbeiterassoziation, welche sich jedoch 1876 wieder auflöste. Bis zu seinem Tod am 14. März 1883 lebte er mit seiner Familie in London. Aus seinen wissenschaftlichen Arbeiten geht 1859 sein Werk **Zur Kritik der Politischen Ökonomie** hervor, der erste Band **Das Kapital** erscheint 1867, der zweite Band erst nach seinem Tod 1885, der dritte Band 1894. Beide Bände wurden von seinem Freund *Friedrich Engels* herausgegeben (vgl. Münch, 2002, S. 105–109).

6.2.1 Ausgangspunkt des historischen Materialismus

Den Ausgangspunkt für die marxistische Gesellschaftstheorie bildet die Philosophie *Georg Wilhelm Friedrich Hegels*[1]: *Karl Marx* verlagert den Schwerpunkt von *Hegels* historischem und dialektischem **Idealismus** in einen **historischen und dialektischen Materialismus**. Er behält *Hegels* Idee der **Geschichtsphilosophie** und die **Dialektik** bei, ersetzt aber den Idealismus durch einen Materialismus. Im Gegensatz zu *Hegel*, der den Geist als treibende Kraft der Geschichte und der Wirklichkeit sah, sieht Karl Marx diese als **Ergebnis der Arbeit der Menschheit** mit dem Zweck, in Beziehung zur Natur ihren Lebensunterhalt zu verdienen. Er hebt die **Bedeutung der materiellen Basis und der Produktionsverhältnisse der Gesellschaft** hervor.

> **Materialien 2**

Geschichte ist für *Marx* damit wie für *Hegel* eine Entwicklung mit Sinn, die einen dialektischen Prozess durchläuft. Dieser beginnt bei der ursprünglichen Einheit der Menschheit und entwickelt sich hin zu einem Zustand der Entfremdung: Die Menschheit befindet sich in einem Gegensatz zur Natur. Daraus entfaltet sich dann auf einer höheren Ebene eine neue **Synthese des Sozialismus als Übergangsstadium zum Kommunismus**[2] (vgl. *Münch, 2002, S. 115 f.*).

Zwei **Kernaussagen** sind beim historischen Materialismus von Bedeutung:

- Das **Bewusstsein und die Sozialverhältnisse werden bedingt durch die ökonomischen Verhältnisse**. Gedanken und Ideen stellen Abbilder der objektiven materiellen Wirklichkeit dar. Die objektiven Verhältnisse, sind durch die Erwerbsbedingungen und durch den materiell bestimmten Gegensatz zwischen Besitzenden und Nichtbesitzenden gekennzeichnet. Menschen ändern auf dem Hintergrund ihrer Wirklichkeit ihr Denken und das Ergebnis ihres Denkens.

> *„Nicht das Bewusstsein bestimmt das Leben, sondern das Leben bestimmt das Bewusstsein."*
> (Marx/Engels, 1959, Bd. 3, S. 27)

- Die **Veränderung der Bewusstseinsformen erfolgt in einem dialektischen Prozess**, in Abhängigkeit zur Bewegung der dialektischen Bewegung der materiellen Verhältnisse. Die dabei auftretenden Widersprüche sind nicht durch eine Auseinandersetzung auf der Ebene des Bewusstseins, sondern durch einen **sozialen Kampf**, durch eine Revolution zu überwinden. Infolgedessen können sich neue Sozialverhältnisse bilden (vgl. *Amann, 1996*[4]*, S. 318 f.*).

Um die Gesellschaft zu verbessern, muss nach Auffassung der *Junghegelianer* erst das Bewusstsein verändert werden. Im Unterschied dazu sagt *Karl Marx*, dass nur die gesellschaftlichen Verhältnisse selbst, Individuen mit ihren Aktionen und materiellen Lebensbedingungen Ausgangspunkt von Erkenntnis sein können, nicht das Bewusstsein der Individuen von ihren gesellschaftlichen Verhältnissen.

In einem weiteren Schritt analysieren *Karl Marx* und *Friedrich Engels* die Struktur der Wirklichkeit. Der ökonomische Bereich mit dem Stand der **Produktivkräfte** (technischen Möglichkeiten, der Entwicklungsstand von Maschinen, menschliche Arbeitsfähigkeit usw.) und die **Produktionsverhältnisse** (Eigentums- und Herrschaftsverhältnisse) sind

---

[1] Georg Wilhelm Friedrich Hegel (1770–1831) war deutscher Philosoph. Er entwickelte ein philosophisches System, in welchem er die antike Metaphysik, das moderne Naturrecht und die sog. Theorie der bürgerlichen Gesellschaft zum Ausgleich bringt. Den Ausgangspunkt für die marxistische Gesellschaftstheorie bilden drei Prinzipien der Philosophie Hegels: die **Geschichtsphilosophie**, die **Dialektik** und der **Idealismus** (siehe Materialien 2).

[2] vgl. Abschnitt 6.2.3

strukturbestimmend für die Gesellschaft und bilden die **Basis**. Darüber wölbt sich nach *Karl Marx* und *Friedrich Engels* der **juristisch-politische** und darüber der **ideologische Überbau**. Durch den Staat, das Recht, die Religion und die Wissenschaft werden die ökonomischen Verhältnisse abgesichert. Dahinter verbirgt sich das Interesse der Herrschenden an der Aufrechterhaltung dieser Verhältnisse.

Der Staat schafft zum Beispiel die Voraussetzungen zum Erhalt einer kapitalistischen Gesellschaft. Er sorgt für die Erschließung von Standorten für industrielle Produktionsstätten, für die Finanzierung der Wissenschaft und die technische Entwicklung. Tauschbeziehungen können auf der Grundlage des Rechts verbindlich abgesichert werden, auf der Grundlage von Normen und Werten werden Verstöße gegen die Respektierung von Privateigentum missbilligt.

„In der gesellschaftlichen Produktion ihres Lebens gehen die Menschen bestimmte notwendige, von ihrem Willen unabhängige Verhältnisse ein, Produktionsverhältnisse, die einer bestimmten Entwicklungsstufe ihrer materiellen Produktivkräfte entsprechen. Die Gesamtheit dieser Produktionsverhältnisse bildet die ökonomische Struktur der Gesellschaft, die reale Basis, worauf sich ein juristischer und politischer Überbau erhebt, und welcher bestimmte gesellschaftliche Bewusstseinsformen entsprechen. Die Produktionsweise des materiellen Lebens bedingt den sozialen, politischen und geistigen Lebensprozess überhaupt." (Marx, 1961, S. 8 f.)

Marx will mit der Unterscheidung zwischen Basis und Überbau darauf hinweisen, dass Ideen, Vorstellungen, Absichten und Ziele von Individuen sich in Handlungsorientierungen niederschlagen. Damit sind Ideen immer aus ihrem Entstehungszusammenhang heraus zu begreifen, nämlich auf dem Hintergrund natürlicher, sozialer, materieller Rahmenbedingungen. Der politische und ideologische Überbau wird somit durch die bestehenden ökonomischen Verhältnisse der jeweiligen geschichtlichen Entwicklungsstufe bestimmt.

Gesellschaftliche Analyse

Historischer und dialektischer Materialismus

- Die **geschichtliche Entwicklung** ist nicht zufällig, sondern hat Sinn, sie verläuft dialektisch. Die treibende Kraft ist der wachsende Widerspruch zwischen Produktivkräften und Produktionsverhältnissen.
- Die **Veränderung des Bewusstseins** erfolgt ebenfalls dialektisch, in Abhängigkeit zu den materiellen Verhältnissen.

⬇

ÜBERBAU
- Ideologien, Religion, Kunst (ideologischer Überbau)
- Politik, Recht (politisch-rechtlicher Überbau)

BASIS
- Produktionsverhältnisse (Eigentumsverhältnisse)
- Produktivkräfte (Produktionsinstrumente, Produktionsformen, Arbeitskraft)

Materielle Bedingungen und ökonomische Strukturen bekommen bei *Marx* und *Engels* ursächliche Bedeutung für den Entwicklungsstand der Gesellschaft. So ist es nahe liegend, dass sie die Produktivkräfte und Produktionsverhältnisse der Gesellschaft einer genaueren Betrachtung unterziehen.

6.2.2 Produktivkräfte und Produktionsverhältnisse

Charakteristisch für das menschliche Dasein ist nach *Karl Marx* die **Arbeit**. Er stellt sie dar als **zweckmäßigen Umgang mit der Natur, die dazu dient, Nahrungsmittel zu beschaffen und zu erzeugen**, mit anderen Worten **zu produzieren**. Menschen müssen arbeiten und Arbeit herstellen, um ihre Bedürfnisse befriedigen zu können. Gearbeitet wird unter **sich verändernden Produktionsverhältnissen**. Diese bestimmen auch die sozialen Beziehungen, welche Menschen bei ihrer Arbeit herstellen. Die gesellschaftliche Arbeit und die materielle Produktion sind die Grundlage, auf der die sozialen Verhältnisse sich entwickeln.

Bereits bei ihrer Geburt finden Menschen bestimmte Verhältnisse wie zum Beispiel Macht- und Herrschaftsverhältnisse, Arbeitsteilung, Reichtum und Armut, Familien- und Organisationsformen, Ideen, Wissen usw. vor.

Somit produzieren die Menschen in der Arbeit ihr materielles Leben und zugleich ihre sozialen Verhältnisse (vgl. *Tillmann, 2003*[12]*, S. 162*).

> Arbeit ist eine zweckmäßige, zielgerichtete Tätigkeit des Menschen und eine unerlässliche Bedingung, da im Arbeitsprozess zur Befriedigung von Bedürfnissen Naturstoffe verändert werden. Durch sie werden soziale Verhältnisse sowie die Geschichte der Menschheit bestimmt, und durch sie verwirklicht sich der Mensch selbst.

Menschen sind in der Gestaltung ihrer Arbeit nicht frei. Sie unterliegen vielfältigen Zwängen, die sich einerseits aus den **Produktivkräften**, und andererseits aus den **Produktionsverhältnissen**, ergeben. **Produktivkräfte sind die Gesamtheit der Mittel, die zur Bearbeitung natürlicher Ressourcen**, zum Beispiel von Rohstoffen, **eingesetzt werden**, wie Werkzeug, Maschinen, Fähigkeiten und Fertigkeiten, Wissen, das Menschen in der Produktion anwenden – alle Mittel, Kräfte und Kenntnisse, mit denen Menschen ihren Lebensunterhalt gewährleisten.

In der kapitalistischen Gesellschaft wird die Wissenschaft zur Produktivkraft, da durch sie nicht nur Produktionstechnologien wie zum Beispiel computergesteuerte Fertigungsabläufe entwickelt werden, sondern auch versucht wird, soziale Faktoren, die in Arbeitsprozessen wirksam sind, zu beeinflussen (z. B. Aufbau von Arbeitsmotivation und Leistungsbereitschaft).

Produktivkräfte sind damit die Möglichkeiten des Menschen über natürliche und materielle Bedingungen seiner Existenz zu verfügen, also Arbeit im weitesten Sinne. Die wichtigste Produktivkraft ist der Mensch mit seinen Kenntnissen und Fähigkeiten. Diese muss der Arbeitnehmer an den Besitzer der Produktionsmittel verkaufen, denn er hat nur eine Produktivkraft, seine Arbeitskraft. Produktionsmittel sind Grundstücke, Maschinen, Fabriken und dergleichen.

> Produktivkräfte sind die Gesamtheit naturgegebener bzw. technischer Möglichkeiten zur Bearbeitung der Natur, Produktionsinstrumente, Produktionsformen und die Arbeitskraft produzierender Menschen.

Damit der Produktionsprozess in Bewegung gesetzt wird, bedarf es der **Arbeitskraft**. Sie stellt das *aktive Moment der Produktion* dar. Mit der Entwicklung der Arbeitskraft verändern sich auch die Fähigkeiten und das Geschick des Menschen zur Arbeit und somit auch seine Erfahrungen in der Produktion. Unter Arbeitskraft versteht *Karl Marx* die **Gesamtheit der physischen und geistigen Kräfte**. Hierunter fallen sowohl der jeweilige Entwicklungsstand des technischen Wissens als auch die durch Arbeitsteilung entstandene Zerlegung der Arbeit sowie die damit verbundenen Teilfertigkeiten der Fließbandarbeiter.

> Arbeitskraft umfasst die Gesamtheit der bei der Produktion zum Einsatz kommenden physischen und geistigen Kräfte wie Fähigkeiten, technisches Wissen und dergleichen.

Die **Produktionsverhältnisse sind die jeweiligen Beziehungen und Verhältnisse, wie sie sich im Prozess der Produktion darstellen**. Gemeint ist damit die soziale Organisation der Produktion, vor allem, wer über die Produktionsmittel verfügt und nach welchen Prinzipien sie eingesetzt werden.

Solche Produktionsverhältnisse sind zum Beispiel konkrete Formen der Kooperation, wie freiwillige oder zwangsweise Zusammenarbeit, die Arbeitsteilung und die Verteilung der Produktionsmittel und Konsumgüter.

Die Produktionsverhältnisse lassen sich charakterisieren durch die Art und Weise verschiedener Beziehungen:

- Die **Beziehungen zwischen den Produzenten**, also zwischen denjenigen, welche die Produkte herstellen.
- Die **Beziehungen zwischen den Produzenten und den Produktionsmitteln**, auf dem Hintergrund der Eigentumsfrage, also wer über die Produktionsmittel verfügen kann.
- Die **Beziehungen zwischen den Produzenten und Nicht-Produzenten**, das heißt diejenigen, die sich das Mehrprodukt aneignen und die Frage der Klassenbildung (die private Verfügung über Produktionsmittel führte dazu, dass eine herrschende Klasse andere unterdrückt und ausbeutet).
- Die **Beziehungen zwischen den Produzenten, Nicht-Produzenten und den Produkten der Arbeit**, das heißt die Verteilung und der Konsum des gesellschaftlichen Reichtums.

> Produktionsverhältnisse sind die gesellschaftlichen Verhältnisse, die die Menschen in der Produktion und im Austausch materieller Güter eingehen. Im weitesten Sinne sind damit die Eigentumsverhältnisse gemeint.

Die jeweiligen Produktionsverhältnisse werden also durch das Eigentum an Produktionsmitteln und die damit verbundene Möglichkeit der Verfügung über das Produkt bestimmt.

Produktionsmittel sind Arbeitsgegenstände und auch Arbeitsmittel wie Grund und Boden, Rohstoffe, Maschinen usw. (vgl. *Amann, 1996[4], S. 326 ff.*).

Zur Fertigung von Schuhen benötigt man zum Beispiel Werkzeug, Maschinen, Leder etc. – es handelt sich hierbei um Produktionsmittel.

„Im Arbeitsprozess bewirkt also die Tätigkeit des Menschen durch das Arbeitsmittel eine von vornherein bezweckte Veränderung des Arbeitsgegenstandes. Der Prozess erlischt im Produkt. Sein Produkt ist ein Gebrauchswert, ein durch Formveränderung menschlichen Bedürfnissen angeeigneter Naturstoff. [...] Betrachtet man den ganzen Prozess vom Standpunkt seines Resultats, des Produkts, so erscheinen beide, Arbeitsmittel und Arbeitsgegenstand, als Produktionsmittel und die Arbeit selbst als produktive Arbeit." (Marx, 1962, S. 141 f.)

Die treibende Kraft der geschichtlichen Entwicklung der Gesellschaft ist vor allem der **wachsende Widerspruch zwischen den Produktivkräften und Produktionsverhältnissen**. Wie sich das Verhältnis von Produktivkräften und Produktionsverhältnissen im Einzelnen darstellt, muss für jede historische Gesellschaftsform gesondert behandelt werden.

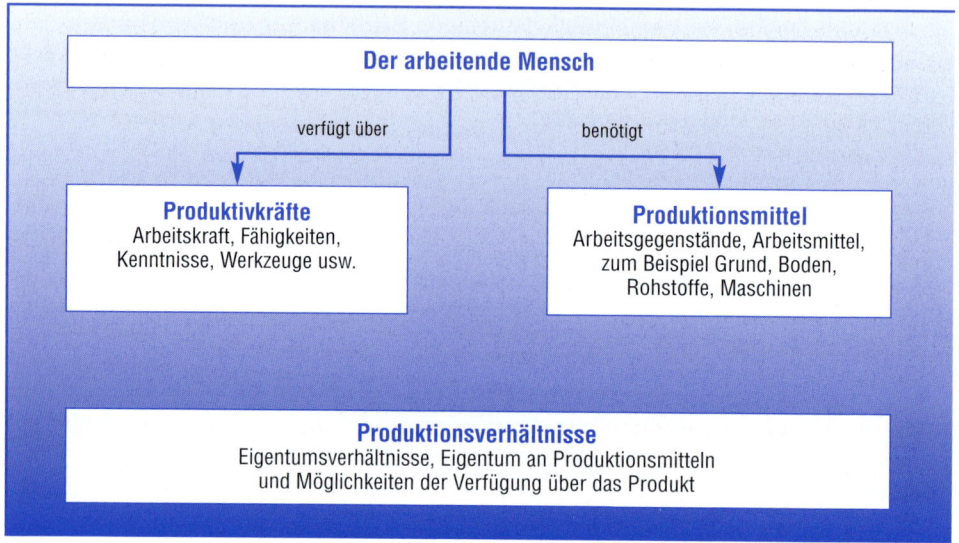

6.2.3 Die Entwicklung verschiedener Gesellschaftsformen

Im geschichtlichen Ablauf unterscheidet *Marx* nacheinander auftretende Produktionsweisen bzw. Gesellschaftsformen (vgl. *Amann, 1996[4], S. 328–332*):

- **Die Urgesellschaft**

  Urwüchsige Gemeinschaften sind gekennzeichnet durch das **Gemeineigentum an Grund und Boden**. Gemeinsam hergestellt werden nur die notwendigen Produkte, die für den persönlichen bzw. gemeinsamen Gebrauch bestimmt sind. Innerhalb der Gemeinschaft wird getauscht. In dieser Gesellschaft gibt es keine sozialen Klassen, keinen Staat.

- **Die Sklavenhaltergesellschaft**

  Diese Gesellschaftsform ist gekennzeichnet durch **Privateigentum an Produktionsmitteln, zunehmende Arbeitsteilung und Tausch**. Durch die Loslösung von Menschen aus dem Stammesverband und die Ausdehnung an Tausch und Verkehr entsteht die Ökonomie des „ganzen Hauses". Kennzeichnend hierfür sind **patriarchalische Macht- und Gewaltverhältnisse**. Durch Kriegszüge werden die nötigen Arbeitskräfte – Sklaven – beschafft. Die Herrschaft von Einzelnen, zum Beispiel Königen, entsteht. Es existieren **zwei Klassen**: *die Sklaven und die Sklavenhalter*.

- **Die Feudalgesellschaft**

  Die Grundlage der feudalen Klassengesellschaft bilden das *private Eigentum weltlicher und geistlicher Feudalherren an Grund und Boden* sowie die *Abhängigkeit der Bauern von den Grundherren*. In dem entstandenen **Lehenswesen**[1] leistet der selbst wirtschaftende Bauer Abgaben und Fronpflichten für die großen Grundeigentümer – Kaiser, König, Adel, Kirche. Es entwickeln sich Arbeitsspezialisierungen wie zum Beispiel ein zünftisch organisiertes Handwerk. Zunehmend mehr technische Errungenschaften bringen Vorteile, zum Beispiel der Einsatz von Windmühlen. Dadurch, dass sich Städte und Märkte zu Produktions- und Umsatzzentren herausgebildet haben, wird der Tausch regelmäßig. Für den Feudalismus ist der Gegensatz von **Leibeigenen und Feudalherren** bestimmend.

- **Der Kapitalismus**

  Die bürgerlich-kapitalistische Gesellschaft ist gekennzeichnet durch Handel, Manufakturen, expandierende Industriebetriebe. Die kapitalistische Produktionsweise dient nicht mehr vorrangig dem unmittelbaren Gebrauch, sondern der Erzeugung und Anhäufung von noch mehr Reichtum[2]. Das System der Lohnarbeit macht den Arbeiter frei, weil er im Unterschied zum Sklaven oder Leibeigenen formal ein freier, gleichberechtigter Staatsbürger ist. Die Verfügung über die Produktionsmittel teilt die Menschen in *Besitzende und Nichtbesitzende* ein. Deshalb sieht *Marx* die Gesellschaft als **Zweiklassengesellschaft**. Die kapitalistische Gesellschaft wird nach *Marx* keinen Bestand haben, sie gerät in immer schlimmere Krisen und schließlich führt eine revolutionäre Umgestaltung der Gesellschaft zum Sozialismus.

- **Der Sozialismus**

  Im Sozialismus kommt es nach Phasen, die durch privates Eigentum an Produktionsmittel gekennzeichnet sind – Sklavenhaltergesellschaft, Feudalismus und Kapitalismus –, erstmals wieder zu einer *Produktionsweise, in der das Kollektiveigentum zum Prinzip erhoben wird*. Die Produktionsmittel werden in staatliche bzw. kollektive Verwaltung überführt. Statt Profitmaximierung gilt sinnvolle **Planwirtschaft**. Der Gewinn kommt wieder dem Kollektiv zugute, orientiert an der Devise: „Jedem nach seinen Fähigkeiten." Der Staat beginnt abzusterben, die **klassenlose Gesellschaft** tritt schließlich an die Stelle des Staates.

- **Der Kommunismus**

  Am Ende ist der Kommunismus erreicht als höher entwickelte Form des Sozialismus mit dem Ziel der Verwirklichung eines immer höheren Grades an „Gleichheit und Freiheit".

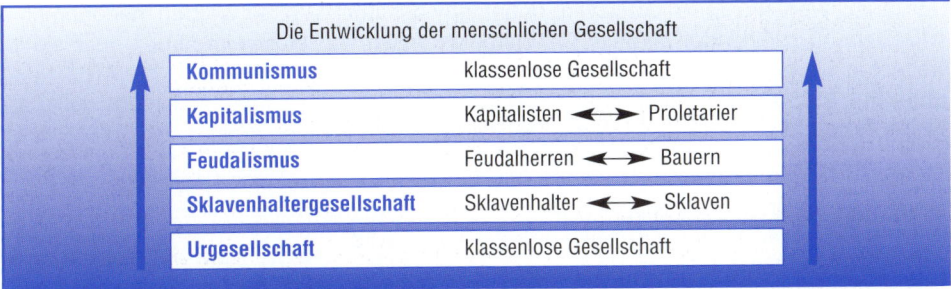

Mit Ausnahme der Urgesellschaft und des Kommunismus stehen in allen Gesellschaftsformen Besitzende und Nichtbesitzende gegenüber.

---

[1] Lehenswesen heißt, dass Feudalherren Land gegen persönliche Dienste und Abgaben an die Bauern verleihen.

[2] vgl. hierzu Abschnitt 6.2.4

6.2.4 Kapitalistische Wirtschaftsverhältnisse

Die Wirtschafts- und Gesellschaftsordnung im Kapitalismus ist orientiert an einem gewinnbringenden Einsatz des Privatkapitals und an einer Lebensweise, die sich an den Interessen des Kapitalbesitzers, des **Kapitalisten**, ausrichtet. Charakteristisch für den Produktionsprozess im Kapitalismus ist, dass fremde Arbeitskraft gekauft wird, um diese in einem Arbeitsprozess zur Herstellung nützlicher Güter einzusetzen.

So arbeitet ein KFZ-Mechaniker in einer Autowerkstatt und bekommt dafür Geld in Form eines monatlichen Lohns.

> **Kapitalismus ist eine Wirtschafts- und Gesellschaftsordnung, für die eine am Gewinn orientierte Verwertung von Privatkapital und eine an den Interessen der Kapitalbesitzer ausgerichtete Lebensweise charakteristisch sind.**

Der Kapitalist lässt mit dem Ziel produzieren, das Produkt auf dem Markt gegen Geld einzutauschen und dadurch mehr Kapital zu erwirtschaften.

Ein Produkt ist nach *Karl Marx* für den Besitzer auf zweifache Weise wertvoll, es hat **einen Gebrauchs- und einen Tauschwert**. Das Produkt besitzt für denjenigen, der es nutzen kann, einen gewissen **Gebrauchswert**. Der Gebrauchswert variiert für ein am Tausch beteiligtes Individuum je nach dem, ob und wie dringend ein Produkt für einen bestimmten Verwendungszweck gebraucht wird. Für eine Ware lässt sich also nur ein Abnehmer finden, wenn sie einem individuellen Bedürfnis entgegenkommt.

Ein Möbelstück findet für einen bestimmten Zweck Verwendung.

> **Der Gebrauchswert eines Produktes wird in Abhängigkeit von seinem Nutzen für die Befriedigung von Bedürfnissen bestimmt** (vgl. *Münch, 2002, S.118*).

Weil ein Produkt mit gleichen und anderen Waren auf dem Markt verglichen und ausgetauscht wird, hat es einen gewissen **Tauschwert**. Damit man von einem Tauschwert sprechen kann, muss ein Produkt zur **Ware** werden, das heißt, es wird eine Tauschbeziehung in Bezug zu anderen Produkten hergestellt.

Lebensmittel können auf dem Markt gegen Geld getauscht werden.

Der Tauschwert eines Produktes wird quantitativ bestimmt: Waren werden mengenmäßig in Beziehung zueinander gestellt. Die Gemeinsamkeit von Waren ist dabei, dass sie im weitesten Sinne alle das Ergebnis menschlicher Arbeit sind. Folglich ist die **Arbeit das objektive Maß für den Wert eines Produktes**. Der Tauschwert ergibt sich aus der Menge der Arbeit, die notwendig ist, um eine Ware zu erzeugen (vgl. *Amann, 1996[4], S. 348 f.*).

Für den Kapitalisten besitzt die Arbeitskraft Gebrauchswert, da er sie für die Herstellung von Gütern benötigt, sie ist für ihn die Quelle des Mehrwertes. Tauschwert besitzt sie, da sie auf dem Arbeitsmarkt wie jede andere Ware gegen Arbeitslohn getauscht wird.

> **Der Tauschwert wird anhand der durchschnittlichen Summe an Zeit bestimmt, die für die Produktion einer Ware benötigt wird** (vgl. *Münch, 2002, S. 118*).

Die Kapitalistenklasse, die **Bourgeoisie** wie *Karl Marx* sie nennt, verfügt über **Kapital**. Kapital ist der Geldbetrag zu Investitionszwecken, also insgesamt das Vermögen an Bargeld, Wertobjekten und dergleichen.

> Kapital ist der Geldbetrag zu Investitionszwecken, insgesamt das Vermögen an Bargeld, Wertobjekten usw.

Der Kapitalist bzw. Unternehmer muss sowohl für den Kauf der Maschinen, als auch für den Kauf der Arbeitskraft Kapital vorstrecken. Maschinen, Gebäude und Rohstoffe bezeichnet *Marx* als **konstantes Kapital**, die Ausgaben für den Ankauf der Arbeitskraft bzw. die Bezahlung der Löhne als **variables Kapital**. Er will auf dem Markt durch den Verkauf von Produkten einen höheren Wert erzielen, als das von ihm eingesetzte Kapital.

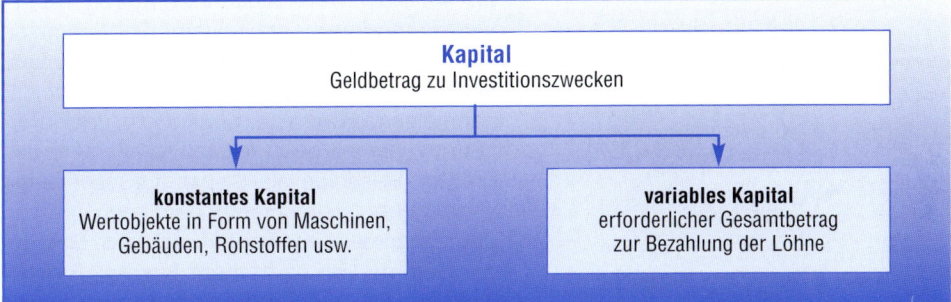

Das **Proletariat**, die Lohnarbeiter, die keine eigenen Produktionsmittel besitzen, sind, um überleben zu können, darauf angewiesen, ihre Arbeitskraft dem Produktionsmittelbesitzer zur Verfügung zu stellen. Dafür erhält der Arbeitnehmer im Austausch eine Lohnsumme, die für die Reproduktion der Arbeitskraft, das heißt für deren Erhaltung, notwendig ist und die er benötigt, um auf dem gegebenen gesellschaftlichen Niveau seinen Lebensunterhalt zu bestreiten.

> Als Proletariat bezeichnet *Karl Marx* die lohnabhängigen Beschäftigten, die keine eigenen Produktionsmittel besitzen

„In demselben Maße, worin sich [...] das Kapital entwickelt, in demselben Maße entwickelt sich das Proletariat, die Klasse der modernen Arbeiter, die nur so lange leben, als sie Arbeit finden, und die nur so lange Arbeit finden, als ihre Arbeit das Kapital vermehrt. Diese Arbeiter, die sich stückweise verkaufen müssen, sind eine Ware, wie jeder andere Handelsartikel und daher gleichmäßig allen Wechselfällen der Konkurrenz, allen Schwankungen des Marktes ausgesetzt." (Marx/Engels, Bd. 4, 1959, S. 468)

Der Unternehmer ist in der begünstigten Situation, den Arbeitnehmer mehr an Stunden für sich arbeiten zu lassen, als diesen die Erhaltung der Arbeitskraft selbst kostet. Die Arbeit des Lohnempfängers ist also mehr wert als der Unternehmer ihm entlohnt. Diese Differenz zwischen dem tatsächlichen Wert der Arbeitsleistung und dem Arbeitslohn bezeichnet *Marx* als **Mehrwert**, welchen der Unternehmer dem Arbeiter vorenthält.

> Mehrwert ist der Differenzbetrag zwischen dem tatsächlichen Wert der Arbeitsleistung und dem Arbeitslohn.

Ziel der kapitalistischen Produktion ist es, einen Mehrwert zu erzielen, was bedeutet, **Gewinn bzw. Profit zu erwirtschaften** (vgl. Amann, 1996[4], S. 332–336).

Im Schnitt benötigt ein Arbeiter zum Beispiel sechs Stunden für die Erzeugung der benötigten Lebenshaltungskosten. Er arbeitet pro Tag zwölf Stunden. Als Lohn für seine Arbeitskraft erhält der Arbeiter den Wert der Arbeitskraft für sechs Stunden, das heißt die gesellschaftlich notwendige Arbeitszeit, die für Wohnung, Brot, Kleidung usw. beinhaltet ist. Der Kapitalist kauft Rohstoffe, Arbeitsmittel und die Arbeitskraft. Er erhält am Ende des Produktionsprozesses einen Wert für die verkauften Produkte. Dieser Wert liegt über den für ihn angefallenen Kosten. Der Kapitalist eignet sich den Mehrwert an, der durch die Arbeit erzielt wurde. Er macht damit seinen Gewinn.

Damit der Unternehmer gegenüber seinen Konkurrenten seine Marktposition sichern und seine Marktchancen verbessern kann, ist er mehr oder weniger gezwungen, den angesammelten **Mehrwert wieder einzusetzen, um im nächsten Tauschakt neuen Mehrwert zu erzielen**. Damit nimmt die Summe an Kapital, die er zur Produktion der Waren investiert, beständig zu. *Karl Marx* ging von der Annahme aus, dass in der Konkurrenz der Unternehmen die mit dem meisten Kapital und den größten Reserven als Sieger auf dem Markt hervorgehen. Er beschreibt damit den Vorgang der zunehmenden **Anhäufung von Gewinn zur Bildung von noch mehr Kapital**. Es konzentriert sich immer mehr Kapital in immer weniger Händen, es kommt zu einer endlosen **Kapitalakkumulation**. Die Bildung von Großkonzernen wird dadurch begünstigt.

Zurzeit erhöhen die meisten Unternehmen zum Beispiel die Arbeitszeit. Diese zusätzlichen Stunden stellen Mehrarbeit für den Arbeitnehmer dar. Für den Unternehmer ist es eine Quelle des Mehrwertes. Damit verringert sich die Zeit, die für die Erhaltung der Arbeitskraft nötig ist. Eine andere Möglichkeit ist die Beschleunigung der Produktion durch die Nutzung technischer Errungenschaften, also zunehmende Rationalisierung. Der Unternehmer investiert für Maschinen, Ressourcen und Arbeitskraft Geld. Für diese Investitionen erhält er auf dem Markt Geld. Hinzu kommt das Geld für die Waren, die in den zusätzlichen Stunden produziert wurden. Diese Differenz zwischen dem investierten Kapital und dem tatsächlich erzielten Kapital auf dem Markt stellt seinen Profit dar, es findet eine Kapitalakkumulation statt.

> **Mit Kapitalakkumulation ist die Anhäufung von Kapital in der Hand des Produktionsmittelbesitzers gemeint.**

Ein kapitalistisches Unternehmen versucht neben andern Maßnahmen **durch Rationalisierung eine steigende Produktivität zu erreichen**. Rationalisierung[1] bedeutet die zweckmäßige Gestaltung von Arbeitsabläufen in Unternehmen mit dem Ziel, die Produktion zu beschleunigen.

> **Rationalisierung meint die zweckmäßige Gestaltung von Arbeitsabläufen in Unternehmen mit dem Ziel der Beschleunigung der Produktion**

---

[1] Rationalisierung (lat.: ratio) bedeutete ursprünglich „vernünftig denken".

Als wesentliches Mittel dient der **Einsatz moderner Technik** bei der Produktion. Damit erhöht sich zwangsläufig der Anteil des konstanten Kapitals, das in Maschinen investiert wird, während der Anteil des variablen Kapitals, der in Arbeitskraft investiert wird, stetig sinkt. Weil jedoch der Mehrwert hauptsächlich durch die Arbeitskraft erwirtschaftet wird, vermindert sich zunehmend die **Profitrate**, das Verhältnis vom Mehrwert zum gesamten – dem konstanten und variablen – Kapital. *Karl Marx* nennt diesen Vorgang das **Gesetz der fallenden Profitrate**.

Die Ersetzung der Arbeitskraft durch Maschinen lässt eine industrielle Reservearmee entstehen, weil immer mehr Arbeitnehmer im Produktionsprozess überflüssig und damit entlassen werden. Daraus ergeben sich zwei Probleme: Zum einen wird der Preis für die Arbeitskraft niedrig gehalten oder Löhne sogar gesenkt, zum anderen sind immer weniger Menschen in der Lage, die Produkte zu kaufen, was wiederum die Möglichkeiten zur Ausbeutung der Arbeiterklasse erhöht. Das hat zur Folge, dass ein Teil der Bevölkerung verelendet (vgl. Mikl-Horke, 2001[5], S. 54). Phasen der Überproduktion verschärfen die Konkurrenz, kleinere Unternehmen, die dem Druck nicht mehr standhalten können, müssen aufgeben und werden von den großen Firmen aufgekauft. Dies führt zu einer extremen Konzentration von Kapital in der Hand von wenigen. Schlimmstenfalls kommt es auch zum Zusammenbruch eines Unternehmens und zur Vernichtung von Kapital (vgl. Münch, 2002, S. 117–121).

„Die wesentlichsten Bedingungen für die Existenz und für die Herrschaft der Bourgeoisieklasse ist die Anhäufung des Reichtums in den Händen von Privaten, die Bildung und Vermehrung des Kapitals: die Bedingung des Kapitals ist die Lohnarbeit. [...] Mit der Entwicklung der großen Industrie wird also unter den Füßen der Bourgeoisie die Grundlage selbst weggezogen, worauf sie produziert und die Produkte sich aneignet. Sie produziert vor allem ihre eigenen Totengräber. Ihr Untergang und der Sieg des Proletariats sind gleich unvermeidlich." (Marx/Engels, Bd. 4, 1959, S. 473 f.)

Materialien 3

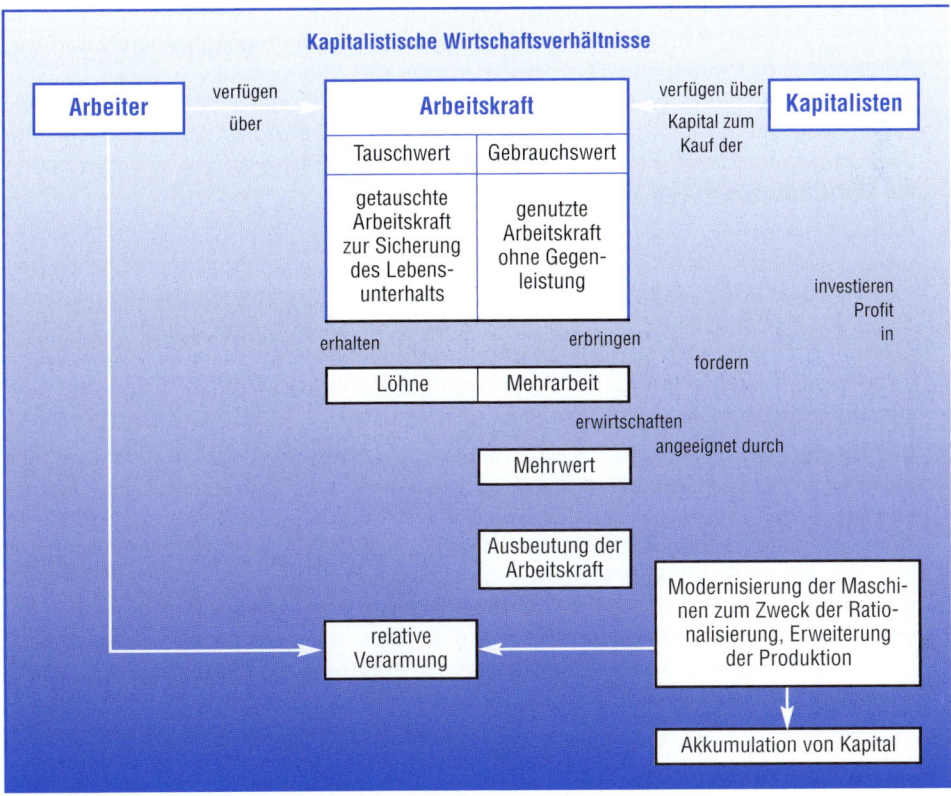

6.2.5 Die Entfremdung im Kapitalismus

Weltweit breitet sich eine zunehmende **Arbeitsteilung** aus. Es kann kaum jemand alle Güter seines persönlichen Bedarfs selbst herstellen. Die gegenseitigen Abhängigkeiten der Menschen werden auf diese Weise immer umfassender. Sie erzeugen Waren für einen Markt, auf dem sie dann ihre eigenen Produkte wieder kaufen. *Karl Marx* und *Friedrich Engels* nennen diesen Prozess die **Vergesellschaftung der Produktion** und stellen bei der Analyse dieser Entwicklung eine zunehmende **Entfremdung** des Menschen fest (vgl. Amann, 1996[4], S. 340–344). Entfremdung heißt, dass infolge der Arbeitsteilung und der Eigentumsordnung (Privateigentum an Produktionsmitteln) dem Arbeitnehmer seine Mitmenschen, seine eigene Tätigkeit und die Produkte seiner Tätigkeit fremd und außerhalb seines Selbst liegend erscheinen (vgl. Mikl-Horke, 2001[5], S. 49). Ursachen hierfür sind zum einen der Warencharakter der Arbeitskraft und zum anderen die Arbeitsteilung.

> Entfremdung bedeutet, dass infolge der Arbeitsteilung und der Eigentumsordnung dem Arbeitnehmer seine Mitmenschen, seine eigene Tätigkeit und die Produkte seiner Tätigkeit fremd und außerhalb seines Selbst liegend erscheinen.

Die Menschen unterliegen einem **dreifachen Prozess der Entfremdung**. Sie werden getrennt von

- **der Natur**: In primitiven Gesellschaften lebten die Menschen mit der Natur in Einklang und in einer ursprünglichen Einheit miteinander. Sie waren es gewohnt, von den Erzeugnissen der Natur zu leben, ohne in die Natur einzugreifen (vgl. Tillmann, 2003[12], S. 164). Gewöhnlich erfolgte die Produktion gemeinschaftlich, ebenso der Konsum der Erzeugnisse. Der aktiv gestaltete, bewusst gewollte und selbstbestimmte Prozess der gemeinsamen Produktion trägt zur „Verwirklichung der menschlichen Natur" bei. Durch die Entwicklung der Technologie wurde der ökonomische Prozess zu einer künstlichen Welt: Es entstanden die Arbeitsteilung, der Handel und der Austausch von Produkten. Eine Entfremdung in dieser Art führte zur **Trennung von der Natur und zur Entmenschlichung des Menschen**, folglich zur **Entfremdung des Menschen als Gattungswesen** (vgl. Mikl-Horke, 2001[5], S. 49).

- **den Mitmenschen**: Die Arbeit erfolgt unter bestimmten Produktionsverhältnissen, diese bestimmen auch die sozialen Beziehungen, die Menschen bei ihrer Arbeit herstellen. Arbeit erfolgt in Kooperation mit anderen und für andere und ist damit immer auch gesellschaftliche Arbeit[1] (vgl. Mikl-Horke, 2001[5], S. 49). Eine Selbstentfremdung entsteht dadurch, dass soziale Beziehungen zu rein sachlichen Tausch- bzw. Geldverhältnissen werden. Langfristig hat dies einen **Kontaktverlust** zur Folge und führt zunehmend zu **Isolation** (vgl. Tillmann, 2003[12], S. 164).

- **der Arbeit**: Arbeit ist die wichtigste Tätigkeit des Menschen, durch sie setzen sich Individuen mit der gegenständlichen Natur auseinander. Als Arbeitsergebnis entstehen sachliche Produkte. Durch diese produktive Auseinandersetzung mit der äußeren Natur und Verarbeitung von Rohmaterial lernt das Individuum die Eigengesetzlichkeit der natürlichen Stoffe kennen und entwickelt durch seine schöpferische Tätigkeit gleichzeitig seine Persönlichkeit. Denn in Form der hergestellten Produkte kommen seine Ideen und Fähigkeiten zum Ausdruck, so dass Freude, Stolz und Selbstvertrauen entstehen können. Indem der Mensch seine Umwelt gestaltet, gestaltet er sich selbst (vgl. Tillmann, 2003[12], S. 164). Durch eine rein ökonomisch gesteuerte Arbeits-

---

[1] vgl. Abschnitt 6.2.2

teilung, das Wegfallen schöpferischer Tätigkeit und Selbstbestimmung sowie durch Lohnarbeit kommt es zu gravierenden **Veränderungen in der Identität** der Menschen. Der Lohnarbeiter verliert jede persönliche Beziehung zu seinem Produkt, das heißt **er entfremdet sich vom Produkt seiner Arbeit**.

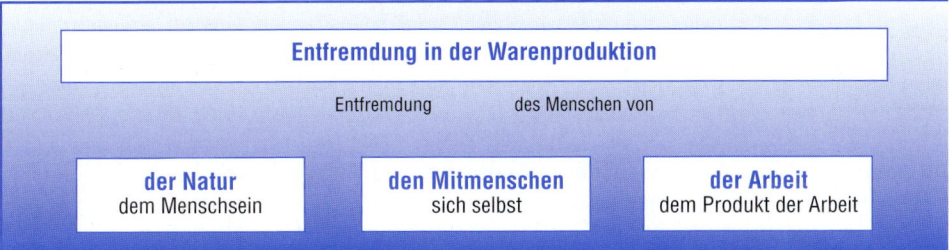

Eine Aufhebung der Entfremdung ist nach *Karl Marx* nur durch die **Auflösung der kapitalistischen Klassenverhältnisse** möglich. Auch muss aus dem Bewusstsein das Problem des Privateigentums verschwinden, was aber eine lange und tief greifende Veränderung voraussetzt.

6.2.6 Der Klassenkampf

Die Gesellschaft spaltet sich nach *Karl Marx* in **zwei Klassen**, welche sich aufgrund ihrer unvereinbaren Interessenslage als **antagonistische Klassen** gegenüber stehen[1]: die herrschenden **Kapitalisten** und die unterdrückte **Arbeiterklasse**.

Neben den oben genannten Hauptklassen existiert nach Marx noch die **Mittelklasse***, die in einer gesonderten Beziehung zu den Produktionsmitteln steht. Handwerker und Landwirte sind einerseits zwar Besitzer ihrer Produktionsmittel, müssen aber andererseits ihre eigene Arbeitskraft weitgehend für die Herstellung von Produkten einsetzen. Karl Marx geht jedoch davon aus, dass die Dynamik der kapitalistischen Entwicklung letztendlich alle Gesellschaftsmitglieder erfasst, auch die der Mittelklasse. Schließlich stehen sich nur noch zwei Klassen gegenüber, das große Heer der Arbeiterklasse und die im Konkurrenzkampf immer kleiner werdende Kapitalistenklasse (vgl. Tillmann, 2003[12], S. 167 f.).*

Wegen der unvereinbaren Interessenslage dieser beiden Klassen und der Zunahme von immer schärferen wirtschaftlichen Krisen kommt es nach *Karl Marx* zu **Klassenkämpfen**, welche sich an dem bestehenden Klassenkonflikt entzünden. In diesem Kampf wird es dem Proletariat in **kollektiven und letztlich revolutionären Aktionen** gelingen, die gesellschaftlichen Verhältnisse zu ändern (vgl. *Tillmann, 2003[12], S. 166*).

---

[1] antagonistisch (griech.): gegensätzlich, gegnerisch, in einem nicht auszugleichenden Widerspruch stehend. Auf den Klassenbegriff im Sinne von Karl Marx wird in Kapitel 9.3.1 eingegangen.

„Die Geschichte aller bisherigen Gesellschaften ist die Geschichte von Klassenkämpfen. Freier und Sklave, Patrizier und Plebejer, Baron und Leibeigener, Zunftbürger und Gesell, kurz, Unterdrücker und Unterdrückte standen in stetem Gegensatz zueinander, führten einen ununterbrochenen, bald versteckten, bald offenen Kampf, einen Kampf, der jedes Mal mit einer revolutionären Umgestaltung der ganzen Gesellschaft endete oder mit dem gemeinsamen Untergang der kämpfenden Klassen. [...] Die aus dem Untergange der feudalen Gesellschaft hervorgegangene moderne bürgerliche Gesellschaft hat die Klassengegensätze nicht aufgehoben. Sie hat nur neue Klassen, neue Bedingungen der Unterdrückung, neue Gestaltungen des Kampfes an die Stelle der alten gesetzt"   (Marx/Engels, Bd. 4, 1959, S. 462 f.)

All diese Prozesse führen zum **Zusammenbruch des Kapitalismus**. Die Macht des Kapitals wird gebrochen und das ***private Eigentum an Produktionsmitteln wird in sozialistisches Eigentum überführt***. Nach dieser Übergangszeit des **Sozialismus** wird eine neue Gesellschaftsform – der **Kommunismus** – errichtet. Die sozialen Gegensätze werden schließlich aufgehoben und die Spaltung der Gesellschaft in zwei Klassen wird überwunden. Die Menschen leben dann in einer **klassenlosen Gesellschaft**, in der die Produktionsmittel allen gehören und die bisherigen Herrschaftsverhältnisse verschwinden (vgl. *Münch, 2002, S. 121 ff.*).

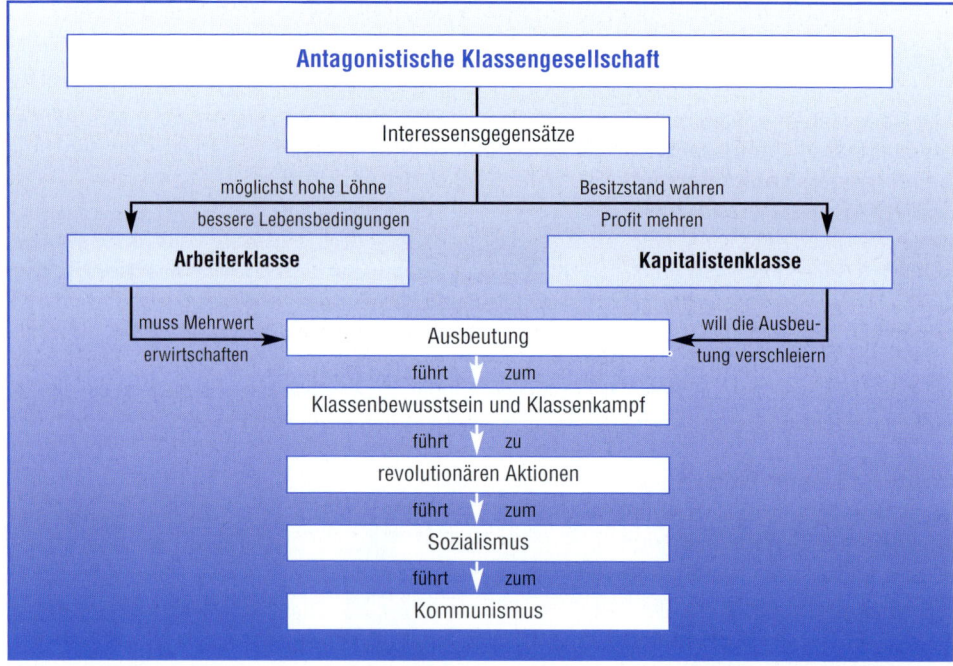

Materialien 4

6.2.7 Kritische Würdigung der Theorie des historischen Materialismus

Richard Münch würdigt an der Theorie des historischen Materialismus folgende Erklärungsansätze:
- *Karl Marx* kritisiert zu Recht die idealistische Philosophie *Hegels* zur Entwicklung der Menschheit und lenkt die Aufmerksamkeit auf die Technologie der Produktivkräfte und Prozesse der materiellen Produktion und damit zusammenhängend auf die Erhaltung des menschlichen Lebens. *Marx* betont damit eine bedeutende Kraft geschichtlicher Entwicklung.

- Richtig hat *Marx* auch die kapitalistische Entwicklung analysiert. So begründet er die Dynamik zwischen Warenproduktion und Kapitalakkumulation. Er weist nach, dass diese sich nach eigenständigen Gesetzen weiterentwickelt und über die Menschen eine Zwangsgewalt ausübt, unabhängig von individuellen Bedürfnissen und Moral. Er verweist darauf, dass der Produktionsprozess sich verselbstständigt und es wegen Überproduktion zu Krisen, zu Vernichtung von Kapital, technologischer Stagnation, Konzentration von Kapital, Zentralisierung der Produktion und Klassengegensätzen kommt. Je mehr sich die kapitalistische Akkumulation ausweitet, umso mehr wird von dieser Grunddynamik die ganze Welt erfasst.

Doch es gibt auch kritische Anmerkungen zur marxistischen Theorie:

- Kritisiert wird von *Richard Münch* der Versuch von *Karl Marx*, die idealistische Geschichtsphilosophie *Hegels* durch eine materialistische zu ersetzen. Ein Prozess, der durch materielle Wirkkräfte bestimmt wird, kann nicht durch eine vernünftige Entwicklungslogik erklärt werden. Nach *Marx* selbst entwickeln ja die ökonomischen Kräfte eine chaotische Dynamik. Trotzdem beansprucht er, dass sie die Gesellschaft auf ein Ziel hin führen. Unbewusst behielt *Marx* Elemente des Idealismus bei, ohne die damit verbundenen Probleme lösen zu können. Es gelingt ihm auch nicht, eine Antwort auf die Frage zu geben, unter welchen Bedingungen sich die Gesellschaft weiterentwickelt im Sinne einer „Annäherung von Vernunft und Wirklichkeit".

- *Richard Münch* stellt auch das von *Marx* postulierte Gesetz der fallenden Profitrate in Frage. Vielmehr wächst der relative Mehrwert durch die zunehmende Produktivität aufgrund der technischen Rationalisierung. Durch die Entwicklung der modernen Gesellschaft wird der prognostische Wert der Theorie von *Marx* deutlich in Frage gestellt, sowohl durch die sozialistische, als auch durch die kommunistische Wirtschaft. *Marx* ignorierte die Wirkung nichtökonomischer Kräfte. Seine Prognosen über die Entwicklungstendenzen des Kapitalismus zeigen, dass die Gesellschaft in der Realität eine andere Entwicklung eingeschlagen hat. Die Entwicklung des Kapitalismus in Europa hängt eng mit verschiedenen nichtwirtschaftlichen Institutionen zusammen. Die kapitalistische Entwicklung wurde beeinflusst durch die Entstehung des Wohlfahrtsstaates, die Gewerkschaftsbewegung, politische Interventionen, eine breite Zugänglichkeit von Bildung, die Kontrolle des Kapitalismus durch Gesetze, die Ausdehnung der Bürgerrechte usw. Durch den ansteigenden Lebensstandard, die Verfügbarkeit von Bildung, die Verlagerung von der Fertigungsindustrie zur Dienstleistungsgesellschaft, die politische Kontrolle der Wirtschaft und das Wohlfahrtssystem entstand ein gesellschaftliches Bild, das von den Vorstellungen *Marx* deutlich abweicht.

- Auch weist das Scheitern des Marxismus in sozialistischen Staaten, zum Beispiel in der Sowjetunion und China, auf Fehler in seinen Annahmen hin. Die Produktion in sozialistischen Gesellschaften ist gekennzeichnet durch technologische Stagnation, mangelnde Flexibilität und Koordination, ständige Versorgungskrisen, zum Teil mangelnde Verfügbarkeit wichtiger Güter und Umweltzerstörung. Der Versuch, eine kapitalistische Wirtschaft durch eine sozialistische, staatlich gelenkte Wirtschaft zu ersetzen, führte zu einem autoritären sozialistischen Staat, ohne jedoch die Vorteile kapitalistischer Wirtschaft zu erhalten. Solch eine Umwälzung verhindert die „Wechselbeziehungen zu einem demokratischen Staat, einem Wohlfahrtssystem, Bildungssystem und einem gesetzlichen System" (vgl. *Münch, 2002, S. 125–129*).

Zusammenfassung

- Die Theorie des historischen Materialismus von *Karl Marx* baut auf den Prinzipien der Philosophie von *Georg Wilhelm Friedrich Hegel* auf. Nach *Marx* wird das Leben bestimmt durch die ökonomischen Verhältnisse, insbesondere durch die private Verfügung über die Produktionsmittel, wodurch die Mehrheit der Bevölkerung gezwungen ist, ihre Arbeitskraft zu verkaufen.

- Im geschichtlichen Ablauf unterscheidet *Marx* verschiedene Gesellschaftsformen – die Urgesellschaft, Sklavenhaltergesellschaft, Feudalgesellschaft und den Kapitalismus. Im Kapitalismus gewinnt die Erzielung des Mehrwertes durch Warenproduktion entscheidend an Bedeutung. Der Wert, den ein Arbeitnehmer erarbeitet, muss die Lohnkosten deutlich übersteigen, sonst hätte der Kapitalist kein Interesse, Lohnarbeiter zu beschäftigen. Der Mehrwert ist der Differenzbetrag zwischen dem vom Arbeiter tatsächlich geschaffenen Wert der Arbeitsleistung und dem Arbeitslohn. Er fließt dem Kapitalisten in Form von Profit zu. Langfristig führt dies zu einer endlosen Kapitalakkumulation. Eine zunehmende Ausbeutung durch die Kapitlisten führt zu einer relativen Verarmung bzw. Verelendung der Lohnarbeiter.

- Mit der Entwicklung der Warenproduktion im Kapitalismus ist ein verstärkter Entfremdungsprozess feststellbar. Langfristig hat dieser einen Kontaktverlust und einen Verlust an Fähigkeiten und Bindungen an die Arbeit und an das Produkt zur Folge. Die kapitalistische Gesellschaft spaltet sich in zwei antagonistische Klassen, die Arbeiter- und die Kapitalistenklasse. Die Vorstellungen und Interessen der Proletarier stehen im Gegensatz zu denen der Kapitalisten. Sie verschärfen sich mit dem fortschreitenden Konzentrationsprozess des Kapitals und je mehr Menschen zu Lohnabhängigen werden und nichts als ihre Arbeitskraft besitzen.

- *Marx* führt soziale Ungleichheit auf die Stellung zu den Produktionsmitteln zurück. Die Proletarier bleiben solange eine „Klasse an sich" wie sie sich ihrer kollektiven Interessen nicht bewusst geworden sind und zum Kampf um diese Interessen angesetzt haben. Es wird unausweichlich zum revolutionären Klassenkampf kommen, in dem die Kapitalisten notwendig unterliegen werden. Den Konzentrationsprozess des Kapitals betrachtet *Marx* als Vorbedingung dafür, dass die Massen fähig werden, ihre Interessen selbst wahrzunehmen und sich politisch selbst zu organisieren. In diesem Prozess der Interessensorganisation entfaltet die Arbeiterschaft ein gemeinsames Klassenbewusstsein. Die bestehenden Verhältnisse werden nicht mehr als notwendig und naturgegeben anerkannt, sondern durchschaut als primär von den Kapitalisten gemacht und verteidigt.

- Mit der Entwicklung eines Klassenbewusstseins verbessert sich ihre Organisation und Kommunikation und die Arbeiterschaft wird sich zunehmend mehr ihrer Rolle und Position in der Gesellschaft bewusst. Erst dann wird sich das Proletariat erheben und in einem revolutionären Klassenkampf die Verhältnisse umstürzen. Als Endpunkt eines langen geschichtlichen Entwicklungsprozesses setzt *Marx* den Kommunismus. Dort sind die sozialen Gegensätze aufgehoben und die Spaltung der Gesellschaft in zwei Klassen ist überwunden: Die Menschen leben in einer klassenlosen Gesellschaft, in der die Produktionsmittel allen gehören und die bisherigen Herrschaftsverhältnisse verschwunden sind.

Materialien Kapitel 6

1. Vorrang des Sozialen, Selbstbild und Identität

Grundlagentheoretisch ist in Anschluss an *George H. Mead (1863–1931)* von einem Primat des Sozialen auszugehen: Menschen treten mit ihrer Geburt nicht als sprach- und handlungsfähige Individuen mit bereits ausgeprägten Persönlichkeitsmerkmalen, Bedürfnissen und Interessen in soziale Zusammenhänge ein, sondern als durch ihre biologische Ausstattung nur wenig festgelegte Wesen. Sie können sich vielmehr nur durch die Teilnahme an sozialen Zusammenhängen, durch die Interaktion mit bedeutsamen Anderen (significant others) im Prozess der primären Sozialisation zu eigenständig sprach- und handlungsfähigen Subjekten heranbilden und zugleich eine sie von anderen unterscheidende Individualität entwickeln.

Unverzichtbar für die Entwicklung der Sprach- und Handlungsfähigkeit ist dabei die Teilnahme an sprachlich vermittelten Interaktions- und Handlungsvollzügen. Selbst unter ansonsten sehr ungünstigen, etwa durch materielle Armut und fehlende schulische Erziehung gekennzeichneten Bedingungen, entwickelt sich die Sprach- und Handlungsfähigkeit in Interaktionen mit Bezugspersonen, also etwa Eltern und Geschwistern. Kinder erfahren die Bedeutung von Gegenständen und Handlungen, und sie erwerben Sprache, indem sie an sozialen Kommunikationsprozessen teilnehmen und dabei als kompetente, sprach- und handlungsfähige Kommunikationsteilnehmer behandelt werden. Die Besonderheit der Einzelnen bildet sich dabei nicht nur dadurch aus, dass jedes Kind je spezifische konkrete Sozialisationsbedingungen vorfindet. Individualität und Subjektivität sind grundlegend in der Anforderung begründet, „ein inneres Zentrum der Selbststeuerung individuell zurechenbaren Verhaltens" auszubilden, das dazu befähigt, vielfältige und zum Teil widersprüchliche Erwartungen und Erlebnisse zu verarbeiten und zu integrieren.

Das Individuum kann also, wie *G. H. Mead* formuliert, „nicht als selbstständig existierend oder als eine Voraussetzung des gesellschaftlichen Prozesses verstanden werden." Vielmehr „muss man den gesellschaftlichen Prozess voraussetzen, damit Denken und Kommunikation möglich werden." Teilnahme an sozialer Kommunikation ist unabdingbare Voraussetzung der Entwicklung grundlegender menschlicher Fertigkeiten und Voraussetzung sekundärer Sozialisation, das heißt der lebensgeschichtlich späteren Einübung in spezialisierte gesellschaftliche Rollen und Funktionen, etwa Berufstätigkeiten und Mitgliedschaftsrollen in Organisationen.

Dieses Angewiesensein auf soziale Kommunikation gilt auch in dem ganz elementaren Sinne, dass ein Minimum an emotionaler Zuwendung für die gesunde Entwicklung des Kleinkindes unverzichtbar ist. […]

G. H. Mead hat darüber hinaus aufgezeigt, dass sich das **Selbstbild** des Individuums lebensgeschichtlich in der Auseinandersetzung mit Erwartungen und Zuschreibungen bedeutsamer Bezugspersonen entwickelt. Denn „der Einzelne" „erfährt sich – nicht direkt, sondern indirekt – aus der besonderen Sicht anderer Mitglieder der gleichen Gruppe, […] zu der er angehört". Dabei handelt es sich jedoch nicht um einen als passive Übernahme der Sicht anderer beschreibbaren Vorgang, sondern um eine Dynamik, in die von Anfang an spontane Impulse des Ich eingehen und in der es erforderlich ist, unterschiedliche und widersprüchliche Erfahrungen zu integrieren. Dies schließt die bewusste Auseinandersetzung mit sozialen Erwartungen ebenso ein wie eine sich selbst als Objekt der Betrachtung behandelte Selbstreflexion: „Für die Identität ist es notwendig, dass die Person auf sich selbst reagiert". **Identität** steht damit bei *Mead* für die Leistung, sich selbst als eigenständiges und besonderes Individuum wahrzunehmen, dem es gelingt, vielfältige Erlebnisse und Erfahrungen zu integrieren. Das Selbstbild des Einzelnen beruht auf den Prozessen der Selbstwahrnehmung, Selbstbewertung und Selbstreflexion. Im Unterschied akzentuiert der Begriff Identität die Fähigkeit, die verschiedenen Aspekte der Lebensgeschichte und der Lebenssituation in ein einheitliches und konsistentes Verständnis der eigenen Person zusammenzufügen. *Mead* weist darauf hin, dass eine „mehrschichtige Persönlichkeit bis zu einem gewissen Grad etwas Normales" ist. Davon zu unterscheiden sind pathologische Prozesse der Persönlichkeitsaufspaltung.

Quelle: Scherr, 2002[6], S.53 ff.

2. Der theoretische Hintergrund des historischen Materialismus

Die Theorie von *Karl Marx* und *Friedrich Engels* ist das Ergebnis konkreter gesellschaftlicher Entwicklungstendenzen und baut auf theoretische Traditionen auf. Um sie besser verstehen zu können, ist es sinnvoll, einige Grundannahmen der Philosophie von *Georg Wilhelm Friedrich Hegel* darzulegen. Den Ausgangspunkt für die marxistische Gesellschaftstheorie bilden **drei Prinzipien der Philosophie Hegels.**

Die Geschichtsphilosophie

Sie hat es sich zur Aufgabe gemacht, den Sinn der Geschichte zu erhellen. Ihr Anliegen ist es, zu zeigen, dass die Geschichte keine Ansammlung von zufällig eingetretenen Ereignissen, ohne feststellbaren Sinn ist. Geschichtliche Entwicklung ist nicht zufällig, sondern sie geht in eine gewisse Richtung, das heißt der Sinn schließt die Richtung mit ein. Auf der Suche nach Sinn greift der Mensch konstruierend, in Form von Theorien über die Welt, und von Normen und Wertesystemen, in die Weltgeschichte ein. Geschichtsphilosophie im Sinne *Hegels* behauptet, dass sich die Welt hin zu einem höheren Vernunftzustand entwickelt. Das Wissen nähert sich der Welt und die Welt nähert sich einem allgemein gültigen Normen- und Wertesystem an. So entsteht eine Welt in der das Vernünftige zur Wirklichkeit wird und die Wirklichkeit vernünftig wird.

Durch die Beantwortung der Fragen, was und warum etwas geschieht und warum etwas passieren soll, konstruiert der Mensch ein Normen- und Wertesystem. Durch dessen Konfrontation mit der realen Welt treten auch hier Widersprüche auf, weshalb die Menschen auf der Suche nach richtig oder falsch bemüht sind, noch allgemein gültigere Normen- und Wertesysteme zu entwickeln.

Die Welt nähert sich so fortschreitend den Normen und Werten an, so dass eine immer höhere Ebene der Vernunft erreicht wird. Der handelnde Mensch enthüllt aber nicht nur den verborgenen Sinn, sondern greift auch in die Weltgeschichte ein, indem er in dieser Welt Sinn konstruiert. Ein endloser Prozess zeichnet sich hier ab.

Die Dialektik

Die Geschichte vollzieht sich nach *Hegel* in dialektischen Schritten. In der Geschichte ist die treibende Kraft die „Dialektik der sich auflösenden Widersprüche." Widersprüche entstehen durch die Fähigkeit des Menschen, sich vielfältige, voneinander abweichende Vorstellungen über die Welt zu machen und sehr unterschiedliche Werte- und Normensysteme formulieren zu können. Ebenso erzeugt die *Trennung von Denken und Wirklichkeit* Widersprüche zwischen beiden. Durch Widersprüche wird das menschliche Bewusstsein desorientiert und führt deshalb zu einem Sinnverlust. Die treibenden Kräfte dieses dialektischen Prozesses sind begründet in der Fähigkeit Fragen aufzuwerfen, **Thesen** zu formulieren und das Gegenteil in Form einer **Antithese** zu betrachten und dadurch die Welt verstehen zu wollen, folglich Sinn zu konstruieren. Der Mensch ist bestrebt, Widersprüche durch Erklärungen auf einer höheren Stufe und durch ein höher entwickeltes Normen- und Wertesystem zu lösen, um die Wahrheit in den widersprüchlichen Behauptungen, Normen und Werten zu erfassen und Falsches auszuschließen. In einem solchen Prozess bildet sich eine allgemein gültige **Synthese** auf einer höheren Ebene des Wissens, die über den Widerspruch zwischen These und Antithese als Negation derselben hinausreicht. Ein Prozess, der sich immer weiter fortsetzt, da aufgrund von Alltagserfahrungen neue Thesen und Antithesen entwickelt und in einer Synthese aufgelöst werden (vgl. *Münch, 2002, S. 109–113*).

Menschen in urwüchsigen Gesellschaftsformen lebten in Einheit mit der Natur (These). Im Kapitalismus herrscht ein Zustand der Entfremdung (Antithese). These und Antithese verschmelzen zur Synthese in Form des Kommunismus

Der Idealismus

Wie bereits ausgeführt, folgt der geschichtliche Prozess einer Logik von Vernunft und der Konstruktion von Sinn. Geschichte und die Entwicklung des Wissens sind das *Ergebnis des objektiven Geistes*, welcher sich nach dem Dreischritt: These – Antithese – Synthese entfaltet und zu einer immer höheren Ebene führt. Der Kern der Wahrheit in *Hegels* Prinzip des Idealismus ist, dass die Kultur eine Wirklichkeit ist, die sich entsprechend eigener Gesetze entwickelt und für die Entwicklung des menschlichen Wissens und der Gesellschaft Folgen hat. Für das Wissen bedeutet dies, dass ein Zwang besteht, beständig Fehler zu beseitigen; für die Realität zeigt sich dies in dem permanenten Bestreben, Abweichungen von der gültigen Moral zu eliminieren (vgl. *Münch, 2002, S. 114 f.*).

In dieser idealistischen Sicht spiegelt sich der Zeitgeist: Das aufstrebende Bürgertum wollte Ideen wie Freiheit, Gleichheit, Brüderlichkeit verwirklichen. Deren Vertreter waren überzeugt davon, dass der Gang der Geschichte durch diese Ideen bestimmt wird.

Hegel sah in seiner idealistischen Sichtweise die geschichtliche Entwicklung als *Prozess, der zur Vervollkommnung führt*. Er vertrat die Vorstellung, die Welt bewege sich – wenn auch nicht geradlinig, aber dennoch zielstrebig – auf einen bestimmten Zustand hin.

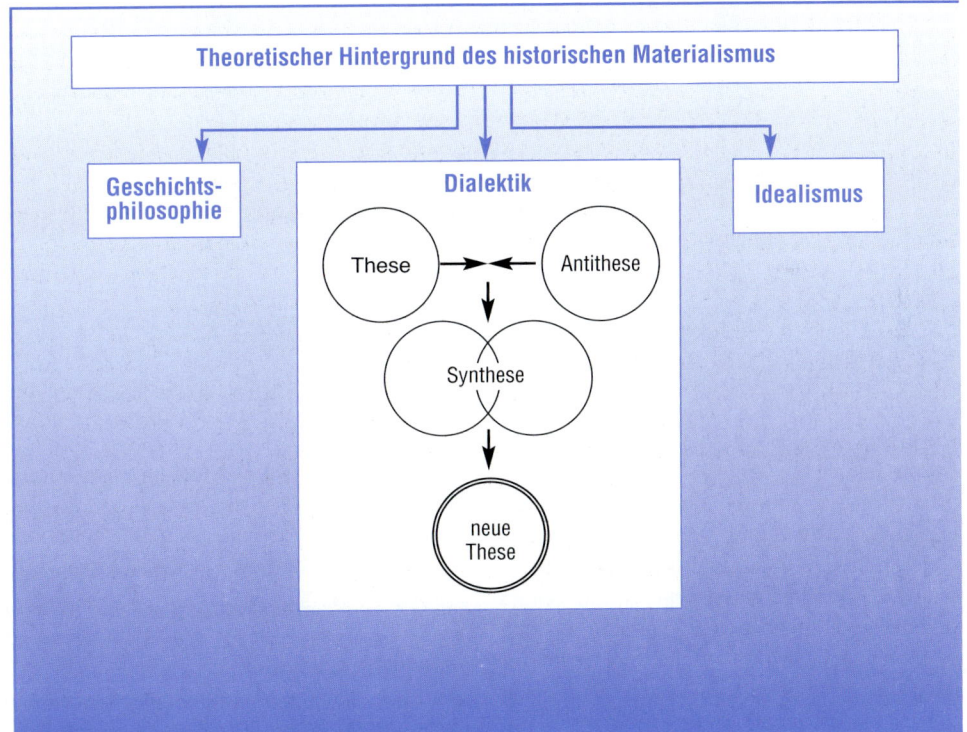

3. Auszug aus dem Kommunistischen Manifest von 1848

Die Geschichte aller bisherigen Gesellschaft ist die Geschichte von Klassenkämpfen, Freier und Sklave, Patrizier und Plebejer, Baron und Leibeigener, Zunftbürger und Gesell, kurz Unterdrücker und Unterdrückte standen in stetem Gegensatz zueinander, führten einen ununterbrochenen, bald versteckten, bald offenen Kampf, einen Kampf, der jedesmal mit einer revolutionären Umgestaltung der ganzen Gesellschaft endete oder mit dem gemeinsamen Untergang der kämpfenden Klassen.

In den früheren Epochen der Geschichte finden wir fast überall eine vollständige Gliederung der Gesellschaft in verschiedene Stände, eine mannigfaltige Abstufung der gesellschaftlichen Stellungen. Im alten Rom haben wir Patrizier, Ritter, Plebejer, Sklaven; im Mittelalter Feudalherren, Vasallen, Gesellen, Leibeigene und noch dazu in fast jeder dieser Klassen wieder besondere Abstufungen.

Die aus dem Untergang der feudalen Gesellschaft hervorgegangene bürgerliche Gesellschaft hat die Klassengegensätze nicht aufgehoben. Sie hat nur neue Klassen, neue Bedingungen der Unterdrückung, neue Gestaltungen des Kampfes an die Stelle der alten gesetzt.

Unsere Epoche, die Epoche der Bourgeoisie, zeichnet sich jedoch dadurch aus, dass sie die Klassengegensätze vereinfacht hat. Die ganze Gesellschaft spaltet sich mehr und mehr in zwei große feindliche Lager, in zwei große, einander direkt gegenüberstehende Klassen: Bourgeoisie und Proletariat.

Aus den Leibeigenen des Mittelalters gingen die Pfahlbürger der ersten Städte hervor: aus dieser Pfahlbürgerschaft entwickelten sich die ersten Elemente der Bourgeoisie. Die Entdeckung Amerikas, die Umschiffung Afrikas schufen der aufkommenden Bourgeoisie ein neues Terrain. Der ostindische und chinesische Markt, die Kolonisierung von Amerika, der Austausch mit den Kolonien, die Vermehrung der Tauschmittel und der Waren überhaupt gaben dem Handel, der Schifffahrt, der Industrie einen nie gekannten Aufschwung und damit dem revolutionären Element in der zerfallenden feudalen Gesellschaft eine rasche Entwicklung. [...]

Die große Industrie hat den Weltmarkt hergestellt, den die Entdeckung Amerikas vorbereitete. Der Weltmarkt hat dem Handel, der Schifffahrt, den Landkommunikationen eine unermessliche Entwicklung gegeben. Diese hat wieder auf die Ausdehnung der Industrie zurückgewirkt, und in demselben Maße, worin Industrie, Handel, Schifffahrt, Eisenbahnen sich ausdehnten, in demselben Maße entwickelte sich die Bourgeoisie, vermehrte sie ihre Kapitalien, drängte sie alle vom Mittelalter her überlieferten Klassen in den Hintergrund. Wir sehen also, wie die moderne Bourgeoisie selbst das Produkt eines langen Entwicklungsganges, einer Reihe von Umwälzungen in der Produktions- und Verkehrsweise ist. [...]

Die Bourgeoisie kann nicht existieren, ohne die Produktionsinstrumente, also sämtliche gesellschaftlichen Verhältnisse fortwährend zu revolutionieren. Unveränderte Beibehaltung der alten Produktionsweise war dagegen die erste Existenzbedingung aller früheren industriellen Klassen. Die fortwährende Umwälzung aller gesellschaftlichen Zustände, die ewige Unsicherheit und Bewegung zeichnet die Bourgeoisieepoche vor allen anderen aus [...] Das Bedürfnis nach einem stets ausgedehnteren Absatz für ihre Produkte jagt die Bourgeoisie über die ganze Erdkugel. Überall muss sie sich einnisten, überall anbauen, überall Verbindungen herstellen. [...]

Die Bourgeoisie hebt mehr und mehr die Zersplitterung der Produktionsmittel, des Besitzes und der Bevölkerung auf. Sie hat die Bevölkerung agglomeriert, die Produktionsmittel zentralisiert und das Eigentum in wenigen Händen konzentriert. Die notwendige Folge hiervon war die politische Zentralisation. [...]

Die bürgerlichen Produktions- und Verkehrsverhältnisse, die bürgerlichen Eigentumsverhältnisse, die moderne bürgerliche Gesellschaft, die so gewaltige Produktions- und Verkehrsmittel hervorgezaubert hat, gleicht dem Hexenmeister, der die unterirdischen Gewalten nicht mehr zu beherrschen vermag, die er heraufbeschwor. Seit Dezennien ist die Geschichte der Industrie und des Handels nur die Geschichte der Empörung der modernen Produktivkräfte gegen die modernen Produktionsverhältnisse, welche die Lebensbedingungen der Bourgeoisie und ihrer Herrschaft sind. Es genügt, die Handelskrisen zu nennen, welche in ihrer periodischen Wiederkehr immer drohender die Existenz der ganzen bürgerlichen Gesellschaft in Frage stellen [...].

Wodurch überwindet die Bourgeoisie ihre Krisen? Einerseits durch die erzwungene Vernichtung einer Masse von Produktivkräften; andererseits durch die Eroberung neuer Märkte und die gründliche Ausbeutung alter Märkte. Wodurch also? Dadurch, dass sie allseitigere und gewaltigere Krisen vorbereitet und die Mittel, Krisen vorzubeugen, vermindert.

Die Waffen, womit die Bourgeoisie den Feudalismus zu Boden geschlagen hat, richten sich jetzt gegen die Bourgeoisie selbst.

Aber die Bourgeoisie hat nicht nur die Waffen geschmiedet, die ihr den Tod bringen; sie hat auch die Männer gezeugt, die diese Waffen führen werden – die modernen Arbeiter, die *Proletarier* [...].

Das Proletariat macht verschiedene Entwicklungsstufen durch. Sein Kampf gegen die Bourgeoisie beginnt mit seiner Existenz. Im Anfang kämpfen die einzelnen Arbeiter, dann die Arbeiter einer Fabrik, dann die Arbeiter eines Arbeitszweiges an einem Ort gegen den einzelnen Bourgeois, der sie direkt ausbeutet.

Auf dieser Stufe bilden die Arbeiter eine über das ganze Land zerstreute und durch die Konkurrenz zersplitterte Masse [...].

Aber mit der Entwicklung der Industrie vermehrt sich das Proletariat; es wird in größeren Massen zusammengedrängt, seine Kraft wächst, und es fühlt sie mehr [...]. Immer mehr nehmen die Kollisionen zwischen dem einzelnen Arbeiter und dem einzelnen Bourgeois den Charakter von Kollisionen zweier Klassen an [...].

Von allen Klassen, welche heutzutage der Bourgeoisie gegenüberstehen, ist nur das Proletariat eine wirklich revolutionäre Klasse. Die übrigen Klassen verkommen und gehen unter mit der großen Industrie, das Proletariat ist ihr eigenstes Produkt [...].

Indem wir die allgemeinsten Phasen der Entwicklung des Proletariats zeichneten, verfolgten wir den mehr oder minder versteckten Bürgerkrieg innerhalb der bestehenden Gesellschaft bis zu dem Punkt, wo er in eine offene Revolution ausbricht und durch den gewaltsamen Sturz der Bourgeoisie das Proletariat seine Herrschaft begründet.

Quelle: Marx/Engels, Bd. 4, 1959, S. 459–473 (gekürzt)

4. Das Stehaufmännchen

Es ist Sommer im Jahr 2005, es werden plötzlich wieder Wörter ausgesprochen, die jahrelang als unaussprechlich galten:

Von „international forcierten Profit-Maximierungsstrategien" ist auf einmal die Rede, von „totaler Ökonomisierung", von der „Macht des Kapitals". Es ist, „als wäre Karl Marx aus dem Grabe erstanden", so sorgte sich das US-Magazin „Newsweek", als der deutsche SPD-Chef *Franz Müntefering* im April dieses Jahres anfing solche Vokabeln zu benutzen, als er von „Heuschrecken" sprach – von Investoren, die deutsche Unternehmen ausplünderten und, im Grunde, das ganze Deutschland mit dazu.

So sprach er, und drei Viertel der Deutschen sagten nach einer Umfrage, er habe recht. Eine Mehrheit der Bürger fand, dass die „Profitgier die deutsche Demokratie" bedroht. [...]

Die Kritik von *Karl Marx* am Kapitalismus habe „heute noch ihren Sinn", sagten 50 Prozent der Westdeutschen, sogar 6 Prozent fanden, der Sozialismus sei „eine gute Idee, die bislang nur schlecht ausgeführt" worden sei – und sogar noch höher fiel die Zustimmung bei den Jüngeren aus.

Es steht nicht auf Bestsellerlisten, doch das „Kommunistische Manifest" hat eine Auflage vergleichbar mit der Bibel, und plötzlich finden sich wieder Zitate in Berichterstattung und Polit-Debatten, manchmal bewundernd neuerdings, man spricht ihm einen prophetischen Blick in die Zukunft zu: mit der Diagnose, dass das Kapital jetzt dort ist wo *Marx* es vor 150 Jahren gesehen hat – getrieben, weltumfassend, überall.

„Und zwar jetzt erst", sagt Oskar Nagt, einer, der seit einem halben Jahrhundert *Marx* und den Kapitalismus studiert. [...]

„Die Regierungen der entwickelten Länder sind in einer Weise abhängig von Kapitalbewegungen, wie das noch nie der Fall gewesen ist. Das Kapital kann nicht nur weltweit agieren, es hat immer weniger Blockaden und Barrieren. Es ist, wie *Marx* es beschrieben hat: dass das Kapital in alle Poren der Gesellschaft eindringt. Wir haben einen Privatisierungswahn, den es so noch nie gegeben hat, wir haben eine frühkapitalistische Form des Umgangs, eine Form des Zynismus, in der Arbeiter entlassen werden, und den Menschen wird erzählt: Es gibt Arbeit, Ihr müsst sie nur finden. Das ist Quatsch." [...]

Das gesellschaftliche Sein jener Jahre Mitte des 19. Jahrhunderts war so, dass man auf solche Gedanken kommen konnte, es befeuerte das gesellschaftliche Bewusstsein in vielen Bereichen: Manufakturbetriebe wurden durch die maschinelle Großproduktion abgelöst, der Kapitalismus entwickelte sich so sprunghaft wie jetzt wieder am Anfang des 21. Jahrhunderts durch die Globalisierung. Die neuen Arbeitsbedingungen trieben in England und Frankreich die Arbeiter auf die Straße und *Marx* immer tiefer in die Analyse dieser Gesellschaftsordnung, in der Bourgeoisie und Proletariat miteinander rangen.

Marx suchte Antworten in den ökonomischen Theorien von Adam Smith und David Ricardo, und er setzte sich mit den Auffassungen der utopischen Sozialisten *Claude Henri Saint-Simon* und *Robert Owen* auseinander. Aus deren Antikapitalismus, der Hegelschen Dialektik und der Arbeitswerttheorie Ricardos wuchs im Kopf von *Marx* das Geflecht einer Theorie, die nicht weniger wollte, als „das Bewegungsgesetz des Kapitalismus" zu ergründen und zu begründen, warum und wie dieses System der „Plusmacherei" zu überwinden sei. [...]

Maßgeblich *Marx* verfasste jenes Schriftstück, das die Welt erschüttern sollte, dessen erster Satz so berühmt ist wie jener der Bibel: „Ein Gespenst geht um in Europa – das Gespenst des Kommunismus."

Das „Kommunistische Manifest".

Zwingend, sprachgewaltig, suggestiv, verkündet es die Analyse der bestehenden und die Vision einer künftigen Gesellschaft, den Auf- und Abstieg des Bürgertums und den Sieg des Proletariats.

Geschichte, lehrt das „Manifest", ist eine Geschichte von Klassenkämpfen. Und der Sieg des Kapitalismus wird nicht das Ende der Geschichte sein.

Mit revolutionärer Wucht, lehrt das „Manifest", hat die Bourgeoisie die feudalistischen Verhältnisse zerstört, sie hat eine Welt nach ihrem Bild geschaffen, zwingt allen Ländern ihre Produktionsweise auf.

Jetzt kann sie nicht mehr existieren, ohne permanent ihre Ökonomie zu revolutionieren. Jetzt ist sie von Krisen geschüttelt, selbstzerstörerisch dem Zwang zur Akkumulation und zur Konzentration unterworfen, jetzt gleicht sie dem Hexenmeister, der seine Gewalten nicht mehr zu beherrschen vermag – denn das System der Bourgeoisie kann nicht anders, es ist gezwungen, seine Totengräber zu produzieren: das revolutionäre Proletariat.

Diese Klasse der Unterdrückten wird das bürgerliche Privateigentum beseitigen, wird die Bourgeoisie kämpfend besiegen und wird die ganze Gesellschaft, nicht nur sich selbst, befreien. Oder gemeinsam mit ihrem Gegner untergehen.

Später, nach der Revolution, wird der Mensch die Herrschaft über die Wirtschaft haben und nicht mehr die Wirtschaft die über den Menschen: Das ist das große Versprechen.

Marx nahm sich die Wertschöpfungstheorien von *Smith* und *Ricardo* vor und zog seine eigenen Schlüsse daraus. Die Ware, dieser mythische „Zauber und Spuk"; der Kapitalist, der sie vom Arbeiter produzieren lässt, der sich den Mehrwert aneignet und alle Arbeiter, außer seinen eigenen, als Konsumenten ansieht; der Arbeiter, der nichts als seine Arbeitskraft anzubieten hat und so zwangsläufig der Ausbeutung unterliegt; all das gehorcht einer großen, von niemandem gesteuerten Mechanik, die sich von Krise zu Krise stottert und doch selbst permanent vorantreiben muss – der kapitalistischen Produktion. Unablässig muss der Kapitalist seinen Markt ausdehnen und wird doch nur neue Schranken finden: „Die kapitalistische Produktion strebt beständig, diese immanenten Schranken zu überwinden, aber sie überwindet sie nur durch Mittel, die ihr diese Schranken aufs Neue und in gewaltigem Maßstab entgegenstellen."

Als Analytiker des Kapitalismus beeindruckt er Wirtschaftswissenschaftler bis heute. „Er hat vieles gesehen, das anderen Ökonomen verborgen blieb", sagt *Joachim Starbatty*, 65, Professor der Wirtschaftswissenschaften in Tübingen, „er war methodisch stark. Was er da schafft, das ist wirklich enorm für die damalige Zeit." [...]

Er lehrt *Marx*, aber mit großer Distanz. Dessen Wert- und Preistheorie, nach der eine Ware so viel wert ist wie Arbeit in ihr steckt: falsch, sinnlos, überholt. Das Gesetz vom tendenziellen Fall der Profitrate: ebenso. Die Verelendung der Arbeiterklasse: Nicht eingetroffen, ebenso wenig der Zusammenbruch des Kapitalismus, der doch ursprünglich an seinen Krisen und am drastischen Schwanken der Konjunkturzyklen verenden sollte.

Und schlimmer noch, sagt der Professor in seinem Tübinger Professorenzimmer:

Schlimmer noch, wer *Marx* folge, ökonomisch gesehen, lande unweigerlich in einem realen Sozialismus à la DDR.

Obwohl *Marx* nie genau beschrieben hat, wie er sich die Zukunft denkt?

„Das hat er nicht, das stimmt. Er hat die proletarische Revolution als einen Geburtsvorgang gesehen, mit blutigen Wehen, aber nie genau beschrieben, wie es aussehen soll, das neue Kind. Trotzdem, Kollektiveigentum und zentraler Plan: Das sind seine Ideen. Das führt zu staatlicher Monopolwirtschaft, zu Misswirtschaft, zu Ausbeutung und Machtmissbrauch. Zum Privileg der Politik, die bestimmt, was produziert, verbraucht, investiert wird. Und das hat er nicht gesehen: dass jede Partei, sobald sie die Macht hat, verkrustet." [...]

Es brauchte Jahre und Jahrzehnte, bis das, was man später als „Marxismus" bezeichnete, bekannt, geschätzt und kritisiert war. In der wissenschaftlichen Diskussion wurden besonders die ökonomischen Arbeiten von *Karl Marx* als gefährliche, „auf absolute Beseitigung der freien Privatwirtschaft gerichtete Theorie" kritisiert.

In der deutschen Sozialdemokratie entwickelte sich Ende des 19. Jahrhunderts eine heftige Auseinandersetzung mit den wichtigsten marxistischen Thesen; sie führte 1916 zur Abspaltung einer linken Gruppierung mit Politikern wie *Hugo Haase, Karl Liebknecht* und *Rosa Luxemburg*, schließlich zur Gründung einer kommunistischen Partei (1918).

In Russland begründete der Revolutionsführer *Wladimir Iljitsch Lenin* seine Politik des Umsturzes und der gesellschaftlichen Umgestaltung mit der marxistischen Lehre. Nach dem Sieg der Bolschewiki wurde der Marxismus nicht nur Staatsphilosophie in der Sowjetunion, er musste fortan als Revolutionstheorie herhalten für Befreiungsbewegungen und linke Parteien auf allen Kontinenten. In Osteuropa, in China, in Nordkorea, auf Kuba eroberten Marxisten die Macht im Staate, und als 1975 die Vietcong mit Heftchen von „Kac Mac" im Rucksack den Saigoner Präsidentenpalast stürmten, war *Karl Marx* auf dem Höhepunkt seiner Macht.

Sein Leitsatz: „Die Philosophen haben die Welt nur verschieden interpretiert, es kommt aber darauf an, sie zu verändern", war auf bizarre Art Wirklichkeit geworden. [...]

In den kapitalistischen Hauptländern Großbritannien, Deutschland und den USA waren die Marxisten weit von der Macht entfernt, doch brachten ihm Künstler und Intellektuelle hohe Wertschätzung entgegen. Die „Kritische Theorie", formuliert und propagiert von *Herbert Marcuse, Max Horkheimer, Theodor Adorno* und anderen, war einer der Versuche, marxistisches Denken auf den Spätkapitalismus anzuwenden und durch triebtheoretische Anleihen bei *Sigmund Freud* weiterzuentwickeln. Über diese „Kritische Theorie" kamen viele Intellektuelle in den sechziger Jahren dazu, sich wieder mit dem Marxismus zu beschäftigen. Doch besonders in der Bundesrepublik war *Marx* durch den Kalten Krieg und die Nähe der DDR in den fünfziger Jahren eine Unperson.

Die Generation der 68er, empört über „das imperialistische Gebaren der USA in Indochina" und verunsichert durch „restaurative Tendenzen in der BRD", suchten nach Theorien über dieses kapitalische System, an dem sie zweifelten, und fanden im Marxismus ein Theoriegeflecht, das inzwischen zu einem geschlossenen dogmatischen Denksystem gewachsen war.

Der Marxismus-Leninismus, wie er jetzt genannt wurde, bot den Systemkritikern ein weltanschauliches Rundumpaket: eine Philosophie, den dialektischen Materialismus; eine Geschichtstheorie, den historischen Materialismus; eine Kapitalismusanalyse, die versprach, die Krisen und das Ende des Systems erklären zu können; eine Revolutionstheorie, die den Übergang vom Kapitalismus zum Sozialismus beschrieb; eine Sozialismuskonzeption, die den Weg zum Kommunismus und zur klassenlosen Gesellschaft wies. [...]

Über die „politische Philosophie von Karl Marx" wurde etwa im Sommersemester an der Berliner Freien Universität doziert. Und sehr zufrieden damit, dass Marx jetzt wieder häufiger auf dem Stundenplan steht, saß *Martin Schmalzbauer*, 23, regelmäßig in Hörsaal 21A. *Schmalzbauer* ist Mitglied der Campus-Gruppe von Attac. Manchmal steht er vor der Mensa und verteilt Flugblätter, auf denen zu lesen ist, dass Weltbank, IWF und WTO eine rücksichtslose Interessenpolitik betreiben; dass sie die Freiheit der Menschen der Freiheit des Kapitals unterordnen und dass man was dagegen tun muss, Zeichen setzen, demonstrieren. [...]

Es gehe darum, so *Schmalzbauer*, die Krise zu bekämpfen, Alternativen zu suchen zur gegenwärtigen Weltwirtschaftsordnung, und wenn man dabei etwas von *Marx* lernen könne, dann dessen radikale Art, Kritik zu üben, eine Kritik, die alles auf den Prüfstand stellt. Radikal zu kritisieren, das heißt damals wie heute, die Wirklichkeit global zu betrachten.

Bei Attac kursiert seit einiger Zeit der Vorschlag, die Krise durch die Einführung eines bedingungslosen Grundeinkommens für alle in den Griff zu kriegen. Dahinter steht die Überzeugung, dass jeder Mensch das Recht besitzt, am Leben und am Reichtum der Gesellschaft teilzuhaben, und bisher war es so, dass dieses Recht im Normalfall über Arbeit gewährt wurde.

Nun aber, angesichts von fünf Millionen Arbeitslosen in Deutschland und der dämmernden Erkenntnis, dass es nicht mehr reichen wird, bloß die Unternehmen zu entlasten, um all diese Menschen wieder in Beschäftigung zu bringen, braucht es neue Lösungen. Man brauche Arbeitszeitverkürzungen, meint Schmalzbauer, einen gesetzlich festgeschriebenen Mindestlohn und eben jenen Grundbetrag, der Essen, Wohnung, Kleidung, Bildung, Freizeit und Gesundheit sicherstellt, der mehr ist als das Existenzminimum und der Teilhabe ermöglicht auch ohne Arbeit. [...]

Der Mensch kann Geschichte machen, das ist es, was *Karl Marx* verspricht – aber welche Geschichte?

Mit *Marx* und dem Marxismus ist es so wie vor 150 Jahren: Der Kapitalismus in seiner Widersprüchlichkeit – in seiner dynamischen Kraft und seiner barbarischen Ungerechtigkeit – schreit nach Kritik und einer Alternative; in der Kritik war *Marx* präzise, in seiner Alternative jedoch blieb der kluge Kopf wolkig – verträumt wie ein Abiturient, der von einer Zukunft ohne Elend schwärmt, von einer Gesellschaft ohne Klassen, von einer Arbeit ohne Entfremdung, von einer Republik ohne Staat.

150 Jahre später ist die Aussicht auf Alternativen noch wolkiger.

Das Zukunftsprojekt des Marxismus ist diskreditiert, und auch das revolutionäre Subjekt, das die Zukunft erkämpfen soll, denkt nicht daran, nach Macht und Veränderung zu streben – das Proletariat ist heute so weit davon entfernt, revolutionär zu sein wie selten vorher in der Geschichte des Kapitalismus. [...]

Vielleicht hätte er sich über eine andere alte Dame gefreut, eine Deutsche Namens Marion Gräfin Dönhoff, die nach dem Fall der Berliner Mauer in einem bürgerlichen Intelligenzblatt namens „Die Zeit" in Hamburg schrieb: „Die Niederlage des Marxismus bedeutet nicht den Triumph des Kapitalismus. Gescheitert ist er als wirtschaftliches System, nicht aber als Utopie, als Summe uralter Menschheitsideale: soziale Gerechtigkeit, Solidarität, Freiheit für die Unterdrückten, Hilfe für die Schwachen. Damit ist er unvergänglich."

Quelle: Supp u. a., 2005, S. 36–45 (gekürzt)

Aufgaben und Anregungen Kapitel 6

Aufgaben

1. Beschreiben Sie an einem umfassenden Beispiel Formen sozialer Kommunikation. (Abschnitt 6.1.1)

2. Bestimmen Sie den Begriff „soziale Interaktion" im Sinne von *George Herbert Mead* und erläutern Sie an verschiedenen Beispielen die von *Mead* genannten Arten sozialer Interaktion. (Abschnitt 6.1.1)

3. Begründen Sie, unter welchen Bedingungen *George H. Mead* von signifikanten Symbolen spricht. (Abschnitt 6.1.1)

4. Beschreiben Sie an einem Beispiel aus dem Lebensbereich der Schule die Fähigkeit der Perspektivenübernahme. (Abschnitt 6.1.2)

5. Erläutern Sie, wie im Rahmen der Theorie des symbolischen Interaktionismus die Rollenübernahme von Individuen gesehen wird. (Abschnitt 6.1.3)

6. Beschreiben Sie die Entwicklung sozialer Identität nach *George H. Mead* und begründen Sie, welche Funktion hierbei die Sozialisation hat. (Abschnitt 6.1.4)

7. *George H. Mead* unterscheidet bedeutsame Andere und verallgemeinerte Andere. Verdeutlichen Sie, was darunter zu verstehen ist. (Abschnitt 6.1.4)

8. Identitätsentwicklung nach *George H. Mead*.

    a) Beschreiben Sie die Entwicklung des Selbst nach *George H. Mead*.

    b) Begründen Sie, inwiefern es sich dabei aus der Sicht des Individuums um einen „Balanceakt" handelt.

    c) Erläutern Sie, welche Sozialisationseinflüsse zur Entwicklung Ihres Selbst entscheidend beigetragen haben.

    d) Erläutern Sie die Begriffe „personale und soziale Identität". Begründen Sie, ob und inwieweit auch persönliche Identität das Ergebnis von Zuschreibungsprozessen ist. (Abschnitt 6.1.5)

9. Unterziehen Sie die Theorie des symbolischen Interaktionismus einer kritischen Würdigung. (Abschnitt 6.1.6)

10. Beschreiben Sie den Ausgangspunkt des historischen Materialismus. (Abschnitt 6.2.1)

11. Erläutern Sie die Grundbegriffe des historischen Materialismus (Arbeit, Produktivkräfte, Produktionsverhältnisse, Arbeitskraft, Produktionsmittel usw.) am Beispiel eines Großunternehmens in der heutigen Zeit. (Abschnitt 6.2.2)

12. Beschreiben Sie die Entwicklung der Gesellschaft nach *Karl Marx* und erläutern Sie die Zusammenhänge anhand eines Beispiels. (Abschnitt 6.2.3)

13. Erläutern Sie an einem Beispiel eines Unternehmens kapitalistische Wirtschaftsverhältnisse wie sie *Karl Marx* sieht. (Abschnitt 6.2.4)

14. Bestimmen Sie die Begriffe „Kapital", „Tausch- und Gebrauchswert", „Proletariat", „Mehrwert", „Kapitalakkumulation" und „Rationalisierung". (Abschnitt 6.2.4)

15. Beschreiben Sie den Prozess der Entfremdung im Sinne von *Karl Marx*. (Abschnitt 6.2.5)

16. Beschreiben Sie die Zukunftsprognose für die Entwicklung der Gesellschaft nach *Karl Marx*. (Abschnitt 6.2.6)

17. Unterziehen Sie die Theorie des historischen Materialismus einer kritischen Würdigung. (Abschnitt 6.2.7)

Anregungen

18. Fertigen Sie in Gruppen einen hierarchischen Abrufplan zu dem Thema „Der symbolische Interaktionismus" oder „Der historische Materialismus" an: Das Thema wird in einem ersten Schritt in Begriffen bzw. Stichworten zusammengefasst. Sodann werden diese Begriffe in Oberbegriffe, Unterbegriffe, untere Unterbegriffe usw. gegliedert.

19. Recherchieren Sie im Internet zur Theorie von *Karl Marx* und *George H. Mead*. Fassen Sie Ihre Suchergebnisse zu beiden Theorien jeweils in Form eines Mind-Maps zusammen.

20. Die Ausführungen in *Kapitel 5 und 6* beschäftigen sich mit verschiedenen Theorien, die hinter politischen Einstellungen und Werten stehen.

    Bearbeiten Sie in Gruppen folgende Aufgabenstellungen:

    - Befassen Sie sich mit einer der drei Theorien (struktur-funktionale Theorie, symbolischer Interaktionismus <u>oder</u> historischer Materialismus) und bereiten Sie diese für einen kurzen Vortrag auf (Schaubild, Folien, Thesenpapier etc.). Stellen Sie auch die vorrangigen Werte dieser Theorie dar.

    - Verfassen Sie ein abschließendes bewertendes Statement zu der von Ihnen bearbeiteten Theorie und stellen Sie dieses im Plenum zur Diskussion.

21. Erinnern Sie sich an Situationen, die für die Entwicklung Ihres Selbst (Self) sehr wichtig waren.

    a) Scheiben Sie diese Erinnerungen entsprechend der nachfolgenden Gliederung nieder:

    - in der frühen Kindheit
    - in der Grundschulzeit
    - in der Gegenwart

    b) Überlegen Sie, ob es für Sie einen „roten Faden" gibt, der von der frühen Kindheit bis in die Gegenwart erkennbar ist.

    c) Fertigen Sie eine Collage an, wie Sie sich Ihr zukünftiges Selbst vorstellen.

22. Zeichnen Sie eine Sendung über eine populäre Fernsehfamilie auf.

    Untersuchen Sie das Handeln der einzelnen Familienmitglieder unter dem Aspekt der Rollen- und Perspektivenübernahme.

Aufgaben und Anregungen

23. Jeder Teilnehmer legt sich auf eine Papierbahn und lässt mit einem Eddingstift von sich den Körperumriss nachzeichnen. Charakterisieren Sie nun in Ihrem eigenen Körperschema Ihr „I" (Ihre Bedürfnisse, Empfindungen, Erfahrungen und Kreativität), Ihr „Me" (Ihre Vorstellung, wie andere Menschen Sie sehen, verinnerlichte Erwartungen) und Ihr „Self" (Ihr Selbstbild, Bewusstsein von sich als Person).

    - Besprechen Sie das Ergebnis jeweils mit Ihrem Partner.
    - Ergänzen Sie im Körperschema Ihres Partners Aussagen darüber, wie Sie ihn sehen, und eine Erwartung, die Sie an ihn haben.

24. Befragen Sie ausländische Mitschüler oder ausländische Bekannte bzw. Freunde, über die Bedeutung verschiedener signifikanter Symbole bzw. Gesten in ihrer Kultur.

25. *Rollenerwartungen*

    - Sammeln Sie Beispiele für Rollenerwartungen, die an Sie von Ihren Bezugspersonen herangetragen werden.
    - Vergleichen Sie, ob es in unserer Gesellschaft unterschiedliche Rollenerwartungen für Mädchen und Jungen gibt.
    - Interviewen Sie Ihre Eltern und Großeltern, welche Rollenerwartungen in ihrer Kindheit und Jugend an sie herangetragen wurden.

26. Bestimmen Sie die Unternehmer- und Arbeitnehmerinteressen in der heutigen Gesellschaft:

    - Befragen Sie Arbeitnehmer und Unternehmer aus Ihrem Freundes- und Bekanntenkreis.
    - Fertigen Sie über Ihre Ergebnisse eine Übersicht an.
    - Vergleichen Sie Ihre Ergebnisse mit denen in *Abschnitt 6.2.5* und diskutieren Sie darüber, ob sich in der heutigen Zeit etwas an den unvereinbaren Klassengegensätzen und Interessen beider Gruppen geändert hat.

27. *Rollenspiel*

    Ein gut laufendes großes Bauunternehmen mit 150 Mitarbeitern, die Firmenleitung hatte in den letzten fünf Jahren im Durchschnitt stetig 3,5 % Gewinnzuwachs. Erstmals in diesem Jahr zeichnet sich schon zum Halbjahr ein Rückgang der Aufträge ab. Daher liegt die Gewinnsteigerung um 2,5 % niedriger als im Vergleichszeitraum des Vorjahrs. Wenn dieser Trend anhält, ist der Gewinn des Unternehmens gefährdet, schlimmstenfalls gerät das Unternehmen in die roten Zahlen.

    - Zwei Jungunternehmer in der Baubranche: Die beiden Firmenchefs überlegen welche umfassenden Maßnahmen zur Verbesserung der Firmensituation eingeleitet werden können. Sie sind wild entschlossen, den Gewinnzuwachs der vergangenen Jahre zu erreichen oder gar zu steigern. Der Betriebsrat wird über die geplanten Maßnahmen umgehend informiert.
    - Betriebsräte: Nachdem sie von der Firmenleitung über die geplanten Einsparungsmaßnahmen im Betrieb informiert wurden, überlegen diese, wie die Interessen der Arbeitnehmer am besten gewahrt werden können. Auf der Betriebsratssitzung sollen diese gemeinsam mit der Belegschaft diskutiert und weitere Strategien erarbeitet werden.

- Beobachter: Fassen Sie die im Laufe des Rollenspiels geplanten Maßnahmen der Firmenleitung und der von den Betriebsräten und Arbeitnehmern entwickelten Strategien zusammen.

Werten Sie die Ergebnisse in der Klasse auf dem Hintergrund der Theorie von *Karl Marx* aus.

28. Suchen Sie in Ihren Geschichtsbüchern, in Lexika, in der Bibliothek nach Bildmaterial und Zeitdokumenten zum 19. Jahrhundert. Sammeln Sie möglichst vielfältiges Material zur

    - Lebenssituation von Lohnarbeitern und deren Kindern,
    - Lebenssituation der gehobenen bürgerlichen Bevölkerung und deren Kindern.

    Erarbeiten Sie gemeinsam eine Ausstellung zu den Lebens- und Arbeitsverhältnissen im 19. Jahrhundert.

    Vielleicht kennen Sie auch Filme, die das Leben in dieser Zeit realistisch widerspiegeln?

29. Lesen Sie in *Materialien 3* die Auszüge aus „Das Manifest der Kommunistischen Partei" und stellen Sie die zentralen Aussagen in Form eines Kurzreferats vor.

7 Die soziale Gruppe

Menschen leben und handeln immer in Gruppen. Gruppen sind die häufigsten sozialen Gebilde.

Folgende Fragen werden in diesem Kapitel geklärt:

1. *Was ist eine soziale Gruppe?*
   Wie läuft der Gruppenprozess ab?
2. *Worin liegt die Bedeutung der Gruppe?*
   Welche Funktionen hat sie?
3. *Welche Arten von Gruppen gibt es?*

7.1 Die Gruppe als soziales Gebilde

Die Gruppe ist das häufigste soziale Gebilde[1], welches in einer Gesellschaft vorkommt, denn jeder Mensch gehört grundsätzlich immer Gruppen an: Familie, Spielgruppe, Freundeskreis, Sportgruppe, Jugendgruppe usw. Die Gruppe stellt auch immer ein soziales System dar, in welchem die Gruppenmitglieder sich gegenseitig beeinflussen und jede Veränderung eines Elementes auf die anderen Teile der Gruppe wirkt.

7.1.1 Der Begriff „Gruppe"

Unter den vielen sozialen Gebilden, die sich im Laufe der Zeit entwickelt haben, nimmt die Gruppe einen besonderen Stellenwert ein: Der Mensch ist ein Gruppenwesen und könnte ohne Gruppe nicht existieren.

---

[1] *Auf soziale Gebilde als Gegenstand der Soziologie wird in Kapitel 1.2.2 eingegangen.*

Die soziale Gruppe

„Gruppen sind immer vor den Einzelnen da. Ein Baby wird in eine Gruppe hineingeboren. Es ist auf die Gruppe angewiesen, um zu überleben. [...] Gruppen sind für viele Leistungen unverzichtbar, doch Gruppen können ihre Mitglieder auch in den Abgrund reißen." (Feldmann, 2001², S. 178 f.)

Eine Gruppe setzt sich immer durch eine bestimmte **Anzahl von Personen** zusammen, den so genannten *Gruppenmitgliedern*. Diese Gruppenmitglieder stehen miteinander in einem Kommunikations- und Interaktionsprozess[2]: Sie treten miteinander in Beziehung, beziehen ihr Verhalten aufeinander und beeinflussen und steuern sich gegenseitig. Die Personen einer Gruppe stehen also zueinander in einer **Wechselbeziehung**, in der Informationen vermittelt, aufgenommen und ausgetauscht werden. Diese wechselseitige Beziehung erstreckt sich über einen **längeren Zeitraum**.

Wenn zufällig in einem Linienbus „isolierte" Individuen sitzen, die keinen Kontakt zueinander haben, so handelt es sich hier nicht um eine Gruppe; eine Schulklasse dagegen ist eine Gruppe, die Schüler treten über eine längere Zeit miteinander in Beziehung.

Damit wird der Gruppenbegriff abgegrenzt von makrosoziologischen Gebilden: um überhaupt miteinander in Beziehung treten zu können, muss die Anzahl der Gruppenmitglieder überschaubar sein.

Die Unterscheidung in Groß- und Kleingruppe, wie sie gelegentlich vorgenommen wird, ist deshalb wenig sinnvoll, da ab einer bestimmten Anzahl von Personen ein Miteinander-in-Beziehung-Treten nicht mehr möglich ist. Der Aspekt der so genannten Großgruppe wird aus diesem Grunde außer Acht gelassen.

Eine Gruppe ist nicht nur eine lose Ansammlung von Menschen, die zufällig am gleichen Ort sind, sie zeichnet sich durch ein gewisses **Bewusstsein um ein gemeinsames Ziel bzw. Interesse** aus. Eine lediglich Ansammlung von Menschen, die sich zufällig in räumlicher Nähe befinden, wird als *Menge* bezeichnet.

Eine Schulklasse beispielsweise hat das gemeinsame Ziel, das Abitur zu machen. Eine sich regelmäßig treffende Band hat als gemeinsames Interesse das Musikmachen.

> **Eine Gruppe sind mehrere Personen, die miteinander in einer Wechselbeziehung, in einem sozialen Interaktions- und Kommunikationsprozess, stehen und sich durch ein gewisses Bewusstsein um ein gemeinsames Ziel oder gemeinsames Interesse auszeichnen.**

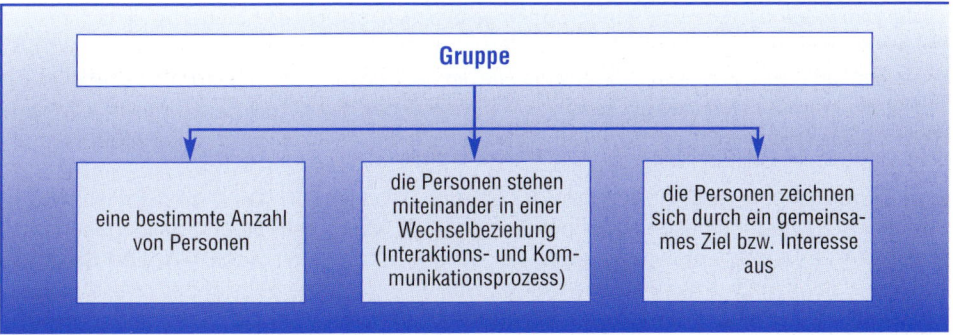

---

[1] *Die Begriffe „soziale Interaktion" und „soziale Kommunikation" sind in Kapitel 3.1.1 dargestellt.*

Jede Gruppe weist eine **soziale Struktur** – ein geordnetes Gefüge und einen geordneten Aufbau – auf: Sie zeigt eine bestimmte **Normen- und Rollenstruktur**, auf die in Abschnitt 7.1.2 eingegangen wird, und sie besitzt eine bestimmte **Führungs- und Kommunikationsstruktur**[1]. Eine Gruppe ist auch immer ein **soziales System**: Sie ist ein Ganzes, deren Gruppenmitglieder untereinander in einer ständigen wechselseitigen Beziehung stehen und sich gegenseitig beeinflussen. Dabei wirkt jede Veränderung eines Elementes auf die anderen Teile der Gruppe[2].

Gelegentlich wird in der Literatur unterschieden zwischen **Gruppe und Paar** – oft auch **Dyade** genannt. In einer Zweierbeziehung gibt es nach *Hans Peter Henecka (2006[8], S. 155)* nur zwei zwischenmenschliche Bewegungen, entweder das Aufeinanderzugehen und Miteinanderauskommen oder das Sichentfernen und schließlich Sichtrennen. Ab drei Personen verändert sich nicht nur diese Struktur, sondern auch die Auswirkungen auf die beteiligten Personen. Von daher empfiehlt *Henecka*, von einer Gruppe erst bei mindestens drei Mitgliedern zu sprechen.

„Zweierbeziehungen [...] sind als soziale Verflechtungen besonderer Art zu betrachten, die sich in ihren Beziehungsqualitäten, aber auch in ihren Beziehungsmöglichkeiten von anderen sozialen Gebilden in so typischer Art und Weise unterscheiden, dass sie auch terminologisch von Kleingruppen abgehoben und begrifflich eigens als ‚Paar' oder ‚Dyade' gefasst werden müssen."

(Henecka, 2006[8], S. 155, gekürzt)

Der Begriff „Gruppe" ist auch abzugrenzen von verwandten Termini wie „Kategorie" oder „Verband". Eine **Kategorie** bezeichnet die Träger einer Merkmalsklasse wie zum Beispiel Rentenempfänger, Aktienbesitzer oder rothaarige Menschen. Gelegentlich werden Kategorien „unscharf" auch als Gruppe bezeichnet wie dies zum Beispiel bei Bezeichnungen wie Einkommensgruppe, Altersgruppe oder Berufsgruppe zum Ausdruck kommt. Man spricht hier gegenüber der sozialen Gruppe oft auch von statistischen Gruppen. Ein **Verband** ist ein organisierter Interessenszusammenschluss von größeren Sozialeinheiten, die jedoch die Gestalt einer Gruppe annehmen können (vgl. Wiswede, 1998[3], S. 162).

Unter einer **Masse** versteht man eine unbestimmte bzw. große Anzahl von Menschen an einem bestimmten Ort, die zeitweise wenig stabilen Kontakt miteinander haben und sich im Gegensatz zu einer Menge bei bestimmten Anlässen – zum Beispiel Veranstaltungen, Aktionen – treffen bzw. zusammenschließen. Im psychologischen Sinn bedeutet Masse oft auch Gefolgschaft eines Führertums. Eine **Menge** ist eine nicht organisierte und zufällige Ansammlung von Menschen, die miteinander nichts verbindet (vgl. Schäfers, 2003[8], S. 217).

Häufig wird in der Literatur von **Randgruppen** gesprochen, obwohl es sich hierbei selten um eine Gruppe im eigentlichen Sinn handelt. Von Randgruppe spricht man, wenn Menschen dasselbe Merkmal aufweisen – beispielsweise dunkle Hautfarbe, körperliche Behinderung oder Obdachlosigkeit – und aufgrund dieses Merkmals ein deviantes Verhalten zeigen. Sie werden, wie in Kapitel 8.3.2 ausgeführt, langsam oder gar nicht integriert und an den „Rand der Gesellschaft" geschoben.

Eine **Clique** ist eine bestimmte Form der Gruppe. Was jedoch damit gemeint ist, wird in der Literatur unterschiedlich gesehen. Gelegentlich wird dieser Begriff gleichgesetzt mit Gleichaltrigen- bzw. Freundesgruppe, es werden aber damit auch einzelne Sektoren eines sozialen Netzwerkes mit einer hohen Beziehungsdichte bezeichnet[3]. Meist jedoch wird unter Clique eine **Untergruppe verstanden, die sich vom Gesamtziel der eigentlichen Gruppe ablöst bzw. abgelöst hat und eigene Ziele verfolgt.**

---

[1] Auf Führungs- und Kommunikationsstrukturen wird in Kapitel 13.2.4 und 13.2.3 eingegangen.
[2] vgl. hierzu Kapitel 1.2.2 und 1.2.3
[3] Gleichaltrigengruppe siehe auch Abschnitt 7.2.1; auf das soziale Netzwerk wird in Abschnitt 7.2.2 eingegangen.

7.1.2 Der Prozess der Gruppe

Die Gruppe ist kein statisches Gebilde, sondern unterliegt einem ständigen Prozess der Veränderung. Dieser Veränderungsprozess wird als **Gruppenprozess** bezeichnet.

> Als Gruppenprozess wird die Gesamtheit der Veränderungen bezeichnet, die im Gruppenleben geschehen.

Diejenige Disziplin, die sich mit der Analyse von Prozessen innerhalb und zwischen sozialen Gruppen beschäftigt, wird in der Literatur häufig **Gruppendynamik** genannt.

Die in einer Gruppe vorherrschenden Beziehungen sorgen für eine **Gruppenidentifikation**. Damit ist die gefühlsmäßige Teilhabe des Einzelnen an der Gruppe als solcher gemeint. Gruppenidentifikation bedeutet für ihn das Bewusstsein, Mitglied dieser Gruppe zu sein und zu ihr zu gehören, was mit Geborgenheit, „Nestwärme" verbunden ist. Für die Gruppe ist es das Bewusstsein ihrer Geschlossenheit. Je inniger eine Gruppe ist, desto stärker ist diese Gruppenidentifikation ausgeprägt. Häufig wird in diesem Zusammenhang von einem **Wir-Gefühl** gesprochen, das sich sowohl in Einzelhandlungen zeigt, die sich an einem „Wir" orientieren, als auch in gemeinsamen Handlungen, in welchen die Gruppenmitglieder ein „Wir" als Subjekt ihres Handelns setzen.

Dieses Wir-Gefühl kann zu einer Überbewertung der eigenen Gruppe gegenüber anderen Gruppen, denen man nicht angehört, führen. Darauf wird in Abschnitt 7.3.2 eingegangen.

Materialien 1

Die Gruppenbeziehungen begünstigen einen weiteren Prozess, nämlich die **Entstehung sozialer Normen und die Ausbildung sozialer Rollen**. Je intimer eine Gruppe ist, desto mehr legt sie bis ins Detail fest, welche Verhaltensweisen von dem einzelnen Mitglied erwartet werden.

Dabei sind zwei *gegenläufige Prozesse* feststellbar: Einerseits werden sich die Gruppenmitglieder durch die Gruppenidentifikation und den Konformitätsdruck[1] der Gruppe, sich an die Normen zu halten, in ihrem Verhalten immer **ähnlicher**: Die Einzelhandlungen orientieren sich an dem „Wir" der Gruppe und bei gemeinsamen Handlungen setzen die Gruppenmitglieder das „Wir" als Subjekt ihres Handelns. Von der Gruppe gehen – wie in *Kapitel 4.2.1* ausgeführt – ganz bestimmte Zwänge aus, denen sich der Einzelne auf-

---

[1] siehe Kapitel 4.2.1

grund von Sanktionen und der Angst unterwirft, aus der Gruppe ausgeschlossen zu werden, zu vereinsamen infolge des Entzugs der sozialen Anerkennung und innerhalb der sozialen Rangordnung in der Gruppe einen niederen Platz zu erhalten.

> **Aussichten**
>
> *Ein Mensch, erfüllt von fortschrittsblanken,*
> *Stromlinienförmigen Gedanken*
> *Durcheilte froh die Zeit und fand*
> *Nicht den geringsten Widerstand.*
> *Er lebte gut und lebte gern,*
> *Denn er war durch und durch modern.*
> *Sein Sohn ist, lebend gegenwärtig,*
> *Bereits so gut wie büchsenfertig.*
> *Sein Enkel, wenn er sich dran hält,*
> *Kommt schon in Weißblech auf die Welt.*
>
> Roth, 2001, S. 156

Andererseits erwartet aber die Gruppe von jedem Mitglied ein besonderes Verhalten, welches dem Einzelnen hinsichtlich seiner Individualität und seiner Fähigkeiten entspricht.

So hat der eine mehr die Rolle des „Ideenlieferers" inne, von einem anderen erwartet man immer Rat, wenn es Probleme gibt, von einem dritten hingegen Heiterkeit und Witzigkeit.

Diese Vielgestaltigkeit in dem Rollenverhalten der Gruppenmitglieder bezeichnet man als **Rollendifferenzierung**. Sie bezieht sich auch auf bestimmte Verhaltensmuster, die der Einzelne zeigt. Diese Rollendifferenzierung führt zu keinem Gruppenkonflikt und zu keiner Instabilität der Gruppe, solange sie den Erwartungen der Gruppe entspricht, also im positiven Sinne „gruppenbezogen" ist.

Im Laufe der Zeit bildet sich in der Gruppe eine bestimmte **Rangordnung**, eine **Ranghierarchie** aus: Die einzelnen Gruppenmitglieder erhalten einen ganz bestimmten Rang in der Gruppe. Rang bedeutet in diesem Zusammenhang, dass **ein Gruppenmitglied mit einem bestimmten Platz mehr Macht, Einfluss und Prestige besitzt als Mitglieder mit einem niedrigeren Platz**. Der Ranghöchste – in der Regel der Gruppenleiter – hat also die Möglichkeit, auf die anderen sehr starken Einfluss nehmen zu können, während der Rangniedrigste kaum auf die anderen Gruppenmitglieder einwirken kann.

So passiert es oft, dass ein guter Vorschlag von einem rangniedrigen Gruppenmitglied erst dann angenommen wird, wenn ein Ranghöherer diesen aufgreift und wiederholt.

Welchen Rang der Einzelne in der Gruppe erhält, ist abhängig von seiner Beliebtheit und davon, wie der Einzelne die Erwartungen der Gruppe zu erfüllen vermag. Um einen „guten" Rang zu erhalten, unterwerfen sich die Gruppenmitglieder den Zwängen, die von einer Gruppe ausgehen.

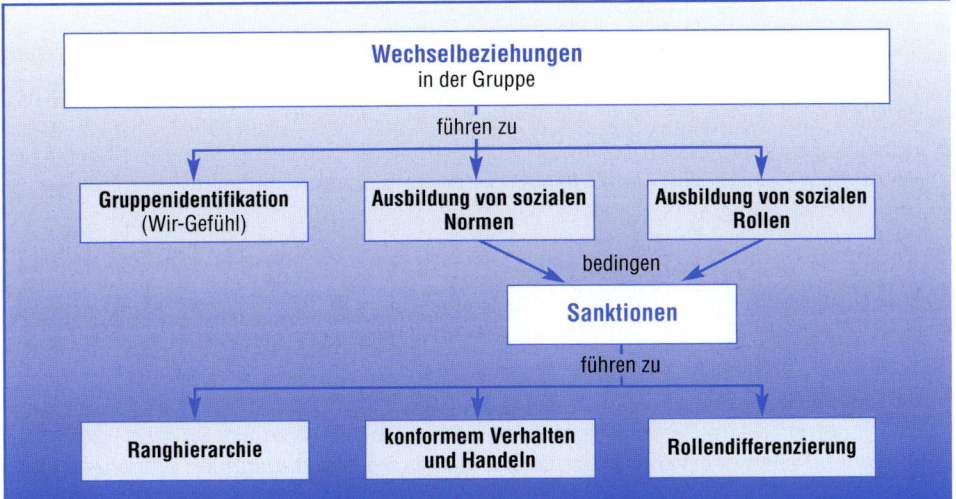

„Eine soziale Gruppe umfasst eine bestimmte Zahl von Mitgliedern (Gruppenmitgliedern), die zur Erreichung eines gemeinsamen Zieles (Gruppenziel) über längere Zeit in einem relativ kontinuierlichen Kommunikations- und Interaktionsprozess stehen und ein Gefühl der Zusammengehörigkeit (Wir-Gefühl) entwickeln. Zur Erreichung des Gruppenziels und zur Stabilisierung der Gruppenidentität ist ein System gemeinsamer Normen und eine Verteilung der Aufgaben über ein gruppenspezifisches Rollendifferenzial erforderlich."

(Schäfers, Guppe, 2002⁶, S. 131)

Materialien 2

7.2 Die Bedeutung von Gruppen

Der Mensch ist – wie in *Kapitel 1.1.2* ausgeführt – ein soziales Wesen, welches von Geburt an auf Mitmenschen und soziale Beziehungen angewiesen ist. Nur durch das Zusammenleben mit anderen kann er existieren. In jedem Alter spielt also die Gruppe eine große Bedeutung für den Einzelnen.

7.2.1 Funktionen der Gruppe

Die Gruppe ist also für den Einzelnen lebensnotwendig und erfüllt im Leben wichtige **soziale Funktionen**:

- Der Mensch wird nur durch mitmenschliche Beziehungen zum Menschen im humanen Sinne und kann seine Persönlichkeit entfalten. Der Aufbau der eigenen Persönlichkeit kann nur durch zahlreiche Kontakte zu anderen Menschen gelingen. Zudem ist der Mensch von Natur aus noch nicht auf eine bestimmte Lebensform festgelegt, die Ausprägung der menschlichen Lebensweise benötigt langjährige Anregung und Lernhilfe, was ein Angewiesensein auf mitmenschliche Beziehungen bedeutet[1].

    So zum Beispiel ist das kleine Kind von Anfang an auf eine stabile, dauerhafte und nicht abreißende emotionale Zuwendung und ausreichende Vermittlung von Reizen angewiesen.

---

[1] vgl. hierzu Kapitel 1.1.2

- Nur in der Gruppe kann der Mensch **das soziale Verhalten erlernen** und in der Gesellschaft handlungsfähig werden.

  So lernen Menschen nur in der Gruppe, auf den anderen einzugehen oder Rücksicht zu nehmen und Konflikte auszutragen, aber auch, sich zu distanzieren, sich durchzusetzen und zu behaupten und dem Zwang der Gruppe nicht in allem nachzugeben.

  Gerade die Gruppe bietet sich zum Erlernen von Konfliktlösungen an: Die Gruppe lebt in sich und dieser Prozess ist gekennzeichnet durch Spannungen und Konflikte, die sich als Übungsfeld für optimale Konfliktlösungen eignen (vgl. hierzu auch Kapitel 4.4.4).

- Viele Bedürfnisse können nur in der Gruppe befriedigt werden. Fast alle menschlichen Bedürfnisse sind soziale Bedürfnisse, die nur im Zusammenleben mit anderen befriedigt werden können.

  Jeder Mensch besitzt beispielsweise das Bedürfnis nach zwischenmenschlichen Beziehungen, das Bedürfnis, von seinen Mitmenschen angenommen und akzeptiert zu werden, sich geborgen zu fühlen und geliebt zu werden oder den Wunsch, Erfahrungen zu machen und Freude zu erleben. Alle diese Bedürfnisse können nur in sozialen Beziehungen befriedigt werden.

- Nur in der Gruppe ist es möglich, **seinen eigenen Wert zu erleben**, welcher entscheidend durch andere Personen gefördert oder auch beeinträchtigt werden kann. Hierher gehört auch der Wunsch, gebraucht und als wertvoll empfunden zu werden. Nach dem türkischen Soziologen *Muzafer Sherif*, der heute in den USA lebt, entwickeln sich Gruppen, damit sich die Menschen gegenseitig Halt geben, den sie zur Entwicklung eines persönlichen Selbstwertgefühls brauchen.

  „Hieraus entspringt die Macht der Gruppe, die Einstellungen, Wertvorstellungen und Verhaltensweisen ihrer Mitglieder zu beeinflussen. Der Einzelne ist auf die Zugehörigkeit der Gruppe angewiesen, da sie zum großen Teil sein Eigenwertgefühl, sein Ansehen und seinen Stolz determiniert[1]. [...] Die Gruppe kann tatsächlich zu einem zusätzlichen Teil des Selbstgefühls werden [...], Erfolg und Anerkennung der Gruppe ruft bei den Mitgliedern Stolz und Genugtuung hervor."

  (Mann, 2001, S. 51)

- Die Gruppe erleichtert ihren Mitgliedern **die Verwirklichung von Zielen**, die eine gemeinsame kooperative Anstrengung erfordern. Viele Aufgaben und Probleme, insbesondere in Organisationen, lassen sich effektiv nur durch ein Zusammenarbeiten von Menschen lösen[2].

  Solche Aufgaben sind zum Beispiel manuelle oder geistige Probleme lösen, neue Ideen entwickeln oder Entscheidungen treffen.

  „Die Erforschung von effektiven Organisationen, die sich auf einem hohen Leistungsniveau befinden, haben ein äußerst wichtiges Ergebnis gezeigt: „Die Bausteine dieser Organisationen waren immer kleine Gruppen – anstelle von individuellen Personen. Dies ist ein wichtiger Hinweis für das Design der Organisation der Zukunft. Traditionelle Organisationsformen sind um individuelle Personen herum aufgebaut, die zukünftigen Bausteine werden dagegen von Gruppen gebildet. Die Gruppenforschung in der Organisationspsychologie hat über die Jahre eine Reihe von guten Gründen identifiziert, die dafür sprechen, dass die Organisationen der Zukunft primär gruppenzentriert sein werden."

  (Weinert, 1998[4], S. 348 f.)

---

[1] *determinieren (lat.): festlegen*
[2] *vgl. hierzu Kapitel 10.1.1*

- Der bekannte amerikanische Sozialpsychologe *Leon Festinger* hebt vor allem den Gesichtspunkt der **Selbsteinschätzung** hervor: Aus der Mitgliedschaft zu einer Gruppe leitet der Einzelne seine Selbsteinschätzung ab. Der Mensch hat den Drang, sich mit anderen zu vergleichen, um sich selbst beurteilen zu können, „zu wissen, ob die eigenen Ansichten richtig sind und genau zu erfahren, was man kann und was man nicht kann." Der Einzelne „prüft" und vergleicht sich in der Gruppe, so dass er feststellen kann, ob seine Ansichten, Vorstellungen und Urteile der sozialen Wirklichkeit entsprechen (*Mann, 2001, S. 51*).

Vor allem im Jugendalter spielt die Gleichaltrigengruppe – **Peergroup** genannt – eine wichtige Rolle: Der zunehmende Wunsch, sich von der Ursprungsfamilie abzulösen, und das Noch-nicht-Anerkanntsein in der Gesellschaft macht die Gruppe für den Jugendlichen unentbehrlich, weil er sich dort geachtet und geborgen fühlt. Zudem hilft sie ihm bei der Suche nach seiner Identität als zentrale Aufgabe im Jugendalter.[1]

„Wenn die Gruppenmitglieder ähnlichen Alters sind und wenn dies noch mit ähnlicher sozialer Herkunft [...] einhergeht, dann übernehmen solche Gruppen – besonders bei Jugendlichen und Heranwachsenden – häufig wichtige Sozialisationsfunktionen und leisten vor allem soziale Abstützung bei Um- und Neuorientierungen im Lebenslauf." (Gukenbiehl/Schäfers, 2003[8], S. 122)

Findet der Jugendliche keine geeignete Peergroup, so schließt er sich häufig einer **Gang** an als „Rotte" für den Ersatz des „broken home", der nicht intakten Familie (vgl. *Schäfers, 2002[6], S. 129*).

7.2.2 Das Konzept des sozialen Netzwerkes

In jüngster Zeit spielt in diesem Zusammenhang die Bedeutung von **sozialen Netzwerken** eine große Rolle.

Jeder Mensch ist eingebunden in eine Vielzahl unterschiedlicher sozialer Beziehungen. Dazu zählen zum Beispiel alle Beziehungen innerhalb der Familie, zu Freunden oder zu Arbeitskollegen. Alle Beziehungen eines Individuums zusammengenommen werden als soziales Netzwerk bezeichnet.

> **Soziales Netzwerk bezeichnet das Geflecht von sozialen Beziehungen, in das eine Person einbezogen ist und das sich aus dem Gesamt der Kontakte, die eine Person zu anderen Menschen hat, bildet** (vgl. *Hurrelmann, 1994[3], S. 113*).

Für die Lebenszufriedenheit eines Menschen ist jedoch nur der Teil eines sozialen Netzwerkes von Bedeutung, der wirklich helfend wirkt. Helfende Netzwerke werden als **Unterstützungsnetzwerke** oder auch als **soziale Unterstützung** bezeichnet. Solche Beziehungen dienen der Erhaltung des emotionalen Wohlbefindens. Während der Begriff soziales Netzwerk das gesamte Gefüge der Beziehungen meint, versteht man unter sozialer Unterstützung bzw. Unterstützungsnetzwerke diejenigen Teile eines sozialen Netzwerkes, die vor allem in krisenhaften Situationen wirklich helfend wirken.

> **Soziale Unterstützung bzw. Unterstützungsnetzwerk meint den Austausch von Hilfsquellen zwischen den Mitgliedern eines sozialen Netzwerkes mit dem Ziel der gegenseitigen Aufrechterhaltung oder Verbesserung des Wohlbefindens.**

---

[1] *Auf die Gleichaltrigengruppe in ihrer Bedeutung für den Jugendlichen wird ausführlich in Kapitel 12.3.4 eingegangen.*

Untersuchungen haben ergeben, dass das Vorhandensein von Unterstützungsnetzwerken grundsätzlich eine positive Grundeinstellung der Personen bewirkt und hilfreich bei der Bewältigung von Konflikten und emotionalen Belastungen ist.

Eine funktionierende Ehe beispielsweise ist eine der besten Voraussetzungen zur Bewältigung krisenhafter Situationen. Auch Selbstmordraten liegen zum Beispiel bei Verheirateten deutlich unter denen Lediger.

Bedeutung haben soziale Netzwerke im Zusammenhang mit der Erforschung der Bewältigung von kritischen Lebensereignissen erlangt. Kritische Lebensereignisse sind Veränderungen der bisherigen Lebenssituation einer Person, die von einem Zustand des Ungleichgewichtes zwischen dieser und der Umwelt sowie von gefühlsmäßigen Reaktionen begleitet sind und von der Person eine Neuanpassung an die veränderte Lebenslage erfordern.

Beispiele für kritische Lebensereignisse sind Sitzenbleiben in der Schule, Trennung der Eltern, eine gerichtliche Bestrafung, ein Wohnortwechsel, eine schwere Erkrankung, der Tod eines Familienmitglieds, die Heirat, die Geburt des ersten Kindes, der Verlust des Arbeitsplatzes oder die Versetzung in den Ruhestand.

„Je stärker eine Person in ein soziales Beziehungsgefüge mit wichtigen Bezugspersonen eingebunden ist, desto besser kann diese Person mit ungünstigen sozialen Lebensbedingungen, kritischen Lebensereignissen und andauernden Lebensbelastungen umgehen." (Hurrelmann, 1994[3], S. 112)

Im Gegensatz dazu lebt der Mensch auch in Beziehungen, die nicht helfen und bei der Bewältigung von Problemen und Krisen eher schaden. Aufgrund der Wechselbeziehung zwischen einer Person und ihrer sozialen Umwelt (Netzwerk) können Krisen und Belastungen oft sogar noch verschärft werden.

Ein Beispiel hierfür bietet die ungewollte Schwangerschaft einer Heranwachsenden: Es ist oft der Fall, dass sich der Freund oder auch Familienangehörige von Schwangeren abwenden oder mit heftigen Vorwürfen reagieren. Statt helfend zu wirken, bewirkt das Netzwerk das Gegenteil.

So sind soziale Netzwerke nie bedingungslos hilfreich, sondern können auch enorme Konflikte und Belastungen schaffen bzw. verstärken. Funktioniert ein soziales Netzwerk jedoch unterstützend, dann können nach *Klaus Hurrelmann (1994[3], S. 119)* im wesentlichen drei Wirkungen ausgemacht werden:

- **Abschirmwirkung**: Soziale Unterstützung kann die Auftretenswahrscheinlichkeit kritischer Lebenssituationen vermindern, wenn eine Person fest in sozialen Beziehungen – in ein Netzwerk – eingebunden ist. Das Netzwerk wirkt dann wie eine Art von Schutzschild.

- **Pufferwirkung**: Soziale Unterstützung kann den Umgang mit kritischen Lebensereignissen verbessern und das Selbstwertgefühl stärken. Dadurch werden die negativen Folgen einer bestehenden Stressreaktion gemildert und abgeschwächt.

- **Toleranzwirkung**: Soziale Unterstützung kann das Ertragen belastender Situationen erleichtern und damit ihre Wirkung mildern.

7.3 Arten von Gruppen

Die Gruppenforschung hat im Laufe der Zeit mehrere Arten von Gruppen beschrieben, die sowohl Hilfe zur Typisierung und Ordnung von Gruppenphänomenen als auch Grundlage für eine Analyse und Erklärung von Gruppeneigenschaften und -prozessen sind.

7.3.1 Primär- und Sekundärgruppe

Entsprechend der Intensität der Wechselbeziehungen wird zwischen **Primärgruppe und Sekundärgruppe** unterschieden. Eine Primärgruppe setzt sich durch eine relativ geringe Anzahl von Personen zusammen, so dass jedes Gruppenmitglied mit dem anderen unmittelbar – von Angesicht zu Angesicht – in Beziehung treten kann. Wir sprechen deshalb auch von *face to face groups*. Die Kontakte untereinander sind sehr intensiv, so dass eine hohe emotionale Verbundenheit und eine gewisse gegenseitige Abhängigkeit entsteht. Statt von Primärgruppe wird dementsprechend auch gelegentlich von *Intimgruppe* gesprochen.

Solche Primärgruppen sind zum Beispiel die Familie, die Spielgruppe, die Freundesgruppe oder die Band. Häufig handelt es sich auch bei Jugendgruppen um Primärgruppen.

„Unter einer Gruppe[1] verstehen wir eine Reihe von Personen, die in einer bestimmten Zeitspanne häufig miteinander Umgang haben und deren Anzahl so gering ist, dass jede Person mit allen anderen in Verbindung treten kann, und zwar nicht nur mittelbar über andere Menschen, sondern unmittelbar".

(Homans, 1978[7], S. 29)

---

[1] Mit Gruppe ist in diesem Zusammenhang die Primärgruppe gemeint.

Die soziale Gruppe

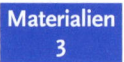

Gruppenidentifikation bzw. Wir-Gefühl sind in einer Primärgruppe sehr stark ausgeprägt: Der Einzelne fühlt sich der Gruppe in hohem Maße zugehörig und die Gruppe zeigt ein großes Bewusstsein ihrer Geschlossenheit. Entsprechend üben Primärgruppen einen starken Konformitätszwang aus, besitzen eine hohe Prägungskraft gegenüber dem Einzelnen und haben große Bedeutung für seine Sozialisation, Wertbindung und Identitätsbildung.

Sekundärgruppen zeichnen sich durch weniger intensive Beziehungen aus, sie sind auch weniger fest gebunden und ihre Prägungskraft ist wesentlich geringer. Ihre Mitglieder finden sich meist zur Verfolgung von gemeinsamen Interessen zusammen und orientieren sich in erster Linie an dem Zweck ihres Zusammenschlusses und weniger an der emotionalen Verbundenheit.

Eine Schulklasse, eine Sportgruppe oder das Team in einer Organisation sind Beispiele für Sekundärgruppen, in denen der Zweck im Mittelpunkt steht.

Primärgruppe	Sekundärgruppe
geringe Anzahl von Personen, die häufigen und intensiven Kontakt miteinander haben	größere Anzahl von Personen, die geringen und weniger intensiven Kontakt miteinander haben
unmittelbarer Kontakt (face to face)	unmittelbarer und mittelbarer Kontakt
Beziehungen untereinander stehen im Mittelpunkt	Interesse bzw. Aufgabe stehen im Mittelpunkt, Beziehung ist Mittel zum Zweck
hohe emotionale Verbundenheit der Gruppenmitglieder untereinander	weniger emotionale Verbundenheit der Gruppenmitglieder untereinander
starke Identifikation mit der Gruppe	geringere Gruppenidentifikation
hoher Konformitätszwang und hohe Prägungskraft gegenüber dem Einzelnen	geringerer Gruppendruck und Prägungskraft gegenüber dem Einzelnen

Die Übergänge zwischen Primär- und Sekundärgruppe sind fließend, eine eindeutige Grenze lässt sich nicht ziehen. Ebenso kann eine Sekundärgruppe zu einer Primärgruppe werden und umgekehrt.

7.3.2 Eigen- und Fremdgruppe

Menschen gehören immer bestimmten Gruppen an wie beispielsweise ihrer Familie, der Spielgruppe, dem Freundeskreis oder einem Team im Betrieb. Eine **Gruppe, der man selbst angehört**, stellt die **Eigengruppe** dar, oft auch **in-group** genannt. Durch die Zugehörigkeit zu einer bestimmten Gruppe grenzen sich ihre Mitglieder von Gruppen ab, denen sie nicht angehören. Eine **Gruppe, der man selbst nicht angehört**, wird als **Fremdgruppe bzw. out-group** bezeichnet.

Die eigene Familie stellt gegenüber der Nachbarsfamilie eine Eigengruppe dar; die Klasse S 12 a ist für Peter die Eigengruppe, weil er in dieser Klasse ist. Die Klasse S 12 b dagegen ist eine Fremdgruppe, ihr gehört er nicht an.

Im Gegensatz zur Fremdgruppe identifiziert man sich mit der Eigengruppe mehr oder weniger stark und bringt ihr positive Gefühle entgegen. So wird häufig die Eigengruppe („wir") meist „besser" gesehen, während die Fremdgruppe („ihr", „die anderen") und ihre Mitglieder abgewertet werden. Dies kann bis zu einem **Sozialegoismus** führen, einer **Überbewertung der eigenen Gruppe gegenüber der out-group, die Abwertung erfährt.**

206

So wird die eigene Gruppe im Sportverein als sportlich fit, toll und ausdauernd gesehen, während die Mitglieder der Fremdgruppe eines anderen Sportvereins als „Nieten" bezeichnet werden, die nur mal aus Zufall eine gute sportliche Leistung erbringen.

Die Überschätzung der Gruppe, der man angehört, und die Abwertung der Fremdgruppe hat oft den Zweck, die eigene Gruppe zusammenzuhalten und Probleme in der Eigengruppe dadurch „auszuschalten", indem man der Fremdgruppe negative Eigenschaften zuschreibt (vgl. *Wössner, 1986⁹, S. 63*). Zudem kann dieser Sozialegoismus eine Schutz- und Abwehrreaktion gegenüber einer für die eigene bzw. Gruppenidentität als bedrohlich empfundenen Umwelt sein.

Diese Überbewertung, die bei Primärgruppen ausgeprägter sein kann als bei Sekundärgruppen, kann zu Elitegefühlen, Diskriminierungen und Feindseligkeiten führen und **Chauvinismus**, eine übersteigerte Begeisterung für die eigene Gruppe bzw. das eigene Volk, oder **Ethnozentrismus,** moralische Überbewertung der eigenen Gruppe bzw. des eigenen Volkes, die eigene Gruppe wird zum Maßstab aller Bewertungen, zur Folge haben. Diesen Zusammenhang hat der Soziologe *Muzafer Sherif* eindrucksvoll in seinem „Ferienlager-Experiment" untersucht.

Materialien 1 und 4

In diesem Zusammenhang wird oft auch der Begriff **Bezugsgruppe** verwendet. Eine Bezugsgruppe ist eine *Eigen- oder Fremdgruppe, zu der eine Beziehung besteht und die aufgrund dieser Beziehung Einfluss auf das Handeln des Betroffenen hat*.

Peters eigene Familie beispielsweise stellt eine Bezugsgruppe dar, da er sich mit ihr sehr verbunden fühlt und sie ihn in hohem Maße prägt. Peter hat aber auch zu der Familie seines Freundes eine sehr gute Beziehung und auch sie beeinflusst sein Verhalten und Handeln nicht unerheblich – die Familie seines Freundes stellt für ihn also ebenfalls eine Bezugsgruppe dar.

7.3.3 Formelle und informelle Gruppe

Gruppen können organisiert sein oder auch spontan entstehen. Hinsichtlich des Grades des Organisiertseins unterscheidet man **formelle und informelle Gruppen**. Die formelle Gruppe ist *organisiert, sie hat ausdrücklich mündlich oder schriftlich festgelegte Ziele und Aufgaben und sie besitzt eine Vielzahl von absichtlichen und geplanten Regelungen bzw. Festlegungen*.

Betriebliche Arbeitsteams oder eine Schulklasse sind Beispiele für formelle Gruppen. In der Schulklasse sind Lernziele und Lerninhalte von Anfang an festgelegt, ebenso die Anzahl der benötigten Lehrer. Eine Schulordnung und eine festgeschriebene Hausordnung regeln das Zusammenleben und sehen entsprechende Maßnahmen bei groben Verstößen vor.

Eine informelle Gruppe *entsteht meist spontan, sie ist nicht durchorganisiert und hat auch keine ausdrücklich festgelegten Ziele und Aufgaben*. Zwar entwickelt jede informelle Gruppe auch Regeln, Vereinbarungen, Verfahrensweisen, Normen, Werte und Rangordnungen, doch diese sind weder von vornherein geplant noch irgendwo offiziell bzw. schriftlich festgelegt.

Informelle Gruppen sind beispielsweise die Spielgruppe, die Freundesgruppe, die Clique in einer Schulklasse oder die Stammtischrunde.

Auch zwischen formeller und informeller Gruppe lässt sich keine eindeutige Grenze ziehen; sie können auch „gemischt" vorkommen: So können in einem Betrieb neben einer bewusst ins Leben gerufenen organisierten Arbeitsgruppe spontan informelle Gruppen entstehen – etwa, wenn sich mehrere Arbeitnehmer täglich in der Mittagspause zum Kartenspielen treffen. Auch in einer Schulklasse kann eine Clique entstehen, wenn sich innerhalb einer Klasse einige Schüler gut verstehen und sich auch in ihrer Freizeit häufiger miteinander treffen.

> „Die Unterscheidung zwischen formeller und informeller Gruppe wurde [...] im Rahmen von Experimenten zur Steigerung der Arbeitsleistung vorgenommen. Hierbei zeigte sich, dass in Organisationen neben oder auch im Rahmen von Arbeitsgruppen, die von der Betriebsleitung zweckrational geplant und offiziell geschaffen wurden, spontan und ungeplant Gruppierungen entstehen, die auf persönlichen Beziehungen und Abmachungen der Gruppenmitglieder beruhen und vor allem ihrem Interesse an personhaft-ganzheitlichen Sozialbeziehungen (human relations) innerhalb der sonst sehr sachlichen und zweck-spezifischen Betriebsstrukturen Rechnung tragen."

(Gukenbiehl/Schäfers, 2003[8], S. 122)

Kriterium	Gruppenart	
Enge des Zusammenlebens, Verbundenheit und Formungskraft	Primärgruppe	Sekundärgruppe
Zugehörigkeit	Eigengruppe	Fremdgruppe
Grad der Organisiertheit	formelle Gruppe	informelle Gruppe

Zusammenfassung

- Eine Gruppe sind mehrere Personen, die miteinander in einer Wechselbeziehung, in einem sozialen Interaktions- und Kommunikationsprozess, stehen und sich durch ein gewisses Bewusstsein um ein gemeinsames Ziel oder gemeinsames Interesse auszeichnen. Gelegentlich wird in der Literatur unterschieden zwischen Gruppe als Mindestzahl von drei Mitgliedern und Paar – oft auch Dyade genannt. Eine Clique ist eine Untergruppe, die sich vom Gesamtziel der eigentlichen Gruppe ablöst bzw. abgelöst hat und eigene Ziele verfolgt. Die Gruppe ist für den Einzelnen lebensnotwendig und erfüllt im Leben wichtige soziale Funktionen. Vor allem im Jugendalter spielt die Gleichaltrigengruppe – Peergroup genannt – eine wichtige Rolle.

- Die Gruppe ist kein statisches Gebilde, sondern unterliegt einem ständigen Prozess der Veränderung, den Gruppenprozess. Die in einer Gruppe vorherrschenden Beziehungen sorgen für eine Gruppenidentifikation. Damit ist die gefühlsmäßige Teilhabe des Einzelnen an der Gruppe als solcher gemeint. Gruppenidentifikation bedeutet für ihn das Bewusstsein, Mitglied dieser Gruppe zu sein und zu ihr zu gehören; für die Gruppe ist es das Bewusstsein ihrer Geschlossenheit. Häufig wird in diesem Zusammenhang von einem Wir-Gefühl gesprochen. Die Gruppenbeziehungen begünstigen einen weiteren Prozess, nämlich die Entstehung sozialer Normen und die Ausbildung sozialer Rollen. Dabei sind zwei gegenläufige Prozesse feststellbar: Einerseits werden sich die Gruppenmitglieder in ihrem Verhalten immer ähnlicher, andererseits führt die Vielgestaltigkeit in dem Rollenverhalten der Gruppenmitglieder zu einer Rollendifferenzierung. Im Laufe der Zeit bildet sich in der Gruppe eine bestimmte Ranghierarchie aus: Die einzelnen Gruppenmitglieder erhalten einen ganz bestimmten Rang in der Gruppe. Rang bedeutet in diesem Zusammenhang, dass ein Gruppenmitglied mit einem bestimmten Platz mehr Macht, Einfluss und Prestige besitzt als Mitglieder mit einem niedrigeren Platz.

Zusammenfassung

- Soziales Netzwerk bezeichnet das Geflecht von sozialen Beziehungen, in das eine Person einbezogen ist und das sich aus dem Gesamt der Kontakte bildet, die eine Person zu anderen Menschen hat. Helfende Netzwerke werden als Unterstützungsnetzwerke oder auch als soziale Unterstützung bezeichnet. Solche Beziehungen dienen der Erhaltung des emotionalen Wohlbefindens. Funktioniert ein soziales Netzwerk unterstützend, dann können im Wesentlichen drei Wirkungen ausgemacht werden: Abschirm-, Puffer- und Toleranzwirkung.

- Hinsichtlich der Enge des Zusammenlebens, der Verbundenheit und der Formungskraft gegenüber dem Einzelnen wird zwischen Primär- und Sekundärgruppe unterschieden. Bezüglich der Zugehörigkeit bzw. Nicht-Zugehörigkeit zu einer Gruppe unterscheidet man die Eigengruppe (in-group), der man selbst angehört, von der Fremdgruppe (out-group), der man selbst nicht angehört. Eine zu starke Identifikation mit der Eigengruppe kann bis zu einem Sozialegoismus führen, einer Überbewertung der eigenen Gruppe gegenüber der out-group, die Abwertung erfährt. Elitegefühle, Diskriminierungen und Feindseligkeiten können die Folge sein. Eine Bezugsgruppe ist eine Eigen- oder Fremdgruppe, zu der eine Beziehung besteht und die aufgrund dieser Beziehung Einfluss auf das Handeln des Betroffenen hat.

- Hinsichtlich des Grades des Organisiertseins trennt man die formelle Gruppe, die ausdrücklich mündlich oder schriftlich festgelegte Ziele und Aufgaben hat und eine Vielzahl von absichtlichen und geplanten Regelungen bzw. Festlegungen besitzt, von der informellen Gruppe, die meist spontan entsteht, nicht durchorganisiert ist und auch keine ausdrücklich festgelegten Ziele und Aufgaben hat. In der Regel lässt sich zwischen all diesen Gruppenarten keine eindeutige Grenze ziehen.

Materialien Kapitel 7

1. Ethnozentrismus

Einen fundamentalen inneren Widerspruch weist auch das sehr verbreitete Verhaltensmuster des *Ethnozentrismus* auf. Dieser besteht in einer gut kaschierten und daher oft unbemerkt bleibenden Tendenz, Werturteile über andere Kulturen und Gesellschaften abzugeben. Der Ethnozentrismus ist ein inneres Verhaltensmuster – gewöhnlich eines, das ein Überlegenheitsgefühl beinhaltet – das uns dazu veranlasst Ausländer oder Mitglieder einer Fremdgruppe nach den Normen, Maßstäben und Werten zu beurteilen, die auf Grund der Sozialisation die unseren sind. Charakteristisch für den Angehörigen einer „in-group" ist die Treue zu jenen Verhaltensmustern, die er gelernt hat, für die „richtigen" zu halten. Alle anderen dagegen sind für ihn irgendwie „falsch".

Der Ethnozentrismus ist eines der größten Hindernisse für die wissenschaftliche Objektivität. Er ist die Quelle von Vorurteilen, Intoleranz, Diskriminierungen und Stereotypisierungen. Er richtet sich nicht nur gegen andere Nationen, sondern auch gegen Menschen, die einer anderen Klasse, Rasse oder Religion angehören. Die letztgenannte Art von Ethnozentrismus erzeugt eine soziale Distanz auch zwischen Menschen, die sich in physischer Nähe zueinander befinden. Die ethnozentrische Haltung misstraut anderen Menschen und ihren Sitten, Bräuchen und Gewohnheiten, hält sie für sonderbar und neigt dazu, sie herabzusetzen.

Ethnozentrismus heißt, dass man alle seine Werte und Interessen nach den Werten und Interessen der Gruppe ausrichtet, der man angehört. Die analoge persönliche Gewohnheit ist der Egozentrismus, die Tendenz, sich auf sich selbst zu konzentrieren und zu glauben, dass man selbst immer recht, jeder, der anderer Ansicht ist, aber immer unrecht hat. Diese Denkweise nimmt oft eine solche Stärke an und setzt sich so tief fest, dass es für die betreffende Person äußerst schwierig wird, objektive Urteile abzugeben.

Wir dürfen nicht meinen, dass alle Vorstellungen, auf die sich die ethnozentrische Haltung stützt, falsch sind. Wie beim Vorurteil und beim Stereotyp kann es auch beim Ethnozentrismus vorkommen, dass jemand neben nachweisbar falschen auch nachweisbar richtige Werte und Überzeugungen vertritt. Ethnozentrismus ist es, wenn man sagt: „Right or wrong, my country!" Das ist nicht mehr Patriotismus, sondern eine Haltung, die allem Ausländischen mit Geringschätzung gegenübersteht und entschlossen ist, die Welt nur durch die Brille des eigenen Landes zu sehen.

Quelle: Fichter, 1970[3], S. 120 f.

2. Die Interaktionsanalyse von R. F. Bales

Das Balessche Kategoriensystem: Neben dem soziometrischen Test hat die auf *R. F. Bales* zurückgehende Interaktionsanalyse zur Erforschung von Gruppen besonderes Interesse gefunden. Es handelt sich hier um eine Methode zur Aufzeichnung und Analyse sozialer Interaktionen, wobei *Bales* unter Interaktionen ein Gespräch oder ein Verhalten versteht, durch das zwei oder mehr Personen unmittelbar miteinander verkehren.

Die beobachteten Interaktionen werden dann unter ein zu diesem Zweck entwickeltes Kategoriensystem gebracht. Auf diese Weise wird eine gewisse Vergleichbarkeit von Gruppenanalysen erreicht; darüber hinaus kann ermittelt werden – und das ist das eigentliche Ziel der Balesschen Interaktionsanalyse –, unter welchen Bedingungen die eine oder andere Verhaltensweise auftritt, wobei sich das Hauptinteresse von *Bales* auf so genannte beschlussfassende und problemlösende Konferenzgruppen richtet. Solche Gruppen werden in Beobachtungsräumen zusammengezogen und von geschulten Beobachtern mit Hilfe der Interaktionsmethode analysiert. Das dabei verwendete Kategoriensystem umfasst im Einzelnen folgende Klassen von Interaktionen.

Diese Beobachtungskategorien bezeichnen Klassen von Interaktionen, in die der Beobachter Verhaltensweisen einzuordnen hat. *Bales* ordnet dann die genannten Kategorien nochmals in das im nachstehenden „Schlüssel" aufgestellte Schema ein. Dadurch sollen die „funktionellen Probleme" des Interaktionssystems verdeutlicht werden.

So fallen die Kategorien

6 + 7 unter das Problem der Orientierung	(a)
5 + 8 unter das Problem der Bewertung	(b)
4 + 9 unter das Problem der Kontrolle	(c)
3 + 10 unter das Problem der Entscheidung	(d)
2 + 11 unter das Problem der Spannungsbewältigung	(e)
1 + 12 unter das Problem der Integration	(f)

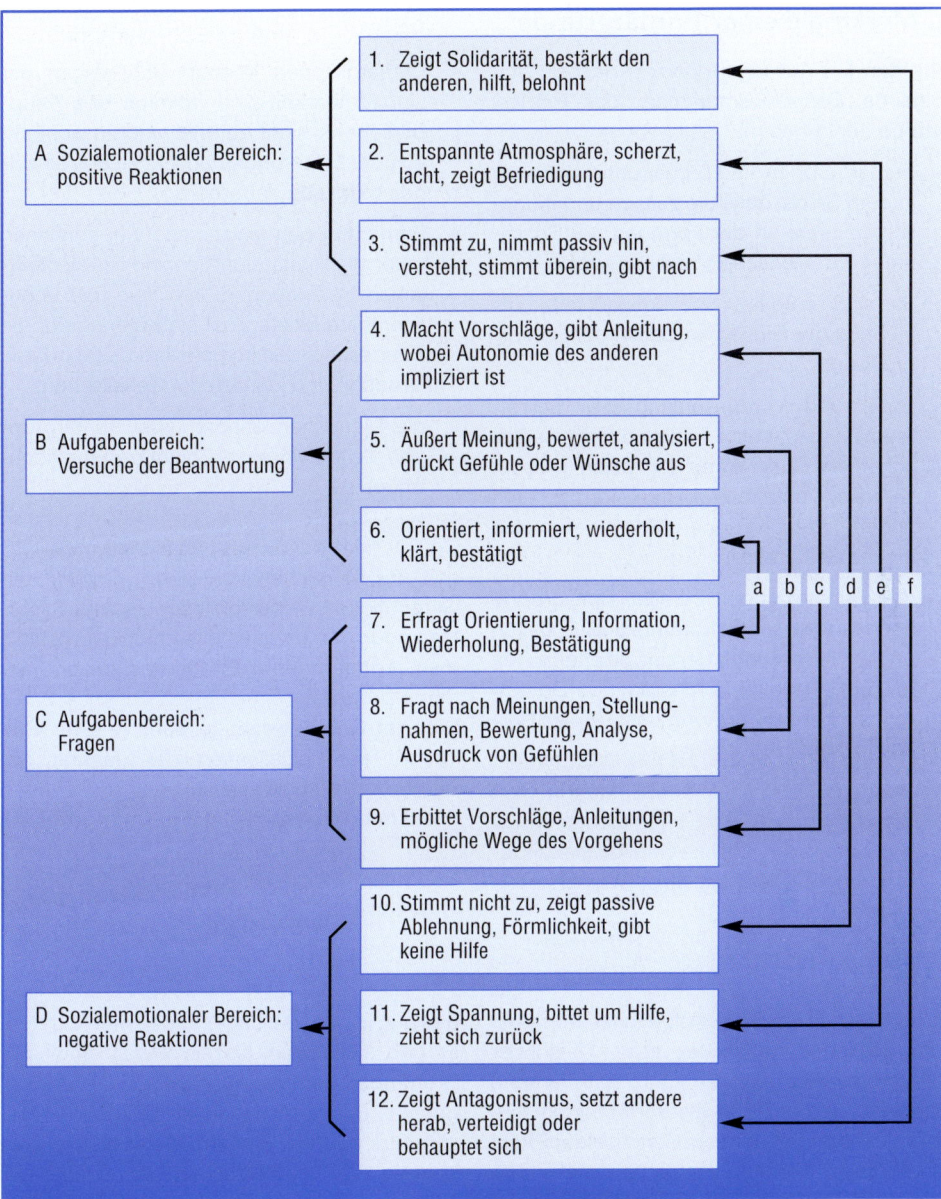

Schlüssel:
a – Probleme der Orientierung
b – Probleme der Bewertung
c – Probleme der Kontrolle
d – Probleme der Entscheidung
e – Probleme der Spannungsbewältigung
f – Probleme der Integration

Bei einer konkreten Untersuchung mithilfe dieser Kategorien wird das Verhalten der Teilnehmer beobachtet, und ihre Gespräche werden registriert. Das so ermittelte Material kann dann im Hinblick auf die Verteilung sämtlicher Handlungen auf die 12 Kategorien durchleuchtet werden. Eine derartige Verteilung, die in numerischer Form erfolgt, nennt *Bales* ein Profil.

Unterschiedliche Gruppen werden bei unterschiedlichen Bedingungen verschiedene Typen von Profilen erzeugen. So neigt eine Gruppe z. B. mehr zu Unstimmigkeit als eine andere usw.

Quelle: Wössner, 1986⁹, S. 154 ff.

3. Merkmale einer Primärgruppe

Aus den [...] Aussagen Cooleys lassen sich folgende *Definitionsmerkmale der Primärgruppe* hervorheben:

- Primärgruppen sind primär unter anderem in dem Sinne, dass sie zeitlich und inhaltlich als erste an der Formung der Sozialnatur des Menschen beteiligt sind;
- das soziale Selbst (eine Individualität) entsteht im gemeinsamen Leben der Primärgruppen;
- Basis und Voraussetzung der Selbst-Identifikation ist die Fähigkeit und Bereitschaft zur Übernahme der Rollen (Motive, Zwecke, Verhaltensweisen, Normen etc.) anderer Primärgruppen-Mitglieder in das eigene Selbstbild;
- den Primärgruppen Familie, Spielgruppe und Nachbarschaft kommt zu allen Zeiten und auf allen Stufen der gesellschaftlichen Entwicklung eine herausragende Bedeutung zu bei der Formung der sozialen Persönlichkeit;
- Primärgruppen sind primär auch in dem Sinn, dass sie nicht im gleichen Maße wie komplexere soziale Gebilde (sekundäre Gruppen) dem sozialen Wandel unterliegen;
- Primärgruppen können sich wegen der Unmittelbarkeit und Intimität des Gruppenlebens nicht zu weit und zu abstrakt von der Erfahrungsmöglichkeit des einzelnen Mitglieds entfernen;
- Primärgruppen existieren und entstehen unter allen institutionellen und gesellschaftlichen Bedingungen; ihre freie und unbeschränkte Existenz ist ein Kriterium für die Beurteilung der komplexeren sekundären Gruppen und letztlich der Gesellschaft;
- die Menschen gehören den Primärgruppen als Individuen an, nicht als Funktionsträger.

Cooley geht davon aus, dass die Vorstellungen der Menschen von Liebe, Freiheit und Gerechtigkeit weder philosophischen Systemen noch den sozialen Institutionen entstammen, sondern dem Erfahrungshorizont der Primärgruppen.

Hier hat Cooley wichtige Bausteine für eine Theorie der Sozialisation, der Identität, der Persönlichkeit und schließlich für die Theorie des Symbolischen Interaktionismus geliefert[1].

Quelle: Schäfers, Guppe, 2002[6], S. 132

4. Sherifs Ferienlager

Dass man auch in sehr erfolgreicher Weise mit den Spielen Jugendlicher, etwa 12-jähriger Jungen, experimentieren kann, hat niemand hübscher demonstriert als der schon im Zusammenhang mit dem autokinetischen Effekt erwähnte *M. Sherif*. In den Jahren 1949, 1953 und 1954 veranstaltete er Sommerlager mit ungefähr zwei Dutzend Teilnehmern, psychisch normalen Jungen, die einander vorher nicht gekannt hatten und die aus ähnlichen häuslichen Verhältnissen stammten. Zwei Studenten fungierten als Beobachter, die sich an den Unternehmungen der Burschen lebhaft beteiligten, ohne sich dabei aber in die Rolle von Gruppenführern manövrieren zu lassen. Der Versuchsleiter selbst trat als Verwalter des in den Bergen gelegenen Geländes auf, in dem die Lager abgehalten wurden. Er gab sich dabei als ein etwas einfältiger Brummbär, dem niemand seine „naiven Fragen" (z. B. danach, welcher Gruppe ein bestimmter Junge angehöre) übel nehmen konnte. Die drei Versuchsreihen *Sherifs* folgen demselben vier-phasigen Schema, wobei jedes Stadium etwa 3–4 Tage dauerte. Im ersten Stadium hatten die Jungen Gelegenheit, einander näher kennen zu lernen und sich spontan zu Freundschaftsgruppen zusammenzuschließen. Sehr stark entgegen ihren anfänglichen Sympathien erfolgte im zweiten Stadium die Aufteilung in zwei Untergruppen, die – mit je 12 Mitgliedern – getrennt voneinander hausten und sich betätigten. Die Bildung dieser beiden Gruppen erfolgte

---

[1] *Vgl. Kapitel 6.1*

auf Grund einer soziometrischen Befragung, und zwar so, dass in die neu zu bildenden Gruppen jeweils vorwiegend Lagerteilnehmer kamen, die sich in der ersten Phase nicht besonders eng aneinander angeschlossen hatten. Durch dieses von den Jungen selbst als recht unbillig empfundene Arrangement wird der Einfluss von Faktoren verringert, die bei freier Partnerwahl zu Sympathiebindungen führen. Dies war notwendig, um die bindungsstiftende Wirksamkeit des Gruppenkontakts möglichst rein zur Geltung zu bringen. Tatsächlich kam es in den künstlich zusammengestellten Gruppen innerhalb weniger Tage zu einem sehr intensiven Zusammenschluss. Die Gruppen entwickelten – jede für sich – ein echtes Wir-Erlebnis, so dass schon nach kürzester Zeit niemand mehr den ursprünglich zerrissenen Freundschaftsbanden nachtrauerte.

Die dritte Phase des Experiments entwickelte sich aus der zweiten nahezu von selbst. Mit einem Mal tauchte nämlich bei jeder der beiden Gruppen, die sich inzwischen u. a. auch eigene Namen beigelegt hatten – *„Bulldogs"* und *Red Devils"* im Lager des Jahres 1949 – die Frage nach dem Leben der anderen Gruppe auf. Diese mag sich etwa in der folgenden Überlegung geäußert haben: „Wir haben uns alles so nett eingerichtet, wir sind außerdem auch alle tüchtige Sportler, bei den anderen – da drüben – klappt es sicher nicht so gut, die können sich mit uns überhaupt nicht messen!" Empfindungen dieser Art sind es, um die es im Grunde dem Versuchsleiter ging; in ihnen scheidet sich die Binnen-Gruppe von der Außen-Gruppe bzw., wie ich sagen möchte, die „Wir-Gruppe" von der „Die-Gruppe". Natürlich wurde den beiden Gruppen nun auch Gelegenheit dazu gegeben, sich aneinander zu messen. Es kam also zu sportlichen Wettkämpfen (Tauziehen) und zu gemeinsamen Ausflügen – es kam freilich auch zum Ausbruch eines erheblichen Maßes an gruppenspezifischer Aggressivität. Das Tauziehen mündete in eine Rauferei, man beschuldigte einander der Unehrlichkeit, Schimpfnamen flogen hinüber und herüber, Überfälle auf die feindliche Unterkunft ereigneten sich, mit Fallobst wurden Schlachten ausgetragen, und schließlich wurde sogar die Fahne der gegnerischen Die-Gruppe einmal feierlich verbrannt.

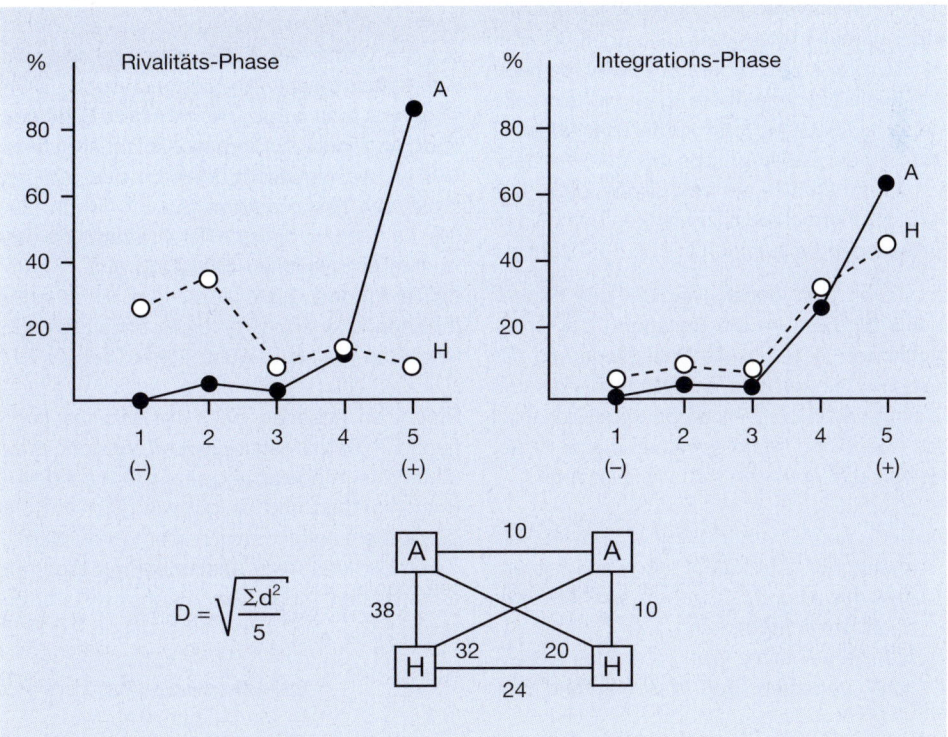

Selbstbilder (A) und Fremdbilder (H) von Gruppen (nach M. Sherif)

In einer Kampfpause sammelten die Beobachter auf jeder der beiden Seiten die Urteile über die Wir-Gruppe und die Die-Gruppe. Vorgelegt wurde eine Reihe von sechs Adjektiven (mutig, ausdauernd, ordentlich, hinterlistig, spielverderberisch, unsauber), die jeweils hinsichtlich ihrer Gültigkeit für die entsprechende Gruppe zu bestimmen waren. Dazu standen fünf Kategorien in Gestalt der Sätze zur Verfügung: „Alle X-Leute sind ...", „Einzelne X-Leute sind ..." bis zu „Keiner von den X-Leuten ist ...".

Das Ergebnis lässt sich leicht erraten: Die jeweilige Wir-Gruppe belegte sich selbst vorwiegend mit günstigen Attributen, die rivalisierende Die-Gruppe hingegen mit ungünstigen. Abbildung (S. 213, linke Seite) zeigt auf der Ordinate die Prozentsätze, mit denen die Urteile über die jeweils eigene Gruppe (A = Autostereotyp) bzw. über die Fremdgruppe (H = Heterostereotyp) auf die fünf Kategorien der Einstellung (Abszisse: 1 extrem unfreundlich, 5 = extrem freundlich) entfielen. Die von *Sherif* u. a. (1961) im Experiment des Jahres 1954 für die beiden Gruppen getrennt erhobenen Prozentsätze habe ich dabei gemittelt, weil sie sich nur unwesentlich voneinander unterschieden. Das Selbstbild (A) ist in der Rivalitätsphase überaus positiv; es ließe sich in die Aussage übertragen: „wir sind alle mutig, ausdauernd und kameradschaftlich". Das Bild der Gegengruppe (H) enthält erheblich mehr negative als freundliche Züge. Der mittlere Unterschied (D) zwischen den beiden Stereotypen beläuft sich auf 38,5 Prozent.

Im vierten und letzten Stadium des Experiments ging es um die Beilegung der Gruppenfehden, d. h. um die Rückgliederung der beiden Kleingruppen in eine gemeinsame Großgruppe. *Mutatis mutandis* findet sich wohl das Abendland heute genau an dieser Stelle. Als wirksam erwiesen sich vier Sitiationen:

a) Der „gemeinsame Gegner", d. h. ein sportlicher Wettkampf der Lagerteilnehmer mit einer Mannschaft aus dem benachbarten Städtchen;
b) die „gemeinsame Not", d. h. das angebliche Versagen der Wasserzufuhr zum Lager, das eine mühsame Unternehmung in den Bergen notwendig machte;
c) der „gemeinsame Vorteil", d. h. die Entlehnung eines Spielfilms, für welche die Ersparnisse beider Gruppen herangezogen werden müssen;
d) die „gemeinsame Freude", d. h. ein besonders viele Vorbereitungen erfordernder Ausflug in ein entlegenes und sehr reizvolles Naturschutzgebiet.

Tatsächlich verschwanden im Zuge dieser Erlebnisse die Animositäten zwischen den beiden Gruppen. Eine abermalige Befragung mithilfe des bereits geschilderten Verfahrens ergab auch keinen Unterschied mehr in der Bewertung zwischen Wir-Gruppen und Die-Gruppen; bei beiden überwogen nunmehr die positiven Prädikate (vgl. S. 213, Abb. rechte Seite). Während die Autostereotypen sich von der Rivalitätsphase zur Integrationsphase nur geringfügig verändert hatten (D = 9,9 %), verschoben sich die Heterostereotypen sehr stark (D = 23,7 %); sie näherten sich damit den Autostereotypen an (D = 10,0 %). In verallgemeinernder Ausdrucksweise könnte das bedeuten: Indem man den einstigen Rivalen als Partner akzeptiert, verzichtet man ein wenig auf den Glanz des Bildes, das man sich von sich selbst macht; ein Mehrfaches von dem aber, was man aufgibt, kommt dem Bilde des anderen zugute. Es liegt wohl nicht allzu fern, hier an die christliche Maxime des *„Diliges proximum tuum, sicut te ipsum"* (Matth. 22, 39)[1] zu denken, die zu einer Verringerung des Abstandes zwischen Selbstbild und Fremdbild auffordert, nicht aber – im Sinne einer falschen Übersetzung – dazu, dass man den Nächsten wie sich selbst „lieben" solle.

Historisch gesehen zielte die Maxime übrigens auf die Verfestigung der Kohäsion[2] einer Minoritätsgruppe ab; sie bezog sich auf deren Binnenkontakt und so gut wie gar nicht auf den Außenkontakt, etwa zu den „Pharisäern", deren Bild das Neue Testament mit allen nur erdenklichen negativen Zügen ausstattet.

Quelle: Hofstätter, 1985, S. 108–111

---

[1] Matthäus 22, 39: „Das andere aber ist diesem gleich: Du sollst deinen Nächsten lieben wie dich selbst."
[2] Kohäsion (lat.): Zusammenhalt

Aufgaben und Anregungen Kapitel 7

Aufgaben

1. Bestimmen Sie den Begriff „Gruppe" und weisen Sie nach, dass es sich bei einer Schulklasse um eine Gruppe handelt. (Abschnitt 7.1.1)
2. Erläutern Sie an je einem Beispiel den Unterschied zwischen Gruppe und Paar. (Abschnitt 7.1.1)
3. Legen Sie dar, was die Soziologie mit Clique meint und erläutern Sie anhand einer Schulklasse, dass eine Clique Anlass gehäufter Störungen in einer Gruppe geben und die Gefahr ihrer Auflösung heraufbeschwören kann. (Abschnitt 7.1.1)
4. Beschreiben Sie anhand der Familie oder der Schulklasse den Prozess einer Gruppe. (Abschnitt 7.1.2)
5. Beschreiben Sie wichtige soziale Funktionen einer Gruppe. (Abschnitt 7.2.1)
6. Erläutern Sie anhand eines Beispiels den Vorteil und die Gefahr des sozialen Netzwerkes. (Abschnitt 7.2.2)
7. Bestimmen Sie den Begriff soziales Netzwerk und stellen Sie anhand eines kritischen Lebensereignisses (zum Beispiel Verlust der Freundin/des Freundes, Nicht-Versetzung in die nächst höhere Klasse) die Bedeutung der sozialen Unterstützung auf. (Abschnitt 7.2.2)
8. Zeigen Sie an geeigneten Beispielen die Wirkungen sozialer Netzwerke auf. (Abschnitt 7.2.2)
9. Stellen Sie am Beispiel zweier Gruppen die Kriterien einer Primärgruppe und einer Sekundärgruppe dar. (Abschnitt 7.3.1)
10. Beschreiben Sie anhand Ihrer Lebenssituation die beiden Gruppenarten Eigen- und Fremdgruppe. Gehen Sie dabei auch auf die Problematik zwischen diesen beiden Gruppenarten ein. (Abschnitt 7.3.2)
11. Erläutern Sie an einem Beispiel, was die Soziologie unter Bezugsgruppe versteht. (Abschnitt 7.3.2)
12. Zeigen Sie am Beispiel der Freundesgruppe und der Schulklasse den Unterschied zwischen formeller und informeller Gruppe auf. (Abschnitt 7.3.3)

Anregungen

13. Fertigen Sie in Gruppen ein Clustering zu dem Thema „Soziale Gruppe" an: Schreiben Sie in die Mitte eines größeren Blattes Papier das Thema in einen Kreis und notieren Sie zunächst den ersten Gedanken, den Sie zu diesem Thema haben, ebenfalls auf das Papier und verbinden Sie ihn mit dem Mittelkreis. Sodann schreiben Sie alle weiteren Gedanken zum Thema auf dieselbe Weise auf das Blatt und verbinden jeden Kreis mit dem vorigen durch einen Strich.
14. *Gruppen-Fach-Wort-Schatz (vgl. Hugenschmidt/Technau, 2003, S. 58).*
    - Finden Sie sich in Vierer- oder Fünfergruppen zusammen.
    - Der Lehrer sagt laut den Anfangsbuchstaben des Alphabetes „A" und fährt stumm weiter: „B", „C", „D" ...

Aufgaben und Anregungen

- Ein zuvor festgelegtes Klassenmitglied sagt zu einem beliebigen Zeitpunkt laut und deutlich „Stopp". Der Lehrer nennt nun laut den Buchstaben, bei dem er gedanklich stehen geblieben ist.
- Die Gruppen versuchen nun anhand des vorgegebenen Buchstabens möglichst schnell viele Begriffe bzw. Aussagen zu dem Thema „Soziale Gruppe" zu notieren.
- Nach zwei Minuten bricht der Lehrer ab und es folgen weitere Runden.
- Am Ende werden die Ergebnisse in der Klasse vorgetragen und auf ihre Richtigkeit hin überprüft.

15. Stellen Sie mit Hilfe von Bauklötzchen Ihre Ursprungsfamilie als soziales Gebilde dar. Berücksichtigen Sie, dass es sich dabei um ein soziales System handelt und die Familie eine soziale Struktur besitzt.

16. *Meine Gruppen*
    - Zeichnen Sie die Gruppen, denen Sie momentan angehören.
    - Bringen Sie in dieser Zeichnung zum Ausdruck, ob es sich hierbei jeweils um eine Primär- oder Sekundärgruppe bzw. um eine informelle oder formelle Gruppe handelt (zum Beispiel durch den Einsatz bestimmter Farben).
    - Bilden Sie Vierer- bis Fünfergruppen und sprechen Sie darüber, wie diese Gruppen Sie beeinflussen und prägen.

17. *Meine eigene Gruppe und andere*
    - Zeichnen Sie farbig Ihre Gruppen, denen Sie als Mitglied selbst angehören, und Gruppen, zu denen Sie zwar einen Bezug haben, denen Sie aber nicht angehören.
    - Schließen Sie sich in Fünfergruppen zusammen und sprechen Sie darüber, wie in Ihrem Fall das Verhältnis Ihrer Eigengruppe zu einer oder mehreren Fremdgruppen ist.

18. *Mein soziales Netzwerk*
    - Zeichnen Sie Ihr eigenes soziales Netzwerk. Heben Sie dabei mit Farbe heraus, welche Beziehungen Sie dabei als hilfreich erleben und welche nicht.
    - Bilden Sie in der Klasse Vierergruppen.
    - Stellen Sie sich gegenseitig Ihre Zeichnung vor und sprechen Sie darüber.

19. *Meine Beziehungen*
    - Beschreiben Sie zwei verschiedene Situationen über Ihre alltäglichen Beziehungskonstellationen, zum Beispiel in der Familie, mit Freunden, Mitschülern, usw. In der ersten Situation haben Sie eine gute Beziehung, in der zweiten eine schlechte.
    - Bilden Sie Vierergruppen und teilen Sie Ihre Situationen den anderen Gruppenmitgliedern mit. Machen Sie sich Ihre Gefühle und Gedanken zu den jeweiligen Situationen bewusst und beschreiben Sie diese.
    - Entscheiden Sie sich innerhalb Ihrer Gruppe, welche Art von Beziehung vor der Klasse dargestellt werden soll und wer welche Rollen spielt.

20. *Vernissage*
    - Schließen Sie sich in Vierergruppen zusammen und sprechen Sie über ihre Klasse als ihre Bezugsgruppe.

- Zeichnen Sie in der Gruppe ein Bild mit dem Titel: „Wie wir unsere Klasse als Bezugsgruppe sehen."
- Stellen Sie die Bilder in einer Vernissage vor.

21. *Der Prototyp der „idealen Gruppe"*
    - Bilden Sie Kleingruppen von vier Personen.
    - Stellen Sie den Prototyp der „idealen Gruppe" in Form einer Collage dar.

22. *Die Überbewertung der eigenen Gruppe*
    - Lesen Sie bitte *Materialien 1* und diskutieren Sie, warum Menschen dazu neigen, ihre eigene Gruppe höher einzuschätzen als die Fremdgruppe.
    - Sprechen Sie darüber, welche Folgen Sozialegoismus und Ethnozentrismus gesellschaftlich und politisch haben können.
    - Entwerfen Sie ein Konzept, wie man diesen Gefahren vorbeugen könnte, und halten Sie ihre Ideen auf einem Plakat fest.
    - Sprechen Sie in der Klasse über die Ergebnisse.

23. *Das Ferienlager von Muzafer Sherif*
    - Lesen Sie bitte *Materialien 4*.
    - Diskutieren Sie in Gruppen folgende Frage: Lässt sich das Experiment von *Muzafer Sherif* auf den Alltag übertragen?
    - Bestimmen Sie einen Gruppensprecher.
    - Stellen Sie in Ihrer Klasse einen Stuhl mehr in einem Kreis auf als Gruppen gebildet worden sind. Die Gruppensprecher nehmen auf diesen Stühlen Platz und diskutieren über ihre Gruppenergebnisse.
    - Wer von der Klasse einen Diskussionsbeitrag leisten möchte, setzt sich auf den leeren Stuhl. Nach dem Beitrag verlässt der (die) Schüler(in) den Stuhl wieder.

8 Soziale Ungleichheit

Die PISA-Studie zeigt deutlich: Keine Chancengleichheit in Deutschland!

Betrachtet man den Zusammenhang zwischen Schulbesuch und sozialer Herkunft, so hat PISA festgestellt, dass in der Bundesrepublik Deutschland immer noch keine Chancengleichheit besteht. Die Struktur ungleicher Chancen hat sich auch in den letzten Jahren nicht geändert: Arbeiterkinder sind an Gymnasien auch heute noch deutlich unterrepräsentiert. Vor allem Migranten- und Ausländerkinder sind erheblich benachteiligt. Die Ursachen hierfür sind vielfältig. Neben Sprachproblemen sind es die geringen Möglichkeiten der finanziellen und intellektuellen Förderung der Schulkarriere von Arbeiterkindern. Zudem sind die schulischen Anforderungen (Bildungsinhalte, Erwartungen der Lehrer und Lehrerinnen) eher an der Erfahrungswelt der Ober- und Mittelschicht orientiert.

Folgende Fragen werden in diesem Kapitel geklärt:

1. *Was bedeutet soziale Ungleichheit?*
   Was sind ihre Voraussetzungen?
2. *Was sind die Kriterien sozialer Ungleichheit?*
   Wie entsteht sie?
   Welche Theorien gibt es, die Ursachen über soziale Ungleichheit aufzeigen?
3. *Wie sieht es in der BRD mit der sozialen Ungleichheit aus?*
4. *Worin besteht der Zusammenhang zwischen Macht, Elite und sozialer Ungleichheit?*
   Was sind Randgruppen?

8.1 Voraussetzungen und Entstehung sozialer Ungleichheit

Es gab und gibt keine Gesellschaft, in der Menschen „gleich" sind, bestimmte Personen waren und sind immer besser gestellt als andere. So finden wir luxuriösen Reichtum und gleichzeitig schlichte Armut, gute und schlechte Entlohnung für geleistete Arbeit, beruflichen Auf- und Abstieg, sichere Jobs neben Arbeitslosigkeit, Benachteiligung zwischen den Geschlechtern. Auf all diese Beispiele bezieht sich der Begriff der sozialen Ungleichheit.

8.1.1 Der Begriff „soziale Ungleichheit"

Menschen unterscheiden sich auf vielfältige Weise voneinander. Es gibt individuelle Unterschiede zwischen Menschen und soziale Unterschiede, die sich auf das menschliche Zusammenleben beziehen.

Individuelle Unterschiede sind beispielsweise das Aussehen oder die Kleidung eines Menschen, soziale Unterschiede können hinsichtlich des Einkommens, der Berufsausbildung u. Ä. bestehen.

Um Unterscheidungen zwischen Menschen treffen zu können, ist ein bestimmtes **Merkmal** erforderlich.

Solche Merkmale können beispielsweise die Haarfarbe, das Alter, das Einkommen, die Wohnsituation oder der Bildungsabschluss sein – um nur einige von den vielen zu nennen.

Dabei können wir zwischen *biologischen und sozialen Merkmalen* unterscheiden.

Biologische Merkmale sind beispielsweise Geschlecht, Haut-, Augen- oder Haarfarbe, Körpergröße, Alter u. a. Um soziale Merkmale handelt es sich etwa bei Berufs- und Bildungsabschluss, Einkommen, Wohnsituation, Besitz und dergleichen.

Merkmale können sich auf einzelne Individuen beziehen – etwa das Aussehen eines Menschen –, doch meistens finden wir bei einer größeren Menge von Personen die gleichen Merkmale vor, die wir ganz bestimmten **Gruppierungen** zuordnen können.[1]

Solche Gruppierungen sind beispielsweise Frauen und Männer, Junge und Alte, Blauäugige, Blonde und Schwarzhaarige oder Gesunde und Kranke – auf sie treffen jeweils die gleichen Merkmale zu.

Unterschiede zwischen Gruppierungen von Menschen hinsichtlich bestimmter Merkmale – wie etwa Familienstand, Beruf, Einkommen, Besitz – nennt die Soziologie **soziale Differenzierung**.

> **Soziale Differenzierung bezeichnet die Unterschiede zwischen Gruppierungen von Menschen hinsichtlich bestimmter Merkmale.**

Die Unterschiedlichkeit von Menschen hängt sehr eng mit sozialer Ungleichheit zusammen: Viele soziale Unterschiede werden nicht einfach als „anders als andere" wahrgenommen, sondern erfahren eine **Bewertung**: Sie erscheinen gleichzeitig als „besser- oder schlechter gestellt", als „vorteilhaft oder nachteilig", als „bevorzugt oder benachteiligt" usw.

So sind bestimmte Menschen in unserer Gesellschaft beispielsweise hinsichtlich ihres Einkommens, ihres Schulabschlusses oder ihres Besitzes – um nur drei Kriterien zu nennen – besser gestellt als andere; Menschen sind hinsichtlich dieser Kriterien „ungleich".

Die Bewertung der sozialen Unterschiede zwischen Gruppierungen von Menschen wird als **soziale Ungleichheit** bezeichnet.

„Die einzelnen Elemente der sozialen Differenzierung werden zugleich als Beleg für soziale Ungleichheit genommen [...] und bewertet. Aus diesem Grund sollte [...] die Sozialwissenschaft nur dann von Ungleichheit sprechen, wenn ein so bewerteter Tatbestand vorliegt; ansonsten ist der Ausdruck soziale Differenzierung zu bevorzugen." (Schäfers, 2004[8], S. 251)

> **Soziale Ungleichheit meint die Bewertung von sozialen Differenzierungen, der Unterschiede von Menschengruppierungen hinsichtlich bestimmter Merkmale.**

---

[1] Oft wird in diesem Zusammenhang auch von Gruppe gesprochen, doch im strengen Sinn handelt es sich nicht um eine solche, wie in Kapitel 7.1.1 ausgeführt. Aus diesem Grund wird hier von Gruppierung gesprochen.

Soziale Ungleichheit

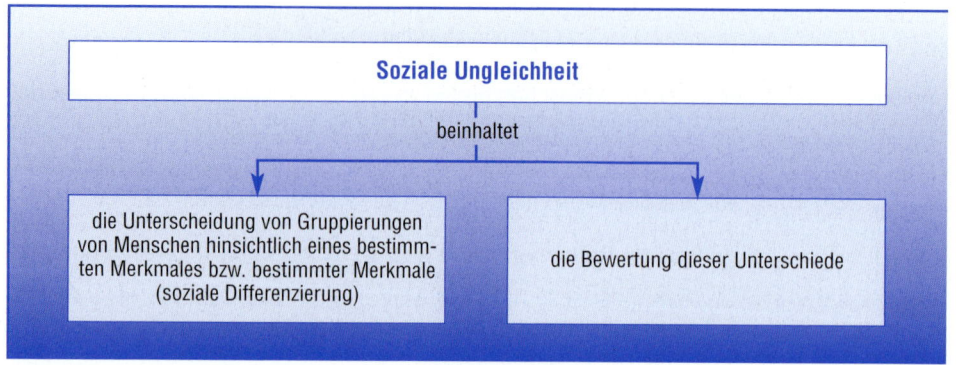

„Was ist das Thema der ‚Sozialen Ungleichheit'? Ein erster Anhaltspunkt besteht darin, dass es keinesfalls um beliebige Andersartigkeiten geht, sondern um die ungleiche Verteilung von Lebenschancen. So ist es nicht die Schuhgröße oder die Haarfarbe, die soziale Ungleichheit ausmacht (obwohl sich selbst in körperlichen Merkmalen Ungleichheiten widerspiegeln können), sondern z. B. ein höheres oder niedrigeres Einkommen oder ungleich verteilte Chancen je nach Geschlecht."

(Burzan, 2004, S. 7)

 *Ungleichheit darf nicht mit **Ungerechtigkeit** gleichgesetzt werden. (Un-)Gleichheit orientiert sich an der Verteilung von bestimmten Gütern, (Un-)Gerechtigkeit bezieht sich auf die Idee des Rechts.*

Nach *Stefan Hradil (2002[6], S. 207)* findet sich soziale Ungleichheit in zwei Ausprägungen: **Verteilungsungleichheit und Chancenungleichheit**. Die Verteilungsungleichheit bezieht sich auf vorhandene Vor- und Nachteile zwischen den Mitgliedern einer Gesellschaft schlechthin, als Chancenungleichheit werden dagegen die unterschiedlichen Möglichkeiten verstanden, nicht oder kaum in den Genuss des „Höherwertigen" zu kommen.

Bei der unterschiedlichen Einkommens- oder Besitzverteilung in der Bundesrepublik Deutschland beispielsweise handelt es sich um Verteilungsungleichheit; die Aussicht eines ausländischen Kindes, auch eine höhere Schulausbildung erfolgreich zu absolvieren, ist sehr gering gegenüber einem Kind aus der Mittelschicht – hier handelt es sich um Chancenungleichheit.

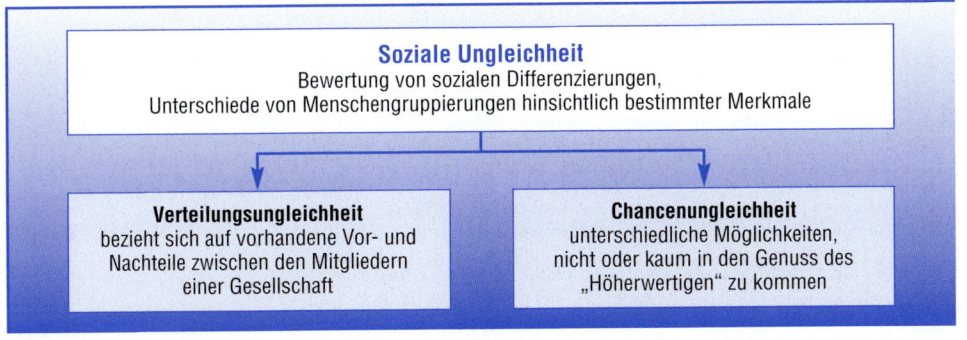

„Soziale Ungleichheit ist ein zentrales Thema der Soziologie; um sie zu untersuchen, müssen Merkmale gefunden werden, die sich beobachten und messen lassen. Solche Merkmale sind z. B. in heutigen Gesellschaften: Beruf, Bildungsabschluss, Einkommen, Wohnsituation, Konsum und Freizeit. Finden wir bei einer größeren Menge von Individuen die gleichen Merkmale, so lassen sie sich einer Gruppierung – im Unterschied zu anderen – sozialer Ungleichheit zuordnen." (Thieme, 2002⁶, S. 184)

8.1.2 Voraussetzungen der sozialen Ungleichheit

Drei Voraussetzungen müssen gegeben sein, damit eine soziale Differenzierung als soziale Ungleichheit gilt (vgl. *Hradil/Schiener, 2001⁸, S. 28 ff.*):

- Die für die Unterscheidung wichtigen Bedingungen stellen ein erstrebenswertes „Gut", einen **Wert** dar.

  Ein solches „Gut" ist in unserer Gesellschaft beispielsweise das Einkommen und der Besitz von Geld, in Nomadengesellschaft dagegen ist Geld unwichtig, hier kommt es auf den Besitz von Vieh an.

- Nur wenn die Bedingungen als begehrtes „Gut" gelten, kann ein Akt des **Bewertens** stattfinden, der sie als „besser- oder schlechter gestellt", als „vorteilhaft oder nachteilig", als „bevorzugt oder benachteiligt" usw. erscheinen lässt.

- In einer Gesellschaft gilt das als wertvoll, dem ein **Bedürfnis** zugrunde liegt. Soziale Ungleichheit aus dieser Sicht bedeutet demnach, dass die Möglichkeiten der Menschen, ihre jeweiligen Bedürfnisse zu befriedigen, ungleich verteilt sind.

- Das „wertvolle Gut" muss in einer Gesellschaft oder in einer ihrer Gruppen **ungleich verteilt** sein.

  Der Besitz von Geld etwa ist in unserer Gesellschaft ungleich verteilt.

  „Absolute Ungleichheit ist dann gegeben, wenn von den ‚wertvollen' Gütern einer Gesellschaft (Geld, Bildungsabschlüsse [...]) ein Gesellschaftsmitglied mehr als ein anderes erhält. [...] In der soziologischen Terminologie wird immer dann von ‚sozialer Ungleichheit' gesprochen, wenn als ‚wertvoll' geltende ‚Güter' nicht absolut gleich verteilt sind." (Hradil/Schiener, 2001⁸, S. 28 f.)

- Von sozialer Ungleichheit wird nur dann gesprochen, wenn die „wertvollen Güter" aufgrund der Stellung von Menschen in gesellschaftlichen Beziehungen auf **regelmäßige Weise** ungleich verteilt sind.

  Dies trifft beispielsweise auf Einkommens- oder Machtunterschiede zu, die an bestimmte berufliche Stellungen geknüpft sind.

  Damit grenzen S. Hradil/J. Schiener den Begriff soziale Ungleichheit von „momentanen" oder „vorübergehenden Ungleichheiten" ab.

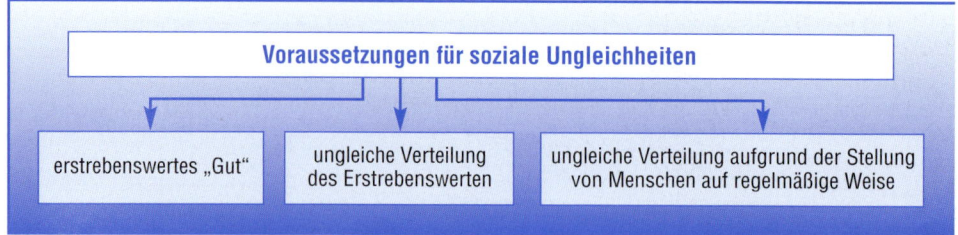

„‚Soziale Ungleichheit' liegt dann vor, wenn Menschen aufgrund ihrer Stellung in sozialen Beziehungsgefügen von den ‚wertvollen Gütern' einer Gesellschaft regelmäßig mehr als andere erhalten."

(Hradil/Schiener, 2001[8], S. 30)

8.1.3 Die Entstehung sozialer Ungleichheit

Früher wurde soziale Ungleichheit als **naturgegeben** angesehen. Zeugnisse hierfür findet man schon bei *Aristoteles* und bei den *Sozialdarwinisten*[1].

So zum Beispiel schreibt *Aristoteles (1965, S. 15)*: „Desgleichen ist das Verhältnis des Männlichen zum Weiblichen von Natur aus so, dass das eine besser, das andere geringer ist, und das eine regiert und das andere regiert wird. [...] Dass also ein Teil der Menschen durch die Natur selbst zu freien Leuten und ein anderer zu Sklaven bestimmt ist, und dass es für die letzteren gerecht und zuträglich ist, auch wirklich Sklaven zu sein, ist hiermit bewiesen."

Auch heute noch findet man die Ansicht der naturgegebenen Ungleichheit in **biologisch orientierten Begabungstheorien**, die besagen, dass etwa unterschiedliche Intelligenz erblich bedingt sei und dieses Intelligenzgefälle entscheidend das soziale Gefälle zwischen besser- und schlechter gestellten Menschen verursache.

Grundlage der europäischen Ständeordnung war **der Glaube und die Tradition**. Vor allem die *Scholastiker*[2] mit ihrem bedeutendsten Vertreter *Thomas von Aquin* begriffen soziale Ungleichheit als **gottgewollt** und als göttliche Ordnung unabänderlich. Die Tradition wirkte dabei als „Verstärker" der durch theologische und philosophische Auslegung begründeten Legitimation bis in das 20. Jahrhundert hinein.

Auch das Karma im Hinduismus lehrt, dass der Mensch das Schicksal, in eine bestimmte Kaste hineingeboren zu werden, verdient, da es die Konsequenz seiner Handlungen in einem seiner früheren Leben ist (vgl. Feldmann, 2001[2], S. 94).

Im 18. Jahrhundert vollzog sich ein Wandel: Ungleichheit wurde nicht mehr (nur) als naturgegeben und gottgewollt betrachtet, sondern als gesellschaftlich bedingt und von Menschen gemacht. Von mehreren Seiten wurde die Auffassung vertreten, dass **Privateigentum** die Ursache sozialer Ungleichheit sei. Diese These wurde vor allem von *Lorenz von Stein* und *Jean Jacques Rousseau*[3] vertreten und in den Klassenmodellen, zum Beispiel von *Karl Marx* und *Friedrich Engels*, aufgegriffen.

---

[1] Der Sozialdarwinismus stützt sich auf die Evolutionstheorie von Charles Darwin (1809–1882) und macht den „Kampf um das Dasein" und die (notwendige) Auswahl sowie das Überleben der Tüchtigsten zum Prinzip des sozialen und politischen Lebens.

[2] Scholastik: christliche Philosophie des Mittelalters nach den Schulen (schola, lat.: die Schule), an denen sie gelehrt wurde.

[3] Jean Jacques Rousseau (1712–1778) war Moralphilosoph und Schriftsteller; in seiner politischen Philosophie forderte er schon im 18. Jahrhundert gleiche Rechte für alle Bürger in einem demokratischen Staat mit sozialer Kontrolle. Bekannt wurde Rousseau vor allem durch seinen Roman „Emile, oder über die Erziehung", der nachhaltigen Einfluss auf die heutige Pädagogik hatte.

Soziale Ungleichheit

So schreibt beispielsweise *Jean Jacques Rousseau (2001⁸, S. 93)*:
„Ich unterscheide in der menschlichen Art zwei Arten von Ungleichheit: die eine, die ich natürlich [...] nenne, weil sie durch die Natur begründet wird, [...] und die andere, die man moralische oder politische Ungleichheit nennen kann, weil sie von einer Art Konvention abhängt und durch die Zustimmung der Menschen begründet oder zumindest autorisiert wird. Die letztere besteht in den unterschiedlichen Privilegien, die einige zum Nachteil der anderen genießen – wie reicher, geehrter, mächtiger als sie zu sein oder sich sogar Gehorsam bei ihnen zu verschaffen." Und er führt weiter aus: „Der erste, der ein Stück Land eingezäunt hatte und es sich einfallen ließ zu sagen: ‚Dies ist mein', und der Leute fand, die einfältig genug waren, ihm zu glauben, war der wahre Gründer der bürgerlichen Gesellschaft."

Jean Jacques Rousseau

„Sozialwissenschaftliche Theorien sozialer Ungleichheit wurden vor allem von jener Zeit an formuliert, als offenkundig geworden war, dass bestimmte soziale Ungleichheiten menschengemacht waren. Dies galt vor allem für die krassen Probleme der „sozialen Frage", die im Zuge der Industrialisierung zutage getreten waren."
(Hradil/Schiener, 2001⁸, S. 51)

Nach *Karl Marx* und *Friedrich Engels* ist der **Besitz von Produktionsmitteln** (Grundstücke, Maschinen, Fabriken und dergleichen) die Ursache für soziale Ungleichheit. Der Unternehmer erwirtschaftet auf diese Weise mehr als er dem Arbeiter an Lohn bezahlt und vermehrt dadurch sein Kapital. *Karl Marx* spricht in diesem Zusammenhang von **Mehrwert**: Der Besitzende eignet sich einen Teil des von den Arbeitern erbrachten Lohns selbst an. Es werden so Überschüsse erwirtschaftet, die nur einigen wenigen zukommen und das Kapital dieser immer weiter vermehren. Aufgrund dieses Mehrwertes entstehen **zwei Klassen** von Menschen, die Klasse der Besitzenden, Unternehmer und die der Besitzlosen, Arbeiter[1]. Nach *Marx* und *Engels* bestimmt nun „das Sein das Bewusstsein": Die wirtschaftliche Lage bestimmt die Lebens- und Machtverhältnisse und somit auch soziale Ungleichheit in einer Gesellschaft[2].

Klaus Feldmann (2001², S. 95) weist darauf hin, dass es in der heutigen Zeit nicht mehr nur die Besitzer selbst sind, die sich durch Produktionsmittel Kapital aneignen, sondern auch die, die Verfügungsgewalt über Produktionsmittel haben, wie etwa die Manager.

Nach der *struktur-funktionalen Theorie* von *Talcott Parsons*[3] ist es die **Bewertung**, die soziale Ungleichheit schafft: Menschen haben, wie in *Kapitel 3.3.3* ausgeführt, immer soziale Positionen inne. Bestimmte Positionen werden von einer Gesellschaft als bedeutsamer erachtet als andere.

So erscheint in unserer Gesellschaft der Unternehmer oder Manager als wichtiger als etwa der Buchhändler oder Fließbandarbeiter.

---

[1] siehe Kapitel 9.3.1
[2] Die Theorie des historischen Materialismus von Karl Marx und Friedrich Engels ist ausführlich in Kapitel 6.2 dargestellt.
[3] Eine Biografie von Talcott Parsons befindet sich in Kapitel 5.2. Auch seine Theorie wird dort ausführlich dargestellt.

Gewisse Positionen erscheinen als besonders wichtig, andere als nicht so bedeutsam. Es wird also davon ausgegangen, dass ungleiche „Belohnungen" notwendig sind, um Menschen zu „wichtigeren" und verantwortungsbewussteren Tätigkeiten zu motivieren. Positionen werden in einer Gesellschaft also unterschiedlich bewertet, was sich nach *Parsons* in einer unterschiedlichen Zuordnung von Macht und Einfluss, Ansehen und Einkommen niederschlägt. Soziale Ungleichheit ist demnach das Ergebnis eines „Belohnungsprozesses", der erforderlich ist, um Positionen entsprechend besetzen zu können, die in der Gesellschaft wichtig sind.

„Soziale Ungleichheit ist somit ein [...] Werkzeug, mit dessen Hilfe die Gesellschaft sicherstellt, dass die wichtigsten Positionen von den fähigsten Personen gewissenhaft ausgefüllt werden. Daher muss jede Gesellschaft [...] das Prestige und die Beurteilung verschiedener Personen unterschiedlich ausfallen lassen und somit ein gewisses Maß institutionalisierter Ungleichheit aufweisen."
(Davis/Moore, 1987, S. 348)

Diese Ansicht hat vor allem in letzter Zeit viel Kritik erfahren: Die These, dass in der Gesellschaft die bedeutendsten Positionen auch tatsächlich mit den fähigsten Personen bzw. mit den höchsten Belohnungen verbunden sind, hat sich in bestimmten Fällen als unrichtig erwiesen.

Seit den 60er Jahren des vorigen Jahrhunderts entstand eine Vielzahl von neuen Theorien sozialer Ungleichheit. Erwähnt sei hier der Ansatz von *Ralf Dahrendorf*, der soziale Ungleichheit auf **soziale Normen**[1] zurückführt: *Sanktionen* sorgen dafür, dass soziale Normen eingehalten werden: Wer sich an die Normen hält, erfährt positive Reaktionen, die sich von Wohlwollen über Ansehen, Beförderung, Gehaltserhöhung, höhere Position bis hin zu Statusgewinn erstrecken können; wer von diesen Normen abweicht, erhält weniger von den „begehrten Gütern" einer Gesellschaft[2]. Soziale Ungleichheit erscheint damit als Ergebnis der sozialen Kontrolle sozialen Verhaltens durch positive und negative Sanktionen. Ihr Ursprung liegt nach *Dahrendorf (1966²*, S. 21) „in der Existenz von mit Sanktionen versehenen Normen des Verhaltens in allen menschlichen Gesellschaften."

In den Mittelpunkt der Forschung ist in letzter Zeit die **Humankapitaltheorie** von *Gary S. Becker* gerückt, die die **Qualifikation des Arbeitenden** als Ursache für soziale Ungleichheit sieht. Unter Humankapital werden die Investitionen in die menschliche Arbeitsfähigkeit, insbesondere in Bildung und Ausbildung, verstanden (vgl. Hradil/Schiener, 2001⁸, S. 74). An diesem „Kapital" haben sowohl Unternehmen als auch Arbeitende Interesse, da es einerseits die Arbeitsproduktivität und andererseits das Einkommen eines Erwerbstätigen bestimmt.

„Die Einkünfte der Beschäftigten mit einer hohen und zeitgemäßen Qualifikation liegen über der Entlohnung von weniger Qualifizierten, d. h. es kommt hier zu einer der Idee des Leistungsprinzips entsprechenden Verteilung."
(Hradil/Schiener, 2001⁸, S. 74)

In jüngster Zeit entstanden Theorien, die soziale Ungleichheit auf Politik und Verwaltung zurückführen. Die bekannteste **„politische Theorie sozialer Ungleichheit"** geht auf *Reinhard Kreckel (2004²)* zurück, der neben Arbeit und Kapital den Staat als weiteren eigenständigen Faktor einführt und davon ausgeht, dass sich aus diesen drei Kräften – **Staat, Arbeit und Kapital** – die Struktur sozialer Ungleichheit ergibt. Diese drei Kräfte wirken in Gestalt von Organisationen und Institutionen.

---

[1] *Soziale Normen sind in Kapitel 3.3.1 dargestellt.*
[2] *vgl. hierzu Kapitel 4.1.2*

So zum Beispiel wirkt der Staat durch Bund, Länder und Gemeinden, die Arbeit etwa durch Arbeitnehmerverbände wie Gewerkschaften und das Kapital durch Unternehmerverbände.

Um diese drei Kräfte gruppieren sich je nach Stärke des Einflusses weitere Organisationen und Gruppierungen wie zum Beispiel Interessensgruppen, Wohlfahrtsverbände, Kirchen oder weitere soziale Bewegungen wie zum Beispiel Umweltbewegungen.

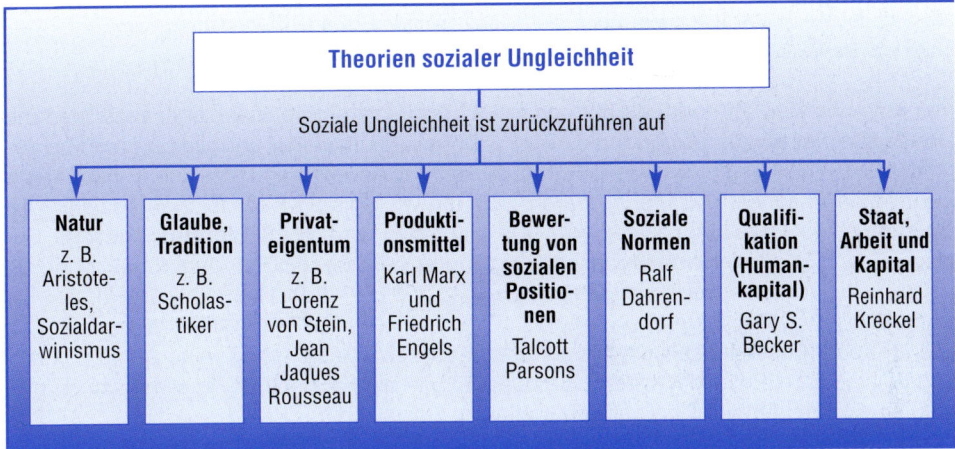

8.2 Soziale Ungleichheit in der BRD

Es gab und gibt keine Gesellschaft ohne soziale Ungleichheit, sie wandelte sich lediglich aufgrund gesellschaftlicher, politischer und wirtschaftlicher Entwicklungen. Soziale Ungleichheit ist immer eine Gegebenheit, die an ihre historische Zeit gebunden ist. Zugleich ist sie mit ihren jeweiligen Formen immer Spiegelbild der Gesellschaft und ihrer politischen Ordnung.

8.2.1 Die geschichtliche Entwicklung sozialer Ungleichheit

Bis zu Beginn der Industrialisierung war die Bundesrepublik Deutschland eine **Ständegesellschaft**[1], die Zugehörigkeit zu einem Stand wurde durch die **Geburt** bestimmt. Die Ungleichheiten waren durch rechtliche Privilegien der oberen Stände legitimiert. Ihre Vorrechte zeigten sich im gesamten Alltag und führten zu standesgemäßer Lebensweise. Ein Aufstieg oder Abstieg war so gut wie nicht möglich (vgl. *Hradil/Schiener, 2001*[8], *S. 110 ff*).

Diese Vorrechte zeigten sich beispielsweise in Vorzügen in der Besteuerung, dem Wahlrecht, der Erwerbsmöglichkeit, aber auch in der Kleidervorschrift oder dem Recht auf eine bestimmte Kirchenbank.

Materialien 3

Durch die Industrialisierung veränderte sich das Land zu einer **Klassengesellschaft**, in der die Zugehörigkeit nicht mehr durch die Geburt, sondern durch den **Besitz** bestimmt war[2].

---

[1] Auf den Stand wird in Kapitel 9.3.1 näher eingegangen.
[2] siehe auch Abschnitt 8.1.3; auf die Klasse wird in Kapitel 9.3.1 näher eingegangen. Die bekannteste Klassentheorie geht auf Karl Marx und Friedrich Engels zurück, ihre Theorie ist in Kapitel 6.2 dargestellt.

„Wer Fabriken, Maschinen oder Kapitalien besaß, gelangte zu Reichtum, Macht und Einfluss. Wer besitzlos war, musste sich bei Besitzenden verdingen, konkurrierte mit vielen um Arbeit und erhielt einen Lohn, der kaum zum Überleben reichte. Er hatte wenig Chancen, zu Wohlstand, Ansehen, Bildung und politischem Einfluss zu gelangen. Die beiden Klassen der Besitzenden und Besitzlosen waren [...] durch wirtschaftliche und gesellschaftliche Schranken voneinander getrennt, die Auf- und Abstiege selten machten." (Hradil, 2002⁶, S. 209)

Die Ständegesellschaft war damit noch nicht verschwunden, sondern überlagert: Familiäre Vererbung von Besitz, Titel und dergleichen sind bis heute noch erhalten.

Im Laufe des 20. Jahrhunderts entstand eine Berufshierarchie, in welcher verschiedene Berufe zum Teil weit auseinander klafften. Die Stellung im **Beruf** und die damit einhergehenden Vor- und Nachteile wie Berufsqualifikation, Arbeitsmarktchancen, Einkommen, berufliches Ansehen und Macht waren jetzt die wichtigsten Kennzeichen sozialer Ungleichheit. Die Verteilung dieser Vor- und Nachteile wird als **Schichtungsgefüge** bezeichnet und überlagerte das Klassengefüge und die Reste des Ständegefüges, ohne sie völlig außen vor zu lassen[1] (vgl. *Hradil/Schiener, 2001⁸, S. 144 f.*).

Stände- und Klassengesellschaft sind eine gespaltene Gesellschaft, eine Schichtgesellschaft ist jedoch – wie in *Kapitel 9.3.2* ausgeführt – eine abgestufte, in allmählichen und sich überschneidenden Übergängen ungleiche Gesellschaft.

„Das ‚Rückgrat' dieses Ungleichheitsgefüges bildet die berufliche Hierarchie. Das heißt, die Stellung der Einzelnen im Ungleichheitsgefüge hängt von ihrer Berufsstellung (oder der ihrer ‚Ernährer') und immer mehr auch von der dafür notwendigen Qualifikation ab. Geschichtete Gesellschaften erheben den Anspruch, ‚offene Gesellschaften'[...] zu sein. Ihre Mitglieder sollen die zentralen, gesellschaftlich vermittelten Vor- und Nachteile nach dem Maß ihrer Leistungsfähigkeit und -willigkeit in stets korrigierbarer Weise erwerben. Soziale Vor- und Nachteile sollen nicht aufgrund von Herkunft oder Vererbung ein für alle mal zugeschrieben werden." (Hradil, 2002⁶, S. 210)

Epoche	Bestimmungsmerkmale
Ständegesellschaft	Geburt
Klassengesellschaft	Besitz
Schichtgesellschaft	Beruf

8.2.2 Ungleiche Lebensbedingungen

Heute sind es die Lebensbedingungen, die soziale Ungleichheit „entstehen" lassen. Lebensbedingungen bedeuten in diesem Zusammenhang äußere Voraussetzungen alltäglichen Handelns. Ungleiche Lebensbedingungen äußern sich in unserer Gesellschaft auf vielfältige Weise, so dass es nicht möglich ist, alle einzelnen Kriterien sozialer Ungleichheit aufzuzeigen. Die Soziologie beschränkt sich meist auf fünf Kriterien, in denen sich soziale Ungleichheit äußert: **Bildung, Beruf und Beschäftigung bzw. Erwerbstätigkeit, Einkommen und Vermögen (Besitz, Reichtum) sowie Macht**.

---

[1] *vgl. Kapitel 9.3.2*

Soziale Ungleichheit

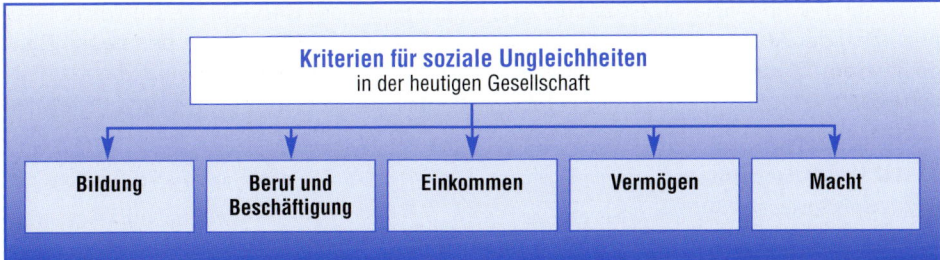

Bildung

Bildungsabschlüsse sind in modernen Gesellschaften wie der Bundesrepublik Deutschland wichtige Voraussetzung nicht nur für qualifizierte Berufe, sondern auch für die Teilnahme am gesellschaftlichen und politischen Leben. Seit den 60er Jahren des vorigen Jahrhunderts lässt sich in der BRD eine starke **Bildungsexpansion** beobachten, wobei das Bildungsniveau erheblich gestiegen ist. Die Anzahl der Abiturabschlüsse nimmt ständig zu, während die der Hauptschulabschlüsse abnimmt.

Waren es beispielsweise 1970 noch ca. 5 % der Jugendlichen, die Abitur machten, sind es 2003 schon über 21 %, die Fachhochschul- bzw. Hochschulreife haben.

In den 70er Jahren des vergangenen Jahrhunderts wurde dann der Anspruch auf Chancengleichheit verstärkt erhoben: Jedes Gesellschaftsmitglied sollte die gleiche Möglichkeit haben, hohe Bildungsgrade zu erreichen. Dieses Ziel wurde nur teilweise erreicht: Während heute Frauen im allgemein bildenden Schulsystem nicht mehr benachteiligt sind, ist es nicht gelungen, Kindern unterer Schichten und vor allem Ausländerkindern gleiche Bildungschancen zu ermöglichen – auch wenn heute mehr Arbeiterkinder im Bildungswesen vorankommen als noch vor ca. 40 Jahren.

„Von 100 Kindern hoher sozialer Herkunft beginnen durchschnittlich 72 ein Hochschulstudium, von 100 Kindern aus sozial schwächeren Familien nehmen nur acht ein Studium auf."

(Jürgen Egeln, Zentrum für Europäische Wirtschaftsforschung)

„Arbeiterkinder erreichen auch heute noch wesentlich seltener als Kinder anderer Berufsgruppen einen hohen Bildungsabschluss. [...] Die Bildungschancen ausländischer Kinder und Jugendlicher bleiben hinter denen der deutschen weit zurück." (Hradil, 2002[6], S. 212)

Nach den Forschungen von *Rainer Geißler (2002[3], S. 350)* haben sich beim Wettlauf um die höheren Bildungsabschlüsse die Chancenabstände zwischen „privilegierten" und „benachteiligten" Gruppen vergrößert. Er folgert daraus, dass die Bildungsexpansion ein paradoxes Ergebnis produziert hat: „Sie hat die Bildungschancen aller Schichten verbessert, ohne gleichzeitig gravierende schichttypische Ungleichheiten zu beseitigen."

Neuere Studien – zum Beispiel die 3. PISA-Studie – haben ergeben, dass das Bildungsniveau in einem erheblichen Maße von der sozialen Herkunft bestimmt ist.

Zudem ist zu beobachten, dass ein Zusammenhang besteht zwischen der Höhe des Einkommens und dem Bildungsniveau.

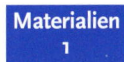

Beruf und Beschäftigung

Mit dem Anstieg der Arbeitslosigkeit sind für bestimmte Bevölkerungsgruppen die Chancen, einer gesicherten Erwerbstätigkeit nachgehen zu können, deutlich schlechter geworden. Dies betrifft mit allen Folgen in erster Linie Geringqualifizierte, Ausländer, ältere

Soziale Ungleichheit

Arbeitnehmer und viele Arbeitnehmer aus Ostdeutschland. Bedeutende Ungleichheiten bezüglich der Arbeitslosigkeit gibt es zwischen Frauen und Männern in den neuen Bundesländern. Zudem sind die Risiken einer Arbeitslosigkeit je nach Beruf sehr unterschiedlich.

So sind die Arbeitsplätze in Dienstleistungs- und technischen Berufen relativ sicher, während Berufe in der Landwirtschaft und in manchen Fertigungsberufen sehr unsicher geworden sind (vgl. *Hradil/Schiener, 2001[8], S. 198*).

Auch die Region spielt eine entscheidende Rolle. Die größte Ungleichheit herrscht zwischen West- und Ostdeutschland.

Baden-Württemberg und Bayern haben mit unter 7 % die geringste Arbeitslosenquote, während sie in Mecklenburg-Vorpommern und Sachsen-Anhalt bei über 20 % liegt (vgl. *Statistisches Bundesamt Deutschland, 2003*).

Einkommen und Vermögen

Zwar belegen entsprechende Statistiken in der Bundesrepublik Deutschland seit Anfang des 20. Jahrhunderts insgesamt eine **Wohlstandsvermehrung**, doch trotz regelrechter Wohlstandsexplosion gibt es hinsichtlich des Einkommens und des Vermögens große Unterschiede.

„Die Wohlstandsexplosion hat die sozialen Ungleichheiten in der Bundesrepublik nicht beseitigt. Es existieren – so wie in anderen Wohlstandsgesellschaften auch – erhebliche Unterschiede in Einkommen und Besitz sowie den damit verbundenen Lebenschancen."
(Geißler, 2002[3], S. 92)

Die Zahl der Einkommensmillionäre hat sich in den letzten 15 Jahren fast verdreifacht. Ebenso belegen Zahlen, dass die Wohlhabenden und Reichen in der BRD im Laufe der letzten Jahre immer zahlreicher und gleichzeitig wohlhabender geworden sind. Die Vermögensunterschiede – damit sind Betriebs-, Immobilien- (Haus- und Grundbesitz) und Geldvermögen aller Art (verschiedene Varianten der Sparanlagen, Lebensversicherungen, Wertpapiere, Aktien u. Ä.) gemeint – sind erheblich extremer ausgeprägt als die Einkommensunterschiede (vgl. *Geißler, 2002[3], S. 93*).

So verfügt das reichste Fünftel über 63 % des Gesamtvermögens und hat im Durchschnitt etwa das Siebenfache an Vermögen angehäuft als das mittlere Fünftel der deutschen Bevölkerung (vgl. *Geißler, 2002[3], S. 104*). Das ARD-Magazin *Plus-Minus* berichtete am 02.12.2004, dass 0,04 % der Bevölkerung Deutschlands 625 Milliarden Euro besäßen.

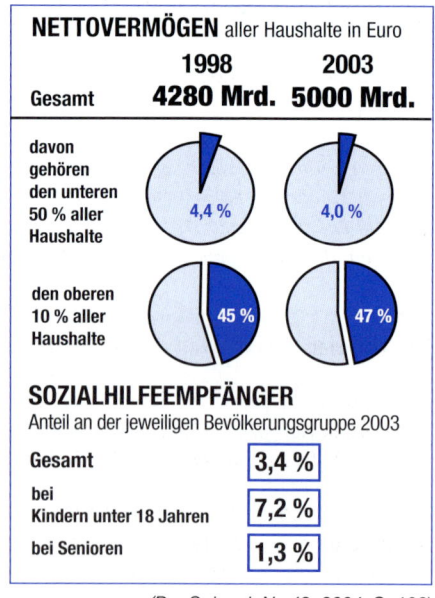

(Der Spiegel, Nr. 49, 2004, S. 106)

Die „untere Hälfte" der Bevölkerung hat kaum Chancen auf Vermögensbildung, sie steht in der Regel ganz ohne Besitz da.

„Die Reichen werden immer reicher – diese Tendenz lässt sich also durchaus belegen."
(Geißler, 2002[3], S. 97)

Soziale Ungleichheit

Die Armut hat seit den 70er Jahren des letzten Jahrhunderts (wieder) zugenommen. Die EU hat 1984 als Armut definiert, wenn Teile der Bevölkerung „über so geringe materielle, kulturelle und soziale Mittel verfügen, dass sie von der Lebensweise ausgeschlossen sind, die in dem Mitgliedsstaat, in dem sie leben, als Minimum annehmbar ist." Um statistisch Armut feststellen zu können, bezeichnet man alle Haushalte als arm, die mit weniger als der Hälfte des durchschnittlichen Äquivalenzeinkommens – das ist das durchschnittliche Pro-Kopf-Haushaltseinkommen – auskommen müssen.

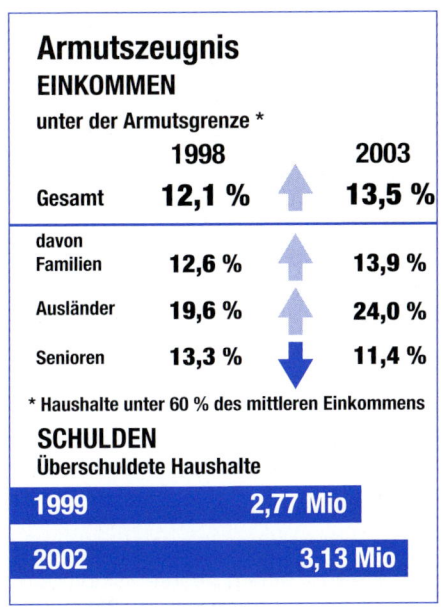

(Der Spiegel, Nr. 49, S. 107)

Ermittelt man Armut nach diesem Standard, so lebten in Gesamtdeutschland zu Beginn dieses Jahrhunderts etwas weniger als ein Zehntel der Bevölkerung in Armut und ein Zwanzigstel in strenger Armut (vgl. *Hradil/Schiener, 2001[8], S. 248*).

Die Armen haben zwar einerseits in bescheidenem Maße an der Wohlstandsentwicklung teilgenommen, doch die Schere zwischen Armutsgrenze und Durchschnittseinkommen hat sich weiter geöffnet.

Der Anteil der unter der Armutsgrenze lebenden Menschen – im Gegensatz zu oben gilt nach der Armutsdefinition der Europäischen Union (EU) ein Haushalt als arm, der weniger als 60 % des durchschnittlichen Nettoeinkommens zur Verfügung hat – hat sich von 12,1 % im Jahre 1998 auf 13,5 % im Jahre 2004 erhöht. Bei den Familien sind 13,96 % von der Armut betroffen. Größtes Armutsrisiko ist der Verlust des Arbeitsplatzes (vgl. *Armuts- und Reichtumsbericht der Bundesregierung, 2004*).

„Das derzeitige Rekordvermögen deutscher Privathaushalte von fünf Billionen Euro gehört beinahe zur Hälfte dem reichsten Zehntel der Haushalte. Demgegenüber entfallen nur knapp vier Prozent der Geld- und Sachwerte auf die ärmere Hälfte der Haushalte. Hinzu kommt, dass der Anteil der Personen in den untersten Einkommensklassen wächst: Die Kluft zwischen Arm und Reich vertieft sich, die Ungleichheit der Lebensbedingungen nimmt zu." (Belwe, 2005, S. 2)

Am meisten von Armut betroffen sind, neben Arbeitslosen und Alleinerziehenden, Familien mit vielen Kindern sowie Ausländer.

In jüngster Zeit wird wieder von der „Rückkehr des Proletariats"[1] und von einer „neuen Unterschicht" gesprochen: Millionen Arbeitslose, die ohne Zukunft sind und keine Chance zum Aufstieg haben (vgl. *Der Spiegel, 2005, S. 102*).

Auswirkungen von Einkommens- und Vermögensungleichheiten dürfen nicht unterschätzt werden. Wirtschaftliche und materielle Entbehrungen, Lebensunzufriedenheit, soziale und psychische Veränderungen wie Isolation und Einsamkeit oder negative Selbsteinschätzung belasten die Armut noch zusätzlich.

Materialien 4

„Was die gesellschaftlichen und politischen Folgen betrifft, so müssen materielle Ungleichheiten als Kernbereich sozialer Ungleichheit gelten. Werden deren Veränderungen (z. B. eine Ausweitung der Spanne zwischen Armut und Reichtum, mehr Personen in Armut oder in Reichtum, verschärfte

---

[1] Der Begriff Proletariat geht auf Karl Marx zurück und meint die Klasse der Besitzlosen und Arbeitnehmer (siehe Kapitel 6.2.4).

Wohlstandsdisparitäten zwischen Regionen, Ethnien oder Geschlechtern) nicht als gerecht angesehen, so schlägt sich dies unmittelbar in politisch relevanter Unzufriedenheit und sozialen Konflikten nieder. Es waren in der Geschichte immer wieder die als illegitim empfundenen Verschärfungen materieller Ungleichheit, die unter bestimmten Bedingungen zu Umstürzen und Revolutionen führten."

(Hradil/Schiener, 2001[8], S. 255)

Das Kriterium ungleicher **Macht** wird in der Soziologie als besonders wichtig eingeschätzt. Auf sie wird in einem eigenen *Abschnitt 8.3* eingegangen[1].

In der jetzigen, so genannten postindustriellen Gesellschaft bestehen soziale Ungleichheiten nicht nur hinsichtlich der genannten Kriterien – Bildung, Erwerbstätigkeit, Einkommen und Vermögen sowie Macht, sondern es gibt weitere Aspekte, die die Lage eines Menschen zum Besseren oder auch Schlechteren beeinflussen: **Arbeits-, Freizeit-, Gesundheits- und Wohnungsbedingungen, regionale Bedingungen oder Teilhabe am Sozialversicherungssystem**. Sie werden gelegentlich als **neue Ungleichheiten** bezeichnet und sind nicht weniger bedeutsam als die „herkömmlichen" Kriterien.

„Soziale Ungleichheit und ihre jeweiligen Formen sind immer zugleich Spiegelbild der Kultur und politischen Ordnung einer Gesellschaft. [...] Da soziale Ungleichheit immer verknüpft ist mit unterschiedlich vorteilhaften oder nachteiligen Lebenslagen, liegt es politischen Interessen daran, ihre jeweilige Form zu erhalten oder zu verändern. [...] Soziale Ungleichheit ist damit auch ein Grund für soziale Konflikte und sozialen Wandel[2]."

(Thieme, 2002[6], S. 185)

8.2.3 Sozialer Auf- und Abstieg

Gegenüber früheren Gesellschaften, in welchen der Mensch in einem „festen" Stand oder einer Klasse eingebunden war, ist heute ein sozialer Aufstieg oder Abstieg eher möglich. Die Soziologie spricht in diesem Zusammenhang von **sozialer Mobilität** und meint die **Bewegungen, den Wechsel von Menschen zwischen sozialen Positionen**.

Darunter fällt beispielsweise der Wechsel zwischen Berufen, Wohnorten oder Schichten.

> **Soziale Mobilität meint die Bewegungen von Menschen zwischen sozialen Positionen.**

Dabei unterscheiden wir zwischen **vertikaler und horizontaler sozialer Mobilität**. Vertikale soziale Mobilität bedeutet Bewegung zwischen ungleich bewerteten Positionen, also zwischen „höheren" und „niedrigeren" Positionen.

Eine vertikale Mobilität liegt vor, wenn sich beispielsweise ein Facharbeiter durch Leistung und Fleiß zum Ingenieur hoch arbeitet. Er hat dann etwa ein höheres Einkommen und einen größeren Einfluss.

Dabei kann es sich um einen sozialen Aufstieg in eine „höhere" oder um einen Abstieg in eine „niedrigere" Position handeln.

Bei einem Facharbeiter, der sich zum Ingenieur hoch arbeitet, liegt ein sozialer Aufstieg vor. Für einen Facharbeiter dagegen, der seine Arbeit verliert, bedeutet dies einen sozialen Abstieg.

---

[1] *siehe auch Kapitel 10*
[2] *vgl. Abschnitt 8.2.3*

Die Bewertung einer sozialen Position wird in der Soziologie als **sozialer Status** bezeichnet, deshalb wird vertikale soziale Mobilität oft auch als Bewegung eines Individuums von Status zu Status gesehen.[1]

Von horizontaler Mobilität wird gesprochen, wenn sich der Wechsel von Menschen auf „gleicher" Ebene und nicht zwischen „höheren" und „niedrigeren" Ebenen vollzieht, wenn es sich also um keinen Auf- oder Abstieg handelt.

Eine horizontale soziale Mobilität ist beispielsweise der Wohnortwechsel, der Wechsel des Glaubensbekenntnisses oder des Familienstandes.

Lebensleiter

Ein Mensch gelangt, mit Müh und Not,
Vom Nichts zum ersten Stückchen Brot.
Vom Brot zur Wurst gehts dann schon besser;
Der Mensch entwickelt sich zum Fresser
Und sitzt nun, scheinbar ohne Kummer,
Als reicher Mann bei Sekt und Hummer.
Doch sieh, zu Ende ist die Leiter:
Vom Hummer aus gehts nicht mehr weiter.
Beim Brot, so meint er, war das Glück. –
Doch findet er nicht mehr zurück.

Roth, 2001, S. 204

---

[1] *vgl. Kapitel 9.2.1*

Hinsichtlich der sozialen Ungleichheit ist die vertikale soziale Mobilität von Bedeutung. Neben der freiwilligen Bewegung von Menschen ist für diese Mobilität der **Strukturwandel** einer Gesellschaft verantwortlich.

Bei dem Facharbeiter, der sich zum Ingenieur hoch arbeitet, weil er einfach „mehr werden will", handelt es sich um eine freiwillige Bewegung eines Einzelnen. Dagegen bewirkte der gesellschaftliche Strukturwandel, dass hunderttausende von Bauern zur Aufgabe ihres Hofes gezwungen waren und in die Position des angelernten Fabrikarbeiters ausweichen mussten. Vertikale Mobilität findet auch aufgrund der Ausweitung des Dienstleistungssektors statt, die einen Aufstieg zu besser bezahlten und angeseheneren Positionen ermöglicht.

Liegt der Grund für die Mobilität im Strukturwandel, so wird häufig von **struktureller Mobilität** gesprochen.

Vertikale soziale Mobilität ist nur in einer **offenen Gesellschaft** möglich, welche nicht durch bestimmte Hürden und Sperren einen Aufstieg behindert wie dies etwa in der Ständegesellschaft der Fall war.[1] Je offener eine Gesellschaft, desto höher ist ihre Mobilität und desto offener ist auch ihre Schichtungsstruktur.[2]

8.3 Macht und soziale Ungleichheit

Das Kriterium ungleicher Macht wird in der Soziologie als besonders wichtig eingeschätzt. Die verschiedenen Möglichkeiten und Formen zur Durchsetzung von bestimmten Interessen und der Beeinflussung von anderen werden oft als Merkmal sozialer Ungleichheit betrachtet.

8.3.1 Soziale Macht und Elite

Bezüglich der Thematik „Macht und Herrschaft" hat sich vor allem der Soziologe *Max Weber*[3] hervorgetan. Nach ihm bedeutet Macht „jede Chance, innerhalb einer sozialen Beziehung den eigenen Willen auch gegen Widerstreben durchzusetzen, gleichviel worauf diese Chance beruht" (Weber, 2002[5], S. 28). Dabei berücksichtigt diese Begriffsdefinition lediglich die willentliche, direkte und persönliche Macht. In Zusammenhang mit sozialer Ungleichheit muss dieser Terminus erweitert werden, indem darunter jede Beeinflussung verstanden wird, die bestimmte Personen oder eine bestimmte Gruppierung einer Gesellschaft – zum Beispiel Regierungen, Wirtschaftsverbände, Gewerkschaften – über andere ausüben bzw. ausüben können. Dabei ist es nicht möglich, sich dieser Beeinflussung zu entziehen[4] (vgl. Hradil/Schiener, 2001[8], S. 258).

Eine Regierung zum Beispiel oder Wirtschaftsverbände haben Einfluss auf Menschen, die sich diesem nicht entziehen können.

> **Soziale Macht bedeutet jede Beeinflussung, die bestimmte Personen oder -gruppen einer Gesellschaft über andere ausüben bzw. ausüben können, ohne dass diese sich der Beeinflussung entziehen können.**

---

[1] vgl. Abschnitt 8.2.1
[2] vgl. Kapitel 9.3.2
[3] *Eine kurze Biografie von Max Weber befindet sich in Kapitel 3.1.2.*
[4] *Auf soziale Macht wird ausführlich in Kapitel 10 eingegangen.*

> **Wissen ist Macht**
>
> Ein Mensch, der dummerweis gedacht,
> Mitwissen erst sei wirklich Macht,
> Hat zu beweisen nichts vermocht
> Und wurde deshalb eingelocht.
> Von Stund an nicht mehr klatschbeflissen,
> Beschloss er, nie mehr was zu wissen.
>
> Roth, 2001, S. 251

Diejenigen Gruppierungen einer Gesellschaft, die die größte Macht in einer Gesellschaft haben, werden als **Elite** bezeichnet. Häufig versteht man in der älteren Literatur unter Elite auch die „Besten" einer Gesellschaft – die so genannte Leistungselite –, doch in diesem Zusammenhang rückt die **Machtelite** in den Vordergrund, die in der neueren Literatur mit Elite gleichgesetzt wird. Elite umfasst denjenigen Personenkreis, der den größten Einfluss auf gesamtgesellschaftlich wichtige Entscheidungen nehmen kann (vgl. *Bürklin, 1997, S. 16*).

Solche Personenkreise sind zum Beispiel Politik, Interessenverbände wie Arbeitgeberverbände und Gewerkschaften, Verwaltung oder Kirchen.

> **Elite umfasst denjenigen Personenkreis, der die Möglichkeit hat, regelmäßig Einfluss auf gesamtgesellschaftlich wichtige Entscheidungen zu nehmen.**

In der Bundesrepublik Deutschland kommt die Elite aus den Bereichen der Politik und Verwaltung, der Wirtschaftsverbände und großen Wirtschaftsunternehmen, der Gewerkschaften und Berufsverbände, der Justiz, der Massenmedien sowie der Kirchen und der Kultur. Die Macht ist dementsprechend auf verschiedene Bereiche verteilt. Allerdings liegt dem pluralistischen Mit- und Gegeneinander dieser Bereiche eine bestimmte Einflussstruktur zugrunde.

> *„Nicht alle Funktionseliten und Interessengruppen sind mit gleicher Machtfülle ausgestattet. Im Zentrum der Machtstruktur stehen die politischen Eliten im engeren Sinn. [...] Großen Einfluss üben auch die Wirtschaftseliten aus, deren Struktur weiterhin vom Gegensatz zwischen Arbeitgebern und Arbeitnehmern geprägt ist. [...] Das politisch-wirtschaftliche Machtzentrum wird durch einflussreiche Medien- und Verwaltungseliten ergänzt. Andere Funktionseliten – insbesondere das früher einflussreiche Militär – sind heute eher an der Peripherie der Machtstruktur angesiedelt."*
>
> (Geißler, 2002³, S. 153)

Elite ist also keine einheitlich handelnde Gruppierung, sondern ein nach bestimmten Funktionsbereichen gegliedertes Gefüge. Dabei können bestimmte Bereiche ihre Interessen sehr viel nachdrücklicher vertreten als andere. Dies liegt zum einen daran, dass bestimmte Gruppierungen mehr Ressourcen wie beispielsweise Geld besitzen. Zum anderen erleichtert ein bestimmter Rückhalt in der Gesellschaft wie etwa die Anzahl der Mitglieder oder Anhänger einer bestimmten Gruppierung deren Durchsetzung (vgl. *Hradil/Schiener, 2001⁸, S. 273*).

Männer haben mehr Aussichten in Elite-Positionen zu kommen als Frauen und akademisch gebildete Personen aus oberen Schichten mehr als gering Gebildete aus unteren Schichten. Neuere Untersuchungen zeigen, dass in den Bereichen Massenmedien und Gewerkschaften auch ohne höhere Bildung große Chancen bestehen, in Elitegruppierungen zu gelangen.

8.3.2 Randgruppen

Für Bevölkerungsgruppen, die aufgrund von sozialen Benachteiligungen vom üblichen Leben in einer Gesellschaft ausgeschlossen sind, hat sich der Begriff „Randgruppe" eingebürgert. Dabei handelt es sich nicht um eine Gruppe im soziologischen Sinn wie sie in *Kapitel 7.1.1* dargestellt ist, sondern um einen mehr oder weniger großen Personenkreis, der eine Außenseiterrolle spielt und von der Gesellschaft mehr oder weniger negativ beurteilt und kaum bzw. nicht integriert ist.

Dies ist zum Beispiel bei Nichtsesshaften oder bei Behinderten der Fall.

Von Randgruppe spricht man, wenn Menschen dasselbe Merkmal aufweisen und aufgrund dieses Merkmals ein abweichendes Verhalten zeigen.[1]

Nichtsesshafte oder Behinderte zum Beispiel weichen von den allgemein gültigen Wert- und Normvorstellungen ab und entsprechen auch nicht den üblichen Erwartungen der Gesellschaft.

Aufgrund ihrer Abweichung werden diese Personengruppen zu „Außenseitern" oder „Randfiguren" und zwar in den Augen einer Majorität mit höherem sozialen Ansehen und mehr sozialer Macht.[2]

> **Eine Randgruppe ist eine Bevölkerungsgruppe innerhalb einer Gesellschaft, die aufgrund eines bestimmten Merkmals ein abweichendes Verhalten zeigt und deshalb von der Gesellschaft mehr oder weniger negativ beurteilt wird und in dieser kaum bzw. nicht integriert ist.**

Die Abwertung von Mitgliedern einer Randgruppe wird verstärkt durch Wertvorstellungen, die in einer Gesellschaft von hohem Stellenwert sind.

Solche Vorstellungen sind in unserer Gesellschaft beispielsweise Vermögen, Leistungsfähigkeit und kognitive Fähigkeiten wie Intelligenz, hohe Wertigkeit von gesellschaftlicher Anpassung oder Vitalität und Schönheit.

In unserer Gesellschaft gelten heute Behinderte, Wohnungslose, Drogenabhängige, Strafgefangene und -entlassene, Homosexuelle sowie Teile der ausländischen Bevölkerung, der Sozialhilfeempfänger, der Arbeitslosen, der alten Menschen und der Spätaussiedler als Randgruppen.

„Wer vorübergehend [...] oder auch auf Dauer zu einer Randschicht[3] gehört, muss ‚randständig' leben, ist ‚an der Rand der Gesellschaft gedrängt', weil sich in seiner Soziallage erhebliche Benachteiligungen in verschiedenen Bereichen häufen. [...] Dadurch werden die Lebenschancen der Randschichten und ihre Teilnahme am gesellschaftlichen, kulturellen und politischen Leben erheblich beeinträchtigt. Randschichten sind in diesem Sinne ‚marginalisiert', sie sind Problemgruppen der Sozialpolitik und nur mangelhaft in die Kerngesellschaft integriert." (Geißler, 2002[3], S. 245, gekürzt)

---

[1] siehe Kapitel 4.2.2
[2] vgl. hierzu auch die Ausführungen über die Problematik abweichenden Verhaltens in Kapitel 4.3
[3] Wenn Rainer Geißler hier von Randschicht spricht, so meint er Randgruppen; er vermeidet jedoch diesen Begriff, weil er ihm zu unscharf ist (vgl. Geißler, 2002[3], S. 245).

Zusammenfassung

- Soziale Differenzierung bezeichnet die Unterschiede zwischen Gruppierungen von Menschen hinsichtlich bestimmter Merkmale. Die Unterschiedlichkeit von Menschen hängt sehr eng mit sozialer Ungleichheit zusammen: Viele soziale Unterschiede erfahren eine Bewertung. Diese Bewertung von sozialen Differenzierungen, der Unterschiede von Menschengruppierungen hinsichtlich bestimmter Merkmale wird als soziale Ungleichheit bezeichnet. Soziale Ungleichheit findet sich in zwei Ausprägungen, die Verteilungsungleichheit und die Chancenungleichheit. Voraussetzung für soziale Ungleichheit ist die Existenz eines erstrebenswerten „Guts", die ungleiche Verteilung dieses erstrebenswerten Guts und die ungleiche Verteilung aufgrund der Stellung von Menschen auf regelmäßige Weise.

- Im Laufe der Zeit haben sich verschiedene Theorien sozialer Ungleichheit entwickelt. Ältere Theorien stellen soziale Ungleichheit als naturgegeben (zum Beispiel die *Sozialdarwinisten*) oder gottgewollt (zum Beispiel die *Scholastiker*) hin. In neueren Theorien ist die soziale Ungleichheit zurückzuführen auf Privateigentum (*Jean Jacques Rousseau*), Produktionsmittel (*Karl Marx*), auf die Bewertung von sozialen Positionen (*Talcott Parsons*), auf soziale Normen (*Ralf Dahrendorf*), auf Qualifikation (*Gary S. Becker*) sowie auf Staat, Arbeit und Kapital (*Reinhard Kreckel*).

- Es gab und gibt keine Gesellschaft ohne soziale Ungleichheit, sie wandelte sich lediglich aufgrund gesellschaftlicher, politischer und wirtschaftlicher Entwicklungen. Bis zu Beginn der Industrialisierung war die Bundesrepublik Deutschland eine vorindustrielle Ständegesellschaft, die Zugehörigkeit zu einem Stand wurde durch die Geburt bestimmt. Durch die Industrialisierung veränderte sich das Land zur frühindustriellen Klassengesellschaft, in der die Zugehörigkeit durch den Besitz bestimmt war. Im Laufe des 20. Jahrhunderts entstand eine Berufshierarchie, in welcher verschiedene Berufe zum Teil weit auseinander klafften. Die Stellung im Beruf und die damit einhergehenden Vor- und Nachteile waren die wichtigsten Kennzeichen sozialer Ungleichheit. Die Verteilung dieser Vor- und Nachteile wird als Schichtungsgefüge bezeichnet und überlagerte das Klassengefüge und die Reste des Ständegefüges, ohne sie völlig außen vor zu lassen.

- Heute sind es die Lebensbedingungen, die soziale Ungleichheit „entstehen" lassen. Lebensbedingungen bedeuten in diesem Zusammenhang äußere Voraussetzungen alltäglichen Handelns. Die Soziologie beschränkt sich dabei meist auf fünf Kriterien, in denen sich soziale Ungleichheit äußert: Bildung, Beruf und Beschäftigung bzw. Erwerbstätigkeit, Einkommen und Vermögen (Besitz, Reichtum) sowie Macht. In der jetzigen, so genannten postindustriellen Gesellschaft bestehen soziale Ungleichheiten nicht nur hinsichtlich der genannten Kriterien, es gibt weitere Aspekte, die die Lage eines Menschen zum Besseren oder auch Schlechteren beeinflussen: die Arbeits-, Freizeit-, Gesundheits- und Wohnungsbedingungen, regionale Bedingungen oder Teilhabe am Sozialversicherungssystem, die gelegentlich als neue Ungleichheiten bezeichnet werden.

- Soziale Mobilität meint die Bewegungen von Menschen zwischen sozialen Positionen. Dabei unterscheiden wir zwischen vertikaler und horizontaler sozialer Mobilität. Vertikale soziale Mobilität bedeutet Bewegung zwischen ungleich bewerteten Positionen, also zwischen „höheren" und „niedrigeren" Positionen. Dagegen wird von horizontaler Mobilität gesprochen, wenn sich der Wechsel von Menschen auf „gleicher" Ebene vollzieht, wenn es sich also um keinen Auf- oder Abstieg handelt. Neben der freiwilligen Bewegung von Menschen ist für die Mobilität der Strukturwandel einer Gesellschaft verantwortlich.

- Macht bedeutet jede Beeinflussung, die bestimmte Personen oder -gruppen einer Gesellschaft über andere ausüben bzw. ausüben können, ohne dass diese sich der Beeinflussung entziehen können. Elite umfasst denjenigen Personenkreis, der die Möglichkeit hat, regelmäßig Einfluss auf

Soziale Ungleichheit

Zusammenfassung

gesamtgesellschaftlich wichtige Entscheidungen zu nehmen. In der Bundesrepublik Deutschland kommt die Elite aus den Bereichen der Politik und Verwaltung, der Wirtschaftsverbände und großen Wirtschaftsunternehmen, der Gewerkschaften und Berufsverbände, der Justiz, der Massenmedien sowie der Kirchen und der Kultur. Die Macht ist dementsprechend auf verschiedene Bereiche verteilt. Allerdings liegt dem pluralistischen Mit- und Gegeneinander dieser Bereiche eine bestimmte Einflussstruktur zugrunde.

- Eine Randgruppe ist eine Bevölkerungsgruppe innerhalb einer Gesellschaft, die aufgrund eines bestimmten Merkmals ein abweichendes Verhalten zeigt und deshalb von der Gesellschaft mehr oder weniger negativ beurteilt wird und in dieser kaum bzw. nicht integriert ist. In unserer Gesellschaft gelten heute Behinderte, Wohnungslose, Drogenabhängige, Strafgefangene und -entlassene, Homosexuelle sowie Teile der ausländischen Bevölkerung, der Sozialhilfeempfänger, der Arbeitslosen, der alten Menschen und der Spätaussiedler als Randgruppen.

Materialien Kapitel 8

1. Soziale Unterschiede in der Bildung in der BRD

a) Beruflicher Bildungsabschluss im Jahr 2003

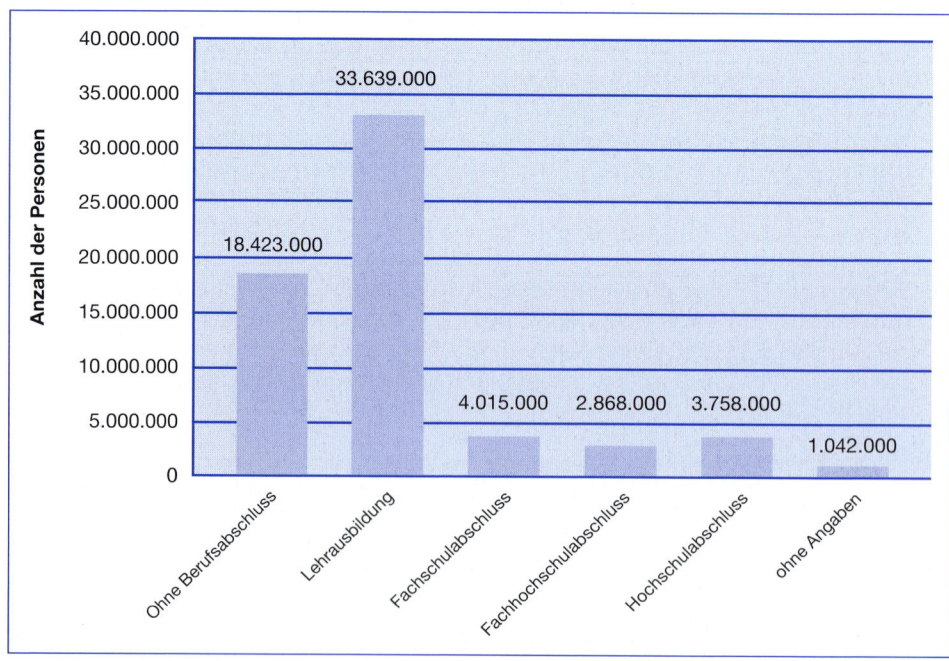

Quelle: Statistisches Bundesamt Wiesbaden, 2006

b) Bildungslaufbahn

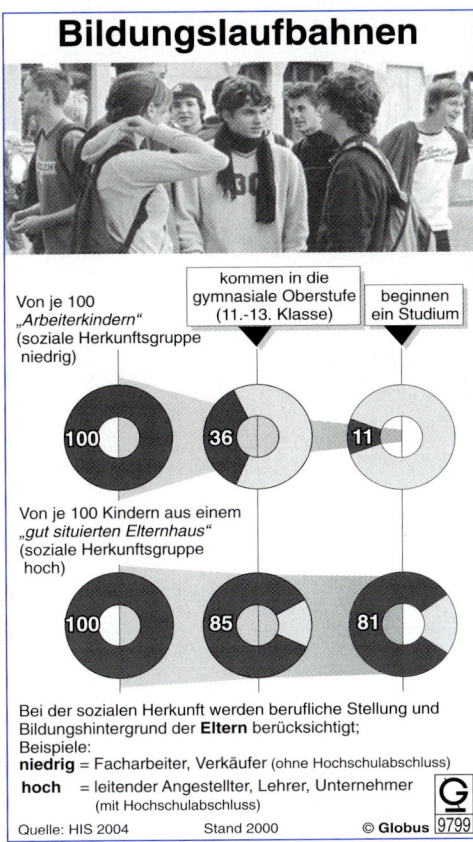

c) Umfang der Arbeitslosigkeit in der Bundesrepublik Deutschland in den letzten Jahren

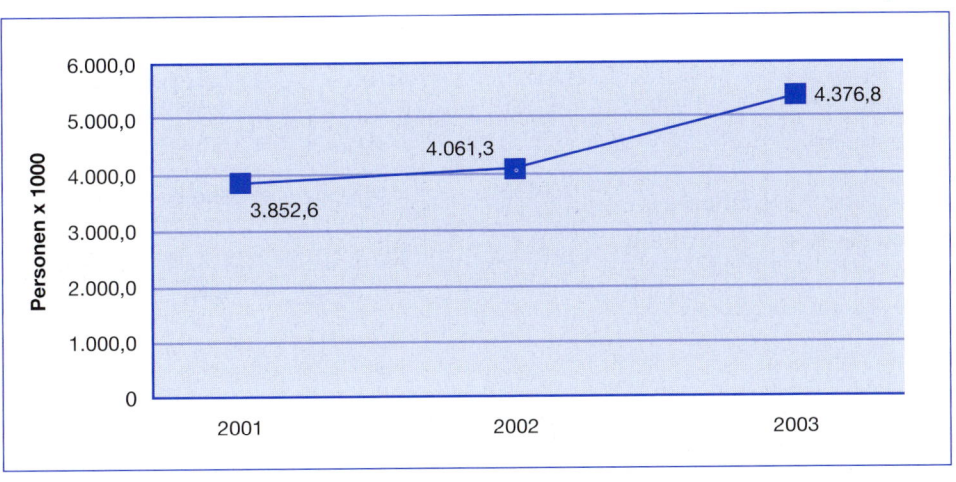

Quelle: Informationsangebot der Statistik der Bundesagentur für Arbeit (BA)

Beteiligung am Erwerbsleben im früheren Bundesgebiet

Gegenstand der Nachweisung	Einheit	2001[1]	2002[1]	2003[1]
Erwerbspersonen[1]	1.000	32.549	32.683	32.882
Erwerbstätige	1.000	30.307	30.132	29.847
dar.: weiblich	1.000	13.226	13.252	13.246
Erwerbslose[2]	1.000	2.241	2.550	3.034
dar.: weiblich	1.000	934	1.048	1.243
Nichterwerbspersonen[1, 3]	1.000	34.645	34.805	34.770
dar.: weiblich	1.000	20.250	20.234	20.113
Erwerbstätige[1] **nach Wirtschaftsbereichen**				
Land- und Forstwirtschaft; Fischerei	%	2,4	2,4	2,3
Produzierendes Gewerbe	%	33,0	32,5	31,6
Handel, Gastgewerbe und Verkehr	%	23,2	22,7	22,8
Sonstige Dienstleistungen	%	41,5	42,4	43,2
Erwerbstätige Ausländer/-innen	%	9,9	9,9	9,7

Quelle: Statistisches Bundesamt, Wiesbaden 2006
Mikrozensus, Fachserie 1, Reihe 4.1.1 Stand und Entwicklung der Erwerbstätigkeit

Strukturdaten über den Arbeitsmarkt[4]

Kurzarbeiter/-innen	1.000 JD	93,9	162,1	160,5
Arbeitslose	1.000 JD	2.320,5	2.498,4	2.753,1
und zwar:				
Männer	1.000 JD	1.287,4	1.425,8	1.594,4
Frauen	1.000 JD	1.033,1	1.072,6	1.158,7
Jugendliche unter 25 Jahre	1.000 JD	267,5	307,7	328,4
55 Jahre und älter	1.000 JD	469,6	399,4	355,2
Schwerbehinderte	1.000 JD	127,6	117,2	125,2
Langzeitarbeitslose[5]	1.000 JD	817,3	793,6	872,5
Teilzeitarbeitsuchende	1.000 JD	301,3	316,9	337,2
Ausländer/-innen	1.000 JD	396,7	428,9	467,6
Arbeitslosenquote[6]	1.000 JD	7,2	7,6	8,4
Offene Stellen	1.000 JD	431,2	373,6	285,7
Beschäftigte in Arbeitsbeschaffungsmaßnahmen	1.000 JD	43,5	32,7	22,7
Teilnehmer/-innen in beruflicher Weiterbildung	1.000 JD	197,1	191,7	154,7

Quelle: Informationsangebot der Statistik der Bundesagentur für Arbeit (BA)

---

[1] Ergebnisse des Mikrozensus – 2001 und 2002 im April; 2003 im Mai.
[2] Erwerbslose sind gemäß ILO-Konzept für den Arbeitsmarkt sofort verfügbar.
[3] Nichterwerbspersonen umfassen auch die nicht sofort verfügbaren Arbeit suchenden Nichterwerbstätigen.
[4] Quelle: Bundesagentur für Arbeit. Wegen der vielen Gebietsänderungen werden die Teilgebiete ab 2003 (rückwirkend bis 1991) neu abgegrenzt. Das frühere Bundesgebiet wird ohne Berlin und die neuen Bundesländer einschließlich Berlin dargestellt.
[5] 1 Jahr und länger arbeitslos gemeldet
[6] Anteile der Arbeitslosen an allen zivilen Erwerbspersonen.

Beteiligung am Erwerbsleben in den neuen Bundesländern und Berlin-Ost

Gegenstand der Nachweisung	Einheit	2001[1]	2002[1]	2003[1]
Erwerbspersonen[1]	1.000	8.001	7.924	7.910
Erwerbstätige	1.000	6.508	6.404	6.325
dar.: weiblich	1.000	2.961	2.948	2.930
Erwerbslose[2]	1.000	1.493	1.520	1.585
dar.: weiblich	1.000	746	735	747
Nichterwerbspersonen[1, 3]	1.000	7.082	7.043	6.940
dar.: weiblich	1.000	4.000	3.957	3.892
Erwerbstätige[1] nach Wirtschaftsbereichen				
Land- und Forstwirtschaft; Fischerei	%	3,5	3,3	3,2
Produzierendes Gewerbe	%	29,8	29,1	28,8
Handel, Gastgewerbe und Verkehr	%	23,2	23,4	23,6
Sonstige Dienstleistungen	%	43,6	44,2	44,5

Quelle: Statistisches Bundesamt, Wiesbaden 2006
Mikrozensus, Fachserie 1, Reihe 4.1.1 Stand und Entwicklung der Erwerbstätigkeit

Strukturdaten über den Arbeitsmarkt[4]				
Kurzarbeiter/-innen	1.000 JD	29,0	44,6	34,9
Arbeitslose	1.000 JD	1.532,1	1.563,0	1.623,7
und zwar:				
Männer	1.000 JD	776,4	814,2	851,8
Frauen	1.000 JD	755,6	748,8	771,9
Jugendliche unter 25 Jahre	1.000 JD	176,5	189,9	187,8
55 Jahre und älter	1.000 JD	244,5	204,9	176,7
Schwerbehinderte	1.000 JD	43,7	39,7	42,7
Langzeitarbeitslose[5]	1.000 JD	536,9	575,8	648,9
Teilzeitarbeitsuchende	1.000 JD	50,9	54,2	57,0
Ausländer/-innen	1.000 JD	67,8	70,5	75,3
Arbeitslosenquote[6]	1.000 JD	17,3	17,7	18,5
Offene Stellen	1.000 JD	70,9	74,2	62,9
Beschäftigte in Arbeitsbeschaffungsmaßnahmen	1.000 JD	123,1	92,0	69,7
Teilnehmer/-innen in beruflicher Weiterbildung	1.000 JD	147,7	139,9	96,3

Quelle: Informationsangebot der Statistik der Bundesagentur für Arbeit (BA)

[1] Ergebnisse des Mikrozensus – 2001 und 2002 im April; 2003 im Mai.
[2] Erwerbslose sind gemäß ILO-Konzept für den Arbeitsmarkt sofort verfügbar.
[3] Nichterwerbspersonen umfassen auch die nicht sofort verfügbaren Arbeit suchenden Nichterwerbstätigen.
[4] Quelle: Bundesagentur für Arbeit. Wegen der vielen Gebietsänderungen werden die Teilgebiete ab 2003 (rückwirkend bis 1991) neu abgegrenzt. Das frühere Bundesgebiet wird ohne Berlin und die neuen Bundesländer einschließlich Berlin dargestellt.
[5] 1 Jahr und länger arbeitslos gemeldet
[6] Anteile der Arbeitslosen an allen zivilen Erwerbspersonen.

d) Erwerbstätigkeit in den einzelnen Bundesländern

Land	Arbeitslose	Arbeitslosenquote[1]	Offene Stellen	Kurzarbeiter/Kurzarbeiterinnen
	Anzahl	%	Anzahl	Anzahl
Jahr/Monat/Stichtag	Durchschnitt 2003			
Baden-Württemberg	336.540	6,1	49.022	34.623
Bayern	447.350	6,9	56.863	26.991
Berlin	306.462	18,1	9.291	4.485
Brandenburg	253.028	18,8	9.125	5.675
Bremen	42.366	13,2	3.411	1.653
Hamburg	86.388	9,9	7.633	2.032
Hessen	242.059	7,9	25.989	17.651
Mecklenburg-Vorpommern	181.710	20,1	7.484	2.939
Niedersachsen	379.811	9,6	34.444	13.936
Nordrhein-Westfalen	880.053	10,0	65.394	47.205
Rheinland-Pfalz	154.610	7,7	27.308	9.170
Saarland	47.718	9,5	4.953	2.495
Sachsen	403.529	17,9	17.063	10.641
Sachsen-Anhalt	268.293	20,5	9.795	4.613
Schleswig-Holstein	136.159	9,7	10.771	4.740
Thüringen	210.693	16,7	10.115	6.524
Deutschland	4.376.769	10,5	354.762	195.371

Quelle: Informationsangebot der Statistik der Bundesagentur für Arbeit (BA)

[1] *Arbeitslose in Prozent aller zivilen Erwerbspersonen.*

e) Verteilung der Haushaltsnettoeinkommen

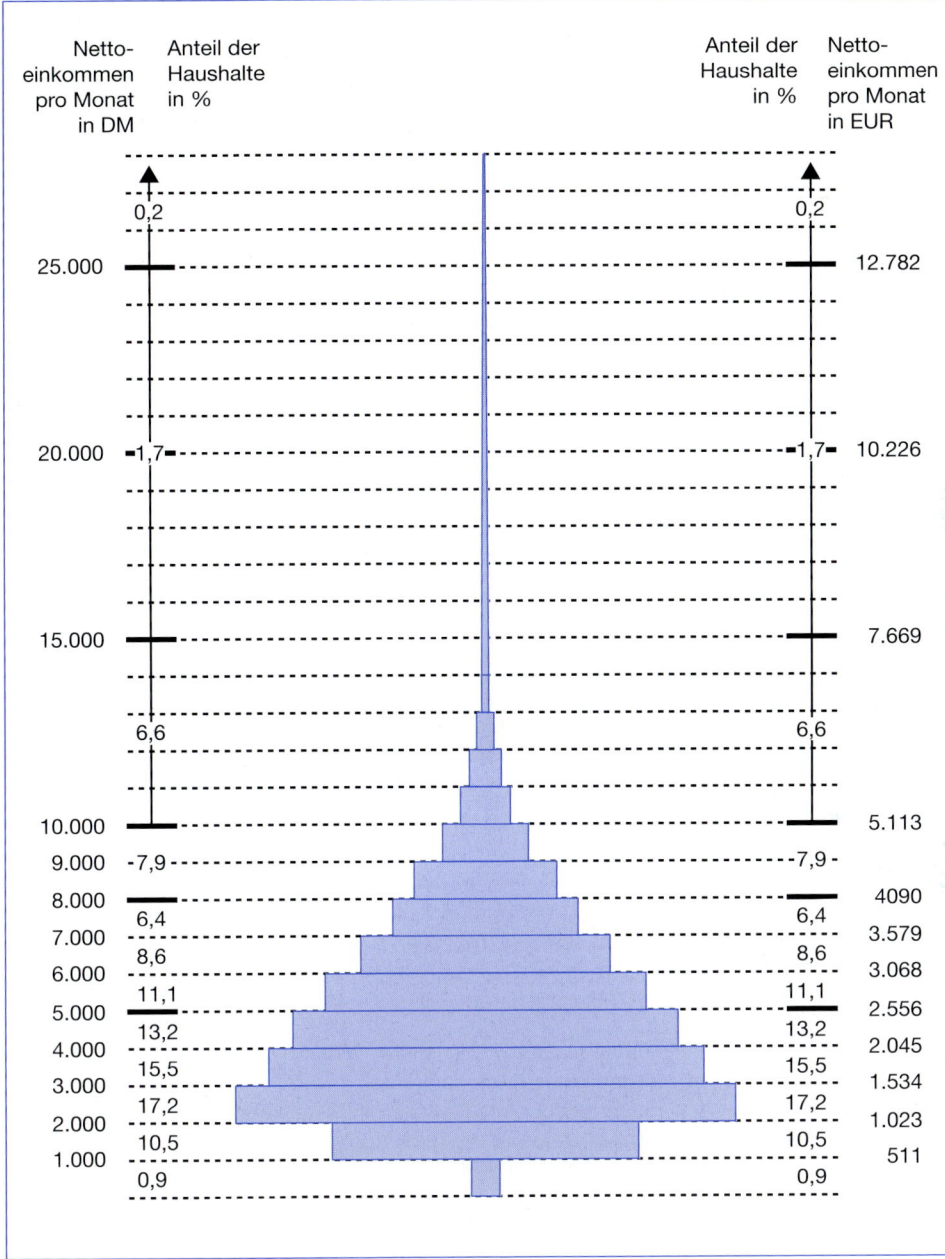

100 % = 30,6 Millionen private Haushalte.

Die Spitze der „Einkommensantenne" – 200.000 bis 400.000 Haushalte mit einem monatlichen Nettoeinkommen von mehr als 17.895 EUR (35.000 DM) – wird in der EVS nicht erfasst.

Datenbasis: Einkommens- und Verbrauchsstichprobe (EVS) 1998 des StBA.

Quelle: Geißer, 2002³, S. 94 f.

f) Schichtspezifische Einkommensunterschiede im Jahr 2000

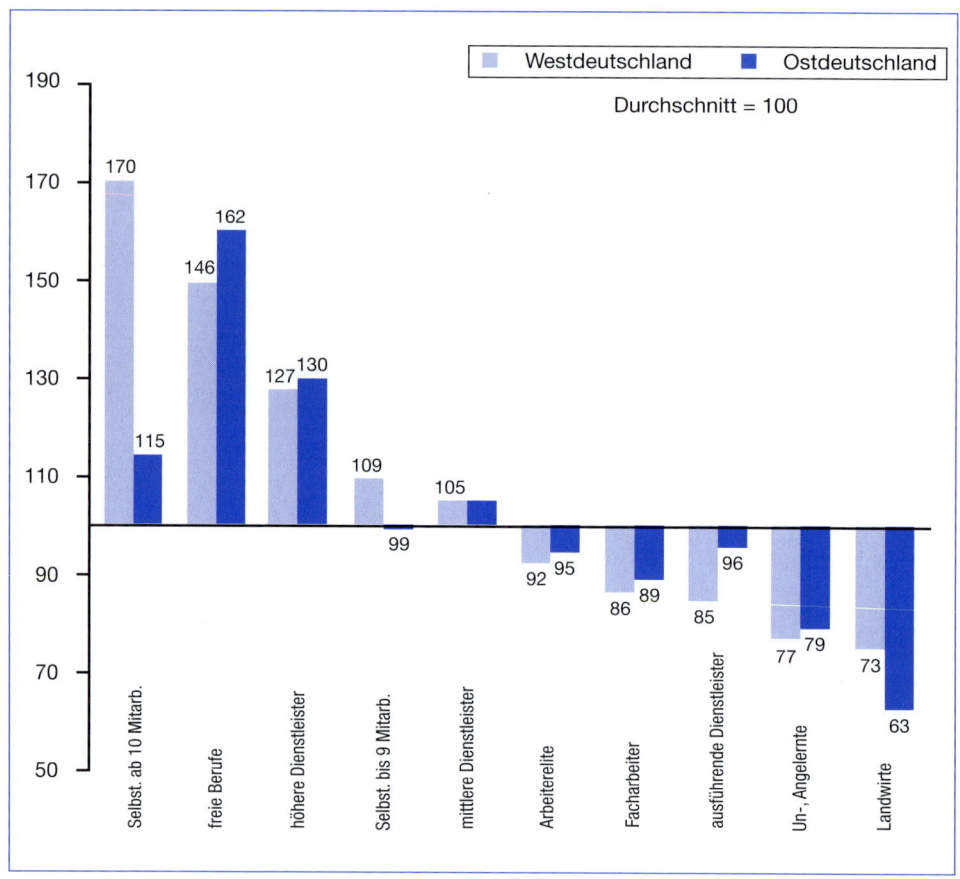

Monatliches Haushaltsnettoeinkommen pro Kopf (im Durchschnitt betrug es 2000 in Westdeutschland 1.083,00 EUR, in Ostdeutschland 816,00 EUR); nur deutsche Erwerbstätige ohne Auszubildende.

höherer Dienstleister:	höhere Beamte, Angestellte mit hochqualifizierter Tätigkeit/umfassenden Führungsaufgeben
mittlerer Dienstleister:	mittlere/gehobene Beamte, Angestellte mit qualifizierter Tätigkeit
ausführende Dienstleister:	einfache Beamte, einfache Angestellte mit Ausbildungsabschluss
Arbeiterelite:	Meister, Poliere, Industrie- und Werkmeister
Un-, Angelernte:	ohne Ausbildungsabschluss

Datenbasis: SOEP 2000; Berechnungen durch das DIW Berlin

Quelle: Geißler, 2002³, S. 94 f.

g) Unterschiede in den Einkommen in den Bundesländern

Top 10 der Bundesländer nach Anteil an Haushalten

... mit einem monatlichen Nettoeinkommen von über 4.000 EUR	(in %)	... mit einem monatlichen Nettoeinkommen von unter 1.100 EUR	(in %)
Baden-Württemberg	11,1	Mecklenb.-Vorp.	31,2
Bayern	11,0	Berlin	30,6
Hessen	10,8	Bremen	29,7
Hamburg	9,6	Sachsen-Anhalt	29,7
Schleswig-Holstein	9,0	Sachsen	28,6
Rheinland-Pfalz	9,0	Thüringen	28,0
Nordrhein-Westfalen	8,3	Brandenburg	27,3
Niedersachsen	7,6	Saarland	25,4
Saarland	6,2	Hamburg	23,8
Berlin	6,0	Niedersachsen	23,4

Datenbasis: GfK Bevölkerungsstrukturdaten 2004

Gut 8 Prozent der deutschen Haushalte verfügen am Monatsende über mehr als 4.000 EUR netto; 23 Prozent der Haushalte müssen dagegen monatlich mit weniger als 1.100 EUR auskommen. Dabei gibt es erhebliche regionale Unterschiede, wie die GfK-Studie zur Bevölkerungsstruktur 2004 herausgefunden hat. Während die reicheren Haushalte vor allem im Süden Deutschlands anzutreffen sind, liegt der Anteil der ärmeren in Ostdeutschland besonders hoch. Als Länder mit einer besonders starken Einkommensspreizung ragen Berlin, Hamburg und das Saarland hervor. In diesen Bundesländern gibt es sowohl relativ viele wohlhabende als auch weniger begüterte Haushalte.

Quelle: FondsMagazin, 2005, S. 6

h) Vergleich der Vorstandsbezüge mit den Tarifgehältern von Arbeitnehmern

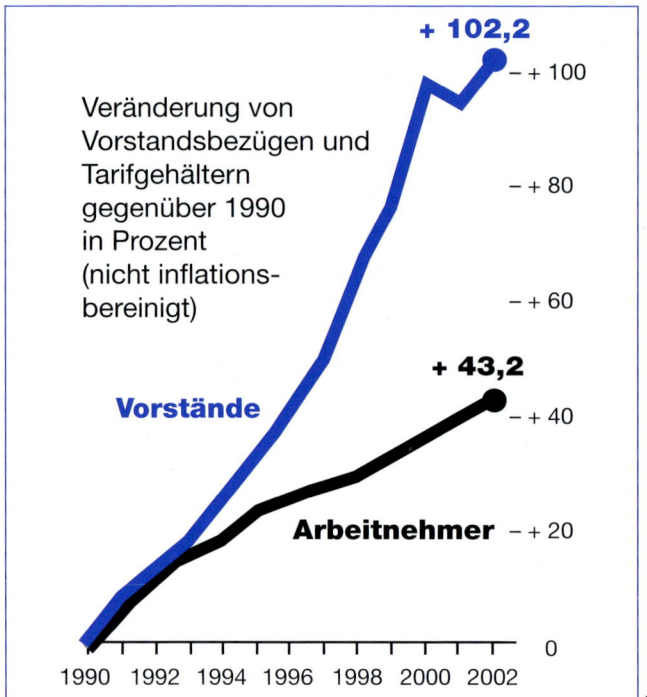

Quelle: Der Spiegel, Nr. 19, 2003, S.112

2. Zusammenfassung der Marxschen Erklärung sozialer Ungleichheit

Bezüglich der Erklärung sozialer Ungleichheit ist aus diesen Gedanken von *Karl Marx* folgende Argumentationskette zu entnehmen:

(1) Die Lebenschancen, die ein Mensch im Vergleich zu denen anderer im Rahmen einer Gesellschaft hat, hängen von seiner Stellung im gesellschaftlichen Produktions- und Reproduktionsprozess ab.

(2) Diese Stellung ist insbesondere durch die Tatsache des Besitzes oder Nichtbesitzes von Produktionsmitteln bestimmt, denn die Besitzer von Produktionsmitteln befinden sich gegenüber jenen, die solche nicht besitzen, aber zur Erstellung ihres Lebensunterhalts auch auf sie angewiesen sind, in einer begünstigten Lage. Die Nichtbesitzer (die Lohnarbeiter) geraten in wirtschaftliche Abhängigkeit von den Besitzern, weil sie ihre Arbeitskraft an jene verkaufen müssen. Solange das Privateigentum an Produktionsmitteln nicht angetastet wird, verfügen die Besitzer über etwas, das die gesamte Gesellschaft benötigt und können sich dadurch vielfältige Rechte sichern sowie die Verteilung der Erträge des Produktionsprozesses zu ihren Gunsten beeinflussen.

(3) Innerhalb des liberalistisch-kapitalistischen Wirtschaftssystems wirken Mechanismen, die zur Zentralisierung der Verfügungsmacht über Produktionsmittel, zur Konzentration der Unternehmen sowie zur Freisetzung von Arbeitskräften und zum Lohndruck führen. Dies bedeutet zunehmende Macht und Reichtum der Kapitalisten und zunehmende Verelendung der Lohnarbeiter.

(4) Die Zusammenballung wirtschaftlicher und politischer Macht bei den Produktionsmittelbesitzern führt dazu, dass sich die Gesellschaftsordnung allmählich so entwickelt, dass primär die Interessen dieser

Gruppe gesichert werden und ihre Vorstellungen (Ideologien) Verbreitung finden.

(5) Ausgehend von den Produktionsverhältnissen spaltet sich also die Gesellschaft in ständiger Wechselwirkung zwischen wirtschaftlichen, politischen, ideellen und weiteren Antriebskräften in Bevorzugte und Benachteiligte auf. Sie haben ungleiche Lebenschancen und befinden sich in grundsätzlich ungleichen Lebenslagen. Ihre Interessen sind einander entgegengesetzt (antagonistisch).

(6) Auf die Dauer werden diese Interessen den Lohnarbeitern ebenso wie den Produktionsmittelbesitzenden bewusst werden. Klassenbewusstsein wird sich herausbilden. Die beiden Klassen werden sich organisieren. Ein Klassenkampf wird entstehen.

(7) Der Klassenkampf endet mit dem Sieg der besitzlosen Arbeiterklasse. Eine Revolution wird die kapitalistischen Produktionsverhältnisse und das Privateigentum an Produktionsmitteln beseitigen. In der Phase des Sozialismus besteht eine ‚Diktatur des Proletariats' über die Reste der Bourgeoisie. Die Entlohnung der Menschen vollzieht sich noch nach ihrer Leistung. In der Endphase des Kommunismus verschwindet die Herrschaft von Menschen über Menschen. Die Verteilung bemisst sich nach den jeweiligen Bedürfnissen.

Quelle: Hradil/Schiener, 2001[8], S. 55 f.

3. Auszug aus den Verordnungen der Räte der Städte Kiel und Lübeck aus dem 15. und 16. Jahrhundert

a) Kleiderordnung (Kiel, 1417)

Keine Frau darf gekrauste Tücher tragen und nicht mehr als zwei Mäntel haben, die mit Pelzwerk gefüttert sind, und darf auch keinerlei Geschmeide mit teurem Gestein und Perlen an allen ihren Kleidern tragen, wenn ihr Mann an die Stadt nicht mindestens 400 Mark Silber zu versteuern hat. Wenn eine Frau dessen überführt wird, so soll das der Stadt mit zehn Mark Silber gebessert werden. Dieselbe Strafe trifft den Übertreter der weiteren Bestimmungen: Wenn der Mann der Stadt für mindestens 200 Mark Steuern zahlt, so darf seine Frau eine lötige (rein, ungemischt) Mark Silber an allen ihren Kleidern tragen. Die Jungfrauen sollen es in derselben Weise halten. [...] Wenn der Mann der Stadt zwar Steuern zahlt, aber nicht für 100 Mark, so darf seine Frau keinerlei Geschmeide tragen. Insbesondere darf keine Bürgersfrau Pelzwerk oder Seide unten an ihren Kleidern tragen. [...] Insbesondere wird befohlen, dass keine Dienstmagd oder Dienstbotin Spangen, Scharlachtuch oder irgendwelches vergoldetes Geschmeide trägt, welches mehr als acht Schillinge wert ist. Wer dagegen verstößt, soll des Geschmeides sofort verlustig gehen und sein Dienstherr oder seine Dienstherrin sollen drei Mark Silber Strafe zahlen oder den Dienstboten innerhalb von drei Tagen aus dem Brote jagen.

b) Hochzeitsordnung (Lübeck, 1582)

Pastetenhochzeit: Diese wurde gefeiert von den Ratspersonen, den Patriziern und Doktoren. Es durften drei Mahlzeiten gefeiert werden. Zahl der Gerichte: Am Sonntage drei (Rindfleisch, Fisch und Gebratenes). Am Montag Mittag: Pasteten und die übrigen Gerichte wie üblich. Am Montagabend: vier Gerichte, Wildbret, Fisch, Schaffleisch und Gebratenes. Zahl der Gäste: 160. Getränke: Wein.
Vornehme Hochzeit: Das Recht darauf stand der vornehmen Bürgerschaft zu. Zahl der Gäste: 150. Zahl der Gerichte: vier. Getränk: Wein [...].
Hochzeiten der vier großen Ämter (Zünfte): Zahl der Gäste: 80. Zahl der Gerichte: vier. Getränk: Bier.
Hochzeiten der kleineren Ämter: Zahl der Gäste: 40. Zahl der Gerichte: vier. Getränk: Bier, jedoch nur eine Sorte.

Quelle: Hradil/Schiener, 2001[8], S. 16 f.

Materialien Kapitel 8

4. Armut in der Bundesrepublik Deutschland

a) Armut und Niedrigeinkommen in der BRD

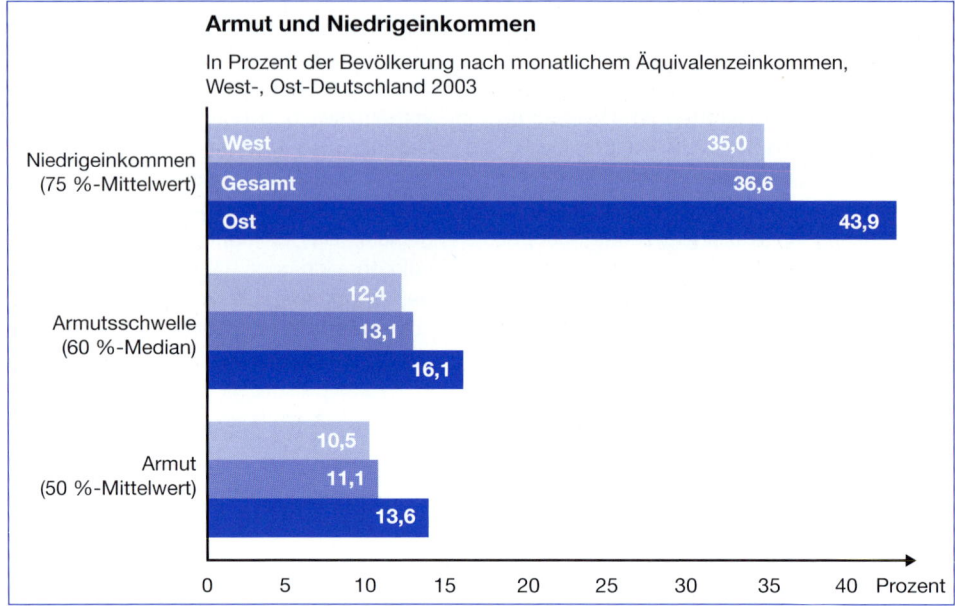

Quelle: Bundeszentrale für politische Bildung, 2004

b) Armutsrate in Prozent nach der 50 %-Grenze des Nettoäquivalenzeinkommens

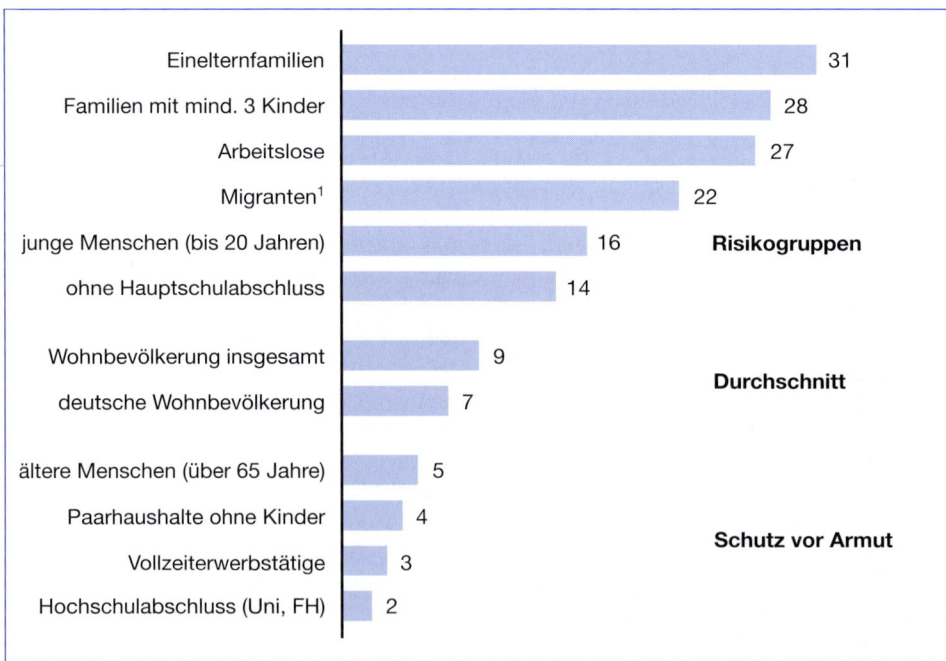

Datenbasis: Goebel/Habich/Krause, 2002/SOEP *Quelle: Geißler, 2002³, S. 252*

---

[1] *Türken, Ex-Jugoslawen, Italiener, Griechen, Spanier*

c) Das Armutsrisiko in Deutschland

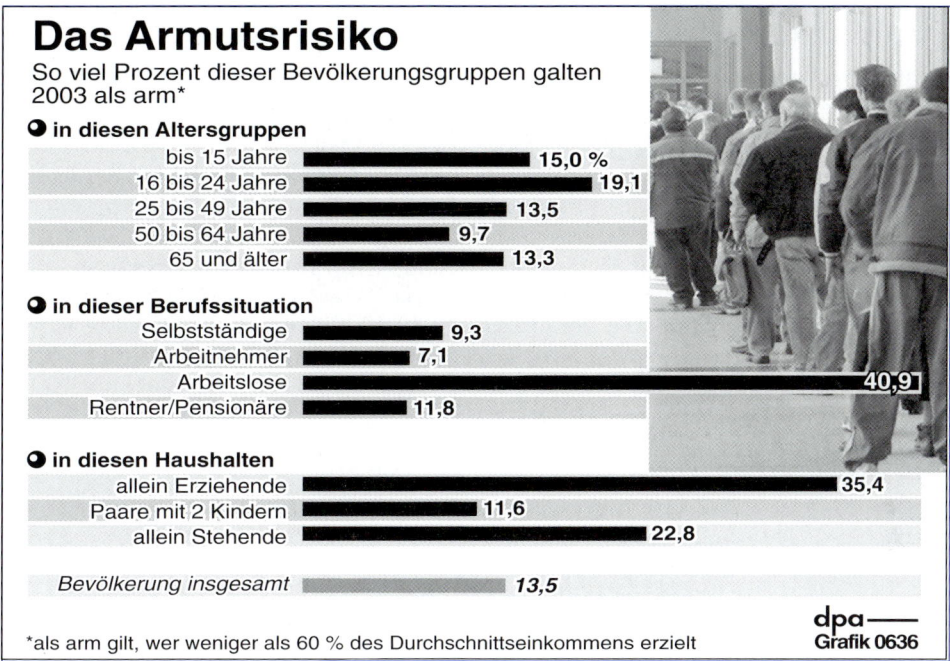

d) Armut in Deutschland

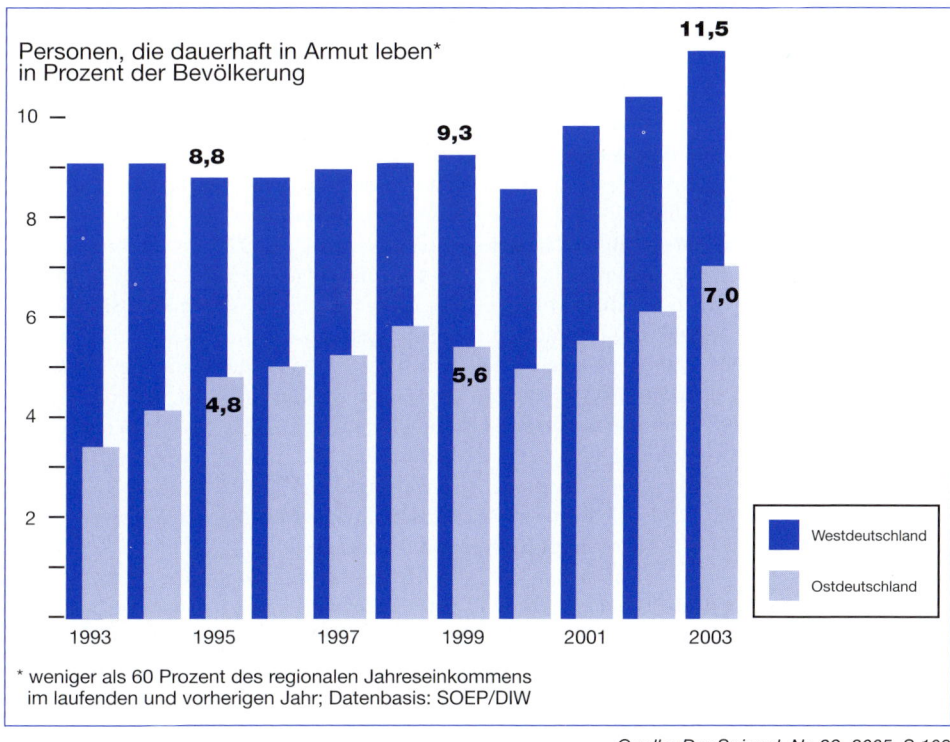

Quelle: Der Spiegel, Nr. 22, 2005, S.103

e) Kinderarmut

Unicef: Kinderarmut in reichen Ländern nimmt zu
Studie zeigt überdurchschnittlichen Anstieg in der Bundesrepublik / Jedes zehnte Kind betroffen

In Deutschland wächst die Kinderarmut nach einer Studie des UN-Kinderhilfswerkes Unicef stärker als in den meisten anderen Industriestaaten. Jedes zehnte Kind in der Bundesrepublik lebe in Armut, sagte der Vorsitzende von Unicef Deutschland, Reinhard Schlagintweit, gestern in Berlin. Die Zahl der armen Kinder und Jugendlichen sei seit 1990 um 2,7 Prozent auf 1,5 Millionen gestiegen und wachse damit schneller als die Armut unter Erwachsenen. Betroffen seien vor allem Kinder aus Zuwandererfamilien und von allein Erziehenden.

Als arm gilt eine Familie wenn sie über weniger als 50 Prozent des Durchschnittseinkommens von 17.400 Euro im Jahr verfügt. Auch der Armuts- und Reichtumsbericht der Bundesregierung zeigt auf, dass sich die Zahl derjenigen, deren Einkommen unter der von der EU definierten Armutsgrenze liegt, von 1998 bis 2003 von 12,1 auf 13,5 Prozent erhöht hat.

Auch in den übrigen Industriestaaten steigt Unicef zufolge die Kinderarmut. Insgesamt 40 bis 50 Millionen Kinder wüchsen in den 30 Staaten der Organisation für wirtschaftliche Zusammenarbeit und Entwicklung (OECD) in armen Familien auf. Am niedrigsten ist die Kinderarmut in Dänemark und Finnland mit unter 3 Prozent, besonders hoch liegt sie in den USA mit über 20 Prozent.

Quelle: Reuters/dpa, 2005

f) Folgen von Mittellosigkeit

„Das können wir uns nicht leisten"

Kinder aus mittellosen Familien müssen viel entbehren. Diese Erfahrungen führen nicht nur zu schlechteren schulischen Leistungen und sozialer Isolation sie können auch ihren weiteren Lebenslauf negativ beeinflussen.

Jedes dritte Grundschulkind in Deutschland ist arm. Zu diesem Ergebnis kommt eine bundesweite Langzeitstudie, die das Institut für Sozialarbeit und Sozialpädagogik in Frankfurt/Main und die Arbeiterwohlfahrt in Magdeburg durchgeführt haben. Kinderarmut ist danach nicht nur ein gesellschaftliches Problem, sondern kann auch gravierende Folgen für die Entwicklung der betroffenen Kinder haben. Arme Kinder bringen in der Schule schlechtere Leistungen, und sie bekommen zu wenig soziale Anerkennung. Während wohlhabendere Kinder meist Mitglied in einem Verein sind und von ihren Eltern gefördert werden, hätten arme Kinder kaum Möglichkeiten, soziale Kontakte aufzubauen. Diese ungleichen Startchancen würden sich ein Leben lang auswirken, meint die Studienleiterin Gerda Holz. Diese Meinung bestätigen die US-amerikanischen Soziologen Juliana Sobolewski und Paul Amato. Sie werteten die Daten einer Langzeitstudie aus, bei der zwischen 1980 und 1997 zweitausend Erwachsene mehrmals befragt wurden. Ab 1992 wurden auch deren Kinder in die Untersuchung einbezogen. Diese hatten mittlerweile das Erwachsenenalter erreicht und waren von zu Hause ausgezogen.

Die Forscher richteten ihr Augenmerk besonders auf diejenigen Kinder, die aus finanziell schwachen Familien stammten. Sie fanden heraus, dass diese Befragten sich als Erwachsene weniger wohl fühlten und anfälliger für psychische Störungen waren, wenn ihre Herkunftsfamilie über Jahre hinweg verarmt war. Vorübergehende Armutsphasen, wie sie beispielsweise durch Arbeitslosigkeit verursacht werden, konnten die Kinder hingegen etwas besser verkraften.

Besonders schwer trugen die Befragten im Erwachsenenalter daran, wenn sie im Alter zwischen 13 und 19 Jahren unter den ökonomischen Schwierigkeiten ihrer Familie zu leiden hatten. Nach Meinung der Forscher trifft gerade Jugendliche Armut besonders hart, den hatten. Nach Meinung der Forscher trifft gerade Jugendliche Armut besonders hart, weil sie sich der finanziellen Probleme bewusster sind als jüngere Kinder. Außerdem werden sie durch Armut stärker in ihren Möglichkeiten der Berufsausbildung, Partnerwahl und Mobilität eingeschränkt.

Noch gravierender für das Wohlbefinden der Kinder ist jedoch die Reaktion der Eltern auf die Armut. Finanzielle Engpässe verursachen häufig Stress, der in vielen Familien zu heftigen Streitigkeiten führt und auch die Bindung zwischen Eltern und Kindern in Mitleidenschaft zieht. Nach Meinung der Soziologen ist das der springende Punkt. „Nicht nur die Armut selbst, sondern vor allem die angespannte, feindselige Familienatmosphäre, die durch Armut verursacht wird, hinterlässt bei Kindern bleibende Schäden", sagen Sobolewski und Amato. Die beiden sind der Ansicht, dass viel von den Eltern abhängt. Denn es liegt in deren Hand, ob sie die finanziellen Sorgen in das Familienleben übergreifen lassen und damit die Kinder belasten oder ob die Familie trotz Geldmangel gefühlsmäßig eng verbunden bleibt.

Quelle: Sonnenmoser, 2005, S.14

Aufgaben und Anregungen Kapitel 8

Aufgaben

1. Bestimmen Sie die Begriffe „soziale Differenzierung" und „soziale Ungleichheit" und zeigen Sie an je einem Beispiel die beiden Ausprägungen sozialer Ungleichheit auf. (Abschnitt 8.1.1)

2. Erläutern Sie an einem Beispiel die Voraussetzungen, die gegeben sein müssen, damit eine soziale Differenzierung als soziale Ungleichheit gilt. (Abschnitt 8.1.2)

3. Geben Sie einen Überblick über die verschiedenen Theorien der Entstehung sozialer Ungleichheit. (Abschnitt 8.1.3)

4. Beschreiben Sie vorindustrielle Gesellschaften hinsichtlich sozialer Ungleichheit. (Abschnitt 8.2.1)

5. Erläutern Sie an Beispielen Kriterien, in denen sich soziale Ungleichheit äußert. (Abschnitt 8.2.2)

6. Zeigen Sie soziale Ungleichheit in der Bundesrepublik Deutschland auf hinsichtlich
   - der Bildung,
   - des Berufes,
   - des Einkommens,
   - des Vermögens.

   (Abschnitt 8.2.2)

7. Beschreiben Sie an je einem Beispiel „neue Ungleichheiten" der postindustriellen Gesellschaft. (Abschnitt 8.2.2)

8. Bestimmen Sie den Begriff „soziale Mobilität" und stellen Sie an einem Beispiel vertikale und horizontale Mobilität dar. (Abschnitt 8.2.3)

9. Bestimmen Sie den Begriff „soziale Macht" und beschreiben Sie, was man unter Elite versteht. (Abschnitt 8.3.1)

10. Erläutern Sie an zwei Beispielen, was die Soziologie mit Randgruppen meint. (Abschnitt 8.3.2)

Anregungen

11. Fertigen Sie in Gruppen ein Mind-Map zu dem Thema „Soziale Ungleichheit" an: Das Thema wird als Stichwort in die Mitte eines Blattes Papier geschrieben und stellt sozusagen den Baumstamm dar. Von diesem Stamm gehen Äste ab, welche die zum Thema gehörenden Hauptgedanken (wiederum in Stichworten) beinhalten. Von den Ästen abgehende Zweige und schließlich Zweiglein gliedern das Thema weiter auf und beinhalten stichwortartig die Nebengedanken.

12. Spielen Sie die „soziale Ungleichheit", indem je ein Schüler die Bildung, den Beruf (Beschäftigung bzw. Erwerbstätigkeit), das Einkommen, das Vermögen (Besitz, Reichtum) und die Macht verkörpern.

13. *Mit Bildung, Erwerbstätigkeit, Einkommen und Vermögen sind die Kriterien sozialer Ungleichheit in unserer heutigen Zeit nicht vollständig erfasst.*
    - Jeder Schüler erhält ein Blatt Papier mit zehn Feldern – fünf links und fünf rechts.
    - Er trägt in die oberste Reihe zwei Kriterien sozialer Ungleichheit in unserer heutigen Zeit ein – die oben genannten Kriterien bleiben außen vor.
    - Das Blatt wird anschließend im Uhrzeigersinn an den Nachbarn weitergegeben, welcher zwei weitere Kriterien dazuschreibt.
    - Dieser Vorgang wird so lange wiederholt, bis das Blatt vollständig ausgefüllt ist.
    - Hängen Sie dieses Blatt an die Pinnwand und diskutieren Sie in der Klasse über diese „neuen Ungleichheiten".

14. *Biologische Merkmale als Ursache für soziale Ungleichheit?*
    Oft konzentriert man sich hinsichtlich sozialer Ungleichheit auf soziale Merkmale wie Bildung, Beruf, Einkommen, Vermögen und dergleichen.
    Suchen Sie in der Geschichte nach Gegebenheiten, in denen auch biologische Merkmale zu sozialer Ungleichheit führten.

15. *Betrachtet man den Zusammenhang zwischen Schulbesuch und sozialer Herkunft, so hat die PISA-Studie festgestellt, dass in der Bundesrepublik Deutschland keine Chancengleichheit besteht.*
    - Überlegen Sie in Gruppen, was Sie tun würden, um Chancengleichheit in der Bildung herzustellen.
    - Schreiben Sie einen Brief mit Ihren Vorschlägen: „Sehr geehrter Herr Kultusminister! ..."

16. *Die Entstehung sozialer Ungleichheit*
    - Bilden Sie acht Gruppen.
    - Jede Gruppe diskutiert eine in *Abschnitt 8.1.3* dargestellte Entstehungstheorie sozialer Ungleichheit und unterzieht diese einer kritischen Würdigung.
    - Bestimmen Sie einen Gruppensprecher.
    - Stellen Sie in einen Innenkreis neun Stühle, die restlichen in einen Außenkreis.
    - Die Gruppensprecher setzen sich in den Innenkreis und „verteidigen" in einer Diskussion zwischen den acht Sprechern ihre Theorie. Der neunte Stuhl bleibt frei. Die anderen Schüler nehmen im Außenkreis Platz.
    - Wer von der Klasse einen Diskussionsbeitrag leisten möchte, setzt sich auf den leeren Stuhl. Nach dem Beitrag verlässt der (die) Schüler(in) den Stuhl wieder.

Aufgaben und Anregungen

17. *Der Assoziationsstern der sozialen Ungleichheit (vgl. Hugenschmidt/Technau, 2003, S. 32).*
    - Bilden Sie in der Klasse vier Gruppen.
    - Zeichnen Sie einen Stern mit fünf Zacken. In der Mitte des Sterns steht die Frage: „Wodurch ist soziale Ungleichheit in der Bundesrepublik Deutschland verursacht?"
    - Der erste Schüler schreibt seine Antwort an den ersten Zacken und gibt den Stern dann an den nächsten Schüler weiter. Dieser schreibt seine Antwort an dem zweiten Zacken usw.
    - Der Stern wird so lange weitergereicht, bis alle fünf Zacken beschriftet sind.
    - Jede der Viererdgruppen hängt ihren Stern an die Pinnwand.
    - Die Schüler der Klasse schauen sich alle vier Sterne genau an und machen sich dazu Notizen.
    - Die aufgezeichneten Ursachen werden in der Klasse diskutiert.

18. Besuchen Sie eine Einrichtung, in der Mitglieder einer Randgruppe betreut werden. Erkundigen Sie sich dabei
    - nach den Aufgaben bzw. Zielen dieser Einrichtung,
    - nach Formen erzieherischer Arbeit (wie versucht die Einrichtung ihren Aufgaben gerecht zu werden bzw. ihre Ziele zu erreichen?),
    - nach dem Aufbau bzw. der Organisation der Einrichtung sowie
    - nach Chancen, Problemen und Grenzen der erzieherischen Arbeit in dieser Einrichtung.

    Sichten und werten Sie die Ergebnisse in Gruppen aus. Die Ergebnisse können in einer Wandzeitung präsentiert werden. Die Reflexion und die kritischen Anmerkungen können im Klassenverband erfolgen.

9 Sozialstruktur und soziale Schichtung

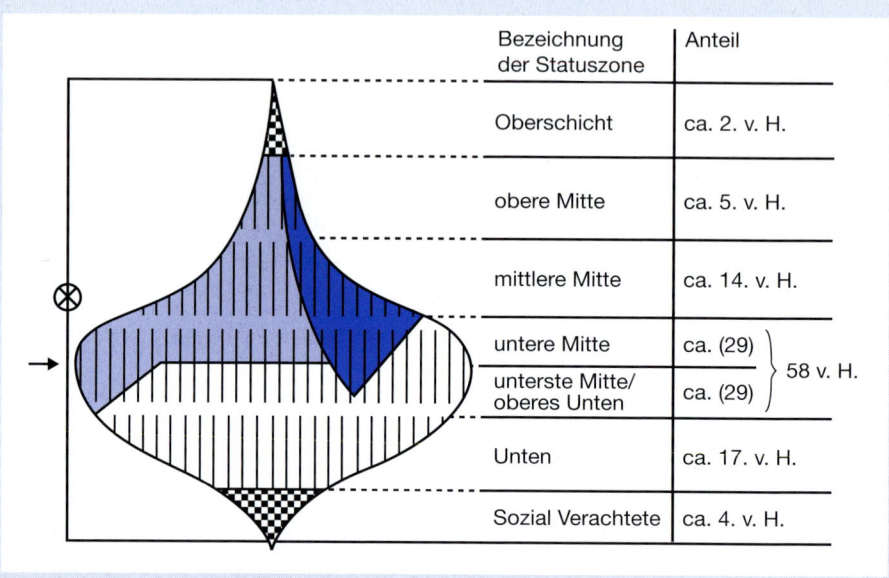

Die Markierungen in der breiten Mitte bedeuten:
- Angehörige des so genannten neuen Mittelstandes
- Angehörige des so genannten alten Mittelstandes
- Angehörige der so genannten Arbeiterschaft

Punkte zeigen an, dass ein bestimmter gesellschaftlicher Status fixiert werden kann.

Senkrechte Striche weisen darauf hin, dass nur eine Zone bezeichnet werden kann, innerhalb derer jemand etwa im Statusaufbau liegt.

⊗ Mittlere Mitte nach den Vorstellungen der Bevölkerung
→ Mitte nach der Verteilung der Bevölkerung. 50 v. H. liegen oberhalb bzw. unterhalb im Statusaufbau.

Quelle: Bolte, u. a., 1975[4], S. 84

Wer kennt nicht das so genannte „Zwiebel-Modell" bzw. die „Bolte-Zwiebel" von Karl Martin Bolte?

Das Zwiebel-Modell war in den 60er Jahren des vergangenen Jahrhunderts als Schichtungsmodell der damaligen Bundesrepublik Deutschland sehr verbreitet.

Folgende Fragen werden in diesem Kapitel geklärt:

1. Was meint man in der Soziologie mit Sozialstruktur?
   Was versteht man unter sozialem Status, was unter sozialem Prestige?

2. Was ist eine Kaste, ein Stand und eine Klasse?
   Was meint die Soziologie mit sozialer Schicht?

3. Was ist ein Schicht(ungs)modell?
   Wie sieht die soziale Schichtung in der BRD aus?
   Welche Alternativen zu den Schichtungsmodellen gibt es gegenwärtig?

Sozialstruktur und soziale Schichtung

9.1 Die Sozialstruktur

Der allgemeine Begriff der Struktur dient dazu, den Aufbau und das Gefüge eines sozialen Gebildes zu analysieren. Fast alle Wissenschaften kennen diesen Begriff – etwa wenn die Chemiker von der Struktur der Moleküle, der Sprachwissenschaftler von der Struktur der Sprache oder der Psychologe von der Struktur der Persönlichkeit spricht. Auch die Soziologie benutzt diesen Terminus, leider sehr vieldeutig und unterschiedlich (vgl. *Geißler, 2002³, S. 19*).

9.1.1 Der Begriff „Sozialstruktur"

Wo man in der neueren Literatur an dem Begriff „Sozialstruktur" festhält, kennzeichnet er **eine Gliederung der Bevölkerung nach einem bestimmten Merkmal**. Bevölkerung meint die Gesamtzahl der Einwohner innerhalb eines politisch abgrenzbaren Gebietes (vgl. *Geißler, 2002³, S. 49*).

So zum Beispiel kann das Alter als Merkmal in einer Gesellschaft zugrunde gelegt werden und man erhält so eine Gliederung der Bevölkerung nach ihrem Alter.

Eine solche Gliederung kann sich auch auf bestimmte Personengruppierungen einer Gesellschaft wie zum Beispiel auf Jugendliche oder auf Arme beziehen.

> **Sozialstruktur meint die Gliederung der Bevölkerung einer Gesellschaft oder einer ihrer Gruppierungen nach einem bestimmten Merkmal.**

Entsprechend des zugrunde liegenden Merkmals erhält man dann verschiedene Sozialstrukturen wie **Altersstruktur, Haushaltsstruktur, Wohnstruktur, Bildungsstruktur, Berufsstruktur** oder **Einkommensstruktur**.

Als Beispiel sei hier die Altersstruktur in der Bundesrepublik Deutschland von 2001 angeführt:

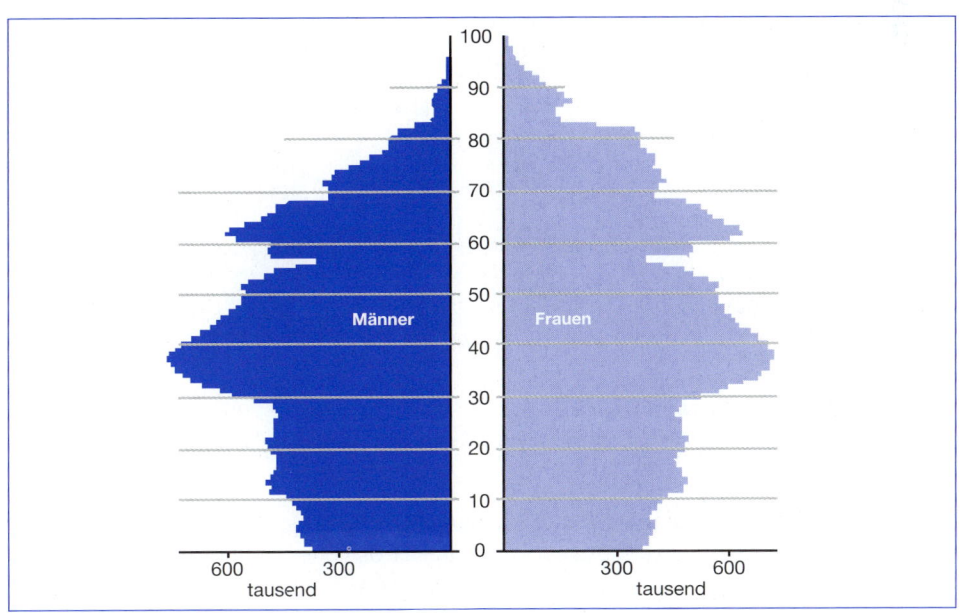

Quelle: Statistisches Bundesamt Deutschland, 2003

Sozialstruktur und soziale Schichtung

Fasst man nun verschiedene Merkmale zusammen, so kann man unter Sozialstruktur auch die Zusammenfassung dieser in **soziale Schichten** verstehen.

So ergeben zum Beispiel die Einkommens-, Vermögens-, Bildungs-, Berufs- und Machtstruktur einer Gesellschaft ein Schichtmodell wie es in *Abschnitt 9.3.3* dargestellt ist.

Der Begriff „Sozialstruktur" wird häufig synonym mit dem Terminus „soziale Struktur" verwendet. Doch aus Gründen der Eindeutigkeit sind diese beiden Begriffe genau voneinander zu trennen: Während Sozialstruktur die Gliederung der Bevölkerung einer Gesellschaft oder einer ihrer Gruppen nach einem bestimmten Merkmal meint (wie zum Beispiel die Altersstruktur), bezeichnet man mit sozialer Struktur – wie in Kapitel 1.2.2 ausgeführt – das geordnete Gefüge und den geordneten Aufbau eines sozialen Gebildes wie zum Beispiel die Kommunikationsstruktur oder die Führungsstruktur in einem Betrieb.

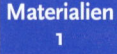

9.1.2 Der soziale Wandel

Die Analyse einer Sozialstruktur bezieht sich nicht nur auf die Gegenwart, sie verdeutlicht auch die Veränderung der einzelnen Sozialbereiche bzw. der Gesellschaftsstruktur in einem bestimmten Zeitraum. Die Veränderung der Sozialstruktur einer Gesellschaft oder einer ihrer Bereiche in der Zeit wird als **sozialer Wandel** bezeichnet.

Am Beispiel der Veränderung der Altersstruktur in der Bundesrepublik lässt sich sozialer Wandel deutlich analysieren:

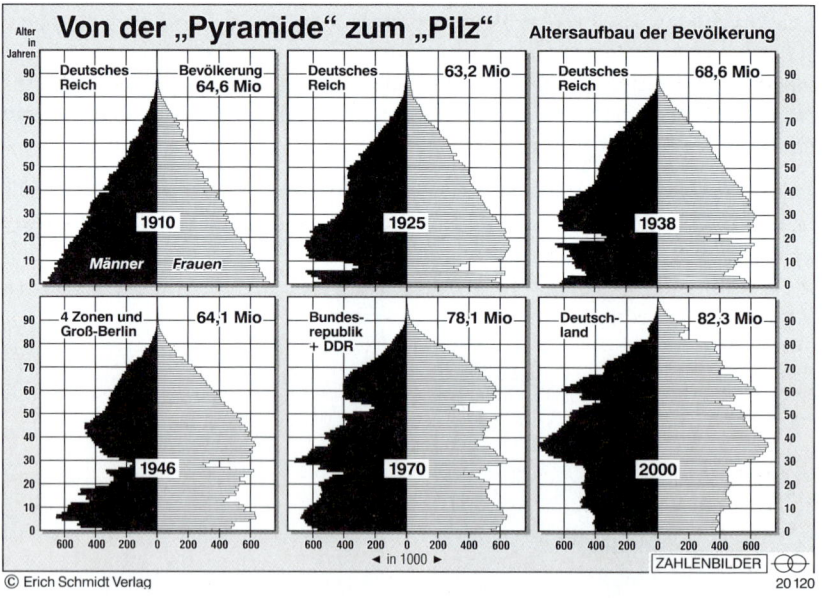

> Sozialer Wandel bezeichnet die Veränderung der Sozialstruktur einer Gesellschaft oder einer ihrer Bereiche in der Zeit.

Der Begriff sozialer Wandel beinhaltet das Gesamt von Veränderungen einer Gesellschaft hinsichtlich ihrer Struktur, des Gefüges von sozialen Positionen, Rollen, Status, Wert- und Normvorstellungen u. a. Dabei wird häufig unterschieden zwischen einer **Veränderung innerhalb eines sozialen Gebildes und Veränderungen eines sozialen Gebildes selbst**.

Der Wandel von Sozialstrukturen gibt Hinweise auf die Erforschung von dessen Ursachen und die Bildung von Theorien, die diesen Wandel erklären können.

So zum Beispiel zeigt die Altersstruktur der Bundesrepublik Deutschland deutlich einen Geburtenrückgang, nach dessen Ursachen nun geforscht werden kann.

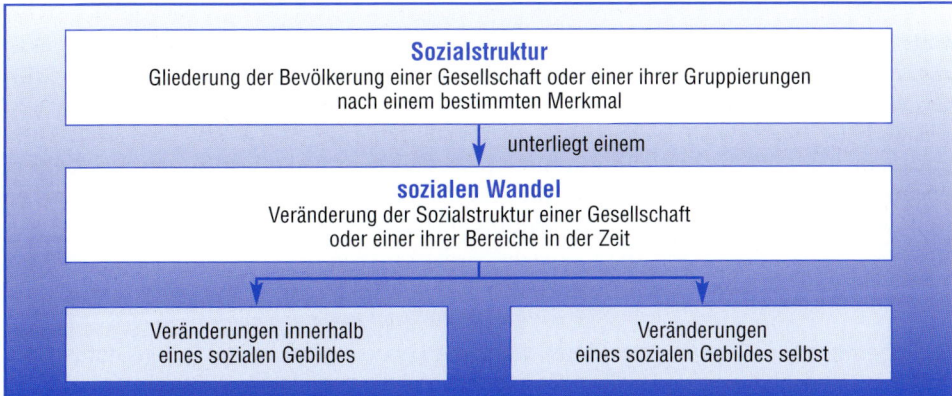

9.2 Sozialer Status und Prestige

Sozialer Status und soziales Prestige hängen sehr eng mit dem Begriff „Sozialstruktur" und „sozialer Schicht" zusammen: Personengruppierungen mit gleichem oder ähnlichem Status bilden eine soziale Schicht. Je nachdem, welche Stellung der Mensch innerhalb eines Schichtgefüges hat, genießt er mehr oder weniger Ansehen, Prestige.

9.2.1 Der soziale Status

Menschen unterscheiden sich auf vielfältige Weise voneinander. Doch viele soziale Unterschiede werden nicht – wie in *Kapitel 7.1.1* ausgeführt – einfach als „anders als andere" wahrgenommen, sondern erfahren eine **Bewertung**: Sie erscheinen gleichzeitig als „besser oder schlechter gestellt", als „vorteilhaft oder nachteilig", als „bevorzugt oder benachteiligt" usw.

Die Position eines Abteilungsleiters erscheint beispielsweise „höherwertiger" als die des Arbeiters, die Position des Firmenchefs ist wiederum „mehr Wert" als die des Abteilungsleiters.

Diese Bewertung bezieht sich immer auf bestimmte Merkmale, die im Zusammenhang mit dem Status häufig als Dimensionen dargestellt werden: Sie werden durch Gegensatzpaare wie zum Beispiel „stark – schwach", „maximal – minimal" oder – wie in unserem Fall – „oben – unten" bestimmt.

Solche Dimensionen sind zum Beispiel das Einkommen, das Vermögen, der Beruf, das Prestige oder die Bildung.

Aufgrund der Bewertung nimmt nun der Mensch **eine bestimmte Stellung im Oben oder Unten einer Dimension sozialer Ungleichheit ein, die als Status bezeichnet wird** (vgl. *Hradil/Schiener, 2001[8], S. 33*).

So zum Beispiel nimmt der Mensch eine ganz bestimmte Stellung auf der Prestigeskala ein, er hat etwa ein hohes Ansehen (= „oben") oder sehr wenig Ansehen (= „unten"). Diese bestimmte Stellung ist sein Status.

Je nachdem, welche Dimension angesprochen wird, handelt es sich um einen **Einkommensstatus, Bildungsstatus, Vermögensstatus** usw.

> Sozialer Status meint die Stellung eines Menschen im Oben oder Unten einer Dimension sozialer Ungleichheit.

In der älteren Literatur wird der Begriff „Status" häufig gleichgesetzt mit Prestige und drückt den Grad des Ansehens des Inhabers einer sozialen Position aus. Heute bezieht sich Status nicht mehr nur allein auf die Stellung im Prestigegefüge, sondern auf verschiedene Dimensionen sozialer Ungleichheit[1].

Vor allem in der älteren Literatur wird unterschieden zwischen einem **zugeschriebenen, übertragenen und erworbenen Status**. Um einen zugeschriebenen Status handelt es sich, wenn dieser durch Geburt oder Adoption erlangt wurde.

Wer zum Beispiel als Kind eines Großgrund- und Firmenbesitzers geboren wird, erhält damit „automatisch" einen ganz bestimmten Status.

Von übertragenem Status spricht man, wenn man ohne eigene Leistung den Status einer anderen Person übernommen hat. Dagegen beruht der erworbene Status auf eigener Leistung und Anstrengung.

Eine Lehrerin erreicht einen höheren Status, indem sie einen Großgrund- und Firmenbesitzer heiratet. Es handelt sich hier um einen übertragenen Status. Arbeitet sich aber jemand durch eigene Leistung und Fleiß vom Facharbeiter zum Ingenieur hoch, so hat er sich den Status erworben.

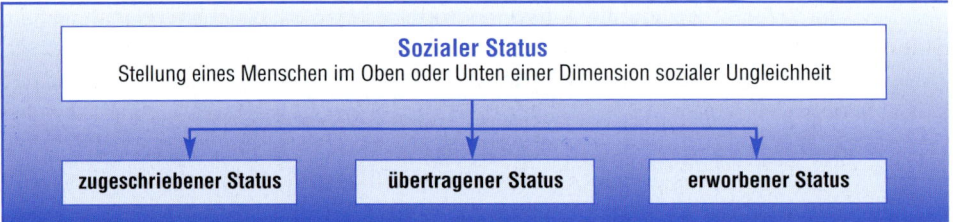

Man spricht von **Statuskonsistenz** oder auch von **Statuskristallisation**, wenn ein Individuum einen ähnlichen Status hinsichtlich verschiedener Kriterien wie Bildung, Beruf, Einkommen oder Vermögen besitzt.

Um eine statuskonsistente Lage handelt es sich beispielsweise bei einem Oberstudienrat, der Abitur und Lehramtsstudium hinter sich hat, an einem Gymnasium unterrichtet und über ein höheres Einkommen und Berufsprestige verfügt.

Differiert aber der Status aufgrund verschiedener Kriterien, so handelt es sich um eine **Statusinkonsistenz**.

Ein Dr. med, der sein Medizinstudium erfolgreich absolviert hat und Taxifahrer ist, ist ein Beispiel für Statusinkonsistenz.

In unserer heutigen, postindustriellen Gesellschaft sind Statusinkonsistenzen sehr häufig.[2]

Man kann nun Mitglieder eines sozialen Gebildes entsprechend ihrem Status innerhalb einer bestimmten Dimension einander zuordnen. Die Soziologie spricht dann von einer bestimmten **Statusverteilung** bzw. von einem **Statusaufbau**.

---

[1] *Auf Prestige wird in Abschnitt 9.2.2 eingegangen.*
[2] *vgl. Abschnitt 9.3.3*

Sozialstruktur und soziale Schichtung

„Eine sozial bewertete Position heißt [...] sozialer Status; und soziale Schichtung hat etwas mit sozialem Status, mit interner Differenzierung nach sozialem Status, mit Statusaufbau zu tun."

(Bellebaum, 2001[13], S. 120)

Die Bewegung eines Individuums von Status zu Status – sei es ein sozialer Aufstieg oder ein Abstieg – wird, wie in *Kapitel 8.2.3* ausgeführt, als **vertikale soziale Mobilität** bezeichnet.

9.2.2 Soziales Prestige

Sehr eng mit dem Begriff Status hängt das **soziale Prestige** zusammen. Im Gegensatz zum Status, welcher sich auf die Stellung eines Menschen im Oben oder Unten einer Dimension sozialer Ungleichheit bezieht, meint Prestige **das Ansehen, das eine Person oder ganze Personengruppierung aufgrund ihres Status genießt**.

> Prestige meint das Ansehen einer Person bzw. oder Personengruppierung aufgrund des sozialen Status.

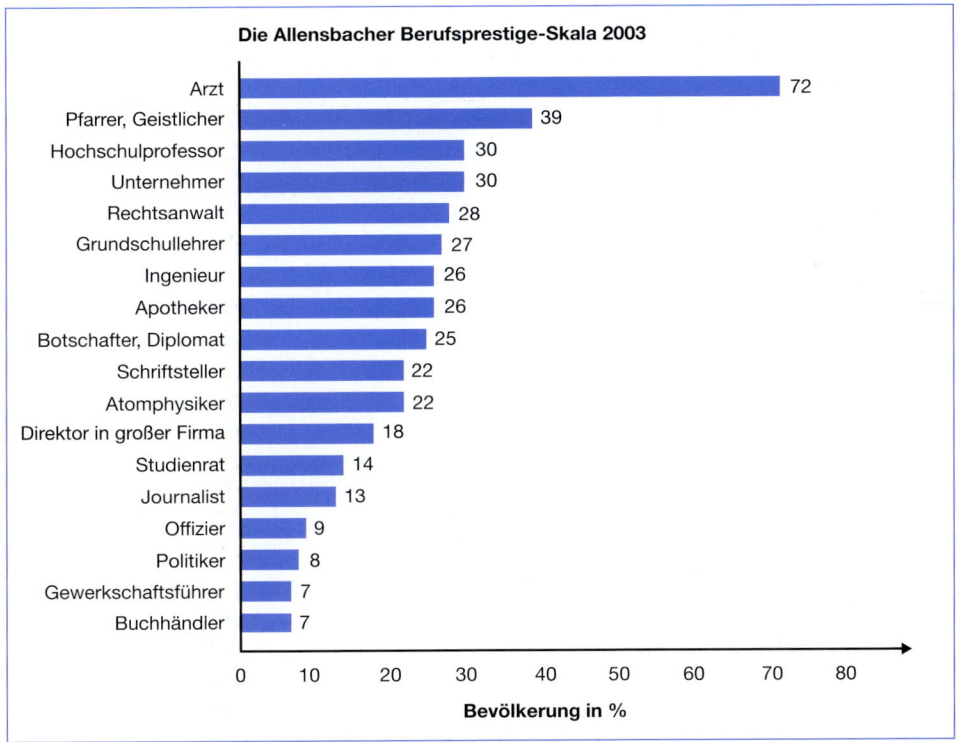

Quelle: Allensbacher Archiv, IfD-Umfrage 7040, Februar/März 2003

Dieses Ansehen wird oft in bestimmten **Prestigesymbolen** zum Ausdruck gebracht. Man spricht hier meist von **Statussymbolen**. Das sind Sinnbilder eines bestimmten Status, die den jeweiligen Status „nach außen" hin dokumentieren.

Statussymbole sind zum Beispiel Rangabzeichen an Uniformen, die Größe und die Marke des Autos, die Ausstattung des Büros bis hin zur Marke des Stuhls, die Kleidung, weitere Konsumgüter wie beispielsweise die Uhr, die Wohngegend und -einrichtung, die Art der Lokale, die man besucht, oder auch die Art der Geschäfte, in denen man einkauft.

> **Statussymbole sind äußerlich erkennbare Gegebenheiten, die den jeweiligen Status eines Menschen anzeigen (sollen).**

Statussymbole dienen zum einen der Orientierung, die erkennen lassen, wer wer ist, und signalisieren die Zugehörigkeit zu bzw. die Abgrenzung von einer bestimmten Gruppierung. Zum anderen können sie als Machtinstrument eingesetzt werden, indem sie eine „gehobene Stellung" anzeigen (vgl. *Hradil/Schiener, 2001⁸, S. 293 f.*).

„Statussymbole haben Orientierungs- und Machtwirkungen aber immer nur insoweit, als sie verstanden werden. Die u. U. vom Nutzer eines Statussymbols absichtsvoll eingesetzte Bedeutung des Symbols muss dem Adressaten bekannt sein bzw. der Prestigewert muss von ihm geteilt werden."

(Hradil/Schiener, 2001⁸, S. 294)

Im Gegensatz zu früher sind jedoch in einer freiheitlich demokratischen Gesellschaft solche Symbole keine zuverlässigen Kennzeichen mehr für einen bestimmten sozialen Status.

9.3 Modelle der Sozialstruktur

Sozialstruktur oder Begriffe wie Status und Prestige kennzeichnen grundsätzlich eine soziale Differenzierung bzw. soziale Ungleichheit, wie sie in *Kapitel 8.1.1* dargestellt sind. Die unterschiedliche Ausprägung sozialer Ungleichheit in einer Gesellschaft zeigt sich in **Kasten-, Stände-, Klassen- und Schichtmodellen**.

„Die gesellschaftliche Entwicklung im Laufe der europäischen Sozialgeschichte lässt – stark vereinfacht – eine typische Abfolge von Gefügen sozialer Ungleichheit erkennen: von Ständen über Klassen und Schichten hin zu komplexen Soziallagen." (Hradil/Schiener, 2001⁸, S. 36 f.)

9.3.1 Kasten-, Stände- und Klassenmodelle

In der Vergangenheit spielten vor allem Kasten-, Stände- und Klassenmodelle eine große Rolle.

Kaste[1]

Kaste bezeichnet eine geschlossene Gruppierung von Menschen innerhalb einer Gesellschaft, deren soziale Merkmale als angeboren und unveränderbar gelten. Von Geburt an gehört man einer bestimmten Kaste an und verbleibt dort ein Leben lang. Eine **Kastengesellschaft** besteht aus mehreren Kasten, die streng hierarchisch über- bzw. untereinander angeordnet sind. Die Zugehörigkeit zu Kasten bestimmt das Handeln des Einzelnen, regelt seine Lebensumstände und legt seine Privilegien, seine Pflichten und sein Ansehen fest. Man erkennt die Kastenzugehörigkeit am Namen, an Beruf, an der Sprache, an bestimmten Gewohnheiten wie beispielsweise Trinkgewohnheiten, an Kleidungsregeln und Sozialkontakten.

---

[1] *castus* (lat.): keusch; das Wort Kaste stammt vom portugiesischen „casta", was „unvermischt", „rein" bedeutet.

Sozialstruktur und soziale Schichtung

> Kaste ist eine geschlossene Gruppierung in einer Gesellschaft, deren Mitgliedschaft von Geburt an fest ist und das Handeln des Einzelnen bestimmt, seine Lebensumstände regelt und seine Pflichten festlegt.

In der heutigen Zeit finden wir eine Kastengesellschaft in Indien, wo sie religiös fundiert ist. Die Zugehörigkeit zu einer bestimmten Kaste ist abhängig von der Befolgung des religiösen „Reinheitsgebots". Ranghohe Kasten sind Ausdruck von hoher „Reinheit", niedrige von „Unreinheit". Ein Wechsel ist nur über den Tod in einem „nächsten" Leben möglich.

In Europa spielen Kasten keine Rolle. Der Begriff wurde früher verwendet, um – wie *Thieme (2003^8, S. 165)* schreibt – damit die Vererbung des Berufes vom Vater auf den Sohn und die daraus folgende Schichtzugehörigkeit zu bezeichnen.

Stand

Stand hat die Bedeutung von einem „rechtlich fixierten Status" und ist eine rechtlich abgesicherte, mit bestimmten Rechten, Privilegien und Pflichten ausgestattete Gruppierung von Menschen innerhalb einer Gesellschaft, deren Zugehörigkeit durch die Geburt bestimmt ist. Die Ungleichheiten sind durch entsprechende rechtlich abgesicherte Privilegien der einzelnen Stände legitimiert. Ihre Rechte zeigen sich im gesamten Alltag und führen zu standesgemäßer Lebensweise: Stände zeichnen sich durch einen bestimmten, verbindlichen Lebensstil aus.

Die Vorrechte der oberen Stände zum Beispiel zeigten sich in der vorindustriellen Ständegesellschaft etwa in Vorzügen in der Besteuerung, dem Wahlrecht, der Erwerbsmöglichkeit, aber auch in der Kleidervorschrift oder dem Recht auf eine bestimmte Kirchenbank.

Ein Aufstieg oder Abstieg ist so gut wie nicht möglich, die Stände sind rechtlich und in ihrer Lebensweise klar voneinander getrennt. Die Zugehörigkeit zu einem bestimmten Stand bestimmt das Ansehen einer Person bzw. Personengruppe.

> Stand bezeichnet eine rechtlich abgesicherte, mit spezifischen Rechten, Privilegien und Pflichten ausgestattete Gruppierung von Menschen innerhalb einer Gesellschaft, deren Zugehörigkeit durch die Geburt bestimmt ist.

Max Weber hat den Begriff „Stand" in die Soziologie eingeführt. Nach ihm bezeichnet Stand eine Bevölkerungsgruppierung mit einem bestimmten Prestige und Lebensstil.[1]

---

[1] *Eine kurze Biografie von Max Weber befindet sich in Kapitel 3.1.2.*

Bis zu Beginn der Industrialisierung war die Bundesrepublik Deutschland eine **vorindustrielle Ständegesellschaft**, die auf Glaube und Tradition gegründet war. Die ländliche feudale Ständegesellschaft umfasste die Stände des **Adels** (König, Großgrundbesitzer, Ministeriale, Ritterschaft), der **Geistlichkeit** (hoher und niederer Klerus) und der **Bauern**.

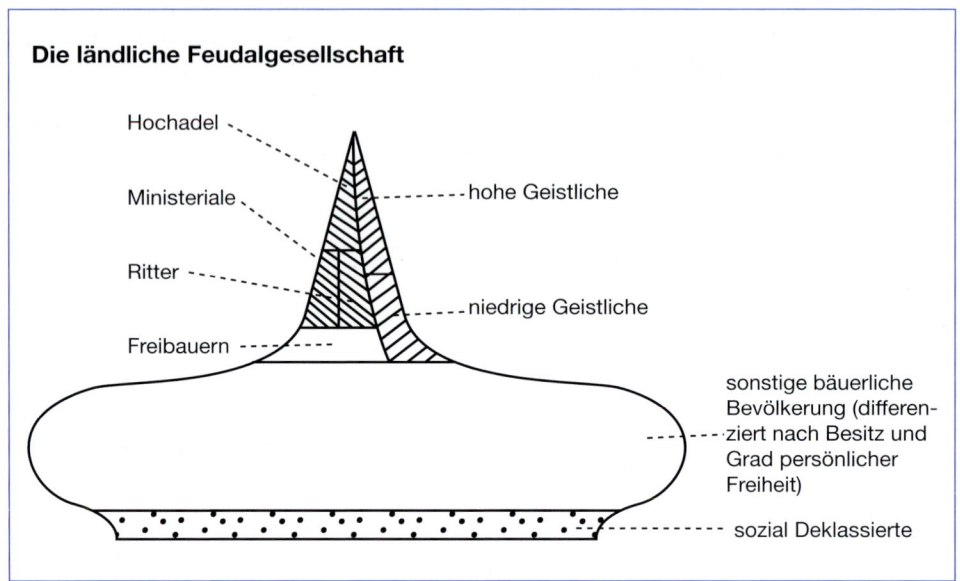

Quelle: Hradil/Schiener, 2001[8], S. 111

Die wenigen Städte hatten eine Sonderrolle, hier konstituierten sich die Stände der **Patrizier** (Ministeriale, Grundbesitzer, Fernhandelskaufleute) und der **Bürger** (selbstständige Handwerker, Krämer und Beamte). Daneben gab es **unterständische Gruppen** wie Tagelöhner, Händler ohne festen Wohnsitz, niedere Bedienstete und „unehrliche" Berufe wie Henker oder Schausteller.

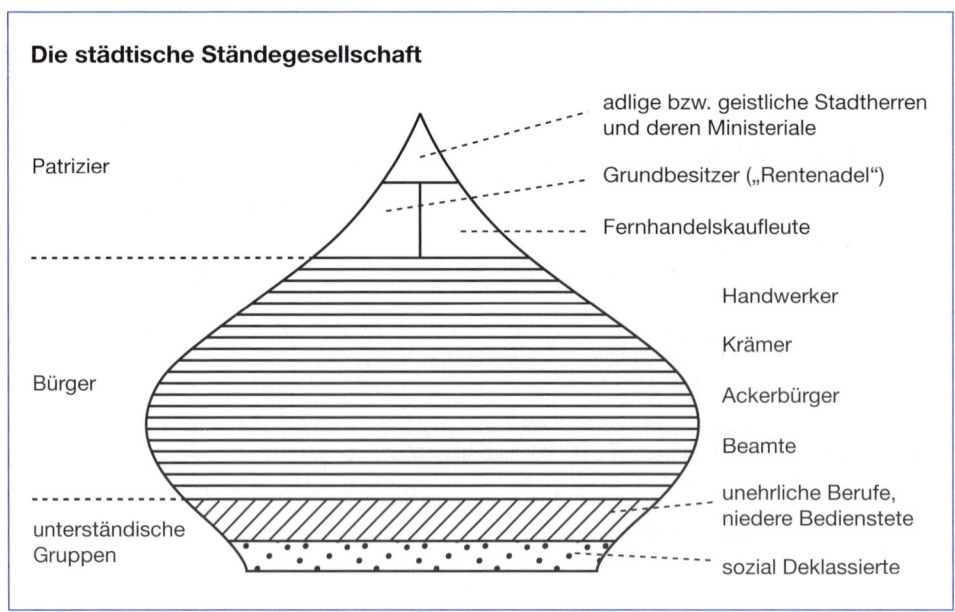

Quelle: Hradil/Schiener, 2001[8], S. 111

Sozialstruktur und soziale Schichtung

Die Ständegesellschaft war mit Beginn der Industrialisierung noch nicht verschwunden, sondern überlagert: Familiäre Vererbung von Besitz, Titel und dergleichen sind bis heute noch erhalten.

Dass sich die Ständegesellschaft über Jahrhunderte hinweg so erhalten konnte, setzte das Vorhandensein starker bewahrender Kräfte voraus; insbesondere die damals vorherrschenden kirchlichen Anschauungen von der gesellschaftlichen Ordnung stützten die Ständegesellschaft entscheidend. Im Zuge der Industrialisierung verlor der Begriff des Standes wesentlich an Bedeutung. Zur Charakterisierung von bestimmten Gruppierungen in einer Gesellschaft wird er jedoch auch heute noch verwendet, wenn etwa von **ständischen Organisationen** wie dem Ärztestand, dem Anwaltsstand oder dem Mittelstand die Rede ist.

Klasse

Klassen bezeichnet eine Gruppierung von Menschen, die ein bestimmtes gemeinsames ökonomisches Merkmal – zum Beispiel Einkommen oder Besitz – aufweist. Besitz oder Besitzlosigkeit entscheiden über die Zugehörigkeit zu einer besseren oder schlechteren Klasse. Klassen sind nicht durch rechtliche Privilegien voneinander getrennt, sondern durch wirtschaftliche Schranken, die soziale Auf- und Abstiege kaum zulassen.

> **Klasse bezeichnet eine Gruppierung von Menschen, die ein bestimmtes gemeinsames ökonomisches Merkmal hat.** (Vgl. *Thieme, 2002[6], S. 194*).

Die Bedeutung des Klassenbegriffes geht auf das Werk von *Karl Marx* und *Friedrich Engels* zurück, deren Theorie des historischen Materialismus in *Kapitel 6.2* dargestellt ist. Der Besitz von Produktionsmitteln (Grundstücke, Maschinen, Fabriken und dergleichen) wird zum klassenbildenden Prinzip. *Marx* und *Engels* unterscheiden zwei Klassen von Menschen, die Klasse der Besitzenden, Unternehmer und die der Besitzlosen, Arbeiter:[1]

| Besitzende (herrschende Klasse) | **Bourgeoisie** | Kapitalisten |
| Besitzlose (ausgebeutete Klasse) | **Proletariat** | Arbeiterklasse |

„*Der Klassenbegriff wird besonders häufig auf frühindustrielle Gesellschaften bezogen. Sie werden ‚Klassengesellschaften' genannt, weil in ihnen die neuen Klassen der Industriearbeiter einerseits und der Kapital- und Fabrikbesitzer andererseits in den Vordergrund traten und die alte Ständegliederung in den Hintergrund drängten. [...] Die besondere Angemessenheit auf frühe Entwicklungsstadien der Industriegesellschaft schließt nicht aus, dass entsprechend gestaltete Klassenbegriffe auch auf Strukturen fortgeschrittener Industriegesellschaften sinnvoll anwendbar sind. Dies gilt insbesondere für jene Klassenbegriffe, die sich auf ökonomische Machtstellungen und davon geprägte Lebensbedingungen [...] richten.*" (Hradil/Schiener, 2001[8], S. 39)

Materialien 3

Kaste	geschlossene Gruppierung in einer Gesellschaft, deren Mitgliedschaft von Geburt an fest ist und das Handeln des Einzelnen bestimmt, seine Lebensumstände regelt und seine Pflichten festlegt
Stand	rechtlich abgesicherte, mit spezifischen Rechten, Privilegien und Pflichten ausgestattete Gruppierung von Menschen innerhalb einer Gesellschaft, deren Zugehörigkeit durch die Geburt bestimmt ist
Klasse	Gruppierung von Menschen, die ein bestimmtes gemeinsames ökonomisches Merkmal haben

---

[1] *siehe auch Kapitel 8.1.3*

9.3.2 Soziale Schicht und Schichtung

In einer entwickelten Industriegesellschaft reicht der Klassenbegriff nicht aus, um soziale Über- und Unterlegenheit zu erfassen. Soziale Ungleichheit entsteht nicht nur allein aufgrund von Besitz, sondern muss auf mehrere Merkmale zurückgeführt werden. Solche Merkmale sind **Beruf, Bildung, Einkommen und Vermögen sowie Macht und Prestige**[1]. Fasst man Mitglieder einer Gesellschaft aufgrund von solchen gemeinsamen sozialen Merkmalen zusammen, so spricht man von einer **sozialen Schicht**.

Fasst man zum Beispiel Menschen mit gleichem bzw. ähnlich hohem Verdienst oder Vermögen zusammen, so handelt es sich hierbei um eine bestimmte soziale Schicht.

> Eine soziale Schicht kennzeichnet eine Gruppierung von Menschen, die aufgrund von gemeinsamen sozialen Merkmalen zusammengefasst werden.

Wie in *Abschnitt 9.2.1* ausgeführt, handelt es sich bei diesen sozialen Merkmalen um **Statusmerkmale**, so dass eine soziale Schicht immer eine Menschengruppierung mit einem gleichen oder ähnlichen Status darstellt. In jeder Gesellschaft bestehen Unterschiede hinsichtlich von Statusmerkmalen und es gibt dementsprechend verschiedene Gruppierungen von Menschen mit gleichem oder ähnlichem Status.

So gibt es zum Beispiel in einer Gesellschaft einen Personenkreis, der wenig verdient und kaum Vermögen besitzt, und es gibt eine Gruppierung von Menschen, die durchschnittlich verdient und ein durchschnittliches Vermögen hat, und es gibt einen Kreis von Personen, der sehr viel verdient und ein hohes Vermögen hat.

Gliedert man Mitglieder einer Gesellschaft nach solchen gemeinsamen sozialen Merkmalen, so spricht man von einer **sozialen Schichtung** bzw. von einem **Schicht(ungs)modell**.

> Unter sozialer Schichtung bzw. einem Schicht(ungs)modell versteht man die Gliederung von Menschengruppierungen mit gemeinsamen sozialen Merkmalen.

Der Soziologe *Erwin K. Scheuch* zum Beispiel hat in den 60er Jahren des vergangenen Jahrhunderts die Gesellschaft in sieben Schichten eingeteilt:

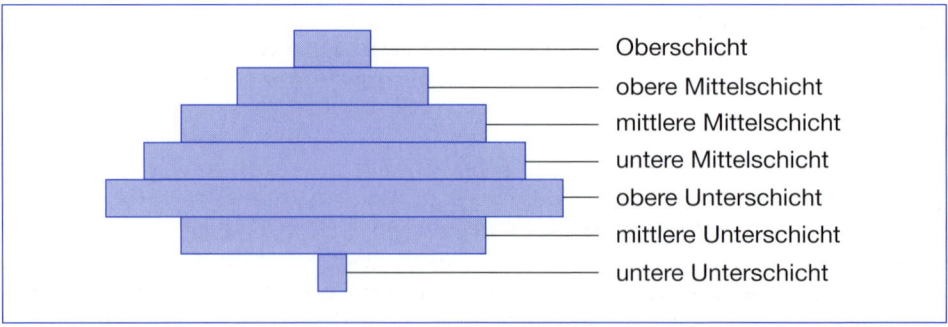

Einige Soziologen sprechen erst dann von einer sozialen Schicht, wenn sich die entsprechende Gruppierung einer Bevölkerung aufgrund ihres mehr oder weniger ausgeprägten Bewusstseins ihrer Gleichartigkeit und Zusammengehörigkeit von anderen Gruppierungen abhebt. Damit wird das **Schichtbewusstsein** zu einem wichtigen Kriterium sozialer Schicht (vgl. Peuckert, 2003[8], S. 296).

---

[1] siehe Kapitel 8.2.2

„Die Angehörigen von Schichten werden durch ihre Qualifikation, ihre berufliche Stellung, ihr Einkommen und ihr Prestige unterschieden. Mit Schichten sind in der Regel vertikal übereinander anzuordnende Gruppierungen gemeint. Der Schichtbegriff richtet sich nicht auf die Erklärung, sondern auf die Beschreibung ungleicher Lebensbedingungen." (Hradil/Schiener, 2001⁸, S. 355)

Stände- und Klassengesellschaft sind eine gespaltene Gesellschaft, eine Schichtgesellschaft ist jedoch eine abgestufte, in allmählichen und sich überschneidenden Übergängen ungleiche Gesellschaft. Hinsichtlich der Erhebung von Daten gibt es dabei zwei verschiedene Vorgehensweisen, die **subjektive und die objektive Schichteinstufung**. Bei der subjektiven Schichteinstufung ordnen sich die Befragten selbst auf einer Skala hinsichtlich bestimmter Merkmale wie etwa Einkommen, Vermögen, Beruf und Bildung ein. Nach diesen Angaben folgt dann die Aufteilung auf verschiedene Schichten wie zum Beispiel Oberschicht, obere Mittelschicht, mittlere Mittelschicht, untere Mittelschicht, obere Unterschicht, mittlere Unterschicht und untere Unterschicht.

Materialien 3

Bei der objektiven Schichteinstufung werden objektive Daten etwa über Einkommen, Vermögen, Beruf und Bildung erhoben, auf deren Grundlage dann die Aufteilung auf verschiedene Schichten erfolgt.

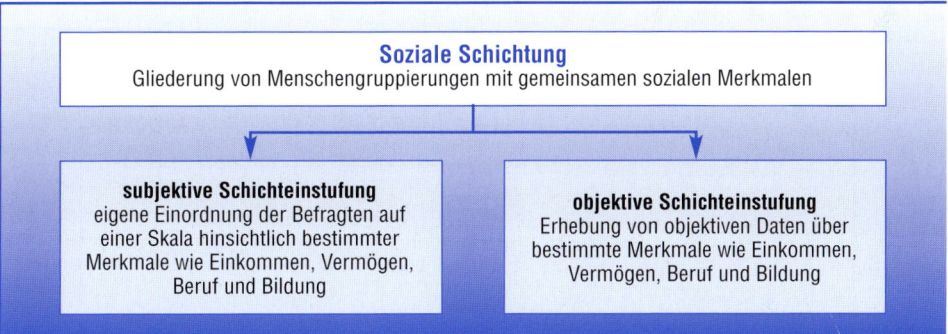

9.3.3 Schichtungsmodelle

Schicht- bzw. Schichtungsmodelle sind nach *Rainer Geißler (2002³, S. 116)* Versuche, in das wenig übersichtliche Durcheinander sozialer Ungleichheit eine gewisse Ordnung zu bringen. Dabei bilden diese Modelle die Wirklichkeit nicht realitätsgetreu ab, sondern stellen lediglich ein Hilfsmittel dar, um die Sozialstrukturen der Wirklichkeit genauer zu erfassen.

Die bekanntesten Schichtmodelle der Vergangenheit sind das eingangs dargestellte **Zwiebel-Modell** von *Karl Martin Bolte* und seinen Mitarbeitern, welches nach *Stefan Hradil (2002⁶, S. 216)* im Wesentlichen auch heute noch Gültigkeit besitzt, und das **Haus-Modell** von *Ralf Dahrendorf*. Beide Modelle stellen die Schichtung der westdeutschen Bevölkerung in den 60er Jahren des vergangenen Jahrhunderts dar. *Dahrendorf* unterscheidet sieben Schichten, die nach ihrer Stellung im Beruf, ihrer sozialen Lage sowie ihrer typischen Mentalität teils über-, teils nebeneinander angeordnet sind (vgl. *Dahrendorf, 1982, S. 105 ff.*):

- die **Eliten** im Obergeschoss als die mächtigsten Entscheidungsträger der einzelnen Funktionsbereiche wie Politik, Wirtschaft, Verwaltung usw.,
- die **Dienstklasse**, das sind nichttechnische Beamte und Verwaltungsangestellte,

- der **alte Mittelstand**, das sind die Selbstständigen,
- die **Arbeiterelite**, das sind die Spitzenverdiener und Meister,
- die große **Arbeiterschicht** im Hauptgeschoss,
- der falsche **Mittelstand**, das sind sozial weniger gut gestellte Angestellte, die sich aber zur Mittelschicht zählen, und
- die **Unterschicht** im Keller, das sind Dauererwerbslose, Unstete, (Rückfall-)Kriminelle, Halb- bzw. Analphabeten u. a.

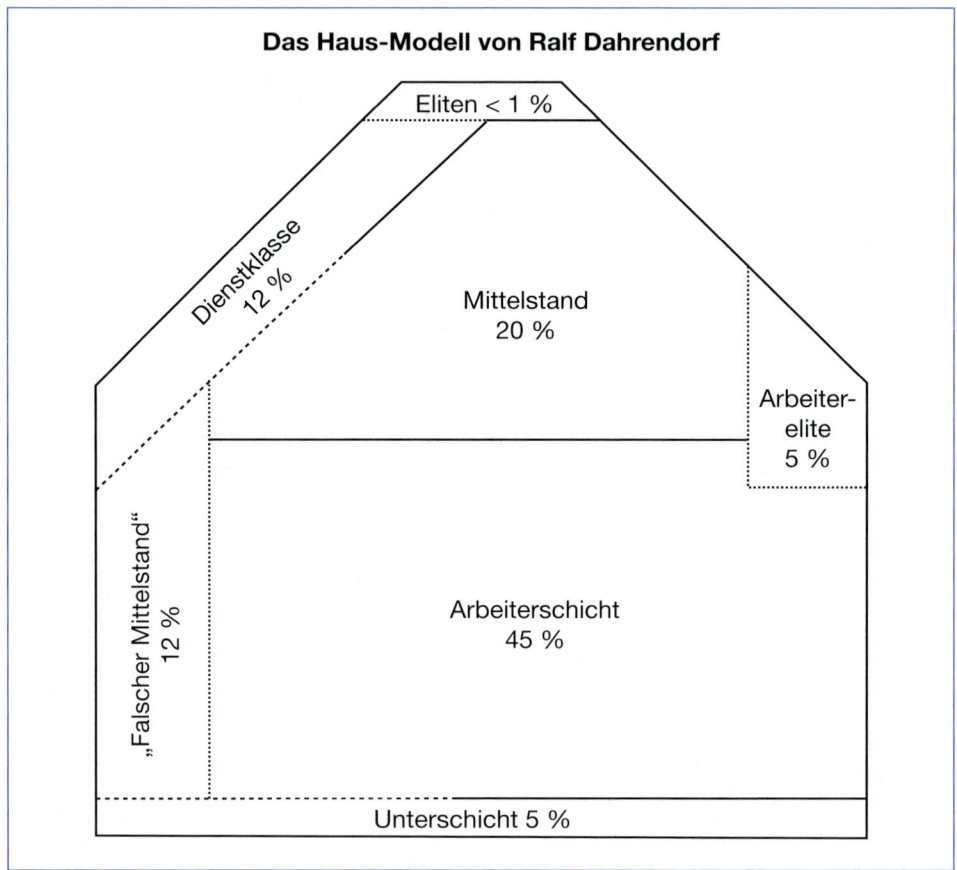

Quelle: Dahrendorf, 1982, S. 105 ff.

Rainer Geißler (2002[3], S. 118 f.) hat das Modell von *Dahrendorf* den Gegebenheiten der heutigen Zeit angepasst und weiter ausdifferenziert. Der Schichteinteilung liegen bei ihm – ähnlich wie bei *Dahrendorf* – mehrere Kriterien zugrunde. Eine wichtige Rolle spielt dabei der Beruf, der verschiedene Faktoren wie Funktion in der wirtschaftlich-gesellschaftlichen Arbeitsteilung, Qualifikation, Einkommen, Prestige und Einfluss bündelt. Die materielle Lage und die ethnische Zugehörigkeit sind nach ihm ausschlaggebend bei der Abgrenzung der Randschichten und der ethnischen Minderheiten, die Position im Herrschaftsgefüge bei der Abgrenzung der Eliten. Herangezogen werden auch „typische Mentalitäten", Subkulturen und Lebenschancen.

Soziale Schichtung der westdeutschen Bevölkerung im Jahre 2000 nach *Rainer Geißler* (2002³, S. 119 f.):

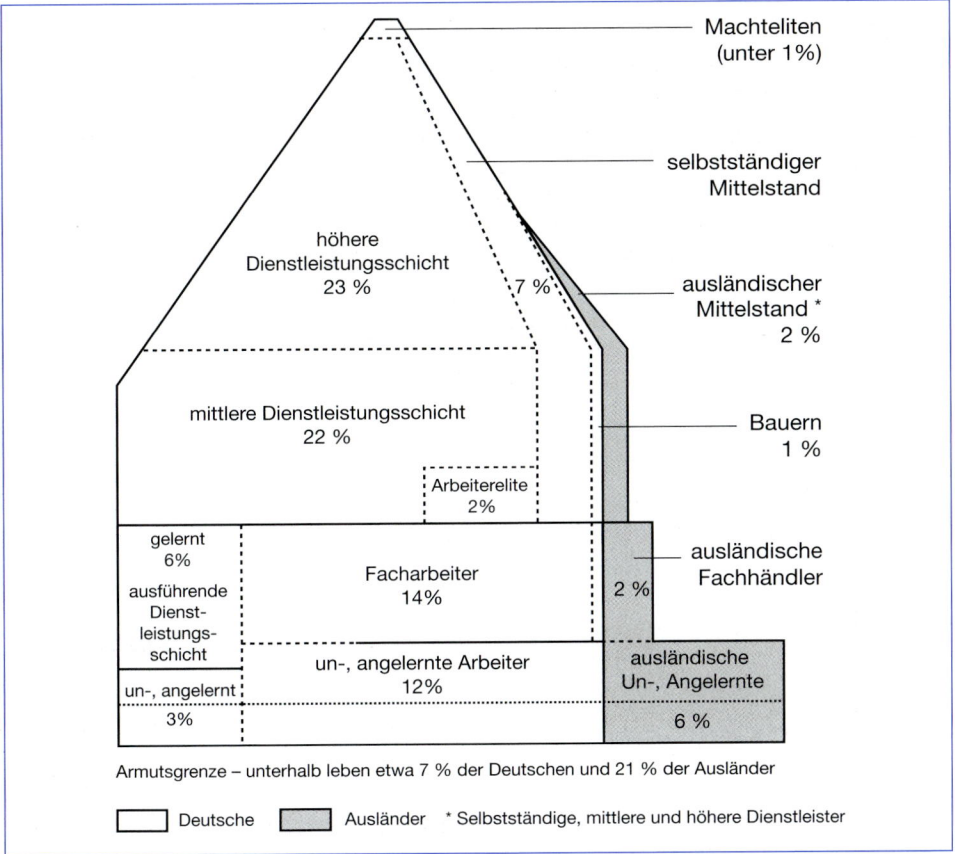

Datenbasis: SOEP 2000; N = 17.850; berechnet von Stefan Weick

Die Prozentanteile der Schichten beziehen sich auf die Wohnbevölkerung im früheren Bundesgebiet (Deutsche und Ausländer aus den fünf wichtigsten früheren Anwerbestaaten). Die Personen wurden nach dem Status ihrer Familie den Schichten zugeordnet. Ausschlaggebend für den Familienstatus war der Status des Haushaltsvorstandes. Haushaltsvorstände, die nicht mehr erwerbstätig waren, wurden nach ihrem früheren Berufsstatus klassifiziert. Die empirische Grundlage der Quantifizierung bilden die Daten des Sozioökonomischen Panels des Jahres 2000. Die Armutsgrenze bezieht sich auf den Anteil der Deutschen bzw. Ausländer, die mit weniger als 50 % des Äquivalenzeinkommens auskommen müssen.[1]

An den Schichtmodellen ist in jüngerer Zeit zunehmend Kritik geübt worden:
- In der jetzigen, so genannten postindustriellen Gesellschaft bestehen soziale Ungleichheiten nicht nur hinsichtlich der Kriterien Bildung, Erwerbstätigkeit, Einkommen und Vermögen, sondern es gibt weitere Aspekte, die die Lage eines Menschen zum Besseren oder auch Schlechteren beeinflussen, wie zum Beispiel Arbeits-, Freizeit-, Gesundheits-, Wohnungsbedingungen, regionale Bedingungen oder Teilhabe am Sozialversicherungssystem. Die Merkmale sozialer Ungleichheit sind heute differenzierter, als es Schichtmodelle glauben machen.

---

[1] siehe Kapitel 8.2.2

„Schicht- und Klassenmodelle richteten sich in erster Linie auf den Beruf als Determinante sozialer Ungleichheit. In beiden Ansätzen fehlten außerberufliche Determinanten.[1] Daher konnten Ungleichheiten zwischen Geschlechtern, Regionen, ethnischen Gruppierungen, Altersgruppen, Kohorten (d. h. Geburtenjahrgangsgruppen) etc. in Klassen und Schichtmodellen nicht erklärt und beschrieben werden. Obendrein brachte es die Konzentration auf die Determinante Beruf mit sich, dass etwa die Hälfte der Bevölkerung (Rentner, Hausfrauen, Studierende, Kinder [...]) nicht oder nur mittels fragwürdiger Hilfskonstruktionen (‚Haushaltsvorstand', ‚Ernährer', früherer Beruf) in Klassen- und Schichtmodelle einbezogen werden konnte." (Hradil/Schiener, 2001[8], S. 363)

Es gibt in der heutigen postindustriellen Gesellschaft kein eindeutiges Kriterium mehr für die Statuszuweisung.

- In der heutigen Zeit ist Statusinkonsistenz, die Unterschiedlichkeit des Status aufgrund verschiedener Merkmale, der Regelfall.[2] Gehen Schichtmodelle eher davon aus, dass der Status einer Person hinsichtlich verschiedener Merkmale wie Beruf, Bildung, Einkommen oder Vermögen gleich oder ähnlich ist, so ist das heute nicht mehr zutreffend.

- Schichtmodelle sind zu global, weitere Differenzierungen vor allem innerhalb der Mittelschicht werden nicht erfasst.

- In der heutigen Zeit werden Wertvorstellungen, Einstellungen und Verhalten nicht mehr so sehr durch die Schicht, der man angehört, bestimmt, es ist vielmehr der **individuelle Lebensstil**, der Werte und Verhalten beeinflusst.

„Schichtung ist eine außerordentlich verbreitete, aber nicht universale Erscheinungsform sozialer Ungleichheit." (Bahrdt, 2003[9], S.132)

9.3.4 Neuere Strukturmodelle

Mit neueren Modellen wie die der **Lebenslagen** bzw. **sozialen Lagen**, des **Lebensstilkonzepts** und der **sozialen Milieus** wird versucht, die Nachteile von Schicht- und Klassenmodelle zu vermeiden.

Das Konzept der Lebenslagen und der sozialen Lagen will im Gegensatz zu den Schichtmodellen alle in der heutigen Zeit relevanten Merkmale sozialer Ungleichheit berücksichtigen – vor allem auch solche, die nicht im Zusammenhang mit dem Beruf stehen. **Lebenslage** meint nach *Hradil/Schiener (2001[8], S 44)* die Gesamtheit ungleicher Lebensbedingungen eines Menschen, die sich durch das Zusammenwirken von Vor- und Nachteilen in unterschiedlichen Dimensionen sozialer Ungleichheit ergeben.

So kann es möglich sein, dass die Lebenslage eines Menschen etwa einerseits durch geringe Berufsqualifikation und ein geringes Einkommen, andererseits aber durch viel Freizeit, gut gelegene Wohnung und hohe Integration in der Gemeinde gekennzeichnet ist.

> Lebenslage meint die Gesamtheit ungleicher Lebensbedingungen eines Menschen, die sich durch das Zusammenwirken von Vor- und Nachteilen in unterschiedlichen Dimensionen sozialer Ungleichheit ergeben.

---

[1] *Determinante (lat.): bestimmender Faktor*
[2] *vgl. Abschnitt 9.2.1*

Soziale Lage bezeichnet nach *Hradil/Schiener (2001^8, S. 43)* die Situation einer Bevölkerungsgruppierung, deren Lebensbedingungen in einem nicht unerheblichen Maße durch eine bestimmte soziale Position geprägt und ähnlich gestaltet werden.

Solche Gruppierungen sind beispielsweise Hausfrauen, Studierende, Beamte, Facharbeiter, Arbeitslose etc.

> Soziale Lage bezeichnet die Situation einer Bevölkerungsgruppierung, deren Lebensbedingungen in einem nicht unerheblichen Maße durch eine bestimmte soziale Position geprägt und ähnlich gestaltet werden.

Materialien 4

Neuere Modelle gehen auch davon aus, dass so genannte objektive Lebensbedingungen wie Einkommen oder Besitz zwar möglicherweise, aber nicht notwendigerweise die subjektive Lebensweise eines Menschen prägen. Soziale Milieus oder Lebensstilkonzepte versuchen das Ausmaß der Übereinstimmung von objektiven Lebensbedingungen und subjektiven Lebensweisen differenzierter zu betrachten. **Soziale Milieus** fassen nach *Hradil/Schiener (2001^8, S. 45)* „Gruppen Gleichgesinnter" zusammen, die in ihren Werthaltungen, ihrer Mentalität, Lebensauffassung und Lebensweise sowie in der Wahrnehmung ihrer Umwelt gleich bzw. sich ähnlich sind.

Zum Beispiel gibt es das „konservative Milieu", welches sich durch traditionelle Werte, politisch konservative Einstellung und hohes Pflichtbewusstsein auszeichnet.

> Soziale Milieus fassen Gruppen Gleichgesinnter hinsichtlich ihrer Werthaltungen, Mentalität, Lebensauffassung und -weise sowie der Wahrnehmung ihrer Umwelt zusammen.

Menschen besitzen in der heutigen Gesellschaft einen Freiraum in der Gestaltung ihres Lebens. Die Art und Weise, wie ein Mensch sein Alltagsleben organisiert und gestaltet, bezeichnet man als **Lebensstil**. Dabei ist diese Art und Weise der Lebensgestaltung relativ stabil.

> Unter Lebensstil wird die relativ stabile, regelmäßig wiederkehrende Art und Weise der Gestaltung des eigenen Lebens verstanden.

Verschiedene Lebensstile lassen sich zu einem Modell des Ungleichheitsgefüges zusammenfassen, welches differenzierter ist als Klassen- und Schichtmodelle.

„Lebensstilbegriffe werden seit den 80er Jahren bei der Analyse sozialer Ungleichheit immer häufiger verwendet. Den Menschen in modernen Gesellschaften wird es immer wichtiger, wie sie ihr Leben ausrichten. Sie definieren sich in wachsendem Maße über ihre persönliche Lebensweise. Sie gestalten ihr Leben oft sehr bewusst, sind dabei immer häufiger auch auf ‚Stil' und Außenwirkung bedacht und machen diese zum Maßstab für ein ge- oder misslungenes Leben."

(Hradil/ Schiener, 2001[8], S. 46)

Materialien 4

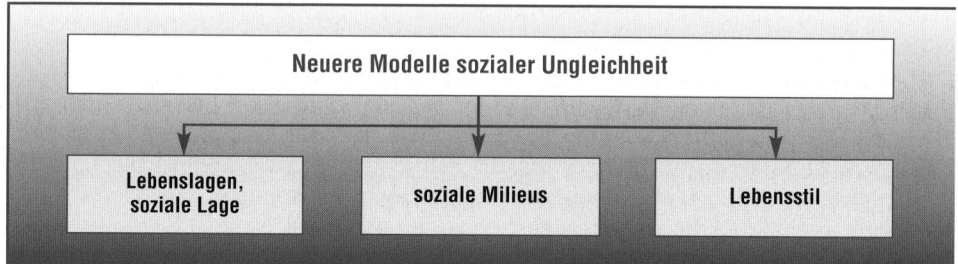

Zusammenfassung

- Sozialstruktur meint die Gliederung der Bevölkerung einer Gesellschaft oder einer ihrer Gruppierungen nach einem bestimmten Merkmal wie zum Beispiel Alter, Bildung, Beruf, Einkommen. Sozialer Wandel bezeichnet die Veränderung der Sozialstruktur einer Gesellschaft oder einer ihrer Bereiche in der Zeit (wie zum Beispiel die Altersstruktur). Dabei wird häufig unterschieden zwischen einer Veränderung innerhalb eines sozialen Gebildes und Veränderungen eines sozialen Gebildes selbst.

- Sozialer Status meint die Stellung eines Menschen im Oben oder Unten einer Dimension sozialer Ungleichheit. Vor allem in der älteren Literatur wird unterschieden zwischen einem zugeschriebenen, übertragenen und erworbenen Status. Man spricht von Statuskonsistenz, wenn ein Individuum einen ähnlichen Status hinsichtlich verschiedener Kriterien wie Bildung, Beruf, Einkommen oder Vermögen besitzt. Differiert aber der Status aufgrund verschiedener Kriterien, so handelt es sich um eine Statusinkonsistenz. Man kann nun Mitglieder eines sozialen Gebildes entsprechend ihrem Status innerhalb einer bestimmten Dimension einander zuordnen. Die Soziologie spricht dann von einer bestimmten Statusverteilung bzw. von einem Statusaufbau.

- Prestige meint das Ansehen einer Person bzw. Personengruppierung aufgrund des sozialen Status. Dieses Ansehen wird oft in bestimmten Statussymbolen zum Ausdruck gebracht. Statussymbole sind äußerlich erkennbare Gegebenheiten, die den jeweiligen Status eines Menschen anzeigen (sollen).

- Die unterschiedliche Ausprägung sozialer Ungleichheit in einer Gesellschaft zeigt sich in Kasten-, Stände-, Klassen- und Schichtmodellen. Kaste ist eine geschlossene Gruppierung in einer Gesellschaft, deren Mitgliedschaft von Geburt an fest ist und das Handeln des Einzelnen bestimmt, seine Lebensumstände regelt und seine Pflichten festlegt. Stand bezeichnet eine rechtlich abgesicherte, mit spezifischen Rechten, Privilegien und Pflichten ausgestattete Gruppierung von Menschen innerhalb einer Gesellschaft, deren Zugehörigkeit durch die Geburt bestimmt ist. Klasse bezeichnet eine Gruppierung von Menschen, die ein bestimmtes gemeinsames ökonomisches Merkmal hat.

Sozialstruktur und soziale Schichtung

Zusammenfassung

- Eine soziale Schicht kennzeichnet eine Gruppierung von Menschen, die aufgrund von gemeinsamen sozialen Merkmalen zusammengefasst wird. Unter sozialer Schichtung bzw. einem Schicht(ungs)modell versteht man die Gliederung von Menschengruppierungen mit gemeinsamen sozialen Merkmalen. Hinsichtlich der Erhebung von Daten gibt es dabei zwei verschiedene Vorgehensweisen, die subjektive und die objektive Schichteinstufung. Die bekanntesten Schichtmodelle sind das Zwiebel-Modell von *Karl Martin Bolte* und seinen Mitarbeitern und das Haus-Modell von *Ralf Dahrendorf*, welches *Rainer Geißler* den Gegebenheiten der heutigen Zeit angepasst und weiter ausdifferenziert hat. An den Schichtmodellen ist in jüngerer Zeit zunehmend Kritik geübt worden.

- Mit neueren Modellen wie die der Lebenslagen und sozialen Lagen, des Lebensstilkonzepts und der sozialen Milieus wird versucht, die Nachteile von Schicht- und Klassenmodellen zu vermeiden. Lebenslage meint die Gesamtheit ungleicher Lebensbedingungen eines Menschen, die sich durch das Zusammenwirken von Vor- und Nachteilen in unterschiedlichen Dimensionen sozialer Ungleichheit ergeben. Soziale Lage bezeichnet die Situation einer Bevölkerungsgruppierung, deren Lebensbedingungen in einem nicht unerheblichen Maße durch eine bestimmte soziale Position geprägt und ähnlich gestaltet werden. Soziale Milieus fassen Gruppen Gleichgesinnter hinsichtlich ihrer Werthaltungen, Mentalität, Lebensauffassung und -weise sowie der Wahrnehmung ihrer Umwelt zusammen. Unter Lebensstil wird die relativ stabile, regelmäßig wiederkehrende Art und Weise der Gestaltung des eigenen Lebens verstanden.

Materialien Kapitel 9

1. Beispiele für die Sozialstruktur in der Bundesrepublik Deutschland[1]

a) Der Altersaufbau in der BRD im Jahr 2003

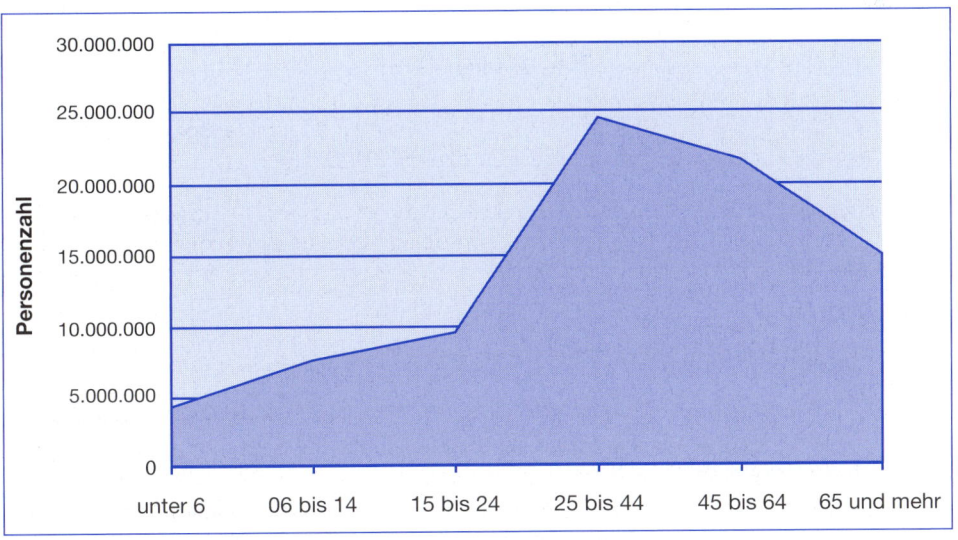

---

[1] *weitere Beispiele siehe auch Materialien 1 in Kapitel 8*

b) Allgemeine Schulausbildung im Jahr 2003

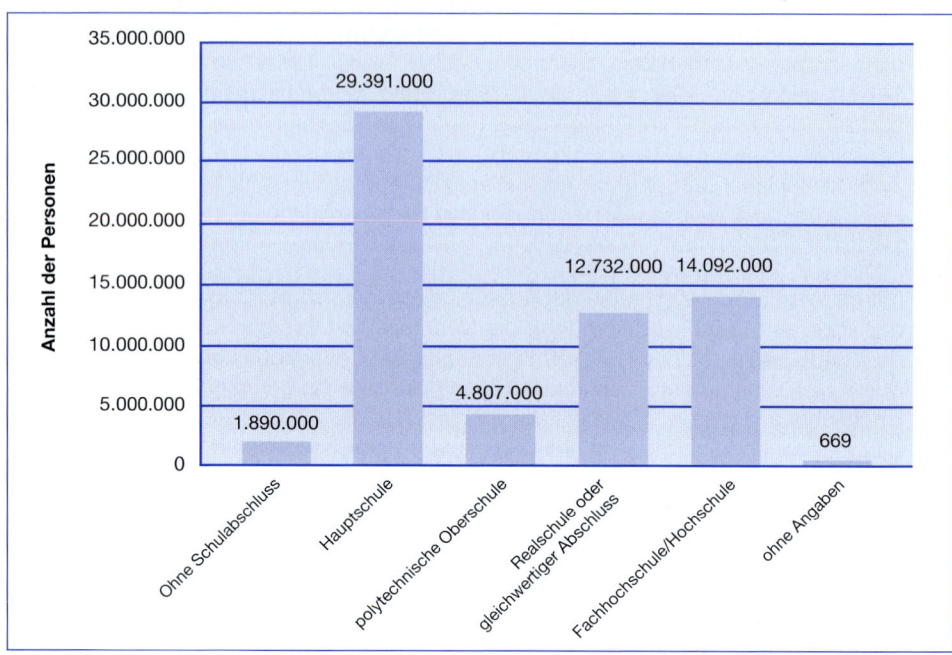

c) Beschäftigte nach Stellung im Beruf in der BRD im Jahr 2003

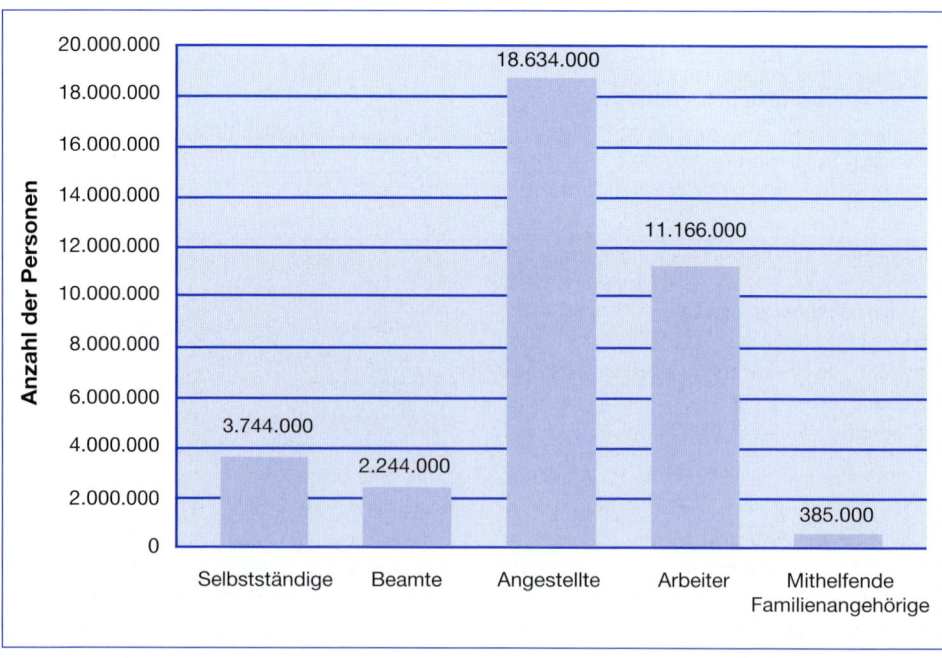

Quelle: Statistisches Bundesamt Wiesbadeen, 2006

Mikrozensus, Fachserie 1, Reihe 4.1.1 Stand und Entwicklung der Erwerbstätigkeit

d) Vermögensstruktur privater Haushalte nach Beruf des „Haushaltsvorstandes" im Jahr 1998

	Landwirte	sonstige Selbstständige	Beamte	Angestellte	Arbeiter	Nicht erwerbstätige	alle Haushalte
West	Nettovermögen[2] in 1.000 EUR pro Haushalt						
Nettogeldvermögen	161	88	46	36	24	32	35
Nettogrundvermögen	257	195	134	90	73	91	95
Nettovermögen insgesamt	318	283	179	126	97	123	130
Nettovermögen West (alle Haushalte = 100)	245	218	138	97	75	95	100
	Haus- und Grundbesitzer in Prozent aller Haushalte						
West	91	65	65	49	46	44	48
Ost	77	53	41	40	40	23	33

[1] ohne Arbeitslose
[2] Nettovermögen = Bruttovermögen abzüglich Schulden
Datenbasis: EVS (Die Ungleichheit der Vermögensverteilung wird unterschätzt, weil EVS etwa 200.000 bis 400.000 Spitzenverdiener mit einem Einkommen über 35.000 DM pro Monat nicht erfasst). BMAS 2001, Band 2, 94 (Nettovermögen); StBA (Haus- und Grundbesitzer).

Quelle: Geißler, 2002[3], S. 106

2. Statussymbole

a) Der Schreibtisch als Statussymbol

„Da sind zum Beispiel die Rangabzeichen in einer [...] Versicherungszentrale. Herausragendes Kennzeichen der gemeinsam in einem Großraum arbeitenden Angestellten ist der Schreibtisch. Der Sachbearbeiter – niederer Rang – sitzt vor einer schmalen Arbeitsplatte, in die nur zur Rechten ein paar Aktenfächer eingehängt sind. Hat er mehr Akten zu verwalten, so darf er rollbare Aktenwägelchen benutzen, beileibe aber keinen doppelseitigen, mit Aktenfächern ausgestatteten Schreibtisch.

Der steht nur der zweiten Kaste zu, den Büroleitern. Handlungsbevollmächtigten – dem dritten Rang – wird der gleiche Schreibtisch zuteil, jedoch an der Front durch eine hervorstehende rechteckige Tischverlängerung imponierender gestaltet. Auch Prokuristen steht dieser Typ zu, doch wird er nach vorn und auch noch nach beiden Seiten durch drei- eckig herausragende Anbauten repräsentativ vergrößert. Sie verleihen dem Schreibgiganten die Gestalt eines flachen Winkels, zwischen dessen Schenkeln der Prokurist thront. Die Direktoren? Sie diktieren hinter individuellen Tischen.

Derselbe Klassenkampf tobt um die Stühle. Sachbearbeiter hocken auf einem schlicht gepolsterten Metallstuhl. Büroleiter administrieren auf demselben Typ, nur können sie sich auch darauf rollen. Sie haben Räder unter ihrem Sitz. Ein Hbv[1] verfügt über Rollen und zusätzliche Armlehnen, ein Prokurist über Rollen, Armlehnen und zusätzliche Zwischenteile, also über eine sesselähnliche Sitzschale. [...] Hinzu kommt die Rangordnung im Zimmer selbst. Der Ranghöchste regiert immer am Fenster und bekommt das Licht von links. Nummer zwei arbeitet gegenüber am Fenster

[1] Hbv: Handlungsbevollmächtigter

mit dem Licht von rechts. Nummer drei folgt in möglichst enger und möglichst linker Fensternähe und Nummer vier in der dunklen Ecke nahe der Tür und der Zugluft.

Originellstes Rangsymbol ist der Arbeitsbeginn. Zwar gibt es Betriebe, in denen vom Vorstandsvorsitzenden bis zum Boten jeder Punkt halb acht Uhr mit der Arbeit beginnt. Aber viel häufiger findet sich etwas Ähnliches wie die Eintreffens-Rangordnung in einem rheinischen Verbandsbürohaus. Dort geht das so vor sich: Arbeitsbeginn acht Uhr. Erst erscheinen die Boten, Pförtner und sonstigen. Acht Uhr fünfzehn: Die Stenotypistinnen treten auf. Acht Uhr dreißig: Die Sekretärinnen, danach die Chefsekretärinnen, 15 Minuten später die jüngeren Referenten. Gegen neun Uhr die älteren Referenten. Dann die Vizeabteilungschefs und schließlich um halb zehn Uhr die Abteilungschefs. Und ein Donnerwetter von oben überfällt jeden, der später kommt, als er zu spät kommen darf. Sanfte Missachtung von unten erntet, wer früher erscheint, als es ihm nach dem Feudalkodex zusteht. [...]

Nie erscheint ein Untergebener beim Mittagstisch im Kreise seiner Vorgesetzten. So sieht die Tischordnung einer deutschen Großversicherung aus:
Angestelltenkantine: Selbstbedienung, schlichtes Geschirr,
Prokuristenkan ... nein, natürlich ... -kasino: Gedeckte Tische und Bedienung.
Direktorenkasino: Dieses alles samt Ober im Frack.
Generaldirektor: Privatspeisesaal."

Quelle: Wildt, 1963

b) Statussymbole heute

Offizielle (d. h. geregelte) Statussymbole, wie sie die Rangabzeichen der Angehörigen bestimmter Organisationen darstellen, sind in modernen Gesellschaften nicht die Regel, sondern die Ausnahme. Gerade aus diesem Grund ist die Frage besonders interessant, welche äußerlich erkennbaren Gegebenheiten in welcher Situation auf welche Weise benutzt werden, um an ihnen erkennen zu lassen oder anderen zu zeigen, „wer wer ist".

Gewisse Aufschlüsse darüber sind aus den Ergebnissen einer Ende der 1970er Jahre durchgeführten Untersuchung zu erhalten, in der eine Auswahl der Bevölkerung der Bundesrepublik darüber befragt wurde, an welchen äußerlichen Kriterien man sich bei der Zuerkennung von Prestige orientiert. Es ergab sich die nachstehende Rangfolge:

1. Die Art von Leuten, mit denen jemand verkehrt
2. Die Art, die Wohnung einzurichten
3. Die Art der Kleidung
4. Die Art der Bücher, die jemand liest
5. Wohnviertel, Wohngebiet
6. Die Veranstaltungen, die jemand besucht
7. Die Auswahl der Zeitungen
8. Die Art der besuchten Lokale, Restaurants
9. Die Wahl des Sportclubs
10. Das Auto
11. Wohin man in Urlaub fährt
12. Die Art von Geschäften, in denen man einkauft

Quelle: Hradil/Schiener, 2001[8], S. 296 f.

Attraktiver, kultivierter Kaufmann im Ruhestand, 1,76/82, in sehr schönem, eigenem Wohnambiente an bekanntem See südlich von München lebend, wünscht sich hübsche, schlanke, intelligente, mädchenhafte und doch repräsentative Partnerin ohne Anhang. Bitte schreiben Sie mir nur mit Foto unter ...

Porschefahrer sucht Putzfrau

spätere Heirat nicht ausgeschlossen. Bildzuschrift unter ...

Top-Unternehmer

41 Jahre, attraktiv, 1,81 m, mit großem privaten Immobilienbesitz im In- und Ausland sucht die attraktive Sie bis 35 Jahre. Ich hoffe auf Zuschriften, aber bitte **nur** mit Bild unter ...

Spätbarockes HERRENHAUS

mit ca. 10.000 qm Schlosspark, 50 Automin. HH-City, Nähe Lüneburg, **stark renovierungsbedürftig**, in landschaftl. sehr reizvoller u. ruhiger Umgebung, sucht neuen Verwendungszweck als Ausbildungs,- Tagungs- oder Begegnungsstätte, Alters-, Kinder- oder Erholungsheim, priv. Wohnhaus (Möglichkeit der Pferdehaltung, -zucht und Jagd) oder dergl.

3. Die Bevölkerung der BRD nach subjektiver Schichteinstufung 2001

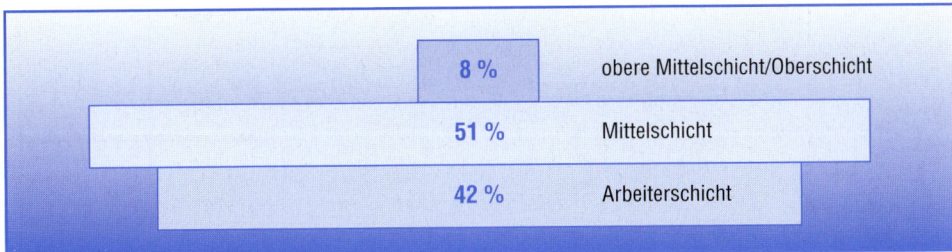

Personen ab dem Alter von 18 Jahren, die auf die Frage „Es wird heute viel über die verschiedenen Bevölkerungsschichten gesprochen. Welcher Schicht rechnen Sie sich selbst zu?" angegeben haben, sich einer der aufgeführten Schichten zuzurechnen.

Quelle: Wohlfahrtssurvey, 2001

4. Beispiele für soziale Lagen, soziale Milieus und Lebensstilkonzepte

a) Soziale Lagen in der Bundesrepublik Deutschland

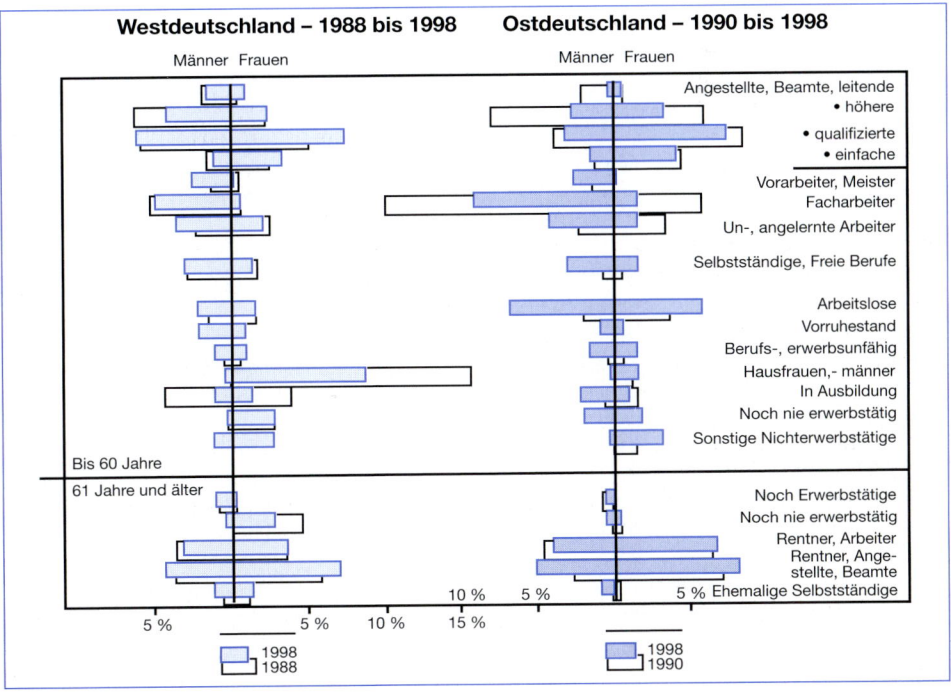

Quelle: Korte/Schäfers, 2002[6], S. 222

b) Soziale Milieus in Westdeutschland (alte Bundesländer)

soziale Lage \ Grundorientierung	konservative Grundorientierung – Bewahren –	Status/Besitz – Haben –	Konsum – Verbrauchen –	Hedonismus – Geniessen –	Post-materialismus – Sein –	Post-materialismus – Erleben –
Oberschicht / ober Mittelschicht		Etabliertes Milieu 10 %		intellektuelles Milieu 10 %		
mittlere Mittelschicht			modernes bürgerliches Milieu 8 %			post-modernes Milieu 6 %
untere Mittelschicht	traditionelles bürgerliches Milieu 14 %	status-orientiertes Milieu 18 %		adaptives Milieu 8 %		
				hedonistisches Milieu 12 %		
Unterschicht	traditionelles Arbeitermilieu 4 %	konsum-materialistisches Milieu 11 %				

Gesellschaftliche Leitmilieus

Etabliertes Milieu (vorher: Konservativ-technokratisches Milieu): Die erfolgsorientierte Konsum-Elite unserer Gesellschaft mit ausgeprägten Exklusivitätsansprüchen

Intellektuelles Milieu (vorher: Liberal-intellektuelles Milieu): Die aufgeklärte, postmateriell orientierte Werte-Avantgarde unserer Gesellschaft

Postmodernes Milieu: individualistische, „multi-optionale" Life-Style-Avantgarde unserer Gesellschaft

Traditioneller Mainstream

Traditionelles bürgerliches Milieu (vorher: Kleinbürgerliches Milieu): Die Sicherheits- und Status-quo-orientierte Kriegsgeneration, die an den traditionellen Werten wie Pflicht und Ordnung festhält

Traditionelles Arbeitermilieu: Die an den Notwendigkeiten des Lebens ausgerichtete traditionelle Arbeiterkultur der Eckkneipen, Kleintierzüchter und Schützenvereine

Moderner Mainstream

Adaptives Milieu (vorher: Modernes Arbeitnehmermilieu): Der gut ausgebildete, mobile und pragmatische Mainstream der jungen modernen Mitte

Statusorientiertes Milieu (vorher: Aufstiegsorientiertes Milieu): Die beruflich und sozial aufstrebende untere Mitte – die Erfolgsinsignien unserer Konsumgesellschaft im Blick

Modernes bürgerliches Milieu: Die konventionelle neue Mitte, die nach einem harmonischen, behüteten Leben in gesicherten Verhältnissen strebt

Moderne Unterschicht

Konsum-materialistisches Milieu (vorher: Traditionsloses Arbeitermilieu): Die stark materialistisch geprägte Unterschicht, die Anschluss halten will an die Konsum-Standards der breiten Mitte

Hedonistisches Milieu: Die unangepasste junge Unterschicht, die Spaß haben will und sich den Konventionen und Verhaltenserwartungen der Leistungsgesellschaft verweigert

Datenbasis: Sinus 2000, S.10   *Quelle: Geißler, 2002[3], S. 131*

c) Ein Beispiel für Lebenstile

Beispielhaft sei hier die Typologie von *Werner Georg (1998)* skizziert. Sie beruht auf einer repräsentativen Stichprobe von ca. 2.000 Westdeutschen (ab 14 Jahren) und erfasst folgende Lebensbereiche:

- Freizeit (Freizeitaktivitäten, unter anderem Sportarten, Urlaub, Kultur),
- Musik- und Leseinteressen,
- Wohnstil,
- Kleidungsstil,
- Körperinszenierung (Selbstdarstellung, Körperpflege, Fitness, Schlankheit u. Ä.),
- Vorlieben für Essen und Trinken,
- Konsumgewohnheiten.

Mit der Methode der Clusteranalyse bündelt *Georg* die Vielzahl der Variablen zu insgesamt sieben Lebensstilgruppen:

Typ 1: kulturbezogen-asketischer Lebensstil (11 % der Befragten). Vorherrschend sind Interessen für gehobene Kultur (Literatur, Kunst, klassische Musik, Theater, Konzerte, Museen), Wissenschaft und Politik sowie eine Vorliebe für Aktivurlaub und bewegungsbezogenen Sport (z. B. Radfahren, Schwimmen, Ski). Eine starke Arbeitsorientierung geht einher mit einer asketischen Grundhaltung, die im Verzicht auf „Überflüssiges", in der geringen Bedeutung der Kleidung und in dezenter Körperinszenierung zum Ausdruck kommt. Typ 1 ist insbesondere unter relativ jungen (Durchschnittsalter 34 Jahre), gut qualifizierten Männern und Frauen verbreitet.

Typ 2: Lebensstil „Selbstdarstellung, Genuss und Avantgardismus" (12 %). Ein Hang zum Genuss (häufige Restaurantbesuche, „Gourmet-Orientierung") und eine auf Vergnügen, Unterhaltung und Sozialkontakte bezogene Freizeitorientierung sind verbunden mit einem ausgeprägten prestigeträchtigen Repräsentationsbedürfnis. Der Hang zur Selbstinszenierung und Distinktion äußert sich in avantgardistischem Wohnstil und auffällig-extravaganter Freizeitkleidung. Typ 2 wird vorwiegend von Frauen (75 %) mit gutem Einkommen und überdurchschnittlicher Bildung verkörpert.

Typ 3: Lebensstil „prestigebezogene Selbstdarstellung" (11 %). Auch dieser Typ ist an prestigebezogener Außenwirkung orientiert – über Bemühungen um einen antikonventionellen Wohnstil und über ein Outfit nach den neusten modischen Trends. Allerdings wirken seine Stilisierungsbemühungen „angestrengt", sie sind mit Stilunsicherheiten und negativen Selbstbildern verbunden – vermutlich eine Folge davon, dass diese Gruppe nur über durchschnittliche Einkommen und Qualifikationen verfügt sowie beengt und sozial relativ isoliert wohnt.

Typ 4: hedonistisch-expressiver Lebenstil (10 %). In der Freizeit dominieren expressive, auf Selbstdarstellung, Vergnügungen und Geselligkeit abzielende Aktivitäten und ein Vorliebe für Rock- und Popmusik, modernen Jazz, Kino und Computer. Geld gilt als Vorraussetzung von Lebensqualität. Die Wohnungseinrichtungen variieren zwischen avantgardistischem und individualistischem, häufig eklektizistischem Geschmack. Man trägt auffällige, extravagante oder sportlich-legere Kleidung. Insbesondere junge Menschen (Durchschnittsalter 25 Jahre) mit mittlerer Bildung, häufig ledig und Singles, führen ein Leben nach Typ 4.

Lebensstile nach Status und Alter

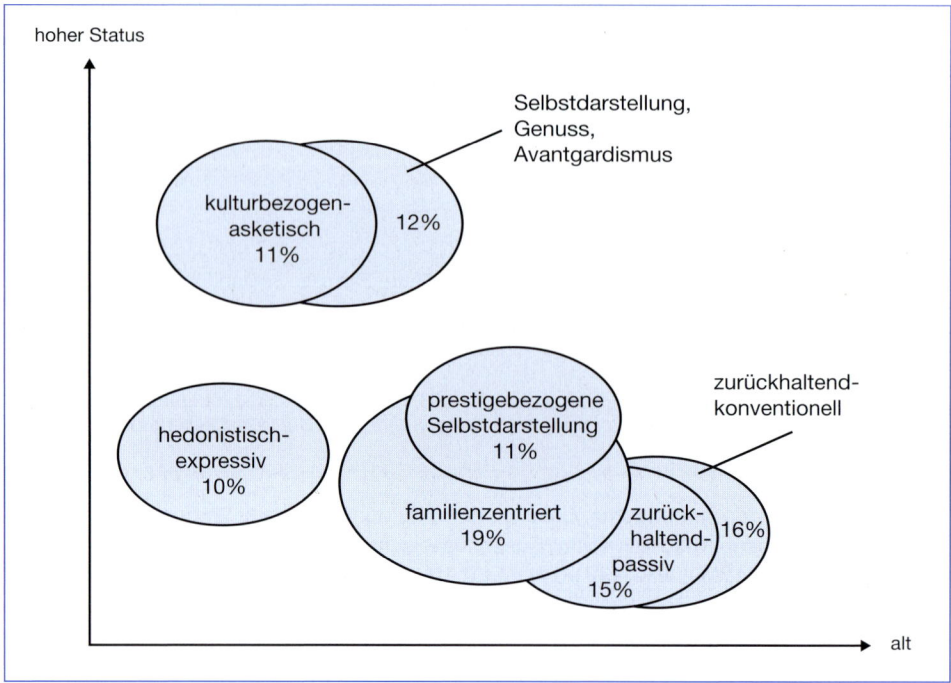

Datenbasis: Georg, 1998

Typ 5: familienzentrierter Lebensstil (19 %). Zurückhaltung in der Selbstdarstellung in allen Lebensbereichen ist kennzeichnend für diesen Typ. Die Freizeitinteressen sind auf praktisch-nützliche Tätigkeiten und kleine Vergnügungen in und mit der Familie, auf triviale Unterhaltung (deutsche Volksmusik, Schlager, Operette) und praktischen Rat auf das Alltägliche konzentriert. 73 % dieser Gruppe sind Frauen, in der Regel im mittleren Alter und mit einfacher Bildung, meist verheiratet und Mütter, häufig teilzeitbeschäftigt.

Typ 6: zurückhaltend-passiver Lebensstil (15 %). Auch hier ist Zurückhaltung kennzeichnend für den zwischenmenschlichen Umgang. Man kleidet sich unauffällig praktisch, isst traditionell, wohnt in „konventioneller Gemütlichkeit" (z. B. plüschige Sitzgarnituren, Schrankwände,) und interessiert sich in der Freizeit hauptsächlich für Technik, Autos, Sport und Basteln. Die typischen Vertreter von Typ 5 sind Männer (69 %) fortgeschrittenen Alters, meist verheiratet, in manuellen Berufen mit unterdurchschnittlichem Einkommen tätig.

Typ 7: zurückhaltend-konventioneller Lebensstil (16 %). Typ 7 bildet so etwas wie das weibliche Pendant zum männlich geprägten Typ des zurückhaltend passiven Lebensstils. Er ist unter älteren Menschen (durchschnittlich 60 Jahre) meist Frauen (77 %) mit einfachen Bildungsabschlüssen verbreitet. Zurückhaltung und Distanz zu auffälliger Lebensinszenierung ist verbunden mit konservativ-konventionellen Orientierungen und Verhaltensmustern mit klassisch-konservativer Kleidung, einem sparsamen Konsumstil, einfachem Essen und einer natürlich authentischen Körperlichkeit. Die Freizeit wird mit häuslichen Tätigkeiten und außerhäuslichen Entspannungen (Einkaufsbummel, Spazieren gehen u. Ä.) verbracht. Häufiger Kirchenbesuch und viele Mitgliedschaften in Vereinen und Organisationen sind ebenfalls kennzeichnend für diesen Lebensstiltyp.

Quelle: Geißler, 2002³, S. 127 ff.

Aufgaben und Anregungen Kapitel 9

Aufgaben

1. Bestimmen Sie an einem Beispiel den Begriff „Sozialstruktur". (Abschnitt 9.1.1)
2. Zeigen Sie an einem Beispiel den sozialen Wandel auf. (Abschnitt 9.1.2)
3. Bestimmen Sie den Begriff „sozialer Status" und stellen Sie an einem Beispiel den Zusammenhang zwischen sozialem Status und sozialer Sicht dar. (Abschnitt 9.2.1 und 9.3.2)
4. Beschreiben Sie an je einem Beispiel einen zugeschriebenen, einen übertragenen und einen erworbenen Status. (Abschnitt 9.2.1)
5. Erläutern Sie an einem Beispiel den Unterschied zwischen Statuskonsistenz und -inkonsistenz. (Abschnitt 9.2.1)
6. Stellen Sie an einem Beispiel den Begriff „soziales Prestige" dar. (Abschnitt 9.2.2)
7. Zeigen Sie, was die Soziologie mit Statussymbol meint, und erläutern Sie anhand eines Beispiels die Bedeutung von Statussymbolen. (Abschnitt 9.2.2)
8. Beschreiben Sie, was die Soziologie unter einer Kastengesellschaft versteht. (Abschnitt 9.3.1)
9. Beschreiben Sie an einem Beispiel, was die Soziologie meint mit
   a) Ständegesellschaft,
   b) Klassengesellschaft.
   (Abschnitt 9.3.1)
10. Bestimmen Sie den Begriff „soziale Schicht" und erläutern Sie an einem Beispiel ein Schichtungsmodell (z. B. nach *Dahrendorf* oder *Geißler*). (Abschnitt 9.3.2 und 9.3.3)
11. Erläutern Sie die Unterschiede zwischen einer Kasten-, Stände-, Klassen- und Schichtgesellschaft. (Abschnitt 9.3.2)
12. Beschreiben Sie den Unterschied zwischen subjektiver und objektiver Schichteinstufung. (Abschnitt 9.3.2)
13. Stellen Sie das Schichtmodell von *Reiner Geißler* dar. (Abschnitt 9.3.3)
14. Unterziehen Sie die Schichtmodelle einer kritischen Würdigung. (Abschnitt 9.3.3)
15. Beschreiben Sie an einem Beispiel das Modell
    a) der sozialen Lage,
    b) der sozialen Milieus,
    c) der Lebensstile.
    (Abschnitt 9.3.4)
16. Erläutern Sie den Unterschied zwischen Schichtmodellen und neueren Modellen (wie soziale Lage, soziale Milieus, Lebensstile). (Abschnitt 9.3.3 und 9.3.4)

Anregungen

17. Fertigen Sie in Gruppen einen hierarchischen Abrufplan zu dem Thema „Sozialstruktur und soziale Schichtung" an: Das Thema wird in einem ersten Schritt in Begriffen bzw. Stichworten zusammengefasst. Im zweiten Schritt werden diese Begriffe in Oberbegriffe, Unterbegriffe, untere Unterbegriffe usw. gegliedert.

18. *Kaffeehaus (vgl. Hugenschmidt/Technau, 2003, 85 f.)*
    - Bilden Sie Vierergruppen und wählen Sie sich einen Teilbereich des Themas „Sozialstruktur und soziale Schichtung" aus.
    - Diskutieren Sie in der Gruppe über ihren Themenbereich, so dass jeder gut darüber Bescheid weiß.
    - Anschließend löst sich die Gruppe auf, es werden mehrere Tische mit je vier Stühlen aufgestellt. Jeder einzelne Schüler kann sich an einen beliebigen Tisch setzen und sich mit den anderen über die wesentlichen Aspekte seines Themenbereiches unterhalten. Dabei kann er den Tisch auch wechseln.
19. *Die Altersstruktur in der Bundesrepublik ändert sich von der „Pyramide" zum „Pilz".*
    - Notieren Sie zunächst jeder für sich drei Gründe für diesen sozialen Wandel.
    - Diskutieren Sie in Gruppen über die notierten Ursachen.
    - Einigen Sie sich auf zwei Ursachen und halten Sie diese auf einer Plakatwand fest.
20. Diskutieren Sie in der Klasse, wo in der Bundesrepublik Deutschland überall ein sozialer Wandel in jüngerer Zeit stattgefunden hat bzw. stattfindet.
21. *Der soziale Status in meinem Freundeskreis*
    - Stellen Sie mögliche soziale Status in Ihrem engeren Freundeskreis fest.
    - Bilden Sie Gruppen und sprechen Sie darüber, ob es sich bei den sozialen Status in Ihrem Freundeskreis um einen zugeschriebenen, übertragenen oder erworbenen Status handeln könnte.
22. *Der Schreibtisch als Statussymbol*
    - Lesen Sie *Materialien 2 a* „Der Schreibtisch als Statussymbol".
    - Diskutieren Sie in der Klasse, ob dieser Zeitungsartikel aus dem Jahre 1963 auch heute noch zutrifft.
    - Suchen Sie nach Statussymbolen in der heutigen Zeit.
    - Bringen Sie diese Staussymbole in eine Ranghierarchie, indem Sie die einzelnen Symbole bepunkten.
23. Besuchen Sie eine Organisation und suchen Sie in dieser nach möglichen Statussymbolen.
24. *Unsere Klassen-Berufsprestigeskala*
    - Notieren Sie jeder für sich fünf Berufe.
    - Bilden Sie Fünfergruppen und einigen Sie sich in der Gruppe wiederum auf fünf Berufe. Halten Sie diese auf einem Plakat fest.
    - Einigen Sie sich in der Klasse auf insgesamt 20 Berufe.
    - Jeder Einzelne bepunktet die Berufe nach subjektivem Ansehen: Derjenige Beruf, der am meisten zusagt, erhält 20 Punkte, der am wenigsten, einen Punkt.
    - Rechnen Sie das Ergebnis aus und erstellen Sie eine Berufs-Prestigeskala Ihrer Klasse.
25. *Unser eigenes Schichtmodell*
    - Überlegen Sie, welche Schichtkriterien Ihnen wichtig wären.
    - Notieren Sie für sich ein eigenes Schichtkriterium (zum Beispiel Engagement für andere).
    - Diskutieren Sie in Vierergruppen die notierten Schichtkriterien.
    - Einigen Sie sich auf ein Kriterium und entwerfen Sie auf der Grundlage dieses Kriteriums ein eigenes Schichtmodell.

Macht und Herrschaft

10

Jeder Mensch macht im Alltag immer wieder Erfahrungen mit Macht. Zum Beispiel in der Familie, in der Schule oder im Beruf erleben wir zum Teil, dass wir etwas tun müssen, wozu wir überhaupt keine Lust haben. Neben dieser Mikrowelt[1] jedes Einzelnen gibt es auch Machterlebnisse im Zusammentreffen mit dem Staat, der Regierung, also der Makrowelt[1]. Auch existiert in unserer Gesellschaft ein Verwaltungsapparat, dessen Herrschaft man im Alltag öfter zu spüren bekommt.

Folgende Fragen werden in diesem Kapitel geklärt:

1. Was versteht man unter Macht, was unter Herrschaft?
   Was sind die Merkmale von Macht?
   Was sind die Grundlagen der Macht?

2. Wie sehen die Prozesse der Machtbildung aus?
   Welche Bereiche der Macht können wir unterscheiden?

3. Worauf beruhen menschliche Macht und Herrschaft?
   Wie hängen Macht und Herrschaft zusammen?
   Was veranlasst Menschen, sich der Macht und Herrschaft zu unterwerfen?

4. Was ist Autorität?
   Was kennzeichnet ein Verhältnis der Autorität?
   Welche Formen der Autorität gibt es?

---

[1] *mikro (griech.) ist ein Bestimmungswort für Zusammensetzungen von klein, kleiner; makro (griech.) von groß, größer (vgl. hierzu auch Kapitel 1.2.2)*

10.1 Macht als Beeinflussung

Machtausübung ist alltäglich in vielerlei Formen zu beobachten. Viele Personen sind von Amts wegen berechtigt bzw. verpflichtet, Macht auszuüben: Eltern befehlen ihren Kindern aufgrund physischer und psychischer Überlegenheit, Polizeibeamte sorgen für Ordnung, weil ihnen dies auf der Grundlage bestehender Gesetze und der Staats- und Regierungsmacht zugestanden wird. Auch eine herrschende Klasse übt Macht aus, zum Beispiel Arbeitgeber entlassen Arbeitnehmer, Eliten in Wirtschaft, Politik und im wissenschaftlichen Bereich üben Macht über andere in dem Sinn aus, dass sie folgenschwere Entscheidungen treffen usw. Auch Medien „haben" Macht und üben Einfluss auf uns aus. Nicht zu vergessen ist die Wirkung von bestimmten Verhältnissen oder Eigenschaften wie zum Beispiel die Macht der Liebe, der Gewohnheit, des Geldes und dergleichen.

Es gibt aber auch Unterordnungsprozesse, deren Ursachen sich nicht auf den ersten Blick erkennen lassen: Gegen den Willen von Regierung und Verbraucher steigen die Preise, Erholungsgebiete werden trotz Proteste der Bevölkerung durch Straßen zerstört.

10.1.1 Der Begriff „Macht"

Der Begriff „Macht" ist vieldeutig und sein Gebrauch unscharf. **Macht äußert sich als soziales Verhältnis**, man kann Macht nicht für sich allein besitzen, sondern man hat sie immer in Bezug auf andere.

In der Soziologie wird dann von Macht gesprochen, wenn **in sozialen Beziehungen eine Person das Verhalten bzw. Handeln von einer anderen Person oder mehreren anderen Personen bestimmen kann** – auch gegen deren Willen und ohne deren Einverständnis. Charakteristisch für Macht ist also, dass **Zwang** ausgeübt wird. Dabei sind hier Beziehungen aller Art gemeint, Macht zwischen einzelnen Personen und Gruppen, Staatsmacht usw. Es geht um die Durchsetzung eines individuellen Willens oder Gruppenwillens auch **gegen das Widerstreben anderer**.

Es kann sich um einen kleinen Machthaber auf dem Kinderspielplatz oder um einen Diktator in einem Entwicklungsland handeln, der gegenüber anderen Menschen seinen Willen durchsetzt.

Bezüglich der Thematik „Macht und Herrschaft" hat sich vor allem der Soziologe *Max Weber* [1] hervorgetan. Nach ihm bedeutet Macht *„jede Chance, innerhalb einer sozialen Beziehung den eigenen Willen auch gegen Widerstreben durchzusetzen, gleichviel worauf diese Chance beruht"* (Weber, 2002[5], S. 28). Macht bedeutet also nach *Weber* dreierlei:

- die **Möglichkeit, von anderen erfolgreich ein bestimmtes Verhalten zu verlangen**,
- die **Möglichkeit, auf andere Einfluss nehmen und ihr Verhalten ändern zu können** – auch gegen deren Willen und
- **die Chance, seinen Willen bei anderen durchsetzen zu können.**

Damit gehören zur Machtausübung mindestens zwei Seiten (wenigstens zwei Menschen, Gruppen, Organisationen usw.): *eine Seite, die Macht hat und sie ausübt, und eine andere Seite, die sich beeinflussen lässt, sie dem Machtträger gibt*. Macht kann also nicht für sich alleine existieren, sondern nur in Verbindung mit und zu anderen Menschen: **Macht ist stets ein soziales Verhältnis** (Imbusch, 2002[6], S. 162)

---

[1] *Eine kurze Biografie von Max Weber befindet sich in Kapitel 3.1.2.*

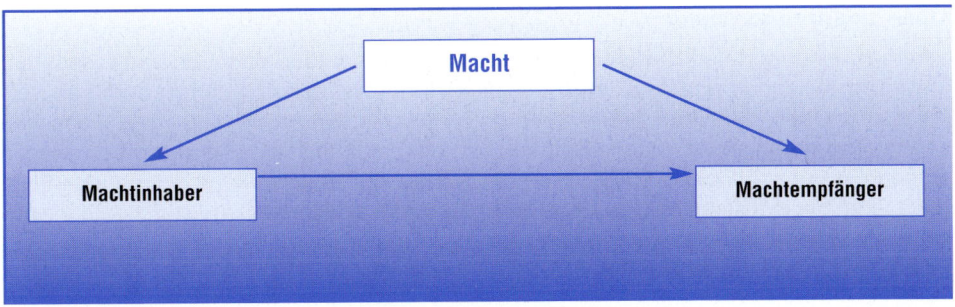

„Alle denkbaren Qualitäten eines Menschen und alle denkbaren Konstellationen können jemand in die Lage versetzen, seinen Willen in einer gegebenen Situation durchzusetzen." (Weber, 2002[5], S. 28 f.)

Dabei berücksichtigt die *Weber'sche* Begriffsdefinition lediglich die willentliche, direkte und persönliche Macht. Doch dieser Terminus wird in der neueren Literatur erweitert, indem darunter jede Beeinflussung verstanden wird, die bestimmte Personen oder eine bestimmte Gruppierung einer Gesellschaft – zum Beispiel Regierungen, Wirtschaftsverbände, Gewerkschaften – über andere ausübt bzw. ausüben kann. Dabei ist es nicht möglich, sich dieser Beeinflussung zu entziehen (vgl. *Hradil/Schiener, 2001[8], S. 258*).

Eine Regierung oder Wirtschaftsverbände haben zum Beispiel Einfluss auf Menschen, dem sich diese nicht entziehen können.

> **Soziale Macht bedeutet jede Beeinflussung, die bestimmte Personen oder -gruppen einer Gesellschaft über andere ausüben bzw. ausüben können, ohne dass diese sich der Beeinflussung entziehen können.**

10.1.2 Merkmale von Macht

Bei der weiteren Differenzierung des Machtbegriffs werden verschiedene **Merkmale** deutlich.

Führung und Gefolgschaft

Es ist denkbar, dass ein Individuum der Machtausübung nicht widerstrebt, sondern aus Fügsamkeit, Konformität oder Zweckmäßigkeitserwägungen Folge leistet. Daran lassen sich Phänomene der Macht unterscheiden, die mit **Leitung bzw. Führung und der damit verbundenen Gefolgschaft** zu tun haben. Dies wird im Alltagsleben hinsichtlich der Leitung von Gruppen deutlich.

Eine Schulklasse möchte auf Klassenfahrt gehen. Einzelne Gruppenmitglieder machen verschiedene Vorschläge. Die Gruppe diskutiert, welches Ziel gewählt werden soll. Während der kontrovers geführten Diskussion zeichnet sich ab, dass die Meinung eines Gruppenmitgliedes mehr zählt als die der übrigen. Die Vorschläge der anderen sind praktisch an die Adresse des Leiters gerichtet. Dessen Entscheidung ist es schließlich, die gesamte Gruppe auf ein Ziel zu einen. Hier würde niemand von Macht sprechen. Anders wäre es jedoch, wenn ein Gruppenmitglied eigensinnig an seinem eigenen Vorschlag festhielte. In einer solchen Situation hätte der Quertreiber insbesondere dann mit Konsequenzen zu rechnen, wenn deshalb das Zustandekommen der Klassenfahrt scheitern würde. Entweder er müsse sich der von der Leitung getroffenen Entscheidung beugen oder er hätte unangenehme Konsequenzen zu tragen wie Isolierung, böse Worte usw. In einem solchen Fall kann von Macht gesprochen werden.

Über- und Unterordnung

Innerhalb einer sozialen Beziehung zeigt sich das Wesen der Macht dadurch, dass anstelle von Gleichheit eine **Asymmetrie** vorliegt: Macht ist gekennzeichnet durch ein Verhältnis der **Über- und Unterordnung**. Auch in Austauschbeziehungen setzen Menschen ihren Willen durch, indem sie die Befriedigung der Bedürfnisse des anderen von dessen Gegenleistung abhängig machen. In einem Austauschverhältnis kann jedoch jede Seite die andere beeinflussen. Im Falle von Macht allerdings wirkt eine Seite stärker auf die andere ein. Entscheidungen werden getroffen, die mehr oder weniger positive bzw. negative Folgen für andere haben.

Die Beziehung zwischen einem Lehrer und seinen Schülern ist asymmetrisch, das heißt gekennzeichnet durch ein Über- und Unterordnungsverhältnis, weil dieser aufgrund seines Wissensvorsprungs in seinem Unterrichtsfach den Schülern überlegen ist. Er ist auch befugt, die Prüfungen abzunehmen.

Sanktionsgewalt und Gehorsam

Macht hängt eng mit **sozialer Kontrolle**[1] zusammen. **Verborgene Machtausübung** in Form von Kontrolle über soziale Situationen und Menschen findet dadurch statt, dass Entscheidungen erst gar nicht möglich sind. **Kontroll-Macht ist eine verborgene Machtausübung**, die gezielt versucht, Aktivitäten oder Entscheidungen zu verhindern.

Medien können in einer Konfliktsituation wie dem Irakkrieg durch die Art ihrer Berichterstattung den Meinungsbildungsprozess und die Einstellungen in der Bevölkerung so beeinflussen, dass massive Proteste gegen diesen Krieg erst gar nicht entstehen. Durch diese verborgene Machtausübung wird dennoch das Verhalten vieler kontrolliert.

Menschen in Machtpositionen können auch **Kontrolle über gesellschaftliche Rahmenbedingungen** ausüben, indem sie Organisationen und soziale Prozesse kontrollieren. Soziale Kontrolle arbeitet mit gesellschaftlichen Mechanismen, die *abweichendes Verhalten von Menschen verhindern*[2] sollen. Im Hintergrund steht ein mehr oder weniger geeintes gesellschaftliches System, das versucht, Individuen und Gruppen durch soziale Kontrollmechanismen in seinen Schranken zu halten (vgl. *Imbusch, 1998, S. 11*).

Wird ein Verbrecher wegen Mordes von der Polizei ins Gefängnis gesteckt und wegen seiner Tat durch das Gericht zu einer angemessenen Strafe verurteilt, so handelt es sich hierbei um soziale Kontrolle zum Schutz der übrigen Mitglieder der Gesellschaft.

Sanktionsgewalt bewirkt in letzter Konsequenz **Unterwerfung und Gehorsam** durch das Auferlegen oder Androhen unangenehmer Konsequenzen. Der Soziologe *George Caspar Homans* geht davon aus, dass die Macht eines Menschen umso größer ist, je mehr er die Möglichkeit besitzt, einen anderen zu belohnen oder zu bestrafen. Ist dieser andere auf die gewährte Möglichkeit angewiesen, so liegt ein asymmetrisches Beziehungs- bzw. Austauschverhältnis vor, was bedeutet, dass das Austauschverhältnis in ein Ungleichgewicht geraten ist. Denn für die unter Machteinfluss stehenden Personen bedeutet dies nach *Heinrich Popitz* immer eine Freiheitseinbuße (vgl. *Wiswede, 1998*[3]*, S. 288–299*).

Eine funktionierende Gesellschaft ohne soziale Kontrolle und Präsenz von Macht in irgendeiner Form ist kaum vorstellbar, es gab denn auch in der gesamten Menschheitsgeschichte bisher noch keine Gesellschaft ohne Machtstrukturen und ständigen Kampf um Macht.

---

[1] *Auf soziale Kontrolle wird ausführlich in Kapitel 4.1.1 eingegangen.*
[2] *Auf abweichendes Verhalten wird in Kapitel 4.2.2 eingegangen.*

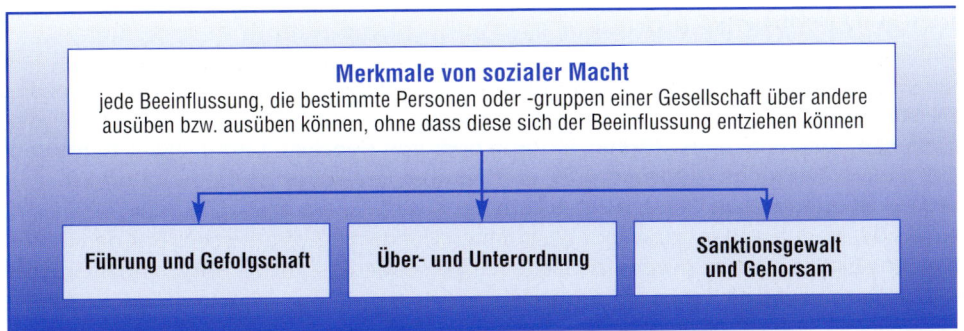

10.1.3 Macht und Elite

Diejenigen Gruppierungen, die die größte Macht in einer Gesellschaft haben, werden als Elite bezeichnet. Häufig versteht man – wie in *Kapitel 8.3.1* ausgeführt – in der älteren Literatur unter **Elite** auch die „Besten" einer Gesellschaft – die so genannte Leistungselite –, doch in der neueren Literatur umfasst Elite denjenigen Personenkreis, der den größten Einfluss auf gesamtgesellschaftlich wichtige Entscheidungen nehmen kann (vgl. *Bürklin, 1997, S. 16*).

Solche Personenkreise sind zum Beispiel Politik, Interessenverbände wie Arbeitgeberverbände und Gewerkschaften, Verwaltung oder Kirchen.

Machtelite umfasst denjenigen Personenkreis, der die Möglichkeit hat, regelmäßig Einfluss auf gesamtgesellschaftlich wichtige Entscheidungen zu nehmen.

In der Bundesrepublik Deutschland kommt die Elite aus den Bereichen der Politik und Verwaltung, der Wirtschaftsverbände und großen Wirtschaftsunternehmen, der Gewerkschaften und Berufsverbände, der Justiz, der Massenmedien sowie der Kirchen und der Kultur. Die Macht ist dementsprechend auf verschiedene Bereiche verteilt. Allerdings liegt dem pluralistischen Mit- und Gegeneinander dieser Bereiche eine bestimmte Einflussstruktur zugrunde.

Die Vertreter der Wirtschaft haben in dieser Machtelite jedoch eine besonders starke Position. Sie bilden aufgrund ähnlicher Interessen, Herkunft, Ausbildung und Weltanschauung einen relativ geschlossenen Zirkel. Zwischen Wirtschaft und Politik findet ein reger Personalaustausch statt. Politiker aller Parteien etwa haben neben ihrem Mandat Funktionen in den Aufsichtsräten großer Firmen. Eine wechselseitige Einflussnahme ist so nicht auszuschließen.

Innerhalb der Machtelite ist sinnvollerweise nach Funktionseliten in den verschiedenen gesellschaftlichen Bereichen Wirtschaft, Politik, Justiz, Verwaltung, Kultur, Kommunikation und Kirche zu unterscheiden. Die Elitenmacht ist nicht in der einzelnen Person, sondern in der Position als solcher angelegt.[1] Es handelt sich um für das Funktionieren von Institutionen, Organisationen und für die Integration der Gesamtgesellschaft wichtige und hoch bewertete Positionen. Diese Positionen sind verknüpft mit wirtschaftlicher, politischer, gesetzgeberischer und Werte setzender Ausübung von Macht und Herrschaft.

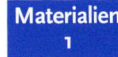

---

[1] *Auf soziale Position wird in Kapitel 3.3.3 eingegangen.*

10.1.4 Macht und Autorität

Die Grundlage von Autorität sind institutionalisierte Beziehungen[1] zwischen Menschen, die strukturiert sind nach Über- und Unterordnung. Der Begriff Autorität bezeichnet die **Einflussmöglichkeit einer Person, Gruppe oder von Repräsentanten einer Institution auf andere Personen aufgrund von anerkannter fachlicher Kompetenz und moralischer Überlegenheit**. Personen mit Autorität besitzen herausragende Fähigkeiten, sie haben die Macht, andere zu einem bestimmten Handeln zu veranlassen. Der damit verbundene Einfluss erscheint von der Sache her gerechtfertigt und die Person oder Gruppe wird in Bezug auf eine Sache als zuständig anerkannt.

Als wesentliche Bedingungen von Autorität – ebenso wie von Herrschaft – sind **Rechtmäßigkeit und freiwillige Anerkennung** zu nennen. Tatsächliche Autorität bedarf nach *Hannah Arendt* keiner Machtmittel – im Gegenteil, sie schließt die Anwendung von Zwang und Überredung aus. Sie wird von denen, die gehorchen, fraglos anerkannt (vgl. *Abels, Bd. 1, 2004², S. 272 f.*).

> **Autorität ist eine Form von sozialem Einfluss, der dadurch entsteht, dass bestimmten Personen, Gruppen oder Institutionen von anderen Personen eine Überlegenheit zugesprochen wird und diese auch Anerkennung findet.**

Eine Autoritätsbindung beinhaltet einen **doppelseitigen Prozess der Anerkennung**: Zum einen die **Anerkennung der Überlegenheit anderer Personen** und zum anderen den **Wunsch nach Anerkennung durch die überlegene Person**. Der Autoritätsabhängige ist angewiesen auf das Urteil der überlegenen Person, deren Lob und Anerkennung er sich erhofft und deren Tadel und Geringschätzung er fürchtet.

In der Literatur werden häufig zwei Formen von Autorität unterschieden, die **personale und die positionale Autorität**. Bei der personalen Autorität wird einer Person aufgrund von persönlichen Merkmalen (wie Alter, Erfahrung, Körperkraft, Geschlecht, Fachwissen) Kompetenz und Überlegenheit zugeschrieben.

Personen zum Beispiel mit herausragendem Fachwissen wird in Sachfragen mehr Autorität zugesprochen.

Als Sonderformen der personalen Autorität sind die **charismatische und die funktionale Autorität** zu nennen. Von charismatischer Autorität spricht man, wenn eine Person Charisma hat, d. h. eine **besondere Ausstrahlung und herausragende Eigenschaften** besitzt.[2] Bei der Ausübung von Führungsrollen spielen bei der charismatischen Herrschaft nicht nur die Eigenschaften des Führers, sondern auch die der Geführten, deren Ziele und Wertvorstellungen, sowie die äußere Situation eine zentrale Rolle. Dies trifft sowohl auf einen Führer aufgrund seiner Leistung oder seiner Beliebtheit zu.

---

[1] *Institutionalisierte Beziehungen: geregelt durch beständige Ordnungs- bzw. Verhaltensmuster (siehe Kapitel 1.2.4)*
[2] *vgl. hierzu Abschnitt 10.4.3*

Macht und Herrschaft

Die funktionale Autorität erfordert die Kenntnis und Beherrschung von zweckbezogenen Sachabläufen. Damit ist sie auch als eine auf **Sachkompetenz** beruhende Führungsrolle zu beschreiben, weshalb auch von **Fach- bzw. Sachautorität** gesprochen wird.

Die zweite Form von Autorität, die positionale Autorität, ist an eine Position mit einem entsprechenden Amt oder Rang, an eine Institution oder Organisation gebunden. Man spricht deshalb auch von **Amtsautorität**.

Der Papst als Oberhaupt der katholischen Kirche besitzt diese Form der Autorität aufgrund seiner Position innerhalb des sozialen Gefüges der Gesamtkirche.

10.2 Grundlagen der Macht

Macht ist allgegenwärtig. *Heinrich Popitz (1999²)* leitet Macht aus dem Wechselspiel von Handlungsfähigkeiten und Abhängigkeiten ab. Fasst man Macht als das Vermögen auf, sich gegen den Willen anderer durchzusetzen, so schließt sich die Frage an, *was Menschen fähig macht, über andere Macht auszuüben*.

10.2.1 Typen der Macht

Das menschliche Vermögen, sich gegen den Willen anderer durchzusetzen, lässt sich in vier Handlungstypen differenzieren, welche die vier Grundtypen der Macht darstellen (vgl. *Popitz, 1999², S. 24–33*):

- **Aktionsmacht** als Verletzungsmacht

    Menschen üben über andere Macht aus aufgrund einer ungleichen Verteilung von Intelligenz, Muskelkraft, Schnelligkeit usw. Einerseits können sie andere dadurch körperlich verletzen, andererseits gibt es auch die ökonomische Verletzbarkeit in der Form, dass Mittel, die zum Lebensunterhalt wichtig sind, entzogen werden – zum Beispiel durch Raub und Zerstörung, die Beschränkung des Zugangs zu sozialen Ressourcen[1] und die Chancen an sozialer Teilhabe. Als typisches Machtverhältnis resultiert daraus Gewaltanwendung.

---

[1] *Soziale Ressourcen sind unterstützende Kräfte, die einer Person in ihrem sozialen Umfeld zur Verfügung stehen (wie beispielsweise Ehepartner, Freunde oder bestimmte Einrichtungen wie Beratung).*

Aufgrund ihrer körperlichen und geistigen Überlegenheit sind ältere Geschwister gegenüber jüngeren oft nicht zimperlich in der Wahl ihrer Machtmittel, nicht selten wenden sie auch Gewalt an, um den anderen gefügig zu machen.

- **Instrumentelle Macht** als Unterwerfungsmacht

Im Vordergrund steht hier das Gewähren oder der Entzug von Belohnungen bzw. das Darbieten von Strafen oder die Möglichkeit, diese auch wieder aufheben zu können. Solche Strategien wirken verhaltenssteuernd. Menschen werden dadurch zum Werkzeug fremden Willens. Die daraus resultierende Konformität, wird erzeugt durch Drohungen, Angst, Hoffung und Versprechen. Die Soziologie spricht in diesem Zusammenhang von **äußerer Macht**, welche also mit Drohungen oder Versprechungen im Sinne von Belohnung bzw. Bestrafung arbeitet.

Ein Firmenchef hat die Möglichkeit, die Arbeitsbereitschaft seiner Angestellten zu steuern, indem er mit Kündigung droht oder für besondere Leistungen Belohnungen wie eine Gewinnbeteiligung oder andere Leistungszulagen auszahlt.

- **Autoritative Macht** als steuernde Macht

Verinnerlichte Werte und Normen erzeugen eine Konformität, die keiner Kontrolle von außen bedarf, weil Einstellungen im Innern der Person so tief verankert sind, dass diese von sich aus die Bereitschaft zum Folgen besitzt, auch dann, wenn das Verhalten nicht von anderen Personen kontrolliert wird.[1] Die Grundlage für diese Art **innerer Machtausübung** ist das Bedürfnis nach Orientierung und das Setzen von Maßstäben.

Eine solche Form der Abhängigkeit entsteht durch die Bindung an eine anerkannte Autoritätsperson. Deshalb wird diese Form der Macht auch als autoritative Macht bezeichnet, die in Autoritätsbeziehungen ausgeübt wird. Ein daraus resultierendes Machtverhältnis beruht darauf, dass einerseits die Überlegenheit und Autorität der anderen Person anerkannt wird, andererseits der Unterlegene bestrebt ist, von der Person, die Orientierung gibt und Maßstäbe setzt, selbst anerkannt zu werden. Der Gehorsam wird motiviert durch das **Streben nach sozialer Anerkennung**, das heißt durch die Angst, diese zu verlieren, oder die Hoffung, sie zu bekommen.[2]

Für Kleinkinder sind Eltern Autoritätspersonen, deren Anerkennung sie suchen und an denen sie sich orientieren. Die durch die Eltern oder andere Autoritätspersonen (wie Erzieher, Lehrer), vermittelten Normen und Werte werden verinnerlicht, so dass unabhängig von der Anwesenheit dieser Personen langfristig das Verhalten des Kindes gesteuert wird.

- **Datensetzende Macht** als objektvermittelte Macht durch technisches Handeln

Menschen können durch hergestellte technische Mittel über andere Menschen Macht ausüben. Machtausübung entsteht auch durch die technische Beherrschung der Natur. Das hier typische Machtverhältnis ist bestimmt durch die technische Dominanz, wodurch die Situation und Verhaltensspielräume Betroffener verändert werden.

Durch ihre Erfindungen verändern Wissenschaftler die Lebensbedingungen vieler Menschen, zum Beispiel die Atombombe ermöglicht allein durch die damit verbundene Drohung Macht über Staaten auszuüben, die eine solche Waffe nicht besitzen.

Diese Handlungstypen können zusammen auftreten und sich in ihrer Wirkung steigern. Ihnen entsprechen **Abhängigkeiten des Menschen**, welche verdeutlichen, warum diese sich unterwerfen:

---

[1] *vgl. hierzu Kapitel 4.1.1*
[2] *vgl. Kapitel 4.2.1*

- wegen ihrer **Verletzbarkeit**: Menschen und Gruppen sind verletzbar und deshalb gefährdet.
- wegen ihrer **Sorgen um die Zukunft**: Aus ihrer Zukunftsorientierung heraus entwickeln Menschen Angst und erhoffen sich auch etwas von anderen, was dazu führt, dass ihr Verhalten steuerbar ist.
- wegen ihrer **Anerkennungs- und Maßstabsbedürftigkeit**: Durch die Bedürftigkeit der Menschen nach Anerkennung und Maßstäben entstehen psychische Abhängigkeiten.
- wegen ihres **Angewiesenseins auf hochkomplexe technische Apparaturen**: Aufgrund technischer Fähigkeiten und besonderer Intelligenz kann Macht über andere Menschen ausgeübt werden.

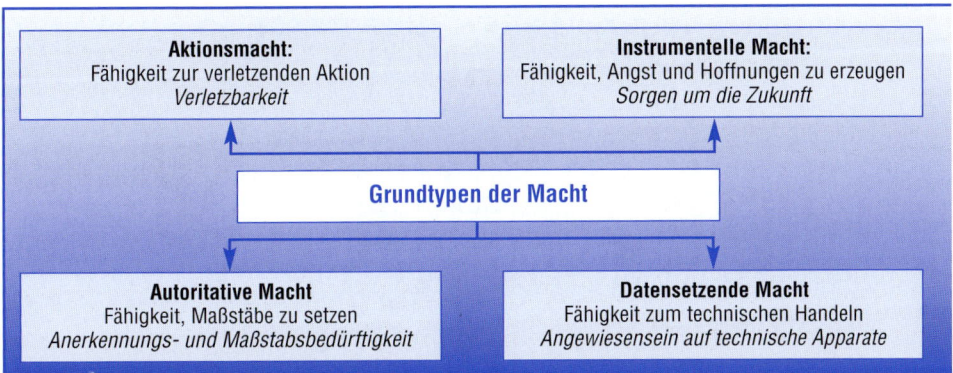

10.2.2 Prozesse der Machtbildung

Heinrich Popitz (1999², S. 187–218) hat nach Prozessen gesucht, die dazu führen, dass eine Minderheit sich gegen die Interessen der Mehrheit durchsetzen kann:

1. Ausgangspunkt von Machtbildung ist, dass Menschen einen Vorteil in Anspruch nehmen und für sich ein **Privileg** bestimmen. Ein Privileg bedeutet eine Sonderstellung, ein Vorrecht oder eine Begünstigung für jemanden bzw. für eine bestimmte Personengruppe. Privilegien beziehen sich immer auf knappe Güter, und ihre Durchsetzung erfolgt so stets auf Kosten anderer Individuen.

> **Privileg bedeutet eine Sonderstellung, ein Vorrecht für jemanden bzw. für eine bestimmte Personengruppe.**

2. Der nächste Schritt ist die **Solidarität**: Privilegierte solidarisieren sich mit Gleichgesinnten, um den Widerstand bei denjenigen klein zu halten, zu deren Lasten das Privileg geht. Es entsteht eine Solidaritätsgruppe, die Mitglieder kooperieren und unterstützen sich gegenseitig. Durch ihre Überlegenheit genießen sie eine **Monopolstellung**.

   „Spätestens zu diesem Zeitpunkt ist vergessen, dass hier ursprünglich Macht gegen den Willen anderer durchgesetzt wurde." (Imbusch, 2002⁶, S. 166)

3. Im Laufe der Zeit erscheint den Privilegierten ihre Machtausübung als **legitim**. Sie stärken sich in ihrer Überlegenheit, indem sie sich gegenseitig versichern, dass ihr Handeln rechtmäßig ist und sie das Recht dazu haben. Dadurch entsteht eine erste **Legitimation der Machtausübung**.

Heinrich Popitz verdeutlicht diese drei Prozesse anhand eines Beispiels auf einem Passagierschiff. Dort gab es für jeweils ein Drittel der anwesenden Passagiere einen Liegestuhl. Die ersten Tage der Reise belegte keiner einen Liegestuhl zu lange. Stand jemand auf, galt der Liegestuhl als verfügbar. Deshalb kam es auch zu keinen größeren Konflikten. Dies änderte sich erst, als neue Passagiere im nächsten Hafen zustiegen, die die Liegestühle den ganzen Tag für sich beanspruchten und darüber hinaus für andere freie Nachbarliegestühle reservierten. Durch Abschreckungsaktionen wie Gesten, Geschrei machten die Besitzenden gemeinsam ihren Besitzanspruch gegenüber den Nichtbesitzern deutlich. Das Verfügen über die Liegestühle betrachteten sie als ihr Recht.

4. Im Laufe der Zeit erhält die Macht eine Struktur dahingehend, dass die Privilegierten differenzieren zwischen sich und den anderen, den Abhängigen. Es setzt also eine **Strukturbildung** ein in eine Gruppierung, die an der Macht teil hat und in die andere, die abhängig ist. Die dadurch entstandene Struktur bleibt auch erhalten, wenn neue Mitglieder in die Gruppierung kommen.

5. Der letzte Prozess ist die **Stabilisierung der Macht**, die *durch die gestufte Teilhabe* an ihr erreicht wird. Abhängige haben an der Macht in abgestufter Form teil oder sind abhängig.

„Da die Reproduktion von Macht auch immer eine beschränkte Umverteilung voraussetzt, stimmen schließlich auch die weniger oder gar nicht Mächtigen der etablierten Machtordnung zu, weil das die geringsten Nachteile bei der Wahrnehmung ihrer verbliebenen Lebenschancen verbürgt."

(Imbusch, 2002[6], S. 166)

Heinrich Popitz beschreibt anhand eines zweiten Beispiels die Prozesse der Machtbildung bzw. des Aufbaus von Machtbeziehungen in einem Gefangenenlager. Lebensmittel werden dort nur im Rohzustand ausgegeben. Vier Häftlinge – einer ist Koch, einer Klempner, einer kann gut Englisch sprechen, einer ist besonders stark – tun sich zusammen, um gemeinsam einen Herd zu bauen, dessen Nutzung sie gemeinsam kontrollieren. Für die Zubereitung des Essens müssen andere Gegenleistungen erbringen. Es entstehen dadurch Abhängigkeiten gegenüber dieser Gruppe, weil offene Feuer verboten sind. Auch entwickeln sich Beziehungsformen, die Mithäftlinge zu Vertretern, Bevorzugten und Außenseitern werden lassen. Um die Machtquelle Herd entsteht allmählich ein komplexes Machtsystem mit gestufter Teilhabe an der Macht.

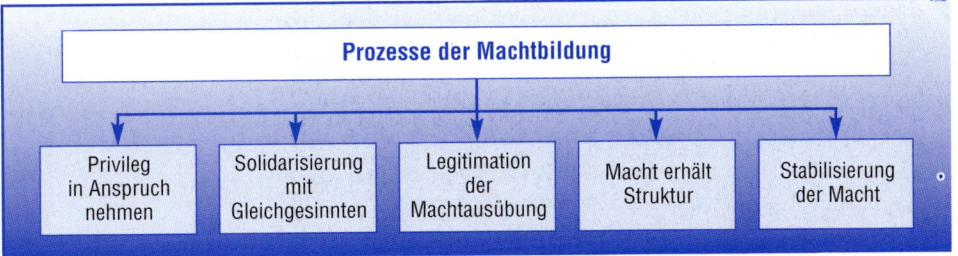

Wie aus diesen Ausführungen hervorgeht, ist **Macht ein komplexes[1] Geschehen**, deren Ausübung in sehr unterschiedlichen Bereichen stattfinden kann.

10.3 Bereiche von Macht

Um Macht verstehen und analysieren zu können, sind nach *Peter Imbusch (2002[4])* vier **Wirkungsbereiche** zu berücksichtigen:

- Alle Macht beruht auf bestimmten **Machtquellen.**
- Machtquellen ermöglichen den Zugang zu **Machtmittel.**
- Machtmittel schlagen sich nieder in verschiedene **Formen der Macht.**
- Diesen Formen der Macht liegen bestimmte **Wirkungsmechanismen** zugrunde.

10.3.1 Machtquellen

Unter Machtquellen versteht man die eigentlichen **Gründe für Macht** – gemeint ist damit irgendeine *Form der Überlegenheit*. Wir können vier Arten von Machtquellen unterscheiden:

- **Physische Stärke und Überlegenheit**

    In Konfliktsituationen zwischen Einzelnen oder Gruppen (Mikroebene) garantiert körperliche Stärke eine Art der Überlegenheit, der sich Mitmenschen beugen. Eine ähnliche Wirkung ist auch in größeren Zusammenhängen zwischen Staaten (Makroebene) zu beobachten: Der Staat erzielt Gehorsam durch die Monopolisierung der physischen Gewaltmittel durch die Polizei und das Militär.

    Oft genügt bei einer Demonstration allein die Präsenz von Polizei, um eine Schlägerei zu verhindern.

- **Persönlichkeit**

    Die Macht einer Person kann aber auch auf psychischen Besonderheiten wie Ausstrahlung, geistiger und intellektueller Fähigkeiten, rhetorischen und moralischen Eigenschaften beruhen, welche den Persönlichkeitsmerkmalen des Menschen zugeschrieben werden. Die Macht der Persönlichkeit steht in einem engen Zusammenhang mit der Fähigkeit, bei anderen Menschen Überzeugungen oder Motivationen zu schaffen. Über diesen Weg kommt es zur **Ausbildung von Charisma und Autorität**[2].

    Jemand hält durch seine Ausstrahlung und seinen intellektuellen Scharfsinn seine Konkurrenten in Schach.

---

[1] *komplex: vielschichtig, vieles umfassend*
[2] *vgl. Abschnitt 10.1.4*

- **Eigentum und Besitz**

  Macht resultiert hier aus der Verfügung über Produktionsmittel und den damit verbundenen Eigentumsrechten. Diese Macht kann aber auch das Ergebnis der Monopolisierung gesellschaftlich bedeutsamer Ressourcen sein, zum Beispiel von Rohstoffen, Grund und Boden, Patenten usw. Eine Folge davon ist, dass in einer Gesellschaft Reichtum und Einkommen in der Hand relativ weniger konzentriert sind. Ökonomisch manifestiert sie sich als Marktmacht.[1]

  Firmen mit einem großen Kapital können durch ihre Kaufkraft finanziell geschwächte Konkurrenten auf dem Markt ausschalten, indem sie gezielter werben, durch Sonderangebote anderen die Kunden nehmen.

- **Organisation**

  Eine der wichtigsten Machtquellen moderner Gesellschaften sind Organisationen.[2] Durch zielgerichteten Zusammenschluss und die Bündelung von Kräften bilden sie Handlungspotenziale aus, die individueller Macht aufgrund der Verfügung über größere und weiter reichende Ressourcen überlegen sind. Aus Kooperation und Zentralisierung entsteht Macht, welche sich in bürokratischen Strukturen niederschlägt (vgl. Imbusch, 2002[6], S. 167).

  Firmen zum Beispiel, die fusionieren, haben durch ihre Zusammenschlüsse wesentlich mehr Handlungsmöglichkeiten. Es entstehen Wirtschaftsgiganten, die den Markt bestimmen.

10.3.2 Machtmittel

Diese Machtquellen eröffnen den Zugang zu bestimmten Machtmitteln. Sie sind die **Medien der Machtausübung**. Aus der Sicht von *Talcott Parsons* ist Macht ein gesellschaftlich übliches Austauschmedium[3]. **Durch Machtmittel wird Widerstand geleistet oder gebrochen**. Eine entscheidende Bedeutung für eine Beziehung haben die Art der Machtmittel und ihre Verteilung auf die Konfliktparteien. Mittel der Machtausübung sind:

- **Kapital**

  Gemeint ist hier ökonomisches Kapital – Geld als Tauschmedium –, soziales Kapital als Netzwerk von Beziehungen und kulturelles Kapital in Form von Bildung, Wissen und Begabung.

  Ein Sprichwort lautet: „Geld ist Macht." Es eröffnet zumindest in vielen Bereichen Möglichkeiten, die einem Menschen, der in Armut lebt, fehlen.

- **Organisationen**

  Das organisatorische Gefüge der Gesellschaft ist mit Macht ausgestattet, weshalb es ein wichtiges Machtmittel darstellt. **Interne Macht** zeigt sich durch eine hierarchische Gliederung in Form von Positionen, deren Inhaber mit bestimmten Befugnissen ausgestattet sind. **Externe Macht** kommt dadurch zum Ausdruck, dass die Macht strukturell verfestigt ist und durch sie gesellschaftlich relevante Entscheidungen getroffen und umgesetzt werden[4].

  Die Schule zum Beispiel ist hierarchisch organisiert, deren Struktur wird durch verschiedene Positionen deutlich, zum Beispiel Schulleitung, Mitarbeiter der Schulleitung, Fachbetreuer, Lehrkräfte usw.

---

[1] *Auf diese Art von Machtquelle nimmt vor allem Karl Marx in seinem historischen Materialismus Bezug, der in Kapitel 6.2 dargestellt ist.*
[2] *Auf Organisationen wird ausführlich in Kapitel 13 eingegangen.*
[3] *siehe Kapitel 5.2.5*
[4] *vgl. hierzu Kapitel 13.2.4*

- **Sanktionsgewalt des Amtes**

    Im Alltag begegnen uns immer wieder Bürokratie und Verwaltung, die zur Einhaltung ihrer Maßstäbe und Vorschriften mit Sanktionen[1] drohen, die – wenn auch nicht immer gleich, aber langfristig – erzwungen werden können.

    Wird zum Beispiel von der Polizei ein Bußgeldbescheid für unerlaubtes Parken im Halteverbot vom Empfänger nicht bezahlt, verfügt diese über ein Repertoire an Mitteln, um den Verkehrssünder härter zu bestrafen.

- **Informationen und Medien**

    Die Macht kann darauf beruhen, dass Personen über grundlegendes Wissen zu bestimmten Verfahrensabläufen, zu bestimmten Techniken oder auch über aktuelle politische Informationen verfügen. Solche Informationsmonopole sind sehr effektive Machtmittel, da Wissen manipuliert, selektiv eingesetzt und bei anstehenden Entscheidungen zurückgehalten werden kann.

    In diesem Sinne kommt in unserer Gesellschaft auch den **Medien**, die ja Informationen bereitstellen oder bearbeiten, eine beträchtliche Macht zu, da Menschen einerseits ein starkes Informationsbedürfnis besitzen, andererseits Nachrichten auch bewusst manipuliert werden können.

    Vor Wahlen können Medien durch die Art der Berichterstattung über einzelne Kandidaten das Wahlergebnis u. U. massiv beeinflussen.

    Eine klare Trennung zwischen Machtquellen und -mitteln ist oft nicht möglich, da ein und derselbe Sachverhalt sowohl Quelle als auch Mittel sein kann.

10.3.3 Formen der Macht

Machtausübung erfolgt in unserer Gesellschaft auf verschiedene Weise, die gängigsten Formen der Machtausübung sind:

- **Einfluss**

    Er wird von einer oder mehreren Personen auf der Grundlage von akzeptierten Regeln ausgeübt. Der Einfluss wird geltend gemacht aufgrund einer Machtposition innerhalb von Sozialbezügen oder einer Organisation. Aufgrund dieser Machtposition verfügt diese Person bzw. Gruppe über bestimmte Hilfsquellen – dies um so mehr, je höher die Position innerhalb der Sozialstruktur angesiedelt ist.

    Ein Professor für Physik, den seine Studenten respektieren und wegen seiner fachlichen Kompetenz wertschätzen, beeinflusst die Einstellung seiner Zuhörer in erheblichem Maße.

- **Überzeugung**

    Voraussetzung für die Möglichkeit der Machtausübung einer Person durch Überzeugung ist deren persönliche Autorität[2] und geistige Überlegenheit, welche sich auf Wissen und Information gründet. Sie ist so imstande, in Auseinandersetzungen mit anderen die Argumente vernünftig zu begründen und sie dadurch zu veranlassen, etwas zu tun, was sie vorher nicht wollten.

    Ist dieser Professor ein aktiver Umweltschützer, kann er im Rahmen einer fachlich geführten Diskussion durch Fakten und vernünftige Argumente sein Publikum überzeugen, dass Umweltschutz zwingend notwendig ist.

---

[1] *Auf Sanktionen wird in Kapitel 4.1.2 eingegangen*
[2] *vgl. Abschnitt 10.1.4*

- **Autorität**

    Gemeint ist hier eine Amts- und Befehlsgewalt, welche von den Untergebenen als legitim angesehen wird. Sie gründet zum Beispiel auf Wissen, Rechte, Werte und Charisma[1].

    Der Vorgesetzte einer militärischen Einheit hat die Befehlsgewalt, die Soldaten befolgen seine Befehle, weil sie dies als legitim erachten.

- **Motivation**

    Hier verbirgt sich eine versteckte Form von Macht, wobei es darum geht, andere dazu zu bringen, etwas zu wollen und diese so zu einem bestimmten Handeln zu aktivieren. Die Aktivität wird auf ein bestimmtes Ziel hin gesteuert, sie kann mehr oder weniger intensiv sein und eine unterschiedliche Ausdauer aufweisen.

    Gelingt es diesem Professor, dass seine Studenten Umweltschutz kognitiv positiv bewerten und gefühlsmäßig bejahen, so wird sich dies langfristig im Verhalten niederschlagen. Das könnte zum Beispiel dazu führen, dass diese motiviert sind, möglichst wenig das Auto zu benutzen.

- **Attraktion**

    Eine Person oder Organisation übt eine Anziehung auf andere aus, und beeinflusst diese dadurch. Die Grundlage für die freiwillige Gefolgschaft bilden Einstellungen, Identifikation und Gefühle diesen gegenüber (vgl. *Imbusch, 1998, S. 12*).

    Ein Sektenführer übt auf seine Anhänger eine große Anziehung aus. Sie identifizieren sich mit ihm und seiner Lebensführung, befolgen freiwillig die von ihm bestimmten Gebote und Verbote.

- **Kontrolle**

    Menschen, die Kontrolle ausüben, bedienen sich sehr unterschiedlicher Methoden mit unterschiedlicher Reichweite. Kontrolliert werden können Handlungen und Interaktionsprozesse, Entscheidungssituationen oder Nichtentscheidungen.[2]

    Das Ausüben von Kontrolle wäre indirekt möglich, indem die Studenten sich gegenseitig ihre Verstöße gegen die Umwelt bewusst machten.

- **Zwang**

    Er liegt vor, wenn auf eine Person Druck ausgeübt wird, gedroht wird oder indem bestimmte Hilfsquellen gewährt oder zurückgehalten werden. Es kann jedoch auch sein, dass eine Person aufgrund einer Zwang ausübenden Einflussnahme von bestimmten Handlungen abgehalten wird. Zwang wird auf sehr unterschiedliche Weise ausgeübt: Bei den **sanften Formen des Zwangs** erhält derjenige, auf den Zwang ausgeübt wird, bei wunschgemäßem Verhalten bestimmte Vorteile. Zu den **brachialen Zwangsmitteln** zählen die Androhung von Strafen und Gewaltanwendung. Es geht letztlich darum, dem anderen gegenüber die eigene Macht durchzusetzen. Hierunter fällt auch das staatliche Gewaltmonopol. Für die Androhung und Ausübung von Zwangsmaßnahmen existieren in modernen Gesellschaften Regeln in Form von Rechtsordnungen.

    Ein Soldat, der seinen Militärdienst ableistet, wird bei Nichtbefolgen von Befehlen durch die Drohung unter Druck gesetzt, ihm zum Beispiel den Ausgang zu entziehen. Schlimmstenfalls könnte der Soldat bei wiederholter Missachtung von Anordnungen vom Militärdienst entlassen werden.

---

[1] *vgl. Abschnitt 10.1.4*
[2] *vgl. Abschnitt 10.1.1*

Macht und Herrschaft

- **Gewalt**

  Gewalt ist ebenfalls als eine Form der Machtausübung anzusehen, da diese ein sehr effektives Machtmittel sein kann, da sie Gehorsam erzwingt und damit Widerstand überwindet.

  Gewaltanwendung findet gelegentlich im Gefängnis unter Mithäftlingen statt, indem diese einen Insassen, der sich nicht wunschgemäß verhält, verprügeln. Auch in manchen Schulen versuchen Einzelne und Gruppen durch den Einsatz von Gewalt, Macht über Mitschüler auszuüben.

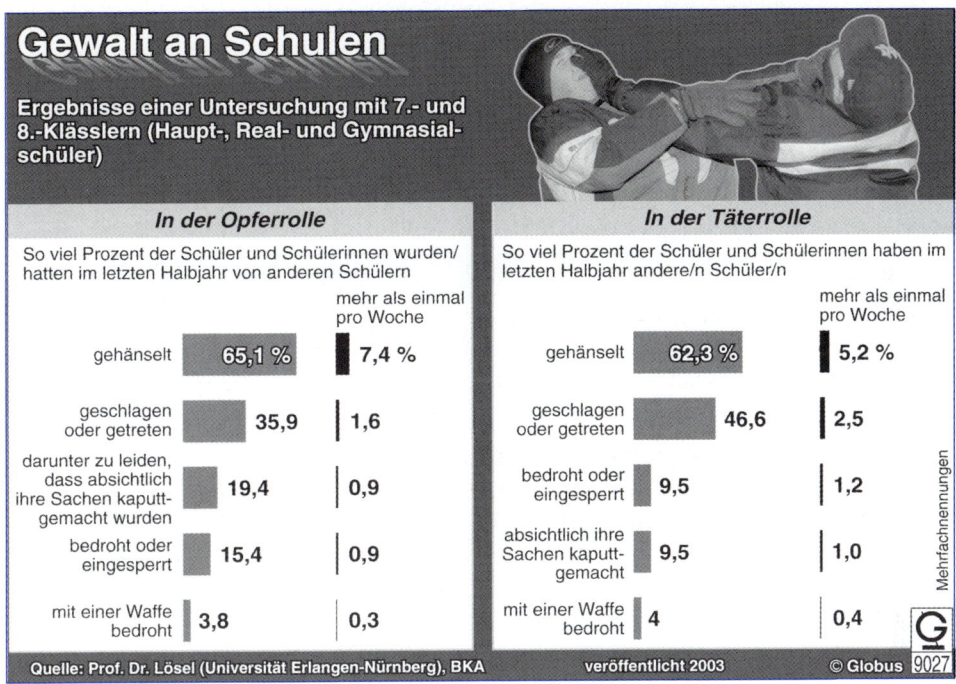

10.3.4 Wirkungsmechanismen

In manchen Aspekten der Ausführung wurden bereits Wirkungsmechanismen der Macht deutlich, ohne diese jedoch systematisch darzustellen. Wirkungsmechanismen der Macht sind (vgl. *Imbusch, 2002[6], S. 171*):

- **Sanktionen**

  Macht gegen den Willen anderer durchzusetzen wird deshalb als Ziel erreicht, weil das Widerstreben einer Person oder Gruppe mit **negativen Sanktionen** belegt ist. Diese wird dazu veranlasst, ihre eigenen Pläne aufzugeben oder ihr Verhalten zu ändern. Die Auferlegung oder Androhung unangenehmer Konsequenzen bewirkt Unterwerfung.[1]

- **Kompensationen**

  Die sich unterordnende Person erhält zum Ausgleich etwas für sie persönlich Wichtiges. Macht wirkt hier **in Form von positiven Sanktionen** wie zum Beispiel Lob, Geld, Einlösen von Versprechen usw., durch sie wird ebenfalls Unterordnung aber auch Wohlverhalten erreicht.

---

[1] *Auf Sanktionen wird ausführlich in Kapitel 4.1.2 eingegangen.*

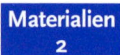

- **Manipulation**

  Manipulation heißt, Menschen oder Menschengruppen zu beeinflussen, um das Handeln dieser zu lenken und zu formen. Eine gezielte Lenkung der untergeordneten durch eine übergeordnete Person findet statt. Die Unterwerfung muss nicht bewusst sein und erscheint als vom Individuum selbst gewählt. Manipulation wirkt in Form einer Bewusstseinsänderung, Überzeugung oder eines Glaubens. Beeinflussung ist aber nicht nur negativ zu sehen, sie kann auch durch die Identifikation mit einer geliebten Bezugsperson entstehen.

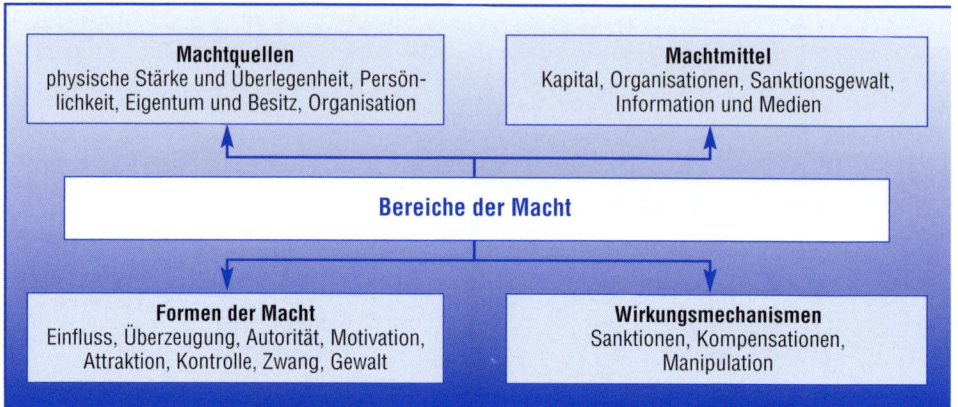

Uneinigkeit besteht darüber, wie man in unserer Gesellschaft die Spitzen des hierarchisch gegliederten Systems abgrenzen und benennen soll. Es versteht sich von selbst, dass diejenigen, die sich an der Führungsspitze befinden, auch mit mehr Macht ausgestattet sind.

10.4 Macht und Herrschaft

Herrschaft wäre ohne ein Mindestmaß an Anerkennung und Gehorsam der untergeordneten Personen und Gruppen nicht möglich. Sie ist deshalb als ein fest institutionalisiertes Verhältnis der Machtausübung einer übergeordneten Person zu sehen. Institutionalisierung meint den Prozess der Verfestigung von bestimmten Mustern regelmäßig wiederkehrenden Verhaltens, so dass sich relativ konstante Handlungs- und Beziehungsmuster herausbilden: Die Machtausübung wird nicht immer wieder von neuem in Frage gestellt.

10.4.1 Der Begriff „Herrschaft"

Herrschaft ist ein relativ stabiles Verhältnis der Über- und Unterordnung, das gekennzeichnet ist durch das **Recht des Übergeordneten, Vorschriften zu erlassen und die Nichtbefolgung der Anordnungen zu sanktionieren**, das heißt zu belohnen oder zu bestrafen. Das Recht der Herrscher ist jedoch auf bestimmte Inhalte und Personen begrenzt. Nach *Max Weber* stellt Herrschaft einen „Sonderfall von Macht" dar.

Das Verhalten der Menschen ist einer dauernden **Disziplin** unterworfen. Dabei wird zwischen *äußerer und innerer Disziplin* unterschieden: Äußere Disziplin bedeutet das Einhalten von Anordnungen, Befehlen, Vorschriften oder Verhaltensregeln bzw. eines Ordnungsrahmens; innere Disziplin meint dagegen die Ordnung und Beherrschung der Gedanken, Wünsche und Gefühle.

Macht und Herrschaft

Hält zum Beispiel der Schüler die Hausordnung der Schule ein, so handelt es sich um äußere Disziplin; bei einer systematischen und konsequenten Vorbereitung auf eine Prüfungsarbeit, von der er sich nicht ablenken lässt, liegt hingegen innere Disziplin vor.

> **Disziplin bedeutet zum einen die Ordnung und Beherrschung von Gedanken, Wünschen und Gefühlen und zum anderen das Einhalten von Anordnungen, Befehlen, Vorschriften oder Verhaltensregeln bzw. eines Ordnungsrahmens.**

Herrschaft unterscheidet sich von Macht zum einen darin, dass sie sich nach *Max Weber (1984[6], S. 89)* auf **präzise „angebbare" Personen bezieht**. Damit ist gemeint, dass sich die Herrschaft auf Personen bezieht, die man eindeutig benennen kann. Zum anderen ist Herrschaftsausübung **formell festgelegt**, das heißt es ist geregelt, wer berechtigt ist, Befehle zu erteilen und wer diesen gehorchen muss.

> **Herrschaft wird definiert als „die Chance, für einen Befehl bestimmten Inhalts bei angebbaren Personen Gehorsam zu finden"** *(Weber, 1984[6], S. 89).*

Entscheidendes Kriterium der Herrschaft ist der **Legitimitätsglaube**. Im Gegensatz zur reinen Machtausübung ist Herrschaft an *Legitimität* gebunden. Legitimität bedeutet, die Beherrschten glauben an die Rechtmäßigkeit der Herrschaft und stimmen dieser zu; die Herrscher glauben, dass ihre Macht zu Recht bestehe.

> **Legitimität liegt vor, wenn die Beherrschten die Ausübung von Herrschaft und die damit verbundene Forderung von Gehorsam sowie die Anwendung von Zwang und Gewalt durch die Herrschenden auf der Grundlage geltender gesellschaftlicher Normen für gerechtfertigt halten.**

Herrschaft ist demnach, wie es *Jakobus Wössner (1986[9], S. 50)* definiert, **„befugte und anerkannte Machtausübung"**. Der Fortbestand von Herrschaft ist gefährdet, wenn diese sich nicht langfristig legitimieren kann. Herrschende – zum Beispiel die Regierung – müssen immer den Glauben an die Legitimität der gegebenen Befehle herstellen und aufrechterhalten, damit die Beherrschten ihre Unterordnung anerkennen. Nach *Max Weber* müssen sich die Herrschenden also selbst rechtfertigen. Andererseits geht es auch darum, ob die Beherrschten diese Rechtfertigung akzeptieren und die Herrschaft als rechtmäßig anerkennen. Man spricht folglich von Herrschaft und nicht mehr von Macht, wenn andere die von den Herrschern angegebenen Gründe akzeptieren (vgl. *Imbusch, 2002[6], S. 172*).

> In einem demokratischen System wird durch Neuwahlen die Herrschaft der regierenden Partei bzw. Parteien neu legitimiert.

Im Unterschied zur Macht ist Herrschaft eine Machtausübung, welche an das Innehaben von sozialen Positionen gebunden ist und institutionalisierte Regeln aufweist. Herrschaft

ist ein durch institutionalisierte Macht begründetes **Abhängigkeitsverhältnis**. Man spricht jedoch nicht von Herrschaft, wenn sich die Chance Gehorsam zu finden, nur auf ein spezifisches Thema bezieht.

Die Signale und Anweisungen eines Polizisten, der den Verkehr regelt, werden von den Verkehrsteilnehmern zwar befolgt, aber man kann dennoch nicht davon sprechen, dass der Polizist herrscht.

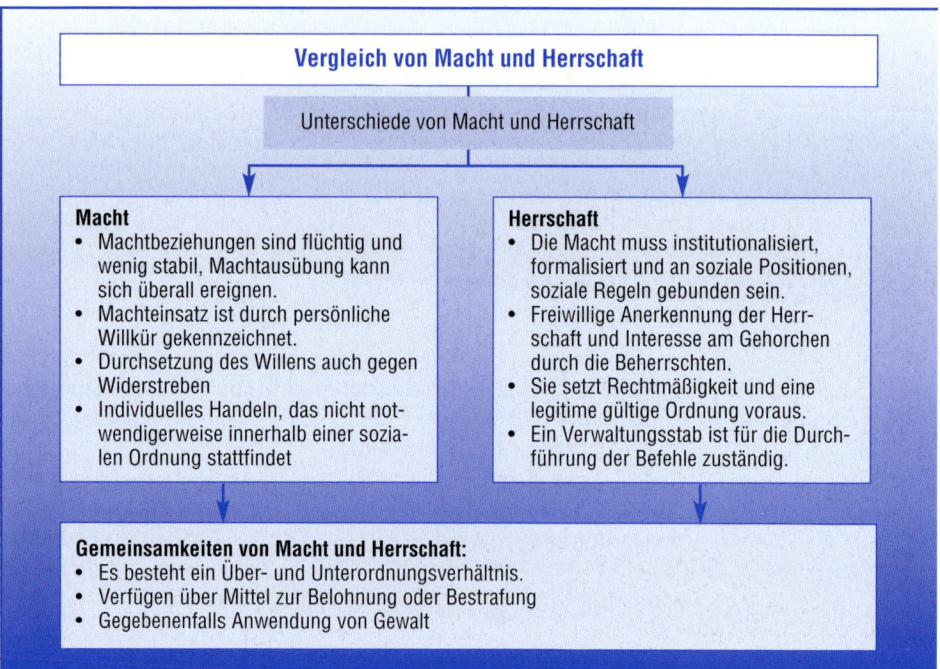

Materialien 3

Für die Beurteilung eines Herrschaftsverhältnisses ist entscheidend, ob die Durchsetzung des Gehorsams in einem begrenzten Themenbereich auch auf andere Lebensbereiche übergreift und ob es sich um legitime oder illegitime Herrschaft handelt.

10.4.2 Der Übergang von Macht zur Herrschaft

Nach *Heinrich Popitz (1999²)* kennzeichnen den **Institutionalisierungsprozess**[1] **von Macht in Richtung Herrschaft** drei Tendenzen:

- **Entpersonalisierung** von Machtverhältnissen: Macht löst sich zunehmend von bestimmten Personen, sie bezieht sich auf bestimmte Funktionen und Positionen, die unabhängig von der Person sind, die gerade das Sagen hat.
- **Formalisierung** der Machtausübung: Die Machtausübung löst sich mehr und mehr von persönlicher Willkür, stattdessen orientiert sie sich an bestehenden Regeln, Ritualen und Verfahrensweisen.
- **Integrierung** der Machtverhältnisse: Macht wird zunehmend in ein übergreifendes soziales Ordnungsgefüge und in bestehende Verhältnisse integriert.

---

[1] *Institutionalisierung meint – wie in Abschnitt 10.4 ausgeführt – den Prozess der Verfestigung von bestimmten Mustern regelmäßig wiederkehrenden Verhaltens, so dass sich relativ konstante Handlungs- und Beziehungsmuster herausbilden.*

Herrschaftsausübung durch einen hierarchisch strukturierten Militärapparat bedeutet beispielsweise, dass Personen in der Führungshierarchie problemlos austauschbar sind. Verstöße gegen militärische Regeln, zum Beispiel willkürliche Ausübung von Herrschaft bei der Ausbildung der Rekruten, können bis vor das Militärgericht gehen und geahndet werden. Ein bestehendes Ordnungsgefüge schreibt vor, wer in der Hierarchie jeweils Befehle erteilen kann und wer Befehlsempfänger ist (zum Beispiel der General hat Befehlsmacht gegenüber dem Oberst, Oberstleutnant, Major, Hauptmann, Oberleutnant, Leutnant usw.).

Durch diese Prozesse der Entpersonalisierung, Formalisierung und Integrierung **erhöht sich die Stabilität**, die Macht nimmt feste Formen an, dauerhafte Strukturen entstehen, eine Machtstellung entsteht bzw. wird erweitert. *Heinrich Popitz (1999^2, S. 236–260)* hat diesen Prozess der **Verfestigung von Macht bis hin zur Herrschaft** als **Stufenmodell** dargestellt:

1. **Stufe: „Sporadische Macht":**

   Die Macht bleibt auf den Einzelfall beschränkt, es handelt sich um eine zufällige Aneinanderreihung von Einzelaktionen. Der die Macht Ausübende verfügt kaum über Machtmittel und kann wiederholbare Leistungen nicht durchsetzen und den Schwächeren nicht an sich binden.

   Ein Urlauber wird mit vorgehaltener Pistole seines Geldes beraubt.

2. **Stufe: „Normierende Macht":**

   Ein Machtinhaber kann das Verhalten seiner Untergebenen nicht nur im Einzelfall lenken, sondern auch normieren, das heißt er kann durch Sanktionen – zum Beispiel durch den Einsatz von Drohungen oder Belohnungen – Regelmäßigkeiten im Verhalten durchsetzen und damit Gehorsam verfestigen. Für den Machthaber reduziert sich der zur Steuerung des Verhaltens nötige Aufwand und das Verhalten wird voraussehbar, Gewohnheiten spielen sich ein.

   Ein Fußballtrainer kann durch Drohungen und anerkennende Worte die Mannschaftsmitglieder zur Einhaltung bestimmter Regeln und zum Gehorsam erziehen (zum Beispiel pünktliches Erscheinen zum Training, Einhaltung der Spielregeln usw.).

3. **Stufe: „Positionalisierung von Macht und Herrschaft"**

   Es kommt zur Herausbildung von ersten Herrschaftsbastionen, weil sich normierte Macht zu positioneller Macht weiterentwickelt und sich zu einer überpersonalen Machtstellung verdichtet. Diese Stufe markiert den Beginn von Herrschaft.

   Jugendliche treffen sich regelmäßig auf der Straße. Einer der Jungen vertritt mit Nachdruck seine Meinung und ekelt unliebsame Neue aus der Gruppengemeinschaft. Allmählich hat er das Sagen in der Gruppe und entwickelt sich zum „Boss". Er verteilt Sonderaufgaben an die Mitglieder, er entwickelt Initiativen zur Bekämpfung anderer konkurrierender Banden in der Stadt, er bestraft Verräter, kontrolliert, ob die verteilten Aufgaben auch ordentlich ausgeführt wurden. Er überwacht mit normierender Macht das Verhalten der Gruppenmitglieder.

4. **Stufe: „Positionsgefüge der Herrschaft":**

   Indem sich eine Arbeitsteilung verfestigt, bildet sich um zentrale Machtpositionen ein Gefüge von weiteren Positionen. So lassen sich unabhängig von den Personen, Machtstellungen dauerhaft etablieren, das heißt die Herrschenden werden austauschbar. Arbeitsteilige Machtausübung erfordert Regeln, Kontrolle und eine soziale Ordnung.

   Der Gruppenführer verlässt die Stadt, weil seine Eltern aus beruflichen Gründen umziehen. Sein Stellvertreter, der ihn in Zeiten kurzfristiger Abwesenheit schon immer vertreten hat, wird nun zum Nachfolger. Auf seinen Platz rückt ein anderes Mitglied als Stellvertreter nach. Eine Reihe weiterer Positionen haben sich etabliert, der Streitschlichter, die Kämpfer usw.

5. Stufe: „Staatliche Herrschaft":

Eine zentralisierte und auf ein bestimmtes Gebiet bezogene Herrschaft bedeutet zwar für den Einzelnen soziale Zwänge, erfüllt aber für das Individuum andererseits lebenswichtige Ordnungsfunktionen. Monopolisierungsansprüche werden durchgesetzt, so zum Beispiel die Gesetzgebung mit der Funktion der Normsetzung, das Sanktionsmonopol mit der Funktion der Rechtsprechung, das Gewaltmonopol mit der Funktion der Normdurchsetzung.

Unabhängig von der Gesellschaftsform – demokratisch oder diktatorisch – gibt es ein Regierungssystem, Richter, ein Heer, damit diese Ordnungsfunktionen erfüllt werden können.

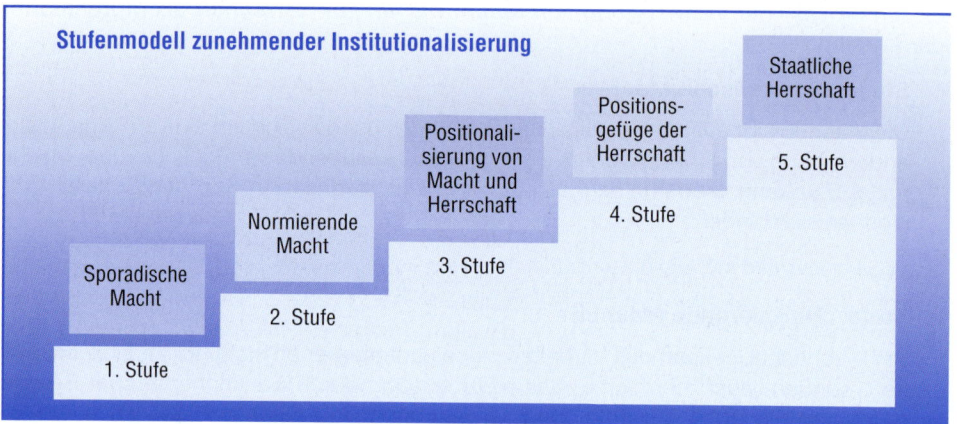

10.4.3 Legitime und illegitime Herrschaft

Max Weber (2002⁵, S. 124–130) unterscheidet **Arten der Herrschaft je nach dem ihnen typischen Legitimitätsanspruch**. Dabei beschreibt er drei Typen:

- **Traditionale Herrschaft**

    Sie beruht auf dem Alltagsglauben an die Heiligkeit bzw. Rechtmäßigkeit von schon immer geltenden Ordnungen und Traditionen. Herrschende legitimieren sich dadurch, dass die Beherrschten anerkennen, dass es schon immer so war. Der aufgrund von Tradition zum Herrscher berufenen Person wird gehorcht. Die Herrschaftsausübung wird also durch Brauch, Gewohnheit, Sitte, Tradition begründet. Möglicher Unmut und Widerstand richtet sich folglich nicht gegen die Herrschaftsform, sondern gegen den Herrscher.

    Beispiele für eine traditionale Herrschaft sind die patriarchalische und ständische Herrschaft, die Monarchie. In der durchschnittlichen Familie mit Kleinkindern ist es traditional so, dass die Eltern bestimmen und die Kinder zu gehorchen haben.

- **Charismatische Herrschaft**

    Sie beruht auf dem Glauben an besondere Eigenschaften, Fähigkeiten, Qualitäten des Führers bzw. das Charisma einer Person. Charisma ist die außergewöhnliche Fähigkeit bzw. Qualität einer Persönlichkeit, um derentwillen sie als übermenschlich, vorbildlich und daher als Führer anerkannt wird. Die damit verbundene Autorität führt bei den Beherrschten kraft des persönlichen Vertrauens zu Folgsamkeit.

    Beispiele für solche charismatischen Herrscher sind Propheten, Religionsstifter, Führer, Kriegshelden usw.

- **Legale Herrschaft**

   Sie beruht auf der Rechtmäßigkeit einer abstrakten unpersönlichen Ordnung und ist durch Gesetz, Satzung, Verordnung und dergleichen begründet. Diese Art von Herrschaft ist kennzeichnend für einen modernen bürokratischen Verwaltungsstab und gehört zu den rationalsten Herrschaftsformen, weil sie sich auf festgelegte Regeln beruft und auf nachvollziehbaren und berechenbaren Verhaltensweisen beruht.

   Der Herrschende (zum Beispiel ein Vorgesetzter) ist selbst an die vorgegebene Ordnung, die bestehenden Regeln und Normen gebunden. Legale Herrschaft ist erst durch den modernen Staat und die bürgerliche Gesellschaft entstanden. Typisch hierfür ist Hierarchie und Amtsdisziplin, fachliche Qualifikation sowie Handeln nach abstrakten Normen.

   Ein demokratischer Rechtsstaat ist ein typisches Beispiel für diese Herrschaftsform. Auch Eltern berufen sich in Konfliktsituationen gegenüber ihren älteren Kindern auf das Recht der elterlichen Sorge, das durch Gesetz festgelegt ist.

Zur Warnung

Ein Mensch, zu kriegen einen Stempel,
Begibt sich zum Beamten-Tempel
Und stellt sich, vorerst noch mit kalter
Geduld zum Volke an den Schalter.
Jedoch, wir wissen: Hoff – und Harren
Das machte manchen schon zum Narren.
Sankt Bürokratius, der Heilige,
Verachtet nichts so sehr wie Eilige.
Der Mensch, bald närrisch-ungeduldig
Vergisst die Ehrfurcht, die er schuldig,
Und, während, dass er sich verteidigt,
Hat er Beamten schon beleidigt.
Er kriegt den Stempel erstens nicht,
Muss, zweitens, auf das Amtsgericht,
Muss, trotz Entschuldigens und Bittens
Noch zehn Mark Strafe zahlen, drittens,
Muss viertens, diesmal ohne Zorn,
Sich nochmal anstelln, ganz von vorn,
Darf, fünftens, keine Spur von Hohn
Raushörn aus des Beamten Ton
Und darf sich auch nicht wundern, sechstens,
Wenn er kriegt Scherereien, nächstens.
Geduld hat also keinen Sinn,
Wenn sie uns abreißt, mittendrin.

Roth, 2001, S. 133

Einen Typ legaler Herrschaft, den *Max Weber* recht umfassend beschreibt, ist der **bürokratische Verwaltungsstab**, dessen sich die Herrschenden als Instrument der Herrschaftsausübung bedienen. Der bürokratische Verwaltungsstab mit seinem Beamtenapparat führt Gesetze, Routineprogramme und Befehle aus. Die Anweisungen der Regierung sollen möglichst exakt und schnell umgesetzt werden. Die hauptberuflichen Beamten besitzen kein Eigentum am Amts- und Betriebsvermögen. Der Aufbau der Bürokratie trägt dazu bei, dass Loyalität erreicht wird (vgl. *Kühn, 2004[4], S. 318–321*).

Es darf nicht übersehen werden, dass neben legitimer Herrschaft auch eine Reihe **illegitimer Herrschaft** existiert: Seit vielen Jahrhunderten sind auf der Welt Herrschaftsformen wie Oligarchien[1], **Diktaturen**, autoritäre und **totalitäre Regime** die Regel, dagegen sind demokratisch legitimierte Systeme eher die Ausnahme. Herrschaft wird legitimiert durch **Ideologien** über die Ungleichheit der Menschen, die Begründung von Sachzwängen oder die Herrschaft wird durch Gewalt gesichert (vgl. *Imbusch, 2002[6], S. 176 f.*).

Materialien 4

Beispiele hierfür sind die nationalsozialistische Diktatur oder die stalinistische Terrorherrschaft in der UdSSR. Als Oligarchie bezeichnet man zum Beispiel eine kleine Gruppe von einflussreichen Personen, welche Meinungsführer in der Gemeinde sind. Sie genießen soziale Anerkennung der Mitbürger, besitzen wertvolle Verbündete und können auf diese Weise die wichtigen Gemeindeentscheidungen kontrollieren, also Macht ausüben.

Man darf Legalität nicht mit Legitimität verwechseln. Legalität heißt, dass hoheitliche Handlungen auf Gesetzen beruhen, die auf dem Gesetzesweg entstanden sind. Legalität ist eine Form der Legitimität, die für den modernen Rechtsstaat charakteristisch ist. Wir halten jedoch Gesetze für illegitim, wenn sich zeigt, dass sie der Verfassung oder ihrem Geist widersprechen.

---

[1] Oligarchie: Herrschaft durch eine kleine Gruppe

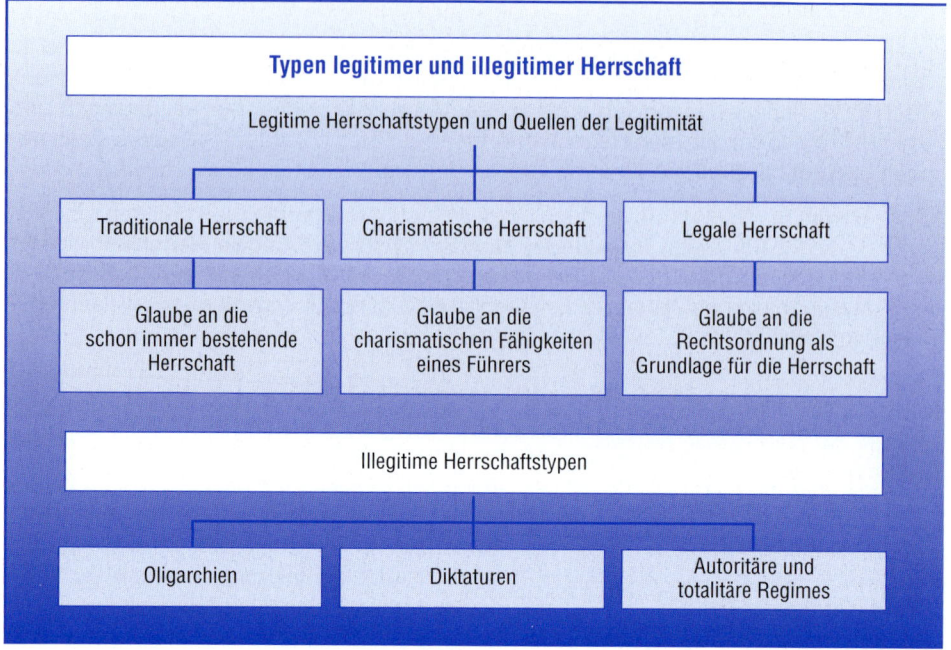

Herrschaft ist ein zentraler Faktor eines jeden sozialen Systems. Herrschende kontrollieren nicht nur die Aktivitäten der Beherrschten, sie sorgen auch für die Einhaltung der Normen und sanktionieren abweichendes Verhalten. Sie delegieren Aufgaben, setzen Normen und bestimmen Ziele der Gesellschaft und seiner Teilbereiche, entscheiden bei Konflikten und steuern u. a. Informationen. Es gibt auch kritische Positionen gegenüber Herrschaft. Diese betonen insbesondere die sozialen Folgen von bestehenden Herrschaftsverhältnissen.

Zusammenfassung

- Macht bedeutet die Möglichkeit, von anderen erfolgreich ein bestimmtes Verhalten zu verlangen, auf andere Einfluss nehmen und ihr Verhalten ändern zu können – auch gegen deren Willen – sowie die Chance, seinen Willen bei anderen durchsetzen zu können, und bezeichnet alle möglichen Formen der Durchsetzung und Beeinflussung in sozialen Beziehungen. Sie beruht auf einem Überlegenheits- bzw. Abhängigkeitsverhältnis zwischen Personen, Gruppen, Organisationen, Staaten oder Gesellschaften. Die Merkmale des Begriffs „Macht" lassen sich wie folgt zusammenfassen: Führung und Gefolgschaft, Über- und Unterordnung sowie Sanktionsgewalt und Gehorsam.

- Gruppierungen in einer Gesellschaft, die die größte Macht haben, werden als Elite bezeichnet. Die Machtelite aus Wirtschaft, Politik und Militär steuert die Gesellschaft und nimmt Einfluss auf wichtige Entscheidungen. Diese gesellschaftlichen Gruppen haben ein gemeinsames Interesse, ähnliche Ideale und ein ausgeprägtes Klassenbewusstsein. Dadurch entstehen ein Zusammenhalt, eine sozial homogene Elite und eine zentralisierte Machtstruktur.

- Die Basis von Autorität bilden institutionalisierte Beziehungen von Menschen, die strukturiert sind nach Über- und Unterordnung. Unterschieden werden personale und positionale Autorität. Die den Personen zugesprochene fachliche Kompetenz und moralische Überlegenheit wird von anderen freiwillig anerkannt. Es bedarf keiner Zwangsmittel.

Zusammenfassung

- Die Grundlagen der Macht stellen die Basis dar, auf der sich diese herausbilden kann. In sozialen Beziehungen ist Macht allgegenwärtig, sie basiert auf dem Vermögen sich gegen den Willen anderer durchzusetzen. *Heinrich Popitz* unterscheidet vier Grundtypen der Macht: Aktionsmacht, instrumentelle Macht, autoritative Macht und datensetzende Macht.

- Auslöser von Machtbildungsprozessen kann sein, dass jemand ein Privileg für sich in Anspruch nimmt oder sich gesellschaftliche Ressourcen aneignet, die ihn überlegen machen. Privilegien beziehen sich immer auf knappe Güter, deshalb geht die Durchsetzung von Privilegien immer auf Kosten anderer Individuen, die zu kurz kommen. Die Macht verfestigt sich, indem sich die Privilegierten solidarisieren und sich gegenseitig bestätigen, legitime Rechte wahrzunehmen. Durch Institutionen und Organisationen bekommt Macht ihre Struktur. Da Mächtige über knappe Güter verfügen, können sie darüber bestimmen, wer über mehr oder weniger Macht verfügt. Über diese gestufte Partizipation stabilisiert sich Macht.

- Aus den Grundlagen der Macht leiten sich eine Reihe von Machtquellen ab: Physische Stärke und psychische Überlegenheit, Persönlichkeit, Eigentum und Besitz sowie Organisation. Eine entscheidende Bedeutung für eine Machtbeziehung haben die Art der Machtmittel: Kapital, Organisationen, Sanktionsgewalt des Amtes und Information. Machtausübung erfolgt in unserer Gesellschaft auf verschiedene Weise. Die gängigsten Formen sind: Einfluss, Überzeugung, Autorität, Motivation, Attraktion, Kontrolle, Zwang und Gewalt.

- Herrschaft setzt ein Mindestmaß an Anerkennung und Gehorsam der untergeordneten Personen und Gruppen voraus. Sie ist deshalb ein fest institutionalisiertes Verhältnis der Machtausübung. Um Herrschaft dauerhaft ausüben zu können, müssen die Herrschenden diese legitimieren, umgekehrt müssen die Untergebenen an die Legitimität von gegebenen Ordnungen glauben und ihr Handeln danach orientieren. Der Prozess der Institutionalisierung von Macht bis hin zur Herrschaft verläuft nach *Heinrich Popitz* in Stufen: sporadische Macht, normierende Macht, Positionalisierung von Macht, Positionsgefüge der Herrschaft und staatliche Herrschaft.

- Herrschaft unterscheidet sich von Macht darin, dass sie sich auf präzise angebbare Personen bezieht, das heißt es ist formell festgelegt, wer berechtigt ist Befehle zu erteilen und wer diesen gehorchen muss. Ausübung von Herrschaft ist an soziale Positionen gebunden und weist fest institutionalisierte Regeln auf. *Max Weber* unterscheidet drei reine Typen legitimer Herrschaft: traditionale, charismatische und legale Herrschaft.
Neben der legitimen Herrschaft existieren auch eine Reihe illegitimer Formen von Herrschaft, wie z. B. Oligarchien, Diktaturen, autoritäre und totalitäre Regime. Die Herrschaftssicherung erfolgt hier nicht selten durch Gewaltausübung gegenüber den Beherrschten.

Materialien Kapitel 10

1. Diktatur der Manager

Vor über siebzig Jahren haben zwei bekannte Wirtschaftswissenschaftler von der Columbia University, *Adolf A. Berle jr.* und *Gardiner C. Means*, in einer vielbeachteten Studie „Modern Corporation and Private Property" (Die moderne Aktiengesellschaft und das Privateigentum) die Trennung von Eigentum und Verfügungsgewalt über Unternehmen festgestellt (Stichwort: „Managerherrschaft"). Die Leitung eines modernen Großunternehmens sei eine komplexe, anspruchsvolle Aufgabe, behaupteten sie. Daher sei die Verfügungsgewalt beziehungsweise die Leitungsbefugnis aus praktischer Notwendigkeit auf das professionelle, die Unternehmenspolitik aktiv gestaltende, Management übergegangen. Und dieser Prozess sei unumkehrbar. Der Glaube, letztlich hätten die Eigentümer das Sagen, hat sich indes bis heute gehalten. Auf den Hauptversammlungen erhalten die Aktionäre Informationen zur Geschäftsentwicklung, Ertragslage, künftigen Unternehmensstrategie und zu vielen weiteren Sachthemen. Vieles davon ist bereits bekannt.

Zu den grundlegenden Merkmalen der Großunternehmen des 21. Jahrhunderts gehört ein Leitungssystem, das unbeschränkte Macht zur Selbstbereicherung gewährt. Dies bleibt nicht unbemerkt. Das Wirtschaftsmagazin *Fortune*, dem man wahrlich keine besonders unternehmenskritische Einstellung nachsagen kann, berichtete in großer Aufmachung darüber, wie sich Vorstände von Aktiengesellschaften trotz sinkender Umsätze und Erträge der von ihnen geleiteten Firmen hemmungslos selbst bedienten. *Fortune* nannte diese Missstände ganz einfach „Raub". Diese Möglichkeit zur Selbstbedienung, die dem Management offen steht, ist skandalös und lässt sich nicht mit bloßer Fahrlässigkeit erklären. Sie ist auch nicht weiter erstaunlich in einem Wirtschaftssystem, in dem die Privilegierten ihr Einkommen nach eigenem Gutdünken festsetzen können.

In jüngster Zeit wurde das Streben der Manager nach Macht und Selbstbereicherung in der Öffentlichkeit mit einiger Bestürzung zur Kenntnis genommen. Führungskräfte von Enron, WorldCom, Tyco und anderen Firmen gerieten ins Fadenkreuz öffentlicher Kritik und Empörung. Das Wort „Firmenskandale" machte die Runde. Unerwähnt blieben dabei freilich die nahezu unwiderstehlichen Möglichkeiten der Selbstbereicherung, die den Managern in den Aktiengesellschaften gewährt wurden, und dies in einer Welt, in der Selbstbereicherung als Haupttriebfeder individueller Leistungsbereitschaft gutgeheißen wird. Großunternehmen vor allem im Energie- und Kommunikationssektor (aber nicht nur diese) beherrschen die Schlagzeilen.

In allen Fällen waren die Situation und das Ergebnis gleich. Das Management hatte die uneingeschränkte Macht. Die Eigentümer hatten nichts zu melden, und einige Wirtschaftsprüfungsgesellschaften waren überaus willfährige Helfer. Mit Aktienoptionen konnten sich die Begünstigten die Nase weiter vergolden und der Veruntreuung noch ein legales Deckmäntelchen umhängen.

Quelle: Galbraith, 2005, S. 103

2. Lebenskurve

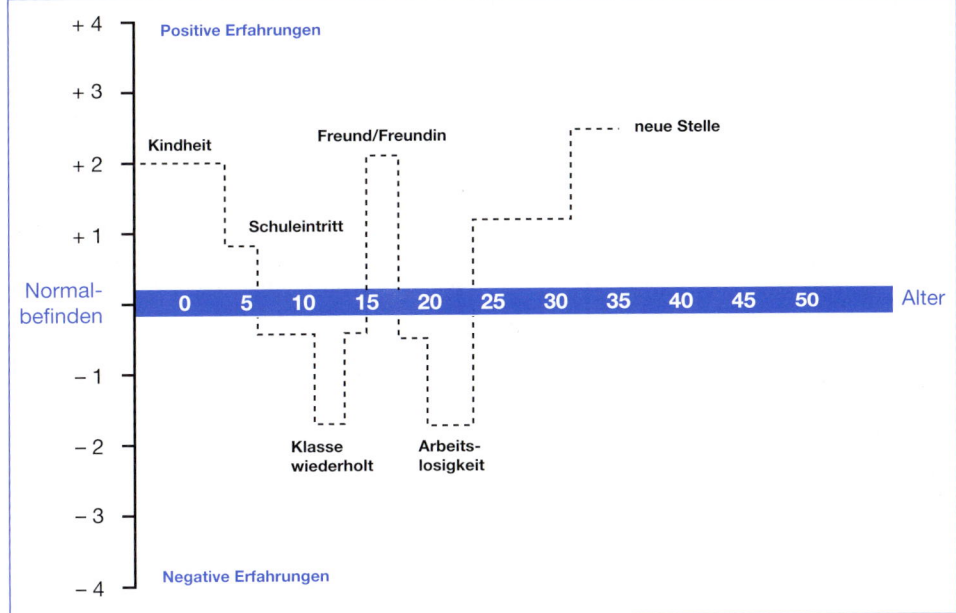

Quelle: Gugel, 1998, S. 162

3. Macht und Politik

In modernen Gesellschaftsformen kommt dem politischen System die Aufgabe zu, Entscheidungen zu treffen und durchzusetzen, die für die Bevölkerung bindend sind. Im Gegenzug übernimmt es für die Gesellschaft die Funktion, Macht zu erzeugen bzw. herzustellen, zu verwalten und zu kontrollieren (vgl. *Brodocz*, 1998, S.191).

Die Gesellschaft ist auf die Beiträge von jedem Teilsystem angewiesen, deshalb kommt keinem, auch nicht dem politischen System, eine machtvollere Rolle zu. Nach *Niklas Luhmann* sind Demokratien durch einen dreigliedrigen Machtkreislauf gekennzeichnet:

- **Politik** (insbesondere Parteienpolitik)
  Die Macht der Politik über die Verwaltung ist dadurch begründet, dass die Politik programmatische, organisatorische und personelle Entscheidungen für die Verwaltung trifft.

- **Verwaltung** (schließt Regierung und Gesetzgebung mit ein)
  Andererseits übt die Verwaltung Macht über das Publikum, sprich über die Bevölkerung aus, indem Entscheidungen getroffen und durchgesetzt werden, die für die Bevölkerung bindend sind.

- **Publikum**
  Die Bevölkerung wiederum übt durch Wahlen Macht über die Politik aus. Dadurch ist der Kreislauf geschlossen.

An jeder Stelle des Machtkreislaufs ist der Einsatz von politischer Macht an Recht gebunden. In diesem demokratischen Kreislauf kommt nach *Niklas Luhmann* zum Ausdruck, dass jeder zugleich Herrscher und Beherrschter ist. Damit besitzt der Herrschaftsbegriff für Demokratien keine Gültigkeit mehr, er hält es deshalb für unangemessen, weiterhin von Herrschaft zu sprechen. Dies zeigt sich auch an der Spaltung des politischen Systems in Regierung und Opposition.

Luhmann sieht in modernen Gesellschaften allerdings auch das Problem der Gegenmacht, die sich auf die Informations- und Kooperationsleistungen der Machtunterworfenen stützt. Auch die Gegenmacht verläuft kreisförmig, Luhmann spricht deshalb von einem Gegenkreislauf der Macht:

- **Das Publikum**
  Die Bevölkerung ist vor Wahlen für seine Machtausübung auf Vorauswahlen von Kandidaten bzw. Kandidatinnen und auf vielfältige Informationen über diese durch die Politik angewiesen.
- **Die Verwaltung**
  Bei der Durchsetzung von bindenden Entscheidungen für die Bevölkerung ist die Verwaltung auf die Mitarbeit der Bevölkerung angewiesen.
- **Die Politik**
  Als Voraussetzung, um überhaupt Entscheidungen treffen zu können, ist die Politik auf die Vorschläge von der Verwaltung angewiesen.

Ein Problem stellt für *Niklas Luhmann* dar, dass die Bedeutung dieses illegitimen Gegenkreislaufes umso mehr steigt, je komplexer die Problemlagen der Politik sind – illegitim deshalb, weil sich dieser Gegenkreislauf normalerweise über die offiziellen Machtverhältnisse hinwegsetzt, im Konfliktfall jedoch unterliegt. Angesichts dieser Problematik erscheint ihm die politische Macht im Machtkreislauf moderner Gesellschaften eher zu wenig zu sein, das heißt Politik ist mit zu wenig Macht ausgestattet (vgl. *Brodocz, 1998, S. 191 ff.*).

4. Das Gefangenendilemma

Die Struktur des Gefangenendilemmas wird gern am Beispiel zweier verdächtiger Gefangener A und B illustriert. Beide haben die Wahl, entweder ihre Tat zu gestehen oder sie abzustreiten. Der Ertrag hängt entscheidend von der Handlung des anderen ab. Wenn beide kooperieren und schweigen, würde jeder 1 Jahr Haft erhalten. Wäre jedoch A kooperativ gegenüber B und schweige, B jedoch unkooperativ gegenüber A und geständig, würde A mit 10 Jahren Haft bestraft werden und B käme sofort frei. Wenn sich beide unkooperativ verhalten und gestehen, müssten beide mit 8 Jahren Haft rechnen. Zur Darstellung der Situation kann eine entsprechende Auszahlungsmatrix benutzt werden, in der die Jahre Haft eins zu eins in negative Nutzenwerte übersetzt sind.

Gefangenendilemma oder Prisoner Dilemma

		B	
		Nicht-gestehen	Gestehen
A	Nicht-gestehen	−1, −1	−10, 0
	Gestehen	0, −10	−8, −8

Quelle: Esser, 2000, Bd. 3, S. 73

Optimal für beide wäre die wechselseitige Kooperation und damit das beiderseitige Schweigen, denn dann müsste jeder nur für 1 Jahr ins Gefängnis gehen (−1, −1). Das für beide optimale Ergebnis wird ohne zusätzliche Maßnahmen verpasst. Es könnte nur erreicht werden, wenn beide kooperieren und schweigen. Beide möchten jedoch auf jeden Fall vermeiden, selbst kooperativ zu sein, während der andere sich unkooperativ verhält. Denn käme es doch dazu, müsste die betreffende Person für 10 Jahre ins Gefängnis gehen, während die andere sofort frei wäre (-10,0 und 0, −10). In Situationen, in denen keiner der beiden annehmen darf, dass der andere kooperieren wird, ist es deshalb für jeden Einzelnen ratsam, diesen für ihn schlechtesten Zustand strikt zu vermeiden und nicht zu kooperieren. Die beiden wären aufgrund der dominanten Strategie der Nichtkooperation zu einem suboptimalen Ergebnis (−8, −8) verdammt. Sofern sie keine sozialen Regeln finden, die das kooperative Handeln stützen, bleiben sie in diesem Dilemma gefangen.

Gute Regeln, ein friedvolles Zusammenleben eine saubere Umwelt, ein Leuchtturm oder Parkbänke sind öffentliche Güter, deren Bereitstellung Kosten verursacht und von deren Nutzung niemand ausgeschlossen werden kann. Ihre Bereitstellung birgt ein Gefangenendilemma, weil zwar alle das Gut haben wollen, aber nicht sicher sein können, dass die anderen zu deren Bereitstellung beitragen, weshalb auch sie nichts dafür tun werden – **öffentliche Güter** werden deshalb gar nicht oder in zu geringem Maße hergestellt. Daraus müssen wir den Schluss ziehen, dass weder die Errichtung noch der Erfolg und auch nicht der Bestand einer Herrschaft zwischen Egoisten einfach unterstellt werden können, sofern damit für alle Kosten verbunden sind und niemand von deren Vorteilen ausgeschlossen werden kann.

Quelle: Maurer, 2004, S. 72 ff.

Aufgaben und Anregungen Kapitel 10

Aufgaben

1. Bestimmen Sie den Begriff „Macht" und weisen Sie anhand eines selbst gewählten Beispiels nach, dass es sich hierbei um Macht handelt. (Abschnitt 10.1.1)
2. Stellen Sie anhand eines Beispiels aus Ihrem Lebensbereich Merkmale des Begriffes „Macht" dar. (Abschnitt 10.1.2)
3. Erläutern Sie den Zusammenhang zwischen Macht und Elite. (Abschnitt 10.1.3)
4. Zeigen Sie an einem Beispiel den Unterschied zwischen Macht und Autorität auf und begründen Sie, warum aufgrund von Autoritätsbindungen Macht entstehen kann (Abschnitt 10.1.4)
5. Stellen Sie verschiedene Formen von Autorität anhand von Beispielen aus Ihrem Erfahrungsbereich dar. (Abschnitt 10.1.4)
6. a) Erläutern Sie jeweils anhand eines Beispiels verschiedene Typen der Macht. Begründen Sie dabei, was die Menschen fähig macht, über andere Macht auszuüben.

    b) Verdeutlichen Sie, warum andere sich unterwerfen und diese Machtanwendung erdulden.

    (Abschnitt 10.2.1)
7. Beschreiben Sie an einem Beispiel die Prozesse der Machtbildung. (Abschnitt 10.2.2)
8. Erläutern Sie je an einem Beispiel die vier Wirkungsbereiche der Macht. (Abschnitt 10.3)
9. Beschreiben Sie an ausgewählten Beispielen aus dem Bereich der Schule

    a) Machtquellen,

    b) Machtmittel,

    c) Formen der Macht,

    d) Wirkungsmechanismen der Macht.

    (Abschnitt 10.3.1, 10.3.2, 10.3.3 und 10.3.4)
10. Bestimmen Sie den Begriff „Herrschaft" und grenzen Sie diesen Begriff von dem Terminus „Macht" ab. (Abschnitt 10.4.1)
11. Erläutern Sie anhand eines Beispiels Gemeinsamkeiten und Unterschiede von Macht und Herrschaft. (Abschnitt 10.4.1)
12. Zeigen Sie den Institutionalisierungsprozess von Macht in Richtung Herrschaft anhand eines Beispiels auf. (Abschnitt 10.4.2)

13. Beschreiben Sie an einem Beispiel das Stufenmodell der Institutionalisierung von Herrschaft. (Abschnitt 10.4.2)
14. Stellen Sie an je einem Beispiel Arten der Herrschaft nach dem ihnen typischen Legitimitätsanspruch dar. (Abschnitt 10.4.3)

Anregungen

15. Fertigen Sie in Gruppen ein Clustering zu dem Thema „Macht und Herrschaft" an: Schreiben Sie in die Mitte eines größeren Blattes Papier das Thema in einen Kreis und notieren Sie zunächst den ersten Gedanken, den Sie zu diesem Thema haben, ebenfalls auf das Papier und verbinden Sie ihn mit dem Mittelkreis. Sodann schreiben Sie alle weiteren Gedanken zum Thema auf dieselbe Weise auf das Blatt und verbinden jeden Kreis mit dem vorigen durch einen Strich.

16. Befragen Sie Freunde und Bekannte, was sie mit den Begriffen „Macht", „Autorität" und „Herrschaft" verbinden. Vergleichen Sie die gesammelten Aussagen mit den Begriffsbestimmungen in *Kapitel 10*.

17. *Projekt*
Erkunden Sie die Situation von Hilfsbedürftigen, sozial schwachen Gruppen (zum Beispiel Sozialhilfeempfänger, Senioren im Altenheim, Langzeitarbeitslose, Obdachlose usw.) in Ihrer Stadt bzw. Gemeinde.

    - Bilden Sie Arbeitsgruppen und legen Sie die einzelnen Themen für die Arbeitsgruppen fest.
    - Besprechen Sie die Vorgehensweise bei der Informationsbeschaffung:
        – Beschaffung von Informationen über Behörden, Ämter, Gemeinde, Arbeitsagentur, Internet usw.
        – Befragung von zuständigen Sachbearbeitern und Sachbearbeiterinnen in Gemeinde, Ämtern, Behörden usw. Die Interviews können mit Kassettenrecorder oder Videogerät aufgezeichnet werden.
    - Präsentation der Gruppenergebnisse im Plenum.
    - Diskussions- und Fragerunde im Anschluss.

18. *Meine Erfahrungen mit mächtigen Personen in der Familie, in der Schule und im Berufsleben*

    - Reflektieren Sie in Kleingruppen über Ihre Erfahrungen mit sozial mächtigen Personen in verschiedenen Lebensbereichen.
    - Diskutieren Sie Ihre Vorstellungen darüber, wie sich der Macht orientierte Typ in Gruppen verhält.
    - Überlegen Sie auch, welche Rolle Zwang, Einfluss, Autorität und Attraktion bei Machtausübung spielen.
    - Ernennen Sie einen Gruppensprecher, der die Kleingruppe im Stuhlkreis vertritt.
    - Bilden Sie einen Innenkreis, in welchem die Gruppensprecher Platz nehmen. Stellen Sie bitte einen Stuhl mehr in diesen Kreis – dieser bleibt leer. Die restlichen Teilnehmer bilden einen Außenkreis.

- Die Gruppensprecher teilen den anderen Mitgliedern des Innenkreises ihre in der Kleingruppe besprochenen Erfahrungen und Diskussionsergebnisse mit. Wer jedoch aus dem Außenkreis etwas ergänzen oder sich an der Diskussion des Innenkreises beteiligen möchte, kann hineingehen, sich auf den leeren Stuhl setzen, seinen Beitrag leisten und dann wieder in den Außenkreis zurückgehen.

19. Fertigen Sie zum Thema „Macht" eine Collage an: Schneiden Sie dazu aus Zeitschriften Bilder und Textstellen aus, die Sie für geeignet halten, um Machtanwendung in unserer Gesellschaft zu verdeutlichen. Formulieren Sie einen aussagekräftigen Satz zu Ihrer Collage.

    Hängen Sie die Bilder an Pinnwände, um diese gemeinsam zu betrachten, zu besprechen und sich gegenseitig zu befragen.

20. Jeder Teilnehmer erhält ein rotes, ein gelbes und ein grünes DIN-A4-Blatt.

    a) Schreiben Sie auf das gelbe Blatt die Aussage: Von Autoritätspersonen habe ich viel Positives gelernt …

    b) Auf das grüne Blatt schreiben Sie die Aussage: Als störend an Autoritätspersonen erlebe ich …

    Ich wünsche mir deshalb …

    c) Auf das rote Blatt notieren Sie die Aussage: Mir macht Angst, wenn eine Autoritätsperson …

    Ergänzen Sie alle drei Aussagen.

    - Setzen Sie sich in einen Kreis. Stellen Sie sich hin und lesen Sie den anderen Teilnehmern den Satz a) mit Ihren Ergänzungen vor, danach sofort den Satz c), ebenfalls mit Ihrer formulierten Ergänzung, zum Schluss Satz b).
    - Die anderen Teilnehmer geben jetzt eine Rückmeldung über die Unterschiede zwischen den Vorträgen von a) und c): Hat sich Ihre Körperhaltung geändert, woran haben Sie sich evtl. festgehalten, hatten Sie immer genügend Halt bei Ihren Vorträgen? Waren der Stimmfall, die Stimmung unterschiedlich?
    - Danach sind weitere Teilnehmer an der Reihe.

21. Fertigen Sie Ihre Lebenskurve (siehe *Materialien 2*) zu jeweils einem der folgenden Themen an:

    - Welche Erfahrungen mit Macht, Gewalt oder Autorität habe ich bislang in meinem privaten Leben, schulischen Leben, Arbeitsleben, im sportlichen Bereich usw. gemacht?
    - Wie stelle ich mir meinen weiteren Umgang mit diesem Thema vor?

22. Schauen Sie gemeinsam den Film „Das Experiment" an und erarbeiten Sie in arbeitsteiligen Kleingruppen folgende Arbeitsaufträge:

    - Beschreiben Sie die Prozesse der Machtbildung, die Sie anhand des Films „Das Experiment" beobachten konnten.
    - Begründen Sie anhand von Beispielen aus dem Film, welche Machtquellen, Mittel und Formen der Machtausübung von den Wärtern angewandt wurden.
    - Erläutern Sie anhand von Filmszenen die Wirkungsmechanismen von Macht.
    - Diskutieren Sie anschließend Ihre Beobachtungen im Plenum.

11 Soziologie der Familie

„Als ich 10 Jahre alt war, trennten sich meine Eltern. Das war eine schwere Zeit, ich war froh, dass meine zwei Jahre ältere Schwester noch da war. Ich lebte bei meiner Mutter und besuchte am Wochenende meinen Vater. Vier Jahre später heiratete meine Mutter, ich bekam einen Stiefvater und eine Stiefschwester, die ein Jahr älter war als ich. Weil ich mich mit meinem Stiefvater nicht so gut verstand, bin ich mit 15 zu meinem Vater und seiner Freundin gezogen. Als ich 16 Jahre alt war, heiratete mein Vater seine Freundin. Ein halbes Jahr später kam meine erste Halbschwester zur Welt, dann noch zwei Halbbrüder. Mit zwanzig bin ich mit meiner Freundin zusammengezogen. Leider hat es mit uns nicht geklappt, ich bin nach drei Jahren ausgezogen und habe als Single gelebt. Inzwischen bin ich mit meiner Frau verheiratet, wir haben einen Sohn. Bei uns lebt der Sohn meiner Frau, der aus ihrer ersten Ehe stammt. Ich bin glücklich mit meiner neuen Familie."

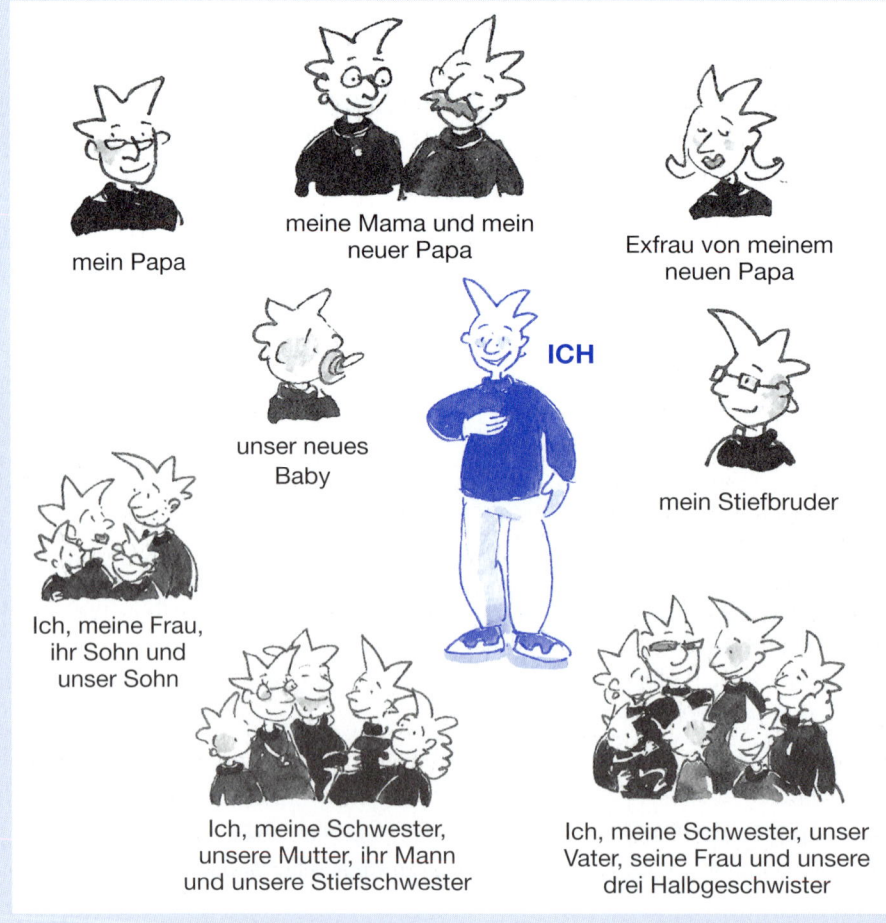

Soziologie der Familie

> Die Lebensgeschichte des Psychowichtels ist auch heute noch nicht durchschnittlich, aber sie ist auch nicht mehr außergewöhnlich.
>
> Folgende Fragen werden in diesem Kapitel geklärt:
>
> 1. Was sind die Aufgaben der Familiensoziologie?
>   Wie ist sie entstanden?
> 2. Worin liegt der Unterschied zwischen Ehe und Familie?
>   Wie lassen sich Familie und Verwandtschaft definieren?
> 3. Was sind die Funktionen der heutigen Familie?
>   Wodurch ist die Familie von heute gekennzeichnet?
>   Welche Probleme hat die heutige Familie?
> 4. Wie lässt sich der Wandel von Familie beschreiben?
>   Was sind seine Ursachen und Folgen?
>   Welche Alternativen zur heutigen Familie gibt es?

11.1 Grundlagen der Familiensoziologie

Familie war und ist auch heute der Ort, wo Menschen hineingeboren werden, sich entwickeln und Rückhalt finden. Die Persönlichkeit eines Menschen wird in erster Linie von der Familie geprägt, aus der er stammt oder in der er aktuell lebt.[1]

Es gibt aber große Differenzen darüber, was Familie eigentlich ist. Zum einen veränderte sie sich im Laufe der Jahrhunderte. Zum anderen herrschen unterschiedliche Ansichten darüber, wer zur Familie als zugehörig betrachtet wird, welche Aufgaben und Funktionen Familien erfüllen und wie die Aufgabenverteilung innerhalb der Familie aussieht.

11.1.1 Aufgaben der Familiensoziologie

René König (2002, S. 367 ff.), einer der bekanntesten Familiensoziologen Deutschlands, spricht von zwei grundsätzlichen Sichtweisen, unter denen Familie betrachtet werden kann:

- Zum einen werden die **Wechselwirkungen zwischen der Familie und der Gesamtgesellschaft** oder Teilen der Gesellschaft untersucht (beispielsweise Staat, Wirtschaft, Politik, Werteentwicklung oder Kultur).

  So lauten beispielsweise wichtige Forschungsfragen: Welche Zusammenhänge gibt es zwischen höherer Bildung der Frauen und der damit verbundenen wirtschaftlichen Unabhängigkeit und der Erhöhung der Scheidungsraten in den letzten Jahrzehnten? Oder: Wie wirkt sich Armut auf Familien aus?

- Zum anderen wird die **Familie als eigenes System**, als Kleingruppe mit ihren Aufgaben, Rollen und Wirkungen auf die Persönlichkeit des Menschen beschrieben und erforscht.

  Forschungsfragen sind: Wie lässt sich das Erziehungsverhalten von heutigen Eltern beschreiben? Welche Faktoren in der Partnerschaft führen zu körperlicher Gewalt in der Ehe?

---

[1] vgl. auch Kapitel 3.4.2

René König (1906–1992)

war einer der bedeutendsten und international bekanntesten Soziologen der Nachkriegszeit, dessen Veröffentlichungen noch heute aktuell sind. Vor allem um die Soziologie der Familie hat er sich große Verdienste erworben.

Die Familiensoziologie beschreibt, erklärt und analysiert die Familie als System, ihre Struktur, ihren Wandel und ihre Veränderungen, ihre Funktionen sowie die Wechselwirkung von Familie und Gesellschaft bzw. Teile von ihr. Für die Beschreibung werden statistische Daten benutzt, die in der Regel amtlich erhoben werden.

So gibt es zum Beispiel vom Statistisches Bundesamt aktualisierte Tabellen zum Datenreport „Die Familie im Spiegel der amtlichen Statistik".

Dabei werden auch Forschungsergebnisse der **Ethnologen** und **Historiker1** herangezogen. Für die **Erklärung und Interpretation** der erhobenen Daten werden **Theorien der Soziologie** verwendet wie die **Strukturtheorien** – zum Beispiel die *struktur-funktionale Theorie* von **Talcott Parsons** oder die *soziale Systemtheorie* von *Niklas Luhmann* – oder **Handlungstheorien** wie die *Theorie des symbolischen Interaktionismus* von *George H. Mead*[2]. Mit der Beschreibung, Erklärung und Analyse der Gegenwart war und ist oft Kritik der Familiensoziologie an den bestehenden Umständen verbunden. Soziologen sehen es auch als ihre Aufgabe an, Vorschläge für zukünftige Veränderungen und damit Grundlagen für politisches Handeln zu liefern[3].

In Deutschland besteht eine **Verzahnung zwischen Familiensoziologie und Familien- und Sozialpolitik***. Es gibt einen Wissenschaftlichen Beirat für Familienfragen. Regelmäßig wird im Auftrag des Deutschen Bundestages von Wissenschaftlern ein Familienbericht erstellt, der die Situation der Familien schildert und Erfordernisse und Maßnahmen in Politik und Gesellschaft beschreibt.*

„Eine Durchforstung sozialer Gesamtzusammenhänge und Einzelerscheinungen, die nicht letzten Endes auf praktische Sozialpolitik ausgerichtet ist, ist ein müßiges Unterfangen." (König, 1946, S. 13)

> **Die Familiensoziologie beschreibt, erklärt und analysiert die Familie als System, ihre Struktur, ihren Wandel und ihre Veränderungen in der Zeit, ihre Funktionen sowie die Wechselwirkung von Familie und Gesellschaft. Sie sieht es als ihre Aufgabe an, Vorschläge für zukünftige Veränderungen und damit Grundlagen für politisches Handeln zu liefern.**

Familiensoziologie
- beschreibt, erklärt und analysiert die Familie als System, ihre Struktur, ihren Wandel und ihre Veränderungen in der Zeit, ihre Funktionen sowie die Wechselwirkung von Familie und Gesellschaft
- sieht es als ihre Aufgabe an, Vorschläge für zukünftige Veränderungen und damit Grundlagen für politisches Handeln zu liefern

---

[1] Ethnologie: Völkerkunde; Ethnologen sind Völkerkundler; Historiker: Geschichtswissenschaftler
[2] Die struktur-funktionale Theorie ist ausführlich in Kapitel 5.2 und die Theorie des symbolischen Interaktionismus in Kapitel 6.1 dargestellt.
[3] vgl. hierzu auch Kapitel 1.3.1

11.1.2 Geschichte der Familiensoziologie

Die Familiensoziologie entstand als Reaktion auf die sozialen **Probleme der Industrialisierung**. Es wurden zu dieser Zeit die ersten umfassenden familiensoziologisch relevanten Untersuchungen über die Wirkungen der Fabrikarbeit durchgeführt.

Friedrich Engels beschäftigte sich zum Beispiel in seinem Buch „Die Lage der arbeitenden Klasse in England" mit den Wirkungen der Industrialisierung auf Kinder und die Stabilität der Ehe.

Anlass und Schwerpunkte familiensoziologischer Forschung sind in der Regel krisenhafte Situationen oder Anstöße von außen, wie

- die massiven sozialen Veränderungen, die als Folgen der industriellen Revolution und des Zweiten Weltkrieges auftraten oder die
- die erheblichen demografischen[1] Veränderungen wie Bevölkerungsexplosion durch eine niedrigere Kindersterblichkeit oder Bevölkerungsrückgang durch Landflucht, Auswanderung oder Geburtenrückgang oder
- die Veränderungen der Familiensituation in heutiger Zeit.

„Dieser Umstand gibt ihr [der Familiensoziologie] von Anfang an den Charakter einer Krisenwissenschaft, was einmal eine enge Verbindung mit der Sozialpolitik nahe legt, dann aber auch natürlicherweise zahlreiche Wertungen herausfordert über das, was ‚gut' oder ‚schädlich' ist für die Entwicklung der Familie."
(König, 1975, S. 69 f.)

Die Anfänge der Familiensoziologie waren weltanschaulich geprägt, spezifische Familienformen wurden als allgemein gültig und erstrebenswert angesehen. *Emile Durkheim*[2] wird als Begründer der Familiensoziologie betrachtet, er war der erste, der in *Introduction à la sociologie de la famille* versucht hat, sich mit der Gesamtheit von Familienbeziehungen zu beschäftigen.

Im 19. Jahrhundert entstand die **Demografie**[1] und seitdem werden umfangreiche Daten zu Eheschließung, Ehescheidung, Fruchtbarkeit, Heiratsalter, Kinderzahl und dergleichen mehr gesammelt. Man versucht soziale Regelmäßigkeiten und Konstanten aus den individuellen Handlungen herauszufiltern. Anfang des 20. Jahrhunderst wurden in Deutschland zahlreiche Familienuntersuchungen durchgeführt, verursacht durch die sich rasch wandelnde Rolle der Frau, die große Armut und das Entstehen der Sozialpolitik. Einen deutlichen Bruch gibt es in der soziologischen Forschung während des Nationalsozialismus, da viele Soziologen und Soziologinnen Deutschland verlassen mussten.

In Amerika fanden seit Anfang des 20. Jahrhunderts groß angelegte familiensoziologische Studien statt, die die europäische Forschung stark beeinflussten.

Beispiele hierfür sind die anthropologischen Untersuchungen von *Margaret Mead* oder die strukturell-funktionale Theorie nach *Talcott Parsons*, die in *Kapitel 5.2* dargestellt ist.

Nach dem Zweiten Weltkrieg flossen amerikanische Forschungsgelder nach Deutschland im Rahmen der „Umerziehung", bei der die von der Diktatur geprägten Deutschen zu mündigen Bürgern erzogen werden sollten. Es wurden soziologische Forschungen zum

---

[1] *Demografie (griech.): die Untersuchung und die Beschreibung des Zustandes und der zahlenmäßigen Veränderung einer Bevölkerung – zum Beispiel die der Bundesrepublik Deutschland*
[2] *Emile Durkheim (1858–1917) erhielt 1887 als erster einen Lehrstuhl für Soziologie; er betonte vor allem die gesellschaftliche Bedingtheit und Abhängigkeit menschlichen Denkens und Verhaltens.*

Thema „Zusammenhang von familialer Sozialisation und der Entwicklung von autoritären Persönlichkeitsstrukturen" finanziert.

Im Rahmen der **Studenten- und Frauenbewegung** in den 70er Jahren des letzten Jahrhunderts entstand eine neue Blüte der Familiensoziologie. Die Kernfamilie[1] wurde kritisch betrachtet und als „Verursacherin" von psychischen Störungen, sexueller Entfremdung und autoritären Strukturen gesehen. Es wurde die Abschaffung der Kernfamilie gefordert und die Entwicklung alternativer Wohnformen propagiert.

Vom Ende des 20. Jahrhunderts bis heute stehen empirische Erhebungen über die Familie im Vordergrund. Vor allem der Wandel von Ehe und Familie beschäftigt die heutige Familiensoziologie in einem nicht unerheblichen Maße.

Die Geschichte der Familiensoziologie ist von zwei Strömungen gekennzeichnet:
- Die empirische Forschung, die objektiv beschreibt.
- Die soziologischen Theorien, die bewerten und entweder den Wandel oder Verlust bestimmter Familienformen beklagen oder auch fordern.

11.2 Familie und Verwandtschaft

Familie und Verwandtschaft sind die zentralen Begriffe der Familiensoziologie. Es gibt in der Literatur und auch in der Alltagssprache sehr unterschiedliche Interpretationen von Familie und Verwandtschaft. Auch über die Jahrhunderte und verschiedener Kulturen hinweg gibt es ein sehr unterschiedliches Verständnis von Funktion und Zugehörigkeit von Familien. Die Begriffe sind zeitgeschichtlich und kulturell gebunden. Zudem gibt es in der Familiensoziologie unterschiedliche Sichtweisen von Familie; eine Definition wird auch davon geprägt, ob die **Familie als gesellschaftliche Institution gesehen wird oder als eine Gruppe besonderer Art**, in der die Rollenstruktur festgelegt ist.

11.2.1 Ehe und Familie

Ursprünglich wurden alle, die in einer **Hausgemeinschaft** lebten, als Familie[2] bezeichnet. Lange galt in der Begriffsbestimmung von Familie die **Ehe** als wesentliches Kennzeichen von Familie. Ehe[3] bezeichnet nach *Hermann L. Gukenbiehl* und *Johannes Kopp (2003⁸, S. 52)* eine rechtlich geregelte und staatlich anerkannte Beziehung zwischen zwei gegengeschlechtlichen Menschen.

> Ehe bezeichnet eine rechtlich geregelte und staatlich anerkannte Beziehung zwischen zwei gegengeschlechtlichen Menschen.

Der Unterschied zur Familie liegt darin, dass zwar die Ehe als Rahmen für die Geburt von gemeinsamen Kindern angesehen werden kann, sie aber im Gegensatz zur Familie (noch) keine Kinder hat. Grundlage der Ehe ist die Eheschließung – die **Heirat**. Eine Heirat hat weitreichende soziale und rechtliche Folgen. Das Ehepaar löst sich von der Herkunfts-

---
[1] Die Kernfamilie ist in Abschnitt 11.2.2 ausgeführt.
[2] Familie (lat. „familia"): der Hausstand, einschließlich der „famulus" (lat.): Diener, Sklave
[3] Im deutschen Rechtsraum wird Ehe gleichgesetzt mit Zivilehe.

familie ab und gründet einen eigenen Hausstand. Die erste Verpflichtung gilt jetzt dem Ehepartner, emotional und finanziell. Es entstehen neue Verwandtschaftsbeziehungen und Erbschaftslinien. Heirat war lange Zeit die einzige Möglichkeit, gesellschaftlich erlaubt eine sexuelle Beziehung zu haben. Die soziale Zugehörigkeit der zukünftigen Kinder war durch die Eheschließung gesichert.

Von der Ehe wird der Begriff **Partnerschaft** abgegrenzt: Partnerschaft meint länger andauernde emotionale Beziehungen zwischen Menschen, die nicht unbedingt staatlich anerkannt und rechtlich geregelt sein müssen. Dazu gehören beispielsweise unverheiratete Paare ebenso wie gleichgeschlechtliche Beziehungen.

> Partnerschaft meint länger andauernde emotionale Beziehungen zwischen Menschen, die nicht unbedingt rechtlich geregelt und staatlich anerkannt sein müssen.

Es gibt in der Familiensoziologie unterschiedliche Sichtweisen von Familie. *Rosemarie Nave-Herz (2004, S. 30)* versucht Familie deshalb so zu definieren, dass möglichst viele Familienformen und kulturelle Unterschiede erfasst werden:

- Familie kennzeichnet, dass dort **Kinder geboren und/oder erzogen werden**.
- In einer Familie leben **mindestens zwei Generationen** zusammen. Bei der Kernfamilie sind es Eltern- bzw. Elternteile und Kinder. Bei der Mehrgenerationenfamilie kommen Großeltern oder Urgroßeltern hinzu. Die Familiensoziologie spricht von **Generationendifferenzierung**.
- Familien sind durch **spezifische Rollen** gekennzeichnet: Mutter, Vater, Sohn, Tochter, Schwester usw. Welche genauen Erwartungen an die Rollenerfüllung gestellt werden, ist kulturell unterschiedlich, aber es wird eine engere Beziehung, mehr Zusammenarbeit, Zuneigung, Achtung und Solidarität erwartet als in anderen Beziehungen.

René König (2002, S. 453 ff.) sieht die Familie als eine „**Gruppe der besonderen Art**": Eine Gruppe entwickelt sich durch die Beziehungen und Begegnungen der Mitglieder.[1] Die Familie ist eine Gruppe der besonderen Art, weil die Familienmitglieder **durch starke Gefühle miteinander verbunden sind**, „wobei durchschnittlich und in der Regel die durch Ehe verbundenen Eltern in geschlechtlicher Vereinigung die Jüngeren gezeugt haben". Sie ist die erste Gruppe, die ein Kind kennen lernt und sie ist einzigartig in der Bedeutung für das Kind, deshalb kann sie als **Primärgruppe**[2] bezeichnet werden. Es finden enge persönliche Begegnungen statt, die Ehepartner sind emotional miteinander verbunden. Der familiäre Raum von Familie und Ehe ist von der Einmischung von Staat und Kirche geschützt, deshalb wird Familie auch als **Intimgruppe** bezeichnet.

> Unter einer Familie verstehen wir eine Intimgruppe, bei der Eltern mit ihren Kindern zusammenleben.

---

[1] *siehe Kapitel 7.1.2*
[2] *Die Primärgruppe ist in Kapitel 7.3.1 dargestellt.*

Soziologie der Familie

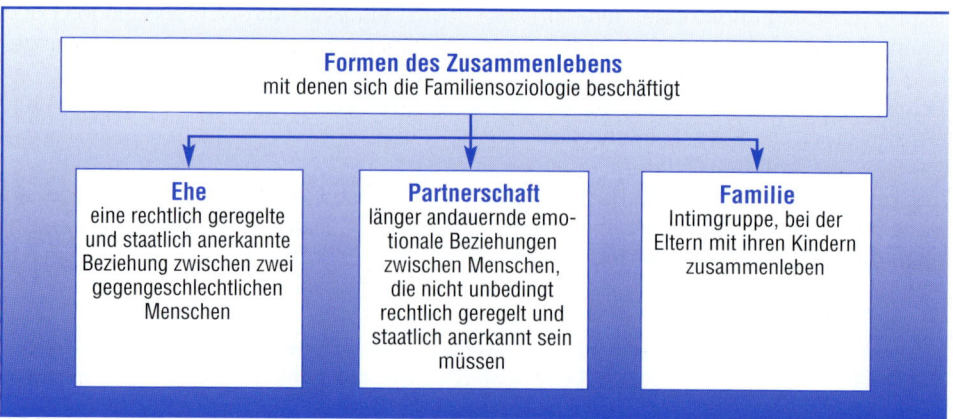

 *Gegenseitige Verantwortung, Beständigkeit und Verlässlichkeit sowie Geborgenheit und Vertrauen werden häufig mit dem Bild einer **idealen Familie** verknüpft.*

11.2.2 Verschiedene Formen der Familie

Trotz dieser gemeinsamen Merkmale von Familie bestehen viele verschiedene Formen:

- Familien können **unterschiedlich entstehen** und zwar durch:
    - **biologische Elternschaft,**
    - Adoption (**Adoptivfamilie**),
    - Aufnahme von Pflegekindern – man spricht dann von einer **Pflegefamilie,**
    - Reproduktionsmedizin (**Inseminationsfamilie**[1]),
    - neue zusammengesetzte Familien wie die **Stieffamilie**, in der das Kind bzw. die Kinder aus einer früheren Partnerschaft stammen oder die **Patchworkfamilie**, in der Kinder aus früheren Partnerschaften stammen **und** es aus der neuen Partnerschaft mindestens ein *gemeinsames* Kind gibt.
- Familie kann eine unterschiedliche Anzahl von Ehepartnern haben:
    - **Monogamie**: Eine Frau und ein Mann sind miteinander verheiratet; man spricht auch von einer **Einehe**.
    - Bei der **Polygamie** (**Mehrehe**) gibt es zwei Formen, nämlich die *Polyandrie* (eine Ehefrau ist mit mehreren Männern verheiratet) und die *Polygenie* (ein Ehemann ist mit mehreren Frauen verheiratet).
- Familie kann sich nach der *Anzahl der Generationen* unterschiedlich zusammensetzen:
    - Die **Kernfamilie**: *Sie besteht aus zwei Generationen, Eltern/Alleinerziehende und Kind/er*. Lebt nur ein Elternteil mit einem Kind oder mehreren Kindern zusammen, so wird sie als **Ein-Eltern-Familie** bezeichnet.
    - Als **erweiterte Familie** werden Familien bezeichnet, in der außer Eltern und Kind/ern auch andere Verwandte leben. Hier unterscheiden wir die **Mehrgenerationenfamilie**, die aus mindesten drei Generationen besteht, so dass die Kernfamilie sowie die Eltern eines Ehepartners (Großeltern) eine Haushaltseinheit bilden, die **Großfamilie**, bei der die Haushaltsgemeinschaft aus mindestens zwei

---

[1] Insemination (lat.): künstliche Befruchtung

Generationen und Seitenverwandten beispielsweise Onkel, Tanten besteht sowie die *joint family*, bei der Kernfamilien von Brüdern eine häusliche und ökonomische Gemeinschaft bilden.

- Familien lassen sich auch nach *„Lokalitätsregeln"* unterscheiden, das heißt, wer die Entscheidung über den Wohnsitz der Familie trifft:
  - **Neolokale Familie:** Die „neue" Familie bestimmt selbst ihren Wohnort.
  - **Patrilokale Familie:** Der Wohnsitz wird von der Familie des Vaters bestimmt.
  - **Matrilokale Familie:** Der Wohnsitz wird von der Familie der Mutter bestimmt.
  - **Ambilokale Familie:** Das Ehepaar kann sich entscheiden, ob es sich am Wohnort der Eltern der Frau oder am Wohnort der Eltern des Mannes niederlässt.
- Familien lassen sich danach unterscheiden, welches Geschlecht den größeren Einfluss, d. h. die meisten Rechte und Privilegien hat – wir sprechen in diesem Zusammenhang von einer *geschlechtsspezifischen Machtverteilung*:
  - Bei den **patriarchalen Familien** bestimmen die Männer über die Frauen und Kinder. Oft haben Frauen keinen eigenen Besitz und leben unter der Vormundschaft des Mannes. Die Arbeitsteilung ist nach Geschlecht getrennt. Dieses Familienmodell ist sowohl historisch, wie auch über alle Kulturen hinweg das weit verbreitetste Familienmodell.
  - Bei den **matriarchalen Familien** nehmen die Frauen die Vorherrschaft ein.
  - Bei dem **partnerschaftlichen Familienmodell** haben die Ehepartner gleiche Rechte und Pflichten.

Kriterium	Formen der Familie
Entstehung	– biologische Elternschaft – Adoptivfamilie – Pflegefamilie – Inseminationsfamilie – Stieffamilie – Patchworkfamilie
Anzahl der Ehepartner	– Monogamie – Polygamie
Anzahl der Generationen	– Kernfamilie – Ein-Eltern-Familie – Mehrgenerationenfamilie – Großfamilie – joint family
Lokalitätsregeln	– neolokale Familie – patrilokale Familie – matrilokale Familie – ambilokale Familie
geschlechtspezifische Machtverteilung	– patriarchalische Familie – matriarchalische Familie – partnerschaftliche Familie

11.2.3 Die Verwandtschaft

Jede Familie ist eingebunden in ein größeres Beziehungsnetz, das durch **Heirat oder genetische Abstammung** entsteht. Entsteht dieses Beziehungsnetz durch genetische Abstammung, so spricht man von **Blutsbande**.

So sind Mutter und Kind sowie Geschwister durch genetische Abstammung miteinander verwandt, Vater und Mutter, Großmutter und Schwiegertochter durch Heirat.

Dieses Beziehungsnetz wird als **Verwandtschaft** bezeichnet.

> Mit Verwandtschaft bezeichnet man ein Beziehungsnetz von Menschen, welches durch Heirat oder gemeinsame genetische Abstammung (Blutsbande) entstanden ist.

Soziale und kulturelle Konstruktionen bestimmen darüber, wer als verwandt gilt:

- Bis 1970 galten in Deutschland nichteheliche Kinder juristisch als nicht verwandt mit ihren Vätern.
- In manchen Kulturen zählt nur die mütterliche oder väterliche Seite als verwandt.

Es besteht ein Zusammenhang zwischen soziokultureller Entwicklung und den Formen von Verwandtschaft und Familie. In den Industriegesellschaften hat die Verwandtschaft hauptsächlich **unterstützende Funktion**: Sie kann der Familie durch Ratschläge, emotionale Nähe, finanzielle Hilfen und Unterstützung bei der Erziehung der Kinder helfen. Verwandte tragen häufig zur Bewältigung sozialer, psychischer und ökonomischer Belastungen bei, und bilden so ein *Unterstützungsnetzwerk*, welches den Austausch von Hilfsquellen zwischen den Mitgliedern eines sozialen Netzwerkes mit dem Ziel der gegenseitigen Aufrechterhaltung oder Verbesserung des Wohlbefindens meint.[1]

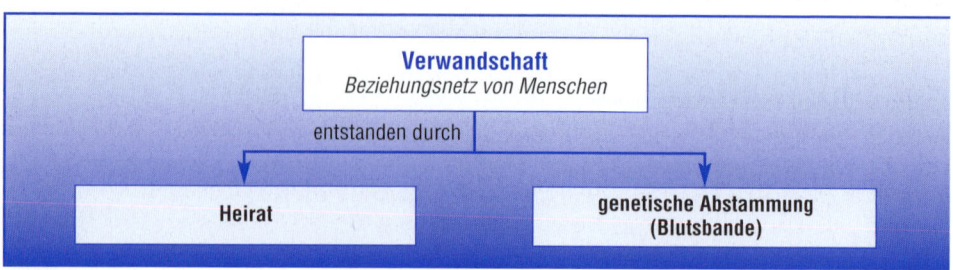

[1] siehe Kapitel 7.2.2

Soziologie der Familie

11.3 Die Bedeutung der Familie

Dass sich Familie über alle Kulturen und Zeiten hinweg behauptet, zeigt, dass es die effektivste Form ist, Kinder zu erziehen sowie einen ökonomischen, sozialen und psychischen Rückhalt für Erwachsene und pflegebedürftige Menschen zu bieten. Welche Funktionen die Familie erfüllt, wie und in welchem Ausmaß, hat sich über die Jahrhunderte hinweg verändert. Es sind Funktionen weggefallen und durch die Trennung von Erwerbsleben und Familie neue Aufgaben hinzugekommen. Über die Jahrhunderte hinweg sind jedoch wesentliche Funktionen gleich geblieben.

11.3.1 Funktionen der Familie

Funktionen meint in diesem Zusammenhang familiale Leistungen, die im Idealfall erbracht werden, aber auch unvollkommen bleiben können. Die Familie erfüllt eine Reihe von wichtigen Funktionen, die ihre Bedeutung für die Gesellschaft ausmachen:

- **Reproduktion von Mitgliedern**
- **Platzierung**
- **Haushaltsfunktion**
- **Erholungs- und Freizeitfunktion**
- **Spannungsausgleichsfunktion**
- **Sozialisation des Nachwuchses**

Reproduktion von Mitgliedern

Familie ist der Ort, in dem Kinder geboren werden und heranwachsen können. Die Soziologie spricht in diesem Zusammenhang von **Reproduktion**, was die *Schaffung von neuen Gesellschaftsmitgliedern* bedeutet. Hierzu gehört neben der biologischen Zeugung auch die körperliche und psychische Versorgung und Erziehung des Nachwuchses.

In den meisten Industrienationen lässt sich seit Jahrzehnten ein drastischer Rückgang der Geburtenraten feststellen mit den entsprechenden nachhaltigen Folgen.

Bei der Renten- und Krankenversicherung müssen immer weniger Berufstätige immer mehr alte Menschen finanzieren. Die Überalterung der Gesellschaft wird sich in vielen gesellschaftlichen Teilbereichen zeigen (das Gesundheitssystem wird stark belastet, manche Regionen werden sich entvölkern und dergleichen mehr).

Materialien 1

Gleichzeitig gibt es ein starkes Wachstum der Weltbevölkerung mit weit reichenden Problemen. Zurzeit werden jedes Jahr 98 Millionen Kinder geboren. Folgen der Überbevölkerung sind Unterernährung, Umweltprobleme und potenzielle kriegerische Auseinandersetzungen.

Platzierung

Jeder Mensch nimmt innerhalb der hierarchischen Struktur der Gesellschaft einen Platz ein. *Den Zuweisungsprozess einer Person zu einer gesellschaftlichen Position innerhalb der hierarchischen Struktur einer Gesellschaft bezeichnet man als Platzierung* (vgl. Nave-Herz, 2004, S. 91).

Soziologie der Familie

Lange Zeit wurde dem Menschen der Platz in der gesellschaftlichen Hierarchie zugewiesen, den auch seine Eltern hatten, bestimmend war die Herkunft.

Es gab Leibeigene, Bauern, Handwerker, Bürger, Patrizier und den Adel.

Im Zuge der Demokratisierung der Gesellschaft wurde gefordert, dass die soziale Platzierung nicht von der Geburt, sondern von der Leistung und Bildung eines Menschen abhängen soll. Familien haben somit die Funktion, ihre Kinder so zu erziehen und zu fördern, dass sie gute Bildungschancen haben und leistungsfähige Mitglieder der Gesellschaft werden. Benachteiligte Familien brauchen Unterstützung von anderen Bildungseinrichtungen, wie Kindergarten oder Schule, um diese Aufgabe zu erfüllen.[1]

Schichtung der Gesellschaft. „Die Ständepyramide" ist zeitgenössische symbolische Darstellung des Gesellschaftsaufbaus im Deutschland des 18. Jahrhunderts.

Die PISA-Studie 2001 belegt, dass es in Deutschland den stärksten Zusammenhang zwischen Herkunftsfamilie und schulischer Leistung gibt. Bei einem Vergleich von 32 Ländern ist der Abstand zwischen der Leistung von Schülern aus privilegierten Familien und solchen aus unteren sozialen Schichten nirgends so groß wie in Deutschland. Kinder werden je nach Schichtzugehörigkeit favorisiert oder diskriminiert. Familien aus Migrantenfamilien[2] und sozial benachteiligten Familien haben häufig keinen oder einen niedrigen Schulabschluss. Kinder aus Akademikerfamilien schließen ihre Schul- und Studienlaufbahn sehr häufig mit einem Hochschulabschluss ab.

Haushaltsfunktion

Die Familie bildet eine Wohn- und Haushaltsgemeinschaft: Ihre Mitglieder stellen ihr Einkommen zur Verfügung, um miteinander zu wirtschaften und so die Bedürfnisse des Einzelnen zu befriedigen. In früheren Zeiten bildete die Familie eine eigene **Wirtschaftseinheit**, welche die für ihren Lebensunterhalt erforderlichen Güter selbst produzierte. Mit der Arbeitsteilung in der Gesellschaft wurde jedoch diese Produktion von Gütern außerhalb der Familie verlagert.[3]

Familie ist der Ort, in der körperlich und seelisch aufgetankt wird, in der Menschen geschützt und umsorgt werden. Familie ermöglicht dauerhafte und verlässliche Beziehungen von Menschen. Nahezu alle Grundbedürfnisse des Menschen können innerhalb des familiären Rahmens erfüllt werden: Schlafen, Essen, Trinken, Sexualität, gemeinsame Freizeitgestaltung, verlässliche Beziehungen, emotionale Geborgenheit, Unterstützung, Wertschätzung und Anerkennung. Die Pflege von kranken, behinderten und pflegebedürftigen Menschen wird häufig von Familienangehörigen geleistet.

---

[1] vgl. hierzu Kapitel 8.2.2
[2] Migrant (lat.): Einwanderer
[3] siehe Produktionsfunktion in Abschnitt 11.3.3

Erholungs- und Freizeitfunktion

Mit der technischen Entwicklung (Wasch- und Spülmaschine, Kühlschrank, Auto), die mehr Freizeit ermöglicht, der Trennung des Erwerbs- und Familienbereiches und der Veränderung von Familienidealen sind der Familie neue Aufgaben zugewachsen: das Gestalten der gemeinsamen Freizeit.

Der Deutschen liebstes Freizeithobby: Familie

Zwei Entwicklungen haben zur Freizeitfunktion von Familie geführt, die Zunahme an Freizeit und die Zunahme des Bedürfnisses, diese freie Zeit mit der Familie zu verbringen.

Haben im 19. Jahrhundert Industriearbeiter und Dienstboten 15 bis 18 Stunden täglich gearbeitet, - sind jetzt die Arbeitszeiten gesetzlich oder tariflich auf 35 bis 40 Wochenstunden beschränkt. Der moderne Mensch verbringt nur noch jede sechste Stunde seines Lebens in der Schule oder an seinem Arbeitsplatz.

Bis zum Ende des Zweiten Weltkrieges wurde Freizeit überwiegend in alters-, geschlechts- oder berufsspezifischen Gruppen verbracht. Heute wird Freizeit am häufigsten und liebsten im Familienbereich verbracht. Eng damit verbunden ist die Erwartung, dass die Familien einen Ausgleich zur zweckorientierten Schul- und Arbeitswelt schafft.

Spannungsausgleich

Obwohl durchschnittlich gesehen die Arbeitszeit abgenommen hat, hat sich für viele Menschen der Druck in Schule und Arbeit erhöht. Gründe sind die Spezialisierung und Bürokratisierung der Gesellschaft, die Berufstätigkeit beider Elternteile und die Angst, bei mangelnder Leistung keinen Arbeitsplatz zu erhalten oder ihn zu verlieren. Von Partnerschaft und Familie wird sowohl von der Gesellschaft als auch von den einzelnen Mitgliedern erwartet, dass diese einen Ausgleich bietet zu den Konflikten, Spannungen und Abwertungen am Schul- und Arbeitsplatz. Von der Familie wird erhofft, dass man sich geborgen, geachtet und geliebt fühlt. Im Gegensatz zu Schule, Beruf und Öffentlichkeit bietet die Familie die Möglichkeit, Gefühle zu zeigen und auszuleben sowie sich selbst zu entfalten. Insofern ist sie ein Gegengewicht zum Leben außerhalb von ihr.

Die zentrale Funktion der Familie, die zum Teil auf diesen beschriebenen Funktionen aufbaut, ist die **Sozialisation von Kindern** durch Erziehung. Wegen ihrer sehr hohen Bedeutung wird sie in einem *eigenen Abschnitt* abgehandelt.

11.3.2 Die Sozialisation des Nachwuchses

Die Familie ist der erste Ort, an welchem der Einzelne das soziale Verhalten erlernt und in der Gesellschaft bzw. in einer ihrer Gruppen handlungsfähig gemacht wird; man spricht deshalb von der **Sozialisationsfunktion** der Familie.[1] Wie in *Kapitel 3.4.2* ausgeführt, leistet die Familie die *primäre Sozialisation*, in welcher die Voraussetzungen für alle späteren sozialen Lernprozesse geschaffen werden. Werte und Normen, Einstellungen und Verhaltenserwartungen werden dabei grundgelegt. Untersuchungen, vor allem unter dem Einfluss der Psychoanalyse, haben ergeben, dass die Prägkraft in der frühesten Kindheit, vor allem im ersten Lebensjahr, sehr groß und für den weiteren Sozialisationsvorgang von enormer Bedeutung ist. Aus diesem Grund wird die Sozialisation als Hauptfunktion der Familie angesehen.

---

[1] *Auf Sozialisation wird ausführlich in Kapitel 3.4 eingegangen.*

Die familiäre Sozialisation hat eine herausragende Bedeutung, da

- sie von den ersten Lebensmomenten an erfolgt und Einflüsse in den ersten Lebensjahren am nachhaltigsten wirken,
- die Zugehörigkeit zu einer Familie eine lange Zeit umfasst und
- auf die Entwicklung der gesamten Persönlichkeit am intensivsten wirkt.

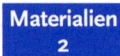

„Die physische Geburt und Aufzucht der Nachkommenschaft ist eines, ein anderes ist die sozial-moralische Erziehung, und diese ist derart bedeutsam für den Aufbau der sozial-kulturellen Persönlichkeit, dass man durchaus von einer ‚zweiten Geburt' sprechen kann." (König, 2002, S. 112)

Kinder können durch die Sozialisation in der Familie lernen

- soziale Kompetenzen, wie Einfühlungsvermögen, Beziehungsfähigkeit, Konfliktfähigkeit,
- Lern- und Leistungsbereitschaft, wie Arbeitsmotivation, Fleiß, Neugierde, Experimentierfreude, Ausdauer, Frustrationstoleranz,
- kulturelle Kompetenzen, wie Bewältigung des Alltagslebens, Fähigkeit am kulturellen Leben teilzunehmen und Beiträge zu leisten,
- die Übernahme sozial anerkannter Ziele, Werte und Einstellungen sowie
- die Entwicklung ihrer Persönlichkeit.

Diese Fähigkeiten werden im 5. Familienbericht des Bundesministeriums für Familie, Senioren, Frauen und Jugend als **Humanvermögen** bezeichnet.

Die Sozialisationsleistung wird nach *Artikel 6, Absatz 2 des Grundgesetzes* von beiden Eltern erwartet: „Pflege und Erziehung der Kinder sind das natürliche Recht der Eltern und die zuvörderst ihnen obliegende Pflicht. Über ihre Betätigung wacht die staatliche Gemeinschaft." Je nach Lebensalter wird das in unterschiedlich zeitlichem Umfang übernommen.

Insgesamt ist die Sozialisationsaufgabe für Eltern schwieriger geworden:

- Die Aufgabe ist in der Regel auf die Kernfamilie zentriert. Bei Berufstätigkeit beider Eltern, Krankheit oder Krisen sind die Eltern oft auf sich alleine gestellt.
- Durch den allgemeinen Wissenszuwachs sind die Anforderungen an Eltern höher und differenzierter geworden. Es gilt das Ideal der optimalen Förderung von Gesundheit, Sport, Kreativität, Schulleistungen und sozialer Kompetenz.

„Das Kind darf immer weniger hingenommen werden, so wie es ist, mit seinen körperlichen und geistigen Eigenheiten, vielleicht auch Mängeln. Es wird vielmehr zum Zielpunkt vielfältiger Bemühungen. Möglichst alle Mängel sollen korrigiert werden (nur kein Schielen, Stottern, Bettnässen mehr), möglichst alle Anlagen sollen gestärkt werden (Konjunktur für Klavierstunden, Sprachferien, Tennis im Sommer und Skikurs im Winter). Auf dem Bücher- und Zeitschriftenmarkt erscheinen unzählige Ratgeber zum Thema Erziehung. So unterschiedlich sie im Einzelnen sind, sie enthalten im Kern doch eine ähnliche Botschaft: Das Gedeihen des Kindes wird als private Aufgabe und persönliche Verantwortung der Eltern/der Mutter definiert. Und überall lautet der Auftrag ähnlich: Die Eltern sollen alles tun, um dem Kind ‚optimale Startchancen' zu geben."

(Beck-Gernsheim, 2000, S. 114)

- Einflüsse von außen wie beispielsweise durch die Medien oder die Werbung sind „mächtiger" geworden und machen es den Eltern oft schwer, mit ihren Zielvorstellungen durchzudringen.

Soziologie der Familie

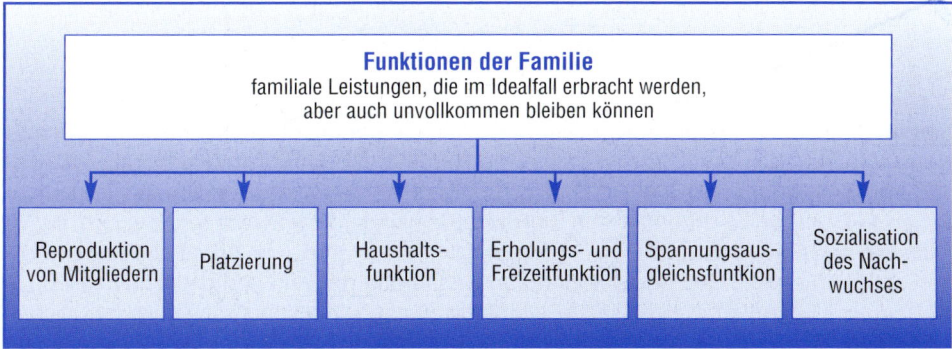

Im Folgenden werden Funktionsbereiche von Familien geschildert, bei denen gesellschaftliche und politische Veränderungen einen **Funktionsverlust bzw. eine Funktionsentlastung** von Familien bewirkt haben.

11.3.3 Der Funktionsverlust der heutigen Familie

Familie und Verwandtschaft waren in früheren Zeiten Mittelpunkt und Träger des religiösen Lebens. Im Unterschied zu Indien und China wurde im christlichen Europa diese Funktion sehr früh von der Kirche und von der Gemeinde übernommen. Zentrale Übergänge im Familienleben wurden und werden mit kirchlichen Ritualen gefeiert, beispielsweise Taufe, Heirat, Kommunion oder Konfirmation. Durch den Bedeutungsverlust der Kirchen kann es sein, dass Familie wieder zunehmend **Ritualfunktion** übernimmt.

Bei Beerdigungen von Menschen, die aus der Kirche ausgetreten sind, übernehmen oft Familienangehörige die Trauerrede und Beerdigung.

In Europa hat es nicht nur sehr früh eine Stärkung der Kirche, sondern auch des Staates gegeben. **Die Verurteilung von Gesetzesverstößen (Gerichtsfunktion)** wurde im Zuge dieser Entwicklung vom Staat (Polizei, Gericht) übernommen. Früher hatte der Verwandtschaftsverband die Funktion der Gerichtsbarkeit.

So beispielsweise das Aushandeln von Entschädigungen bei Körperverletzungen, Blutrachepflicht bei Tötungen oder Bestrafung von Ehebrecherinnen.

Auch die **Industrialisierung** hat eine Funktionsentlastung von Familien bewirkt. Vor dieser war eine wichtige Aufgabe von Familien das **Herstellen von Gütern und Leistungen, die das Überleben sichern**. Man sprach von der **Produktionsfunktion** der Familie.

Bis in das 20. Jahrhundert hinein wurden in vielen Haushalten Gemüse und Früchte angepflanzt und verarbeitet, Tiere gezüchtet und geschlachtet. Wolle wurde selbst gesponnen, Tücher gewebt und zu Kleidung verarbeitet.

In der Regel war die Arbeitstätte auch die Wohnstätte. Die familiäre Gemeinschaft war auch der Betrieb, die Familienmitglieder arbeiteten bei der Produktion mit. Der Vater war gleichzeitig Arbeitgeber, die Mutter Leiterin des hauswirtschaftlichen Bereiches.

„Im Gegensatz zur Familie von heute war das ‚Haus' des Mittelalters in erster Linie eine Produktionsstätte. Es diente der Existenzsicherung, der Erhaltung des Besitzes, der alltäglichen gegenseitigen Hilfe und der materiellen Versorgung der Alten und Kranken. Die gemeinsame Arbeit und Produktion als Zweck der Hausgemeinschaft prägten die zwischenmenschlichen Beziehungen; das Hausinteresse stand meist an erster Stelle. Somit war das ‚Haus' weniger eine sittliche Institution als eine Einrichtung zum Überleben. [...] Auch in guten Zeiten konnte der eigene Bedarf nur dann gesichert werden, wenn alle Mitglieder des ‚Hauses', einschließlich der Kinder und alten Leute, an sechs Tagen der Woche von Sonnenaufgang bis -untergang arbeiteten." (Textor, 2006)

Verbunden mit der Produktionsfunktion war auch die **schulische und berufliche Ausbildung von Kindern und Jugendlichen**, die **Ausbildungsfunktion**. Erziehung und Ausbildung von Kindern und Jugendlichen geschah durch das Zusammenleben mit Erwachsenen in der Familie. Kaum waren sie dem Kleinkindalter entwachsen, wurden sie zu Hilfsdiensten herangezogen. So bald wie möglich mussten sie die Arbeit der Erwachsenen mit übernehmen. Nachdem Bildung an Bedeutung gewann und die Arbeitsteilung in der industriellen Arbeitswelt einsetzte, wurde die Funktion der schulischen und beruflichen Ausbildung im Rahmen der Einführung der allgemeinen Schulpflicht von Kindern und Jugendlichen weitgehend vom Staat bzw. von den Wirtschaftsbetrieben übernommen.

11.4 Der Wandel der Familie

Um zu zeigen, dass wirtschaftliche und soziokulturelle Bedingungen Familienformen stark beeinflussen und Familien in unterschiedlichen Ausprägungen funktionieren können, sollen im Folgenden historische Familienformen exemplarisch aufgezeigt werden.

11.4.1 Die vorindustrielle Familienform

Bei Familien, die einen Bauernhof, einen Handwerks- oder Handelsbetrieb besaßen, stand der **Fortbestand des Betriebes** im Mittelpunkt. Es gab nur eine bedingt freie Partnerwahl, durch die Heirat musste der Fortbestand des Betriebes und der Familie gesichert werden. War der Betrieb entsprechend groß, lebten im Haushalt auch familienfremde Personen wie Lehrlinge, Gesellen und Gesinde mit.

Die Arbeit war zwischen Ehemann und Ehefrau aufgeteilt, jede Funktion war für das Überleben des Betriebes und der Familie wichtig. Frauen waren für die Organisation des Haushaltes, die Versorgung und Erziehung der Kinder, aber auch für bestimmte Bereiche der Erwerbs- und Produktionswirtschaft zuständig. Die Verantwortung der Männer bezog sich in erster Linie auf landwirtschaftliche oder handwerkliche Arbeiten.

Familiensoziologen und konservative Sozialpolitiker haben über Jahrzehnte Bilder von der vorindustriellen Familie vertreten, die durch neuere geschichtliche Familienforschung widerlegt werden, wie zum Beispiel den Mythos, dass die Familien kinderreich waren (vgl. Rosenbaum, 1982).

Kennzeichen der vorindustriellen Familien waren:

- Ehe und Familie hatten einen **instrumentellen Charakter**, wesentlich war Vermögen, Besitz und Namen weiterzuvererben und die Versorgung im Alltag bzw. bei Krankheit und Alter zu garantieren.

- Zwischen Eltern und Kindern bestand eine **distanzierte, weniger gefühlsbetonte Beziehung**, bedingt durch die hohe Kindersterblichkeit, die häufige materielle Not und große Gefahr für Frauen in der Schwangerschaft und im Kindbett zu sterben.

- **Kinder wurden in erster Linie als Arbeitskräfte gesehen**, die Dauer der Kindheit beschränkte sich auf die ersten Lebensjahre. Sobald sie laufen und zielorientiert handeln konnten, wurden sie als Erwachsene gesehen und in den Arbeitsprozess integriert. Erziehung und Ausbildung erfolgten durch das Zusammenleben mit den Erwachsenen.

- Man lebte und arbeitete in **Allzweckräumen**, es gab keine Trennung zwischen Familie und familienfremden Personen und keine familiäre Intimsphäre, da die Zimmer auch öffentliche Räume waren. Sich zurückzuziehen gelang selten, zwischen den Familienmitgliedern kam kaum Intimität auf.

- Frauen und Männer konnten nur in einem relativ hohen Alter heiraten. Sie brauchten zum Heiraten eine Heiratserlaubnis, und diese wurde nur gegeben, wenn die Mittel zum Erwerb eines Handwerks oder eines Bauernhofes zur Verfügung standen oder sonst für den Lebensunterhalt gesorgt werden konnte. Ein relativ hoher Anteil an Personen konnte aus diesen Gründen niemals heiraten. Dieses Heiratsverhalten wird als europäisches Heiratsmuster – **European marriage pattern** – bezeichnet und ist weltweit einzigartig.

Im 19. Jahrhundert entstanden durch die industrielle Revolution zwei neue Familientypen, die **proletarische und die bürgerliche Familie**, zwischen denen große Unterschiede bestanden.

Für die Lebenssituation **proletarischer Familien** war kennzeichnend, dass sie unter sehr beengten und gesundheitsschädlichen Wohnverhältnissen litten, Männer, Frauen und Kinder lang und hart arbeiten mussten und von Armut, Krankheit, Hunger und ungewollten Schwangerschaften bedroht waren. Männer und Frauen waren eher gleichberechtigt, eine geschlechtsspezifische Arbeitsteilung wie in den bürgerlichen Familien war schon aus wirtschaftlichen Gründen nicht möglich, da die Familie auf jedes Einkommen existenziell angewiesen war.

Die Anzahl der proletarischen Familien war zwar sehr hoch, aber die „bürgerliche Familie" entwickelte sich zum Idealtyp. Zunächst auf die besitzenden Familien, die „Bürger", beschränkt, wurde sie zu einer alle soziale Schichten beherrschenden Form des Zusammenlebens, die sich im 20. Jahrhundert weit verbreitete. Im Folgenden wird deshalb das bürgerliche Familienideal näher geschildert.

11.4.2 Die bürgerliche Familie

Die sich anbahnenden Veränderungen zeigten sich in einem neuen **Wohnstil**. Es trennte sich – zuerst bei den besitzenden Schichten – der Familienbereich vom Erwerbsleben. Das Haus verlor den Charakter eines öffentlichen Ortes und innerhalb des Hauses gab es spezialisierte Zimmer. Damit war Intimität und Rückzug möglich. Es bedeutete auch die Trennung zwischen Familienmitgliedern und Bediensteten. Die Vertrautheit innerhalb der Familie wurde zu einem wichtigen Wert.

Durch die Trennung von Arbeit und Familie veränderte sich die **Rolle der Frau**. Es trennten sich die hauswirtschaftlichen von den erwerbswirtschaftlichen Tätigkeiten. Die Frauen waren nur noch für den Innenbereich des Hauses zuständig und wurden von der Erwerbsarbeit ausgeschlossen.

Es bildete sich die Idee heraus, dass Männer und Frauen *wesensmäßig sehr unterschiedlich seien und als sich ergänzendes Ganzes gesehen werden müssten*. Man spricht vom **Ergänzungstheorem der Geschlechter**: Frauen sind für die Familie und die Erziehung der Kinder geschaffen, die Männer für das Erwerbsleben. Der Mann ist das „Haupt", die Frau die „Seele" der Familie.

Weiterhin veränderte sich die Sicht auf Kinder, ihnen wurde nur eine **Kindheit als eigene Entwicklungsphase** zugestanden.

Symbolisch zeigte sich das neue Verständnis, indem es erstmals Kinderkleidung gab und Kinderspielzeug gefertigt wurde.

Kindern wurden emotional wichtiger, die Beziehung zu den Eltern, vor allem zur Mutter, intensivierte sich. Von den entstehenden Wissenschaften wurde die Auffassung vertreten, dass Mütter die besten Erzieherinnen seien. Unverheiratete Verwandte, Bedienstete und andere Personen, die bisher miterzogen, traten in den Hintergrund, die frühkindliche Sozialisation wurde allein der Mutter bzw. der Kernfamilie zugewiesen.

Zudem veränderten sich auch die Beziehungen der Familienmitglieder untereinander: Die Beziehungen innerhalb der Familie wurden intimer und gefühlvoller. Verliebtsein und Liebe wurde das entscheidende Motiv zur Eheschließung. Man sprach von dem **Ideal der romantischen Liebe**, da die Ehe den Wunsch nach Glück, Liebe und Intimität erfüllen und nicht mehr die Wirtschaftsgemeinschaft im Vordergrund stehen sollte. Die Ehe erhielt damit einen geschichtlich neuen Sinn.

Querschnitt eines Mietshauses mit häuslichen Szenen von Arm und Reich, 1852

„Mit der Trennung des Erwerbs- und des Wohnbereiches – zunächst nur in jener hochbürgerlichen bzw. besitzenden Schicht – war gleichzeitig die Trennung psychischer Ebenen verknüpft: Der Arbeitsbereich wurde zumindest dem Anspruch nach immer zweckrationaler. Der Ehe und Familie wuchs als spezialisierte Funktion die emotionale Bedürfnisbefriedigung ihrer Mitglieder zu, wobei hauptsächlich der Ehefrau diese Aufgabe zuerkannt wurde. Im Zuge dieser Entwicklung bekam das Ehe- und Familiensystem das Monopol zugewiesen, das einzige System mit Spezialisierung ‚auf emotionale Bedürfnislagen'."

(Nave-Herz, 2004, S. 53)

Das bürgerliche Familienmodell hatte ebenfalls für Arbeiterfamilien eine hohe Attraktivität und wurde auch im Nationalsozialismus propagiert. Auch in den 50er Jahren des letzten Jahrhunderts galt in Westdeutschland das bürgerliche Familienmodell mit nicht erwerbstätiger Mutter als einziges Ideal.

1950 waren zum Beispiel 76 % aller Mütter mit Kindern unter 18 Jahren Vollzeithausfrauen.

Anders in der ehemaligen DDR, in der das **sozialistische Familienmodell** propagiert wurde, nach dem beide Ehepartner ganztags berufstätig waren und Kinder tagsüber in außerfamiliären Einrichtungen betreut wurden.

Familientyp	Familienform	Partnerwahl	Arbeitsteilung	Machtverteilung	Kinder	Wohnraum
vorindustrielle Familie mit Produktionsfunktion	häufiger erweiterte Familien	von der Familie bestimmt	Beide Eheleute und die Kinder sind am Produktionsprozess beteiligt, aber mit unterschiedlichen Aufgaben.	patriarchalisch und patrilokal	hohe Geburtenrate, wenig überlebende Kinder	Gemeinsamkeit von Produktion und Familienleben
proletarische Familie	Kernfamilie	frei	Alle sorgen für den Lebensunterhalt.	eher gleichberechtigt und neolokal	mittlere Geburtenrate, hohe Kindersterblichkeit	Trennung von Arbeit und Familie
bürgerliche Familie	Kernfamilie	Ideal der romantischen Liebe, aber mit Vernunft	Männer sind für den Lebensunterhalt zuständig, Frauen für die Familie.	patriarchalisch und neolokal	mittlere Geburtenrate, niedrige Kindersterblichkeit	Trennung von Arbeit und Familie

11.4.3 Ursachen und Folgen des Familienwandels

Nach den 50er Jahren, in denen das bürgerliche Familienmodell seine Blütezeit hatte, setzte ein **nachhaltiger Wandel** in den Einstellungen und in der Lebensrealität von Familie ein, bedingt durch qualitative Veränderungen in wichtigen gesellschaftlichen Bereichen (vgl. *Bruggmann, 2004, S. 4–10*).

Veränderungen	Folgen
Bildungsbereich: Ab ca. 1965 war es ein erklärtes politisches Ziel, die Bildungschancen von allen Kindern zu erhöhen. Ziel war eine Chancengleichheit der sozialen Schichten und von Männern und Frauen.	Durch die deutliche Erhöhung des Bildungsniveaus dauert heute die Schul- und Ausbildungsphase weit über das Jugendalter hinaus. Viele junge Erwachsene verfügen über eine höhere Schul- und Berufsausbildung als ihre Eltern, sie verlassen damit sowohl sozial als auch regional ihr Herkunftsmilieu.
Durch den Zugang zu Bildung und die Ideen der Frauenbewegung veränderte sich das **Selbstverständnis der Frauen**. Einen Beruf zu erlernen und berufstätig zu sein, ist für Frauen selbstverständlich geworden.	Die Vereinbarkeit von Familie und Beruf wird zum zentralen Thema für viele Frauen. Sie dringen auf eine partnerschaftliche Aufgaben- und Entscheidungsverteilung in der Partnerschaft und Familie – die patriarchalisch geprägte Familienstruktur[1] löst sich auf.
Entwicklung zuverlässiger Verhütungsmethoden: Frauen haben die Kontrolle, ob sie schwanger werden und wie viele Kinder sie haben wollen.	Empfängnisverhütung ermöglicht Berufs- und Lebensplanung. Sie ist auch der Grund für einen starken Rückgang der Geburtenrate.
Durch medizinische Fortschritte und bessere Lebensbedingungen **erhöht sich die durchschnittliche Lebensdauer**.	Die Familienphase nimmt nur noch ein Viertel des gesamten Lebens ein, früher war es das halbe Leben. Damit erhält Partnerschaft und Beruf eine noch größere Bedeutung.
Umstrukturierung der Arbeitswelt: Berufstätige müssen sich raschem technologischen Wandel anpassen und sich qualifizieren. Durch die Globalisierung und Stagnation des Wirtschaftswachstums sind Arbeitsplätze unsicherer geworden, oft gibt es nur kurzfristige Arbeitsverträge.	Männer und Frauen wählen einen späteren Zeitpunkt zur Familiengründung. Der Wiedereinstieg in den Beruf nach einer Familienphase ist schwierig, weil der Konkurrenzdruck auf dem Arbeitsmarkt sehr hoch ist. Obwohl der Lebensstandard gewachsen ist, führt das zu einer zunehmenden existenziellen Verunsicherung von Familien und Paaren in der Familiengründungsphase.
Liberalisierung der soziokulturellen Normen/ Abnahme der sozialen Kontrolle: Menschen können ihre Lebensform, ihren Partner frei wählen; sie können ihre Rollen individuell ausgestalten und ihre Sexualität frei leben.	Vorher stigmatisierte[2] Lebensformen wie nichteheliche Partnerschaften, nichteheliche Kinder, homosexuelle[3] Partnerschaften werden mehr akzeptiert. Lebensformen wie Alleinerziehende, Alleinlebende, neu zusammengesetzte Familien und Partner, die zusammen sind, aber getrennt leben, vervielfältigen sich.
Wandel in den Werten und Einstellungen: Das persönliche Glück zählt mehr als die Erfüllung der von der Gesellschaft zugewiesenen Pflichten. Selbstentfaltung, Unabhängigkeit und Freiheit werden zu zentralen Werten.[4]	Es kommt zu einer **Individualisierung**, da sich traditionelle Bindungen auflösen. Beziehungen werden weniger verlässlich. Die Verunsicherung über die eigene Identität und die eigenen Lebensentwürfe nimmt zu, weil diese Freiheit auch eine Überforderung bedeuten kann.

---

[1] siehe Abschnitt 11.2.2
[2] Stigmatisierung (griech.): die Zuschreibung negativer Eigenschaften und Verhaltensweisen und die Diskreditierung eines Menschen aufgrund eines bestimmten Merkmals, das dieser zeigt und seine Identität trifft und beschädigt (siehe Kapitel 4.3.3).
[3] homosexuell: die sexuellen Verhaltensweisen sind auf Personen des gleichen Geschlechts gerichtet.
[4] vgl. hierzu Kapitel 3.2.2

Soziologie der Familie

Diese gesellschaftlichen Veränderungen zeigen sich in einem starken **demografischen Wandel**: In den letzten 40 Jahren zeigt sich ein Trend zu höherem Heiratsalter bei insgesamt sinkender Heiratsneigung. Es gibt eine Zunahme der nichtehelich geborenen Kinder bei gleichzeitig deutlich reduzierter Geburtenrate. Die Haushalte, in denen beide Partner arbeiten, haben zugenommen. Die Scheidungsrate ist gestiegen und mehr Menschen leben allein.

Zahlen im Vergleich zu 1960 und 1980 bestätigen diesen Wandel:

	1960	1980	2000
ein Erwerbstätiger/Familie in % aller Familien	57,0	51,0	32,0
Single-Haushalte in % aller Haushalte	21,0	30,0	37,0
durchschnittliches Heiratsalter Frauen bei der 1. Eheschließung in Jahren	23,4	22,9	28,4
durchschnittliches Heiratsalter Männer bei der 1. Eheschließung in Jahren	25,4	25,7	31,2
Eheschließungen je 1.000 Einwohner	9,5	6,3	5,1
Scheidungen je 1.000 Einwohner	1,0	1,8	2,3
durchschnittliche Kinderzahl je Frau	2,4	1,6	1,3
außereheliche Geburten/Anteil in % aller Geburten	8,0	12,0	23,0

Quelle: Paulsen, 2005, S. 138

Gleichzeitig zeigen neue Untersuchungen zum Wertewandel, dass neben dem Wert der Selbstentfaltung enge Sozialbindungen, Sicherheit und Geborgenheit als sehr wichtig für die Lebenszufriedenheit eingeschätzt werden.

Bei repräsentativen Umfragen zeigt sich, dass Familie der wichtigste Lebensbereich ist und die Bedeutung von Familie in den letzten 20 Jahren gestiegen ist. In einer Untersuchung in den letzten Jahren bejahten die Aussage: „Familie ist sehr wichtig": in Westdeutschland 80 % und in Ostdeutschland 85 % (vgl. *Nave-Herz, 2004, S. 72 f.*).

11.5 Alternativen zur Familie

Neben der Familie gibt es in der heutigen Gesellschaft viele Formen des Zusammenlebens, auf die im Folgenden näher eingegangen wird.

11.5.1 Heutige Lebensformen

In der heutigen Zeit gibt es verschiedene Muster des Zusammenlebens im privaten Bereich. Die Soziologie spricht in diesem Zusammenhang von **Lebensform**.

Unter Lebensformen versteht die Soziologie die verschiedenen Muster des Zusammenlebens im privaten Lebensbereich.

Soziologie der Familie

Folgende Lebensformen finden wir heute vor:

- **Alleinstehende/Single**: So leben hauptsächlich jüngere Menschen, die sich noch nicht gebunden haben und ältere, deren Partner gestorben ist.
- Es leben **zwei Menschen als Partner** zusammen: Entweder in der Ehe, in einer nichtehelichen Lebensgemeinschaft oder als homosexuelles Paar.
- **Familien**, wie sie in *Abschnitt 11.2.1* aufgezeigt sind
- **Kollektive Lebensformen**: Hier wohnen Menschen, die in der Regel nicht miteinander verwandt sind, in Wohngemeinschaften, Heimen o. Ä. zusammen.

Dabei zeigen sich in West- und Ostdeutschland Unterschiede: In Ostdeutschland leben die Menschen seltener allein und haben mehr Kinder. Es gibt mehr Familien mit alleinerziehenden Elternteilen oder unverheirateten Eltern.

Materialien 3

Es lässt sich insgesamt feststellen, dass es einen begrenzten Individualisierungstrend bzw. eine begrenzte Auflösung von Ehe und Familie gibt. Lebensformen wie Alleinleben, Leben ohne Kinder und nichteheliche Lebensgemeinschaften haben zugenommen, aber eine Pluralisierung der Lebensformen hat eher nicht stattgefunden (vgl. *Bundesinstitut für Bevölkerungsforschung, 2004, S. 72*).

Im familienbildenden Alter – ca. vom 25. bis 40. Lebensjahr – gibt es eine **Polarisierung** zwischen zwei Hauptgruppen: Entweder entscheiden sich Paare generell gegen Kinder und auch Heirat (etwa ein Drittel). Oder sie entscheiden sich für Familie, dann in aller Regel auch für Heirat und mehr als ein Kind (vgl. *Bundesinstitut für Bevölkerungsforschung, 2004, S. 27*).

„*Wir leben eben in einer Zeit, in der individuelles Handeln mehr und mehr selbstbestimmt und weniger an den Vorgaben sozialer Institutionen ausgerichtet wird. Aus der Sicht des Entstehens von Lebensformen ist damit gemeint, dass sich die Steuerungsfunktion der Institution ‚Ehe und Familie' abschwächt und damit nicht mehr nahezu die gesamte Bevölkerung dem Verhaltensmuster ‚Heiraten und Kinderhaben' folgt. Dies eröffnet die Möglichkeit der weiteren Verbreitung von Lebensformen, die nicht auf der Ehe beruhen.*" (Bundesinstitut für Bevölkerungsforschung, 2004, S. 70)

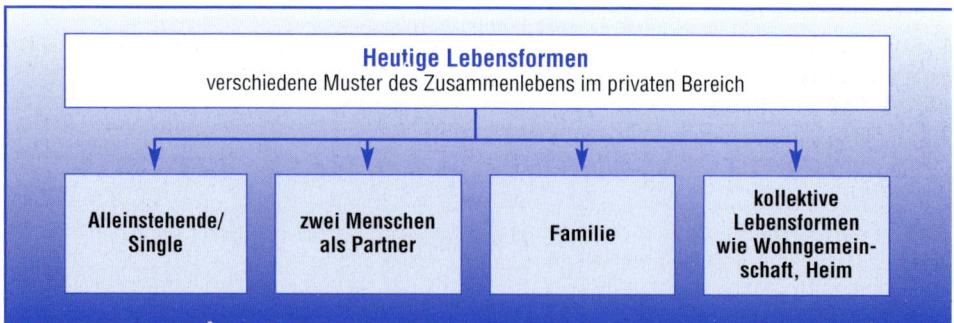

11.5.2 Paarbeziehungen

Es gibt heute in der Bundesrepublik Deutschland drei öffentlich anerkannte Möglichkeiten als Paar zusammenzuleben: die **nichteheliche Lebensgemeinschaft, die Ehe und die rechtlich eingetragene Lebensgemeinschaft von homosexuellen Paaren.**

Soziologie der Familie

- **Nichteheliche Lebensgemeinschaften**
  Viele junge Paare entscheiden sich unverheiratet zusammenzuziehen. Man braucht heute nicht mehr die Ehe, um sich von der Herkunftsfamilie abzulösen und die Existenz zu sichern, da die meisten Menschen, unabhängig von Herkunftsfamilie und Ehe, ihren eigenen Lebensunterhalt haben.

> Von einer nichtehelichen Lebensgemeinschaft spricht man, wenn ein heterosexuelles[1] Paar unverheiratet in einem gemeinsamen Haushalt zusammenlebt.

Diese Lebensform findet man überwiegend im jungen Erwachsenenalter vor, nur bei einem sehr geringen Teil – nicht einmal 2 % – sind die Partner älter als 45 Jahre. Die Partner sind in der Regel nicht finanziell voneinander abhängig, da beide noch in der Ausbildung oder erwerbstätig sind. Nichteheliche Partnerschaft hat eine weniger verbindliche Qualität als die Ehe, etwa die Hälfte löst ihre nichteheliche Partnerschaft wieder auf. Nur in einer sehr geringen Zahl von nichtehelichen Lebensgemeinschaften leben Kinder.

- **Ehe**
  Ehe bezeichnet – wie in *Abschnitt 11.2.1* ausgeführt – eine rechtlich geregelte und staatlich anerkannte Beziehung zwischen zwei gegengeschlechtlichen Menschen. Meist wird geheiratet, wenn Kinder gewünscht sind oder erwartet werden – man spricht von einer **kindorientierten Eheschließung**. Die Ehe wird somit zum **Sozialraum für das Leben mit Kindern** (vgl. Nave-Herz, 2004, S. 105–110).

- **Eingetragene Lebenspartnerschaft**
  Seit 2001 ist es für gleichgeschlechtliche Partner möglich, sich durch einen Eintrag in ein Partnerschaftsregister, „in einer öffentlich bekundeten sexuellen affektiv-emotionalen Beziehung" zu leben (*Gesetz über die Eingetragene Lebenspartnerschaft, Gesetz vom 16.2.2001, BGBl I, S. 266*). Homosexuelle Paare können aus einer eingetragenen Lebenspartnerschaft ähnliche Ansprüche ableiten wie Ehepaare: Anspruch auf Unterhalt, Solidarität im Trennungsfall und ein ehegleiches Erbrecht. Mit der neuen Gesetzgebung einher geht, dass Homosexualität als eine „normale" Form gesehen wird, wie Sexualität gelebt werden kann, nachdem sie jahrhundertelang tabuisiert, abgelehnt und gesetzlich verboten war.

In jeder Partnerschaftsform stehen die emotionalen Bedürfnisse im Vordergrund. Bei allen Paarkonstellationen besteht **freie Partnerwahl**. Diese wird eingeschränkt durch das **Inzestverbot**, welches sexuelle Beziehungen und die Eheschließung zwischen Eltern und Kindern und unter Geschwistern verbietet.

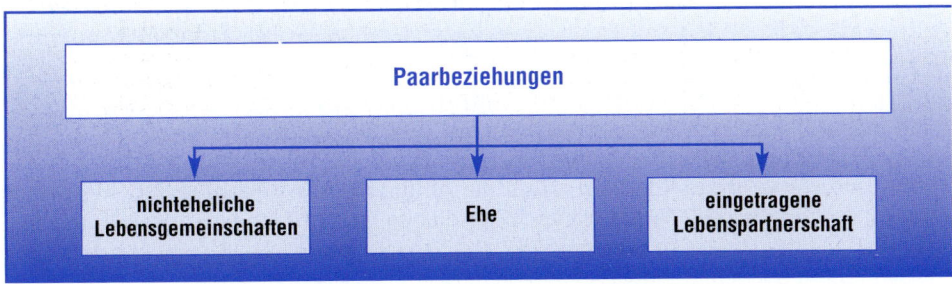

---

[1] heterosexuell: die sexuellen Verhaltensweisen sind auf Personen des anderen Geschlechts gerichtet.

11.5.3 Die Beziehung zu Kindern

Kinder werden im Gegensatz zu früher nicht mehr für die individuelle Altersvorsorge und als Mithelfer und Mitverdiener gebraucht. Im Vordergrund steht die Freude, Kinder aufwachsen zu sehen, die Stärkung innerfamilialer Beziehungen und der Wunsch, sich als Eltern kompetent zur erleben. Neben der Partnerschaft sind also Kinder zu **Sinnstiftern** geworden.

> „Kinder werden heute ausschließlich um ihrer selbst willen und/oder zur eigenen psychischen Bereicherung gewünscht und geplant."
> (Nave-Herz, 2004, S. 194)

Die veränderte Einstellung zu Kindern wirkt sich auch auf Erziehungsziele und -verhalten aus: Das Verhältnis zwischen Eltern und Kindern ist freiheitlicher, gefühlvoller und partnerschaftlicher geworden.

Wurden Kinder früher oft mit körperlicher Gewalt und Strafen erzogen, so ist das heutige Erziehungsmittel hauptsächlich die Sprache. Kindern wird viel erklärt, Normen und Werte werden eher über Diskussion als über Gebote und Verbote vermittelt.

Die Anpassung an gesellschaftliche Normen und Leistungsansprüche wird weniger erwartet, dafür Selbstbestimmung und die Orientierung an eigenen Werten und Vorstellungen.

Hat sich die Lebenssituation von der Mehrheit der Familien zwar deutlich gebessert, soll im Folgenden doch auch auf die Probleme von Familien eingegangen werden.

11.6 Probleme der Familie heute

Die gesellschaftlichen Rahmenbedingungen auf der einen Seite und der in *Abschnitt 11.4.3* dargestellte Wandel der Familie auf der anderen Seite stellen die Familie vor enorme Probleme. Gerade die intimeren und emotionaleren Beziehungen in der heutigen Kernfamilie machen sie für Konflikte und Probleme anfällig. Probleme können sich ergeben aus

- dem **familiären Zusammenleben**,
- der **Unvollständigkeit der Familie**,
- der **Berufstätigkeit beider Elternteile**,
- der **Kinderlosigkeit** der Familien und
- der **Trennung bzw. Scheidung** der Ehepartner.

11.6.1 Probleme des familiären Zusammenlebens

Zu den Problemen, die sich aus dem familiären Zusammenleben ergeben, zählen **Autoritäts- und Generationskonflikte** sowie die **Ablösung des Jugendlichen** von seinen Eltern.[1] Der zunehmende Wunsch des Jugendlichen nach Unabhängigkeit wird von vielen Eltern als Ablehnung missverstanden. Der Prozess der Ablösung ist deshalb für die meisten Eltern ein beunruhigendes und unangenehmes Ereignis. Zudem rufen die unterschiedlichen Ansichten und Verhaltensweisen wie Freundschaft mit Andersgeschlechtlichen, Ausgang, Leistung und oft mehr Konflikte hervor.

---

[1] vgl. hierzu Kapitel 12.2.1

Gestörte Beziehungen in der Familie sowie ein **disharmonisches Familienklima** be- bzw. verhindern eine gesunde Entwicklung der heranwachsenden Kinder. Zerrüttete Verhältnisse und ständiger Streit erzeugen beim Kind innere Spannungen, die eine schwere emotionale Belastung darstellen können. Psychische Störungen sind dann oft eine unausweichliche Form der Spannungsentladung. Zu gravierenden Folgen führt die zum Teil **in Familien stattfindende Gewalt**.

Familiäre Gewalt zeigt sich einerseits in **körperlicher Misshandlung** (wie Treten, Haarausreißen, Stoßen und Schlagen, auch mit Gegenständen, oder dem Zufügen von Verbrennungen und Verbrühungen), andererseits in **seelischen Misshandlungen**. Sexuelle Gewalt liegt vor, wenn an Kindern sexuelle Handlungen vollzogen werden oder wenn Kinder gezwungen werden, an Erwachsenen sexuelle Handlungen zu vollziehen.

Auch die **Vernachlässigung** spielt eine große Rolle. Untersuchungen ergaben, dass es heute wesentlich mehr allein gelassene Kinder gibt als noch vor 15 Jahren. Diesen Kindern fehlt oft die Wärme, die Geborgenheit, sie sind auch emotional auf sich selbst gestellt, obwohl sie dazu noch gar nicht in der Lage sind.

Opfer von Vernachlässigung sind vor allem Kinder und alte Menschen. Sie werden mangelnd ernährt, nicht angemessen angezogen, leben in einer verwahrlosten Umgebung, werden in der Wohnung eingeschlossen oder ausgeschlossen, werden zu häufig allein gelassen. Kinder werden in ihrer Entwicklung nicht gefördert oder sie müssen nicht altersgerechte Aufgaben übernehmen.

Nach einer Studie des kriminologischen Forschungsinstituts in Niedersachen werden jährlich 600.000 alte Menschen das Opfer familiärer Gewalt.

Zunehmend wird auch über Gewalt von Kindern und Jugendlichen gegenüber ihren Eltern berichtet.

Ebenso dramatisch können sich **außergewöhnliche Belastungen** durch Krankheit oder Tod eines Familienmitglieds sowie durch soziale und/oder wirtschaftliche Nöte auf das Familienleben auswirken.

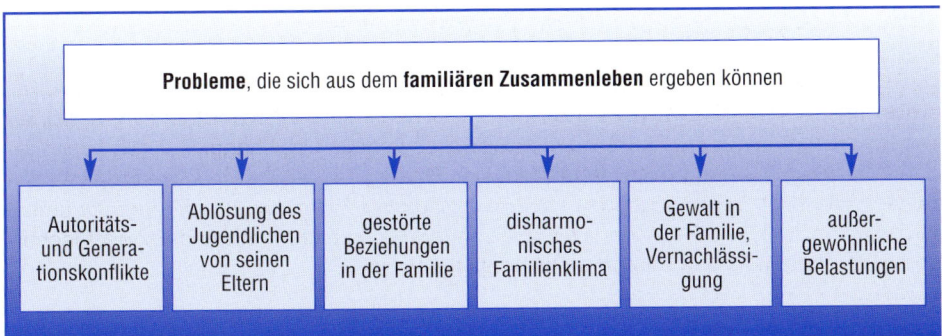

11.6.2 Weitere Probleme der heutigen Familie

Weitere Probleme der heutigen Familie sind ihre **Unvollständigkeit, die Berufstätigkeit beider Elternteile** und die **Kinderlosigkeit**.

Unvollständigkeit der Familie.

Unvollständige Familien, das sind Familien mit nur einem Elternteil, können Probleme mit sich bringen. Etwa 30 % aller Kinder in städtischen Ballungsräumen wachsen mit nur einem Elternteil in so genanntem **Ein-Eltern-Familien**[1] auf. Die Mehrheit der in der Bundesrepublik Deutschland lebenden Alleinerziehenden sind Frauen. Während es früher vor allem der Tod des Partners war, der zur Alleinerziehung geführt hat, ist es heute meist die Trennung oder Scheidung vom Partner.

Das wesentliche Problem Alleinerziehender ist in erster Linie die häufig **mangelhafte wirtschaftliche Absicherung** und die daraus resultierenden finanziellen Probleme. Die Suche nach einem geeigneten Arbeitsplatz ist gerade für Alleinerziehende aus mehreren Gründen schwierig. Der familiäre Alltag ist erschwert, da der alleinerziehende Elternteil alle Erziehungs- und Versorgungsaufgaben alleine übernehmen muss. Die **gesellschaftliche Akzeptanz von Alleinerziehenden ist gering**. Das Bild einer Ein-Eltern-Familie stimmt nicht mit dem überein, was gesellschaftlichen Erwartungen entspricht. Damit verbunden ist oft eine soziale Isolierung von Ein-Eltern-Familien.

So gaukelt uns zum Beispiel die Werbung tagtäglich eine glückliche Mutter und einen zufriedenen Vater mit zwei glücklichen Kindern vor, obwohl beinahe jede dritte Frau mit Kindern in einem Zeitraum von 18 Jahren mindestens einmal alleinerziehende Mutter ist.

Familie und Beruf

Vielen Familien – vor allem in den Großstädten – ist es nicht möglich, vom Einkommen nur eines Familienmitgliedes auszukommen, so dass beide Elternteile gezwungen sind, sich an der außerhäuslichen Berufsarbeit zu beteiligen. In den letzten Jahrzehnten setzt sich zudem bei Frauen und Müttern der Wunsch durch, über den Beruf Selbstverwirklichung und größere Anerkennung sowie Unabhängigkeit und Wohlstand zu erreichen.

Die Berufstätigkeit beider Elternteile entspricht heute den Anforderungen der modernen Industriegesellschaft. Die größere Rollenzufriedenheit der Frau und ihre stärkere Öffnung zur Außenwelt können sich durchaus positiv auf die familiäre Erziehung auswirken. Dabei darf jedoch nicht übersehen werden, dass sich mögliche Unzufriedenheit mit der Arbeit bzw. am Arbeitsplatz, Überforderung im Beruf, die berufliche Anspannung als solche, die Doppelrolle durch Beruf, Haushalt und Erziehung sowie die verringerten Energiereserven belastend auf das familiäre Zusammenleben und auf die Entwicklung des Kindes auswirken können (vgl. *Hierdeis, 1983[5], S. 73 f.*).

Aufgrund von Untersuchungen und der Erfahrungen in Ländern wie Frankreich und Schweden, in denen die Berufstätigkeit beider Eltern selbstverständlich ist, weiß man heute, dass eine Berufstätigkeit beider Eltern der gesunden Entwicklung des Kindes nicht im Wege steht. Wesentlich ist eine ausreichende außerfamiliäre Betreuung der Kinder und die emotionale Geborgenheit und Unterstützung in der Familie.

---

[1] vgl. hierzu Kapitel 11.2.2

Soziologie der Familie

Kinderlosigkeit

Die künftige Überalterung der Gesellschaft folgt aus der Entscheidung von immer mehr Paaren, keine oder nur ein Kind zu bekommen, obwohl der Kinderwunsch nach entsprechenden Untersuchungen bei jungen Erwachsenen stark vorhanden ist. Die trotzdem zunehmende Kinderlosigkeit lässt sich mit folgenden Ursachen erklären (vgl. *Bundesinstitut für Bevölkerungsforschung, 2004, S. 27*):

- Wegen der Berufsausbildung und -laufbahn wird der Kinderwunsch auf später verschoben. Durch den zeitlichen Aufschub kommt es zu ungewollter Kinderlosigkeit, da die Fruchtbarkeit mit zunehmendem Alter deutlich abnimmt.
- Hochqualifizierte Frauen verzichten auf Kinder, weil sie Beruf und Mutterrolle als unvereinbar erleben.

  38 % der Frauen mit abgeschlossenem Studium in der Altersgruppe von 35-39 Jahren leben ohne Kinder.

- Paare mit relativ niedrigem Einkommen entscheiden sich oft gegen Kinder, weil aufgrund der hohen Kinderkosten Verarmung befürchtet wird.
- Es fehlt der/die „richtige" Partner/Partnerin zur Familiengründung.

  In einer Befragung von 40 000 Männern und Frauen im Alter zwischen 18 und 49 Jahren ermittelte das Meinungsforschungsinstitut Forsa den „falschen Partner" als Hauptgrund, kinderlos zu bleiben (vgl. *Gaschke, 2005, S. 3*).

11.6.3 Trennung und Scheidung

Die Trennungen und Scheidungen von Ehepaaren haben in den letzten Jahrzehnten stark zugenommen.

Bis 1984 hat sich die Zahl der Ehescheidungen gegenüber 1960 verdoppelt, gegenwärtig werden fast 40 % der geschlossenen Ehen wieder aufgelöst.

Von Trennung spricht man, wenn die Ehe- oder auch Lebenspartner ihre emotionale Bindung auflösen und (wieder) in getrennten Haushalten wohnen. Scheidung dagegen liegt vor, wenn die staatlich geschlossene Beziehung zwischen zwei gegengeschlechtlichen Menschen rechtlich wieder aufgelöst wird.

> **Trennung** liegt vor, wenn die Ehe- oder Lebenspartner ihre emotionale Bindung auflösen und (wieder) in getrennten Haushalten wohnen.
> **Scheidung** bedeutet die rechtliche Auflösung einer staatlich geschlossenen Beziehung zwischen zwei gegengeschlechtlichen Menschen.

In verschiedenen Untersuchungen wurden folgende Gründe hierfür verantwortlich gemacht:
- **Untreue oder Ichbezogenheit des Partners,**
- **Einengung der persönlichen Entwicklung,**
- **kaum gemeinsame Interessen,**
- **Uneinigkeit über die Erziehung der Kinder,**
- **Bevorzugung des Kindes/der Kinder gegenüber dem Partner sowie**
- **Doppelbelastung durch Familie und Beruf.**[1]

---

[1] *siehe Abschnitt 11.6.2*

Neben diesen individuellen Gründen gibt es weitere Gründe, wie

- die **ungleiche innerfamiliäre Arbeitsteilung** – der Hauptanteil der Erziehungs- und Haushaltsarbeit liegt immer noch bei den Müttern.

  Zeitbudgetuntersuchungen des Statistischen Bundesamtes zeigen, dass Väter, verglichen mit kinderlosen Männern, nur ganze sechs zusätzliche Minuten am Tag für Hausarbeit einsetzen (vgl. Gaschke, 2005, S. 3).

- die **ausschließliche Begründung der Ehe als eine Liebesbeziehung**. Fällt diese weg, so gibt es – gegenüber der vorindustriellen Familie (zum Beispiel die Familie als Wirtschafts- und Produktionsgemeinschaft)[1] – keine Erfordernisse mehr, zusammenzubleiben

- das **geänderte Verständnis von Selbstverwirklichung und Emanzipation.**

Trennung und Scheidung finden auch deshalb schneller statt, weil – neben der gesetzlichen Erleichterung einer Scheidung – diese im Gegensatz zu früher gesellschaftlich als Konfliktlösung akzeptiert wird. Belastete Beziehungen werden so schneller aufgelöst.

Sowohl für die sich trennenden Partner als auch für die jeweiligen Kinder bedeutet eine Trennung bzw. Scheidung immer ein einschneidendes Lebensereignis, verbunden mit einer **emotionalen Belastung**. Je nachdem wie stark diese Belastung erlebt wird, führt sie zu unterschiedlichen kurz- oder auch längerfristigen Auswirkungen.

Materialien 4

Für die Kinder wirkt sich meist die **akute Krisensituation** und ihre erfolglose, vergebliche und oft tragische Bewältigung vor der Trennung bzw. Scheidung sehr ungünstig aus. Für betroffene Kinder und Erwachsene können sich langfristige Verhaltensprobleme ergeben, vor allem, wenn der Paarkonflikt sich fortsetzt und die Kinder einbezogen werden.

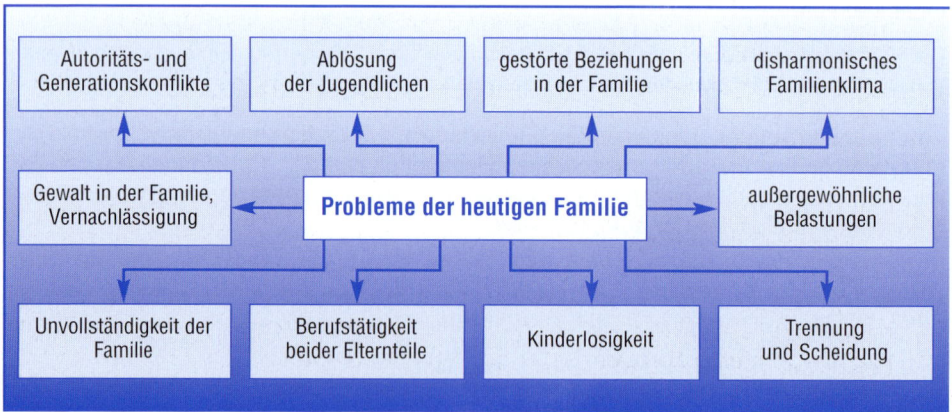

[1] vgl. hierzu Kapitel 11.4.1

Zusammenfassung

- Die Familiensoziologie beschreibt, erklärt und analysiert die Familie als System, ihre Struktur, ihren Wandel und ihre Veränderungen in der Zeit, ihre Funktionen sowie die Wechselwirkung von Familie und Gesellschaft. Sie sieht es als ihre Aufgabe an, Vorschläge für zukünftige Veränderungen und damit Grundlagen für politisches Handeln zu liefern. Die Familiensoziologie entstand als Reaktion auf die sozialen Probleme der Industrialisierung. Die Geschichte der Familiensoziologie ist von zwei Strömungen gekennzeichnet: die empirische Forschung, die objektiv beschreibt, und die soziologischen Theorien, die bewerten und entweder den Wandel oder Verlust bestimmter Familienformen beklagen oder auch fordern.

- Formen des Zusammenlebens, mit denen sich die Familiensoziologie beschäftigt, sind die Ehe, die Partnerschaft und die Familie. Ehe bezeichnet eine rechtlich geregelte und staatlich anerkannte Beziehung zwischen zwei gegengeschlechtlichen Menschen. Partnerschaft dagegen meint länger andauernde emotionale Beziehungen zwischen Menschen, die nicht unbedingt rechtlich geregelt und staatlich anerkannt sein müssen. Unter einer Familie verstehen wir eine Intimgruppe, bei der Eltern mit ihren Kindern zusammenleben. Je nach Kriterium unterscheidet die Soziologie verschiedenste Formen der Familie wie biologische Elternschaft, Adoptiv-, Pflege-, Inseminations-, Stief- und Patchworkfamilie, Monogamie und Polygamie, Kernfamilie, Ein-Eltern-Familie, Mehrgenerationenfamilie, Großfamilie, joint family, neolokale, patrilokale, matrilokale und ambilokale Familie sowie patriarchalische, matriarchalische und partnerschaftliche Familie. Mit Verwandtschaft bezeichnet man ein Beziehungsnetz von Menschen, welches durch Heirat oder gemeinsame genetische Abstammung (Blutsbande) entstanden ist. In den Industriegesellschaften hat die Verwandtschaft hauptsächlich unterstützende Funktion.

- Die Familie erfüllt eine Reihe von wichtigen Funktionen, die ihre Bedeutung für die Gesellschaft ausmachen: Reproduktion von Mitgliedern, Platzierung, Haushaltsfunktion, Erholungs- und Freizeitfunktion, Spannungsausgleichsfunktion und Sozialisation des Nachwuchses. Die Fähigkeiten, welche Kinder durch Sozialisation in der Familie lernen können, werden im 5. Familienbericht des Bundesministeriums für Familie, Senioren, Frauen und Jugend als Humanvermögen bezeichnet. Gesellschaftliche und politische Veränderungen bewirkten jedoch auch einen Funktionsverlust bzw. eine Funktionsentlastung von Familien (Ritualfunktion, Gerichtsfunktion, Produktionsfunktion und Ausbildungsfunktion).

- Kennzeichen der vorindustriellen Familie sind der instrumentelle Charakter, eine distanzierte und weniger gefühlsbetonte Beziehung zwischen Eltern und Kind; Kinder werden als Arbeitskräfte gesehen, man lebt in Allzweckräumen und heiratet in einem relativ hohen Alter. Im 19. Jahrhundert entstanden durch die industrielle Revolution zwei neue Familientypen, die proletarische und die bürgerliche Familie. Die bürgerliche Familie des 20. Jahrhunderts ist eine Kernfamilie, die das Ideal der romantischen Liebe (aber mit Vernunft) vertritt und in der Männer für den Lebensunterhalt, Frauen für die Familie zuständig sind. Hier findet auch eine Trennung von Arbeit und Familie statt. Ihre Form ist patriarchalisch und neolokal. Nach den 50er Jahren, in der das bürgerliche Familienmodell seine Blütezeit hatte, setzte ein nachhaltiger Wandel in den Einstellungen und in der Lebensrealität von Familie ein, bedingt durch qualitative Veränderungen in wichtigen gesellschaftlichen Bereichen.

- In der heutigen Zeit gibt es verschiedene Muster des Zusammenlebens im privaten Bereich. Die Soziologie spricht in diesem Zusammenhang von Lebensform. Folgende Lebensformen finden wir heute vor: Alleinstehende und Single, Paarbeziehungen (zum Beispiel nichteheliche Lebensgemeinschaften, Ehe, eingetragene Lebenspartnerschaft), Familien und kollektive Lebensformen wie Wohngemeinschaften, Heime und dergleichen. Kinder werden im Gegensatz zu früher nicht

Zusammenfassung

mehr für die individuelle Altersvorsorge und als Mithelfer und Mitverdiener gebraucht. Im Vordergrund steht die Freude, Kinder aufwachsen zu sehen, die Stärkung innerfamilialer Beziehungen und der Wunsch, sich als Eltern kompetent zur erleben. Neben der Partnerschaft sind also Kinder zu Sinnstiftern geworden.

- Gerade die intimeren und emotionaleren Beziehungen in der heutigen Kernfamilie machen sie für Konflikte und Probleme anfällig. Probleme können sich ergeben aus dem familiären Zusammenleben, der Unvollständigkeit der Familie, der Berufstätigkeit beider Elternteile, der Kinderlosigkeit der Familien und der Trennung bzw. Scheidung der Ehepartner.

Materialien Kapitel 11

1. Familien und Familienpolitik in Deutschland

Eine Stellungnahme der Bundesregierung zum Bericht der Sachverständigenkommission für den Fünften Familienbericht

Wie der Familienbericht rechnet die Bundesregierung damit, dass die Zahl der Kinderlosen steigen und dass auch die Zahl der Kinder in den Ehen weiter abnehmen kann. Diese Entwicklung könnte sich noch dadurch verstärken, dass die Gesellschaft immer weniger an den Umgang mit Kindern gewöhnt ist. Kleinere Kinderzahlen führen dazu, dass sich die Lebensphasen mit Kindern erheblich verkürzen und das Wissen über die Erziehung von Kindern bei immer mehr Menschen nicht mehr selbstverständlich durch eigene Erfahrungen im Umgang mit Kindern gewonnen werden kann. Immer häufiger wird erst im Laufe der eigenen Familiengründung der Umgang mit Kindern erlebt, so dass Erziehungsstile jeweils neu herausgebildet werden müssen. Der Bedarf nach Beratung und Hilfe bei Erziehungsfragen wird daher auch nach Auffassung der Bundesregierung vermutlich weiter steigen.

Die Abnahme der Kinderzahl in den Familien und die weitere Abnahme der Zahl der Kinder in der Gesellschaft überhaupt kann eine „Verinselung" der Kindheit mit sich bringen. Eltern und Kinder werden zunehmend Anstrengungen unternehmen müssen, um andere Kinder zu treffen und mit ihnen zusammenzusein. Damit gewinnt die bundesrechtliche Einführung des Rechtsanspruchs auf einen Kindergartenplatz sowie die gesetzliche Verpflichtung zum bedarfsgerechten Ausbau der anderen Formen der Tagesbetreuung (VIII § 24 SGB – Kinder- und Jugendhilfe) eine zusätzliche Bedeutung. Diese Einrichtungen werden nicht nur zur Beaufsichtigung der Kinder gebraucht, sondern auch dafür, um Kindern Begegnungsräume mit Gleichaltrigen zu bieten und somit einen Teil der kindlichen Sozialisation zu sichern.

Dass Kinder in einer Gesellschaft für die Alterssicherung notwendig sind, ist allgemein anerkannt. Demgegenüber wird vernachlässigt, dass Kinder für jede Gesellschaft auch deshalb unverzichtbar sind, weil sie jeden Tag die Welt neu und anders erfahren, damit ihren Eltern und Verwandten immer neue Erfahrungen vermitteln und sie ständig zur Auseinandersetzung mit Neuem herausfordern; zugleich bleiben damit gewisse, nur in Familien lernbare Werte und Tugenden in einer Gesellschaft erhalten.

Auch nach dem Familiensurvey lässt sich bei den nachwachsenden Generationen eine Differenzierung der Werthaltungen beobachten. Wer mit Kindern zusammenlebt, weist in der Regel andere Werthaltungen auf als Kinderlose, insbesondere in den Dienstleistungszentren. Bei Menschen mit Kindern stehen traditionelle und altruistische Werthaltungen im Vordergrund, während für die Kinderlosen Mobilität und Karriere von besonderer Bedeutung sind. Für das Zusammenleben der Generationen kann das bedeuten, dass aufgrund ihrer Werthaltungen auch immer weniger Menschen bereit sein werden, Hilfs- und Pflegeleistungen für die ältere Generation zu erbringen. Wie z. B. die erste differenzierte Untersuchung des Deutschen Jugendinstituts zu den Generationennetzen zeigt, sind besonders weit reichende und enge Familiennetze vor allem in den Familien mit Kindern geknüpft, und Kinder erhalten die Beziehungen zwischen den Generationen lebendig.

Aus dem Familiensurvey als einer Querschnittsuntersuchung ist allerdings nicht zu entnehmen, ob die unterschiedlichen Werthaltungen zu einer unterschiedlichen Lebensplanung bei diesen Gruppen geführt haben oder ob sich diese Werthaltungen bei ihnen aufgrund der unterschiedlichen Lebenssituation entwickelt haben. Es spricht jedoch viel dafür, dass beide Annahmen wirksam sind. Das bedeutet, dass immer weniger Menschen bereit sein werden, sich auf Kinder einzulassen, wenn nicht ein grundsätzlicher Einstellungswandel in der gesamten Gesellschaft Platz greift.

Mit der weiteren Zunahme hochbetagter Menschen werden mehr Generationen gleichzeitig leben als je zuvor. So werden viele Kinder nicht nur beide Großelternpaare gleichzeitig erleben, sondern auch noch ihre Urgroßeltern. Dafür werden sie weniger Onkel und Tanten und weniger Cousins und Cousinen und auch weniger Geschwister haben. Es wird daher darauf ankommen, dass die Beziehungen zwischen den Generationen lebendig bleiben. Die Intensität dieser Beziehungen hängt – anders als lange vermutet – nicht nur davon ab, ob die verschiedenen Generationen im gemeinsamen Haushalt leben.

Eine bedeutende Rolle spielt das Vorhandensein von Kindern. Noch sind die Generationenbeziehungen intakt. Es gibt Anteilnahme und gegenseitige Ansprache, Freude und Leid werden geteilt. Vielfältige Hilfeströme laufen sowohl von den älteren zu den jüngeren Generationen als auch von den jüngeren zu den älteren, und alle haben den Eindruck ausgewogener Beziehungen. Wenn Hilfe erforderlich ist, wird sie immer noch am zuverlässigsten aus dem Verwandtenkreis erbracht.

Zunehmend mehr ältere Menschen, insbesondere kinderlose, werden ihr Alter ohne ihnen nahe stehende Verwandte verbringen müssen. Hier ist die Entwicklung neuer Beziehungsstrukturen erforderlich, die verstärkt Menschen der gleichen Generation einbeziehen.

Im Bericht wird deutlich, wie sich in der Beziehung zwischen den Ehegatten immer mehr Partnerschaftlichkeit durchsetzt. Mit der Verkürzung der Lebensphase mit Kindern in kleineren Familien können sich die Lebensstile von Männern und Frauen zunehmend angleichen. Auch für Frauen „lohnt sich" inzwischen eine qualifizierte Ausbildung und wird in der Regel von Frauen in gleicher Weise wie von Männern angestrebt. Damit steigen die Chancen der Frauen, sich in das Erwerbsleben – und damit in die Gesellschaft insgesamt – ebenso einzugliedern wie Männer. Mit eigenem Einkommen wächst die materielle Unabhängigkeit der Frauen von ihren Partnern und führt zu einer weiteren Angleichung der Lebensverhältnisse der Geschlechter. Aufgrund gestiegener Erwartungen von Müttern, an allen Bereichen des sozialen Lebens beteiligt zu sein, werden Männer verstärkt für familiäre Aufgaben in die Pflicht genommen werden. Schon heute übernehmen Männer zunehmend Aufgaben in den Familien und entwickeln dabei Fähigkeiten, die traditionell als weiblich definiert sind und sie in die Lage versetzen, sich beispielsweise verstärkt um die Betreuung älterer und pflegebedürftiger Menschen zu kümmern.

Quelle: Bundesministerium für Familie und Senioren, 1994, S. VIII–IX

2. Förderung der kindlichen Bildung durch Eltern

Es ist immer wieder neu daran zu erinnern, dass Unterricht und Lernen in der Schule nicht beim Punkt Null beginnen. Vielmehr hat es die Schule mit Kindern und jungen Jugendlichen zu tun, die bereits bei der Einschulung ihre je eigenen Bildungs- und Lebenserfahrungen in der Familie (sowie im Kindergarten und in der Gruppe der Gleichaltrigen) gemacht haben und deshalb in ihre schulische Bildungslaufbahn mit recht unterschiedlichen Basiskompetenzen eintreten.

Ihren Eltern stellen Kinder ihre ersten Fragen, von ihnen erhalten sie die ersten Antworten. An die Eltern wenden sie sich mit ihrer kindlichen Neugier, in der Familie erproben und entdecken sie die zunächst rätselhafte Welt mit ihren Formen, Farben und Tönen, mit ihren Überraschungen und Wiederholungen, mit Regelmäßigkeiten und Sinn. Von den Eltern hören sie die ersten Worte und aus der Sprache in der Familie übernehmen sie, worüber man sprechen, wie genau man Dinge, Sachverhalte und Gefühle unterscheiden und mit welchem Ausdrucksrepertoire man sich verständlich machen kann. An den Reaktionen der Eltern nehmen sie wahr, welches Handeln willkommen ist und welches nicht. Von ihnen werden ihre Bemühungen, die Welt zu begreifen und zu verstehen, anerkannt oder ignoriert, ermutigt oder bestraft. Hier formen sich die Dispositionen, schnell aufzugeben oder weiterzumachen, wenn eine Sache schwierig wird und längere Anstrengungen erfordert. Die Familie schafft auf diese Weise eine Umwelt, die großen Einfluss darauf hat, ob Kindern deutlich wird, dass sie etwas bewirken und diese Wirkungen kontrollieren und für sie Verantwortung übernehmen können. Die Kompetenzen und Motivationen, auf denen der Unterricht der Schule und alle weiteren Lernprozesse aufbauen, werden hier grundgelegt: Neugier und Experimentierfreude, Ausdauer in den Bemühungen um gute Lösungen und tieferes Verständnis, differenziertes Sprachvermögen, Überzeugungen, etwas lernen zu können und Wege zu kennen, auf denen man zum Ziel gelangt.

Viele dieser Fähigkeiten und Bereitschaften bilden Kinder in ihren Familien gleichsam nebenher aus, vorausgesetzt Eltern und Kinder sind aufmerksam für einander, stellen Fragen und geben Antworten und haben Zeit für Spiel und andere gemeinsame Beschäftigungen. Belastungen, Krisen und Unsicherheiten beeinträchtigen nicht nur das allgemeine Wohlbefinden, sondern können auch diese basalen Bildungsprozesse irritieren. Kinder bilden sich jedoch nicht nur auf Grund der alltäglichen Erfahrungen mit den Eltern.

Eltern sind in vieler Hinsicht die ersten Lehrerinnen und Lehrer ihrer Kinder. Die Bemühungen der Kinder um Wissen, Können und Verstehen werden dadurch gefördert, dass Eltern ihre Kinder auf wichtige Dinge und Sachverhalte, auf Rätselhaftes und Schönes aufmerksam machen, auf ihre Fragen reagieren und ihnen Worte geben, mit denen die differenzierende Wahrnehmung der Kinder unterstützt, Nachdenklichkeit ermöglicht und Ordnung in Erfahrenes und Bedachtes gebracht werden kann. Die Entstehung von Wissen, Können und Verstehen hängt des Weiteren davon ab, ob Kinder für ihre Bemühungen Anerkennung erhalten, aus der sie entnehmen können, dass sie auf einem guten Weg sind und ihr Denken und Tun sich in eine insgesamt sinnvolle Welt einfügt.

Eine solche vorschulische Förderung der frühen Bildungsprozesse übernehmen Eltern in sehr unterschiedlicher Weise und in unterschiedlichem Ausmaß, und manche vernachlässigen diese Aufgabe gänzlich. Es gibt viele Belege dafür, dass auch die Förderung der Kinder in Programmen außerhalb der Familie davon profitiert, wenn zugleich die Eltern dafür gewonnen werden, den kindlichen Bildungsprozessen mehr Aufmerksamkeit und Unterstützung zu geben. Gerade die Eltern sind in der Lage, für eine angemessene Stimulierung der frühen Bildungsprozesse zu sorgen, denn durch das Leben mit ihren Kindern kennen sie die Balance zwischen Über- und Unterforderung, die eingehalten werden muss, damit Kinder nicht die Lust verlieren, also demotiviert werden; sie können die dosierten Diskrepanzerlebnisse schaffen, die Kinder locken, sich anzustrengen; und sie gestalten die Bereiche („entwicklungsoffene Zonen"), in denen die Kinder selbst nach besseren Lösungen suchen und für Belehrung offen sind. Wenn Eltern in dieser Hinsicht versagen, ist es kaum möglich, außerhalb der Familie diese Mängel auszugleichen, so dass es nahe liegt, die Eltern selber auf diese Aufgaben aufmerksam zu machen und vorzubereiten.

Die Anregungen, die für eine gute soziale und kognitive Entwicklung der Kinder geboten sein sollten, können sicherlich nicht vollständig in der Familie oder von der Familie bereitgestellt werden. Aber auch in dieser Hinsicht übernehmen die Eltern eine wichtige Rolle, denn nur sie können dafür sorgen, dass ihr Kind Einrichtungen besuchen und Angebote wahrnehmen kann, in denen ergänzt wird, was die Familienumwelt Kindern nicht oder nicht im wünschenswerten Maße bieten kann, wie etwa Bewegungsübungen, Spiel und soziale Beziehungen zu anderen Kindern, musische oder ästhetische Bildung, Erfahrungen mit Tieren oder was immer zum Thema der kindlichen Entwicklung und der Bildung eines Kindes werden mag.

Quelle: Wissenschaftlicher Beirat für Familienfragen, 2002, S. 18 f

3. Familie in Zahlen

a) Privathaushalte in Deutschland nach Haushaltstypen aus dem Jahr 2000, Angaben in %

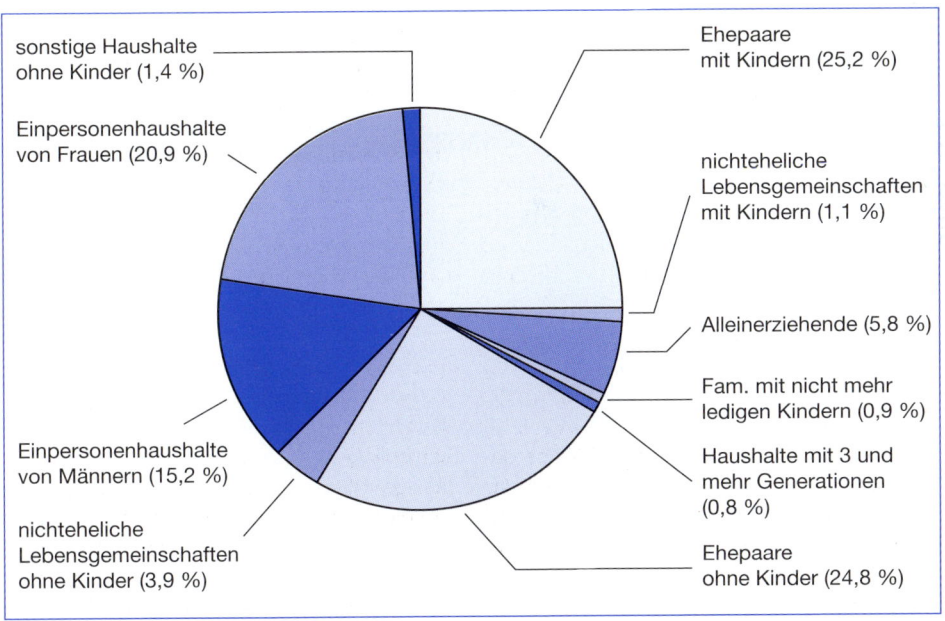

Quelle: Bundesinstitut für Bevölkerungsforschung, 2004, S. 69

b) Lebensformen der 30- bis 34-jährigen Frauen in Deutschland (2000), Angaben in %

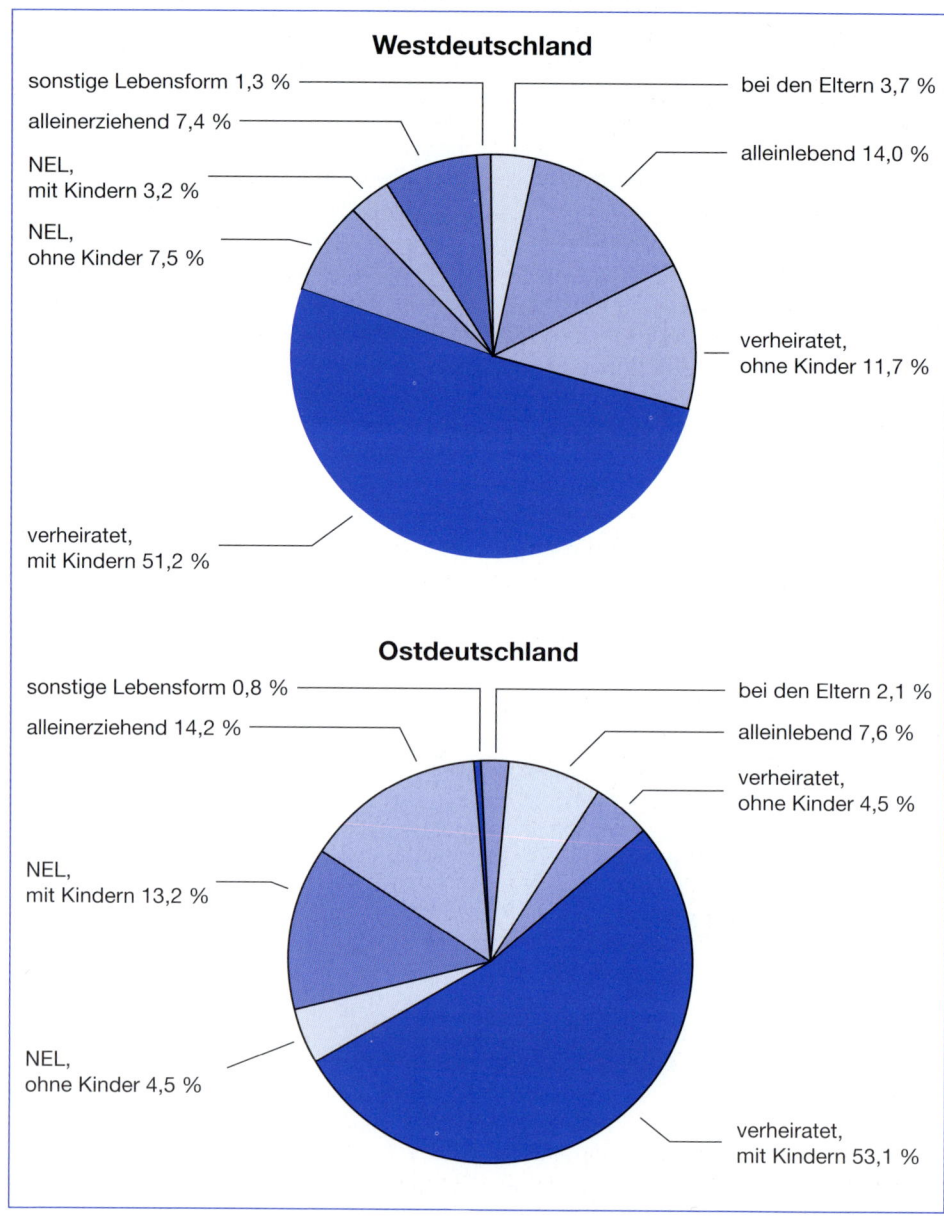

Quelle: Bundesinstitut für Bevölkerungsforschung, 2004, S. 71

4. Die Scheidungsfamilie

Wo das Ereignis Scheidung eintritt, entwickeln sich die Lebenslagen – von Männern und Frauen, Eltern und Kindern – in unterschiedliche Richtungen. Zunächst einmal im direkt geografischen Sinn: Einer zieht aus (fast immer der Mann), in eine andere Wohnung, vielleicht auch in eine andere Stadt (um einen neuen Anfang zu machen). Zurück bleiben Frauen und Kinder, aber in der Folge ziehen nicht selten auch sie um (in eine billigere Wohnung, in die Nähe der Großeltern usw.), das heißt dann Wechsel der Umgebung, der Schule, der Nachbarn. Erst recht entstehen neue ökonomische Lagen, in der Regel ein Einkommensgefälle, im Ausmaß differierend je nach den rechtlichen Regelungen der jeweiligen Länder: In den USA sinkt der Lebensstandard von Frauen und Kindern drastisch ab, dagegen kann sich der der Männer nicht selten verbessern (weil sie oft keinen Unterhalt zahlen). In Deutschland herrscht eher eine Umverteilung des Mangels, auch die Männer haben meist finanzielle Einbußen zu tragen, aber auch hier sind Frauen und Kinder meist deutlich schlechter gestellt.

Darüber hinaus wird nach der Scheidung auch eine neue Alltagsorganisation nötig. Sie muss ausgehandelt, nicht selten erkämpft werden zwischen denen, die vorher ein Paar waren: Wer bekommt die Wohnung, welche Teile des Hausrats, welche Erinnerungsstücke? Wie viel Unterhalt muss gezahlt werden für wen? Und vor allem, wer bekommt die Kinder, wie soll das Sorgerecht aussehen? Mann versus Frau: Ansprüche und Forderungen werden geltend gemacht, Rechte und Pflichten umverteilt. Neue Vereinbarungen werden gesucht, oft auch erstritten. Statt gemeinsamem Alltag und gemeinsamer Wohnung nun Separatzeiten, Besuchsregelungen genannt, für den Vater. Wann darf er kommen, wie lange? Wie viel Kind steht ihm zu an Wochenenden, Feiertagen und Ferien? Und im Extremfall holt man [...] sich das Kind mit Gewalt: Auch die Zahl der Kindesentführungen steigt.

Familientherapeuten, Scheidungsanwälte und Richter erleben tagtäglich, wie in der Nach-Scheidungs-Phase zwischen Ex-Partnern Verletzung und Bitterkeit, Wut und Hass eskalieren. Aber auch wenn das Trennungsgeschehen vernünftig und friedlich verläuft, wird durch den Akt der Scheidung unweigerlich ein neues Verhältnis zwischen Mann, Frau und Kindern konstituiert. Viel deutlicher als zuvor stehen sich jetzt Einzelpersonen gegenüber, wollen je eigene Interessen und Lebenswege, Wünsche und Rechte behaupten. Die Ex-Partner haben nicht nur differierende Zukunftsvorstellungen, sondern auch differierende Bilder von der früheren gemeinsamen Zeit, vielfach auch differierende Schuldzuweisungen und Wahrnehmungsmuster (er hat schon immer mit anderen Frauen geflirtet, sie hat immer das Geld rausgeworfen).

Dazwischen stehen die Kinder. Sie haben in dieser Situation ihre eigenen Wünsche: Wie Untersuchungen zeigen, hoffen die meisten, dass die Eltern sich wieder versöhnen. Aber vergeblich – die Eltern gehen ihren eigenen Weg, auch gegen die Wünsche der Kinder. Diese müssen nun lernen, mit gespaltenen Loyalitäten zu leben. Wo Kämpfe ausgefochten werden um ihren Verbleib, werden vor Gericht auch die Kinder befragt, ob sie bei der Mutter oder beim Vater leben wollen; wie behutsam auch immer man vorgeht, hier wird dem Kind eine Aussage gegen den einen oder anderen abverlangt (und in den weniger behutsamen Fällen erlebt das Kind direkte Beeinflussungsversuche und Manöver der Eltern). Wo Besuchsregelungen durchgesetzt werden, aber die Ex-Partner von ihren Verletzungen nicht loslassen können, werden die Kinder in den Nach-Scheidungskampf einbezogen, werden ausgehorcht über den Lebensstil und den Neuen/die Neue des Partners, mit Verwöhnung bestochen, als Informationsträger zwischen den feindlichen Fronten benutzt. Hinzu kommen weitere Trennungsereignisse: In einigen Familien werden die Kinder aufgeteilt zwischen den Eltern, also auch die Geschwister auseinanderdividiert. Weitaus häufiger bricht nach der Scheidung die Beziehung zum Vater schnell ab, er verschwindet aus dem Gesichtskreis der Kinder. Auch die Beziehung zu den väterlichen Großeltern wird dünner, gestaltet sich schwierig, wird von der Mutter zum Teil auch bewusst unterbunden, um alle Bezüge zum Vater zu tilgen.

Alles zusammengenommen heißt, nach der Scheidung ist eines nur sicher: Alles ist unsicher geworden, alles ist in Bewegung geraten. Nichts ist mehr so, wie es war.

Quelle: Beck-Gernsheim, 2000, S. 45 ff.

Aufgaben und Anregungen Kapitel 11

Aufgaben

1. Beschreiben Sie die Aufgaben der Familiensoziologie und verdeutlichen Sie diese anhand von zwei Beispielen. (Abschnitt 11.1.1)
2. Schildern Sie die Sichtweisen, unter denen Familien betrachtet werden können. (Abschnitt 11.1.1)
3. Beschreiben Sie gesellschaftliche Veränderungen, die zu soziologischen Forschungen geführt haben. (Abschnitt 11.1.2)
4. Definieren Sie den Begriff „Demografie" und erläutern Sie, wozu Familiensoziologe demografische Daten nutzt. (Abschnitt 11.1.2)
5. Bestimmen Sie den Begriff „Ehe" und grenzen Sie ihn von dem Begriff „Partnerschaft" ab. (Abschnitt 11.2.1)
6. Beschreiben Sie wesentliche Kennzeichen einer Familie nach *Rosemarie Nave-Herz* und zeigen Sie diese anhand eines Beispiels auf. (Abschnitt 11.2.1)
7. Erläutern Sie, weshalb Familie als eine „Gruppe der besonderen Art" bezeichnet wird. (Abschnitt 11.2.1)
8. Beschreiben Sie Kriterien, nach welchen Familienformen unterschieden werden können. (Abschnitt 11.2.2)
9. Erläutern Sie an Beispielen Familienformen, die sich aus unterschiedlicher Zusammensetzung der Generationen ergeben. (Abschnitt 11.2.2)
10. Stellen Sie an einem Beispiel den Unterschied zwischen Stieffamilie und Patchworkfamilie dar. (Abschnitt 11.2.2)
11. Beschreiben Sie anhand von jeweils einem Beispiel, wie Verwandtschaft entsteht. (Abschnitt 11.2.3)
12. Beschreiben Sie an Beispielen aus Ihrem Lebensbereich heutige Funktionen der Familie. (Abschnitt 11.3.1)
13. Erläutern Sie, weshalb die familiäre Sozialisation eine herausragende Bedeutung hat. (Abschnitt 11.3.2)
14. „Die Sozialisationsaufgabe für Eltern ist schwieriger geworden!" Begründen Sie die Aussage. (Abschnitt 11.3.2)
15. Erläutern Sie, welche familiären Funktionen im Laufe der Jahrhunderte von anderen Institutionen übernommen wurden. (Abschnitt 11.3.3)
16. Beschreiben Sie die Merkmale vorindustrieller Familienformen. (Abschnitt 11.4.1)
17. Legen Sie dar, wie die industrielle Revolution zur Entstehung neuer Familienformen beitrug. (Abschnitt 11.4.1)
18. Charakterisieren Sie die „bürgerliche Familie". (Abschnitt 11.4.2)
19. Zeigen Sie anhand der Arbeitsteilung auf, wie sich vorindustrielle, proletarische und bürgerliche Familientypen unterscheiden, und beschreiben Sie die Arbeitsteilung heutiger Familien. (Abschnitt 11.4.3)

Aufgaben und Anregungen

20. Definieren Sie den Begriff „Lebensform" und zeigen Sie unterschiedliche Lebensformen auf. (Abschnitt 11.5.1)

21. Erläutern Sie an je einem geeigneten Beispiel verschiedene Formen des Zusammenlebens von Paaren. Gehen Sie dabei auch auf Gemeinsamkeiten und Unterschiede ein. (Abschnitt 11.5.2)

22. Erläutern Sie anhand von Beispielen, wie sich die Beziehung zu Kindern verändert hat. (Abschnitt 11.5.3)

23. Legen Sie an Beispielen Probleme des familiären Zusammenlebens dar. (Abschnitt 11.6.1)

24. Beschreiben Sie an einem Beispiel die Situation von Ein-Eltern-Familien. (Abschnitt 11.6.2)

25. a) Zeigen Sie mögliche Ursachen des Geburtenrückganges auf.

    b) Stellen Sie mögliche gesellschaftlichen Folgen dar, die sich daraus ergeben.

    (Abschnitt 11.6.2)

26. Beschreiben Sie mögliche Gründe, die zu Trennung oder Scheidung führen können. (Abschnitt 11.6.3)

27. Bestimmen Sie die Begriffe „Trennung" und „Scheidung" und zeigen Sie die Folgen von Trennnung und Scheidung für Eltern, Kinder und Verwandtschaft auf. (Abschnitt 11.6.3)

Anregungen

28. Fertigen Sie in Gruppen ein Mind-Map zu dem Thema „Soziologie der Familie" an: Das Thema wird als Stichwort in die Mitte eines Blattes Papier geschrieben und stellt sozusagen den Baumstamm dar. Von diesem Stamm gehen Äste ab, welche die zum Thema gehörenden Hauptgedanken (wiederum in Stichworten) beinhalten. Von den Ästen abgehende Zweige und schließlich Zweiglein gliedern das Thema weiter auf und beinhalten stichwortartig die Nebengedanken.

29. Analysieren Sie anhand von Zeitungsberichten: Mit welchen familiensoziologischen Frage- und Problemstellungen beschäftigt sich die Politik? Welche Maßnahmen werden diskutiert, welche Entscheidungen wurden getroffen? Diskutieren Sie, wie Erfolg versprechend Sie diese Entscheidungen und Maßnahmen einschätzen.

30. Untersuchen Sie anhand der Lokalitätsregeln, der Entscheidungs- und Machtverteilung und der Fest- und Feierrituale an Weihnachten und Geburtstagen, ob ihre eigene Familie eher patriarchalisch, matriarchalisch oder partnerschaftlich geprägt ist.

31. Stellen Sie in Ihrer Klasse fest, in welchen Familienformen Sie leben. Bilden Sie zu einzelnen Familienformen Kleingruppen und diskutieren Sie die Vor- und Nachteile der jeweiligen Familienform. Tauschen Sie sich anschließend im Plenum aus.

32. Machen Sie ein Rollenspiel zum Thema „Patchworkfamilie": Benennen Sie die einzelnen Personen und Rollen in der Patchworkfamilie des Psychowichtels am Anfang des Kapitels. Verteilen Sie die Rollen. Stellen Sie sich vor, alle Familienmitglieder treffen bei der Taufe des jüngsten Kindes zusammen. Welche Gedanken löst das bei den einzelnen Rollenträgern aus? Welche Rollen müssen gleichzeitig erfüllt werden? Welche Chancen und welche Belastungen von Patchworkfamilien zeigen sich anhand des Rollenspieles?

33. Verwandtschaft wird auch als Unterstützungsnetzwerk bezeichnet. Fertigen Sie eine grafische Darstellung an, in der dieses Netzwerk deutlich wird, und kennzeichnen Sie durch Pfeile, welche Hilfen und Unterstützungen gegeben werden.

34. Entwickeln Sie anhand der Methode *Zukunftswerkstatt* Ideen, wie die Chancengleichheit von Kindern in unserer Gesellschaft erhöht werden kann.

    - Vorbereitungsphase: Die Schüler erhalten Informationen über den Verlauf der Unterrichtseinheit.

    - Kritikphase: Die Schüler sammeln die Ursachen und Kritikpunkte, die zu Chancenungleichheit führen. Es werden die wichtigsten Problemfelder gemeinsam festgelegt.

    - Phantasiephase: In einzelnen Gruppen werden phantasievolle Utopien entwickelt, wie einzelne Problemfelder gelöst werden können. Die wichtigsten Arbeitsergebnisse werden für die anderen Gruppen sichtbar dokumentiert.

    - Verwirklichungsphase: Die präsentierten Ideen werden in neuen Gruppen bearbeitet, wie sie verwirklicht werden könnten, welche Ressourcen es dazu bräuchte und welche Hindernisse auftauchen könnten.

35. Fertigen Sie in Gruppen ein Plakat zu dem Thema „Sozialer Wandel ab 1960" an.

36. Befragen Sie Mitarbeiter des Kinderschutzbundes, des Jugendamtes, der Polizei, von Beratungsstellen und/oder einen Familienpolitiker, welche familiären Probleme sich in ihren jeweiligen Arbeitsbereichen zeigen und wie sie versuchen zur Lösung der Probleme beizutragen.

37. Entwickeln Sie in ihrer Klasse ein Schaubild, indem Sie anonym auf Karteikarten schreiben, in welcher Familienform sie leben möchten, ob und wie viele Kinder sie sich wünschen und welche Hindernisse sie evtl. von der Verwirklichung ihrer Vorstellungen abhalten könnten.

38. Sammeln Sie Informationen, welche Folgen der Geburtenrückgang für Familie und Gesellschaft haben wird. Welche Forderungen an die Politik entwickeln sich daraus.

Jugendsoziologie 12

„Erwachsen", sagt Anne, „bin ich vielleicht, wenn ich ausgezogen bin und arbeite. Ehrlich gesagt", fügt sie hinzu, „ich will noch gar nicht erwachsen sein müssen. Den ganzen Stress, dieses Ganz-Normal-Arbeiten-Müssen, Einkaufen, Wäsche waschen […]" (Billerbeck, 2003, S. 32).

Sabine (44 Jahre): „Am Geburtstag meiner Tochter wurde ich erwachsen. Das war vor acht Jahren. Als das Kind an meiner Brust lag begriff ich: Es geht nicht nur um mich. Das ist der Gedanke eines Erwachsenen […]" (Essig, 2005, S. 72).

Die Aussage der 17-jährigen Anne und der 44-jährigen Sabine umschreiben den Zeitraum, der im folgenden Kapitel beschrieben werden soll. Es handelt sich um das Jugendalter, das mit dem Ende der Kindheit beginnt und mit dem Erwachsensein endet – in unserer Gesellschaft ein Prozess, der immer früher beginnt und immer später endet.

Folgende Fragen werden in diesem Kapitel geklärt:

1. *Was wird unter Jugend im soziologischen Sinn verstanden?*
   Wie sah Jugend in der jüngsten Vergangenheit aus, wie wird Jugend heute gesehen?
   Kann Jugend als eigenständige Phase der menschlichen Entwicklung betrachtet werden?
2. *Welche Entwicklungsaufgaben haben Jugendliche heute zu erfüllen?*
   Welche Sozialisationsinstanzen sind für das Jugendalter bedeutsam?
4. *Welche Wertehaltungen haben Jugendliche heute?*
   Welche Formen abweichenden Verhaltens sind für Jugendliche relevant?
   Was sind seine Ursachen?

12.1 Jugend als eigenständige Phase menschlicher Entwicklung

Die Phase der menschlichen Entwicklung, die man als „Jugend" bezeichnet, wird heute ganz selbstverständlich als eigenständiger Abschnitt menschlicher Entwicklung betrachtet. Dies war nicht zu allen Zeiten so: Erst im 19. und vor allem im 20. Jahrhundert wurde Jugend als besonderer Lebensabschnitt für breite Bevölkerungsschichten relevant (vgl. Tillmann, 2004[13], S. 193 f.).

„Diese Form von Jugend als psychosoziales Moratorium[1] zwischen Geschlechtsreife und vollgültigem Erwachsenenstatus ist eine recht junge Errungenschaft industrialisierter Gesellschaften."

(Tillmann, 2004[13], S. 197)

---

[1] *Moratorium (lat.): angeordneter oder vertraglich vereinbarter Aufschub.*

12.1.1 Jugend in der vorindustriellen Zeit

Bereits in der Antike, zur Zeit der großen Stadtstaaten wie Athen oder Sparta, war zwar so etwas wie eine Jugendphase bekannt, sie diente aber in erster Linie der Bildung zukünftiger Eliten, von denen erwartet wurde, dass sie die Führungspositionen einnehmen und verwalten. Auch im Mittelalter gab es in den Städten bei Handwerk und Künsten längere Ausbildungszeiten der Gesellen innerhalb der Stände. Beim Adel gab es die so genannten **Knappen**, die im Dienst eines Ritters stehenden Knaben. Gleichwohl blieb auch hier die Phase einer Jugendzeit auf Mitglieder weniger Eliten beschränkt. In der vorindustriellen Zeit, im 18. Jahrhundert, wurden Kinder mit dem Erreichen der Arbeitskraft im Alter von ca. acht bis zehn Jahren sowohl in handwerklichen Betrieben als auch in der Landwirtschaft als Arbeitskräfte herangezogen. Ganz selbstverständlich ging Kindheit in Erwachsenendasein über – eine Pubertät oder ein langsames Erwachsenwerden gab es zu dieser Zeit nicht.

Dass Jugend für die breiteren Schichten der Bevölkerung bedeutsam wurde, dafür waren vor allem zwei Entwicklungen wesentlich:

- die Einführung der **allgemeinen Schulpflicht** im 19. Jahrhundert und
- die „zunehmende **Familialisierung und Verhäuslichung** im Zuge der Entstehung der bürgerlichen Gesellschaft und der bürgerlichen Familie."[1] (*Schäfers, 2001*[7], *S. 46*).

Vor allem die allgemeine Schulpflicht führte dazu, dass breitere Schichten von Kindern und Jugendlichen nicht mehr sofort zu oftmals harter körperlicher Arbeit herangezogen wurden. In der Folge konnten sie nun über einen längeren Zeitraum als bisher in ihrer Herkunftsfamilie bleiben, trotzdem war Kinderarbeit üblich und die Schulpflicht wurde häufig unterlaufen. Die eigentliche Jugendzeit blieb denn auch sehr kurz: Nach dem Ende der Schulpflicht mit 14 Jahren folgte sofort der Arbeitsbeginn und in der Regel eine frühe Heirat. Jugend in dieser Ära umfasste maximal einen Zeitraum von vier oder fünf Jahren (vgl. *Tillmann, 2004*[13], *S. 198*).

Neben der zunehmenden Zahl von Arbeitern – **Proletariern**[2] – stieg eine Schicht zu Wohlstand und Einfluss auf, die das Bild von Familie, Kindheit und Jugend nachhaltig veränderte: das Bürgertum, das sich aus Unternehmern, Beamten, Ärzten, Professoren usw. zusammensetzte. Die Zielsetzung dieser neuen Schicht war die Sicherung der Zukunft des eigenen Standes, was nur über die fundierte Ausbildung des eigenen Nachwuchses gelingen konnte. Da die Tätigkeiten in den genannten Berufen ein hohes Maß an fachlichem Wissen und Können verlangten, musste eine relativ lange Ausbildungsphase vorangestellt werden, bevor das elterliche Unternehmen, die väterliche Praxis oder der väterliche Beruf, übernommen werden konnten. Dadurch hatten die Kinder dieser Schicht deutlich mehr Zeit zum Erwachsenwerden als Kinder von Arbeitern oder Bauern.

> *„Die Sozialhistoriker belehren uns somit, dass die uns bekannte Erscheinungsform von Jugend gemeinsam mit dem Bürgertum entstanden ist und zunächst nur von einer Minderheit der männlichen Gymnasiasten aus privilegierten Elternhäusern gelebt werden konnte."* (*Tillmann, 2004*[13], *S. 199*).

---

[1] vgl. hierzu Kapitel 11
[2] siehe Kapitel 6.2.4

12.1.2 Jugend im 20. Jahrhundert

Noch bis zum ersten Drittel des 20. Jahrhunderts war die Jugendphase vor allem auf männliche Kinder des Bürgertums beschränkt. Für Mädchen galt die Vorbereitung auf die spätere Ehe als wichtigstes Ziel, höhere Schulbildung und Studium wurden erst nach dem Ende des Ersten Weltkrieges als Möglichkeiten anerkannt. Im zurückliegenden 20. Jahrhundert haben sich die Bildungsmöglichkeiten und -chancen junger Menschen in Deutschland zunehmend verbreitert und zwischen den Geschlechtern angeglichen.

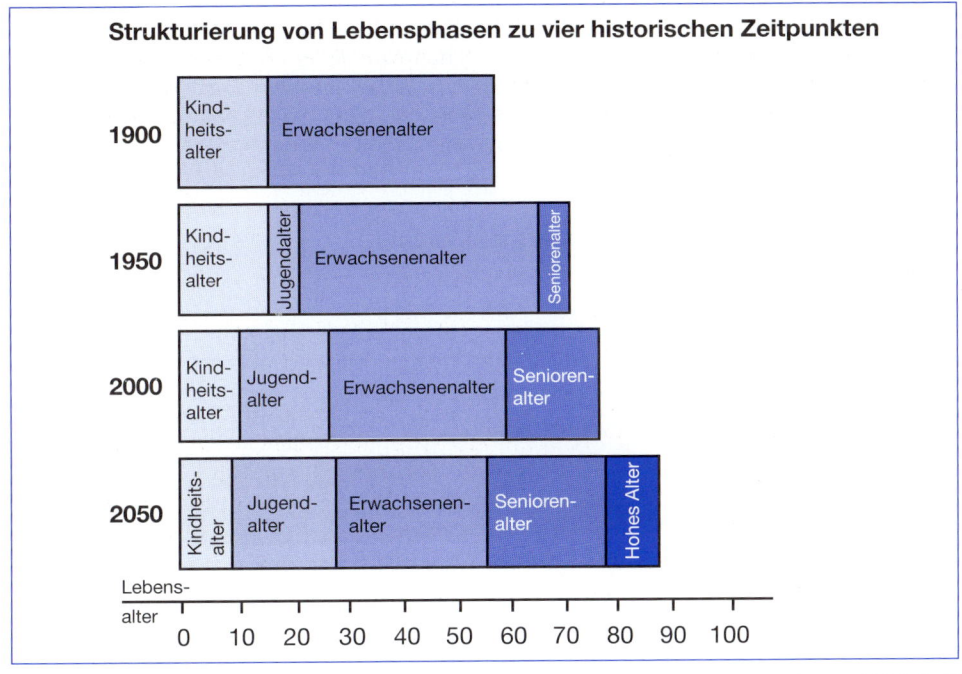

Quelle: Hurrelmann, 2004[7], S. 17

Zum Ende des 20. Jahrhunderts und im beginnenden 21. Jahrhundert hat sich die Dauer des Schulbesuchs noch einmal deutlich verlängert und damit der Eintritt von Jugendlichen ins Erwachsenenleben weiter hinausgezögert. Ursache dafür sind in erster Linie ökonomische Faktoren.

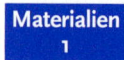

Materialien 1

Jugend im beginnenden 21. Jahrhundert ist also lange nicht mehr ein Privileg weniger, bürgerlicher Eliten, sondern sie **ist zu einer Lebensphase geworden, die alle Jugendlichen unserer Gesellschaft betrifft** – unabhängig von ihrer sozialen Schichtzugehörigkeit. Parallel zur zeitlichen Ausdehnung der Jugendzeit haben sich auch ihre Inhalte verändert.

„*An die Stelle von Askese und Kontrolle ist in weiten Bereichen eine Jugendkultur getreten, die von unmittelbarer Aufsicht der Erwachsenen befreit ist und vielfältige Formen des Genusses einschließt.*"

(Tillmann, 2004[13], S. 200)

Dabei haben sich in den vergangenen Jahrzehnten sehr viele unterschiedliche Lebensformen und Lebensstile von Jugendlichen entwickelt. Diese Stile existieren zeitgleich nebeneinander und bieten ein beinahe unerschöpfliches Spektrum verschiedener Wertorientierungen. Deshalb ist es aus sozialwissenschaftlicher Sicht fast unmöglich, von „der Jugend" als einem einheitlichen und ganzheitlichen Phänomen zu sprechen.[1]

12.1.3 Das Jugendalter aus biologischer Sicht

Am Ende der Kindheit, also mit etwa zehn Jahren, zeigen sich bei den Heranwachsenden deutliche körperliche Veränderungen. Neben einem beschleunigten Längenwachstum werden die primären und sekundären Geschlechtsmerkmale ausgeprägt. Die so genannte Geschlechtsreife tritt ein. Damit einher geht eine Steigerung der Triebbedürfnisse und des Interesses am anderen Geschlecht. Dieser Zeitraum wird als **Pubertät** bezeichnet.

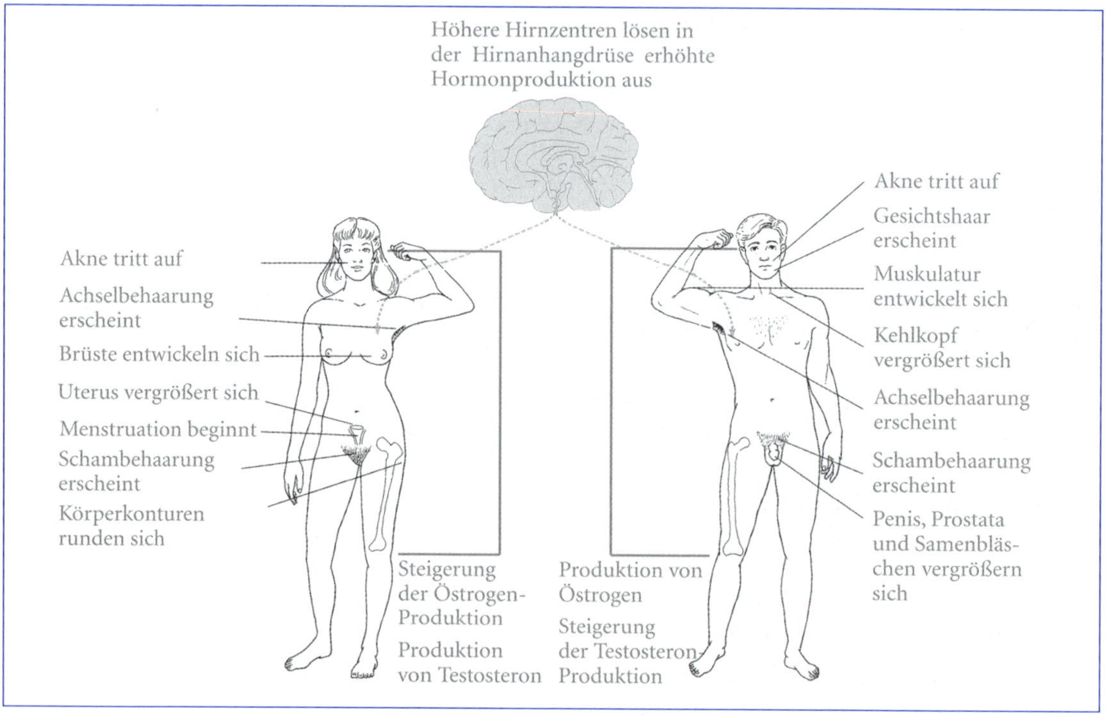

aus: Gerd Mietzel, Wege in die Entwicklungspsychologie, Beltz Psychologie Verlagsunion, Weinhein, S. 356

---

[1] vgl. hierzu Abschnitt 12.3.4

Dabei hat sich der Zeitpunkt, zu dem diese körperlichen Veränderungen eintreten, in den vergangenen 100 Jahren stetig nach vorne hin verschoben.

Bei Mädchen tritt heute die erste Regelblutung meist zwischen dem 12. und 13. Lebensjahr ein, vor 100 Jahren lag der Zeitpunkt noch beim Alter von 15 bzw. 16 Jahren. Auch das Längenwachstum ist einem Wandel unterworfen: Menschen wachsen heute im Durchschnitt schneller (bis 18 Jahre) als vor 100 Jahren (über das 20. Lebensjahr hinaus). Zudem werden sie größer.

Für die jungen Menschen sind die mit den körperlichen Veränderungen einhergehenden Erfahrungen mit ihrer Umgebung durchaus problembehaftet. Dabei zeigen Untersuchungen, dass es keinen ursächlichen Zusammenhang zwischen körperlicher Entwicklung und psychischem Erleben gibt. Erst durch die damit verbundene veränderte Wahrnehmung durch die Umwelt wird auf den jungen Menschen anders reagiert und folglich fallen seine Reaktionen auf dieselbe ebenfalls anders aus.

12.1.4 Der Begriff „Jugend" aus soziologischer Sicht

Das Jugendalter ist eine Phase, in der ein Mensch **nicht mehr die Rolle des Kindes und noch nicht die des Erwachsenen** innehat. Nach dieser Beschreibung ist **Jugend also eine Phase des Übergangs**[1]. Aus diesem Grund sind auch die Rollenerwartungen, die an einen Jugendlichen herangetragen werden, nicht eindeutig, was zu Konflikten führen kann. Der Heranwachsende wird mit unterschiedlichen Erwartungen seiner Umwelt konfrontiert.

Einerseits wird beispielsweise vom Jugendlichen oft verlangt, sich wie ein Erwachsener zu verhalten, andererseits wird er nicht als vollwertiges Mitglied der Erwachsenenwelt gesehen („Werde du erst einmal erwachsen!"). Auf der einen Seite wird er auch als beinahe vollwertiges Mitglied der Erwachsenenwelt betrachtet, wenn er etwa in seiner Rolle als Konsument auftritt. Auf der anderen Seite wird ihm der Zugang zu dieser Welt verweigert, weil er noch nicht das entsprechende Lebensalter erreicht hat.

„Jugend ist somit kein ‚Naturprodukt', sondern ein soziokulturelles Phänomen, das in seinen Erscheinungsformen historisch-gesellschaftlichen Dimensionen unterworfen ist." (Tillmann, 2004[13], S. 194)

> Jugend bezeichnet die Phase des Übergangs, in welchem der Jugendliche nicht mehr die Rolle des Kindes und noch nicht die des Erwachsenen innehat.

Materialien 2

Für die soziologische Betrachtung muss der Begriff aber noch erweitert werden: Der Begriff „Jugend" setzt sich aus mehreren unterschiedlichen Teilaspekten zusammen (vgl. *Schäfers, 2001[7], S. 17 f.*):

- Jugend stellt eine **Altersphase** im Leben eines jeden Menschen dar, die in etwa mit dem Einsetzen der Pubertät[2] beginnt und mit dem Eintritt in das Erwachsenenalter endet.
- Jugend ist die Bezeichnung für eine bestimmte **Altersgruppe** von Menschen im Alter zwischen 12 und ca. 25 Jahren.

Vielfach wird in Diskussionen und Beiträgen von „der Jugend" gesprochen – hier meint man in der Regel die Altersgruppe, also die Gesamtheit aller jungen Menschen.

---

[1] *vgl. hierzu auch Abschnitt 12.1.5*
[2] *siehe Abschnitt 12.1.3*

- Jugend ist der **Lebensabschnitt** eines Menschen, in dem er die Fähigkeiten erwirbt, selbstständig und eigenverantwortlich zu handeln.
- Häufig spricht man von **Jugendkultur** und umschreibt damit ein eigenständiges Lebensgefühl, das sich in bestimmten, jugendtypischen Werthaltungen ausdrückt. Weichen diese Haltungen vom gesellschaftlichen Mainstream[1] zu sehr ab, spricht man auch von **Teil- oder Subkultur**.[2]

> Dies wird in folgender Aussage deutlich: „Skinheads verhalten sich Andersdenkenden gegenüber gewaltbereit und äußerst respektlos!" Hier ist eine bestimmte Gruppe von Jugendlichen gemeint, die in ihrer Geschlossenheit eine Subkultur darstellt.

- Jugend meint die Umschreibung eines **Wertbegriffes**. Damit wird in vielen Kulturen und Gesellschaften *„Jugendlichkeit"* umschrieben. Diese Jugendlichkeit ist in den industrialisierten und westlichen Gesellschaften beinahe schon ein Wert an sich, an dem man sich orientiert.

> Jugendlichkeit möchten viele Menschen ausstrahlen. Sie versuchen dem Ideal der Jugend nachzulaufen indem sie sich Schönheitsoperationen unterziehen, die den Zweck haben, beispielsweise Falten im Gesicht oder an anderen Körperteilen verschwinden zu lassen. Der Begriff „die ewige Jugend" kann in diesem Sinn als Wertbegriff verstanden werden.

Die Dauer des Jugendalters ist in erster Linie von der jeweiligen Kultur und Gesellschaftsform abhängig. Vor allem in den Industriegesellschaften brauchen Jugendliche eine lange Zeitspanne, um als Erwachsene anerkannt zu sein. Obwohl auf der einen Seite die sexuelle Reife und die damit zusammenhängenden Erfahrungen immer früher gemacht werden, erreichen junge Menschen ihre emotionale – Single-Dasein, Partnerschaft bzw. Heirat – und wirtschaftliche Selbstständigkeit oft erst mit Beginn des dritten Lebensjahrzehnts. Dabei sind allgemein gültige Aussagen zunehmend schwerer zu treffen.

„Eine Hauptschülerin, die nach dreijähriger Lehre mit etwa 20 Jahren heiratet, hat nur eine ‚kurze' Jugend durchlaufen. Eine Abiturientin, die ein Universitätsstudium absolviert und die Gründung einer eigenen Familie hinausschiebt, erlebt hingegen eine erheblich längere Jugend." (Tillmann, 2004[13], S. 197)

12.1.5 Der Übergang vom Kind zum Jugendlichen

Die Soziologie interessiert vor allem die Frage des **Übergangs vom Kind zum Jugendlichen**, was als **Positionsübergang** bezeichnet wird.

> **Positionsübergang bezeichnet den Wechsel eines Menschen vom Kind zum Jugendlichen.**

Dabei ist es für Jugendliche heute nicht mehr so einfach, diesen Übergang so zu vollziehen wie in früheren Generationen. Es fehlen klar definierte Übergänge mit eindeutiger altersmäßiger Zuordnung. Ebenso fallen heute oft „symbolische Unterstreichungen dieses Übergangs durch zeremonielle Riten" weg (vgl. *Klaus Hurrelmann, 2004[7], S. 32*).

Religiöse Feierlichkeiten wie Kommunion oder Konfirmation oder die in der ehemaligen DDR übliche Jugendweihe sind Beispiele für solche zeremoniellen Riten. Damit wurde ein Positionsübergang für die Gemeinde und die Gesellschaft öffentlich deutlich gemacht. Zumindest die religiösen Feiern gibt

---

[1] mainstream (eng.): „Hauptstrom", allgemeine Denkrichtung und Werthaltung einer Gesellschaft
[2] siehe auch Abschnitt 12.3.4

es noch immer, sie spielen aber für den Positionsübergang des Kindes oder Jugendlichen eine eher untergeordnete Rolle. Positionsübergänge vollziehen sich heute oft im Stillen und nicht mehr in klarer zeitlicher Zuordnung.

Mit dem Positionsübergang geht in der Regel eine Erweiterung der **Handlungs- und Rollenmöglichkeiten** einher. Im **Leistungsbereich** muss eine zunehmende Übernahme der Rolle eines Lernenden und Schülers erfolgen, um den Anforderungen von Schule, Beruf und Gesellschaft genügen zu können.

Obwohl der Jugendliche aus rechtlicher Sicht nur eingeschränkt geschäftsfähig ist, nimmt er in zunehmendem Maße am **Konsum- und Warenmarkt** als Konsument teil. Das kommerzielle Interesse von Unternehmungen an der Gruppe der Kinder, Jugendlichen und Heranwachsenden hat in den vergangenen 20 Jahren enorm zugenommen. Für die Warenwirtschaft stellen diese Gruppen eine wichtige Käuferschicht dar, die bereits im Kleinkindalter über die Medien massiv beworben wird. Für Jugendliche gehört deshalb zur erfolgreichen Bewältigung dieser Entwicklungsaufgabe, sich eigenverantwortlich und unabhängig am Konsum- und Warenmarkt beteiligen zu können. In erster Linie spielt hier natürlich die finanzielle Autonomie eine Rolle.

12.2 Entwicklungsaufgaben des Jugendalters

Bei der Beschreibung und Erklärung des Jugendalters bedient man sich des Konzepts der Entwicklungsaufgaben von *Robert James Havighurst*[1] *(1982)*. Damit gelingt es, die wesentlichen Anforderungen zu beschreiben, die an einen Jugendlichen gestellt werden und die er erfolgreich bewältigen muss, um ins Erwachsenenleben einzutreten. Das Konzept von Entwicklung als Bewältigung von Entwicklungsaufgaben hat sich auch in der soziologischen Betrachtungsweise des Jugendalters durchgesetzt.

12.2.1 Anpassungsleistungen des Jugendlichen

Die im Folgenden beschriebenen Entwicklungsaufgaben beschreiben die zentralen Anpassungsleistungen des Jugendlichen.

- **Akzeptieren der „neuen" körperlichen Gestalt**
  Die Beschäftigung mit dem eigenen Aussehen und den Veränderungen des Körpers ist ein Kennzeichen des Jugendalters. Wichtig ist hier vor allem das Akzeptieren der veränderten Erscheinung wie sie in *Abschnitt 12.1.3* dargestellt ist.

- **Ausgestaltung der Geschlechterrolle**
  Zur Selbstfindung des Jugendlichen trägt der Erwerb der männlichen oder weiblichen Rolle bei, der bereits in der frühen Kindheit beginnt und mit der Pubertät endet. Er muss seine persönliche Lösung für das geschlechtsgebundene Verhalten und für die Ausgestaltung seiner Geschlechterrolle finden.

- **Aufbau von sozialer Kompetenz**
  Die verantwortungsvollen Beziehungen zu Gleichaltrigen und Erwachsenen werden in zunehmendem Maße wichtig. Dabei gewinnt die Gruppe der **Gleichaltrigen**, die so

---

[1] *Robert James Havighurst (1900–1991) war ein amerikanischer Psychologe, der vor allem durch sein Konzept der Entwicklungsaufgaben, Anforderungen, die in einem bestimmten Lebensabschnitt eines Menschen entstehen und bewältigt werden müssen, bekannt wurde.*

genannte **Peergroup** eine hohe Bedeutung[1]. Der Jugendliche wird geschickter im Umgang mit anderen und verhält sich zunehmend verantwortungsbewusster. Die Beziehungen zum anderen Geschlecht werden immer bedeutsamer.

- **Vorbereitung des beruflichen Werdegangs**
  Mit zunehmendem Alter werden für die Jugendlichen Gedanken über die Berufsfindung und die Lebensziele immer wichtiger. Dabei treffen die Jugendlichen diese Entscheidungen nicht alleine, sie werden von Eltern, Freunden, Bekannten, Berufsberatern oder Lehrern beeinflusst und unterstützt.

- **Vorbereitung auf die Gründung einer Familie**
  Mit der endgültigen Berufsfindung werden wesentliche Weichen für die spätere Gründung einer eigenen Familie gestellt. Heiratsalter und Familiengründung finden in den westlichen Industriegesellschaften immer später statt, das dritte Lebensjahrzehnt ist oft erreicht oder schon überschritten[2]. Die Berufsausübung gewährleistet finanzielle Unabhängigkeit und ermöglicht so die Gründung eines eigenen Hausstands. Dabei steht die Gründung einer traditionellen Familie nicht mehr zwangsläufig im Vordergrund. Single-Haushalte und alle anderen Formen des Zusammenlebens sind in der heutigen Zeit möglich und vorhanden. Untersuchungen zeigen dabei, dass junge Frauen und Männer, die eine lange Schul- und Hochschulausbildung absolvieren, deutlich später eine feste Paarbeziehung eingehen als Jugendliche, die nur eine kurze Schulausbildung hinter sich bringen (vgl. Hurrelmann, 2004[7], S. 126).

- **Emotionale Ablösung von der Herkunftsfamilie**
  Während die ökonomische Unabhängigkeit relativ spät einsetzt, beginnen die Jugendlichen bereits beim Aufbau neuer Beziehungen zu Gleichaltrigen mit der emotionalen Ablösung von den Eltern. Sie wird von diesen häufig als ein beunruhigendes Ereignis empfunden und als Ablehnung missverstanden. Die Lösung von der Ursprungsfamilie ist aber eine notwendige Entwicklungsaufgabe, um ein eigenes „Weltbild" zu entwickeln. Die gelebten Werte und Vorbilder werden nicht mehr durch die Eltern gestellt, sondern selbst ausgesucht.

  Wichtige Schritte dazu sind:
  - der Aufbau von Partnerschaften zum anderen Geschlecht – bei ca. 5 % der Jugendlichen auch zum eigenen,
  - räumliche Trennung vom Elternhaus und damit zusammenhängend
  - eine gewisse ökonomische Unabhängigkeit, ohne die die Trennung kaum gelingen kann.

  Diese Schritte erfolgen nicht zur gleichen Zeit, sondern über einen Zeitraum von zehn bis 20 Jahren hinweg. Die Gruppe der Gleichaltrigen beginnt sich neben den Eltern als wichtiger Einflussfaktor zu etablieren. Am Ende steht schließlich die vollständige emotionale, materielle und räumliche Ablösung.

- **Erreichen eines eigenverantwortlichen Verhaltens**
  Der Jugendliche muss in der Auseinandersetzung mit der Erwachsenenwelt seine eigenen Überzeugungen und Einstellungen finden. In der häufig radikalen und idealistischen Reflexion darüber gelangt er zu eigenem und selbstbestimmtem Handeln.

- **Schaffung eines eigenen Wertesystems**
  In der Auseinandersetzung mit den Wertvorstellungen und Grundhaltungen der Erwachsenenwelt werden diese oftmals einer sehr strengen und idealistischen Prüfung unterzogen und kritisch bewertet. Dabei gerät der Jugendliche manches Mal in

---

[1] siehe auch Abschnitt 12.3.4 und Kapitel 7.2.1
[2] vgl. Kapitel 11.4

Widerspruch und Konflikt zu seiner Umwelt. In diesem Prozess muss es dem jungen Menschen zunehmend gelingen, für ihn verbindliche Wertvorstellungen zu entwickeln und zu übernehmen.

Die **Werteorientierung** findet in der Auseinandersetzung mit der Erwachsenenwelt statt. Religiöse, moralische und politische Orientierung geschieht in immer stärkerem Maße nicht mehr durch die Eltern, sondern wird von Jugendlichen autonom definiert. Aus soziologischer Sicht wird der Heranwachsende zum politischen Bürger.

12.2.2 Individuation und Identität als wesentliche Ziele der Entwicklung

Die erfolgreiche Bewältigung der Entwicklungsaufgaben ermöglicht dem jungen Menschen letztlich die Schaffung einer eigenständigen, von äußeren Einflüssen weniger abhängigen, Persönlichkeit, die einzigartig ist. Auf diese Weise kann sich der Mensch mit seinen Mitmenschen und seiner Umwelt aktiv und unabhängig beschäftigen und auseinander setzen. Dabei nimmt man an, dass ein Kind in seinem Verhalten und in seiner Bewertung der Umwelt sehr stark von äußeren Einflüssen – durch Eltern oder Freunde – gesteuert und beeinflusst wird. Mit dem Bewältigen der Entwicklungsaufgaben wird aus dem eher „fremdbestimmten" Kind ein „autonomer" junger Erwachsener, der sich bei seinem Denken und Verhalten sehr viel stärker auf seine eigenen Wahrnehmungen, Erfahrungen und Einschätzungen verlässt. Diesen Prozess bezeichnet man als **Individuation** (vgl. Hurrelmann, 2004[7], S. 30).

> Unter Individuation versteht man die Entwicklung des jungen Menschen zu einer unverwechselbaren Persönlichkeit mit einer einmaligen Struktur, die es ihm ermöglicht, sich aktiv und autonom mit sich und seiner Umwelt auseinander zu setzen.

Mit dem Prozess der Individuation eng verbunden ist die Entwicklung einer eigenen **Identität**, die als die zentrale Entwicklungsaufgabe des jungen Menschen angesehen werden kann. Während in der Kindheit die Eltern oder andere nahe stehende Personen entscheidenden Einfluss auf die Wahrnehmung und die Werthaltungen des Menschen nehmen, beginnt der Jugendliche sich immer mehr der eigenen Person zuzuwenden, die Schaffung einer eigenen Identität wird zur zentralen Aufgabe. Dabei ist das Jugendalter eine Zeitspanne in der vieles ausprobiert wird, um zu einer eigenen Identität zu kommen. Der Psychologe *Erik H. Erikson*[1] *(1999[13])* sieht in diesem Ausprobieren einen entscheidenden Schritt hin zu einer eigenständigen Identität.

Identität ist **das, was jemand „wirklich ist"**, und ist durch folgende Merkmale näher gekennzeichnet:

- die Person, für die man sich selbst hält,
- die Person, die man gerne sein und werden möchte,
- die Person, wie sie zu werden glaubt,
- die Person, für die einen andere halten, und
- die Person, wie andere sie selbst haben möchten.

---

[1] Eine Biographie von Erik H. Erikson befindet sich in Kapitel 5.1.1.

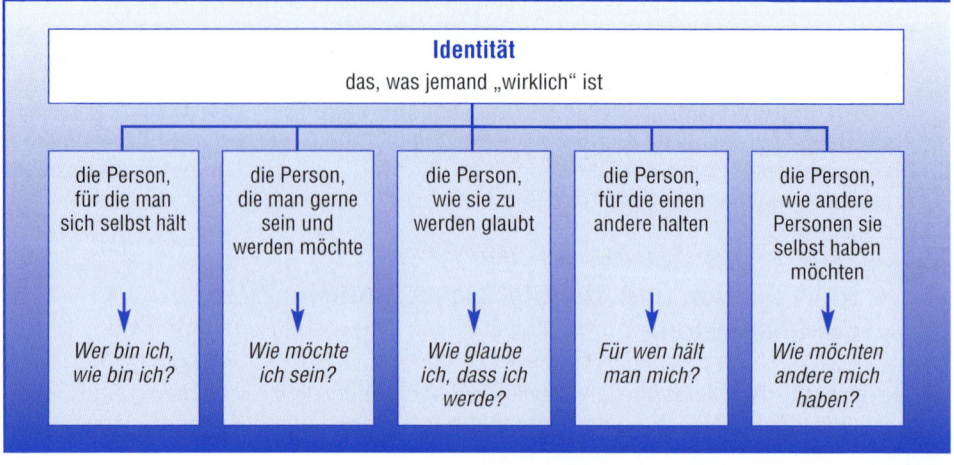

Unter Identität versteht man das, was jemand wirklich ist.

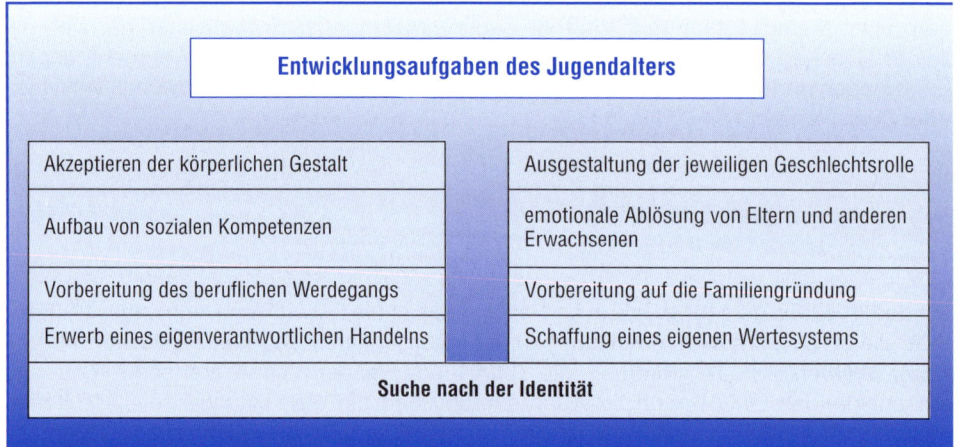

12.2.3 Theorien der Jugendsoziologie

In Bezug auf die Erforschung der Sozialisation haben sich verschiedene Theorieansätze herausgebildet. Häufig werden sie eingeteilt in **psychologische und soziologische Theorien** der Sozialisation. Ein Überblick über Theorien der Sozialisation befindet sich in *Kapitel 3.4.3*. Soziologische Theorien wie die struktur-funktionale Theorie von *Talcott Parsons*, die Theorie des symbolischen Interaktionismus von *George H. Mead* und die materialistische Gesellschaftstheorie von *Karl Marx* sind ausführlich in *Kapitel 5 und 6* dargestellt, die ökologische Theorie nach *Urie Bronfenbrenner* ist in *Kapitel 3.4.4* ausgeführt.

In der neueren Soziologie werden so genannte **integrierende Theorien** propagiert, bei denen der Versuch unternommen wird, soziologische und psychologische Theorien zu verbinden. Dabei werden Theorieteile aus beiden Wissenschaften aufeinander bezogen. Hintergrund dieses Denkansatzes ist die Annahme, dass weder soziologische noch psychologische Theorien die Sozialisation Jugendlicher hinreichend erklären können. Ziel ist es, die inneren und äußeren Einflüsse und Prozesse während der Sozialisation verständlich zu machen. Die Verbindung unterschiedlicher Theorieansätze wird von einem Teil der Soziologen, wie zum Beispiel von *Klaus Hurrelmann*, als Möglichkeit gesehen, einen weiteren Erkenntnisgewinn zu erhalten. Von anderen Soziologen dagegen wird diese Verbindung grundsätzlich als fragwürdig betrachtet, weil man befürchtet, dass auf diese Weise ein Gemenge miteinander unvereinbarer Theorieelemente entsteht, die kaum mehr zu Erklärungen taugen (vgl. *Tillmann, 2004*[13]*, S. 282*).

12.3 Sozialisation des jungen Menschen

In der Soziologie haben sich im Wesentlichen fünf Lebensbereiche (*Hurrelmann, 2004*[7]*, S. 81*) oder gesellschaftliche Grundgebilde (*Schäfers, 2001*[7]*, S. 103*) herauskristallisiert, die für Jugendliche maßgeblich zur Bewältigung von Entwicklungsaufgaben beitragen:

- Familie und Partnerschaft,
- Schule,
- Ausbildung und Beruf,
- die Gruppe der Gleichaltrigen,
- die (Massen-)Medien.

Damit wird deutlich, dass es bei der Sozialisation Jugendlicher nicht nur um einen einzelnen Bereich der Persönlichkeitsentwicklung geht, sondern, dass hier vielfältige Einflüsse und ihr Zusammenwirken berücksichtigt werden müssen[1].

12.3.1 Die Herkunftsfamilie

Die „typische" Familie hat seit Mitte des letzten Jahrhunderts eine beinahe dramatische Veränderung ihrer Form und Struktur erlebt[2]. Trotz dieses Wandels bleibt die Familie eine wichtige und verbreitete Lebensform für Kinder und Jugendliche, allerdings ist sie nicht mehr die allein vorherrschende. Trotz der oftmals beobachtbaren und demonstrativen Distanzierung von den eigenen Eltern ist die Herkunftsfamilie auch für die Jugendlichen die bedeutsamste Sozialisationsinstanz:

- Die Kinder und Jugendlichen erleben, wie emotional stabil und befriedigend eine Paarbeziehung und eine Familie sein können, gleichzeitig werden sie aber auch mit der Brüchigkeit und dem Konfliktpotenzial einer solchen Beziehung konfrontiert.
- Sie erleben die Veränderung der Vater- und Mutter-Rolle. Durch die zunehmende Berufstätigkeit der Mütter lernen sie, wie sich die Arbeitsteilung im Haushalt verschiebt.
- Kinder und Jugendliche übernehmen Werte und Normen für ihr eigenes späteres Leben von ihren Eltern.
- Sie übernehmen die bei den Eltern erlebten Erziehungsstile und wenden sie häufig später beim eigenen Nachwuchs wieder an.
- Kinder und Jugendliche übernehmen darüber hinaus das im Elternhaus übliche Sprachniveau und die Art und Weise, wie sich die Familienmitglieder bei Konflikten verhalten.
- Einstellungen der Eltern zu Religion, Kultur und Gesellschaft, zu politischen Parteien und zur Politik insgesamt werden in der Herkunftsfamilie modellhaft vorgelebt und von den Jugendlichen häufig genau so übernommen.

Materialien 3

---
[1] Auf Sozialisation allgemein wird ausführlich in Kapitel 3.4 eingegangen.
[2] vgl. Kapitel 11.4

Erik H. Erikson weist auf die Bedeutung der emotionalen Beziehung für die Bewältigung der Entwicklungsaufgaben im Jugendalter hin: Emotionale Zuwendung vermittelt **sozialen Optimismus**, der es erst möglich macht, soziale Distanzen auszuhalten, was Voraussetzung ist für die emotionale Ablösung von der Herkunftsfamilie und die Gestaltung eines autonomen und verantwortungsbewussten Lebens. So bedeutsam die Familie als Sozialisationsinstanz für Kinder und Jugendliche ist, so wichtig ist gleichzeitig die Ablösung von ihr. Das „Freischwimmen" des Jugendlichen in die emotionale und ökonomische Unabhängigkeit stellt ein wesentliches Ziel familiärer Sozialisation dar. Diese Ablösung und Distanzierung gelingt heute immer später.[1]

Wegen der Bedeutung der Familie für die Sozialisation der Jugendlichen scheint es notwendig, auch auf die möglichen Folgen von Trennung und Scheidung hinzuweisen, schließlich weisen die Zahlen eine steigende Tendenz auf (vgl. hierzu die Ausführungen in Kapitel 11.6.3).

12.3.2 Die Schule als Sozialisationsinstanz

Die Schule, die von Kindern und Jugendlichen zunehmend länger besucht wird, hat neben der Familie den wohl am weitesten reichenden Einfluss auf ihre Sozialisation. Mit dem Eintritt in die Schule beginnt für das Kind der erste Schritt zur Ablösung vom Elternhaus. Schule erfüllt als Sozialisationsinstanz folgende wesentlichen Aufgaben (vgl. *Schäfers, 2001[7], S. 115 und Hurrelmann, 2002[8], S. 213 ff.*):

- Das Kind lernt die Übernahme von allgemein gültigen und gesellschaftlich anerkannten **Werten und Normen**.

  Die in der Schule vermittelten Lerninhalte beruhen auf Lehrplänen, an denen alle gesellschaftlich relevanten Gruppen mitarbeiten bzw. darauf Einfluss nehmen. Dadurch entsprechen die Inhalte weitgehend dem vorherrschenden Denken des Großteils der Gesellschaft. Die Inhalte entsprechen dem, wovon man glaubt, dass es die zukünftige Generation braucht, um ihr Leben bewältigen zu können – dazu gehört in den westlichen Industriegesellschaften ganz wesentlich die Verinnerlichung des Leistungsprinzips.

  Schule vermittelt einen Konsens von Grundwerten, die in einer pluralistischen Gesellschaft mit einer Vielzahl von unterschiedlichen Milieus, Religionen und Lebenslagen von Familien nicht mehr ausreichend erfüllt werden können.

- Die Schule erwartet von ihren Schülern **Anpassungsbereitschaft und -fähigkeit** an vorgegebene Arbeits- und Lernbedingungen.

  Lernen im Schulunterricht unterscheidet sich ganz zentral von den Erfahrungen, die Kinder im Kindergarten oder zu Hause gemacht haben. Die Zeit ist in einen starren Rahmen eingebunden, die Fächer und damit die Themen wechseln oftmals jede Stunde. Der Lernrhythmus und die Aufmerksamkeit werden von außen bestimmt.

- Das Bildungssystem fördert die Entwicklung der **Fähigkeit zur Selbstorganisation**. Wie *Klaus Hurrelmann (2002[8], S. 215)* anmerkt, ist in allen westlichen Industriegesellschaften der Prozess der Pluralisierung und Individualisierung, der von soziologischen Gesellschaftstheorien beschrieben wird, eng mit der Vermehrung der Bildung verbunden.

- Die in der Schule vermittelten Inhalte und Verhaltensweisen sind eindeutig sachbezogen und funktional.

---

[1] *vgl. Abschnitt 12.2.1*
[2] *Auf Milieus und Lebenslagen wird in Kapitel 9.3.4 eingegangen.*

Während Kinder in der Freizeit eher spielerisch Neues lernen oder sich mit Dingen beschäftigen, sind die Themen und Lerninhalte der Schule immer auf ein bestimmtes Ziel hin ausgerichtet. So lernt man die Grundrechenarten vor dem Bruchrechnen oder dem Prozentrechnen.
Schüler besuchen die Schule, weil sie die Schulpflicht erfüllen müssen oder um einen bestimmten Abschluss zu erreichen.

In der Schule werden im Bereich der **Sachkompetenz** intellektuelle Fähigkeiten für einzelne Fachgebiete vermittelt, die der Schüler in seinem späteren Beruf und Leben benötigt. Schulen vermitteln wichtige Bildungs- und Qualifikationsinhalte.

- Schulischer Erfolg bzw. Misserfolg bestimmt in unserer Gesellschaft das berufliche Fortkommen, den Zugang zu gesellschaftlichen Positionen und letztlich die **Platzierung** des Individuums im Arbeitsprozess und in der gesellschaftlichen Hierarchie. Damit besitzt Schule auch eine Auslesefunktion.

Obwohl Noten nur eine begrenzte Aussage über die tatsächliche Leistungsfähigkeit eines Menschen geben, entscheiden Zeugnisnoten und vor allem die Art des Zeugnisses (Haupt-, Realschulabschluss, Abitur) über die weitere Zukunft eines jungen Menschen. Nur über ein solches „Eintrittsticket" in einen Beruf oder ein Studium ist ein Weiterkommen und das Erreichen einer bestimmten gesellschaftlichen Position möglich. Die Auslese beginnt dabei schon in der vierten Klasse. Eltern wollen in der Regel, dass ihr Kind die Schule besucht, die ihm den höchsten erreichbaren Abschluss vermittelt.

„Den Einrichtungen des [...] Bildungssystems wird die Aufgabe übertragen, die wichtigsten Kenntnisse und Fertigkeiten für das kompetente Handeln in der Gesellschaft zu vermitteln. Das soziale und berufliche Leben verlangt komplexe Einstellungen und Fähigkeiten, um den Anforderungen verschiedener sozialer Systeme gerecht zu werden. [...] Im Berufssektor sind viele gesellschaftliche Positionen ohne ein Training im Bildungssystem nicht auszufüllen, sodass den Abschlusszeugnissen von Schulen und Hochschulen zusätzlich zur Qualifikationsfunktion auch die Bedeutung einer formalen Voraussetzung für den Zugang zu Berufspositionen zukommt." (Hurrelmann, 2002[8], S. 213 f.)

Wie in Kapitel 8.2.2 ausgeführt und in den Ergebnissen der neuesten Studie „Lernen für die Welt von Morgen – Erste Resultate von PISA 2003 der OECD" (vgl. Bundesministerium für Bildung und Forschung, www.bmbf.de/de/3292.php) erkennbar, macht es in der bundesdeutschen Gesellschaft mehr denn je einen Unterschied, aus welcher sozialen Schicht man kommt und welche Schule man dann besucht. Auch die Ergebnisse der jüngsten Shell Jugendstudie 2002 zeigen, dass Kinder aus der Unterschicht deutlich schlechtere Bildungschancen besitzen, als solche aus Mittel- oder Oberschicht. Weitere Gruppen von Jugendlichen, die im deutschen Bildungssystem benachteiligt sind, sind unter anderem die Nachkommen von Einwanderern, aber auch Abgänger von Förderschulen und Jugendliche, die ihre Ausbildung abgebrochen haben. Diese Gruppen finden sich gehäuft in der Arbeitslosenstatistik wieder.

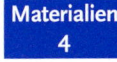

12.3.3 Ausbildung und Beruf

Bei der Auswahl der Ausbildung und des Berufs müssen Jugendliche heute große Flexibilität zeigen. Die Auswahl selbst wird von mehreren Faktoren beeinflusst. Neben den individuellen Neigungen des Jugendlichen spielen die Überlegungen der Eltern, die Einflüsse der Clique, der Lehrer oder der Verwandten eine zentrale Rolle. Aufgrund des Ausbildungsplatzmangels ist die Wahl aber auch zunehmend davon abhängig, wo der Jugendliche mit seiner Bewerbung überhaupt erfolgreich ist.

In dem Maße, in dem Jugendliche einer geregelten Arbeit nachgehen, in dem Maße übernehmen sie **Werte und Normen** ihrer Ausbildungsstätte oder ihres Betriebes. Je schneller es den Jugendlichen gelingt, sich auf die Anforderungen des Berufslebens einzustellen, desto schneller finden sie sich in ihrer Arbeitsstelle zurecht.

Der Jugendliche muss sich darauf einstellen, in einem Team zu arbeiten. Dafür werden **soziale Kompetenzen** gebraucht.

Aus der vorwiegend passiven Rolle eines Schülers können die Jugendlichen in die aktive Rolle eines Anbieters von Produkten oder Dienstleistungen wechseln und so auch ihr erstes Geld selbst verdienen. Damit nimmt das Erwachsenendasein mehr und mehr Gestalt an.

12.3.4 Die Gruppe der Gleichaltrigen

Die Gruppe der Gleichaltrigen, **Peergroup** genannt, gewinnt für den Jugendlichen zunehmend an Bedeutung. Damit hängt sehr die Ablösung von der Herkunftsfamilie zusammen: Je stärker die Hinwendung zu den Gleichaltrigen geschieht, desto stärker wird die eigene Familie in den Hintergrund gedrängt. Dieser Ablöseprozess ist ein zentrales Merkmal des Übergangs vom Kind zum Jugendlichen.[1]

„Die Ablösung von der Herkunftsfamilie ist in soziologischer Sicht ein entscheidender Schritt zur eigenständigen Verortung in der Sozialstruktur der Gesamtgesellschaft." (Hurrelmann, 2004[7], S. 33)

Die Peergroup spielt eine zentrale Rolle bei der Entwicklung des Kindes und Jugendlichen bis zur Adoleszenz[2]. Mit dem Älterwerden des Kindes werden Freunde in zunehmendem Maße wichtig. Zunächst nur als Spielpartner, später als wichtige Ideengeber für eigene Anschauungen. Die Meinung der Gleichaltrigen ist wichtig; will man selbst nicht außerhalb stehen, muss man mit dieser weitgehend konform gehen.[3]

Dies beginnt möglicherweise mit ähnlichem Outfit und endet bei der gleichen Bewertung von Situationen oder Personen.

Die Peergroup ist für den Jugendlichen sehr bedeutsam und erfüllt **wichtige Funktionen für seine Sozialisation**, wie in *Kapitel 7.2.1* ausführlich dargestellt. Zudem bietet sie Jugendlichen einen gewissen Schutzraum vor der restlichen Gesellschaft. Hier ist man unter sich, hier kann man soziale Verhaltensweisen ausprobieren und testen, ohne sofort gesellschaftliche Sanktionen zu erleiden. Somit erfüllt die Gruppe der Gleichaltrigen auch eine **Schutzfunktion** für ihre Mitglieder. In ihr werden „Gefühls- und Handlungsstrukturen" ausgeprägt, die das Einüben sozialer Spielregeln erleichtern (vgl. *Hurrelmann, 2004[7], S. 128*).

---

[1] vgl. Abschnitt 12.2.1 und Kapitel 7.2.1
[2] Mit Adoleszenz bezeichnet man den Abschnitt im Jugendalter vom Ende der Ausbildung der primären und sekundären Geschlechtsmerkmale bis etwa zum 20. Lebensjahr.
[3] siehe auch Kapitel 7.1.2

Peergroups agieren vor allem im Freizeitbereich und wirken damit auf das **Konsumverhalten** der Jugendlichen. Sie tragen zur Entstehung von **Freundschaften** oder **kurzfristigen Paarbeziehungen** bei. Während Kinder bei der Wahl ihrer Spielgefährten nicht auf die soziale Herkunft achten, spielt diese bei der Zusammensetzung der Gleichaltrigengruppe eine wichtige Rolle. Auf diese Weise kommen in der Folge die Normen und Werte der jeweiligen Herkunftsfamilien bei den Jugendlichen erneut zum Tragen, sie werden quasi reproduziert. Dadurch behält die Familie ihren teilweisen Einfluss bei den Jugendlichen, trotz gleichzeitig stattfindender Ablösungsprozesse (vgl. *Schäfers, 2001[7], S. 147*).

Nicht selten kommt es zu Spannungen zwischen Peergroup und Familie, die Peergroup kann auch in Konkurrenz zur Herkunftsfamilie treten. Dabei zeigen Untersuchungen, dass sich Jugendliche letztlich an beiden Instanzen orientieren. Während die Familie eher bei Normen und Werten und bei der Wahl der Ausbildung und des Berufes Gewicht hat, sind die Gleichaltrigen bei alltäglichen Verhaltensweisen der entscheidende Einflussfaktor.

„*In der Regel sind die Eltern die ‚Karriereberater', die Gleichaltrigen die ‚Freizeitpartner'*".
(Hurrelmann, 2004[7], S. 131)

Weichen die Vorstellungen einer Peergroup zu sehr von „gängigen" Gesellschaftsnormen ab, dann kann man von **Jugendkultur** und **Subkultur** sprechen – beide Begriffe hängen eng mit der Gruppe der Gleichaltrigen zusammen.

Am ehesten ließen sich Gruppen wie zum Beispiel „Punks" oder „Skinheads" in solche Kategorien einordnen. Dabei spielen Aussehen und entsprechende Kleidung eine wichtige Rolle beim Erkennen und Zuordnen des Jugendlichen zu einer der genannten Gruppen. Skinheads kleiden sich vorzugsweise mit Bomberjacken und Springerstiefeln, Punks fallen durch zerrissene Jeans und bunt gefärbte Haare auf. Beide Gruppierungen, die vor allem in den 80er und 90er Jahren des letzten Jahrhunderts auftauchten, werden auch mit bestimmten Verhaltensweisen assoziiert. So werden beispielsweise Skinheads grundsätzlich Gewaltbereitschaft und Fremdenfeindlichkeit unterstellt, Punks „schnorren" häufig auf der Straße. Bei all diesen Zuschreibungen handelt es sich aber um Stereotype, die in der Wirklichkeit so oder so ähnlich vorkommen können.

> Unter **Jugendkultur** versteht man ein eigenständiges Lebensgefühl, das mit bestimmten Werthaltungen verbunden ist.
> Unter **Subkultur** sind in erster Linie Haltungen und Einstellungen gemeint, die von der gängigen Kultur abweichen und die eine Gegenposition zur Gesamtgesellschaft einnehmen.

Jugendkultur findet man in allen Bereichen des Lebens, vor allem aber im Freizeitbereich und in den Medien. In Subkulturen sind einheitliche Kleidung und einheitliches Auftreten Merkmale, die den Zusammenhalt der Gruppe fördern.

12.3.5 Medien

Neben Elternhaus, Schule, Ausbildung und Gleichaltrigengruppe haben sich die (Massen-)Medien am Ende des 20. Jahrhunderts zu einer bedeutenden Sozialisationsinstanz entwickelt. Vor allem audiovisuelle Medien wie Fernsehen, Video/DVD, Kino und Computer bzw. Internet, aber auch auditive Medien wie Radio, Mobiltelefon, CDs oder MP3-Player, werden von Jugendlichen stark genutzt. Dabei werden diese Medien nicht mehr, wie von den Erwachsenen häufig vorgelebt, einzeln und konzentriert verwendet, sondern oftmals nebeneinander.

Während man im Internet surft, läuft nebenher der Fernseher, mit dem Handy werden SMS versandt und gleichzeitig unterhält man sich mit den anwesenden Freunden.

„Klassische" Medien wie Bücher oder Zeitschriften werden von etwa 50 % aller Jugendlichen regelmäßig konsumiert, allerdings mit abnehmender Tendenz zugunsten von auditiven neuen Medien. Dabei zeigt sich, dass junge Frauen noch häufiger zum Buch greifen als junge Männer. Jugendliche verbringen einen Großteil ihrer Freizeit mit der Nutzung moderner Medien, sie werden dabei in vielfacher Weise auch mit Werbung konfrontiert, die gezielt für sie gemacht wird und für die Industrie neue Käuferschichten erschließen soll. Es findet folglich eine zunehmende **Kommerzialisierung der Freizeit** statt – Kleidung, bestimmte Accessoires, Musik, Handys, Kosmetika usw. werden von der Wirtschaft beworben und sind für Jugendliche häufig als Statussymbole unentbehrlich.[1]

Untersuchungen bei von Jugendlichen am häufigsten konsumierten TV-Sendungen wie Daily Talks oder Daily Soaps zeigen, dass solche Sendeformate ständige Begleiter im Alltag sind und dies oft über mehrere Jahre hinweg bleiben. Die Werbung, von der diese Sendungen eingerahmt und unterbrochen wird, ist genau auf die Zuschauergruppe der 12- bis 20-jährigen abgestimmt. Für die Jugendlichen ist das durchaus zwiespältig: Einerseits locken die Angebote der Werbewirtschaft, andererseits kosten diese Geld, das meistens noch nicht vorhanden ist. Der Zugang zu den Medien kann von den Erwachsenen kaum noch wirkungsvoll kontrolliert werden. Viele Jugendliche besitzen eigene Geräte oder haben problemlos bei Freunden Zugang dazu. Lediglich bei den Kosten greifen die Eltern reglementierend ein.

Unter allen soziologischen Autoren ist man sich einig, dass vor allem audiovisuelle Massenmedien eine wichtige Sozialisationsinstanz geworden sind. Sie sind allerdings nicht funktional ausgerichtet, wie beispielsweise Schule oder Beruf, Medien **sozialisieren** häufig **indirekt**, indem Jugendlichen dort Modelle vorgeführt werden, die als **Vorbild** für eigenes Verhalten gelten können.

Die bereits erwähnten Daily Talks oder Daily Soaps sind hierfür ein gutes Beispiel. Weit verbreitet ist die so genannte Fan-Kultur. Jugendliche imitieren dabei Kleidung, Auftreten und möglicherweise sogar bestimmte Verhaltensweisen der Stars, die sie aus den Medien kennen.

Gleichzeitig ermöglichen Medien – vor allem Computer und Internet – einen **Zugang zu Informationen** über alle relevanten Themen einer Gesellschaft in einem bisher nie gekannten Ausmaß. Jugendliche können auf diese Weise **Wissen und Information** erhalten, wie sie sie von Erwachsenen kaum bekommen können. Auf der anderen Seite

---

[1] vgl. hierzu Abschnitt 12.3.4

macht es der Überfluss der zugänglichen Information wiederum sehr schwer, eine Auswahl zu treffen. Es besteht die Gefahr der Überforderung auf der einen und der Beliebigkeit auf der anderen Seite. Für Jugendliche ist es daher bedeutsam zu lernen, wie man differenziert und welche Informationen wichtiger als andere sind. Dabei helfen wiederum die Erwachsenen in Elternhaus und Schule. Problematisch bei der Nutzung von Medien sind die bereits erwähnte starke Kommerzialisierung und die Gefahr der Überflutung der Sinne mit Reizen.

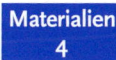

12.4 Werthaltungen Jugendlicher[1]

Für die empirische Sozialforschung stellt sich die Frage, welche Werte und Normen bei den heutigen Jugendlichen aktuell sind und welche ihr Denken und Handeln beeinflussen und leiten – schließlich bestimmt die heranwachsende Generation die Zukunft einer Gesellschaft. Jugendliche gelten deshalb bei den Forschern als **Trendsetter**.[2]

12.4.1 Werthaltungen der heutigen Jugend

Entsprechende Untersuchungen des letzten Jahrhunderts zeigen, dass sich bei Jugendlichen mit jeder nachfolgenden Generation ein Trend bestätigt und verfestigt, bei dem der Wunsch nach **Selbstverwirklichung und Selbstentfaltung** immer stärker in den Mittelpunkt der Werthaltungen junger Menschen rückte. Seit den 60er Jahren des letzten Jahrhunderts hat sich denn auch bei Jugendlichen ein messbarer **Wertewandel** vollzogen, der mehr und mehr von einer „**sozialen Außenleitung zu einer stärkeren Betonung der eigenverantwortlichen Lebensführung**" führt und damit dem Wunsch nach Selbstverwirklichung und Selbstentfaltung Rechnung trägt (*Gensicke, 2004⁵, S. 140*). Während in den 1960er und vor allem 1970er und 1980er Jahren Werthaltungen wie die Forderungen nach mehr Freiheit, mehr gesellschaftlichen und politischen Spielräumen im Vordergrund standen, steht für heutige Jugendliche eher der **Wunsch nach materiellem Wohlstand und einer sicheren Arbeitsstelle** im Vordergrund. „Politische" oder „gesellschaftspolitische" Werte sind auf der Werteskala weiter nach hinten gerückt.[3]

---

[1] Im Mittelpunkt stehen in diesem Abschnitt die Ergebnisse der 14. Shell Jugendstudie, Jugend 2002 von 2004⁵. Die Autoren haben unter anderem den Wandel der Werthaltungen von Jugendlichen untersucht – insbesondere im Zeitraum der letzten 20 Jahre.
[2] Trendsetter (engl.) hier: jemand, der eine bestimmte Tendenz, Entwicklung auslöst.
[3] Auf den Wertewandel allgemein wird in Kapitel 3.2.2 eingegangen.

"Die heutige Jugend hat alle Freiheiten, bewegt sich jedoch in einer wirtschaftlich riskanteren Situation. Früher erschien der Wohlstand sicher, aber Handlungsfreiheit und Mitbestimmungsmöglichkeiten waren knapp."
(Gensicke, 2004[5], S. 140)

Bei der jüngsten *Shell Jugendstudie (2004[5], S. 143)* zeigt sich, dass bei Jugendlichen Werte wie **Partnerschaft, Freundschaft oder Familienleben** an oberster Stelle zu finden sind – Werte also, die sich auf das persönliche Umfeld beziehen. Danach folgen Werte wie **Kreativität** einerseits, direkt gefolgt von **Gesetz und Ordnung** andererseits. Der Wunsch nach Freiheit wird durch die Akzeptanz von Regeln und Normen in Grenzen gehalten. **Fleiß und Ehrgeiz** stehen ebenfalls im Mittelfeld und zeigen an, dass Jugendliche keineswegs nur mehr ein lustorientiertes Leben führen möchten – im Gegenteil, hier wird die deutliche Bereitschaft zur Leistungsgesellschaft zum Ausdruck gebracht. Gottesglauben, Geschichtsstolz, Politikengagement und Konformität spielen bei der heutigen Jugend nach der *Shell Jugendstudie* eine sehr untergeordnete Rolle.

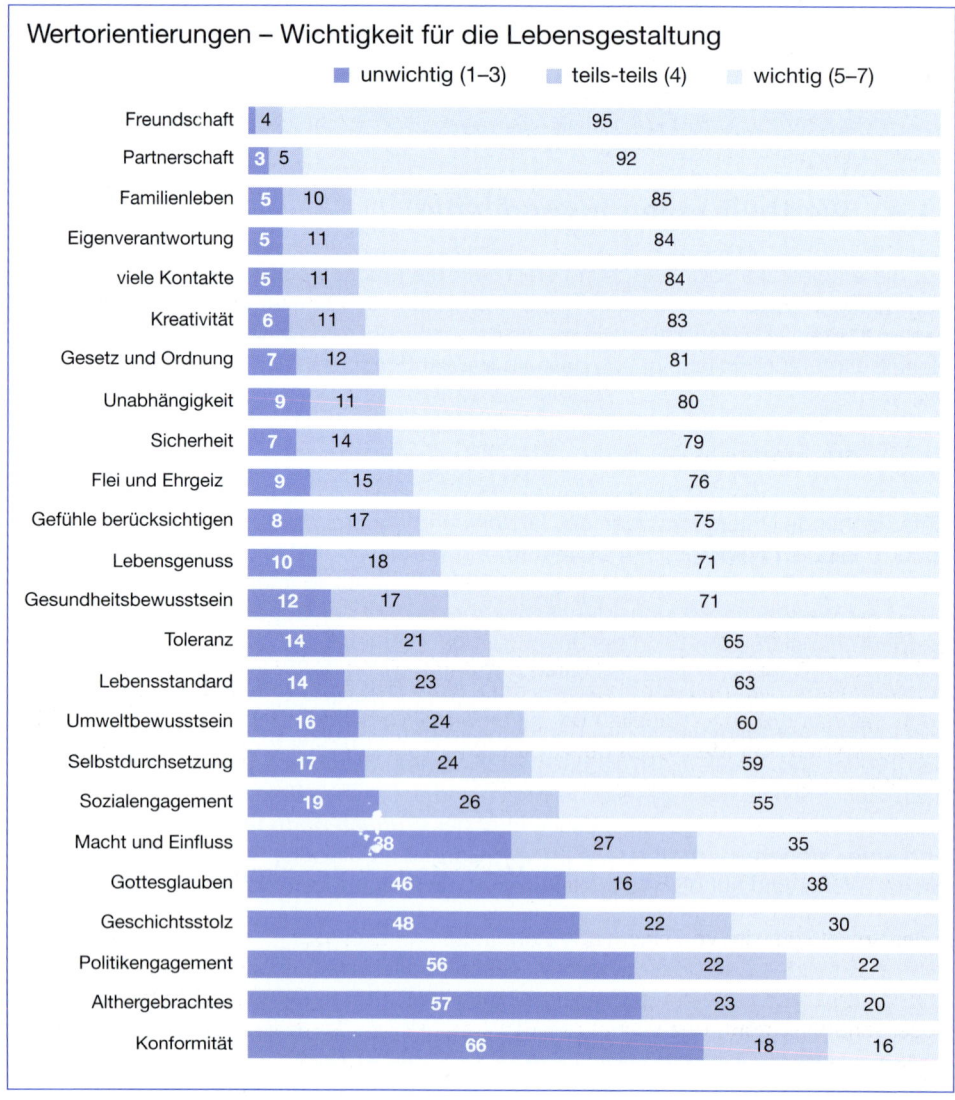

Quelle: Shell Jugendstudie, 2004[5], S. 143

12.4.2 Wertetypen bei Jugendlichen

Die Autoren der *Shell Jugendstudie 2002* teilen die befragten Jugendlichen in vier typische Wertetypen ein:

- **Selbstbewusste Macher**, das sind junge Menschen bei denen sich neue und alte Werte verbinden und nebeneinander existieren. Ehrgeiz, Fleiß, Macht und Einfluss stehen neben Kreativität, Unabhängigkeit, Lebensgenuss oder Lebensstandard. Sie machen ca. ein Viertel aller Befragten aus.
- Die zweite Gruppe, die ebenfalls etwa ein Viertel aller Jugendlichen umfasst, sind die **pragmatischen Idealisten**. Frauen stellen in dieser Gruppe die Mehrheit. Obwohl ähnliche Werte wie bei den Machern vorhanden sind, steht soziales Engagement deutlich vor hohem Lebensstandard.
- Die dritte Gruppe wird als die **zögerlichen Unauffälligen** bezeichnet. Diese Jugendlichen haben wenig Erfolg in Schule oder Ausbildung, wollen aber trotzdem einen gewissen Lebensstandard und Macht erreichen, sie machen das dritte Viertel aus.
- Die letzte Gruppe stellen die **robusten Materialisten**, hier sind die Männer in der Mehrheit, sie wollen Macht und Einfluss mit Lebensstandard und Genuss verbinden. Gleichzeitig hat diese Gruppe – im Gegensatz zur ersten – Schwächen bei ihren sozialen und leistungsmäßigen Kompetenzen, so dass die angestrebten Positionen nicht erreicht werden können. Deshalb kommen in dieser Gruppe verstärkt Versagensängste und die Bereitschaft zur Gewalt, Fremdenfeindlichkeit oder Rechtsextremismus vor.

In einer Zusammenfassung sprechen die Autoren bei der heutigen Jugend von „Pragmatikern" bzw. dem Trend zur „Pragmatisierung" (*Gensicke, 2004^5, S. 152*)

„Dieser übergreifende Trend bedeutet, dass sich die Prioritäten der Jugendlichen zur persönlichen Bewältigung konkreter und praktischer Probleme verschieben und weg von übergreifenden Zielen der Gesellschaftsreform."
(Gensicke, 2004^5, S. 152)

12.5 Sozial abweichendes Verhalten Jugendlicher

In der Bundesrepublik Deutschland kann man seit vielen Jahren eine zunehmende Tendenz verzeichnen, der Individualität des Einzelnen einen sehr hohen Stellenwert einzuräumen – dies bedeutet letztlich, dass nicht das konforme Verhalten, sondern im Gegenteil das unkonventionelle und unkonforme Verhalten geradezu gewollt ist. Tabubrüche werden von Menschen begangen, um größere Aufmerksamkeit zu erregen und sich aus der Masse abzuheben.

12.5.1 Ursachen abweichenden Verhaltens Jugendlicher

In der Soziologie wird von einem abweichenden Verhalten bzw. von Devianz gesprochen, wenn – wie in *Kapitel 4.2.2* dargestellt – ein Verhalten eines Individuums gegen soziale Normen bzw. Rollenerwartungen verstößt. Verhalten, das gegen die Strafgesetze einer Gesellschaft verstößt, bezeichnet man als Kriminalität. Sie ist eine bestimmte Form der Devianz.

Im Verlauf der Entwicklung vom Kind zum Jugendlichen und zum jungen Erwachsenen ist eine ganze Reihe von **gewollten Regelverletzungen und Normbrüchen** typisch im Verhalten. Zur Jugendphase eines Menschen gehört das Ausprobieren und Testen von Handlungen und Verhaltensweisen, um die eigene Position in der Gesellschaft zu finden, aber auch um Grenzen zu erleben. Dabei kann es für Außenstehende sehr schwierig sein, zu beurteilen, wo es sich tatsächlich um abweichendes Verhalten oder schon um die gewollte Provokation und möglicherweise sogar um Innovation handelt.

Als in den 90er Jahren des 20. Jahrhunderts Jugendliche anfingen, sich piercen und tätowieren zu lassen, wurden sie von den Erwachsenen deswegen oft getadelt oder mit massiver Kritik bedacht. Arbeitgeber drohten Auszubildenden mit Kündigung, wenn sie Piercings öffentlich trugen. Schüler sollten sogar von der Schule verwiesen werden. Im Verlauf von einigen Jahren haben sich aber Piercings und Tätowierungen zum modischen Trend entwickelt und sind zu einem beinahe normalen Erscheinungsbild geworden. Zum Beginn des 21. Jahrhunderts hat der Trend bei Jugendlichen schon wieder deutlich nachgelassen, vermutlich weil er auch von vielen Erwachsenen übernommen wurde und damit etabliert war.

Für viele Jugendliche ist die Regelübertretung und das Nichteinhalten von bestimmten Normen, Werten oder Gebräuchen ein bewusstes Lösen von gesellschaftlichen Zwängen oder eine Form des Protestes gegen diese.

Andere Ansätze gehen davon aus, dass die **gesellschaftliche Umwelt** des Jugendlichen verantwortlich für sein (abweichendes) Verhalten sein kann.

Beispiele hierfür sind bestimmte Vorbilder, die von dem Jugendlichen gewählt werden, oder die Medien wie das Fernsehen oder das Internet.

Verbreitet ist auch der als *labeling approach* bekannte **Etikettierungsansatz**. Nach diesem Modell lässt nicht – wie in *Kapitel 4.3.3* ausführlich dargestellt – ein bestimmtes Verhalten selbst, sondern dessen Bewertung durch andere bzw. die Gesellschaft Devianz entstehen.

12.5.2 Genuss- und Rauschmittel und ihr Missbrauch

Die heute von Jugendlichen am häufigsten konsumierten psychoaktiven Substanzen lassen sich in legale und illegale Genussmittel einteilen. **Legale Genuss- und Rauschmittel** sind in erster Linie Tabak, Alkohol sowie schmerzlindernde und beruhigende Medikamente; **illegale Genuss- und Rauschmittel** sind die als Drogen bekannten Stoffe wie Haschisch, Halluzinogene, Amphetamine, Opiate und Kokain.

> Unter Drogen werden alle Stoffe verstanden, die über das Zentralnervensystem die Wahrnehmung, das Denken, Fühlen und Verhalten einer Person direkt beeinflussen.

Grundsätzlich geht man bei Jugendlichen – wahrscheinlich auch in vielen Fällen bei Erwachsenen – davon aus, dass der Gebrauch von Drogen eine Form von *„**ausweichendem Problemverhalten**"* darstellt (vgl. *Hurrelmann, 2004[7], S. 169*). Man nimmt an, dass es den Jugendlichen mit Hilfe von Drogen gelingt, sich in eine andere Stimmung zu versetzen und dem manchmal so tristen Alltag zu entfliehen. Drogenkonsum ist ein Phänomen, das bei Jugendlichen aller sozialen Schichten vorkommt, seine Ursache liegt demzufolge in einer gefühlsmäßig unsicheren, gleichzeitig aber erlebnishungrigen Stimmungslage.

Jugendsoziologie

Tabak und Alkohol

Die Ursachen für Nikotin- und Alkoholkonsum sind durchaus ähnlich. Eine große Rolle spielt hier die Gruppe der Gleichaltrigen, bei der es wegen des Zusammengehörigkeitsgefühls oft notwendig ist, sich konform zu verhalten und folglich – so wie die anderen – zu rauchen und zu trinken.[1] Auch Misserfolgserlebnisse in der Schule, bei der Ausbildung oder im Privatleben sind Motive, die zum Konsum führen können. Zudem können Unsicherheit und fehlendes Selbstwertgefühl Ursachen für dem Gebrauch bzw. Missbrauch von Alkohol und Nikotin sein.

„Ängstliche, verschlossene, sensitive und leicht verletzliche Persönlichkeiten mit einer geringen Frustrationstoleranz gehören überdurchschnittlich häufig zu den unkontrolliert konsumierenden Alkoholkonsumenten." (Hurrelmann, 2004[7], S. 173)

Wenn die Eltern der Jugendlichen alkoholkrank sind, besteht außerdem ein relativ hohes Risiko, dass die Kinder selbst zum Alkoholmissbrauch neigen.

Medikamente

Der Konsum von Medikamenten und der damit mögliche Missbrauch haben in den letzten Jahrzehnten ebenfalls zugenommen. Vielfach greifen Jugendliche selbst oder mit Hilfe ihrer Eltern zu Arzneimitteln, um Beeinträchtigungen der Gesundheit in den Griff zu bekommen. Ziel ist meist die Erhaltung der Leistungsfähigkeit – auch dies ein Indiz, dass Leistungsbereitschaft bei Jugendlichen ein hoher Wert ist.

Schüler Z hat Angst, bei der mündlichen Prüfung zu versagen. Damit er abends besser einschlafen kann, nimmt er ein Beruhigungsmittel ein. Zusätzlich trinkt er zwei Gläser Rotwein, welche die Wirkung des Medikaments deutlich verstärken. Da Z am nächsten Morgen ziemlich müde ist, übersteht er die Prüfung nur, indem er vorher ein Aufputschmittel zu sich nimmt.

Medikamente werden oft auch zusammen mit anderen stimulierenden Stoffen wie Kaffee, Kodein oder Amphetaminen[2] eingenommen. Bei der „Selbstmedikation" wird meist eine zu hohe Dosis „verabreicht", um die erwünschte Wirkung möglichst schnell zu erreichen. Die Gefahr der Abhängigkeit in körperlicher wie in psychischer Form ist deswegen sehr hoch.

Vielfach wird gerade Eltern und Ärzten vorgeworfen, sehr schnell zum Arzneimittel zu greifen, wenn das Kind oder der Jugendliche Probleme hat. Die Diskussion um hyperaktive Kinder und die sehr schnelle Gabe von Ritalin[3] sind hier beispielhaft zu nennen. Dabei steht der Vorwurf im Raum, dass gerade die hohe Leistungsorientierung und das angepasste Verhalten, die von den Kindern erwartet werden, von diesen so nicht erbracht werden können und folglich nur der „Griff in die Medikamentenkiste" als Ausweg erscheint. Die Probleme, wegen der die Jugendlichen zum Beispiel in der Schule versagen, werden dabei häufig völlig außer Acht gelassen.

„Nachdenklich stimmt das Ausmaß, in dem Arzneimittel mit psychoaktiver (also den Stoffwechsel im Gehirn manipulierender) Wirkung von Fachleuten als Mittel zur Belastungs- und Konfliktbewältigung sowie zur Sicherung von Leistungs- und Konkurrenzfähigkeit eingesetzt werden, ohne dabei die psychische und soziale Entstehungsgeschichte einer Belastung zu beachten."
(Hurrelmann, 2004[7], S. 171)

---

[1] vgl. hierzu die Ausführungen über Konformitätszwang (in der Gruppe) in den Kapiteln 4.2.1 und 7.2.1
[2] Kodein (griech.): Beruhigungsmittel aus einer chemischen Verbindung des Opiums; Amphetamin (griech.): schnell wirkendes, stimulierendes Kreislaufmittel
[3] Ritalin: eingetragener Handelsname; ein Medikament, Amphetamin-ähnliche Substanz, welche als eine der wichtigsten Wirkstoffe gegen die Aufmerksamkeitsdefizit- und Hyperaktivitätsstörung (ADS/ADHS) gilt

Illegale Drogen

Die so genannten illegalen Drogen – Marihuana, Haschisch (das sind Cannabisprodukte), Ecstasy oder auch Heroin, LSD oder Kokain – werden ähnlich wie Nikotin und Alkohol bereits im Jugendalter zum ersten Mal konsumiert. Am weitesten verbreitet sind dabei Marihuana und Haschisch, bei denen das Einstiegsalter auf durchschnittlich 16 Jahre gesunken ist. Etwa die Hälfte aller Jugendlichen hat Erfahrungen mit diesen Substanzen. Cannabisprodukte werden im sozialen Umfeld der Peergroup konsumiert; die meisten Jugendlichen gehen davon aus, dass es sich um relativ harmlose Substanzen handelt. In den letzten Jahren sind auch Ecstasypillen (das sind Amphetamine) weit verbreitet, die oft bei Jugendlichen der Technoszene in Gebrauch sind. Die dabei verwendeten Amphetamine werden meist in Laboren künstlich hergestellt. Ihre Wirkung zielt in erster Linie auf die Steigerung der Leistungsfähigkeit und der Ausdauer ab.

Dabei zeigen sich bei Untersuchungen mit drogenabhängigen Jugendlichen immer relativ übereinstimmende Abläufe: Zunächst kommt es zu einem Missbrauch von Medikamenten, Tabak und Alkohol, dann folgt die Nutzung von weichen Drogen wie Cannabis oder Ecstasy. Von diesen Jugendlichen greifen dann im Schnitt 10 % zu den harten Drogen wie LSD, Heroin oder Kokain – in der Summe etwa 1 % eines jeweiligen Altersjahrgangs (vgl. *Hurrelmann, 2004[7], S. 174 f.*).

Eng mit dem Drogenmissbrauch hängt die Kriminalisierung der jugendlichen Benutzer (User) zusammen. Aufgrund der Tatsache, dass die Gründe des Drogenkonsums in der Regel in den Lebensverhältnissen der Jugendlichen zu finden sind, ist es nahezu wirkungslos, den Missbrauch mit normativen Regelungen (im Strafrecht) zu verändern. In einer offenen und permissiven[1] Gesellschaft wie der der Bundesrepublik Deutschland können Jugendliche an beinahe jede Form von legalen wie illegalen Drogen gelangen.

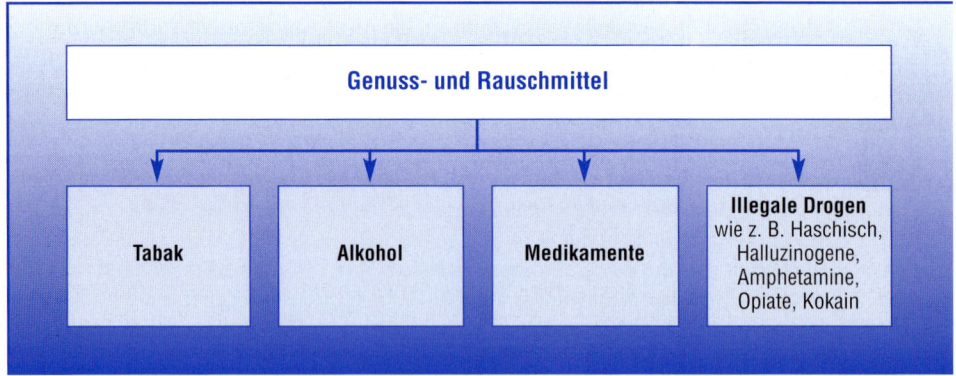

---

[1] *Permissiv (lat.): die Kontrolle über die Einhaltung bestimmter Normen in nicht autoriärer Weise überprüfen*

Zusammenfassung

- Dass Jugend für die breiteren Schichten der Bevölkerung bedeutsam wurde, dafür waren vor allem die Einführung der allgemeinen Schulpflicht im 19. Jahrhundert und die zunehmende Familialisierung und Verhäuslichung im Zuge der Entstehung der bürgerlichen Gesellschaft und der bürgerlichen Familie wesentlich. Jugend im beginnenden 21. Jahrhundert ist zu einer Lebensphase geworden, die alle Jugendlichen unserer Gesellschaft betrifft – unabhängig von ihrer sozialen Schichtzugehörigkeit.

- Im Jugendalter kommt es zur Entwicklung der primären und sekundären Geschlechtsmerkmale, die Geschlechtsreife tritt ein. Der Zeitraum wird auch als Pubertät bezeichnet. Seit den vergangenen 100 Jahren tritt diese zunehmend früher ein. Aus soziologischer Sicht bezeichnet Jugend die Phase des Übergangs, in welchem der Jugendliche nicht mehr die Rolle des Kindes und noch nicht die des Erwachsenen innehat. Den Wechsel eines Menschen vom Kind zum Jugendlichen bezeichnet man als Positionsübergang. Die Dauer des Jugendalters ist in erster Linie von der jeweiligen Kultur und Gesellschaftsform abhängig. Vor allem in den Industriegesellschaften brauchen Jugendliche eine lange Zeitspanne, um als Erwachsene anerkannt zu sein.

- Wichtige Anpassungsleistungen des Jugendlichen sind das Akzeptieren der „neuen" körperlichen Gestalt und die Ausgestaltung der Geschlechterrolle, der Aufbau von sozialer Kompetenz, die Vorbereitung des beruflichen Werdegangs und die Vorbereitung auf die Gründung einer Familie, die emotionale Ablösung von der Herkunftsfamilie, das Erreichen eines eigenverantwortlichen Verhaltens und die Schaffung eines eigenen Wertesystems. Individuation (die Entwicklung des jungen Menschen zu einer unverwechselbaren Persönlichkeit mit einer einmaligen Struktur, die es ihm ermöglicht, sich aktiv und autonom mit sich und seiner Umwelt auseinander zu setzen) und Identität (das, was jemand wirklich ist) sind dabei die wesentlichsten Ziele der Entwicklung.

- In Bezug auf die Erforschung der Sozialisation haben sich verschiedene Theorieansätze herausgebildet. Häufig werden sie eingeteilt in psychologische und soziologische Theorien der Sozialisation. In der neueren Soziologie werden so genannte integrierende Theorien propagiert, bei denen der Versuch unternommen wird, soziologische und psychologische Theorien zu verbinden. Dabei werden Theorieteile aus beiden Wissenschaften aufeinander bezogen.

- In der Soziologie haben sich im Wesentlichen fünf Bereiche herauskristallisiert, die für Jugendliche maßgeblich zur Bewältigung von Entwicklungsaufgaben beitragen: Familie und Partnerschaft, Schule, Ausbildung und Beruf, die Gruppe der Gleichaltrigen und die (Massen-)Medien. Weichen die Vorstellungen einer Peergroup zu sehr von „gängigen" Gesellschaftsnormen ab, dann kann man von Jugendkultur (ein eigenständiges Lebensgefühl, das mit bestimmten Werthaltungen verbunden ist) und Subkultur (in erster Linie Haltungen und Einstellungen, die von der gängigen Kultur abweichen und die eine Gegenposition zur Gesamtgesellschaft einnehmen) sprechen.

- Die Jugendlichen am Beginn des 21. Jahrhunderts zeigen bei ihren Werthaltungen den starken Drang nach Selbstverwirklichung und Selbstentfaltung und gleichzeitig wieder eine zunehmende Leistungsbereitschaft. Die Gesellschaft von heute bietet dem Einzelnen einerseits große persönliche Freiräume, andererseits aber auch verknappte Zugänge zur Arbeitswelt. Deshalb ist bei Jugendlichen auch eine größere Sicherheitsorientierung bemerkbar als noch vor einigen Jahrzehnten. Politisches und religiöses Engagement treten mehr in den Hintergrund, nicht aber Engagement für soziale Belange.

Materialien Kapitel 12

1. Das 20. Jahrhundert als „Jahrhundert der Jugend"

Das 20. Jahrhundert kann man aus unterschiedlichen Gründen als „Jahrhundert der Jugend" bezeichnen. Zum einen konnte sich im 20. Jahrhundert „Jugend" als Lebensphase des Aufwachsens in Deutschland so durchsetzen, dass sie zum allgemeinen biografischen Muster für fast alle Heranwachsenden wurde. Noch im neunzehnten und beginnenden zwanzigsten Jahrhundert traten viele junge Menschen direkt aus der Kindheit in ein arbeitsbelastetes Erwachsenenalter ein. Nur wenige junge Menschen erlebten den Luxus eines Moratoriums[1] der Jugendzeit, in dem viele Zwänge der Kindheit entfielen, aber das eigene Leben und vor allem die Existenzsicherung noch nicht selbstverantwortlich gestaltet werden musste. Nur Heranwachsenden aus gut situierten Verhältnissen (und dann wiederum noch einmal überwiegend den männlichen Heranwachsenden) war es erlaubt, eine Zeit der (Schul-)Ausbildung ohne Erwerbsarbeit zu verbringen, sich in begrenzten Freiräumen mit Gleichaltrigen zu treffen und ein gemeinsames Jugendleben zu genießen, aber gleichzeitig noch den Schutz und die Unterstützung des Elternhauses haben zu können. Das änderte sich dann im Verlauf des 20. Jahrhunderts mit der steigenden Prosperität[2] ab den fünfziger Jahren rapide. Jetzt waren alle Heranwachsenden „Jugendliche", wenn auch noch immer unterschiedlich lang, mit unterschiedlichen Freiräumen und Möglichkeiten ausgestattet, von materiellen und sozialen Ressourcen abhängig und je nach Geschlecht ungleich behandelt. [...]

Mit dieser Durchsetzung der „Jugend für alle" im zwanzigsten Jahrhundert ging allerdings keine Standardisierung der Jugendzeit als biografisches Muster einher. Die „Jugendzeit" als Lebensphase wechselte im 20. Jahrhundert mehrfach ihre Gestalt, differenzierte sich zudem aus und grenzte sich immer diffuser vom Erwachsenenalter ab, sodass im 20. Jahrhundert, kaum dass sich die „Jugend" etabliert hatte, schon wieder vom „Ende der Jugend" die Rede war. Diese Entwicklung der Ausbildung und der Ausdifferenzierung der Jugend vollzog sich unter verschiedenen gesellschaftlichen Einflüssen. Dazu zählen etwa Schulreformen mit tendenzieller Angleichung von Lebenschancen und der Verlängerung der Ausbildungszeiten, Wertewandel, Kommerzialisierung und Durchdringung der Lebenswelt mit Medien, politische Umwälzungen und nicht zuletzt auch jugendspezifische Einflüsse.

Quelle: Sander, 2000, S. 3

2. Rechtliche Stufen der Selbstständigkeit

Neben der zunehmenden Selbstständigkeit, die Jugendliche aufgrund der Bewältigung von Entwicklungsaufgaben erlangen, gibt es von der Gesellschaft durch Gesetze sanktionierte Stufen.
Volljährigkeit erreicht man mit Vollendung des 18. Lebensjahres. **Heiraten** kann man frühestens mit 16 Jahren.

Die rechtliche Grundlage für die Geschäfts- und die Deliktfähigkeit ist das Bürgerliche Gesetzbuch, das im Jahr 1900 und damit noch im deutschen Kaiserreich entstanden ist. [...] Für eine erfolgreiche Teilhabe am Konsum und am Warenmarkt muss ein Bürger nicht nur die finanziellen Mittel, sondern auch die Geschäftsfähigkeit besitzen.

---

[1] *Moratorium (lat.): angeordneter oder vertraglich vereinbarter Aufschub*
[2] *Prosperität (lat.): Aufschwung*

Stufen der Geschäftsfähigkeit

- bis zum vollendeten 7. Lebensjahr ist ein Mensch **geschäftsunfähig**, das heißt Rechtsgeschäfte, die er tätigt sind unwirksam

- bis zum vollendeten 18. Lebensjahr ist er **beschränkt geschäftsfähig**, das heißt Rechtsgeschäfte sind nur mit Zustimmung der gesetzlichen Vertreter gültig, außer sie werden mit Mitteln getätigt, die dem Jugendlichen zur eigenen Verwendung überlassen wurden (sog. „Taschengeld")

- ab dem 18. Lebensjahr ist der Mensch **voll geschäftsfähig**, Rechtsgeschäfte, die er tätigt sind immer gültig

Ein weiterer Baustein auf dem Weg zum Erwachsenen ist die Fähigkeit, schadenersatzpflichtig gemacht werden zu können, hier geht es um die Deliktfähigkeit.

Stufen der Deliktfähigkeit

- bis zum vollendeten 7. Lebensjahr ist ein Mensch **deliktunfähig**, das heißt er kann für einen Schaden, den er verursacht nicht haftbar gemacht werden

- bis zum vollendeten 18. Lebensjahr ist er **beschränkt deliktfähig**, das bedeutet, dass er für einen Schaden nur haftet, wenn er das Unrecht der Tat versteht und einsieht

- ab dem vollendeten 18. Lebensjahr ist er **voll deliktfähig**, die Haftung gilt nun für jeden Schaden, den er angerichtet hat

Die Strafmündigkeit, also die Frage, ob man für begangene Straftaten bestraft werden kann, ist im Jugendgerichtsgesetz (JGG) von 1953 niedergelegt. Das JGG unterscheidet zwischen Jugendlichen (im Alter zwischen 14 und 18 Jahren) und Heranwachsenden (im Alter zwischen 18 und 21 Jahren).

Stufen der Strafmündigkeit

- bis zum vollendeten 14. Lebensjahr ist ein Mensch **strafunmündig**, das heißt er kann für begangene Straftaten nicht bestraft werden

- bis zum vollendeten 18. Lebensjahr ist er **bedingt strafmündig**, das heißt er kann für Straftaten nach dem Jugendstrafrecht bestraft werden, wenn er die notwendige Einsicht in das Unrecht der Tat besitzt

- ab dem vollendeten 18. Lebensjahr ist er **voll strafmündig**, das heißt eine Bestrafung ist immer möglich

Jugendliche Straftäter werden nach dem Jugendstrafrecht verurteilt, es unterscheidet sich vom Erwachsenenstrafrecht vor allem dadurch, dass es den erzieherischen Gedanken und den der Wiedergutmachung im Vordergrund stehen hat und dem Jugendlichen nicht den gesamten weiteren Lebensweg „verbauen" möchte. Strafen sind häufig eher erzieherische Maßnahmen. Die Gerichte können das Jugendstrafrecht bei Heranwachsenden bis maximal zum 21. Lebensjahr anwenden, entscheidend ist dabei das Alter zum Tatzeitpunkt.

Die Auflistung zeigt die Zwiespältigkeit/Grenzen der rechtlichen Stufen der Selbstständigkeit deutlich auf. Jugendliche nehmen beispielsweise schon sehr früh am Geschäftsleben als Konsumenten von Kleidung, Kosmetika oder ähnlichem teil. Dabei werden sie von den Läden und deren Verkäufern als vollwertige Kunden behandelt, die in der Regel ohne die Zustimmung der Erziehungsberechtigten handeln können. Auch bei der Strafmündigkeit gibt es mit dem 14. Lebensjahr immer wieder gesellschaftliche Diskussionen, wenn jugendliche Straftäter noch nicht bestraft werden können, weil sie beispielsweise erst 13 Jahre alt sind. Aufgrund der zunehmenden früheren Reife der Kinder gibt es vielfach Forderungen, die Strafmündigkeit auf 12 Jahre herunter zu setzen.

Quelle: Schäfers, 2001[7], S. 23 ff.

3. Die eigenen Kinder genau so oder ungefähr so erziehen wie man selbst erzogen wurde?

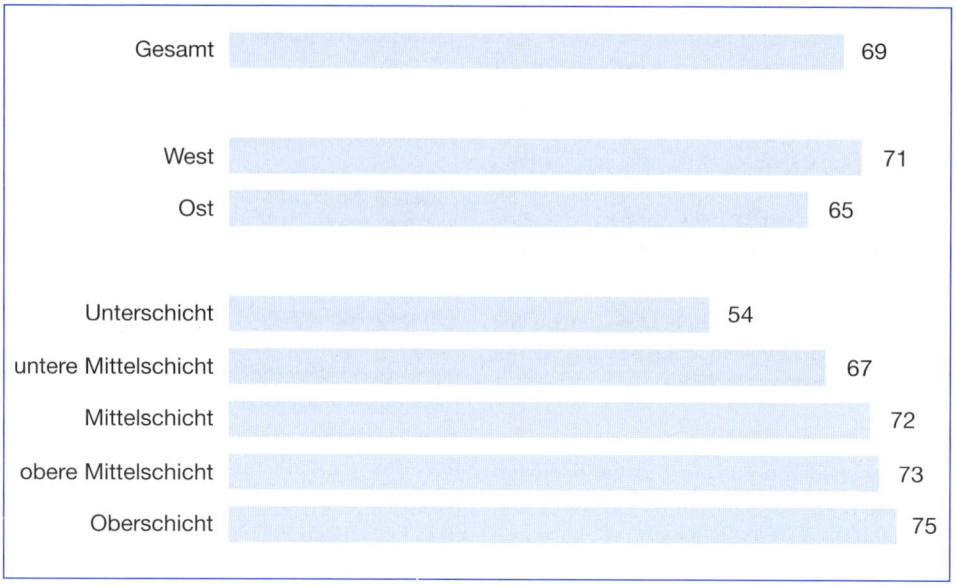

Quelle: Hurrelmann/Albert, 2004[5], S. 60

4. Jugend und Schule

a) Schulform und soziale Herkunft

%-Angaben	Gesamt	Unter-schicht	untere Mittel-schicht	Mittel-schicht	obere Mittel-schicht	Ober-schicht
Schulform und soziale Herkunft Jugendliche im Alter von 12 bis 25 Jahren, die noch zur Schule gehen						
Hauptschule[1]	21	49	33	20	8	8
Realschule	25	22	26	30	23	18
Gymnasium	41	15	25	41	54	65
Gesamtschule	7	8	10	4	7	6
sonstige Schulform	6	5	5	6	8	3

[1] Sonderschule ist auf Grund der geringen Fallzahl hier mit Hauptschule zusammengefasst

Quelle: Hurrelmann/Albert, 2004[5], S. 63

b) Erreichter Schulabschluss und soziale Herkunft

Jugendliche im Alter von 12 bis 25 Jahren, die noch zur Schule gehen						
%-Angaben	Gesamt	Unterschicht	untere Mittelschicht	Mittelschicht	obere Mittelschicht	Oberschicht
Abgang ohne Abschluss	3	12	2	1	3	1
Hauptschulabschluss	23	53	32	19	11	6
Realschule/mittlere Reife	37	25	44	46	26	23
Fachhochschulreife	6	–	5	7	9	9
Abitur/fachgebundene Hochschulreife	31	10	17	27	51	62
keine Angaben	0	–	–	–	0	–

Quelle: Hurrelmann/Albert, 2004[5], S. 66

c) Zugang zum Internet und Umfang der Nutzung

Jugendliche im Alter von 12 bis 25 Jahren		
%-Angaben	Zugang zum Internet	durchschnittliche Nutzung pro Woche in Stunden
Gesamt	65	7,0
männlich	68	8,8
weiblich	62	4,8
12–14	52	4,5
15–17	67	6,4
18–21	69	7,8
22–25	71	7,8
Hauptschüler	42	5,4
Realschüler	62	6,1
Gymnasiasten	76	6,4
Studierende	95	8,6
Auszubildende	60	7,1
Erwerbstätige	60	7,4
nicht Erwerbstätige	60	5,2
Arbeitslose	29	8,9
Unterschicht	38	7,1
untere Mittelschicht	55	6,7
Mittelschicht	68	5,8
obere Mittelschicht	77	8,1
Oberschicht	84	8,1

Quelle: Hurrelmann/Albert, 2004[5], S. 83

Aufgaben und Anregungen Kapitel 12

Aufgaben

1. Beschreiben Sie die Jugend in der vorindustriellen Zeit. (Abschnitt 12.1.1)
2. Verdeutlichen Sie, warum die Einführung der allgemeinen Schulpflicht im 19. Jahrhundert zu einer Veränderung des Bildes von Kindheit und Jugend führte. (Abschnitt 12.1.1)
3. Beschreiben Sie die Jugend im 20. Jahrhundert. (Abschnitt 12.1.2)
4. Noch im ersten Drittel des 20. Jahrhunderts war die Jugendphase geschlechtsspezifisch ausgeprägt. Erläutern Sie die Unterschiede zwischen den Geschlechtern und geben Sie an, wodurch sich dies verändert hat. (Abschnitt 12.1.2)
5. Erläutern Sie das Jugendalter aus biologischer Sicht. (Abschnitt 12.1.3)
6. „Die Jugend dauert heute immer länger!" Erläutern Sie diese Aussage und verdeutlichen Sie Ihre Ausführungen mit Beispielen. (Abschnitt 12.1.4)
7. Bestimmen Sie den Begriff „Jugend" aus soziologischer Sicht. (Abschnitt 12.1.4)
8. Erläutern Sie an je einem Beispiel Teilaspekte des Begriffes „Jugend". (Abschnitt 12.1.4)
9. Bestimmen Sie, was die Soziologie mit Positionsübergang bezeichnet. (Abschnitt 12.1.5)
10. Beschreiben Sie Anpassungsleistungen des Jugendlichen an je einem Beispiel aus Ihrem Erlebensbereich. (Abschnitt 12.2.1)
11. Erläutern Sie an einem Beispiel die Begriffe „Identität" und „Individuation". (Abschnitt 12.2.2)
12. Nennen Sie wesentliche Sozialisationsinstanzen des Jugendlichen und beschreiben Sie drei dieser Instanzen genauer. Verdeutlichen Sie Ihre Aussagen mit Beispielen. (Abschnitt 12.3)
13. Beschreiben Sie folgende Lebensbereiche, die für Jugendliche maßgeblich zur Bewältigung von Entwicklungsaufgaben beitragen:
    a) die Familie, (Abschnitt 12.3.1)
    b) die Schule, (Abschnitt 12.3.2)
    c) die Ausbildung bzw. der Beruf, (Abschnitt 12.3.3)
    d) Medien. (Abschnitt 12.3.5)
14. Verdeutlichen Sie mit Hilfe von Beispielen die Bedeutung der „Peergroup" für die Entwicklung des jungen Menschen. (Abschnitt 12.3.4)
15. Beschreiben Sie den Zusammenhang von intensiver Mediennutzung und zunehmender Kommerzialisierung der Freizeit bei Heranwachsenden. Gehen Sie dabei auch auf die daraus entstehenden Probleme ein. (Abschnitt 12.3.5)
16. Beschreiben Sie, wie sich die Werthaltungen junger Menschen seit den 60er Jahren des vergangenen Jahrhunderts gewandelt haben. (Abschnitt 12.4.1)
17. Beschreiben Sie an je einem Beispiel die Wertetypen bei Jugendlichen nach der *Shell Jugendstudie 2002*. (Abschnitt 12.4.2)
18. Unterscheiden Sie gängige Genuss- und Rauschmittel und stellen Sie die Gefahren für Jugendliche dar, wenn sie diese Stoffe konsumieren. Gehen Sie bei Ihren Ausführungen auch auf die Unterscheidung von legalen und illegalen Drogen ein. (Abschnitt 12.5.3)

Anregungen

19. Fertigen Sie in Gruppen einen hierarchischen Abrufplan zu dem Thema „Jugendsoziologie" an: Das Thema wird in einem ersten Schritt in Begriffen bzw. Stichworten zusammengefasst. In einem zweiten Schritt werden diese Begriffe in Oberbegriffe, Unterbegriffe, untere Unterbegriffe usw. gegliedert.

20. *Die „soziale Handelstheke"*
    - Finden Sie sich zu Fünfergruppen zusammen und entwerfen Sie auf je einem roten Zettel fünf Aufgaben zu dem Thema „Jugendsoziologie".
    - Auf je einen grünen Zettel schreiben Sie die Antworten zu diesen Aufgaben.
    - Die Aufgaben werden auf einer „Theke" (Tisch, Bank etc.), die Antworten auf einer anderen „Theke" ausgelegt.
    - Jeder Schüler wählt eine Aufgabe aus, die nicht in seiner Gruppe entworfen wurde und bearbeitet diese. Anschließend überprüft er seine Bearbeitung anhand der Antwort auf der zweiten „Theke".
    - Nach erfolgreicher Überprüfung wählt er eine weitere Aufgabe usw.

21. *„So erlebte ich als Jugendlicher meine Sozialisation"*
    - Überlegen Sie, wie Sie in Ihrem Jugendalter Sozialisation erlebten.
    - Bilden Sie Vierergruppen und erzählen Sie sich gegenseitig dieses Erleben.
    - Einigen Sie sich in der Gruppe auf ein Erleben jugendlicher Sozialisation und stellen Sie dieses mit Hilfe einer Collage dar.

22. *Aufgaben und Herausforderungen auf meinem Lebensweg als Jugendlicher*
    - Entwerfen Sie eine Liste von Aufgaben und Herausforderungen auf Ihrem Lebensweg in Ihrer Jugendzeit.
    - Ordnen Sie diese Aufgaben und Herausforderungen nach ihrer Wichtigkeit.
    - Diskutieren Sie in Gruppen, wie Sie diese Aufgaben und Herausforderungen bewältigt haben.

23. *Entwicklungsaufgabe als persönliche Belastung*
    - Schreiben Sie auf einen Zettel eine Entwicklungsaufgabe im Jugendalter, die sie als sehr belastend erlebt haben.
    - Schließen Sie sich in Vierergruppen zusammen und erzählen Sie sich gegenseitig diese als belastend empfundene Entwicklungsaufgabe.
    - Einigen Sie sich in der Gruppe auf eine Entwicklungsaufgabe und diskutieren Sie über mögliche Bewältigungsstrategien.
    - Stellen Sie Ihre Bewältigungsstrategie(n) mit Bauklötzchen am Boden dar.
    - Sprechen Sie in der Klasse über die gefundenen Strategien.

24. Überlegen Sie in Gruppen, welche Werte Ihnen als Jugendliche wichtig waren und stellen Sie diese auf einer Plakatwand zeichnerisch dar.

25. Bilden Sie vier/fünf Gruppen und diskutieren Sie, warum gerade Jugendliche aus schwierigen sozialen Verhältnissen häufiger durch abweichendes Verhalten auffallen.

13 Organisationssoziologie

Eine Vielzahl von Organisationen prägt das Bild unserer Gesellschaft. Ein Blick in das örtliche Fernsprechbuch lässt schnell deutlich werden, wie zahlreich diese Organisationen sind. Er zeigt aber auch, wenn wir mit dem Namen der jeweiligen Organisation unser Wissen um diese Organisation verbinden, wie verschieden die Organisationen sind in Zielsetzung, Zweckbestimmung, Größe, interner Aufgaben- und Abteilungsgliederung, Reichweite, Alter, Geschichte, wechselseitiger Verknüpfung, Einflusschance und Autonomie. Diese Vielfalt von Organisationen umfasst zum Beispiel erwerbs- oder gemeinwirtschaftlich orientierte Unternehmen; Interessen- und Weltanschauungsverbände (zum Beispiel Kirchen, Sekten, Bruderschaften); Parteien und politische Vereinigungen; Vereine verschiedener Art; dem ‚öffentlichen Wohle' dienende Einrichtungen wie die verschiedenen Bildungseinrichtungen, die Einrichtungen der Gesundheitsvorsorge, -fürsorge und -sicherung, der Rehabilitation und der Sozialversicherung; Behörden, Ämter, Anstalten und andere Einrichtungen der Kommunen, der Länder und des Bundes; die Organe der Rechtsprechung und -pflege sowie das Militär und militärähnliche Verbände.

Die Vielzahl von Organisationen bindet die einzelnen Mitglieder unserer Gesellschaft und ihre verschiedenen Gruppierungen ein in eine entsprechende Vielzahl wechselseitig miteinander verbundener Aktivitäten und verkettet sie so miteinander. Eingebunden in ein Netzwerk von Organisationen als deren Mitglieder, Beschäftigte, Akteure, Agenten, Repräsentanten, Klienten, Kunden oder Publikum gestalten wir heute unser Leben. Organisationen sind es, die uns verbinden; Organisationen trennen uns aber auch voneinander.

In Organisationen oder in enger Verbindung mit ihnen und beeinflusst durch sie verbringt der Bürger in unserer Gesellschaftsordnung wie in allen modernen Gesellschaften einen wesentlichen Teil seines Lebens. Sie bestimmen seinen sozialen Alltag ebenso wie seinen Lebenslauf. In und durch Organisationen wirken wir mit an der Gestaltung unserer Lebenswelt und der unserer Mitbürger [...]

Quelle: Abraham/Büschges, 2004[3], S. 29 f.

Folgende Fragen werden in diesem Kapitel geklärt:

1. Was versteht man unter Organisationssoziologie?
   Was ist ihr Gegenstand?

2. Was ist eine Organisation?
   Welche charakteristischen Merkmale besitzen Organisationen?

3. Welche unterschiedlichen Betrachtungsweisen von Organisationen gibt es?
   Welche verschiedenen Theorien über Organisationen haben sich daraus entwickelt?

4. Wie beeinflussen einzelnen Merkmale von Organisationen das soziale Handeln von Menschen?
   Welche besondere Rolle spielen dabei Kommunikations- und Entscheidungsstrukturen?

13.1 Begriff und Gegenstand der Organisationssoziologie

Will man den Gegenstand der Organisationssoziologie bestimmen, so ist es ratsam zunächst den Begriff „Organisation" näher zu betrachten.

13.1.1 Der Begriff „Organisation"

In der Literatur und der Umgangssprache finden sich hierzu drei verschiedene Bedeutungen: Der Begriff wird zum einen im Sinne einer **Tätigkeit** benutzt, wenn man mit Organisation ein „Organisieren" von Etwas meint.

So braucht zum Beispiel jedes Fest ein Mindestmaß an Organisation in dem Sinne, dass es einer Planung bedarf und eine Vielfalt von verschiedenen Arbeiten im Vorfeld ausgeführt werden müssen.

Zum anderen taucht das Wort „Organisation" auch im Sinne von „Organisiertheit" im Sprachgebrauch auf und meint dann das **Resultat** des Organisierens.

So lobt oder kritisiert beispielsweise jemand die Organisation eines Rockfestivals als gelungen oder misslungen und meint damit das Ergebnis der organisatorischen Bemühungen.

Schließlich setzt sich eine Organisation immer aus verschiedenen Personen zusammen und stellt deshalb ein **soziales Gebilde** dar.[1]

Solche sozialen Gebilde sind zum Beispiel Betriebe, Kirchen, Schulen, Krankenhäuser oder Behörden.

Ein solches soziales Gebilde ist zeitlich überdauernd, verfolgt bestimmte **Ziele** und weist eine bestimmte **Struktur** auf. Auf diese Merkmale wird in *Abschnitt 13.2* näher eingegangen.

Ein Betrieb zum Beispiel hat das Ziel, etwa Autos, Haushaltsgeräte, Werkzeuge oder Maschinen herzustellen. Organisationen im Bereich des Gesundheitswesens bemühen sich um Gesundheitsvorsorge bzw. wollen Menschen von Krankheiten heilen. Solch ein Betrieb weist eine bestimmte Struktur auf, etwa Arbeitsteilung oder eine Hierarchie von Verantwortung, und existiert über einen längeren Zeitraum.

Statt von einem sozialen Gebilde wird auch oft von einem **sozialen System** gesprochen. Damit soll der Aspekt hervorgehoben werden, dass ein soziales Gebilde immer ein Ganzes ist, dessen Teile untereinander in einer wechselseitigen Beziehung stehen und sich gegenseitig beeinflussen.[2]

> Eine Organisation ist ein zeitlich überdauerndes, strukturiertes soziales Gebilde bzw. System, welches sich aus verschiedenen Personen zusammensetzt und bestimmte Ziele verfolgt (vgl. Rosenstiel u. a., 2005[9], S. 25).

Oftmals wird Organisation mit dem Begriff **Institution** gleichgesetzt. Man spricht beispielsweise von der Institution des Kindergartens, obwohl dieser eine Organisation ist. Diese beiden Begriffe müssen jedoch genau auseinander gehalten werden: Während eine Organisation ein überdauerndes, aus Individuen und Gruppen zusammengesetztes, strukturiertes soziales Gebilde bzw. System ist, das bestimmte Ziele verfolgt, meint man mit Institution – wie in Kapitel 1.2.4 ausgeführt – alle mehr oder weniger verbindlichen, in ihrer Form beständigen Ordnungs- bzw. Verhaltensmuster von menschli-

---

[1] Soziales Gebilde als Gegenstand der Soziologie ist in Kapitel 1.2.2 dargestellt.
[2] Auf soziales System wird in Kapitel 1.2.3 eingegangen.

chen Beziehungen. Allerdings lassen sich Institution und Organisation nicht voneinander trennen: Institutionen bilden den „normativen Rahmen" des Handelns in Organisationen. Organisationen sind also soziale Gebilde, die unter anderem auf der Grundlage von Institutionen aufgebaut sind.[1]

Die Bedeutung von Organisationen innerhalb der Gesellschaft wird insbesondere dann deutlich, wenn jeder Einzelne von uns erfahren muss, dass er als Individuum nicht in der Lage ist, die Vielzahl seiner Bedürfnisse adäquat zu befriedigen. So übersteigen die dafür benötigten Mittel in der Regel seine finanziellen Möglichkeiten, seine verfügbare Zeit, sowie seine individuellen Fähigkeiten und Fertigkeiten. Erst durch die Koordination vieler Tätigkeiten einzelner Menschen, die auf ein vorgegebenes Ziel ausgerichtet sind, gelingt es, bestimmte Bedürfnisse sachgerecht zu befriedigen.

So ist es erst durch die gemeinsamen und koordinierten Anstrengungen vieler Menschen möglich, zum Beispiel ein Krankenhaus, einen pädagogisch sinnvoll arbeitenden Kindergarten oder einen Energiekonzern erfolgreich zu führen. Diese Organisationen befriedigen die Bedürfnisse jedes Einzelnen von uns, zum Beispiel nach Wiederherstellung von Gesundheit, nach Erziehung und Bildung oder nach Strom, Gas, Heizöl und Benzin.

13.1.2 Der Gegenstand der Organisationssoziologie

Während sich die Organisationspsychologie primär mit dem Erleben und Verhalten von Menschen in Organisationen auseinander setzt, interessiert sich die Organisationssoziologie als Wissenschaft in erster Linie dafür, **wie Organisationen im Laufe der Zeit entstanden sind und sich verändert haben bzw. noch immer verändern**. Dabei geht sie der Frage nach, wie das soziale Handeln der Menschen zum Entstehen von Organisationen beiträgt und diese verändert.

So herrschte zum Beispiel nach *Max Weber* in den Anfangszeiten der Industrialisierung bei einem Teil protestantischer Unternehmer die religiös fundierte Überzeugung, sie seien von Gott besonders auserwählt. Um nach außen hin zu demonstrieren, dass sie sich dieses Privilegs als würdig erweisen, investierten sie ihre erwirtschafteten Gewinne strikt wieder in ihre Unternehmen, statt sie zu konsumieren. Auf diese Weise vergrößerten sich ihre Unternehmen im Laufe der Zeit mehr und mehr.

Nicht weniger gilt ihr Interesse aber auch jenen Einflüssen, die solche – von Menschenhand geschaffenen – Organisationen ihrerseits auf die Menschen bzw. die Gesellschaft ausüben.

Karl Marx beispielsweise beklagt, dass die mit zunehmender Industrialisierung entstandene Arbeitsteilung zu einer Entfremdung der Arbeitnehmer führe. Indem der Arbeitnehmer nur noch bestimmte Teilarbeiten beim Herstellen eines Produktes verrichtet, kann er sich nicht mehr mit dem aus vielen verschiedenen Einzeltätigkeiten entstandenen Endprodukt identifizieren.

Die Organisationssoziologie beschäftigt sich also mit den geplanten und ungeplanten sozialen Prozessen, die innerhalb einer Organisation bzw. im Rahmen von Außenbeziehungen mit anderen organisatorischen Gebilden ablaufen.

> **Organisationssoziologie ist die Wissenschaft von Entstehung, Aufbau, Funktionieren und Veränderung von Organisationen sowie von deren Einflüssen auf das soziale Handeln der Menschen.**

---

[1] *Auf diesen Unterschied wird in Kapitel 1.2.4 näher eingegangen.*

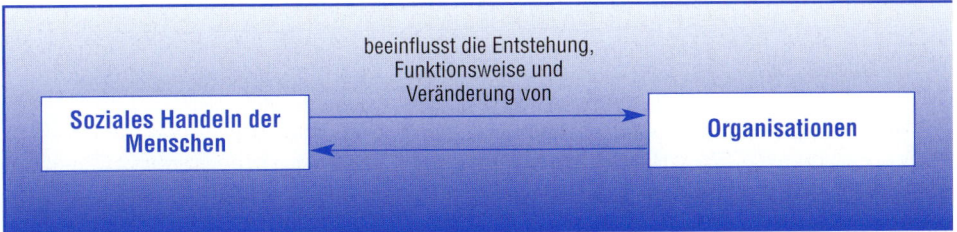

Wenn Wissenschaftler sich mit Organisationen und den in ihnen handelnden Menschen beschäftigen, so lassen sich dabei vereinfacht *drei verschiedene Analyseebenen* unterscheiden:

- Die **sozialpsychologische Analyseebene**, bei der Forscher das Verhalten und Erleben von *Individuen* in Organisationen beschreiben und erklären wollen. Die Organisation bildet dabei die Umwelt des Menschen und beeinflusst sein Denken, Fühlen und Handeln.

    So kann zum Beispiel von Interesse sein, ob und inwieweit die langjährige Mitgliedschaft einzelner Personen deren Einstellungen, Werthaltungen und Handlungsweisen nachhaltig beeinflusst.

    Auf dieser Analyseebene ergeben sich starke Parallelen zur Organisationspsychologie.

- Die **strukturelle Analyseebene** befasst sich mit den speziellen *Merkmalen* von Organisationen und deren Einflüsse aufeinander.

    So wollen Forscher etwa wissen, inwieweit bestimmte Regelungen in den Arbeitsabläufen vorteilhaft oder nachteilig für das Erreichen von in Organisationen angestrebten Zielen sind.

    Außerdem interessieren sich die Forscher für zwischenmenschliche Prozesse, die in den einzelnen Untereinheiten solcher Organisationen ablaufen.

    Es kann zum Beispiel sein, dass der notwendige Informationsfluss von Abteilung A zu Abteilung B deshalb nicht optimal funktioniert, weil beiden Abteilungsleiter in Konkurrenz um die nächste Beförderung stehen. Durch gezielte „Informationsblockaden" oder Gerüchte versucht Abteilungsleiter A zu erreichen, dass sein Konkurrent eine Fehlentscheidung triff und dadurch aus dem Rennen um die nächst höhere Position ausscheidet.

- Die **ökologische Analyseebene** befasst sich mit den *verschiedenen Organisationen und ihren Beziehungen* zueinander. Da jede Organisation mit anderen Organisationen in Verbindung steht, bestehen gegenseitige Abhängigkeiten und Beeinflussungen.

    So unterhält ein Krankenhaus viele Beziehungen zu Wirtschaftorganisationen, die es zum Beispiel mit technischen Geräten, Energie, Lebensmitteln und Verbandsmaterial beliefern, ferner zu Universitäten, um hoch qualifizierte Arbeitskräfte zu bekommen, zu Kirchen, um die Seelsorge für ihre Patienten zu gewährleisten und dergleichen mehr. Gleichzeitig sind etwa Wirtschaftorganisationen wieder auf die Krankenhäuser angewiesen, da diese wichtige Kunden darstellen.

Im Laufe der Zeit wurden diese einzelnen Analyseebenen jeweils unterschiedlich stark beachtet. Die Konzentration auf jeweils eine bestimmten Ebenen brachte es dabei fast zwangsläufig mit sich, dass ganz bestimmte charakteristische Merkmale von Organisationen in den Mittelpunkt des Interesses gelangten, während andere eher vernachlässigt wurden. Gleichzeitig führte diese Vorgehensweise zu verschiedenen Theorien über Organisationen, von denen einige exemplarisch in *Abschnitt 13.3* dargestellt sind.

 *Von der Organisationssoziologie ist die **Industriesoziologie** abzugrenzen, die mit dem Aufkommen der Industrialisierung entstand und sich mit dem Prozess der Industrialisierung, insbesondere mit den Wirkungen dieses Prozesses auf das soziale Handeln und das Zusammenleben bzw. -wirken von Menschen und Organisationen beschäftigt. Sie richtet im weitesten Sinne ihren Blick auf alle sozial bedeutsamen Vorgänge im Bereich der industrialisierten Wirtschaft sowie auf die Beziehungen zwischen Wirtschaftsverbänden, Unternehmen und Industrien. Die Industriesoziologie ist also die Wissenschaft vom Prozess der Industrialisierung und seinen Wirkungen auf das soziale Handeln und das Zusammenleben bzw. -wirken von Menschen und Organisationen.*

*Schwer abzugrenzen von der Industrie- und Organisationssoziologie ist die **Betriebssoziologie**, die sich mit der wissenschaftlichen Erforschung von wirtschaftlichen Unternehmen als eine soziale Organisationsform beschäftigt. Sie herrschte bis zum Beginn der 70er Jahre des letzten Jahrhunderts vor, wurde aber dann von dem Terminus Organisationssoziologie abgelöst, da nicht nur Gesetzmäßigkeiten des sozialen Handelns und des Zusammenlebens bzw. Zusammenwirkens von Menschen in Betrieben interessieren, sondern auch die in sozialen Gebilden wie der Erziehung, des Rechts oder der öffentlichen Verwaltung. Wo man heute noch an dem Begriff „Betriebssoziologie" festhält, kann sie als Teildisziplin der Organisationssoziologie verstanden werden, die sich ausschließlich auf wirtschaftliche Unternehmen bezieht; die Organisationssoziologie hat den Anspruch, soziales Handeln und Zusammenwirken von Menschen nicht nur in wirtschaftlichen Betrieben, sondern auch in andersartigen Organisationen wie zum Beispiel Kindergärten, Schulen und Verwaltungen zu erforschen.*

13.2 Merkmale von Organisationen

Die moderne Arbeitswelt hat im Laufe der Zeit nicht nur eine enorme Vielfalt von Organisationen hervorgebracht, sondern parallel dazu auch eine große Anzahl verschiedenster Formen, wie diese Organisationen aufgebaut sind. Die Beschäftigung mit dem Gegenstand Organisation ist daher ein äußert komplexes Geschehen, bei dem die Organisationssoziologie nicht nur auf zusätzliche Erkenntnisse der allgemeinen Soziologie angewiesen ist, sondern darüber hinaus auch Einsichten anderer Wissenschaften wie der Psychologie, der Betriebswirtschaftslehre, der Rechtswissenschaft u. a. nutzt.

„Organisationsforschung und -praxis ist ein Feld für multidisziplinäre Aktivität."

(Endruweit, 2004[2], S. 13)

Es verwundert deshalb nicht, dass man in der Literatur die unterschiedlichsten Definitionsversuche des Begriffs „Organisation" findet: Die vielen verschiedenen Sichtweisen von Organisationen haben zu einer Vielfalt von zum Teil recht unterschiedlichen Merkmalen geführt, mit denen man Organisationen charakterisiert. Trotz dieser Unterschiede gelten mittlerweile einige Merkmale von Organisationen als relativ typisch und unstrittig – sie werden im Folgenden dargestellt.

13.2.1 Zielbezogenheit

Schon immer waren Menschen bemüht, ihre Bedürfnisse zu befriedigen. Viele der dafür benötigten Güter und Dienstleistungen sind jedoch knapp oder können durch den Einzelnen – wenn überhaupt – nur unter unverhältnismäßig großem Einsatz von speziellen Fertigkeiten, Fähigkeiten, Zeit, Mühe, Maschinen und dergleichen hergestellt werden. Erst durch die absichtliche, geplante Zusammenarbeit vieler Personen, die ihre Aktivitäten koordinieren und auf ein festgelegtes Ziel ausrichten, gelingt es in der Regel, die nötige Anzahl von Produkten in akzeptabler Qualität und bei vertretbarem Aufwand zu erzeugen. Ein solches Zusammenwirken von Menschen erfolgt in eigens zu diesem Zweck gegründeten sozialen Gebilden, den so genannten Organisationen. Damit wird **die Ausrichtung von Organisationen auf festgelegte Ziele** zu einem ihrer zentralen charakteristischen Kennzeichen.

So haben Organisationen im Bereich der Wirtschaft beispielsweise das Ziel Autos, Haushaltsgeräte, Werkzeuge oder Maschinen herzustellen, während Organisationen im Bereich des Gesundheitswesens sich um Gesundheitsvorsorge bemühen bzw. Menschen von Krankheiten heilen wollen.

Wesentliche Ziele von Organisationen im Bereich der Erziehung und Bildung sind in entsprechenden Gesetzen oder Lehrplänen festgeschrieben. So finden sich beispielsweise im „Bayerischen Gesetz über das Erziehungs- und Unterrichtswesen" u. a. folgende Ziele:
– Schulen sollen Können und Wissen vermitteln;
– Geist, Körper, Herz und Charakter bilden;
– zu Selbstbeherrschung, Verantwortungsbewusstsein, zur Achtung vor Gott und der religiösen Überzeugungen anderer, zur Achtung der Menschenwürde, Hilfsbereitschaft u. a. erziehen.

In diesem Zusammenhang erscheinen ferner als besondere schulische Aufgaben die Erziehung zur Toleranz, zur friedlichen Gesinnung und zur Achtung anderer Menschen, zur Einsatzbereitschaft für den freiheitlich-demokratischen Rechtsstaat usw. Ferner fällt den Schulen die Aufgabe zu, auf Arbeits- und Berufswelt vorzubereiten.

> **Zielbezogenheit als Organisationsmerkmal meint ein Ausrichten bzw. ein Ausgerichtetsein der Organisation auf bestimmte, festgelegte Zwecke.**

Viele Forscher betrachten die Zielbezogenheit als das zentrale Merkmal von Organisationen und widmen sich diesem sehr intensiv. In diesem Zusammenhang gehen sie u. a. folgenden Fragen nach:

- Wer legt die Ziele einer Organisation fest? Geschieht dies durch die Organisation selbst oder von außen?
- Welche Personen bzw. Personenkreise sind an der Festlegung der Organisationsziele beteiligt?
- Auf welche Quellen kann der Forscher beim Erfassen der Ziele zurückgreifen?
- Welchen Veränderungen unterliegen die Ziele der Organisation im Laufe der Zeit?

Auf den ersten Blick erscheint das Merkmale der Zielbezogenheit als wissenschaftlich leicht erfassbar. Es taucht in diesem Zusammenhang jedoch eine Reihe von Problemen auf.

Obwohl die Zielsetzungen von Organisationen in der Regel schriftlich fixiert sind, ergeben sich erhebliche Interpretationsspielräume, da sich solche Zielformulierungen oft als mehrdeutig und relativ allgemein erweisen.

Es gibt zum Beispiel unter Pädagogen sicher unterschiedliche Auffassungen darüber, was mit der Bildung von „Herz und Charakter" konkret gemeint sein könnte. Ebenso kann die Erziehung zur Toleranz sich als relativ unbestimmtes Erziehungsziel erweisen, da in einer pluralistischen Gesellschaft viele unterschiedliche Vorstellungen vom Wesen der Toleranz existieren.

Auch lässt sich nicht immer ausschließen, dass einzelne Zielsetzungen einander behindern oder sogar in Widerspruch zueinander geraten können.

Erziehungsorganisationen wie Kindergärten, Horte und Schulen sollen beispielsweise zur Hilfsbereitschaft erziehen, andererseits aber auch auf die Berufs- und Arbeitswelt vorbereiten, in der ein gewisses Maß an Durchsetzungsvermögen und Konkurrenz- bzw. Ellenbogendenken verlangt wird.

Ferner bedeutet die Festlegung von Zielen und deren Prioritäten nicht automatisch uneingeschränkte Akzeptanz durch alle Mitglieder der Organisation.

Es gibt sicher Pädagogen, die das Erziehungsziel „Achtung vor Gott" als nicht akzeptabel betrachten oder ihm nur einen untergeordneten Stellenwert beimessen.

Da Organisationen nicht im luftleeren Raum existieren, sondern in Verbindung mit der Gesellschaft stehen, müssen sie ihre Ziele auch immer wieder mit dem sich vollziehenden gesellschaftlichen Wandel abgleichen. Je nach wirtschaftlichen und politischen Gegebenheiten können einzelne Ziele in kurzer Zeit unterschiedlich wichtig werden.

Materialien 2

Während im Fahrwasser der ersten PISA-Studie zum Beispiel Stimmen nach einer wohl kostspieligen Reformierung der deutschen Organisationen des Erziehungs- und Bildungswesens immer lauter werden, besteht durch die Finanzkrise der öffentlichen Haushalte gleichzeitig ein enormer Sparzwang und damit die Gefahr einer halbherzigen oder verspäteten Umsetzung notwendiger Reformen.

13.2.2 Strukturiertheit

Obwohl der Begriff **Organisationsstruktur** in der Literatur nicht eindeutig verwendet wird, meint man in der Regel damit jene Vorkehrungen, die in Organisationen bei ihren Mitgliedern stabile und damit berechenbar bzw. vorhersagbar Verhaltensmuster erzeugen sollen (vgl. *Abraham/Büschges, 2004³, S. 131*). Der Zweck einer solchen Struktur besteht darin, ein geregeltes, an den Zielen der Organisation orientiertes Zusammenarbeiten zu ermöglichen. Deshalb wird nach Möglichkeit die Organisationsstruktur absichtlich und planmäßig etabliert. Es hat sich jedoch gezeigt, dass durch das Einrichten bestimmter Positionen, Rollen, Verfahrensweisen, Kommunikationswege, Hierarchien u. Ä. gewissermaßen als Nebenprodukt auch unbeabsichtigte, manchmal unerwünschte und oft nur schwer vorhersehbare „Nebeneffekte" entstehen und das gemeinsame Arbeiten beeinflussen. Demnach ist jede Organisation durch bestimmte Strukturen gekennzeichnet, die sich unterteilen lassen in[1]:

- die **formale Organisationsstruktur**, auch formale Organisation genannt,
- die **informale Organisationsstruktur** bzw. informale Organisation.

---

[1] *Soziale Struktur bezeichnet das geordnete Gefüge und den geordneten Aufbau eines sozialen Gebildes und ist in Kapitel 1.2.2 näher ausgeführt.*

Die formale Organisationsstruktur

Wie bereits dargestellt, verfolgen Organisationen festgelegte Ziele und setzen dafür alle ihnen notwendig erscheinenden Mittel ein. Weder die konkrete Auswahl und Kombination dieser Mittel noch die Art und der Zeitpunkt ihrer Anwendung werden dabei dem Zufall überlassen. Vielmehr ist man von Anfang an darum bemüht, alles Notwendige zum Erreichen der Ziele nach rationalen und effektiven Gesichtspunkten zu planen und festzulegen. Im Rahmen eines solchen Bemühens werden von Anfang an ganz bewusst Organisationsziele entwickelt und für verbindlich erklärt, die Anzahl der nötigen Mitarbeiter und ihre erforderlichen Qualifikationen festgelegt, Verhaltensregeln etabliert und durch entsprechende Belohnungs- bzw. Bestrafungsmechanismen gestützt. Ferner schafft man Positionen, Rollen und Hierarchien, Kommunikationswege und vieles andere mehr. Auf diese Weise entsteht eine Vielzahl von absichtlichen und geplanten Regelungen bzw. Festlegungen, die man als formale Organisationsstruktur bezeichnet. All diese Festlegungen dienen ausschließlich dem Zweck die Arbeit der Organisationsmitglieder zu koordinieren, um die angestrebten Ziele möglichst effektiv zu erreichen.

So werden beispielsweise in der Schule Lernziele und Lerninhalte nicht erst allmählich im Laufe des Jahres von Schülern und Lehrern entwickelt, sondern sind von Anfang an festgelegt, ebenso die Anzahl der benötigten Lehrer. Eine Schulordnung regelt das Zusammenleben und sieht entsprechende Maßnahmen bei groben Verstößen vor.
In jeder Schule besetzen Mitarbeiter bestimmte Positionen – wie zum Beispiel Hausmeister oder Schulleiter –, die sich hinsichtlich ihres Ranges unterscheiden. Mit diesen Positionen sind außerdem bestimmte Verhaltenserwartungen und Rechte verbunden, die das Aufgabenfeld des Positionsinhabers definieren und ihm bestimmte Kommunikationswege vorschreiben oder erst eröffnen.

> **Formale Organisationsstruktur meint die Gesamtheit von absichtlichen, geplanten und verbindlichen Anordnungen und Festlegungen, um bestimmte Organisationsziele zu realisieren.**

*Im Sinne dieser Definition gehören zur formalen Organisationsstruktur auch die in einer Organisation festgelegten **Kommunikationswege** und **Entscheidungsbefugnisse** einzelner Rollenträger. Da viele Wissenschaftler diese jedoch als eigene Merkmale von Organisationen betrachten, werden sie in den Abschnitten 13.2.3 und 13.2.4 näher beschrieben.*

Die informale Organisationsstruktur

Obwohl Organisationen um ein Steuern der Zusammenarbeit ihrer Mitglieder bemüht sind, gelingt es niemals, für alle möglichen oder eventuell eintretenden Situationen und Gegebenheiten Regelungen bzw. Verfahrenweisen festzulegen.

Man bedenke beispielsweise, dass in Organisationen ständig die unterschiedlichsten Menschen aufeinander treffen, die Zusammensetzung von Arbeitsgruppen sich häufig verändert, die Gesellschaft rasanten Veränderungen unterliegt, die Nachfrage nach bestimmten Gütern und Dienstleistungen erheblichen Schwankungen unterworfen sein kann.

In dem Maße, wie die formalen Planungs- und Steuerungsmöglichkeiten an ihre Grenzen stoßen, entwickeln sich parallel zur formalen Struktur – insbesondere in Gruppen – eigene und eigenständige Regelungen, Vereinbarungen, Verfahrensweisen, Normen, Werte und Rangordnungen. Diese sind weder von vornherein geplant, noch irgendwo offiziell festgelegt. Die Mitglieder von Organisationen bringen als Menschen unterschiedlichste individuelle Bedürfnisse, Interessen und Einstellungen mit, die sie während ihrer Arbeit begleiten und ihr Erleben und Verhalten beeinflussen. Es entsteht eine informale Organisationsstruktur.

Beispielsweise kann ein von seiner Arbeitsgruppe sehr geschätzter Mitarbeiter in bestimmten Situationen Gruppenentscheidungen wesentlich mehr beeinflussen als der direkte Vorgesetzte dieser Gruppe und damit die offizielle Rangordnung relativieren. Die Vorstellungen einer Gruppe über Geschwindigkeit und Qualität einer zu erbringenden Leistung kann deren Ergebnis weit mehr beeinflussen als offizielle Anreizsysteme. Das offizielle Ziel, möglichst kostengünstig zu produzieren, muss sich nicht zwangsläufig mit dem Ziel der Arbeitnehmer decken, insbesondere wenn dieses Ziel durch zusätzliche, nicht entlohnte Arbeit angestrebt werden soll.

Persönliche Beziehungen einzelner Mitarbeiten zueinander, die beispielsweise auf der Basis von Verwandtschaft, Nachbarschaft, Freundschaft, Clubmitgliedschaft, Sympathie oder Antipathie beruhen, können bei einer angestrebten Beförderung weit wichtiger sein, als die tatsächlichen Qualifikationen und bisher erbrachten Leistungen der einzelnen Bewerber.

Individuelle Bedürfnisse wie zum Beispiel der Wunsch nach ein bis zwei kurzen Zigaretten- oder Kaffeepausen während der Arbeitszeit bestehen auch dann noch, wenn offizielle Pausen längst verstrichen sind. Oft wird die Befriedigung dieser Bedürfnisse den Mitgliedern einer Arbeitsgruppe „inoffiziell" ermöglicht, während die Arbeitnehmer ihrerseits bereit sind auch einmal länger zu arbeiten, einen Kollegen zu vertreten, ohne dass diese Leistungen formal eingefordert werden könnten.

> **Als informale Organisationsstuktur bezeichnet man alle in einer Organisation faktisch existierenden Regelungen, Verfahrensweisen, Zielsetzungen, Normen und Werte, die nicht von vornherein geplant und beabsichtigt waren und die es „offiziell" gar nicht gibt.**

Formale und informale Organisationsstrukturen existieren nebeneinander und bedingen sich gegenseitig. In der Regel schafft die formale Organisationsstruktur wesentliche, allgemeine Rahmenbedingungen, innerhalb deren sich informale Strukturen herausbilden. Dabei können formale und informale Organisationsstrukturen aber auch in Widerspruch zueinander geraten. Insbesondere dort, wo sich formale Vorgaben als umständlich, die Arbeit behindernd oder als völlig untauglich erwiesen haben, etablieren sich informale Praktiken, die dann für den reibungslosen Ablauf von Arbeitsprozessen sorgen.

So sind zum Beispiel im Schulbetrieb vier zusammenhängende Unterrichtsstunden im Fach Deutsch in der Regel nicht vorgesehen. Will der Deutschlehrer aber einen entsprechend langen Leistungsnachweis durchführen, wird er informell mit den Kollegen Stunden tauschen. Er kann auf diese Weise sein Ziel erreichen, die Klasse an lange Prüfungszeiten zu gewöhnen. Eine offizielle Anfrage bei der Schulleitung würde dagegen mit erheblich mehr Arbeits- und Zeitaufwand verbunden sein und die Schulleitung von anderen, wichtigeren Aufgaben abhalten.

„Formal eingerichtete und inoffiziell sich entwickelnde Regeln, Werte und Gesetze sind in jeder formalen Organisation unabdingbar und unteilbar miteinander verwoben." (Weinert, 1987², S. 43)

Gelegentlich wird unter dem Aspekt der Strukturiertheit die Organisation zusätzlich zu der hier vorgenommenen Unterscheidung auch in ihrer Eigenschaft als so genanntes geschlossenes bzw. offenes System thematisiert.

Merkmal der Strukturiertheit	
formale Organisationsstruktur die Gesamtheit von absichtlichen, geplanten und verbindlichen Anordnungen und Festlegungen, um bestimmte Organisationsziele zu realisieren	**informale Organisationsstruktur** alle faktisch existierenden Regelungen, Verfahrensweisen, Zielsetzungen, Normen und Werte, die nicht von vornherein geplant und beabsichtigt waren und die es „offiziell" gar nicht gibt

13.2.3 Kommunikationsstrukturen

In jeder Organisation, in der viele Menschen zusammenarbeiten, besteht die Notwendigkeit wichtige Informationen schnell und möglichst fehlerfrei an die dafür vorgesehenen Adressaten zu übermitteln. Nur so lassen sich die vorgegebenen Ziele erreichen, während Mängel beim Informationsfluss gravierende Folgen haben können. Daher ist jede Organisation um den Aufbau eines möglichst effizienten Netzes von Kommunikationswegen bemüht. Auf diese Weise entstehen so genannte Kommunikationsstrukturen, womit das Netz von Informationswegen innerhalb einer Organisation bzw. ihrer Abteilungen oder Gruppen gemeint ist.

So werden beispielsweise in der Schule über verschiedene Informationswege Nachrichten weitergegeben, die zusammen die Kommunikationsstruktur bilden. Hierbei könnten folgende Informationswege existieren:
- Der Schulleiter ruft eine Gesamtlehrerkonferenz ein und spricht zu den Kollegen, diese geben wiederum Informationen an die Schüler weiter.
- Der Schulleiter spricht per Lautsprecherdurchsage zu allen Schülern und Lehrern.
- Der Schulleiter informiert alle Schüler schriftlich über die Hausordnung, die er jedem Schüler aushändigen lässt.
- Der Schulleiter schickt per Hauspost eine schriftliche Anordnung an die Leiter der einzelnen Fachbereiche, diese informieren entsprechend die Kollegen ihrer Abteilung.
- Der Schulleiter macht einen Aushang am „schwarzen Brett".

Die Gesamtheit dieser Kommunikationswege ergibt die Kommunikationsstruktur.

> **Kommunikationsstrukturen sind das Netz von Informationswegen innerhalb einer Organisation bzw. ihrer Abteilungen oder Gruppen.**

Kommunikationsstrukturen lassen sich danach unterscheiden, in welchem Umfang einer bestimmten, zentralen Person verschiedene Informationswege zur Verfügung stehen. Man spricht in diesem Zusammenhang vom **Zentralitätsgrad**, gelegentlich auch vom Zentralisierungsgrad.

So verfügt ein Schulleiter in der Regel über viele Informationswege und damit über einen hohen Zentralitätsgrad, da er mit allen Schülern, Lehrern, Hausmeistern, Schreibkräften und Eltern direkt sprechen kann. Außerdem stehen ihm zusätzlich im Rahmen von Schulleitertagungen, telefonischen und schriftlichen Mitteilungen des Kultusministeriums, als Mitglied etwa eines Lehrerverbands etc. eine Vielzahl von weiteren Informationsquellen zur Verfügung.

> **Zentralitätsgrad** meint in diesem Zusammenhang das Ausmaß an Informationswegen, über die eine zentrale Person verfügen kann.

 Der Begriff „Zentralitätsgrad" bzw. „Zentralisierungsgrad" wird in der Literatur nicht einheitlich verwendet (vgl. Abschnitt 13.2.4).

Entsprechend dem Maß an Zentralisierung ergeben sich idealtypisch verschiedene Kommunikationsstrukturen:

- Das **Rad**: Im Mittelpunkt des Kommunikationsweges steht eine Person, bei der viele Informationskanäle zusammenfließen. Der Zentralitätsgrad ist – bezogen auf diese Person – sehr hoch.

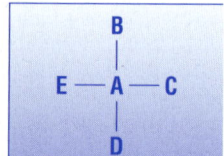

- Die **Kette**: Hier steht den Personen am jeweiligen Ende nur ein Informationskanal zur Verfügung, während alle anderen zwei nutzen können. Es entsteht dabei ein mittlerer Zentralitätsgrad.

- Der **Kreis**: Hier kann jeder Kommunikationspartner mit seinem direkten Nachbarn Informationen austauschen. Der Zentralitätsgrad ist für alle Mitglieder gleich.

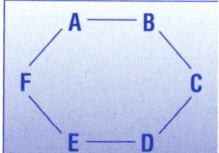

- Die **Vollstruktur**: Bei ihr steht eine sehr große Anzahl von Kommunikationskanälen zur Verfügung, so dass jeder mit jedem Information austauschen kann.

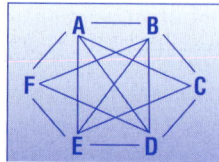

In der Organisation Schule entspricht zum Beispiel eine Lehrerkonferenz mit uneingeschränkter Diskussionsmöglichkeit einer Vollstruktur.
Laufen bei einem Schulleiter sämtliche Informationen sternförmig zusammen, so liegt eine Radstruktur vor.
Laufen die Informationen etwa vom Kultusministerium zum Schulleiter, von dort zu den Fachbetreuern, dann zu den einzelnen Lehrern und werden diese Mitteilungen schließlich an die Schüler weitergegeben, so gleicht der Kommunikationsweg einer Kette. Werden viele Informationen, zum Beispiel auch in einzelnen Abteilungen, in dieser Weise weitergegeben, entsteht eine Kettenstruktur. Beim Kreis verläuft die Kommunikation zunächst wie bei der Kette vom Schulleiter bis zu den Schülern, diese können dann jedoch wieder mit dem Ursprungssender, dem Schulleiter, Informationen austauschen. Eine Vielzahl solcher Kommunikationswege lässt eine Kreisstruktur entstehen.

Betrachtet man Kommunikationswege danach, auf welchen **hierarchischen Ebenen** sie etabliert sind, so lassen sie sich in vertikale, horizontale und diagonale Kommunikationswege einteilen. Fließen Informationen dem Hierarchiegefüge einer Organisation entsprechend von oben nach unten und umgekehrt, geschieht dies über **vertikale Kommunikationswege**, die in ihrer Vielzahl dann eine vertikale Kommunikationsstruktur erzeugen.

Der Informationsfluss in der Organisation Schule kann zum Beispiel so organisiert sein, dass der jeweilige Vorgesetzte seine „Untergebenen" informiert. Der Schulleiter informiert als höchste hierarchische Instanz den stellvertretenden Schulleiter. Dieser gibt die Informationen seinerseits an die

Fachbetreuer weiter. Von den Fachbetreuern werden die Mitteilungen an die „einfachen" Lehrer weitergegeben, die wiederum die Schüler informieren. Die Vielzahl solcher Kommunikationswege erzeugt eine vertikale Kommunikationsstruktur.

Ein Informationsaustausch zwischen Personen, die sich auf **derselben hierarchischen Ebene** befinden, erfolgt über **horizontale Kommunikationswege**, die ihrerseits eine horizontale Kommunikationsstruktur erzeugen können.

Nutzt das Lehrerkollegium beispielsweise seine Informationswege, indem sich die einzelnen Lehrer gegenseitig wichtige Informationen zukommen lassen, ohne dass über- oder untergeordnete Stellen in diesen Informationsfluss einbezogen sind, so werden horizontale Kommunikationswege genutzt. Diese bilden dann in ihrer Vielzahl eine horizontale Kommunikationsstruktur.

Diagonale Kommunikationswege ermöglichen den Informationsaustausch zwischen Personen auf unterschiedlichen Hierarchieebenen, wobei zwischen diesen Ebenen keine direkte Weisungsbefugnis besteht.

Informiert in einem beruflichen Schulzentrum Kollege A, der in der Maschinenbauschule stellvertretender Schulleiter ist, seinen Freund B, der an der FOS als „einfacher Lehrer" unterrichtet, so wandert die Information von der Ebene Schulleitung auf die Ebene „einfache Lehrer". Aufgrund der unterschiedlichen Schultypen ist jedoch Lehrer A nicht Vorgesetzter von Lehrer B. Viele solcher Kommunikationswege erzeugen eine diagonale Kommunikationsstruktur.

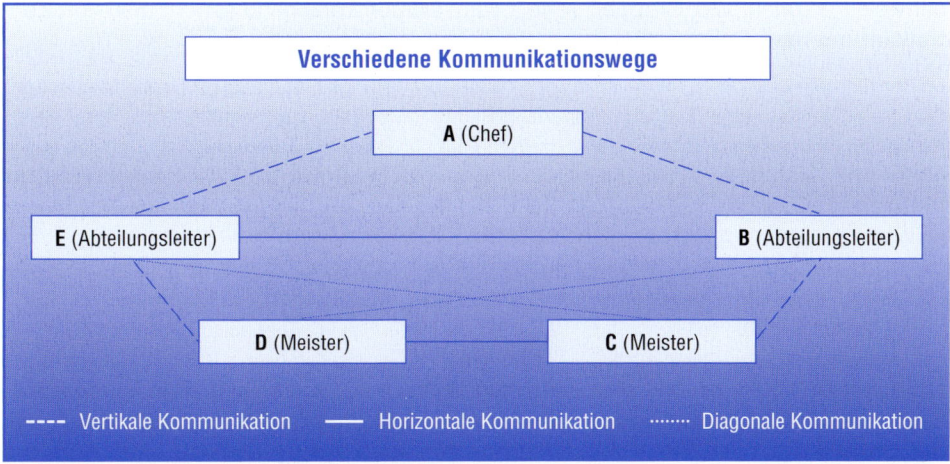

13.2.4 Entscheidungsstrukturen

Die von Organisationen angestrebten Ziele lassen sich nur dann erreichen, wenn die Vielzahl der dazu notwendigen Tätigkeiten koordiniert wird, aus vorhandenen Alternativen bezüglich Rohstoffen, Maschinen, Produktionsverfahren eine entsprechende Auswahl stattfindet sowie genügend und qualifiziertes Personal zur Verfügung steht. Es müssen deshalb ständig Entscheidungen auf unterschiedlichsten Ebenen und in unterschiedlichsten Bereichen getroffen werden. Um dieser Aufgabe gerecht werden zu können, verfügt jede Organisation über so genannte Entscheidungsstrukturen. Sie regeln den Umfang dessen, was einzelne Personen oder Gruppen auf welcher hierarchischen Ebene festlegen bzw. bestimmen können.

So legt zum Beispiel die Schulordnung fest, welche Befugnisse der Schulleiter, das Lehrerkollegium, der Elternbeirat oder die Schülervertretung hat.

> **Entscheidungsstrukturen sind Regelungen in Organisationen, die Entscheidungsbefugnisse für die einzelnen Organisationsmitglieder oder Gruppen festlegen.**

Entscheidungen lassen sich unter dem Aspekt der Zentralisierung bzw. Dezentralisierung betrachten. Bei diesem Ansatz beschreibt man die Konzentration von Entscheidungsbefugnissen. Diese können entweder stark auf einzelne Personen zentriert sein, oder aber auf viele Personen oder Gruppen verteilt sein. Dementsprechend spricht man von **Zentralisierung bzw. Dezentralisierung** von Entscheidungsstrukturen.

So konzentrieren sich beispielsweise in der Schule viele wichtige Entscheidungsbefugnisse auf den Schulleiter, was auf eine deutliche Tendenz in Richtung Zentralisierung hinweist. Überlässt es der Schulleiter jedoch beispielsweise den einzelnen Fachschaften, die Stundenpläne für die jeweiligen Klassen zu gestalten, die Art der Leistungsnachweise zu bestimmen oder die Verteilung von Prüfungskorrekturen festzulegen, dann besteht eine Tendenz zur Dezentralisierung von Entscheidungsbefugnissen.

> **Zentralisierung bzw. Dezentralisierung meint das Ausmaß der Konzentration von Entscheidungsbefugnissen.**

Häufig findet sich in der wissenschaftlichen Literatur das Merkmal Entscheidungsstrukturen in engem Zusammenhang mit den Themen **Führung und Führungstheorien** wieder. Es herrscht in der Führungsforschung weitgehend Einigkeit darüber, dass **Führung bedeutet, auf andere Menschen gezielt Einfluss zu nehmen**. Dies kann entweder durch formale Strukturen wie zum Beispiel Satzungen, Verordnungen und in Aussicht gestellte Belohnungen geschehen oder aber durch direkte Beeinflussungen von Menschen durch Menschen erfolgen.

> **Führung meint die gezielte Einflussnahme einer oder mehrerer Personen auf andere Menschen.**

Die Forschungen zum Thema „Führung" kreisen um die Frage, *wodurch sich Führungserfolg auszeichnet und welche Faktoren bzw. Variablen auf welche Weise für den Führungserfolg verantwortlich sind*. Außerdem will man mit Hilfe der hierüber gewonnenen Erkenntnisse gezielte Methoden entwickeln, um Führungspersonal erfolgreich zu schulen. Die in den 30er Jahren des letzten Jahrhunderts einsetzende Führungsforschung hat mittlerweile eine Vielfalt von Führungstheorien hervorgebracht. Dabei lassen sich vier **theoretische Hauptströmungen** ausmachen, die ihrerseits jeweils unterschiedliche Theorien hervorgebracht haben (vgl.: Brodbeck u. a., 2002², S. 330):

Personalistische Ansätze

Sie gehen davon aus, dass sich erfolgreiche Führungspersonen durch bestimmte relativ stabile und situationsübergreifende **Persönlichkeitsmerkmale** auszeichnen (zum Beispiel ein hohes Maß an Intelligenz, Selbstvertrauen, Leistungsbereitschaft, Durchsetzungsvermögen, Urteils- und Entscheidungsfähigkeit, Anpassungsfähigkeit, Wortgewandtheit etc.). Mit Hilfe entsprechender Persönlichkeitstests kann man die Ausprägung solcher Persönlichkeitsmerkmale bei den Bewerbern um Führungspositionen erheben und geeignetes Führungspersonal auswählen.

Verhaltenstheoretische Ansätze

Verhaltenstheoretische Ansätze untersuchen dagegen die Bedeutung von relativ stabilen und daher typischen **Verhaltensweisen** von Führungspersonen. Man will wissen, ob – und wenn ja, wie – sich erfolgreiche von weniger erfolgreichen Führungspersonen durch bestimmte **Führungsstile**[1] unterscheiden. Auf diese Weise gelingt es, Führungsverhalten systematisch zu erfassen und entsprechend zu ordnen.

So entwickelten beispielsweise Forscher in den USA um 1950 Fragebögen, mit denen das Verhalten von Führungskräften erhoben wurde, sowohl aus Sicht der Geführten als auch aus Sicht der Führenden selbst. Die Auswertung dieser Erhebungen zeigte, dass Mitarbeiter das Verhalten von Führungspersonen danach unterschieden, ob es eher *mitarbeiterorientiert* oder eher *aufgabenorientiert* war. Mitarbeiterorientierung[2] zeigt sich durch Freundlichkeit den Untergebenen gegenüber und das Bemühen um ein gutes Verhältnis zu ihnen, aufgabenorientiertes Führungsverhalten[3] beinhaltet dagegen Tadel von mangelhafter Arbeit, gibt den Mitarbeiten weniger Freiräume, fordert mehr und genauere Informationen ein usw.

Kontingenztheoretische Ansätze

Diese Ansätze kritisieren die Annahme, dass ausschließlich bestimmte stabile Persönlichkeitsmerkmalen und/oder typische Verhaltensweisen für Führungserfolge verantwortlich sind. Sie betonen dagegen die Bedeutung der jeweiligen **Situationen**, in der sich bestimmte Persönlichkeitsmerkmale oder typische Verhaltensweisen als erfolgsentscheidend erweisen.

So kann zum Beispiel die unterschiedliche Qualität von Beziehungen zwischen Führungsperson und Mitarbeitern ebenso wie die Art der zu bewältigenden Aufgaben und die Möglichkeit, Macht auf die Untergebenen auszuüben, von Situation zu Situation sehr unterschiedlich sein und den Führungserfolg mitbestimmen.

Solche kontingenztheoretischen Ansätze beinhalten ihrerseits eine Reihe verschiedener Modelle zum Thema Führung, die jeweils einen bestimmten Aspekt in den Vordergrund der Betrachtung rücken. So interessiert sich das **Kontingenzmodell der Führung** *von Fred Edward Fiedler für ganz bestimmte Situationsfaktoren, die mit darüber entscheiden, wie viel Kontrolle eine Führungskraft ausüben kann. Das* **normative Entscheidungsmodell** *von Victor H. Vroom und Philip W. Yetton betont, dass die Effektivität von Führungsentscheidungen im Wesentlichen von der Qualität der Entscheidung selbst abhängt und deren Akzeptanz durch die Untergebenen. Neuere kontingenztheoretische Ansätze wie zum Beispiel die* **Theorie der Führungssubstitution** *gehen der Frage nach, ob und wie weit sich unter welchen Umständen personelle Führung ersetzen lässt.*

---

[1] Unter Führungsstil versteht man Verhaltensweisen einer Führungsperson, die sich zu einer typischen Grundhaltung zusammenfassen lassen.
[2] In der amerikanischen Originalliteratur als **consideration** bezeichnet.
[3] In der amerikanischen Originalliteratur als **initiating structure** bezeichnet.

Fast allen bisher referierten Ansätzen ist gemeinsam, dass sie wegen theoretischer und/oder methodischer Schwächen immer wieder kritisiert wurden. Außerdem zeigten sich bei ihrer empirischen Überprüfung häufig nur geringe Zusammenhänge zwischen den zentralen theoretischen Annahmen oder einzelnen Teilen davon und dem Führungserfolg.

„Die inhaltlichen und methodischen Unzulänglichkeiten der drei Hauptströmungen in der Führungsforschung verdeutlichen, wie schwierig es ist, eindeutige kausale Zusammenhänge zwischen Faktoren der Person, des Verhaltens und der Situation mit Führungserfolg nachzuweisen."

(Brodbeck u. a., 2002², S. 358)

Macht- und Einflussansätze

Mit Hilfe von neuen Ansätzen in der Führungsforschung – den so genannten **Macht- und Einflussansätzen** – ist es gelungen, relativ gut empirisch abgesicherte und daher recht verlässliche Aussagen über Auswirkungen von Führungsverhalten zu formulieren. Diese Ansätze thematisieren verschiedene Arten von Macht und Machtausübung im Zusammenhang mit erfolgreicher Führung.

Auf zwei Ansätze soll hier näher eingegangen werden, auf die **Leader-Member-Exchance (LMX) Theorie** und die **Theorie zur charismatischen und transformationalen Führung**.

1. Die Leader-Member-Exchance (LMX) Theorie

Diese Theorie, die von *George B. Graen* und Kollegen entwickelt wurde, sieht Führung als einen **Prozess der gegenseitigen Beeinflussung von Vorgesetzten und ihren Untergebenen** und damit als einen Prozess der sozialen Interaktion.[1] Dabei geht *Graen* davon aus, dass Führungskräfte sich bei der Einschätzung ihrer Mitarbeiter im Wesentlichen an drei Sachverhalten orientieren:

- zum einen betrachten sie deren Fähigkeiten,
- zum anderen schätzen sie das Ausmaß an Vertrauen ab, das sie bereit sind ihren Untergebenen zu schenken,
- und schließlich ist ihnen wichtig, ob und in welchem Umfang Mitarbeiter motiviert sind größere Verantwortung am Arbeitsplatz zu übernehmen.

Führungskräfte entwickeln nach Vorstellungen *George B. Graens* zu jedem Mitarbeiter eine individuelle Beziehung. Schneidet ein Mitarbeiter in der Beurteilung seiner Fähigkeiten, seiner Vertrauenswürdigkeit und seiner Motivation hoch ab, so gehört er in den Augen der Führungsperson einer Gruppe von wichtigen Mitarbeitern an. Deren Engagement am Arbeitsplatz honorieren Führungskräfte etwa mit entsprechend höherer Unterstützung und Aufmerksamkeit oder der Vergabe von wichtigen und verantwortungsvolleren Aufgaben. Auf diese Weise beeinflussen die Mitarbeiter das Verhalten von Führungspersonen und umgekehrt.

Die Entwicklung einer solchen individuellen Zweierbeziehung zwischen Führungsperson und Mitarbeitern verläuft nach *George B. Graen* in mehreren Phasen. Zunächst ermitteln beide Seiten die jeweiligen Einstellungen, Ansichten und Fähigkeiten des Interaktionspartners. Dann entwickelt sich ein entsprechendes Maß an gegenseitigem Respekt, Vertrauen und Loyalität. Während auch in dieser zweiten Phase noch die jeweiligen

---

[1] *Soziale Interaktion wird in Kapitel 3.1.1 näher geklärt.*

Eigeninteressen eine wichtige Rolle spielen, beruht die Beziehung in der dritten Phase im Wesentlichen auf den jeweiligen Zielsetzungen und den entsprechenden Aufgabenstellungen.

2. Charismatische und transformationale Führung

Einige der neuen Führungstheorien, auch **Prozesstheorien der Führung** genannt, widmen ihre Aufmerksamkeit besonders *herausragenden Führungskräften*. Diese führen entweder aufgrund von besonders positiv bewerteten Eigenschaften – oft auch als *Charisma* bezeichnet – und/oder besonderer Verhaltensweisen ihre Mitarbeiter erfolgreicher als andere. Die verschiedenen Prozesstheorien unterscheiden sich kaum in ihren Kerngedanken. Es geht ihnen im Wesentlichen darum herauszufinden, wie es Führungskräften gelingt, ihre Mitarbeiter auf der Gefühlsebene zu erreichen, dabei eine emotionale Bindung an die Organisation und die Führungskraft zu erzeugen und den Mitarbeitern Selbstwertgefühl und Selbstvertrauen zu geben. Bei diesem Prozess der Einflussnahme verändern sie auch die Ziele, Ansprüche und Bedürfnisse der Geführten.

Charismatische bzw. transformationale Führungskräfte[1] zeichnen sich u. a. durch ein hohes Maß an Selbstsicherheit und Redegewandtheit aus, streben nach Macht und sind von ihren eigenen Ideen fest überzeugt. Außerdem verbinden sie ihre Arbeit mit Wertvorstellungen und Überzeugungen, die viele Menschen teilen können. Sie haben Visionen, die sie auf neuen Wegen erreichen wollen, formulieren hohe Erwartungen an ihre Mitarbeiter und äußern sich überzeugt von deren Leistungsfähigkeit. Auf diese Art und Weise gewinnen Führungskräfte das Vertrauen ihrer Mitarbeiter, unterstützen sie darin, ihre Arbeit als sinnvoll zu betrachten und stärken deren Selbstbewusstsein bezüglich der eigenen Leistungsfähigkeit. Stellen sich Erfolge durch das Beschreiten neuer Wege ein, so verstärkt dies die Wahrnehmung der Führungspersönlichkeit durch die Arbeitskollegen als eine Person mit herausragenden Fähigkeiten (vgl. *Brodbeck u. a., 2002[2], S. 354*).

Sucht man nach Beispielen für diese Art von Führung, so fällt auf, dass hohe politische Führungskräfte in den westlichen Industrienationen sich solcher Führungstechniken zumindest in der Öffentlichkeitsarbeit bedienen. Mit selbstsicherem Auftreten vertraten und vertreten sie in sprachlich ausgefeilten Reden ihre Ideen zur Gestaltung der Weltpolitik und handeln entsprechend. Sei es nun die Errichtung bestimmter revolutionärer Waffensysteme oder der Sturz eines ihnen politisch unerwünschten Diktators, immer dienen diese Vorhaben offiziell einem guten Zweck, wie zum Beispiel der Verteidigung der Freiheit und/oder der Errichtung von demokratischen Staatsformen. Kämpft man dabei auch noch auf der Wertegrundlage der eigenen und geachteten Religion gegen das vermeintlich Böse, so kann man sein Handeln moralisch rechtfertigen.

Kritik an diesen Führungsstilen hat in der jüngeren Vergangenheit u. a. dazu beigetragen, dass sich mit den Macht- und Einflussansätzen eine weitere, vierte Hauptströmung in der Führungsforschung entwickelte. Sie beschreibt Führung in erster Linie als einen **Prozess der gegenseitigen Beeinflussung von Führungskraft und Geführten**. Nach bisherigem Kenntnisstand haben sich diese Ansätze empirisch recht gut bestätigt. Da sie recht zuverlässige Informationen über die Auswirkungen von Führungsverhalten liefern, finden sie sich in *Abschnitt 13.4.2* dargestellt.

Materialien 3

---

[1] *Wegen der geringen Unterschiede werden die beiden Theorien – charismatische und transformationale Führung – in der Literatur oft gleichgesetzt. Der Ansatz der transformationalen Führung wurde von Bernhard M. Bass entwickelt, die Theorie der charismatischen Führung von Robert J. House.*

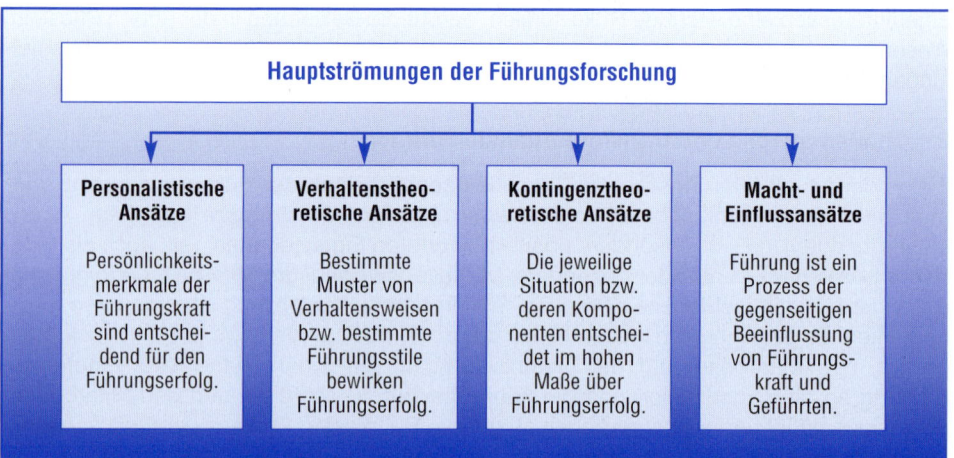

13.2.5 Die Organisation als System

Will man das Verhalten und Erleben von Menschen in der Arbeitswelt verstehen und erklären, so muss man die Organisation als soziales Gefüge betrachteten, das aus vielen zusammenhängenden Einzelteilen besteht, deren spezifische Anordnungen und Verbindungen ein Ganzes ergeben. Dabei **stehen alle einzelnen Elemente in einer Organisation zueinander in einer wechselseitigen Beziehung und beeinflussen sich gegenseitig**. Die Wissenschaft spricht – wie in *Kapitel 1.2.3* ausgeführt – von einem **System**.

Die Schule zum Beispiel stellt als Organisation ein System dar: Sie ist ein Ganzes, welches aus einzelnen Elementen – Schulleitung, Lehrerkollegium, Verwaltungspersonal, Schüler – besteht. Diese Elemente beeinflussen sich gegenseitig.

Bei diesem Blick aufs Ganze und seine Einzelteile erscheint jede Organisation als ein System, welches wiederum aus vielen verschiedenen Untereinheiten, den Subsystemen bestehen kann. Jede Organisation besteht aus einer Vielzahl solche Teile, deren Zweck auf ein möglichst effektives Realisieren der Organisationsziele ausgerichtet ist.

So besteht ein Berufsschulzentrum aus vielen verschiedenen Schultypen, die sich spätestens dann gegenseitig beeinflussen, wenn Sporthallen oder die zentrale Aula von allen vertretenden Schultypen genutzt werden. Sind die Lehrer als Beschäftigte des Berufsschulzentrums in unterschiedlichsten Schultypen eingesetzt, so müssen Stundenpläne, Abschlussprüfungen, Fortbildungsmaßnahmen und Ähnliches eng aufeinander abgestimmt werden.
Aber auch innerhalb einer bestimmten Schulart oder einer einzelnen Schule gibt es viele aufeinander abgestimmte Einzelelemente, wie zum Beispiel im personellen Bereich die Schulleitung, die Lehrerschaft, das Sekretariat, die Schüler, der Hausmeister usw.

Innerhalb der Wissenschaft betrachtet man Organisationen in ihrer Eigenschaft als Systeme aus verschiedenen Blickwinkeln. Dementsprechend unterscheidet man die Organisation als **geschlossenes System** und als **offenes System**.

Die Organisation als geschlossenes System

Bei dem Bemühen, Organisationen zu erforschen, beschränken sich Wissenschaftler in diesem Ansatz auf jene Variablen, die einen direkten und auch nachweisbaren Einfluss auf Organisationsziele haben. Einflussgrößen, die sich innerhalb der Organisation nicht genau bestimmen oder messen lassen, werden ebenso vernachlässigt wie Variablen, die von außen als nicht vorhersagbare Kräfte auf die Organisation wirken. Auf diese Weise versucht man Organisationen in ihrer Eigenschaft als in sich geschlossene **zweckrationalen Gebilde** möglichst präzise zu erfassen.

Betrachtet man die Organisation Schule als geschlossenes System, so könnte man beispielsweise Schülerleistungen erheben in Abhängigkeit von Vor- bzw. Nachmittagsunterricht, in Abhängigkeit vom Einsatz bestimmter Medien, der Unterrichtsformen oder der Klassenstärke. Die Ergebnisse solcher Untersuchungen nutzt man dann, um die Leistungen der Schüler zu optimieren, indem optimale Arbeitsbedingungen geschaffen werden.

> **Organisation als geschlossenes System** meint eine Betrachtungsweise von Organisationen, bei der alle Einflussgrößen, die zum Erreichen angestrebter Ziele dienen, definierbar und exakt messbar sind.

Bereits zu Beginn des 20. Jahrhunderts befasste sich Frederick W. Taylor mit Themen der Arbeitsplatzgestaltung, wie zum Beispiel der Länge von Pausen, der Bedienungsweisen von Maschinen, der Auswirkung von Beleuchtung am Arbeitsplatz. Außerdem interessierte er sich für das Zerlegen und Mechanisieren von einzelnen Arbeitsgängen, für die soziale Isolierung am Arbeitsplatz, um die Konzentration von Arbeitnehmern zu fördern, die systematische Auswahl von Personal u. a. Ziel dieses als **Scientific Management**[1] bekannt gewordenen organisationstheoretischen Ansatzes war eine wirtschaftlich möglichst effektive Produktionsweise, bei der sowohl die Organisationsleitung als auch die Arbeiterschaft ihr Handeln an wissenschaftlichen Erkenntnissen ausrichten sollten. Dabei ging Taylor davon aus, dass Menschen nur aus ökonomischen Anreizen heraus arbeiten und menschliche Bedürfnisse im Produktionsprozess keine wesentliche Rolle spielen. Akkordlöhne und Fließbandarbeit sind anschauliche Beispiel für die praktische Umsetzung des Scientific Managements.

„Alle [...] Schulen des ‚rationalen Modells' [...] haben [...]. in erster Linie ihre Aufmerksamkeit auf Arbeitsleistung, Effizienz und Kontrolle innerhalb der Organisation gerichtet. Ziel ist die Funktionalität der Organisation, das Optimieren und Erreichen des Gesamtziels. Darauf ist alles Planen, darauf sind alle Handlungen ausgerichtet, und weil das Organisationssystem nach außen hin geschlossen ist, sind die Resultate auch ‚klar vorhersagbar'." (Weinert, 1987² S. 46)

Die Organisation als offenes System

Die Betrachtungsweise der Organisation als geschlossenes System hat viel Kritik erfahren, insbesondere wegen der Tatsache, dass sämtliche Außenbeziehungen der Organisation zu ihrer Umwelt vernachlässigt werden. Organisationen sind keine Einheiten, die völlig unabhängig und isoliert von der sie umgebenen Umwelt arbeiten. Jede Organisation wird vielmehr von anderen sozialen Einheiten beeinflusst und wirkt umgekehrt auf diese zurück. Es bestehen also vielfältige **wechselseitige Beeinflussungsprozesse zwischen Organisation und Umwelt**.

Solche Einflüsse von außen sind aber in den wenigsten Fällen in ihrer Vielfalt exakt bestimmbar noch in Auswirkungen auf die Organisation genau zu erfassen, geschweige denn vorausberechenbar. Die Organisation erweist sich in diesem Sinn als ein offenes System.

So stehen beispielsweise Schulen in vielfältigen Wechselbeziehungen zu Kindergärten, da im Rahmen der Vorschulerziehung Kindergartenkinder der Grundschule Besuche abstatten, Erzieher und Grundschullehrer Absprachen treffen und wichtige Informationen austauschen. Schulen werden beeinflusst von den Wünschen und Bedürfnissen der Eltern, unterhalten Kontakte zu Arbeitsorganisationen in Form von Praktika für die Schüler oder richten ihre Unterrichtsinhalte etwa nach

---

[1] Scientific Management (engl.): wissenschaftliche Betriebs- bzw. Unternehmensführung

prüfungsrelevanten Vorgaben der Industrie- und Handelskammern. Selbst internationale Vergleichsstudien wie zum Beispiel PISA über ausgewählte Fähigkeiten und Fertigkeiten von Schülern nehmen indirekt Einfluss auf unsere Bildungsorganisationen.

> Organisation als offenes System meint eine Betrachtungsweise von Organisationen, bei der man die Organisationen in ihren Interaktionsprozessen mit der Umwelt sieht und davon ausgeht, dass es unmöglich ist, alle Einflüsse auf die Organisation genau erheben, berechnen oder voraussagen zu können.

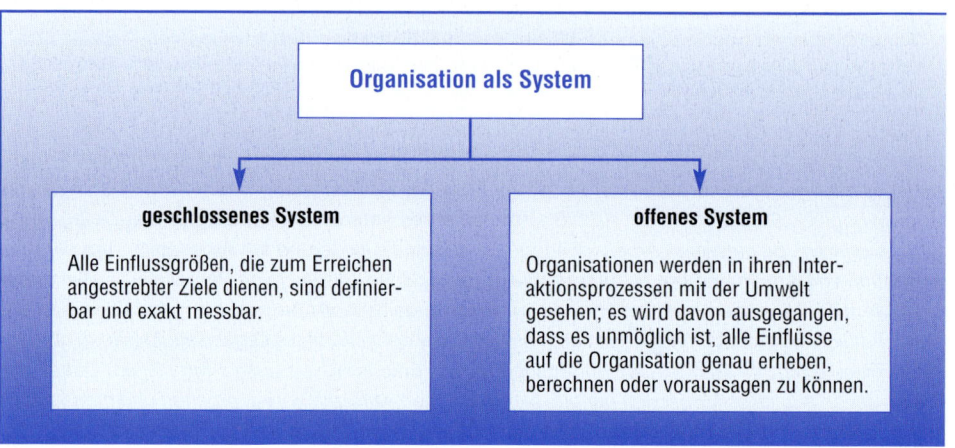

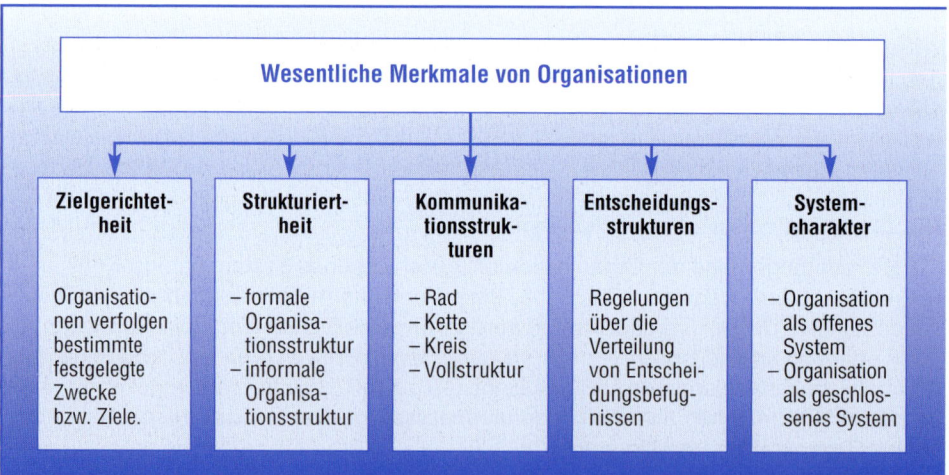

13.3 Sichtweisen von Organisationen

Die Bemühungen von Soziologen und anderen Wissenschaftlern, Organisationen zu erforschen und dabei in ihren charakteristischen Merkmalen zu erfassen, wurden in der Vergangenheit aus jeweils unterschiedlichen Perspektiven unternommen. Jeder dieser verschiedenen Blickwinkel rückt bestimmte Merkmale in den Vordergrund, während gleichzeitig andere nur am Rande oder gar nicht beachtet werden. In Anlehnung an *Scott (1986, S. 90)* lassen sich dabei **drei verschiedene Sichtweisen** unterscheiden: Die Organisation als ein **rationales System**, als ein **natürliches System** und als ein **offenes System**.

13.3.1 Die Organisation als rationales System

Versteht man Organisationen als rationales System, so erscheinen sie als soziale Gebilde, in denen bestimmte Ziele geplant und auf der Grundlage festgelegter Regeln und Verfahrensweisen möglichst effektiv erreicht werden sollen. Die Rationalität bezieht sich dabei ausschließlich auf das Erreichen der Ziele, nicht jedoch auf deren Auswahl. Damit rückt diese Betrachtungsweise die Merkmale der **Zielbezogenheit** und der **formalen Organisationsstruktur** in den Mittelpunkt. Es wird dabei besonders betont, dass es formal festgelegte Rollen der Organisationsmitglieder gibt, die Zuständigkeiten genau regeln und nur sehr geringe individuelle Verhaltensspielräume eröffnen. Damit aber ist das Verhalten des einzelnen Rolleninhabers relativ unabhängig von der Person, die die Rolle ausfüllt.

So führen zum Beispiel formale Strukturen am Arbeitsplatz dazu, dass bestimmte Rollen und die damit verbundenen Rechte und Pflichten der Rollenträger von Anfang an festgelegt sind. Es ist daher unerheblich, ob Arbeiter A, B oder C am Fließband steht, immer wird man ein bestimmtes Verhalten vom Rollenträger erwarten.

Bekannte Beispiele für das Erfassen von Organisationen als rationales System sind u. a. die Arbeiten zum **Scientific Management** von *Frederick W. Taylor* (vgl. *Abschnitt 13.2.5*) und die Ausführungen von *Max Weber* zur rationalen Herrschaft in Bürokratien (vgl. *Kapitel 10.4.3*).

13.3.2 Die Organisation als natürliches System

Die Sichtweise auf Organisationen als rationales System wurde immer wieder kritisiert. So zeigen sich oft erhebliche Unterschiede zwischen den offiziellen Zielen einer Organisation und denen, die sie dann tatsächlich verfolgt. Ferner wurde das Vernachlässigen von menschlichen Bedürfnissen am Arbeitsplatz angeprangert. Hierauf aufbauend wird argumentiert, dass neben den formalen Strukturen noch weitere Bedingungen, nämlich **informale Strukturen**, wie sie in *Abschnitt 13.2.2* bereits dargestellt wurden, im erheblichen Maße das Verhalten der Organisationsmitglieder mitbestimmen.

„Das Modell des rationalen Systems betont die normative Struktur von Organisationen, und das Modell des natürlichen Systems legt den Akzent auf die Verhaltensstruktur. Und wo die Perspektive des rationalen Systems die Vorrangigkeit der Struktur vor den Wesensmerkmalen der Beteiligten betont, kehrt die Perspektive des natürlichen Systems diese Prioritäten um." (Scott, 1986, S. 144)

Unter der Sichtweise auf Organisationen als natürliches System finden sich unterschiedliche Ansätze, von denen hier stellvertretend der so genannte **Human Relations-Ansatz** vorgestellt wird: In den 30er Jahren des vergangenen Jahrhunderts gewannen sozialpsychologisch orientierte Sichtweisen[1] Einfluss auf die Organisationsforschung, die das *Individuum und die Gruppe in den Mittelpunkt ihrer Betrachtungen* stellten. Diese Denkansätze betonten die Bedeutung der zwischenmenschlichen Beziehungen in ihren Wirkungen auf den Arbeitsprozess. Bekannt wurde neben vielen anderen der Human Relations-Ansatz, der auf den Experimenten von *Elton Mayo* und seinen Mitarbeitern beruht und eine Flut von Forschungen auf diesem Gebiet auslöste.

---

[1] *Die Sozialpsychologie befasst sich damit, wie der Einzelne durch seine Mitmenschen beeinflusst wird und wie er sich in zwischenmenschlichen Situationen verhält.*

Ein Beispiel hierfür sind die „Hawthorne-Experimente"[1]: Beim Versuch, den Einfluss von Arbeitsbedingungen wie zum Beispiel den Beleuchtungsverhältnissen auf die Arbeitsleistung von Fabrikarbeitern zu untersuchen, stellte *Elton Mayo* wider Erwarten fest, dass die Leistungen sogar dann anstiegen, wenn sich die Arbeitsbedingungen in der Fabrik verschlechterten. Diese Ergebnisse wurden damit erklärt, dass die Aufmerksamkeit für die Arbeiter und das Interesse an ihrem Tun das soziale Klima am Arbeitsplatz entscheidend verbessert habe. Folglich müssten Verbesserungen der sozialen Beziehungen am Arbeitsplatz auch zu mehr Zufriedenheit und zu höheren Arbeitsleistungen führen.

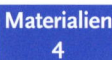

Auch das **Modell der sozialen Systeme** von *Talcott Parsons* gehört zu diesem Ansatz. Es ist in *Kapitel 5.2.2* dargestellt.

13.3.3 Die Organisation als offenes System

Diese Sichtweise basiert auf der Systemtheorie. Viele Dinge, die von Wissenschaftlern untersucht werden, wie zum Beispiel Moleküle, Zellen, Organismen, Gruppen, Organisationen bis hin zu ganzen Gesellschaften, haben nach Auffassung der Systemtheorie gemeinsame, sich gegenseitig beeinflussende Elemente. Sie bilden daher Systeme[2], die sich in unterschiedlichster Weise voneinander unterscheiden.

So lässt sich ein Uhrwerk zum Beispiel als *mechanisches System* bezeichnen, dessen Ablauf vorherbestimmt ist. Ein *kybernetisches System* dagegen besitzt die Fähigkeit zur Selbstregulierung im Rahmen eines vorher festgelegten Ziels. So verhindert beispielsweise ein Heizungsthermostat das Unterschreiten einer vorher festgelegten Raumtemperatur.

Beim Betrachten von Organisationen als offene Systeme richtet sich der Blick auf die Mechanismen und Vorgänge, die es Organisationen ermöglichen, sich selbst zu erhalten, indem sie mit ihrer Umwelt in Austauschbeziehungen treten. Eine solche Sichtweise hat ihrerseits viele unterschiedliche Ansätze hervorgebracht, von denen stellvertretend eine Variante der so genannten **Umwelttheorien** skizziert werden soll. Im **Modell der Ressourcenabhängigkeit**[3] gehen *Howard Aldrich* und *Jefferey Pfeffer* von folgenden Überlegungen aus: Die Umwelt einer Organisation beeinflusst in vielfältiger Weise deren Strukturen, Funktionsweisen und das Verhalten der Organisationsmitglieder. Dabei analysieren Menschen in ranghohen Positionen ständig die Organisationsumwelt in Hinblick auf mögliche Bedrohungen, die von ihr ausgehen. Glaubt man, Gefahren zu erkennen, setzt die Organisation entsprechende Abwehrmaßnahmen und/oder Anpassungsstrategien in Bewegung.

So versuchen Organisationen zum Beispiel die Zahl ihrer Zulieferer für Rohstoffe zu beeinflussen, um nicht in die Abhängigkeit eines einzelnen Geschäftspartners zu gelangen. Erwächst durch eine konkurrierende Organisation die Gefahr schwindender Verkaufszahlen, so reagiert man mit Sonderrabatten oder anderen Vergünstigungen für mögliche Käufer der eigenen Produkte.

Diese wenigen Beispiele machen bereits deutlich, dass Organisationen nicht passiv sind, sondern versuchen ihre Umwelt ebenso zu beeinflussen, wie sie von dieser beeinflusst werden.

---

[1] Die Bezeichnung für diese Experimente leitet sich von den amerikanischen Hawthorne Werken ab, in denen die Untersuchungen stattfanden.
[2] vgl. Abschnitt 13.2.5
[3] Ressourcen ist eine allgemeine Bezeichnung für Kräfte eines Individuums, die zur Bewältigung einer bestimmten Situation zur Verfügung stehen. Damit sind Bewältigungskräfte gemeint, die einerseits bei der Person selbst zu suchen sind wie zum Beispiel individuelle Fähigkeiten, Stärken oder Talente (personale Ressourcen), andererseits in ihrem sozialen Umfeld wie beispielsweise Ehepartner, Freunde oder bestimmte Einrichtungen wie Beratung (soziale Ressourcen).

„Offene Systeme sind auf der Basis der Verarbeitung [...] einer Ressourcenmenge, die aus der Umwelt kommt, zur Selbsterhaltung fähig."(Scott, 1986, S. 157)

13.4 Auswirkungen von Kommunikations- und Entscheidungsstrukturen

Kommunikations- und Entscheidungsstrukturen sind in Organisationen von zentraler Bedeutung und haben vielfältige Auswirkungen. In den folgenden Abschnitten werden solche Auswirkungen exemplarisch aufgezeigt und zwar als **Auswirkungen auf das Individuum und die Gruppe**.

Die Erkenntnisse im Rahmen des *Human Relations-Ansatzes* fanden weitere sozialwissenschaftliche Ergänzungen u. a. in den Arbeiten von *Abraham H. Maslow* zum Thema Motivation. All diesen Forschungen ist gemeinsam, dass sie den Menschen im Wesentlichen als ein soziales Wesen sehen, dessen Bedürfnisse auch im Arbeitsprozess weit über materielle Belange hinausgehen.[1]

13.4.1 Auswirkungen von Kommunikationsstrukturen auf Individuum und Gruppe

Abraham H. Maslow interessierte sich sehr für die Vielfalt von menschlichen Bedürfnissen. Er versuchte, diese näher zu bestimmen und nach ihren Prioritäten zu ordnen. Dabei ging er von einer Rangordnung der menschlichen Bedürfnisse aus, die sich in einer **Bedürfnishierarchie** niederschlägt. Er fand heraus, dass die Entwicklung der menschlichen Bedürfnisse nach ganz bestimmten Gesetzmäßigkeiten und in einer festgelegten Reihenfolge abläuft.

Abraham Harold Maslow

wurde 1908 als Sohn russischer Auswanderer in New York geboren; bis zu seinem Tod im Jahr 1970 war er Präsident der amerikanischen Psychologischen Gesellschaft. Als Motivationsforscher beobachtete er zuerst bei Affen, dass manche Notwendigkeiten, sprich Bedürfnisse, vor anderen Vorrang haben. Die Affen versuchten erst ihren Durst zu löschen, bevor sie sich etwas zu essen suchten, weil sie ohne Essen länger überleben können als ohne Trinken. Ausgehend von dieser Erkenntnis entwickelte *Maslow* seine berühmte Bedürfnispyramide.

---

[1] vgl. hierzu Kapitel 1.1.2

- Als Erstes entwickeln sich die **physiologischen Bedürfnisse**. Sie stehen am Anfang der menschlichen Entwicklung im Vordergrund und behalten über das gesamte Leben einer Person ihre Bedeutung bei.
- Auf der nächsten Stufe stehen die **Bedürfnisse nach Sicherheit**, welche den Wunsch verraten, sich vor (möglichen) Gefahren und deren Folgen zu schützen. Diese Bedürfnisse sind schon im Säuglingsalter beobachtbar, spielen aber während des gesamten Lebens eine mehr oder weniger wichtige Rolle.
- Der Sicherheit folgen die **Bedürfnisse nach Zuwendung**, bei denen es um den Wunsch geht, Beziehungen zu anderen Menschen aufzubauen und zu erhalten. Entsprechende Untersuchungen bestätigen, dass Kinder in ihrer Entwicklung sehr zurückbleiben, wenn sie vor allem im ersten Lebensjahr keine oder nur wenig emotionale Zuwendung erfahren. Doch auch im späteren Kindes-, im Jugend- und im Erwachsenenalter haben diese Bedürfnisse große Bedeutung.
- Sehr früh im menschlichen Leben wird unser Verhalten dann von dem **Bedürfnis nach Anerkennung** bestimmt. Hierher gehören beispielsweise der Wunsch nach Bestätigung, Geltung, Ansehen, Selbstachtung oder Macht. Sie sind ein Leben lang für einen Menschen von Bedeutung.
- Als letztes entwickelt sich das **Bedürfnis nach Selbstverwirklichung**. Damit ist in diesem Zusammenhang das beständige Bestreben eines Menschen gemeint, seine individuellen Anlagen und Fähigkeiten in allen Persönlichkeitsbereichen optimal zu entfalten.

Diese Bedürfnisse sind nun nach *Abraham H. Maslow* hierarchisch angeordnet: Die „tieferliegenden" Bedürfnisse sind grundlegend für die „höheren"; die „höheren" entwickeln sich erst, wenn die „niedrigeren" angemessen befriedigt sind. Werden also die physiologischen Bedürfnisse eines Menschen nicht oder kaum befriedigt, so wird mit größter Wahrscheinlichkeit kein Sicherheitsbedürfnis entstehen; erhält ein Mensch kaum emotionale Zuwendung und/oder Anerkennung, so wird er sich nicht selbst verwirklichen wollen. So kann es möglich sein, dass Menschen in ihrer Entwicklung gar nicht bis zur letzten Stufe, der Selbstverwirklichung, vordringen, sondern auf einer „niedrigeren" Stufe – beispielsweise dem Wunsch nach Geltung und Macht – stehen bleiben.

„Erst kommt das Fressen, dann kommt die Moral." (*Brecht, 1968, S. 70*)

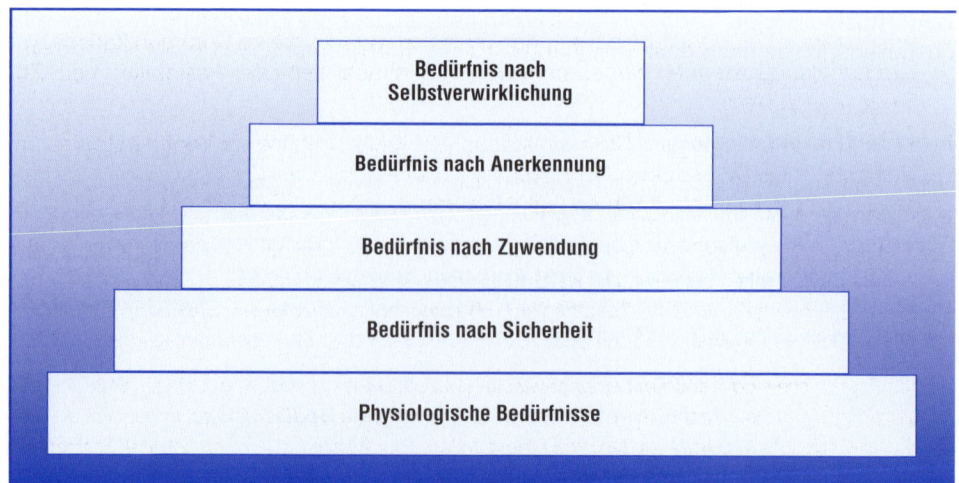

Organisationssoziologie

Solche von *Maslow* beschriebenen Bedürfnisse bestehen auch im Arbeitsprozess und können sich auf unterschiedlichste Weise äußern:

Art der Bedürfnisse	zeigt sich im Arbeitsprozess beispielsweise als Bedürfnis nach ...
Bedürfnis nach Selbstverwirklichung	eigenem Arbeitsstil, Durchsetzung eigener Ideen, Freiräumen bei der Arbeit
Kognitive Bedürfnisse	Fortbildung, geistig anspruchsvollen oder neuen Tätigkeiten
Bedürfnis nach Selbstwert	Anerkennung in Form von Beförderung, Lohnerhöhung, Ausweitung von Befugnissen, Akzeptanz durch Mitarbeiter und Vorgesetzte, Freundschaften, Privilegien (z. B. eigenes Büro, Firmenwagen)
Bedürfnis nach Bindung	Zugehörigkeit zu einer Organisation, Zusammenarbeit in Gruppen, Möglichkeiten zu kommunizieren
Bedürfnis nach Sicherheit	Einhaltung von Unfallschutzschutzvorschriften, Kündigungsschutz, Arbeitsvertrag, verbindliche Vorschriften
Biologische Grundbedürfnisse	Entlohnung, angemessenen Pausen, Urlaub, sauberer Luft, sanitären Einrichtungen

Da die jeweilige Bedürfnislage einzelner Organisationsmitglieder in der Regel unterschiedlich ist, können sich die verschiedenen Organisationsmerkmale sehr unterschiedlich auf das Individuum auswirken. Trotz dieser Einschränkung liegt eine Reihe von Erkenntnissen über die Wirkung von Kommunikationsstrukturen vor.

Auswirkungen von Kommunikationsstrukturen auf die Arbeitszufriedenheit

Die Möglichkeiten des Einzelnen und der Gruppe zur Befriedigung solcher Bedürfnisse am Arbeitsplatz haben Einfluss auf die Arbeitszufriedenheit der Menschen. Dabei scheinen u. a. auch die Kommunikationsstrukturen eine wichtige Rolle zu spielen.

Untersuchungen zur Auswirkung von Kommunikationsstrukturen auf die Arbeitszufriedenheit des Einzelnen und der Gruppe zeigen folgende Tendenzen:

- Die Arbeitszufriedenheit ist bei solchen Personen gering, die im Kommunikationssystem nur Randpositionen einnehmen, während Inhaber zentraler Positionen mehr Zufriedenheit äußern.
- In der Gesamtgruppe sind Kommunikationsstrukturen mit hohem Zentralitätsgrad am wenigsten beliebt, während kaum zentralisierte Kommunikationsstrukturen zu höherer Gruppenzufriedenheit führen (vgl. *Udo Stopp, 2003*[12], S. 95 f.).

So erzeugt zum Beispiel das Rad wenig Zufriedenheit bei den Randpersonen B, C, D, E, während A mehr Zufriedenheit aufweist. Die Kette führt dementsprechend bei A und E zu geringer Zufriedenheit, während die anderen Personen sich entsprechend wohler fühlen. Die Gruppe ist tendenziell bei Voll- und Kreisstruktur zufriedener, die Radstruktur lässt die Arbeitszufriedenheit sinken.

Solche Ergebnisse sind jedoch mit einer gewissen Vorsicht zu betrachten. Entscheidend bei der Wirkung solcher Kommunikationsstrukturen ist u. a. die **individuelle Bedürfnislage**, in der sich ein Mitarbeiter befindet. Sind beispielsweise bei einem Mitarbeiter Bedürfnisse nach höherer Entlohnung aktuell, so wird sich wahrscheinlich seine Randpositionen im Bereich der Kommunikationsstruktur weniger gravierend auf seine Zufriedenheit auswirken, vorausgesetzt er macht nicht die Kommunikationsstruktur für seine Entlohnung verantwortlich. Ist allerdings sein Bedürfnis nach Bindung bzw. sozialen Kontakten besonders stark, so können eingeschränkte Kommunikationsstrukturen erhebliche Unzufriedenheiten bewirken. Außerdem erscheint es methodisch problematisch, Arbeitszufriedenheit alleine in Abhängigkeit von Kommunikationsstrukturen zu erheben. Die existierenden Messverfahren beinhalten in der Regel eine größere Anzahl von Aspekten, auf die man Arbeitszufriedenheit zurückführt. Aber auch hier treten immer wieder methodische Schwächen auf.

„In der Praxis lässt sich die Erhebungseinheit ‚Individuum' gar nicht realisieren. Zwar erhält bei der betrieblichen Arbeitszufriedenheitsanalyse in der Regel jeder Arbeitnehmer einen gesonderten Fragebogen mit der Bitte, ihn anonym auszufüllen. Sodann aber werden alle Datenblätter zusammen verrechnet,[...] so dass unter der Hand die Erhebungseinheit ‚soziales Kollektiv' entsteht."
(Rosenstiel u. a., 2005[9], S. 292 f.)

Auswirkungen von Kommunikationsstrukturen auf die Gruppenleistung

Es gibt zahlreiche Untersuchungen zum Thema, ob und gegebenenfalls wie sich Kommunikationsstrukturen auf die **Arbeitsleistungen von Gruppen** auswirken. Dabei hat sich herausgestellt, dass die Schwierigkeit bzw. Komplexität der zu bewältigenden Aufgabe die Effizienz einzelner Kommunikationsstrukturen erheblich mitbeeinflusst. In Anlehnung an Udo Stopp (2003[12]) lassen sich folgende Tendenzen feststellen, wobei man zwischen der Geschwindigkeit und der Genauigkeit der Aufgabenerfüllung sowie der Flexibilität der Gruppe unterscheiden kann:

- **Bei einfachen Tätigkeiten:**
    - Die **Geschwindigkeit**, mit der eine Gruppe Aufgaben bewältigt, ist bei zentralisierten Kommunikationsstrukturen hoch und nimmt mit zunehmender Dezentralisierung ab.

        Die Radstruktur ist beispielsweise der Kette überlegen, die Kette ist wiederum besser geeignet als der Kreis, die Vollstruktur schneidet am schlechtesten ab.

    - Die **Genauigkeit** der Aufgabenerfüllung erweist sich bei zentralisierten Kommunikationsstrukturen ebenfalls als hoch, während sie bei Dezentralisierung niedriger ist.

        Sehr genaue Ergebnisse liefert die Radstruktur, während Kette, Kreis und Vollstruktur sich dagegen als deutlich weniger effizient zeigen.

    - **Flexibilität** kann dann ein entscheidendes Kriterium für die Gruppenleistung sein, wenn während des Arbeitsprozesses unerwartete Probleme auftauchen, die mit den gewohnten Routineverfahren nicht mehr zu bewältigen sind. Bei der Flexibilität erweisen sich zentralisierte Kommunikationssysteme als wenig geeignet, während mit zunehmender Dezentralisierung sich auch die Flexibilität erhöht.

        So zeigen sich Gruppen mit Vollstruktur sehr flexibel, wohingegen von Kreis über Kette bis zum Rad die Flexibilität abnimmt.

- **Bei schwierigen, komplexen Tätigkeiten:**
    - Hier zeigt sich in der **allgemeinen Gruppenleistung** eine deutliche Unzulänglichkeit der zentralisierten Kommunikationsstrukturen, die u. a. mit der Informationsüberlastung der Personen in zentralen Kommunikationspositionen erklärt wird.
    - Bei Kommunikationsstrukturen mit hoher Dezentralisierung sind die allgemeinen Gruppenleistungen dagegen deutlich höher.

13.4.2 Auswirkungen von Entscheidungsstrukturen auf Individuum und Gruppe

Auf der Grundlage der in *Abschnitt 13.2.4* dargestellten **Macht- und Einflussansätze** ist es gelungen, relativ gut empirisch abgesicherte und daher recht verlässliche Aussagen über Auswirkungen von Führungsverhalten zu formulieren.

Die Überprüfung der in der **Leader-Member-Exchange (LMX) Theorie** beschriebenen Austauschprozesse zwischen Führungskräften und Mitarbeitern hat zu folgenden Ergebnissen geführt:

- Je mehr die einzelnen Mitarbeiter von ihren Führungskräften als kompetent und vertrauenswürdig eingestuft werden, desto höher ist die Qualität der Austauschbeziehungen.
- Hohe Qualität der Austauschbeziehungen geht ihrerseits einher mit unterstützenden Verhaltensweisen der Führungskraft und teilnehmender Führung. Die Mitarbeiter zeigen mehr Eigeninitiative, unterstützen ihre Führungskraft besser und setzen sie gleichzeitig weniger unter Druck.
- Es zeigen sich positive Auswirkungen auf die Zufriedenheit der Mitarbeiter, auf deren Verbundenheit zur Organisation und deren Leistung.

„Studien über die Konsequenzen der Qualität von LMX-Beziehungen bestätigen im wesentlichen, dass, je besser die Beziehung ist, desto zufriedener sind die Mitarbeiter, desto eher fühlen sie sich ihrer Organisation verbunden und desto höher ist ihre Leistung." (Brodbeck, 2002[2], S. 352)

Nach Ansicht von *Felix C. Brodbeck u. a. (2002[2], S. 355)* belegt eine Reihe von empirischen Untersuchungen die Wirksamkeit **charismatischer bzw. transformationaler Führung**.[1] Sie lassen sich wie folgt zusammenfassen:

- Wurden Führungskräfte geschult, um transformationale Führungsverhaltensweisen zu erlernen, zeigte sich nach einiger Zeit eine höhere emotionale Bindung der Mitarbeiter an die Organisation. Ebenso waren die tranformational geführten Arbeitnehmer erfolgreichere Verkäufer als ihre konventionell geführten Kollegen.
- Erkenntnissen aus entsprechenden Experimenten lassen den Schluss zu, dass transformationales bzw. charismatisches Führungsverhalten zu höherer Zufriedenheit und höherer Leistung bei den Mitarbeitern führt.
- Das Darstellen von Visionen oder klare, genaue Aufgabenstellungen bewirken nach den Erkenntnissen einer Studie die Steigerung der Qualität von Arbeitsergebnissen.

---

[1] siehe Abschnitt 13.2.4

Zusammenfassung

- Organisationssoziologie ist die Wissenschaft von Entstehung, Aufbau, Funktionieren und Veränderung von Organisationen sowie von deren Einflüssen auf das soziale Handeln der Menschen. Eine Organisation ist die Bezeichnung für ein zeitlich überdauerndes, strukturiertes soziales Gebilde bzw. System, welches sich aus verschiedenen Personen zusammensetzt und bestimmte Ziele verfolgt. Jede Organisation besitzt, je nach wissenschaftlicher Betrachtungsweise, eine Reihe bestimmter Merkmale mit jeweils bestimmten Ausprägungen:

  - Die Zielbezogenheit meint ein Ausrichten bzw. ein Ausgerichtetsein der Organisation auf bestimmte, festgelegte Zwecke. In der Regel geht es darum, die Vielfalt menschlicher Bedürfnisse zu befriedigen.

  - Das Merkmal der Strukturiertheit unterteilt sich in die formale Organisationsstruktur (die Gesamtheit aller absichtlichen, geplanten, verbindlichen Anordnungen und Festlegungen, um bestimmte Organisationsziele zu realisieren) und die informale Organisationsstruktur (alle in einer Organisation faktisch existierenden Regelungen, Verfahrensweisen, Zielsetzungen, Normen und Werte, die nicht von vornherein geplant und beabsichtigt waren und die es „offiziell" gar nicht gibt).

  - Das Merkmal der Kommunikationsstrukturen meint das Netz von Informationswegen innerhalb der Organisation bzw. ihrer Abteilungen oder Gruppen. Kommunikationsstrukturen lassen sich danach unterscheiden, in welchem Umfang einer bestimmten, zentralen Person verschiedene Informationswege zur Verfügung stehen. Man spricht in diesem Zusammenhang vom Zentralitätsgrad, gelegentlich auch vom Zentralisierungsgrad. Dabei lassen sich verschiedene Formen wie Rad, Kette, Kreis und Vollstruktur beschreiben sowie horizontale, vertikale und diagonale Kommunikationswege unterscheiden.

  - Beim Merkmal Entscheidungsstrukturen werden jene Regelungen in Organisationen betrachtet, die Entscheidungsbefugnisse für einzelne Organisationsmitglieder oder Gruppen festlegen. Unter dem Aspekt der Führung existieren in der Literatur parallel dazu zahlreiche theoretische Strömungen, die ihrerseits viele verschiedene Ansätze zum Thema Führung und Führungserfolg hervorgebracht haben. Dabei gelten zurzeit mit den Macht- und Einflussansätzen neuere Denkweisen als viel versprechend.

  - Das Merkmal Systemcharakter sieht die Organisation als ein geordnetes Ganzes, bei dem die Einzelteile in Beziehung zueinander stehen. Je nach Betrachtungsweise interessiert man sich innerhalb solcher Systeme für jene Einflussgrößen, die zum Erreichen angestrebter Ziele dienen und eindeutig definierbar sowie exakt messbar sind (= geschlossenes System), oder man betrachtet die Organisationen in ihren Interaktionsprozessen mit der Umwelt, wobei nicht mehr alle Einflüsse auf die Organisation genau bestimmbar sind (= offenes System).

- Innerhalb der Sozialwissenschaften lassen sich Organisationen aus unterschiedlichsten Blickwinkeln betrachten, entweder als rationale Systeme, als natürliche Systeme oder als offene Systeme. Jede dieser Sichtweisen fokussiert bestimmte Organisationsmerkmale, während gleichzeitig andere in den Hintergrund treten. Dabei ergänzen sich die verschiedenen Sichtweisen auf Organisationen.

- Forscher gehen davon aus, dass die Merkmale von Organisationen sich auf das Erleben und Verhalten der Organisationsmitglieder auswirken. Will man solche Auswirkungen beschreiben und in ihren Wirkungen verstehen, können Überlegungen zur Beschaffenheit menschlicher Bedürfnisse Hilfestellung geben. *Abraham H. Maslow* geht von der Existenz verschiedener, hierarchisch geordneter Bedürfnisse aus. Erst wenn die jeweils in der Hierarchie weiter unten stehenden Be-

Zusammenfassung

dürfnisse befriedigt sind, werden die nächst höheren Bedürfnisse aktualisiert. Da die jeweilige Bedürfnislage einzelner Organisationsmitglieder in der Regel unterschiedlich ist, können die verschiedenen Organisationsmerkmale sich sehr unterschiedlich auf das Individuum auswirken.

- Spezielle Untersuchungen zur Wirkung von Kommunikationsstrukturen zeigen in Bezug auf die Arbeitszufriedenheit, dass dezentrale Kommunikationsstrukturen bei Individuen in Randpositionen und bei Gruppen beliebter sind. Weitere Untersuchungen über die Einflüsse von Kommunikationsstrukturen auf die Leistung von Gruppen deuten auf eine Überlegenheit von zentralisierten Kommunikationsstrukturen hin, wenn es sich um einfache Tätigkeiten handelt. Hier arbeitet die Gruppe genauer und schneller, während bei komplexen, schwierigen Aufgaben Gruppen mit dezentralisierten Kommunikationsstrukturen besser abschneiden.

- Entscheidungen bzw. Entscheidungsstrukturen schlagen sich in Organisationen in Führung nieder. Die Literatur unterscheidet viele verschiedene Führungstheorien, welche die Auswirkungen von Führungsverhalten im Sinne von Führungserfolg recht unterschiedlich darstellen. Insbesondere den älteren Führungstheorien konnten immer wieder theoretische Schwächen nachgewiesen werden und/oder ihre empirischen Überprüfungen lieferten in der Regel magere Ergebnisse. Neuere Führungsansätze wie die Leader-Member-Exchange (LMX) Theorie sehen Führung unter dem Aspekt der gegenseitigen Beeinflussung von Führungskraft und Geführten. Tendenziell legen die Ergebnisse empirischer Studien nahe, dass mit einer guten Qualität der Beziehungen zwischen Führungskraft und Geführten Zufriedenheit, höhere Leistung und mehr emotionale Verbundenheit der Mitarbeiter zu ihrer Organisation einhergeht.

- Überlegungen zur charismatischen und transformationalen Führung betonen die besonderen Fähigkeiten und Verhaltensweisen herausragender Führungskräfte. Auch hier lassen die Interpretationen entsprechender empirischer Studien den Schluss zu, dass zum Beispiel Charisma insbesondere in Krisenzeiten von hohem Nutzen ist und charismatisch-tranformationales Führungsverhalten zu höherer Leistung und stärkerer Zufriedenheit der Mitarbeiter führt.

Materialien Kapitel 13

1. Definition und Abgrenzung von Organisationen

Der Gegenstand der Organisationssoziologie scheint auf den ersten Blick eindeutig bestimmt: eben „Organisationen", wie das Krankenhaus oder der feuerverzinkende Betrieb. Doch bereits bei unserer Apotheke treten die ersten Probleme auf. Kaum jemand wird bei der Frage nach typischen Organisationen unseres Alltagslebens an die Apotheke um die Ecke denken, und erst nach mehr oder weniger kurzem Zögern wird man ihr genauso wie dem Bäcker oder auch dem Metzger in der eigenen Nachbarschaft den Status einer Organisation zusprechen. Der Grund hierfür dürfte in der Tatsache liegen, dass es sich hier um kleine Gebilde handelt, die wir vor allem durch den persönlichen Kontakt mit der Verkäuferin oder dem Metzger selbst nicht primär als „unpersönliche" Organisation erfahren. Wollen wir jedoch nicht unsere subjektive, von Individuum zu Individuum unterschiedliche Wahrnehmung zur Abgrenzung unseres Untersuchungsgegenstandes heranziehen, stellt sich die Frage, wie eine Organisation „objektiv" beschrieben werden kann. [...]

Wie die meisten Grundbegriffe der Sozialwissenschaften stammt auch der Begriff „Organisation" aus der Umgangssprache. Dies hat zur Folge, dass der Begriff mehrdeutig und unbestimmt ist. Je nach Sprechsituation, Zielsetzung, Fragestellung und Objektbezug, wissenschaftlicher Perspektive, theoretischem Ansatz und Bezugsrahmen kann er auf sehr verschiedene, manchmal gar widersprüchliche Sachverhalte verweisen. [...]

In der Organisationssoziologie existiert somit kein allgemein anerkannter und von allen Wissenschaftlern verwendeter Organisationsbegriff. Die insbesondere für den Einsteiger verwirrende Vielfalt kann jedoch etwas gegliedert werden, wenn die zwei gebräuchlichsten *Typen von Organisationsbegriffen* betrachtet werden. Hierbei können unterschieden werden

- ein *dynamischer*, der den prozessualen Aspekt betont und in der Regel mit einer Vorstellung von Organisation als Instrument gekoppelt ist, und
- ein eher *statischer*, den strukturellen Aspekt von Organisation herausstellender.

Dynamische Organisationsdefinitionen betonen vor allem den *Prozess des Organisierens*, nämlich die planmäßige Herstellung einer Ordnung, eines Gefüges, einer Struktur oder eines Systems, z. B.: die Gestaltung eines Krankenhauses; die Entwicklung der Struktur eines Autohauses unter besonderer Berücksichtigung der Verteilung der verschiedenen Arbeitsaufgaben und ihrer Kombination; die Gründung einer neuen Apotheke und der damit einhergehende Prozess der Strukturierung des Betriebes. *Statische Organisationsbegriffe* stellen dagegen in erster Linie auf das *Resultat des Organisierens* ab, die hergestellte oder geschaffene Ordnung, die Organisiertheit, das Gefüge, die Struktur, das System, z. B.: die Organisationsstruktur einer Feuerverzinkerei; die Ordnung eines Krankenhauses; die „Aufbauorganisation" eines Autohauses. Beide Typen von Organisationsbegriffen ergänzen sich somit und können je nach Fragestellung auch kombiniert werden.

Quelle: Abraham/Büschges, 2004³, S. 55 ff. (gekürzt)

2. Funktionen und Eigenschaften von Organisationszielen

Organisationsziele wurden bereits definiert als die Zwecke, um derentwillen eine Organisation gegründet wird und deren Erfüllung sie erreichen soll. Aus dieser Definition ergibt sich bereits die besondere Bedeutung, die den Organisationszielen für die Analyse von Organisationen zukommt. Organisationsziele

- bestimmen die zu erbringenden *Organisationsleistungen* und damit zugleich die *Organisationsprogramme*;
- umreißen den anzustrebenden oder zu erhaltenden *Organisationszustand*, insbesondere die *Organisationsstruktur*;
- gelten als Richtschnur für die *Organisationstätigkeit* und beeinflussen so die Organisationsvorschriften, die Organisationstechnologie, die Organisationsmitglieder und die Organisationsleitung;
- liefern den *Erfolgsmaßstab* für die Organisationsleitung wie für die Organisationsträger;

- dienen der internen und externen *Selbstdarstellung* und der *Rechtfertigung* des Organisationshandelns;
- unterstützen oder erschweren *Rekrutierung* und *Motivation* der Organisationsmitglieder;
- sichern die Beschaffung und die Verteilung von *Organisationsressourcen*.

Aufgrund ihrer zentralen Funktion werden Organisationsziele in der Regel schon bei der Gründung der Organisation explizit oder implizit festgelegt. Das Krankenhaus wurde beispielsweise gegründet, um unter anderem kranke Personen zu behandeln, während die Feuerverzinkerei ausschließlich wirtschaftliche Ziele, nämlich die erwerbswirtschaftlich ausgerichtete Feuerverzinkung aller hierfür geeigneten Produkte, verfolgt. [...]

Betrachtet man Inhalte und Ausprägungen von Organisationszielen, so fällt häufig ihr allgemeiner Charakter auf. Beispielsweise umfasst das Ziel des Krankenhauses „Behandlung von kranken Personen" eine große Bandbreite an Fällen, die hierunter gefasst werden können – vom einfachen Schnupfen bis hin zu einer Herztransplantation. Hierbei sind die Grenzen dessen, was als Krankheit verstanden wird, fließend und hängen von der Interpretation durch Akteure ab: Während das eine Krankenhaus eine achtzigjährige pflegebedürftige Patientin in eine Pflegeanstalt überweist, behandelt eine andere Klinik dieselbe Patienten stationär über einen längeren Zeitraum. Zudem ergeben sich Spielräume hinsichtlich der Frage, was unter einer „Behandlung" zu verstehen ist. [...]

Allgemein formulierte Organisationsziele müssen demnach immer von den Akteuren „operationalisiert", d. h. im Hinblick auf bestimmte Handlungsmöglichkeiten konkretisiert und mit Inhalt gefüllt werden. [...]

Als Fazit lässt sich feststellen, dass die Akteure im Umgang mit Organisationszielen erhebliche Freiräume besitzen. Diese ergeben sich vor allem aus zwei grundsätzlichen Eigenschaften von Organisationszielen, nämlich

- *der Mehrdeutigkeit und Unbestimmtheit von Organisationszielen*, d. h. diese sind nur selten exakt definiert und in einer empirisch fassbaren Weise operationalisiert, sowie

- *der Widersprüchlickeit mehrerer Organisationsziele*, d. h. es existieren mehrere, z. T. miteinander konkurrierende oder gar unvereinbare Organisationsziele, die von verschiedenen Kräften innerhalb oder gar außerhalb der Organisation definiert und mit Hilfe von Koalitionen durchzusetzen versucht werden.

Quelle: Abrahm/Büschges, 2004[3], S. 110–115 (gekürzt)

3. Charismatische und transformationale Führung

Eine Reihe neuerer Theorien beschäftigen sich mit herausragenden Führungskräften, denen besondere, oft als Charisma bezeichnete, Eigenschaften zugeschrieben werden. Dazu zählen etwa der Ansatz zur *transformationalen versus transaktionalen Führung*, die *Theorie der charismatischen Führung*. [...]

Diese Theorien lassen sich auch als Prozesstheorien der Führung bezeichnen, denn sie versuchen zu erklären, wie Führungskräfte sowohl auf die Emotionen, Motive, Präferenzen und Aspirationen der Geführten Einfluss nehmen als auch auf die Struktur, Kultur und Leistungen ganzer Arbeitsgruppen und Organisationen. Die einzelnen theoretischen Ansätze unterscheiden sich nicht substantiell.[...] Ihre Gemeinsamkeiten sind folgende ...

1. Sie vergleichen Merkmale von herausragenden Führungskräften mit denen durchschnittlicher Führungskräfte. Herausragende Führungskräfte können anhand entsprechender Leistungen der Geführten (Mitarbeiter, Gruppen, Organisationen), sowie ihrer Anerkennung und Position als auch an den von anderen zugesprochenen „herausragenden" Führungsqualitäten identifiziert werden (z. B. durch Fragebogen oder Interviews).

2. Als abhängige Variablen werden vor allem affektive Konsequenzen bei den geführten Mitarbeitern betrachtet (z. B. emotionale Bindung an die Führungskraft, motivationale Anregung, Selbstwertgefühl, Vertrauen etc.). In den meisten der zuvor behandelten Theorien und Modelle waren diese Kriteriumsvariablen kein zentraler Untersuchungsgegenstand. Letztlich geht es den Theorien charismatischer bzw. transformationaler Führung natürlich auch um die Erklärung von Führungserfolg (Führungseinfluss, Führungseffektivität und Führungskarriere).

3. Im Bereich des Verhaltens betonen diese Ansätze symbolisches, visionäres und inspirierendes Führungsverhalten sowie nonverbale Kommunikation.

4. Sie gehen von der Prozessannahme aus, dass herausragende Führungskräfte eine Organisation beeinflussen und verändern, indem sie ihr gesellschaftlich relevante Werte und einen moralischen Zweck verleihen und dadurch eine starke affektive Bindung der Mitarbeiter an ihre Organisation erreichen.

Charismatische oder transformationale Führungskräfte zeichnen sich durch bestimmte Personenmerkmale und Verhaltensweisen gegenüber eher durchschnittlichen Führungskräften aus, und sie entfalten ihre Wirkungen unter besonderen Bedingungen (z. B. in Krisenzeiten).

Personenmerkmale und Verhaltensweisen: Als einer der ersten Führungsforscher, die sich mit Charisma beschäftigten, postulierte *House* (1977), dass sich charismatische (bzw. transformationale) Führungskräfte durch ein hohes Machtmotiv, hohe Selbstsicherheit, hohe verbale Fähigkeiten und einer starken Überzeugung von den eigenen Ideen auszeichnen. Denn wenn eine Person nicht über diese Eigenschaften verfügt, so argumentiert *House*, wird sie weniger wahrscheinlich versuchen andere zu überzeugen oder weniger erfolgreich bei ihren Überzeugungsversuchen sein. In der neueren Literatur finden sich weitere Merkmale charismatischer bzw. transformationaler Führungskräfte.

- Sie überzeugen andere von der eigenen Kompetenz (z. B. Sicherheit zeigen und damit Sicherheit vermitteln, über frühere Erfolge sprechen etc.),
- sprechen ideologische Ziele für die eigene Gruppe aus,
- verknüpfen die Aufgaben ihrer Arbeitseinheit mit Werten und Idealen, die alle teilen können,
- halten durch eigenes Beispiel die Mitarbeiter zur Nachahmung an,
- sprechen hohe Erwartungen über die Leistung der Mitarbeiter aus und zeigen gleichzeitig Zuversicht über deren Leistungsfähigkeit,
- regen durch ihr eigenes Verhalten die Mitarbeiter dazu an, dass ihnen Probleme in der Arbeitstätigkeit bewusst werden und dass sie diese Probleme in einem neuen Licht sehen,
- schlagen ungewöhnliche Wege ein, um ihre Visionen zu erreichen.

Quelle: Brodbeck, 2002[2], S. 353 f.

4. Organisationen als rationale und natürliche Systeme

Während das Modell des rationalen Systems sich auf Merkmale von Organisationen konzentriert, die diese von anderen sozialen Gruppierungen unterscheiden, betont das Modell des natürlichen Systems die Gemeinsamkeiten zwischen Organisationen und anderen Systemen. Die Theoretiker des natürlichen Systems bestreiten nicht, dass Organisationen besondere Merkmale aufweisen, sagen aber, dass diese von den allgemeineren übergeordneten Formen und Prozessen deutlich überlagert und in den Hintergrund gerückt würden. So würden die spezifischen Output-Ziele von Organisationen oft durch Anstrengungen unterminiert oder verzerrt, die der Verfolgung von Systemzielen gälten, vor allem dem Wunschziel, als System am Leben zu bleiben. Und die formalen Aspekte der Organisationsstruktur, denen die Analytiker des rationalen Systems so viel Aufmerksamkeit widmen, werden eher als blasse Folie gesehen, auf der die „wirklichen" informellen Strukturen lebendig hervortreten. Allgemeiner gesprochen sieht es so aus: Das Modell des rationalen Systems betont die normative Struktur von Organisationen, und das Modell des natürlichen Systems legt den Akzent auf die Verhaltensstruktur. Und wo die Perspektive des rationalen Systems die Vorrangigkeit der Struktur vor den Wesensmerkmalen der Beteiligten betont, kehrt die Perspektive des natürlichen Systems diese Prioritäten um – so sehr, dass *Bennis* diese Auffassung als eine Konzeption von „Menschen ohne Organisationen" bezeichnet hat. [...]

Das Verständnis, das die Theoretiker des natürlichen Systems von der Umwelt haben, scheint nicht immer das gleiche zu sein. So übersehen die meisten Human Relations-

Theoretiker schlicht, dass sie überhaupt ein beachtenswerter Faktor ist. Wie die Theoretiker des rationalen Systems konzentrieren sie sich auf die innerorganisationellen Strukturen und ihre Auswirkungen auf die Beteiligten, die Organisation so als ein geschlossenes System behandelnd. Diese Ausblendung der Umwelt verblüfft. […]

Quelle: Scott, 1986, S. 144 f.

Aufgaben und Anregungen Kapitel 13

Aufgaben

1. Bestimmen Sie den Begriff „Organisation" und weisen Sie anhand eines selbst gewählten Beispiels nach, dass es sich hierbei um eine Organisation handelt. (Abschnitt 13.1.1)

2. Bestimmen Sie den Begriff „Organisationssoziologie" und zeigen Sie an Beispielen den Gegenstand der Organisationssoziologie auf. (Abschnitt 13.1.2)

3. Die Organisationssoziologie beschäftigt sich u. a. auch mit Veränderungen von Organisationen und deren Einflüssen auf das soziale Handeln der Menschen.

    Zeigen Sie an geeigneten Beispielen auf, wie Menschen Organisationen beeinflussen und wie das Erleben und Verhalten von Menschen durch Organisationen beeinflusst wird. (Abschnitt 13.1.2)

4. Stellen Sie das Organisationsmerkmal der Zielgerichtetheit am Beispiel einer Organisation Ihrer Wahl dar. (Abschnitt 13.2.1)

5. Beschreiben Sie eine Organisation Ihrer Wahl unter dem Aspekt der Strukturiertheit. Arbeiten Sie dabei wesentliche Unterschiede zwischen formalen und informalen Organisationsstrukturen heraus. (Abschnitt 13.2.2)

6. *Ein altes Sprichwort lautet: „Wer glaubt, ein Abteilungsleiter leitet eine Abteilung, der glaubt auch, ein Zitronenfalter faltet Zitronen."*

    Zeigen Sie den Sinngehalt dieses Sprichworts auf im Zusammenhang mit dem Organisationsmerkmal der Strukturiertheit. (Abschnitt 13.2.2)

7. Zeigen Sie die gegenseitige Abhängigkeit von formalen und informalen Strukturen am Beispiel einer Organisation auf. (Abschnitt 13.2.2)

8. Beschreiben Sie verschiedene Kommunikationsstrukturen am Beispiel einer Ihnen bekannten Organisation. (Abschnitt 13.2.3)

9. Beschreiben Sie verschiedene Sichtweisen zum Thema „Führung". (Abschnitt 13.2.4)

10. Einige Sozialwissenschaftler behaupten, es gebe nicht die Führungspersönlichkeit schlechthin. Nehmen Sie zu dieser Behauptung Stellung. (Abschnitt 13.2.4)

11. Unterziehen Sie die verschiedenen Sichtweisen von Führung einer kritischen Würdigung. (Abschnitt 13.2.4)

12. Stellen Sie eine Organisation Ihrer Wahl unter dem Gesichtspunkt des „geschlossenen Systems" dar. Nehmen Sie anschließend kritisch zu dieser Sichtweise Stellung. (Abschnitt 13.2.5)

Aufgaben und Anregungen

13. Erläutern Sie am Beispiel einer Organisation das Organisationsmerkmal „offenes System". Berücksichtigen Sie dabei Nachteile dieser Sichtweise. (Abschnitt 13.2.5)

14. Beschreiben Sie verschiedene Sichtweisen, die bei der Erforschung bzw. Untersuchung von Organisationen eingenommen werden können. (Abschnitt 13.3)

15. Erforscht man Organisationen unter einem bestimmten Blickwinkel, so treten manche Organisationsmerkmale besonders deutlich hervor, während andere aus dem Blickfeld geraten. Erläutern Sie diesen Sachverhalt mit Hilfe geeigneter Beispiele. (Abschnitt 13.3)

16. Beschreiben Sie mögliche Auswirkungen von Kommunikationsstrukturen in Organisationen auf Individuum und Gruppe. (Abschnitt 13.4.1)

17. „Erst kommt das Fressen, dann kommt die Moral!" (Bertolt Brecht, 1968, S. 70)

    Zeigen Sie den Sinngehalt dieses Sprichworts auf im Zusammenhang mit den Gedanken von *Abraham H. Maslow*. (Abschnitt 13.4.1)

18. Erläutern Sie mögliche Auswirkungen von Entscheidungsstrukturen in Organisationen auf Individuum und Gruppe. (Abschnitt 13.4.2)

19. Beschreiben Sie, unter welchen Umständen bestimmte Merkmale einer Organisation dazu beitragen können, die Bedürfnisse von Mitarbeitern zu befriedigen oder deren Befriedigung zu verhindern. Veranschaulichen Sie Ihre Gedanken an einer Organisation Ihrer Wahl. (Abschnitt 13.2 und 13.4)

20. Charakterisieren Sie eine ausgewählte soziale Organisation, in der verschiedenste problematische strukturelle Gegebenheiten bestehen und zeigen Sie deren Auswirkungen auf Individuum und Gruppe auf. (Abschnitt 13.2 und 13.4)

21. „Ein Teil der charakteristischen Merkmale von Organisationen erweist sich für die Organisation häufig einerseits als Segen, andererseits als Fluch."

    Erläutern Sie diese Behauptung am Beispiel einer Ihnen näher bekannten Organisation. (Abschnitt 13.2. und 13.4)

22. „Arbeitskräfte werden einbestellt – Menschen kommen."

    Beschreiben Sie auf dem Hintergrund dieser Aussage das mögliche Spannungsverhältnis zwischen Individuum und Organisation. (Abschnitt 13.2. und 13.4)

Anregungen

23. Fertigen Sie in Gruppen ein Clustering zu dem Thema „Organisationssoziologie" an: Schreiben Sie in die Mitte eines größeren Blattes Papier das Thema in einen Kreis und notieren Sie zunächst den ersten Gedanken, den Sie zu diesem Thema haben, ebenfalls auf das Papier und verbinden Sie ihn mit dem Mittelkreis. Dann schreiben Sie alle weiteren Gedanken zum Thema auf dieselbe Weise auf das Blatt und verbinden jeden Kreis mit dem vorigen durch einen Strich.

24. Lassen Sie einen typischen Alltag gedanklich an sich vorüberziehen. Notieren Sie anschließend Produkte und Dienstleistungen, die Sie an solch typischen Tagen nachfragen und die von Organisationen zur Verfügung gestellt werden.

    Finden Sie sich in Kleingruppen zusammen und sprechen Sie über Ihre Notizen.

25. Erarbeiten Sie in Kleingruppen Möglichkeiten zur Verbesserung der Kommunikation an Ihrer Schule. Halten Sie Ihre Ergebnisse auf Plakaten fest.

26. „Moderne Zeiten"

- Sehen Sie sich den Film „Moderne Zeiten" von *Charlie Chaplin* an.
- Ergründen und beschreiben Sie die Sichtweise bzw. das Menschenbild, das in diesem Film von Arbeitnehmern gezeichnet wird.
- Halten Sie dieses „Menschenbild" auf einem Plakat fest und sprechen Sie in der Klasse darüber.
- Nehmen Sie kritisch zu diesem „Menschenbild" Stellung.

27. *Traumreise*

Machen Sie unter Anleitung Ihres Lehrers eine „Traumreise" zurück in Ihr vergangenes Schuljahr. Gehen Sie im Geist durch die Schulräume, treffen Sie damalige Mitschüler und Lehrer, vergegenwärtigen Sie sich die damals wichtigsten Aufgaben und Tätigkeiten...

- Rufen Sie sich ein besonders schönes Ereignis ins Gedächtnis, dann einen weniger erfreulichen Sachverhalt.
- Kehren Sie mit beiden Erinnerungen ins jetzige Klassenzimmer zurück.
- Notieren Sie auf ein rotes Kärtchen, was Sie in Ihrem weiteren Schulleben und/ oder zukünftigen Arbeitsleben auf keinen Fall mehr erleben wollen. Notieren Sie auf ein grünes Kärtchen, worauf Sie auch in Zukunft im Schul- und Berufsleben viel Wert legen werden.
- Heften Sie Ihre Kärtchen einzeln – geordnet nach Farben – an die Tafel und begründen Sie Ihre Wünsche.
- Ordnen Sie anschließend die geäußerten Wünsche der Bedürfnishierarchie von *Maslow* zu.

Literaturverzeichnis

o. A.: Tiefe Kluft beim Einkommen. Top 10 der Bundesländer nach Anteil an Haushalten, in: FondsMagazin, Kundenzeitschrift der DekaBank, Heft 2, 2005, S. 6.

Fichtner, Ullrich: Die Rückkehr des Proletariats, in: Der Spiegel, Nr. 22 vom 30.05.2005, S. 102–206.

Neubacher, Alexander: Wer hat, dem wird gegeben, in: Der Spiegel, Nr. 49 vom 29.11.2004, S. 106 ff.

Abels, Heinz: Einführung in die Soziologie, Bd. 1, Der Blick auf die Gesellschaft, 2. Auflage, Wiesbaden, VS Verlag für Sozialwissenschaften, 2004.

Abels, Heinz: Einführung in die Soziologie, Bd. 2, Die Individuen in ihrer Gesellschaft, 2. Auflage, Wiesbaden, VS Verlag für Sozialwissenschaften, 2004.

Abraham, Martin/Büschges, Günter: Einführung in die Organisationssoziologie, 3. Auflage, Wiesbaden, VS Verlag für Sozialwissenschaften, 2004.

Allensbacher Archiv, Die Allensbacher Berufsprestige-Skala 2003, in: IfD-Umfrage 7040, Februar/März 2003.

Amann, Anton: Soziologie. Ein Leitfaden zu Theorien, Geschichte und Denkweisen, 4. Auflage, Wien u.a., Böhlau, 1996.

Aristoteles: Politik, übersetzt von Franz Susemihl, Reinbek b. Hamburg, Rowohlt, 1965.

Bahrdt, Hans Paul: Schlüsselbegriffe der Soziologie. Eine Einführung mit Lehrbeispielen, 9. Auflage, München, C.H. Beck, 2003.

Beck-Gernsheim, Elisabeth: Was kommt nach der Familie? Einblicke in neue Lebensformen, 2. Auflage, München, Beck, 2000.

Beck, Ulrich/Beck-Gernsheim, Elisabeth: Das ganz normale Chaos der Liebe, Frankfurt a. M., Suhrkamp, 1990.

Bellebaum, Alfred: Soziologische Grundbegriffe. Eine Einführung für soziale Berufe, 13. Auflage, Stuttgart, Kohlhammer, 2001.

Belwe, Katharina: Editorial, in: Aus Politik und Zeitgeschichte. Beilage zur Wochenzeitung Das Parlament, Heft 37, 12.09.2005, S. 2.

Berger, Peter L./Kellner, Hansfried: Die Ehe und die Konstruktion der Wirklichkeit, in: Soziale Welt, Zeitschrift für sozialwissenschaftliche Forschung und Praxis, Heft 16, 1965, S. 220–235.

Berger, Peter L.: Einladung zur Soziologie. Eine humanistische Perspektive, übersetzt von Monika Plessner, München, Deutscher Taschenbuch-Verlag, 1977.

Biermann, Benno/Bock-Rosenthal, Erika/ Doehlemann, Martin: Soziologie. Studienbuch für soziale Berufe, 4. Auflage, München/Basel, Reinhardt, 2004.

Billerbeck, Liane von: Wie man in Deutschland erwachsen wird, in: Die Zeit, Nr. 46, 06.11.2003, S. 32.

Bohner, Gerd: Einstellungen, in: Sozialpsychologie. Eine Einführung, 4. Auflage, übersetzt von Matthias Reiss, hrsg. v. Wolfgang Stroebe/Klaus Jonas/Miles Hewstone, Berlin u.a., Springer, 2002, S. 265-313.

Bolte, Karl Martin/Kappe, Dieter/Neidhardt, Friedhelm: Soziale Ungleichheit, 4. Auflage, Opladen, Leske & Budrich, 1975.

Brecht, Bertolt: Die Dreigroschenoper, Frankfurt a.M., Suhrkamp, 1968.

Brock, Ditmar/Junge, Matthias/Krähnke, Uwe: Soziologische Theorien von Auguste Comte bis Talcott Parsons, München, Oldenbourg, 2002.

Brodbeck, Felix C./Maier, Günter W./Frey, Dieter: Führungstheorien, in: Theorien der Sozialpsychologie, Bd. 2, Gruppen- und Lerntheorien, 2. Auflage, hrsg. v. Dieter Frey/Martin Irle, Stuttgart u.a., Huber, 2002, S. 329–365.

Brodocz, André: Mächtige Kommunikation in Niklas Luhmanns Theorie sozialer Systeme, in: Macht und Herrschaft. Sozialwissenschaftliche Konzeptionen und Theorien, hrsg. v. Peter Imbusch, Opladen, Leske + Budrich, 1998, S. 183–197.

Bronfenbrenner, Urie: Die Ökologie der menschlichen Entwicklung. Natürliche und geplante Experimente, Stuttgart, Klett-Cotta, 1981.

Bronfenbrenner, Urie: Ökologische Sozialisationsforschung, in: Ökologische Psychologie. Ein Handbuch in Schlüsselbegriffen, hrsg. v. Lenelis Kruse/Carl-Friedrich Graumann/Ernst-Dieter Lantermann, 2. Auflage, Weinheim, Beltz/Psychologie Verlags Union, 1996, S. 76–79.

Bruggmann, Nicole: Gesellschaftlicher Wandel und familialer Wandel, Universität Zürich, 2004.

Gesetz über die Eingetragene Lebenspartnerschaft, in: Bundesgesetzblatt (BGBl. I), 16.2.2001, S. 266.

Bundesinstitut für Bevölkerungsforschung: Bevölkerung. Fakten-, Trend-, Ursachenerwartungen, Sonderheft der Schriftenreihe des Bundesinstituts für Bevölkerungsforschung, Wiesbaden, 2004.

Bundesministerium für Bildung und Forschung „Lernen für die Welt von Morgen: Erste Resultate von PISA 2003 der OECD", online abrufbar unter: www.bmbf.de/de/3292.php [28.04.2006]

Bundesministerium für Familie und Senioren: Familien und Familienpolitik im geeinten Deutschland. Zukunft des Humanvermögens. Bericht der Sachverständigenkommission, 5. Familienbericht, Bonn, 1995.

Köhler, Helmut (Hg.): Bürgerliches Gesetzbuch, 56. Auflage, Deutscher Taschenbuchverlag, München, 2005.

Burgess, Ernest Watson/Locke, Harvey J.: The family. From Institution to Companionship, New York u.a., American Book Company, 1945.

Bürklin, Wilhelm: Die Potsdamer Elitestudie von 1995. Problemstellungen und wissenschaftliches Programm, in: Eliten in Deutschland. Rekrutierung und Integration, hrsg. v. Wilhelm Bürklin/ Hilke Rebenstorf u.a., Opladen, Leske & Budrich, 1997, S. 11–35.

Burzan, Nicole: Soziale Ungleichheit. Eine Einführung in die zentralen Theorien, Wiesbaden, VS Verlag für Sozialwissenschaften, 2004.

Comte, Auguste: Soziologie, Bd. 1, Der dogmatische Teil der Sozialphilosophie, 2. Auflage, übersetzt von Valentine Dorn, Jena, Gustav Fischer, 1923.

Dahrendorf, Ralf: Gesellschaft und Freiheit. München, Piper, 1961.

Dahrendorf, Ralf: Homo sociologicus. Ein Versuch zur Geschichte. Bedeutung und Kritik der Kategorie der sozialen Rolle, 3. Auflage, Köln/Opladen, Westdeutscher Verlag, 1961.

Dahrendorf, Ralf: Über den Ursprung der Ungleichheit unter den Menschen, 2. Auflage, Tübingen, Mohr, 1966.

Dahrendorf, Ralf: Gesellschaft und Demokratie in Deutschland. München, Deutscher Taschenbuchverlag, 1982.

Davis, Kingsley/Moore, Wilbert E.: Einige Prinzipien der sozialen Schichtung, in: Moderne amerikanische Soziologie, hrsg. v. Heinz Hartmann, München, Deutscher Taschenbuchverlag, 1987, S. 347-357

Durkheim, Émile: Erziehung und Soziologie, Berlin, Cornelsen, 1994.

Durkheim, Émile: Die Regeln der soziologischen Methode, Frankfurt a.M., Suhrkamp, 2002.

Elias, Norbert: Was ist Soziologie? 10. Auflage, Weinheim/München, Juventa, 2004.

Engstler, Heribert/Menning, Sonja: Die Familie im Spiegel der amtlichen Statistik. Ausgewählte Ergebnisse des Mikrozensus 2003, Bundesministerium für Familie, Senioren, Frauen und Jugend, Bonn, 2004.

Endruweit, Günter/Trommsdorff, Gisela (Hg): Wörterbuch der Soziologie, 2. Auflage, Stuttgart, Lucius & Lucius, 2002.

Endruweit, Günter: Organisationssoziologie, 2. Auflage, Stuttgart, Lucius & Lucius, 2004.

Esser, Hartmut: Soziologie. Spezielle Grundlagen, Bd. 3, Soziales Handeln, Frankfurt a. M./New York, Campus Verlag, 2000.

Esser, Hartmut: Soziologie. Spezielle Grundlagen, Bd. 5, Institutionen, Frankfurt a. M./New York, Campus Verlag, 2000.

Essig, Rolf-Bernhard: Früher Abschied. Vor 150 Jahren sah man mit 40 Jahren alt aus, in: Die Zeit, Nr. 20, 12.05.2005, S. 72.

Feldmann, Klaus: Soziologie kompakt. Eine Einführung, 2. Auflage, Wiesbaden, Westdeutscher Verlag, 2001.

Fichter, Joseph Henry: Grundbegriffe der Soziologie, 3. Auflage, übersetzt von Leonhard Walentik, Berlin u.a., Springer, 1970.

Frey, Dieter/Irle, Martin (Hg): Theorien der Sozialpsychologie, Bd. 2, 2. Auflage, Stuttgart, Huber, 2002.

Galbraith, John Kenneth: Diktatur der Manager, in: Cicero, Nr. 3, 2005, S. 102 ff.

Gaschke, Susanne: Kinder, Küche, Karriere? Nicht bei uns, in: Die Zeit, Nr. 33, 11.08.2005, Hamburg, S. 3.

Gebert, Diether/Rosenstiel, Lutz von: Organisationspsychologie. Person und Organisation, 5. Auflage, Stuttgart, Kohlhammer, 2002.

Geißler, Rainer: Die Sozialstruktur Deutschlands. Die gesellschaftliche Entwicklung vor und nach der Vereinigung, 3. Auflage, Opladen, Westdeutscher Verlag, 2002.

Gensicke, Thomas: Individualität und Sicherheit in neuer Synthese? Wertorientierungen und gesellschaftliche Aktivität, in: Jugend 2002. Zwischen pragmatischem Idealismus und robustem Materialismus. 14. Shell Jugendstudie, hrsg. v. Klaus Hurrelmann/ Mathias Albert, 5. Auflage, Frankfurt a. M., Fischer Taschenbuch, 2004, S. 139–212.

Gerhards, Jürgen/Hölscher, Michael: Kulturelle Unterschiede zwischen den Mitglieds- und Beitrittsländern der EU. Das Beispiel Familien- und Gleichberechtigungsvorstellungen, in: Zeitschrift für Soziologie, Heft 3, Jg. 32, 2003, S. 206–225.

Goffman, Erving: Stigma. Über Techniken der Bewältigung beschädigter Identität, 16. Auflage, übersetzt von Frigga Haug, Frankfurt a.M., Suhrkamp Taschenbuch, 2002.

Gudjons, Herbert: Pädagogisches Grundwissen. Überblick, Kompendium, Studienbuch, 8. Auflage, Bad Heilbrunn/Obb., Klinkhardt, 2003.

Gugel, Günther: Methoden-Manual. „Neues Lernen". Tausend neue Praxisvorschläge für die Schule und Lehrerbildung, Bd. 2, Weinheim/Basel, Beltz, 1998.

Gukenbiehl, Hermann L.: Soziologie als Wissenschaft. Warum Begriffe lernen? in: Einführung in die Hauptbegriffe der Soziologie, hrsg. v. Hermann Korte/Bernhard Schäfers, 6. Auflage, Opladen, Leske & Budrich, 2002, S. 11–24.

Gukenbiehl, Hermann L./Kopp, Johannes: Ehe und andere Formen partnerschaftlichen Zusammenlebens, in: Grundbegriffe der Soziologie, hrsg. v. Bernhard Schäfers, 8. Auflage, Opladen, Leske & Budrich, 2003, S. 52-57.

Gukenbiehl, Hermann L./Schäfers, Bernhard: Gruppe, in: Grundbegriffe der Soziologie, hrsg. v. Bernhard Schäfers, 8. Auflage, Opladen, Leske & Budrich, 2003, S. 188–122.

Großegger, Beate/Heinzlmaier, Bernhard: 50 Jahre Shell Jugendstudie, 100 Jahre Shell in Deutschland. Von Fräuleinwundern bis zu neuen Machern, München, Ullstein Verlag, 2002.

Hartmann, Heinz (Hg.): Moderne amerikanische Soziologie. Neuere Beiträge zur soziologischen Theorie, München, Deutscher Taschenbuchverlag, 1987.

Havighurst, Robert J.: Developmental Tasks an Education, New York/London, Longman, 1982.

Henecka, Hans Peter: Grundkurs Soziologie, 8. Auflage, Opladen, Leske & Budrich, 2006.

Herrmann, Theo: Sprechen und Sprachverstehen, in: Lehrbuch Allgemeine Psychologie, hrsg. v. Hans Spada, 2. Auflage, Bern u. a., Huber, 1992, S. 281–322.

Hierdeis, Helmwart: Erziehungsinstitutionen für Sekundarstufe II und Grundstudium, 5. Auflage, Donauwörth, Auer, 1983.

Hill, Paul Bernhard/Kopp, Johannes: Familiensoziologie. Grundlagen und theoretische Perspektiven, 3. Auflage, Wiesbaden, VS Verlag für Sozialwissenschaften, 2004.

Hobmair, Hermann (Hg.): Pädagogik, 3. Auflage, Troisdorf, Bildungsverlag EINS, 2002.

Hobmair, Hermann (Hg.): Psychologie, 3. Auflage, Troisdorf, Bildungsverlag EINS, 2003.

Hoffmann-Nowotny, Hans-Joachim: Lebensformen und Lebensstile unter den Bedingungen der (Post-)Moderne, in: Familiendynamik, Heft 4, 1991, S. 299–321.

Hoffmann, Dagmar/Merkens, Hans (Hg.): Jugendsoziologische Sozialisationstheorie. Impulse für die Jugendforschung, Weinheim/München, Juventa, 2004.

Hofstätter, Peter R.: Gruppendynamik. Kritik der Massenpsychologie, Reinbek b. Hamburg, Rowohlt Taschenbuch, 1985.

Homans, George Caspar: Theorie der sozialen Gruppe, 7. Auflage, übersetzt von Rolf Gruner, Opladen, Westdeutscher Verlag, 1978.

Hradil, Stefan/Schiener, Jürgen: Soziale Ungleichheit in Deutschland, 8. Auflage, Opladen, Leske & Budrich, 2001.

Hradil, Stefan: Soziale Ungleichheit, soziale Schichtung und Mobilität, in: Einführung in die Hauptbegriffe der Soziologie, hrsg. v. Hermann Korte/Bernhard Schäfers, 6. Auflage, Opladen, Leske & Budrich, 2002, S. 205-227.

Hugenschmidt, Bettina/Technau Anne: Methoden schnell zur Hand. 58 schüler- und handlungsorientierte Unterrichtsmethoden, Stuttgart u.a., Klett, 2003.

Hurrelmann, Klaus: Sozialisation und Gesundheit. Somatische, psychische und soziale Risikofaktoren im Lebenslauf, 3. Auflage, Weinheim/München, Juventa, 1994.

Hurrelmann, Klaus: Einführung in die Sozialisationstheorie, 8. Auflage, Weinheim/Basel, Beltz, 2002.

Hurrelmann, Klaus: Lebensphase Jugend. eine Einführung in die sozialwissenschaftliche Jugendforschung, 7. Auflage, Weinheim/München, Juventa, 2004.

Hurrelmann, Klaus/Albert, Mathias: Jugend 2002. Zwischen pragmatischem Idealismus und robustem Materialismus. 14. Shell Jugendstudie, 5. Auflage, Frankfurt a. M., Fischer Taschenbuch, 2004.

Imbusch, Peter: Macht und Herrschaft, in: Einführung in die Hauptbegriffe der Soziologie, hrsg. v. Hermann Korte/Bernhard Schäfers, 6. Auflage, Opladen, Leske & Budrich, 2002, S. 161–181.

Imbusch, Peter (Hg.): Macht und Herrschaft. Sozialwissenschaftliche Konzeptionen und Theorien. Opladen, Leske & Budrich, 1998.

Inglehart, Ronald: Kultureller Umbruch. Wertewandel in der westlichen Welt, übersetzt von Ute Mäurer Frankfurt a.M., Campus Verlag, 1995.

Junge, Matthias: Ein Hauptvertreter der Soziologie im 20.Jahrhundert, in: Soziologische Theorien von Auguste Comte bis Talcott Parsons, München, Oldenbourg, 2002, S. 189–215.

Kausen, Rudolf (Hg.): Mut zur Unvollkommenheit, Luzern/Stuttgart, Rex-Verlag, 1979.

Kirsten, Rainer E./Müller-Schwarz, Joachim: Gruppen Training. Ein Übungsbuch mit 59 Psycho-Spielen, Trainingsaufgaben und Tests, Reinbek b. Hamburg, Rowohlt Taschenbuch, 1996.

König, Oliver: Familie in der Soziologie, in: Familiendynamik, Heft 3, 1996, S. 200–223.

König, René: Materialien zur Soziologie der Familie, Bern, Francke, 1946.

König, René (Hg.): Soziologie, Frankfurt a. M., Fischer Taschenbuch Verlag, 1975.

König, René: Familiensoziologie, Opladen, Leske & Budrich, 2002.

Korte, Hermann/Schäfers, Bernhard (Hg.): Einführung in die Hauptbegriffe der Soziologie, hrsg. v. Hermann Korte/Bernhard Schäfers, 6. Auflage, Opladen, Leske & Budrich, 2002.

Kreckel, Reinhard: Politische Soziologie der sozialen Ungleichheit, 2. Auflage, Frankfurt a. M., Campus, 2004.

Krüger, Heinz-Hermann/Grunert, Cathleen (Hg.): Handbuch Kindheits- und Jugendforschung. Opladen, Leske & Budrich, 2002.

Kruse, Lenelis/Graumann, Carl-Friedrich/Lantermann, Ernst-Dieter (Hg.): Ökologische Psychologie. Ein Handbuch in Schlüsselbegriffen, 2. Auflage, Weinheim, Beltz/Psychologie Verlags Union, 1996.

Kühn, Dietrich: Organisationen Sozialer Arbeit: Administrative Strukturen und Handlungsformen im Sozialwesen in: Soziologie. Studienbuch für soziale Berufe, 4. Auflage, hrsg. v. Benno Biermann/Erika Bock-Rosenthal/Martin Doehlemann, München/Basel, Reinhardt, 2004, S. 313–368.

Lassahn, Rudolf: Grundriss einer allgemeinen Pädagogik, 3. Auflage, Wiesbaden, Quelle und Meier, 1993.

Linssen, Ruth/Leven, Ingo/Hurrelmann, Klaus: Wachsende Ungleichheit der Zukunftschancen? Familie, Schule, Freizeit als jugendliche Lebenswelten, in: Jugend 2002. Zwischen pragmatischem Idealismus und robustem Materialismus. 14. Shell Jugendstudie, hrsg. v. Klaus Hurrelmann/Mathias Albert, 5. Auflage, Frankfurt a. M., Fischer Taschenbuch, 2004, S. 53–90.

Löscher, Christel/Röder Petra (Hg.): Kursthemen Sozialwissenschaften. Wirtschaft, Politik, Gesellschaft, Berlin, Cornelsen, 2001.

Maindok, Herlinde: Einführung in die Soziologie. Leitthemen, Theorien, Grundbegriffe, München/Wien, Oldenbourg, 1998.

Mann, Leon: Sozialpsychologie, übersetzt von Wolfgang Kramer, Weinheim, Beltz-Verlag, 2001.

Marx, Karl/Engels, Friedrich: Die deutsche Ideologie, in: MEW, Bd. 3, Berlin, Dietz, 1959.

Marx, Karl/Engels, Friedrich: Manifest der Kommunistischen Partei, in: MEW, Bd. 4, Berlin, Dietz, 1959, S. 457-493.

Marx, Karl: Zur Kritik der politischen Ökonomie, in: MEW, Bd. 13, Berlin, Dietz, 1961, S. 7–160.

Marx, Karl: Das Kapital. Kritik der politischen Ökonomie, Stuttgart, Kröner, 1962.

Maurer, Andrea: Herrschaftssoziologie. Eine Einführung, Frankfurt a. M./New York, Campus, 2004.

Mayntz, Renate/Holm, Kurt/Hübner, Peter: Einführung in die Methoden der empirischen Soziologie, 5. Auflage, Opladen, Westdeutscher Verlag, 1978.

Mead, George Herbert: Geist, Identität und Gesellschaft aus der Sicht des Sozialbehaviorismus, 17. Auflage, übersetzt von Ulf Pacher, Frankfurt a. M., Suhrkamp, 2002.

Mietzel, Gerd: Wege in die Entwicklungspsychologie. Kindheit und Jugend, 4. Auflage, Weinheim, Beltz/Psychologie Verlags Union, 2002.

Mikl-Horke, Gertraude: Soziologie. Historischer Kontext und soziologische Theorie-Entwürfe, 5. Auflage, München/Wien, Oldenbourg, 2001.

Münch, Richard: Soziologische Theorie, Bd. 1, Grundlegung durch die Klassiker, Frankfurt a. M./New York, Campus, 2002

Münch, Richard: Soziologische Theorie, Bd. 3, Gesellschaftstheorie, Frankfurt a. M./New York, Campus, 2004.

Nauck, Bernhard: Der Wert von Kindern für ihre Eltern, in: Kölner Zeitschrift für Soziologie und Sozialpsychologie, 53. Jg., 2001, S. 407 – 435.

Nave-Herz, Rosemarie: Ehe- und Familiensoziologie. Eine Einführung in Geschichte, theoretische Ansätze und empirische Befunde, Weinheim/München, Juventa, 2004.

Oerter, Rolf/Montada, Leo (Hg.): Entwicklungspsychologie, 5. Auflage, München, Beltz/Psychologie Verlags Union, 2002.

Oerter, Rolf: Kultur, Ökologie und Entwicklung, in: Entwicklungspsychologie, hrsg. v. Rolf Oerter/Leo Montada, 5. Auflage, München, Beltz/Psychologie Verlags Union, 2002, S. 84–127.

Parsons, Talcott: Zur Theorie der sozialen Interaktionsmedien, Opladen, Westdeutscher Verlag, 1980.

Parsons, Talcott: Das System moderner Gesellschaften, 6. Auflage, übersetzt von Hans-Werner Franz, Weinheim/München, Juventa, 2003.

Paulsen, Susanne: Familienbande, in: Geo, Heft 3, 2005, S. 129-158.

Peuckert, Rüdiger: Abweichendes Verhalten und soziale Kontrolle, in: Einführung in die Hauptbegriffe der Soziologie, hrsg. v. Hermann Korte/Bernhard Schäfers, 6. Auflage, Opladen, Leske & Budrich, 2002, S. 105-126.

Peuckert, Rüdiger: Soziale Schicht, in: Grundbegriffe der Soziologie, hrsg. v. Bernhard Schäfers, 8. Auflage, Opladen, Leske & Budrich, 2003, S. 295–299.

Peuckert, Rüdiger: Sozialer Status, in: Grundbegriffe der Soziologie, hrsg. v. Bernhard Schäfers, 8. Auflage, Opladen, Leske & Budrich, 2003, S. 381–383.

Popitz, Heinrich: Phänomene der Macht, 2. Auflage, Tübingen, Mohr, 1992.

Popper, Karl R.: Logik der Forschung, 10. Auflage, Tübingen, Mohr, 2002.

Reuters/dpa: Unicef: Kinderarmut in reichen Ländern nimmt zu, in: Donau Kurier, 02.03.2005, S. 1.

Rosenbaum, Heidi: Formen der Familie. Untersuchungen zum Zusammenhang von Familienverhältnissen, Sozialstruktur und sozialem Wandel in der deutschen Gesellschaft des 19. Jahrhunderts, Frankfurt a. M., Suhrkamp, 1982.

Rosenstiel, Lutz von: Grundlagen der Organisationspsychologie. Basiswissen und Anwendungshinweise, 5. Auflage, Stuttgart, Schäffer-Poeschel, 2003.

Rosenstiel, Lutz von/Molt, Walter/Rüttinger, Bruno: Organisationspsychologie, 9. Auflage, Stuttgart, Kohlhammer, 2005.

Roth, Eugen: Sämtliche Menschen, München/Wien, Hanser, 2001.

Rousseau, Jean Jacques: Diskurs über die Ungleichheit, 8. Auflage, übersetzt von Heinrich Meier, Schöningh, Paderborn, 2001.

Sander, Uwe: 100 Jahre Jugend in Deutschland, in: Aus Politik und Zeitgeschichte. Beilage zur Wochenzeitung Das Parlament, Heft 19/20, S. 3-11.

Schäfers, Bernhard: Gesellschaftlicher Wandel in Deutschland, 6. Auflage, München, Deutscher Taschenbuch Verlag, 1995.

Schäfers, Bernhard: Jugendsoziologie, 7. Auflage, Opladen, Leske & Budrich Verlag, 2001.

Schäfers, Bernhard: Die soziale Gruppe, in: Einführung in die Hauptbegriffe der Soziologie, hrsg. v. Hermann Korte/Bernhard Schäfers, 6. Auflage, Opladen, Leske & Budrich, 2002, S. 127–142.

Schäfers, Bernhard: Soziales Handeln und seine Grundlagen. Normen, Werte, Sinn, in: Einführung in die Hauptbegriffe der Soziologie, hrsg. v. Hermann Korte/Bernhard Schäfers, 6. Auflage, Opladen, Leske & Budrich, 2002, S. 25–44.

Schäfers, Bernhard: Grundbegriffe der Soziologie, 8. Auflage, Opladen, Leske & Budrich, 2003.

Schäfers, Bernhard: Sozialstruktur und sozialer Wandel in Deutschland, 8. Auflage, Stuttgart, Lucius & Lucius, 2004.

Scherr, Albert: Sozialisation, Person, Individuum, in: Einführung in die Hauptbegriffe der Soziologie, hrsg. v. Hermann Korte/Bernhard Schäfers, 6. Auflage, Opladen, Leske & Budrich, 2002, S. 45-66.

Schneider, Wolfgang Ludwig: Grundlagen der soziologischen Theorie, Wiesbaden, Westdeutscher Verlag, 2002.

Scott, William Richard: Grundlagen der Organisationstheorie, übersetzt von Hanne Herkommer, Frankfurt a. M./New York, Campus, 1986.

Seger, Imogen: Soziologie und soziale Praxis, 2. Auflage, München, Bardtenschlager, 1978.

Simon, Bernd: Zwischen Angst und Heroisierung, in: Gehirn & Geist. Das Magazin für Psychologie und Hirnforschung, Heft Nr. 3, 2004, S. 24–28.

Sonnenmoser, Marion: Das können wir uns nicht leisten, in: Psychologie Heute, Heft 4, 2005, S. 14.

Stopp, Udo: Praktische Betriebspsychologie. Probleme und Lösungen, 12. Auflage, Renningen, Expert-Verlag, 2004.

Supp, Barbara/Blasberg, Marian/Brinkbäumer, Klaus: Das Stehaufmännchen, in: Der Spiegel, Heft Nr. 34, 2005, S. 36–45.

Textor, Martin R.: Bauernfamilien im Mittelalter, in: Kindergartenpädagogik

Online-Handbuch, hrsg. v. Martin R. Textor, online abrufbar unter http://www.Kindergartenpaedagogik.de/31.html [28.04.06]

Thieme, Frank: Kaste, Stand, Klasse, in: Einführung in die Hauptbegriffe der Soziologie, hrsg. v. Hermann Korte/Bernhard Schäfers, 6. Auflage, Opladen, Leske & Budrich, 2002, S. 127–142.

Tillmann, Klaus-Jürgen: Sozialisationstheorien. Eine Einführung in den Zusammenhang von Gesellschaft, Institution und Subjektwerdung, 13. Auflage, Reinbek b. Hamburg, Rowohlt Taschenbuch, 2004.

Treffer, Gerd: Soziologische Aspekte der Unvollkommenheit, in: Mut zur Unvollkommenheit, hrsg. v. Rudolf Kausen, Luzern/Stuttgart, Rex-Verlag, 1979, S. 91–100.

Tschamler, Herbert: Soziologie, in: Kleines Lexikon der Pädagogik und Didaktik, hrsg. v. Helmut Zöpfl, Donauwörth, Auer, 1970, S. 173–174.

Tschamler, Herbert: Wissenschaftstheorie. Eine Einführung für Pädagogen, 3. Auflage, Bad Heilbrunn, Klinkhardt, 1996.

Wagner, Michael: Familie und soziales Netzwerk, in: Kontinuität und Wandel der Familie in Deutschland. Eine zeitgeschichtliche Analyse, hrsg. v. Rosemarie Nave-Herz, Stuttgart, Lucius & Lucius, 2002, S. 227–251.

Watzlawick, Paul/ Beavin, Janet H./Jackson, Don D.: Menschliche Kommunikation. Formen, Störungen, Paradoxien, 10. Auflage, Bern u. a., Huber, 2000.

Watzlawick, Paul/Beavin, Janet H.: Einige formale Aspekte der Kommunikation, in: Watzlawick, Paul/Weakland, John H. (Hg.): Interaktion. Menschliche Probleme und Familientherapie. Forschungen des Mental Research Institute 1965–1974, übersetzt von Eva Foppa/Paul Watzlawick, München/Zürich, Piper, 2002, S. 95–110.

Weber, Erich/Domke, Horst/Gehlert, Siegmund: Kleines sozialwissenschaftliches Wörterbuch für Pädagogen, Donauwörth, Auer, 1983.

Weber, Erich: Pädagogik, Bd. 1, Grundfragen und Grundbegriffe. Teil 2. Ontogenetische Voraussetzungen der Erziehung, 8. Auflage, Donauwörth, Auer, 1996.

Weber, Max: Soziologische Grundbegriffe, 6. Auflage, Tübingen, Mohr, 1984.

Weber, Max: Wirtschaft und Gesellschaft. Grundriss der verstehenden Soziologie, 5. Auflage, Tübingen, Mohr, 2002.

Weinert, Ansfried B.: Organisationspsychologie. Ein Lehrbuch, 2. Auflage, Weinheim, Beltz/Psychologie Verlags Union, 1987.

Weinert, Ansfried B.: Organisationspsychologie. Ein Lehrbuch, 4. Auflage, Weinheim, Beltz/Psychologie Verlags Union, 1998.

Wiese, Leopold von: System der Allgemeinen Soziologie als Lehre von den sozialen Prozessen und den sozialen Gebilden der Menschen (Beziehungslehre), 4. Auflage, Berlin, Duncker und Humblot, 1966.

Wiese, Leopold von: Soziologie. Geschichte und Hauptprobleme, 8. Auflage, Berlin, de Gruyter, 1967.

Wildt, Dieter: Der Kampf um den größten Schreibtisch, in: Kölner Stadtanzeiger, 1963, zitiert nach: Bolte, Karl Martin/Kappe, Dieter/Neidhardt, Friedhelm: Soziale Ungleichheit, 4. Auflage, Opladen, Leske & Budrich, 1975, S. 10.

Wissenschaftlicher Beirat für Familienfragen: Die bildungspolitische Bedeutung der Familie. Folgerungen aus der PISA-Studie, hrsg. v. Ministerium für Familie, Senioren, Frauen und Jugend, Kohlhammer, Stuttgart, 2002.

Wiswede, Günter: Soziologie. Grundlagen und Perspektiven für den wirtschafts- und sozialwissenschaftlichen Bereich, 3. Auflage, Landsberg a. L., Verlag Moderne Industrie, 1998.

Wössner, Jakobus: Soziologie. Einführung und Grundlegung, 9. Auflage, Köln/Wien, Böhlau Verlag, 1986.

Zapf, Wolfgang: Entwicklung und Sozialstruktur moderner Gesellschaften, Einführung in die Hauptbegriffe der Soziologie, hrsg. v. Hermann Korte/Bernhard Schäfers, 6. Auflage, Opladen, Leske & Budrich, 2002, S. 251–265.

Zimmermann, Gunter E.: Sozialer Konflikt, in: Grundbegriffe der Soziologie, hrsg. v. Bernhard Schäfers, 8. Auflage, Opladen, Leske & Budrich, 2003, S. 184–186.

Bildquellenverzeichnis

Bildungsverlag EINS, Troisdorf/Cornelia Kurtz, Boppard am Rhein, S. 9, 13, 16, 24, 45, 50, 53, 64, 68, 75, 92, 95, 97, 102, 121, 131, 137, 164, 167, 176, 179, 196, 199, 204, 220, 231, 259, 267, 279, 284, 288, 295, 308, 316, 347, 360, 383, 385

Auguste Comte, Lith. von Coudion/akg-images, Berlin, S. 14 unten

Claude-Henri de Saint-Simon, Holzstich/akg-images, Berlin, S. 14 oben

Max Weber, Foto 1918/akg-images, Berlin, S. 66

Erik Erikson, 1970/SV-Bilderdienst, München, S. 122

Talcott Parsons/SV-Bilderdienst, München, S. 126

George Herbert Mead/Suhrkamp Verlag Frankfurt, S. 154

Karl Marx, Foto um 1880/akg-images, Berlin, S. 167

Karl Marx, Manifest der Kommunistischen Partei/akg-images, Berlin, S. 186

Johann Mayr, Jetzendorf, S. 200

Jean Jacques Rousseau, Pastell Latour/akg-images, Berlin/Erich Lessing, S. 223

Globus-Infografik, Hamburg, S. 237, 247, 293

Erich Schmidt Verlag, Berlin, S. 254

René König/Oliver König, Köln (privat), S. 310

Ständepyramide 18. Jahrhundert/akg-images, Berlin, S. 318

Marten van Cleve (1527-1581): Flämische Haushaltung/akg-images, Berlin, S. 323

mauritius images/Nikita Kolmikow, S. 331

„Cinq etages du monde parisien", Holzstich nach Zeichnung von Bertall/akg-images, Berlin, S. 324

Gerd Mietzel, Wege in die Entwicklungspsychologie, Beltz Psychologie Verlagsunion, Weinheim, S. 348

Stichwortverzeichnis

A

AGIL-Schema 130–133, 136
Anpassung, soziale → Konformität
Arbeit 170
Arbeitskraft 171
Armut
    Begriff 229
    in der BRD 246–249
    und soziale Ungleichheit 229
Autorität
    Begriff 284
    Formen der 284 f.

B

Bedürfnishierarchie nach Maslow 395 ff.
Befragung 52 f.
Beobachtung 48 ff.
Beruf
    und soziale Ungleichheit 227 f.
    und Sozialisation 358
Bildung und soziale Ungleichheit 227

C

Chauvinismus 207
Chronosystem 83

D

Delinquenz → Kriminalität
Devianz 97 f., 117, 363–366
Dezentralisierung 386
Differenzierung, soziale 219
Disziplin 295
Drogen 364 ff.

E

Ehe 312 f., 329
Eigengruppe 206 f.
Einkommen und soziale Ungleichheit 228 f.
Einstellung, soziale 78 f.
Elite 233, 283
Enkulturation 79
Entfremdung 178 f.
Entscheidungsstrukturen 386–390, 399
Erklären 38 f.
Ethnozentrismus 207, 209 f.
Exosystem 83 f.
Experiment 51 f.

F

Familie
    Begriff 313
    bürgerliche 323 ff.
    Formen der 314 f.
    Funktionen der 317–321
    Funktionsverlust der 321 f.
    in der BRD 339 f.
    Kernfamilie 314
    Probleme der 330–334
    proletarische 323
    und Beruf 332
    Unvollständigkeit der 332
    vorindustrielle 322 f.
    Wandel der 322–325, 325 ff.
Feudalgesellschaft 173, 260
Fremdgruppe 206 f.
Führung
    Begriff 386
    charismatische 389, 399, 403 f.
    Theorien der 386–390
    transformationale 389, 399, 403 f.

G

Gebilde, soziales
    Begriff 16 f.
    makrosoziologisches 16 f.
    mikrosoziologisches 16 f.
Gesellschaft
    Begriff 24 f.
    Gesellschaftsformen (nach Marx) 172 f.
    Merkmale der 31 ff.
    und Individuum 27 f.
Gewissen 79
Gruppe, soziale
    Arten von 205–208
    Begriff 196 f.
    formelle 207 f.
    Funktionen der 201 ff.
    informelle 207 f.
    Prozess der 199 ff.

H

Handeln, soziales 15 f., 66 f.
Handlung 126 f.
Handlungssysteme 134 f.
Harvard-Konzept 111 f.

Herrschaft
- Begriff 294 f.
- illegitime 299 f.
- legitime 298 f.
- und Macht 296 ff.

homo sociologicus 27
Humankapitaltheorie 224
Human Relations-Ansatz 393
Hypothese 46 f.

I

Identität
- Begriff 353 f.
- Stufen der 160 f.
- und Selbstbild 183 f.
- und soziale Interaktion 163 ff.

ideologischer Überbau 169
in-group → Eigengruppe
Inhaltsanalyse 60
Individuation 353
Institutionen
- Begriff 19 f.
- Funktionen von 20

Interaktion, soziale
- Begriff 64 f., 155
- symbolische 156

Interaktionsanalyse (Bales) 210 f.
Interessenkonflikt 107 f.
Interpenetration 133
Interrollenkonflikt 77
Interview 53
Intimgruppe 205, 313
Intrarollenkonflikt 77

J

Jugend
- Anpassungsleistung 351 ff.
- Begriff 349 f.
- Entwicklungsaufgaben 351 ff.
- Jugendkultur 359
- und Sozialisation 355–361
- Werthaltungen der 361 ff.

K

Kapital 175
Kapitalismus 173, 174
Kaste 258 f.
Klasse 261
Klassengesellschaft 225 f., 261
Klassenkampf 179 f.
Kommunikation, soziale
- Begriff 64 ff.
- Medien der 137 f.
- Kommunikationsstrukturen 383 ff., 395–398
- Kommunikationswege 384 f.

Kommunismus 173
Konformität 96 f.
Konformitätszwang 97
Konflikt, sozialer
- Arten von 105
- Begriff 105 f.
- Formen des 106 f.
- Funktionen des 109 f.
- Konfliktmanagement 110 ff.
- Ursachen des 108 f.

Kontrolle, soziale 93 f.
Kriminalität 98 ff.
Kultur
- Begriff 26 f.
- kulturelles Wesen 13
- Subkultur 359

L

labeling-approach 104
Leader-Member-Exchange (LMX) 388 f., 399
Lebensform 327 f.
Lebenslage 266
Lebensstil 267 f., 275 f.
Legitimität 295

M

Macht
- Begriff 232, 280 f.
- Formen der 291 ff.
- Grundtypen der 285 ff.
- Machtmittel 290 f.
- Machtquellen 289 f.
- Merkmale von 281 ff.
- Prozesse der 287 ff.
- und Herrschaft 296 ff.
- und Politik 303 f.
- und soziale Ungleichheit 230
- Wirkungsmechanismen der 293 f.

Makrosystem 84
Mediation 112
Medien und Jugend 359 ff.
Mehrwert 175 f., 223
Mesosystem 83
Methoden
- Begriff 40
- erfahrungswissenschaftliche 40 f., 48–54
- geisteswissenschaftliche 40 f.

Mikrosystem 83

Mobilität, soziale
    Begriff 230
    horizontale 230
    vertikale 230, 257

N

Netzwerk, soziales 203 ff.
Normen, soziale
    Arten von 72 ff.
    Begriff 71
    gesellschaftliche 101
    statistische 100
    und soziale Ungleichheit 224
Normenkonflikt 107 f.

O

Objektivität 43
Ökologie
    Begriff 82
    ökologische Theorie (Bronfenbrenner) 82 ff.
Operationalisierung 42
Organisation
    Begriff 20 f., 375, 401 f.
    Merkmale von 378–390
    Organisationsstruktur 380 ff.
    Organisationsziele 402 f.
    Sichtweisen von 392–395
out-group 206

P

Paarbeziehungen 328 f.
Panel 60
Partnerschaft 313
pattern variables 139
Peergroup 203, 358 f.
Perspektivenübernahme 157 f.
Population 43 f.
Position, soziale 74
Positionsübergang 350 f.
Prestige, soziales 257 f.
Primärgruppe 205 f., 212, 313
Privileg 287
Produktionsverhältnisse 171
Produktivkräfte 170 f.
Proletariat 175

R

Randgruppen 98. 234
Rationalisierung 176 f.
Reliabilität 43
role-making 76
role-taking 76

Rolle, soziale
    Begriff 74 f.
    Rollendistanz 76
    Rollendruck 77
    Rollenkonflikt 76 ff., 87 f.

S

Sanktionen, soziale 94 ff.
Scheidung 333 f., 340 f.
Schicht, soziale
    Begriff 262
    und Sozialstruktur 254
Schichtgesellschaft 226
Schichtung, soziale
    Begriff 262 f.
    Modelle der 263–266
Schule und Sozialisation 356 f., 370 f.
Sekundärgruppe 205 f.
sozial
    Begriff 11 f.
    soziale Physik 14
    soziales Wesen 12 f.
Soziale Lage 267, 273
Soziale Milieus 267, 274
Sozialisation
    Annahmen zur 88
    Begriff 78 f.
    Phasen der 80
    primäre 80
    sekundäre 80
    Theorien der 81 f.
    tertiäre 80
    und Beruf 358
    und Familie 319 f.
    und Jugend 355–361
    und Schule 356 f.
Sozialismus 173
Sozialstruktur
    Begriff 253 f.
    in der BRD 269 ff.
    Modelle der 258–268
Soziologie
    Aufgaben der 22 f.
    Begriff 14 f., 30
    Bereiche der 23 f.
    Gegenstand 15–21
Soziogramm 54, 59
Soziomatrix 54, 59
Soziometrie 53 f., 59
Ständegesellschaft 225, 260
Stand 259 f.
Statistik 45

Status, sozialer
- Arten des 256
- Begriff 255 f.
- erworbener 256
- Statusaufbau 256
- Status(in)konsistenz 256
- Statuskristallisation 256
- Statussymbole 257 f., 271 ff,
- Statusverteilung 256
- übertragener 256
- und soziale Mobilität 231
- zugeschriebener 256

Stichprobe 44 f.
Stigmatisierung 103 f.
Struktur, soziale 17
Symbole, signifikante 156 f.
System, soziales
- als Organisationsmerkmal 390 ff.
- Begriff 18
- geschlossenes 18 f., 390 f.
- Mechanismen 144 f.
- Merkmale von 29 f.
- natürliches 393 f., 404 f.
- offenes 18 f., 391 f., 394 f.
- rationales 393, 404 f.
- Systemtheorie 128 f.

T

Theorie der psychosozialen Persönlichkeitsentwicklung 122 f.
Trennung und Scheidung 333 f.

U

Ungleichheit, soziale
- Begriff 218 f.
- Entstehung der 222–225, 244 f.
- in der BRD 236–244
- Kriterien der 226–230
- und Armut 229 f.
- und Beruf 227 f.
- und Bildung 227
- und Einkommen 228 f.
- und Macht 230
- und Vermögen 228 f.
- Voraussetzungen der 221 f.

Unterstützung, soziale 203 f.

V

Validität 42 f.
Variierbarkeit 51 f.
Verhalten, abweichendes → Devianz
Vermögen und soziale Ungleichheit 228 f.
Verstehen 38 f.
Verwandtschaft 316

W

Wandel, sozialer 254 f.
Werte, soziale
- Begriff 67 f.
- der heutigen Jugend 361 ff.
- heute 86
- Wandel von 69 f., 87

Wiederholbarkeit 51 f.
Willkürlichkeit 51
Wissenschaft
- Auffassungen von 38 f.
- Begriff 36 f.
- empirische → erfahrungswissenschaftliche
- erfahrungswissenschaftliche 14

Z

Zentralisierung 386
Zentralitätsgrad 384
Zielbezogenheit als Organisationsmerkmal 379 f.